10에서 무한으로

# 10에서 무한으로

## FROM TEN TO INFINITY

샤 오 미 공 식 전 기

판하이타오 지음 | 이지은 옮김

레이쥔이 말하는
샤오미 10년의 열정

해의시간

# 무릇 지나는 것은 모두 시작이다: 샤오미의 10년을 향한 재출발

레이쥔雷軍_샤오미 창업자, 이사장 겸 CEO

샤오미의 열 번째 생일인 4월 6일, 샤오미 전 임원들과 함께 베이징 중관춘의 바오푸스챠오保福寺橋에 있는 인구銀谷 빌딩을 시작으로 망징의 쥐안스텐디, 칭허의 우차이청을 거쳐 지금의 샤오미 캠퍼스까지 이른바 '창업의 길'을 직접 걷는 행사를 가졌습니다. 직선으로는 6.9킬로미터밖에 안 되는 거리지만, 그 길을 걷기까지 무려 10년이라는 세월이 걸렸습니다.

"최고의 폰을 반값에 팔겠다. 우리 스마트폰을 전 세계에 널리 알리겠다!"

10년 전, 작은 사무실에서 창업을 시작했을 때 직원 수는 열 명도 채 되지 않았습니다. 무식하면 용감하다고 하던가요? 아무런 경험도 없이 맨주먹으로 나선 우리를 믿어주고, 힘을 보태주려는 사람이 그렇게 많을 줄은 정말 몰랐습니다.

창업에서 가장 감동적인 순간이었습니다.

당시 우리는 최고의 글로벌 업체를 상대할 때도, 공급업체에게 찬밥 취급을 받을 때도, 사람들로부터 의심의 말을 들을 때도 우리가 세계에서 가장 경쟁이 치열한 무대에 오를 것이라는 사실을 의심하지 않았습니다.

그때 우리는 인터넷 사고Internet thinking를 통해 중국 제조업을 바꾸고 중국이라는 브랜드를 세계에 알리겠다며 열정을 불태웠습니다. 중국의 강력한 제조 능력을 믿었고 중국 브랜드를 최고로 만들 자신이 있었습니다.

그때의 우리는 업체를 사용자의 친구처럼 만들고, 온 세상 사람들에게 과학기술을 통한 행복을 나눠줄 수 있다고 생각했습니다. '사용자 감동과 훌륭한 가격感動人心, 價格厚道'을 앞세운 좋은 제품을 만들면 사용자와 진정한 친구가 될 수 있다고 확신했습니다.

10년이 지난 뒤 샤오미는 살아남았을 뿐만 아니라 끊임없이 성장하고 있습니다. 우리의 꿈도 점차 현실로 이뤄지고 있습니다. 세계 톱 6 휴대폰 브랜드 중에서 4곳이 중국 업체입니다. 세계 곳곳의 수많은 팬이 우리 덕분에 메이드 인 차이나와 중국 디자인에 대해 새로운 인식을 갖게 됐습니다. '샤오미 생태계' 모델을 통해 우리와 뜻을 함께하는 여러 업체와 함께 업계에 변화의 바람을 가져다주고 사람들의 일상을 바꿨습니다.

그러나 우리가 가장 소중히 여기는 것은 모든 것을 처음 시작했을 때의 마음가짐입니다. 그것은 마치 동네 어디엔가 있을 것 같은 '골목식당'을 떠올리게 합니다. 그리 크지도 않은데 항상 사람들이 줄을 서는, 그리고 찾아오는 손님 모두 가게 주인과 친하고, 서로를 진심으로 존중하는 그런 골목식당처럼 언제나 신뢰받고 사랑받는 그런 존재가 되고 싶습니다.

'샤오미는 무엇인가?' 지난 10년 동안 가장 많이 받은 질문이자 제 자신에게 가장 많이 던진 질문입니다.

샤오미는 엔지니어의 꿈입니다. 매사에 최선을 다하면 노력한 만큼의 보답이 돌아오는 세상을 기술과 제품으로 직접 만들고자 합니다.

샤오미는 엔지니어들이 추구하는 믿음입니다. 사용자가 '눈을 감고 살 수 있다'고 할 만큼 좋은 품질과 좋은 가격을 가진 제품을 선보이고자 합니다.

'물건도 좋고, 가격도 저렴하다'는 건 모두의 바람일 거라고 생각합니다. 그래도 사람들은 인정과 세상의 공정함을 따르기 마련입니다.

샤오미는 지난 10년간 가장 단순하면서도 우직한 엔지니어였습니다. 단순하면서도 순수한 생각을 가장 단순한 방식으로 사용해, 솔직하게 믿음을 추구했습니다. 단순하고 순수하기 때문에 두려움이 없었고, 두려움이 없어서 용감히 나아갈 수 있었습니다.

10년이라는 길은 즐겁기도 했지만 괴로울 때가 더 많았습니다. 샤오미의 10주년을 맞이해 출간된 이 책은 샤오미의 창업자들에 대한 존경의 표시입니다. 지금 그리고 앞으로 샤오미 사람들에게 더 멋진 서장의 결말을 들려줄 수 있을 거라 생각합니다. 또한 창업의 길에서 분투하는 사람들에게 조언을 들려주고, 지난 10년간 샤오미에 대한 관심과 사랑, 혹은 의심과 격정을 해주신 모든 이에게 솔직한 고백을 들려줄 것입니다.

이 책에서 우리가 가장 크게, 그리고 유일하게 기대하는 것은 바로 진실입니다. 저자인 판하이타오范海濤 님의 수고에 감사드립니다. 가장 진실한 눈으로 샤오미의 지난 10년에 걸친 성장의 역사와 기나긴 서장序章을 객관적으로 기록해주신 것에 대해 감사드립니다.

10년에 걸친 샤오미의 첫걸음은 모바일 인터넷 창업이라는 거대한 바다의 물보라에 불과하지만 그 미약한 힘이 전 세계 모든 사람에게 더 아름다운 미래를 가져다주기를 희망합니다.

미래를 지향하기 때문에 우리는 끊임없이 길을 찾습니다. 베이징 즈춘루知春路와 중관춘 창업 거리, 상하이의 차오허징漕河涇과 장장張江, 항저우의 빈장濱江과 원얼루文二路, 그리고 선전의 선난대로深南大道와 화창베이華強北, 미국의 실리콘밸리, 인도의 벵갈루루…. 그곳에는 한밤중에 뜨겁게 타오르는 눈빛과 아침 햇살에 차분한 얼굴로 거칠게 포효하고 일렁이는 힘이 존재합니다.

아름답기에, 그리고 우리 모두의 것이기에 우리는 그것을 동경합니다. 어떤 피부색과 종교를 가졌든, 어떤 지역 출신이고 또 어떤 교육을 받았든, 과학기술이 가져다주는 아름다운 삶을 똑같이 쉽게 누릴 수 있게 하는 것이야말로 우리가 추구하는 여정의 목표입니다.

무릇 지나는 것은 모두 시작입니다. 더 깊고 거친 바다와 물결이 우리 앞에 놓여 있습니다. 믿음의 신념과 믿음의 힘, 그리고 믿음의 길을 믿는다면 광활한 평야를 달리든, 비바람 속을 헤매든 우리에게 두려움은 없을 것입니다.

추천사

# 샤오미 10년, 때를 만나다

**탐색은 미래에 또 하나의 가능성을 더한다.**

2019년 9월 24일 오후 2시, 중국 베이징北京 하이뎬海淀 구區 안닝좡安寧莊 북쪽 길 샤오미 캠퍼스小米科技區 D동 지하 1층 농구장에서 신제품 발표회가 한창 준비 중이다. 이윽고 농구장 조명이 예정된 시간에 따라 일제히 꺼지더니, 무대의 막이 오르기 시작했다. 무대 한가운데를 비추는 스포트라이트를 받으며, 이번 행사의 주인공이 모습을 드러냈다.

음악이 꺼지고 샤오미 그룹의 창립자인 레이쥔雷軍이 가벼운 발걸음으로 무대에 오르자, 노란 스포트라이트가 부지런히 그를 뒤쫓았다. 깔끔한 흰색 셔츠, 감청색 청바지, 청바지와 어울리는 캐주얼한 재킷과 흰색 스니커즈. 거기에 한 올 한 올 정성껏 손질된 헤어스타일까지….

청년 시절 중국 IT 업계에 호기롭게 뛰어든 레이쥔은 영화 〈라이프 오브 파이Life of Pi〉의 주인공처럼 중국 IT 시대의 거친 풍랑을 고스란히 헤쳐온 역경의 세월을 보냈다. 소프트웨어 시대를 시작으로 PC 시대를 거쳐 온라인 시대에 이르기까지 모든 IT 기술의 세대교체를 직접 지켜보며, 방대한 과거의 교훈을 무엇보다 소중히 여겼다. 수많은 1세대 창업자처럼 맨손으로 위대한 성과를 일구는 전성기를 구가하며, 빛나는 세월의 축복을 한 몸에 받았다. 하지만 또 한편으로는 당시의 여러 개척자처럼 창업 과정에서 오롯이 자신을 마주하고 혹독한 세상의 규칙을 배워야 했다.

IT업계에 세대교체의 물결이 조용히 밀려오기 시작하는 시기였다. 모바일 인터넷이라는 거대한 물결이 밀려드는 것을 지켜보며 레이쥔은 조용히 결단을 내렸다. 짝퉁이 활개 치는 기존의 판을 갈아치우고, 그 자리에 새로운 '메이드 인 차이나'라는 판을 깔기로 한 것이다. 레이쥔과 동료들은 IT 기술이 인간의 삶을 더욱 아름답게 만들어줄 것이라는 마음속 바람과 기대를 담아, 판구다관 호텔盤古大觀酒店 카페 탁자에 놓인 냅킨에 '하드웨어+소프트웨어+온라인'이라는 글자를 꾹꾹 눌러썼다. 그 후 레이쥔은 자신과 함께 걸어갈 동료들을 찾아 샤오미를 세웠다.

냅킨에 적은 아이디어는 연 매출액 2000억 위안元, 90여 개국에서 높은 시장 점유율을 가진 글로벌 기업의 탄생으로 이어졌다. 'MI'라고 적힌 산뜻한 주황색 로고는 많은 사람의 가슴에서 따뜻한 온기를 품은 IT계의 등불로 자리 잡았다. 수억 개의 혁신 기술과 산업디자인이 완벽하게 결합된 제품들은 많은 소비자를 찾아가 유쾌한 경험을 제공했다. 여러 해외 시장에서도 MI라는 로고를 달고 나온 중국 IT 제품의 진가에 놀라움을 금치 못하고 있다.

10년이라는 변화의 시간은 유쾌하면서도, 깊은 생각에 잠기게 하는 순간의 연속이었다. 샤오미가 지난 10년간 걸어온 길을 지켜보며 사람들은 중국의 신생 IT 업체가 세계 시장에서 일으킨 변화의 흐름을 한눈에 파악할 수 있었다. 또한 그 과정에서 중국의 힘이 세계로 퍼져나가는 역사적 장면도 목격할 수 있었다. IT계에 새로운 물결이 밀려올 때마다, 그 거센 물결을 타고 세계적 흐름을 선도할 수 있는 남다른 실력으로 무장한 '신성新星'이 등장한다. 지난 10년 동안 모바일 인터넷이 보여준 활약을 한 장의 사진에 담으면 아마도 이런 모습이지 않을까?

9년이라는 길지 않은 역사를 가진 샤오미가 세계 500대 기업에 오른 가장 젊은 기업 중 하나라는 사실은 보다 강력한 증거가 될 수 있다. 샤오미가 500대 기업에 이름을 올린 뒤로, 중국과 미국의 인터넷 업체 간 힘의 구도에 변화가 나타나기 시작했다. 2018년 중국과 미국의 인터넷 관련 업체 수가 비슷한 수치를 기록한 가운데, 알리바바阿里巴巴와 텅쉰腾讯(Tencent), 징둥京東이 아마존Amazon과 구글Google, 페이스북Facebook에 맞서기 시작했다. 그리고 2019년 샤오미의 합류로 인터넷 이노베이션 부문에서 중국은 처음으로 미국을 따라잡았다.

2010년부터 2020년에 이르는 10년이라는 시간 동안, 샤오미와 같은 생각을 가진 수많은 중국 IT업체가 끊임없이 등장했다. 방대한 인터넷 사용자와 다양한 애플리케이션, 지속적인 기술 혁신과 날로 확장되는 네트워크 대역 등은 중국 인터넷 업계의 거두가 탄생할 수 있는 기반이 되었다. 이러한 상황에서 메이퇀美團, 디디滴滴, 쓰지에티야둥字節跳動(ByteDance), 콰이쇼우快手, 마이진룽螞蟻金服(Ant Financial)● 등의 업체와 위챗微信(WeChat) 등의 메신저 프로그램이 등장하면서 사람들의 삶은 180도 달라지기 시작했다. 전 세계 유니콘 기업 중 중국 기업의 비중은 30%, 시장 점유율은 40%에 달한다. 또한 전 세계 IT 업계에서 시가 총액 톱 10에 오른 업체 중 5곳이 중국 출신이다.

●
중국의 대형
IT업체들이다.

●●
하이얼, 하이신은
중국의 가전제품
업체이며, 완샹은
자동차 업체,
서우강은 철강
업체다.

그 밖에도 글로벌화 과정에서 중국의 하이얼海尔, 하이신海信, 완샹萬向, 서우강首鋼●● 등이 해외 시장을 공략하는 중이다. 또 롄샹聯想(Lenovo)은 IBM의 PC 부문을 인수했으며, 지리吉利는 볼보Volvo를, TCL은 슈나이더 일렉트릭Schneider Electric을 인수했다. 이러한 일련의 사례는 중국 기업이 기존의 틀에서 벗어나 자원을 할당Resource Allocation한다는 것을 보여준다.[1] 샤오미 역시 세계 각지에서 공식 판매점을 운영 중이다. 다시 말해서 국경을 뛰어넘는 중국 기업들의 사례와 전략이 꾸준히, 그리고 다채롭게 전개 중이라는 뜻이다.

이러한 변화는 중요한 의미를 지닌다. 중국의 경제학자들이 주창하는 것처럼 새로운 경제 환경과 상업 문명에서 중국은 전 세계를 견인해야 한다. 근현대 역사에서 동양과 서양의 교류는 대부분 일방적으로 전개되어왔다. 하지만 언제나 뒤쫓기만 하고 흉내만 내는 수동적인 자리에 만족할 수는 없다. 중국이 재도약하면서 동서양 간 '양방향' 교류의 시대가 도래했다. 특히 주목할 만한 사실은, 모바일 인터넷 시대에 세계 최대 휴대폰 사용자를 보유한 중국이 모바일 데이터를 가장 빠르게 축적할 수 있다는 점이다.

데이터 분야에서 중국의 이러한 우위는 큰 힘을 발휘한다. 세대교체 속도가 빠른 인터넷 세계에서 중국은 방대한 자료를 적극적으로 생성·수집해왔다. 또 모바일을 통한 중국의 음식 배달 속도는 미국의 10배, 모바일 결제 보급률은 미국의 50배, 그리고 공유 자전거 수는 미국의 300배에 달한다. 이러한 성과는 다가올 AI 시대에 지속적인 성장을 가능케 하는 소중한 밑거름이다.

2009년부터 2019년에 이르는 시간이 중국 모바일 인터넷 업체가 두각을 드러낸 10년이었다면, 미래의 새로운 경제 성장 분야에서는 더욱 파란만장한 창업 스토리가 쓰일 것이다. 이 과정에서 샤오미는 전 세계 경제를 향해 중국이라는 '도장'을 찍는 성공 사례가 될 것이다.

지금 이 순간에도 2만여 명에 달하는 샤오미 직원들은 은회색 유리창으로 둘러싸인 샤오미 캠퍼스에서 바쁜 시간을 보내고 있다. 중국 IT 업계의 최신 문제를 둘러싸고 여러 회의실에서 치열한 격론이 오가는 가운데, 지하 농구장에서는 중요한 발표회가 한창 진행되고 있다. 발표회의 주제는 '불가능을 탐색해 미래의 가능성을 더하라'였다. 차분했던 회사가 갑작스러운 뉴스에 술렁거리기 시작했다. 그도 그럴 것이 탄성이 절로 나올 신제품이 오늘 첫선을 보일 예정이라고 했다. 그렇다는 건, 세계를 선도할 최신 기술이 탑재됐다는 것일까?

가벼운 표정으로 무대에 오른 레이쥔은 막힘없이 제품을 소개하기 시작했다. 모두의 주목 속에 모습을 드러낸 건, 일반 대중을 겨냥한 제품이었다. 하지만 그 안에 담긴 기술력은 결코 평범하지 않았다. 퀄컴Qualcomm의 플래그십 프로세서, 한층 업그레이드된 MIUI●, 베젤리스Bezelless 디스플레이, 스마트TV와 연동 기능, 한발 앞선 무선 충전 기술, 샤오아이小愛 스마트 음성 AI까지. 강력한 기능으로 무장한 스마트폰이 새로운 시대의 포문을 여는 자리에서는 화기애애한 모습이 이따금 포착되기도 했다.

● 샤오미의 휴대폰 OS.

"'거리格力'라는 단어를 말하면 샤오아이가 '거리 에어컨格力空調'이라고 문장을 자동 완성합니다."

레이쥔의 가볍지만 뼈아픈 농담에 모두 유쾌한 웃음을 터뜨렸다.

무대 위의 레이쥔이 상징하는 샤오미는 열정적이고, 활기차며, 화려하게 빛난다. 하지만 무대 아래서는 대중이 잘 모르는 샤오미가 날마다 뜨거운 열정을 불태우며 쉬지 않고 앞을 향해 달려간다. 다시 말해서 10년이라는 시간은 샤오미가 놀라운 성과를 거둔 시간이자, 레이쥔이 창업자로 끊임없이 변신하는 시간, 그리고 샤오미와 함께 걸어온 사용자가 유쾌한 경험을 할 수 있었던 시간이었다.

9월 23일, 레이쥔이 중요한 발표회의 리허설을 준비하는 동안 샤오미 중화권 부사장 장젠후이張劍慧는 온종일 정신없이 발품을 팔고 있었다. 장젠후이는 중화권 오프라인 사업 책임자로서 샤오미의 오프라인 창구를 관리하고 확장하는 업무를 담당한다.

샤오미 내부에서 '미친 월요일'이라고 부르는 9월 23일. 장젠후이의 일정은 참석해야 할 정례 회의로 꽉 차 있었다. 갸름한 얼굴, 가늘고 기다란 눈, 머리를 질끈 묶은 허난河南 출신의 장젠후이는 여러 층에 있는 회의실로 달려가기 위해 흰색 운동화를 신고 나타났다. 어린 나이에도 5000명이나 되는 팀원을 관리하는 장젠후이, 그녀처럼 샤오미를 든든히 떠받치는 중간 관리자 대부분이 그녀와 비슷한 또래다. 그런 그녀도 9년 전 A/S 책임자로 샤오미에서 첫 사회생활을 시작했다는 점이 남다른 의미를 지닌다.

이날 밤, 장젠후이는 가장 중요한 업무 회의에 참석했다. 전국 23개 지역 대리점이 샤오미 캠퍼스에 모여 업무를 보고하는 이른바 '총회省總'는 샤오미의 오프라인 전략을 수행하는 주요 관계자 회의를 가리킨다. H동 8층 대회의실이 규정대로 흰 셔츠를 입고 나타난 사람들로 가득 찼다. 그들은 순서에 따라 강단에 올라 2019년 추석 기간의 판매량을 되짚어보고 있었다.

2019년 9월 23일은 샤오미의 해외사업팀 총괄담당이자 샤오미 부사장인 왕샹王翔에게도 유난히 바쁜 하루였다.

이날 아침, 스마트폰 연구 부문에서 세계적 인지도를 자랑하는 시장정보 업체 GFK가 여덟 명의 임원을 파견해 샤오미 해외사업팀과 만남을 가졌다. GFK가 이리저리 분열된 동유럽 시장에 대한 이야기를 꺼내자, 왕샹은 동유럽 시장에서 예상보다 더 큰 기회를 잡을 수 있을 거라 직감했다. 사무실 밖으로 달려 나온 왕샹은 동유럽 시장 책임자에게 전화를 걸었다. 퀄컴 글로벌 부문 부사장이자 중화권 CEO였던 왕샹은 2015년 7월 퀄컴을 관두고 샤오미에 합류한 터였다.

2019년 9월 23일 저녁, 샤오미의 3040세대 임원이자 CFO인 저우쇼우즈周受資는 선전深圳에서 이제 막 베이징에 도착한 상태였다. 전날 밤에 새벽 3시까지 투자 업무를 진행한 터라, 스타벅스 커피를 손에 쥔 채 혼자 사무실 소파에 앉아 졸고 있었다. 싱가포르 출신인 저우쇼우즈는 2015년 레이쥔이 DST<sup>●</sup>에서 스카우트한 인물로, 훗날 샤오미의 홍콩 상장 프로젝트를 담당하게 된다.

● 국제 투자기관 중 하나.

그날 저우쇼우즈는 TCL과의 중요 회의에 참석한 후 TCL의 CEO인 리둥셩李東生과 이야기를 나누고 돌아온 뒤였다. 샤오미는 업스트림으로 진출하기 위한 투자 방안을 이미 구상한 상태였다. 예전부터 제조업의 발전을 이끌고 싶었던 레이쥔의 바람을 담아, 샤오미는 수백억 위안 규모의 펀드를 조성하고 중국 제조업에 적극적으로 진출해 시장을 공략할 기회를 찾는 중이었다. 이러한 전략적 구상에 따라 샤오미는 업스트림으로 진출하기 위한 생태계를 서서히 구축하기 시작했다.

카메라 밖, 사람들의 시선이 닿지 않는 곳에서는 대중이 일상에서 볼 수 없는 샤오미의 본모습이 있다. 이른 새벽에도 환하게 불을 밝히고 있는 사무실, 신기술 개발을 위해 끊임없이 테스트를 반복하는 개발팀, 익숙한 분야에서 벗어나 생소한 영역에 도전해야 하는 사람들, 샤오미 때문에 바뀐 누군가의 운명…. 모두 샤오미에서 매일같이 일어나는 일이다. 이러한 사람들과 운명은 시대와 기회의 산물이다. 그들 역시 샤오미가 시대와 자신들에게 가져다준, 보다 중요한 것을 소중히 여길 줄 안다.

다시 2019년 9월 24일 샤오미 캠퍼스의 농구장으로 돌아가자.

세상을 놀라게 할 걸작이 마침내 무대 위에 모습을 드러냈다. 레이쥔이 모두의 기대를 받으며 스크린에 손을 가져다 대자, 세계 최초의 풀스크린 디스플레이와 1억 화소 카메라를 탑재한 5G 스마트폰 '미믹스 알파Mi MIX Alpha'가 모습을 드러냈다. 투명한 바디에서 흘러나오는 사파이어처럼 영롱한 푸른빛은 위풍당당한 우주 영웅의 모습을 연상시켰다. 너 나 할 것 없이 휴대폰을 꺼내 사진을 찍었고, 발표회 현장은 마치 별빛에 물든 것처럼 눈부시게 빛났다. IT업계에 기라성처럼 등장한 미믹스 알파가 하드웨어의 한계를 극복한 디스플레이를 구현하자, 여기저기서 환호성과 탄성이 터져 나왔다. 샤오미가 세상에 모습을 드러낸 이래 가장 혁신적인 제품이었다.

뜨거운 분위기 속에서 또 하나의 영상이 나타났다. 개발팀에게 이번 제품의 연구개발R&D 작업은 '오디세우스의 모험'을 연상시킬 만큼 고난과 모험의 연속이었다. 영상에서 개발팀은 제품의 연구개발 과정에서 겪어야 했던 문제를 설명하며, 발음하기도 어려운 기술적 문제를 어떻게 해결했는지 설명했다. 이를테면 플렉서블 풀스크린, 적층식 조립, 듀얼사이드 압력 센서 스크린, 스크린 사운드, 초음파 센서, 언더스크린 지문 인식 센서…. 그러면서도 개발팀은 기술적 문제를 극복할 수 있다는 굳은 신념을 드러내기도 했다.

이 과정을 엔지니어만큼 잘 아는 사람도 없을 것이다. 2년 전, 플렉서블 디스플레이 기술이 막 개발됐을 때만 해도 누구도 성공 가능성을 보장하지 못했다. 이를 과감하게 시도해보라는 창업자가 없었다면, 혁신에 필요한 모든 자원을 최대한 제공하겠다는 약속이 없었다면 지금과 같은 성과를 거두지 못했을 것이다.

사실 10년이라는 시간 동안 혁신과 신기술을 대하는 샤오미의 태도는 언제나 한결같았다. 승승장구하며 꽃길을 걸을 때도, 위험천만한 벼랑을 걸을 때도 그랬다. 외부에서 아무리 호들갑을 떨어도 샤오미의 블랙 테크놀로지黑科技* 세계에는 가장 불가사의한 기술을 찾는 사람들로 발 디딜 틈이 없었다.

• 현재의 지식을 초월하는 기술과 제품을 의미한다.

10년 동안 샤오미는 특정한 표현으로 정의될 수 없는 외부의 압력과 잔혹한 산업 경쟁에 적응하기 위해 조직의 구조를 꾸준히 조정해왔다. 끊임없이 출시되는 신제품의 유쾌한 생명력 속에서 우리는 한 가지 사실을 발견할 수 있다. 즉 샤오미 사람들과 관련된 수많은 이야기 속에서 샤오미의 탄생 초기에 그들이 믿었던 것, 이를테면 새로움과 열정을 선사하고, 패배를 인정할 수 없도록 피를 끓게 만드는 것을 샤오미 사람들이 언제나 확신했다는 사실이다. 그것은 샤오미 사람들이 변함없이 추구했던 목표와 일치한다. 바로 과학기술을 통해 삶의 편리함과 즐거움을 모든 사람에게 제공하고, 아름다운 일이 곧 일어날 것이라는 영원한 믿음을 선사하는 것이다.

2019년 하반기, 미·중 간 무역 갈등으로 IT 업계가 급변하기 시작했다. 업계 분위기가 전반적으로 가라앉은 상황에서 샤오미의 전체 임원회의千人干部에 참석한 레이쥔은 샤오미의 중화권 사업이 직면한 도전에 대해 이야기하며, 쉽지 않은 도전 앞에서 또 하나의 거대한 기회가 샤오미를 기다리고 있다고 지적했다.

"5G 시대의 도래로 휴대폰 가격이 오르고 시장 규모가 확대되면, 2020년에 30~40%에 이르는 성장 가능성을 목격할 수 있을 겁니다."

나날이 조여오는 시장의 압박에서 샤오미 중화권의 분위기가 하루가 다르게 긴박하게 돌아가기 시작했다. 이러한 상황에서 레이쥔은 샤오미 경영진에게 한 가지 메시지를 던졌다. 샤오미의 미래에는 지름길 따위는 없으며, 기술력 확보를 통해 내공을 쌓는 것이 유일한 활로라는 것이었다.

이러한 상황에서 등장한 미믹스 알파는 샤오미의 이런 신념에 대한 응답처럼 느껴졌다.

샤오미의 10년을 한 편의 영화에 비유한다면, 카메라는 언제나 위를 비추고 있을 것이다. 중국, 세계, 상업, 과학기술이 끊임없이 바뀌고 진화하는 가운데서 우리는 샤오미의 이야기를 들을 수 있다.

그렇다면 이 이야기는 과연 어떤 결말을 맞을 것인가?

샤오미에 있어 10년이라는 시간은 단순한 세월의 흐름이 아니라, 성장사를 담은 이야기에 가깝다. 이야기 속 주인공들은 낯선 길에 발을 디디고, 낯선 사물을 만난다. 그 과정에서 부분만 보던 시야가 어느새 세상을 향하고, 왠지 모를 두려움에 몸을 사리다가, 그 두려움을 끝내 이겨낸다.

또한 신기술을 찾아 헤매던 개발자가 상품에 대한 낡은 사고의 틀에서 과감히 벗어나 '아무도 없는 곳'에서 자신을 이겨줄 적수를 찾는 독고구패獨孤求敗가 되는 이야기이자, 과학기술의 발전사를 다룬 이야기이기도 하다. 이러한 이야기는 기술에 대한 남다른 열망을 가진 이들이 오랜 시련과 어려움을 극복해 성과를 이루고, 나아가 흐름을 선도하는 여정을 그리고 있다.

더불어 시행착오를 거듭하면서도 시장의 변화에 맞춰 끊임없이 전략을 조정해 저만의 리듬을 만들어내는 회사의 이야기이자, 고군분투하는 회사의 성장사이기도 하다. 비바람 속에서 자신이 믿는 것을 지키려던 회사가 그 역경을 넘어서는 이야기인 것이다.

이는 한 사람과 한 기업의 이야기이자, 중국의 굴기에 관한 이야기이기도 하다. 벤처투자 시스템이 점차 안정되고 모바일 인터넷이 크게 발전하는, 기술과 소비가 업그레이드되는 시대에 국가와 시대가 혁신가를 어떻게 만들어가는가에 관한 이야기인 것이다.

이는 또 다른 의미의 시작을 의미한다.

미믹스 알파가 공개된 순간, 시공을 건너뛴 것처럼 샤오미는 또다시 역풍을 뚫고 꿋꿋이 나아가는 이야기를 써 내려갔다. 2016년 미믹스가 출시되던 날, 아니 그보다 더 이른 2011년 8월 16일 샤오미의 첫 번째 휴대폰이 베이징 789 예술구에서 등장했던 그 역사적 순간으로 돌아간 것처럼 사람들은 뜨거운 눈물을 흘렸다.

커다란 스크린에 레이쥔의 인터뷰 화면이 실렸다.

"탐색은 아무도 없는 곳으로 들어가 아무도 가본 적 없는 길을 걷는 것과 같습니다. 중국의 IT 업체는 이러한 사명감을 지녀야 합니다. 멋진 일, 세상을 뒤엎는 일을 통해 우리에 향한 미펀米紛*의 기대는 물론, 기술 분야를 탐색하는 우리의 열정을 채워야 합니다. 샤오미는 미펀들의 가슴 속에서 언제나 가장 멋진 회사가 되어야 합니다!"

회의장의 분위기가 뜨겁게 달아올랐다. 이러한 분위기를 달구는 데 노래만한 것이 없으리라.

자유를 향한 네 열망을
그 무엇도 막을 수 없으리라.
하늘을 달리는 한 마리 말처럼
네 마음은 얽매이지 않고 자유로우리라.**

탐색은 미래에 또 하나의 가능성을 더한다.
그로 인해 피끓는 삶을 살아가게 될 것이다.

● 샤오미라는 브랜드에 충성하는 팬을 가리킨다.

●● 가수 쉬웨이許巍의 노래〈푸른 연꽃藍蓮花〉의 일부.

# 차례

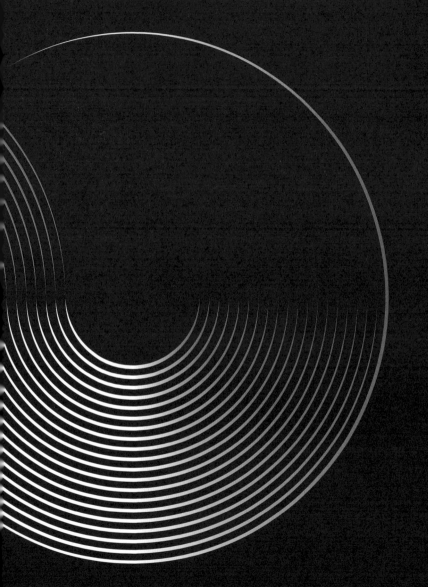

### 라면 가게 앞에 멈춰 선 벤츠

2009년 6월의 어느 오후, 번쩍번쩍한 벤츠 한 대가 마란라면馬蘭拉麵 가게 입구에 멈춰 서더니 두 사람이 차에서 내렸다. 둘의 만남은 사실 우연이 아니었다.

이로부터 30분 전, 천싱즈번晨興資本(Morningside Venture Capital)의 젊은 투자 매니저가 베이징 자오다오커우 남쪽 거리 근처의 그늘 아래를 걷고 있었다. 뜨거운 햇살 아래, 남자는 천싱즈번이 투자한 UC Web의 UC 요우스UC 優視의 이사회에 참가하기 위해 발길을 재촉하는 중이었다. 회의는 렌촹처위안聯創策源(Ceyuan Ventures) 사무실에서 열릴 예정이었는데, 정확한 장소는 지금 그가 향하는 친라오후퉁秦老胡同 35호였다.

유구한 역사를 자랑하는 베이징의 오래된 후퉁胡同과 마찬가지로, 친라오후퉁은 차가 진입하기 어려울 만큼 길고 좁은 구조를 지녔다. 대로에서 후퉁 안으로 꺾어 들어오려면 속도를 줄여야 하기 때문에 후퉁 안에선 종종 교통 체증 현상이 일어나곤 했다. 젊은 투자 매니저는 바삐 걸음을 옮기며, 차량이 후퉁 안으로 통과하는 속도를 눈으로 살폈다. 그때 검은색 벤츠

한 대가 그 옆에 멈춰서더니 내려간 차창 사이로 잠긴 듯한 목소리가 들려왔다.

"밥 먹었나?"

"아직요."

"밥이나 먹으러 가자고."

차에 탄 상대는 오랫동안 업계에 얼굴을 비추지 않은 인물이었다. 중관춘中關村 1세대 창업가이자 UC Web의 초기 투자자인 이 사람은 남자의 '젊은 선배'였다. 회의까지 남은 시간은 1시간, 두 사람은 같이 식사하며 이야기를 나눌 수 있는 기회를 간신히 잡았다.

투자받은 업체의 이사회에 참가하는 건 항상 이런 식이다. 평소에 바쁘게 지내는 투자자끼리 만날 기회가 주어진다. 투자받은 업체에 대한 이야기 말고도 산업 동향이나 향후 전망, 반짝이는 저만의 아이디어 등의 이야기를 나누기도 한다. 1980년대 중국의 개혁개방 정책에 발맞춰 대형 국제 투자업체가 속속 중국에 진출하면서, 중국 내 창업 투자 역시 '굴기'하기 시작했다. 이에 따라 희비가 교차하는 장면이 끊임없이 벌어졌다. 초기에는 웹1.0시대에 중국에서 둥지를 틀기 시작한 기관들이 돈을 긁어모았다면, 지금은 일부 모바일 인터넷 분야에서 성공의 가능성이 서서히 포착되기 시작했다. UC Web 같은 휴대폰 브라우저 상품은 현재 벤처투자 업계에서 대박으로 가는 지름길로 통하고 있었다.

젊은 투자 매니저는 지금 마주한 상대가 창업 분야에서 전설로 불리는 인물이라는 것을 잘 알고 있었다. 그는 2년 전 엔젤 투자자로 변신한 이후 지금은 새로운 영역에서 기회를 모색하는 중이라고 들었다.

상대의 옷차림은 평소와 크게 다르지 않았다. 윤기 나는 검은 머리를 옆으로 깔끔하게 넘긴 채 감청색 청바지를 입었다. 그 위로 주름 없이 깨끗한 흰 셔츠를 입고, 평범한 검은색 나일론 백팩을 메고 있었다. 멀리서 보면 여전히 프로그래머 특유의 분위기가 풍긴다.

180cm 정도로 보이는 키에 다소 마른 체구, 눈가에는 희미한 미소가 드리워 있었다. 말할 때는 오른쪽 뺨의 옅은 보조개가 슬며시 드러나곤 했다. 병사들을 이끌고 적을 때려 부수겠다는 필사의 각오로 나설 필요는 없었는지 다소 잠긴 듯한 목소리는 오늘따라 유쾌하게 들렸다.

"지금 입은 셔츠 어떤가? 얼마 줬을 것 같아?"

"수십 위안 정도로 보이네요."

"어떻게 알았나? 이거 반클凡客誠品(VANCL)* 제품이야. 80수짜리인데, 세탁 후에 다리지 않고 입을 수 있다더군."

●
중국의 온라인 쇼핑몰.

셔츠에 대한 남다른 관심을 시작으로 '젊은 선배'는 차 안에서 전자상거래, 의류 제조, 방적물의 굵기, 물류 배송에 대한 이야기를 흥미진진하게 꺼냈다. 새로운 업체에 투자할 때마다 해당 영역의 전문가로 순식간에 변하는 모습에 저절로 감탄이 나올 지경이었다.

그가 바로 레이쥔이다.

레이쥔은 중국 중관춘의 1세대 창업자 중 한 명으로, 천재 프로그래머이자 청년 창업가로 이름을 날렸다. 그는 1990년대 진산金山(Kingsoft)에 입사한 이래 사무용 소프트웨어인 WPS를 개발하며 전성기를 보냈다.

훗날 진산의 WPS는 다국적 업체인 마이크로소프트Microsoft (MS)의 문서 처리 소프트웨어와 혈전을 치렀다. 진산의 문서 처리 소프트웨어가 중국 최초의 컴퓨터 사용자에 지대한 영향력을 끼쳤다는 점에서, 서방을 대표하는 MS와의 승부는 업체 간 경쟁 그 이상의 민족주의적 색채를 띠고 있었다.

1996년 MS와 진산은 양측 문서 포맷의 중간 지점에 해당하는 RTF 파일로 상대의 파일을 읽어오는 데 동의한다는 협의문에 서명했다. 이 조치는 훗날 진산의 치명적인 실수였다는 사실이 증명됐다. 이로 인해 진산은 '태생적으로 독점 가능성'을 지닌 자사의 WPS 서비스를 '선의를 베풀어' MS에 개방한 것이기 때문이다. MS의 윈도우 95가 출시되자 WPS 사용자는 MS의 사무용 소프트웨어로 대거 갈아타기 시작했다. MS와의 경쟁에서 진산은 결국 무너졌다. 그 결과 1996년은 MS가 중국 시장을 차지한 해로 기억되고 있다.

이때의 사건으로 레이쥔은 자신의 창업 인생에서 가장 어두웠던 암흑기를 보내고 있었다. 그해 레이쥔의 나이는 겨우 스물일곱이었다. 당시 바이두百度의 CEO 리옌훙李彦宏은 미국에서 유학 중이었고, 텅쉰의 CEO 마화텅馬化騰은 자신의 첫 번째 회사를 세우는 데 필요한 자금을 마련하기 위해 발품을 팔고 있었다. 알리바바의 CEO 마윈馬雲 역시 동업자와 기업의 홈페이지를 구축하는 일을 전문으로 하는 웹사이트 '차이나 엘로우페이지'를 세우는 데 그쳤다.

그 뒤에 이어지는 상황은 한 편의 전쟁 영화를 떠올리게 한다. 다윗과 골리앗의 싸움으로 불리는 전쟁에서 레이쥔은 전선에 선 지휘관처럼 위기의 순간, 회사의 생존을 위해 목숨을 건 승부에 나섰다.

MS가 워낙 강한 탓에 진산으로서는 정면 대결이 불가능했다. 레이쥔이 당시 진산을 위해 세운 전략은 크게 두 가지였다. 첫째, 속도전보다는 WPS 사용자의 만족도를 꾸준히 높이는 데 심혈을 기울였다. 둘째, MS가 손대지 않은 시장에서 틈새를 노리고 힘을 키웠다. 그 결과는 어학사전인 '진산츠바金山詞霸'와 백신 프로그램인 '진산두바金山毒霸'의 탄생으로 이어졌다. 이 제품들은 훗날 진산이 곤경에서 벗어나는 데 중요한 역할을 한다.

괴롭기만 한 지구전이 계속되는 가운데, 하룻밤 사이에 봄바람이 불기 시작했다. 중국 컴퓨터 산업이 데스크톱용 소프트웨어 시대에서 인터넷 시대로 바뀌는 대전환의 시기를 맞이한 것이다. 보이지 않는 곳에서 묵묵히 내공을 쌓아오던 인터넷 창업계의 신예들이 본격적으로 모습을 드러내기 시작했다. 1995년, 장수신張樹新은 중관춘 남부대로에 '중국인은 정보 고속도로에서 얼마나 멀리 떨어져 있을까요? 답은 북으로 1500m입니다'라는 내용의 광고판을 세웠다. 이 광고가 중국의 인터넷 발전을 알리는 서곡이었다면 1997년 이후의 인터넷 열기는 한마디로 교향곡이나 다름없었다. 시나新浪, 왕이網易, 소후搜狐로 대변되는 3대 포털 사이트가 앞다투어 등장하면서 중국의 네티즌이 정보를 획득하는 방식에 혁명적인 변화를 가져다줬다.

2000년에 시나와 왕이, 소후가 연달아 미국 나스닥에 상장했고, 펜티엄III, 펜티엄IV 프로세서를 탑재한 PC가 대량 보급되기 시작했다. 2000년 중국의 인터넷 사용자 수는 890만 명으로, 3년 전보다 무려 14배 늘어난 수치였다.

진산과 MS가 싸우는 동안, 미국 월스트리트와 실리콘밸리에서 기반을 닦은 리옌훙이 귀국해 바이두를 세우며 검색 엔진 개발에 나섰다. 50만 위안에 자사의 제품을 팔아버릴 뻔한 마화텅은 텅쉰을 세웠다. 차이나 옐로우페이지를 개설한 마윈은 몇 번의 우여곡절 끝에 전자상거래 업체인 알리바바를 운영 중이었다.

신예들이 본격적인 성장을 준비하던 시절, 레이쥔은 심각한 문제에 직면해 있었다. 새로운 산업의 물결 속에서 진산이라는 소프트웨어 업체의 존재감을 어떻게 드러낼 것인가? 전통적인 소프트웨어 업체가 한 치 앞도 내다볼 수 없는 거센 풍랑을 어떻게 견뎌낼 것인가? 특히 산업계의 거센 물결 속에서 당시 진산은 전형적인 '혁신가의 딜레마'에 처해 있었다.

"진정한 의미의 파괴적 혁신은 거대한 기존 업체의 선택에 따라 무시됐다가 어느 시점에 갑자기 폭발하며 업계 전체의 판도를 뒤집어놓는다."

미국 하버드대학교 비즈니스스쿨 교수 클레이튼 크리스텐슨Clayton Christensen이 《혁신기업의 딜레마Innovator's Dilema》에서 한 말이다. 시장에서 이미 우위를 확보한 업체는 파괴적 혁신 분야에서는 오히려 열세에 처한다. 이는 당시의 진산이 직면한 문제이기도 했다.

사실 업계의 흐름을 확인한 레이쥔은 1999년 진산의 인터넷 사업 진출을 위해 단독 부서를 설립했었다. 당시의 목표는 소프트웨어 다운로드 서비스를 제공하는 사이트였다. 하지만 결과가 보여주듯, 다운로드 사이트는 진산이 인터넷 사업에 진출하기 위한 일종의 교두보였을 뿐 결코 만족스러운 사업은 아니었다. 광대역 통신 비용이 꾸준한 인상되는 바람에 가치의 현금화와 사용자에게 가치를 전달하는 데까지 이어지지 못했기 때문이다. 그래서 레이쥔은 인터넷 부서를 진산에서 분할시킨 뒤 2000년에 독자적인 전자상거래 사이트를 세웠다. 미국의 전자상거래 사이트인 아마존에서 아이디어를 얻은 그는 인터넷 플랫폼을 통해 소비자에게 음료와 서적 등의 상품을 파는 쥐위에왕卓越網을 설립했다.

해당 프로젝트에 레이쥔은 다른 주주들과 함께 총 2000만 위안의 자금을 투입했다.

인터넷에 대한 레이쥔의 열정은 소프트웨어에 대한 애정 못지않았다. 매일 출근하자마자 30분 동안 쥐위에왕의 모든 페이지 링크를 검사하고, 탑재된 광고가 정확한지 꼼꼼하게 확인했다. 심지어 줘위에왕에서 파는 책을 한 권씩 뒤적이며 독자에게 추천할 만한 책인지 확인하기도 했다. 온종일 정신없이 일한 뒤에도 매일 밤 12시에 경영진과 전화 회의를 열고 당일 경영 상태를 파악했다.

주문 규모가 꾸준히 증가하면서 재고에 대한 부담도 빠르게 늘었다. 상품을 진열대에 놓고, 전체 라인을 다시 만드는 데 최소 1000만 달러가 들었기 때문에 줘위에왕 운영에 날마다 거액의 자금을 퍼부어야 했다. 그러던 중 레이쥔은 중국의 정보화 수준이 여전히 낮다는 사실을 깨달았다. 중국의 전자상거래가 안정 궤도에 오르려면 적어도 5년에서 10년이라는 시간이 걸릴 것으로 예상됐다. 바꿔 말하면 줘위에왕이 안정적인 흑자 경영을 달성하려면 적어도 10억 위안을 투자해야 한다는 뜻이기도 했다. 레이쥔이 가장 위대하다고 평가하는 전자상거래 업체 아마존 역시 때를 기다리며 바짝 몸을 숙여야 했던 시절이 있었다(1994년에 설립된 아마존은 2002년이 돼서야 흑자 경영으로 돌아섰다).

하지만 줘위에왕은 빈곤한 자금 사정 탓에 오래 버티지 못했다. 특히 회사 설립 당시의 상황이 여의치 않았다. 줘위에왕이 회사 간판을 내건 2000년 5월 당시 전 세계 인터넷 산업은 거품이 터지기 직전의 상황에 내몰려 있었다. 줘위에왕은 전 세계 벤처 자금이 인터넷 분야에서 발을 빼기 전에 성장기를 보내야 했다. 줘위에왕이 매각을 고민하던 2004년 9월에 이르러 인터넷 업계가 내리막길을 걷기 시작했다. 이는 다시 말해서 줘위에왕이 초기의 인터넷 회사와 달리, 거액의 융자로 더는 버틸 수 없다는 것을 뜻했다.

매각 여부를 놓고 밤낮으로 고민하던 레이쥔은 결국 줘위에왕을 7500만 달러에 아마존에 팔기로 결정했다. 이번 매각은 그에게 깊은 상처를 남겼다. 6개월 동안 레이쥔은 줘위에왕에 접속도 하지 않고, 줘위에왕의 동료들도 만나지 않았다. 그 당시 중국 내 창업자들은 회사 매각에 부정적인 태도를 취하곤 했다. 줘위에왕을 파는 게 마치 제 자식을 파는 것처럼 레이쥔에게는 가슴 아픈 일이었다.

2004년 하반기, 레이쥔은 진산을 이끌고 게임 업계에 진출했다. 액션 영화 〈미션 임파서블〉에서 이름을 따 'X-Mission'이라고 명명된 이번 프로젝트에서 레이쥔은 리스크와 난이도가 높은 온라인 게임 분야로의 변신을 시도했다.

중국 내 소프트웨어 산업이 궁지에 몰린 상황에서 진산은 온라인 게임 분야에 대한 새로운 이해를 통해 기존과는 전혀 다른 길을 걷기 시작했다. 온라인 게임이 속속 출시되면서 온라인 게임은 진산의 캐시 카우Cash Cow로 불리기 시작했다. 그 결과 진산은 'MS에 짓눌려 숨도 쉬지 못할 것이다'라는 저주에서 벗어나 독자적인 생존 방식을 찾아냈다.

2007년 10월, 진산은 홍콩 증시에 상장하면서 자본시장 Capital Market● 진출이라는 목표를 달성했다. 지난 세 번의 실패 탓에 진산의 상장 과정은 결코 녹록치 않았다. 상장 전 레이쥔은 홍콩, 싱가포르, 런던, 뉴욕에서 투자 설명회Road Show를

● 기업의 투자를 위해 필요한 자금의 조달이 이루어지는 시장.

가졌다. 빽빽한 스케줄과 투자자들의 날카로운 질문에 참석자들은 쉽게 지쳐 떨어지곤 했지만, 레이쥔은 거의 매일 밤 수많은 투자자를 만났다. 외국의 낯선 땅을 누비며 30대의 청년은 몇 번이고 뜨거운 눈물을 쏟을 뻔했다. 레이쥔의 절친도 지난 16년 동안 그가 겪었던 마음고생을 온전히 이해하지 못할 것이다.

진산이 홍콩에서 상장한 그해, 마윈도 알리바바의 B2B 사업을 홍콩에 상장시켰다. 당시 텅쉰, 바이두, 알리바바의 시가 총액은 100억 달러를 넘어섰다. 같은 시기(2007년 10월 6일) 시나의 시가 총액은 26억 8300만 달러, 소후는 14억 5400만 달러, 왕이는 21억 1300만 달러에 불과했다. 세 포털 사이트의 시가 총액을 합쳐도 100억 달러가 채 되지 못한 것에 비해, 텅쉰과 바이두, 알리바바로 대표되는 새로운 3대 업체는 눈부신 성장세를 보이며 3대 포털 사이트의 자리를 빠르게 채우기 시작했다. 그로 인해 상장한 중국 인터넷 업체의 시가 총액이 한때 700억 달러까지 치솟기도 했다.

한 치 앞도 보이지 않는 불안한 시장 환경, 끊임없는 악재의 등장, 소리 없는 전장에서 전해지는 충격과 새로운 도전에 따른 시련을 레이쥔은 속으로 묵묵히 삭여내야 했다. 거액을 건 진산과 MS의 승부, 줘위에왕 매각, 온라인 게임 개발에 이르는 온갖 시련에 한때 우한대학교에서 "10년 안에 MS와 승부를 짓겠다"고 호언장담하던 청년은 설 자리를 잃고 말았다.

젊은 혈기만으로 사업을 해낼 수 없다고 판단한 레이쥔은 객관적으로 문제를 바라보기 시작했다.

십여 년 동안의 경험을 통해 레이쥔은 사업가는 슈퍼맨에 원탁의 기사를 합친 초월적인 존재가 아니라는 사실을 깨달았다. 제대로 된 창업가라면 꼼꼼한 분석, 철저한 시스템 외에도 일에 대한 진지한 자세를 갖춰야 한다. 그리고 무엇보다도 꼼꼼한 분석이 선행되어야 한다. 기업의 성공을 가늠하는 가장 중요한 조건은 무조건 열심히 일하는 게 아니라 흐름에 맞게 자유자재로 대응할 수 있는 능력이기 때문이다.

창업가라면 시대의 흐름을 읽어내야 한다는 것이 레이쥔이 최종적으로 도달한 결론이었다. 바위를 밀면서 산에 오를 수 없다. 그건 감당할 수 없는 일이다. 바꿔 말하면 창업의 길에 오르려면 산 정상에서 일단 내려와야 했다.

진산을 떠나는 일은 고통스러우면서도 무척 복잡한 사연이 담긴 결정이었다. 진산이 홍콩 증시에 상장한 후, 진산에 남다른 애정을 가진 레이쥔은 다양한 이유로 떠나는 쪽을 선택했다. 이 과정에서 그가 겪은 심리적 고통은 줘위에왕을 매각할 때보다 열 배는 더 컸다. 추바이쥔求伯君과 장쉬안룽張旋龍이 극구 만류했지만, 결국 '흐름'을 따르겠다는 레이쥔의 결심을 되돌리지는 못했다. 진산을 떠난 레이쥔은 더는 어떤 회사에도 애정을 갖지 않기 위해 엔젤 투자를 하기로 결심했다.

시대의 흐름을 이끄는 물결을 헤치며 오랫동안 현장을 누빈 경험 덕분에 레이쥔은 성공의 기회를 가늠할 줄 아는 본능을 갖게 됐다. 기술이 끊임없이 발전하면서 새로운 혁명의 서막이 열리고 있다고 그는 확신했다. 맨 앞에서 시대를 이끌었던 사람들처럼 레이쥔은 새로운 산업의 패러다임, 즉 모바일 인터넷 시대를 맞이할 준비에 착수했다.

사실 레이쥔이 엔젤 투자자로 활동했던 건 진산을 나서기 전부터의 일이다. 신구 세대가 교체하는 환경 속에서 지내온 그는 산업의 흐름에도 예민하게 반응할 수 있었다. 2003년 3G 에 대한 사람들의 관심이 뜨거워지더니 2004년이 되자 인터넷 시장이 전체적으로 회복세로 돌아섰다. 이 점을 깨달은 레이쥔 은 그때부터 새로운 성공 기회가 무엇일지, '다음 라운드'는 어디서 시작될지 밤낮으로 고민했다. 희망의 불씨를 볼 때마다 과감한 투자에 나선 덕분에 '레이쥔 라인'의 엔젤 투자 시스템 도 천천히 가꿔나갈 수 있었다.

투자의 방향은 크게 세 가지였다. 모바일 인터넷, 전자상거 래, 그리고 SNS. UC Web와 같은 상품은 레이쥔이 엔젤 투자 자로서 거둔 성공작에 속한다.


## 휴대폰 광팬 레이쥔의 꿈

UC Web에 대한 투자는 진산 상장 전인 2007년 초에 전격 추진됐다. 레이쥔과 그의 몇몇 동료들은 당시 '총알'이 다 떨어 진 회사에 400만 위안을 공동으로 투자했다. 400만 위안 중에 레이쥔이 출자한 비용은 무려 200만 위안, 회사 주식의 10%에 달하는 비중이었다.

지금이야 휴대폰이 일상에 없어서는 안 되는 필수품으로 통하지만 당시에는 '신기한' 물건에 불과했다. 그때만 해도 휴대폰으로 인터넷을 하려면 많은 인내심이 필요했다. 속도가 워낙 느렸기 때문이다. 하지만 UC Web은 PC 웹페이지를 휴대폰으로 열 때의 데이터 사용량을 줄여 인터넷 접속 속도를 높였다. 이 덕분에 UC Web은 네티즌으로부터 가장 경제적인 브라우저라는 호평을 받기도 했다. 또 한 대의 휴대폰에서 여러 웹페이지를 열 수 있는 기능을 제공해 편의성을 높였다.

UC Web에 대한 투자를 결심하기까지 레이쥔은 한순간도 망설이지 않았다. 3G 시대가 도래하면 휴대폰을 통해 인터넷을 이용하려는 사용자가 더 늘어날 것이라고 확신했기 때문이다. 남보다 한발 앞선 혁신가가 휴대폰에 누구나 인터넷에 접속할 수 있는 통로, 즉 브라우저를 구축한다면 무한한 성장이 가능한 사업 모델을 탄생시킬 수 있을 것이다. 그에게 UC Web은 미래 휴대폰 업계를 이끌 '구글'처럼 보였다.

실제로 2007년 이후, 레이쥔은 사무실과 집에서 컴퓨터를 더는 사용하지 않겠다는 원칙을 세웠다. 모든 정보를 최대한 휴대폰만으로 처리하겠노라 결심하고 이를 실행하는 과정을 통해 머지않아 펼쳐질 모바일 시대의 그림을 희미하게나마 감상할 수 있었다.

UC 휴대폰 브라우저가 두 번째 투자 지원을 받은 2007년, 바다 건너편에서 산업 전반에 커다란 영향을 주게 될 변화의 바람이 불기 시작했다. 2007년 1월 9일 애플이 맥월드Macworld

발표회에서 자사의 모바일 OS 시스템이 탑재된 아이폰을 출시한 것이다. 그로부터 몇 개월 후 아이폰은 출시와 함께 전 세계에 커다란 충격을 선사했다.

아이폰은 애플이 2년 6개월 동안 심혈을 기울여 우여곡절 끝에 선보인 제품이다. 애플의 창립자 스티브 잡스가 애플에 복귀한 뒤 출시한 선보인 비장의 카드이자, 애플을 다시금 '왕좌'로 이끈 발판이기도 하다.

애플의 수석 디자이너 조너선 아이브Jonathan Ive는 자서전에서 이렇게 말했다.

모든 일이 새로웠다. 제대로 돌아가는 것이 없었다. 터치스크린도 가속도 센서도 모두 새로운 것이었다. 한 걸음 내디딜 때마다 우리는 치열하게 몸부림쳐야 했다. 어느 한순간도 예외는 없었다. 지난 2년 6개월이라는 시간 동안 우리는 일분일초도 예외 없이 싸우며 몸부림쳐야 했다.

그렇게 모두의 노력과 수고에 보답하듯 아이폰은 출시하자마자 전 세계를 강타했다. 《비커밍 스티브 잡스Becoming Steve Jobs》에서는 그때의 상황을 이렇게 설명했다.

스티브 잡스가 직접 시범을 보인 멀티터치 스크린은 마치 마력을 지닌 듯했다. 스크린을 손가락으로 가볍게 훑기만 해도 카테고리가 주르륵 펼쳐지고, 사이트 주소를 터치하면 웹페이지가 차르륵 펼쳐졌다. 그의 손가락이 움직일 때마다 환호성이 터져나왔다. 애플 스토어가 문을 열 때마다 마치 축제에 참가한 것처럼 잔뜩 흥분한 사람들이 문전성시를 이뤘다.

2007년 말까지 6개월이라는 짧은 기간 동안 모두 370만 대의 아이폰이 팔려나갔다. 2008년 1분기, 아이폰의 판매량은 애플의 전체 맥Mac 시리즈 판매량을 훌쩍 뛰어넘었다. 그해 연말, 아이폰의 1분기 판매량은 맥 판매량의 3배를 기록하며 애플의 영업 이익과 이윤을 대폭 끌어올렸다.

아이폰이 출시된 지 4개월 후, 애플은 아이폰의 소프트웨어를 개발하고자 하는 사용자를 위한 소프트웨어 개발 툴 패키지를 소개했다. 그 소식이 순식간에 실리콘밸리와 투자업계에 퍼지면서 수백 개에 달하는 중소업체가 앞다투어 자금을 쏟아부으며 애플의 개발 플랫폼에 진출했다. 남다른 안목을 지닌 사람들은 아이폰이 휴대폰 업계를 지배할 게임의 법칙을 바꿔놓을 거라고 눈치챘다.

애플이 일으킨 '태풍'이 전 세계를 휩쓴 지 6개월이 지난 2007년 11월 5일, 구글이 안드로이드Android 스마트 OS 시스템을 정식으로 출시했다. 얼마 지나지 않아 안드로이드를 상징하는 초록색 로봇이 전 세계 곳곳에 모습을 드러내더니 이내 애플 iOS의 아성을 위협하기 시작했다.

'안드로이드의 아버지'라고 불리는 앤디 루빈Andy Rubin은 기술에 남다른 애정을 가진 개발자로, 긱Geek 문화의 대표주자로 평가받는다. 애플과 MS에서 경력을 쌓은 그는 2003년에 차세대 휴대폰을 선보이겠다는 꿈을 이루기 위해 안드로이드를 개발했다. 모든 소프트웨어 프로그래머에게 개방된 모바일 휴대폰 플랫폼을 제공하겠다는 목표를 공표한 것이다.

친구들의 도움으로 앤디 루빈의 안드로이드 프로젝트는 2005년 3월에 구글에 매각됐다. 그 후 2년 동안 안드로이드는 구글에서 그다지 존재감을 드러내지 못했었다. 앤디는 자신을 따라 구글에 입사한 10여 명의 팀원과 함께 구글 본사의 한구석을 차지한 채, 그냥저냥 개발 작업을 꾸려나가고 있었다. 심지어 구글에서는 그들에게 개발 목표나 상품 출시 기한을 명확하게 정해주지도 않았었다. 하지만 애플이 자체 OS 시스템을 출시하면서 안드로이드를 향한 세간의 관심이 뜨겁게 달아오르기 시작했다.

2007년 11월 5일, 애플이 1세대 아이폰을 출시한 지 4개월 만에 구글에서 안드로이드 OS 시스템을 정식으로 출시했다. 그리고 34곳의 휴대폰 업체 및 통신사와 '개방형 휴대폰 동맹 Open Handset Alliance'을 맺었다. 이를 계기로 리눅스Linux를 기반으로 하는 안드로이드 시스템이 역사의 무대에 정식으로 데뷔했다.

안드로이드 시스템의 산실이라고 할 수 있는 리눅스는 소스코드를 누구나 고칠 수 있는 무료 OS 시스템으로서, 높은 접근성을 자랑한다. 일각에서는 리눅스를 전 세계 수많은 프로그래머의 피, 땀, 눈물이 담긴 결정체라고 부르기도 한다. 이러한 태생적 특징 때문에 안드로이드의 오픈소스 모델은 기존 OS 시스템의 라이선스 모델을 무너뜨렸다. 제조사의 비용 절감은 물론, 한결 자유로운 환경을 제공함으로써 안드로이드에 대한 개발자들의 열정에 불을 지폈다. 안드로이드 플랫폼이 빠르게 안정화되고, 거침없이 성장할 수 있었던 원천이 바로 여기에 있다.[2]

애플과 안드로이드 시스템에 2007년은 분수령이 되는 해였다. 바다 건너편에서 연거푸 들리는 소식에 전 세계 IT 업계에 전에 없던 시장 구도와 절호의 기회가 찾아왔다. 넷스케이프Netscape의 공동 창업자인 마크 앤드리슨Marc Andreessen(훗날 실리콘밸리 벤처 투자자가 된다)은 이러한 변화를 지켜보며 새로운 기술의 등장으로 '실리콘밸리의 양극이 뒤집혔다'는 감상을 들려주기도 했다. 그전까지 기술의 발전은 군대나 대기업을 통해 구현되곤 했다. 부품을 구입하기 위해서는 막대한 자본력이 뒷받침되어야 했기 때문이었다. 하지만 이제 상황이 변했다. 기술의 발전이 일반 소비자에 의해서도 가능해진 것이다.

당시 시장에서는 이미 몇 년 전부터 팜Palm의 트레오Treo 휴대폰이 판매 중이었고, RIM 모바일에서 생산한 블랙베리Blackberry 역시 판매 호조를 보이고 있었다. 이들 휴대폰은 키보드나 스크린이 그리 크지 않았지만 메일이나 스케줄 확인, 연락처 검색 등의 기능을 수행하는 데 큰 불편은 없었다. 그럼에도 이들 휴대폰의 판매량은 해마다 감소하고 있었다.

아이폰의 등장과 안드로이드의 거침없는 행보는 바다 건너의 평범하기 짝이 없는, 이제 막 1000만 달러의 투자를 따낸 UC 요우스에 어떤 영향을 가져다줬을까? 2009년 6월 여느 때와 다름없는 평범한 여름 오후, 작은 라면 가게에 마주 앉아 이야기를 나누던 두 벤처 투자자와는 또 무슨 관련이 있을까?

어두컴컴한 라면 가게에 들어간 레이쥔은 창가 자리에 앉았다.

"UC Web에 대해 어떻게 생각하나?"

레이쥔은 거두절미하고 말문을 열었다.

맞은편의 젊은 투자 매니저는 그 질문에 담긴 의미를 바로 알아챘다. 겉으로 보이는 것보다 훨씬 심각한 문제라는 것을 그는 누구보다 잘 알고 있었다. 2년 전 바다 건너편에서 일어난 IT 혁명과 관련된 문제임이 분명했다. 남다른 안목을 지닌 일선의 IT 종사자들은 IT 혁명이 모바일 인터넷이라는 큰 그림을 어떻게 그려나갈지 숨죽인 채 지켜보고 있었다. UC 요우스 같은 휴대폰 관련 업체들은 새로운 기술 시스템 앞에서 선택의 기로에 서 있었다. 그 선택의 끝에서 레이쥔은 안드로이드가 가져다줄 절호의 기회를 포착했다.

젊은 투자매니저에게 레이쥔은 영원한 우상이었다. 하지만 지금의 자신은 여러 스타트업의 전환을 성공으로 이끈 투자자다. 나이가 그리 많은 편은 아니었지만 일반 패킷 무선 서비스 General Packet Radio Service(GPRS) 시대에서 어렵사리 3G 시대로 넘어오면서, 서비스 제공자Service Provider로서의 원죄를 몸소 겪었다. 또한 애플의 혁신과 안드로이드의 오픈소스 방식을 두 눈으로 똑똑히 지켜봤다. 이제라면 레이쥔과 제대로 된 대화를 할 수 있겠다는 판단이 들었다. UC Web 전에 레이쥔과 핀테크 업체인 라카라拉卡拉에 함께 투자한 적도 있었다.

"저도 같은 생각입니다, 안드로이드에 기회는 있습니다."

젊은 투자매니저가 레이쥔의 질문에 답했다. UC Web은 초기 심비안Symbian 시스템에 기반을 두고 있었다. 심비안은 애플의 iOS와 안드로이드가 등장하기 전에 전 세계 최대의 휴대폰 제조업체인 노키아Nokia가 사용한 휴대폰 운영 체제 Operating System(OS)다. 2009년까지 iOS와 안드로이드가 출시된 후 2년 동안 MS의 완전히 폐쇄적인 윈도우 모바일Windows Mobile 시스템을 제외한 전 세계 모바일 플랫폼의 양대 시스템이 PC 시대처럼 점차 양대 진영으로 구축되기 시작했다. UC Web을 놓고 레이쥔이 고민한 문제의 본질은 다음과 같았다. 안드로이드 시스템이 출시된 지 꽤 지난 상황에서 UC Web을 지금의 심비안 시스템에서 안드로이드 시스템으로 전환해 UC Web을 안드로이드 시스템을 탑재한 더 많은 휴대폰과 연동할 수 있는가 하는 것이었다.

그 밖에도 레이쥔은 iOS, 심비안과 윈도우 모바일 시스템보다 안드로이드가 미래의 모바일 인터넷 시장에서 더 큰 성장 가능성을 갖고 있는지를 집중적으로 살폈다.

최신 산업 동향을 꼼꼼하게 챙기고 있던 휴대폰 광팬에게 아이폰 시스템과 안드로이드 시스템의 잇따른 등장은 왠지 익숙한 IT 산업의 세대교체를 연상시켰다. 예민한 관찰자라면

1980년대 PC 시대의 발전을 절로 떠올릴 것이다. 레이쥔 역시 이러한 변화가 기존과는 전혀 다른 역사의 등장을 예고하는 징조인지 진지하게 고민했다.

그때의 역사를 사람들은 너무나도 잘 알고 있었다. 스티브 잡스의 신화와 실리콘밸리의 역사를 다룬 서적 모두 여기에 뜨거운 관심을 보였다. 《비커밍 스티브 잡스》에서도 예외 없이 이 사실을 다루고 있다.

스티브 잡스는 시스템이 폐쇄적이어야 하드웨어와 통합된 체험이 가능하다는 입장을 고수했다. 하지만 빌 게이츠는 반도체 칩과 전자 회로는 임무를 완성하는 매개체이며, OS는 프로그래머와 반도체 사이를 이어주는 교량이라고 지적했다. 표준화된 OS를 통해 IT 산업이 수혜를 누릴 수 있고, 개발사에 상당한 수익을 보장해줄 수 있다는 것이었다. 이 점을 깨달은 건 빌 게이츠뿐이었다. 아무도 이를 알지 못했다.

PC 산업이 막 성장하던 시기, 애플은 폐쇄적인 길을 선택했고 MS는 개방된 길을 선택했다. 결국 윈텔Wintel● 시스템은 특유의 호환성과 개방성으로 PC 시장에서 주도권을 차지했다. 레이쥔은 대학교 1학년 시절 《실리콘밸리의 불The Fire of Silicon Valley》이라는 책을 탐독하며 스티브 잡스와 빌 게이츠, 애플과 MS, 매킨토시와 윈도우 이야기에 흠뻑 빠진 적이 있었다. 그런 레이쥔에게 UC Web이 지금 직면한 문제는 그저 한

● 윈도우와 인텔의 합성어. 인텔 아키텍처와 윈도우 OS가 PC시장을 차지한 것을 일컫는다.

업체가 직면한 선택의 기로 그 이상의 것으로 다가왔다.

UC Web에 관한 이야기를 잠시 나눈 후, 레이쥔은 식탁 위에 놓인 그릇을 밀더니 의자에 걸어둔 검은색 나일론 백팩에서 몇 대의 휴대폰을 꺼냈다. 식탁에 휴대폰을 차례로 내려놓은 뒤에 흥미진진한 표정으로 소개에 나섰다.

"이건 아이폰, 이건 구글 G1이지. 안드로이드에 있다는 기회가 뭔지 살펴볼까?"

그리곤 휴대폰을 들어 이리저리 만지작거리며 살폈다. 휴대폰에 푹 빠진 레이쥔은 마치 귀한 보물을 대하는 양 휴대폰의 파라미터를 살피더니, UI도 꼼꼼히 비교하기 시작했다. 마치 미래 세계에 푹 빠진 것 같았다.

사실 레이쥔은 꽤 오래전부터 휴대폰을 등에 짊어지고 다녔다. 아이폰과 안드로이드가 등장한 이후, 스마트폰 연구에도 뛰어들었다. 아이폰 십여 대를 사서 친구들에게 건넸을 뿐 아니라 구글 G1도 여러 대 구입했다. 휴대폰이라는 새로운 세상에 매료된 레이쥔은 힘든 줄도 모르고 연구에 매달렸다. 심비안 시스템이 여전히 안정세를 구가하곤 있지만, 그 흐름은 오래 가지 못할 것이라는 직감이 들었다. 애플도 개발자 플랫폼을 제공했지만, 역사적으로 봤을 때 개방성이 제한적이라는 것이 레이쥔의 판단이었다. 이에 반해 안드로이드는 지금 당장 화려한 성적표를 보여주진 못했지만 특유의 개방 정신을 보건대 업계에 지각 변동을 가져올 가능성이 훨씬 높았다.

2009년은 산업의 분열을 코앞에 둔 해였다. 기존의 시장 구도가 유지되는 상황에서, 새로운 시장 구도 또한 완전한 모습을 갖추기 전이었다. 하지만 16년에 걸쳐 쌓은 현장에 대한 감각과 소프트웨어 산업이 인터넷 산업으로 업그레이드되는 과정을 몸소 겪은 레이쥔은 창업에 따른 기회와 전망을 빠르게 판단했다. 그건 마치 혁신가로서의 본능에 가까운 것이었다.

평범한 라면 가게에서 레이쥔은 UC Web의 미래와 안드로이드와 애플의 미래에 대해 이야기했다. 레이쥔은 미래가 삼분천하三分天下가 될 것인지, 아니면 양대 진영의 싸움이 될 것인지 젊은 투자자와 토론에 나섰다. 어떤 휴대폰이 좀 더 사용자 친화적인지, 또 어떤 휴대폰이 아쉬운지 이야기를 이어갔다.

2년 동안의 휴식을 통해 레이쥔은 심장이 두근거리는 기분을 다시 느낄 수 있었다. 그 기간 동안 나일론 백팩은 그의 등에서 떠날 줄 몰랐다. 일상적인 장소에 어울리지 않게 뜨겁게 토론을 벌이는 모습도 여러 번 목격됐다. 시중에 판매 중인 휴대폰을 일렬로 쭈욱 늘어놓고는, 흥미로운 표정으로 하나씩 설명하기도 했다. 당시 레이쥔과 친분이 있는 사람들은 그가 다시 '강호'에 모습을 드러내리라는 것을, 그것도 휴대폰 사업에 뛰어들리라는 것을 어느 정도 짐작하고 있었다.

## 효율 혁명

《실리콘밸리의 불》은 1984년 처음 출간된 이래 당시 '20세기에 유일한, 그리고 가장 큰 돈을 벌 수 있는 합법적인 방법'을 가진 사람들의 이야기를 널리 소개했다. 그중에는 빌 게이츠, 스티브 잡스의 초기 창업 이야기도 있다.

책에서는 애플이 첫 번째 거래를 성공시킨 모든 과정을 설명한다. 어느 날 스티브 잡스는 당시 전자 제품을 판매하는 점포를 운영하던 폴 테렐Paul Terrell을 만났다. 그가 운영하던 점포는 훗날 미국 최고의 컴퓨터 부품 프랜차이즈인 바이트 숍Byte Shop으로 발전했다. 테렐은 애플 최초의 제품인 애플 I 컴퓨터를 보곤, 스티브 잡스에게 '연락 달라'는 뜻을 예의 바르게 전했다. 이튿날 슬리퍼를 신은 스티브 잡스가 테렐의 가게를 찾아와 '앞으로도 계속 연락하고 싶다'고 말했다.

스티브 잡스는 테렐에게 자신의 상품을 팔아달라고 제의했다. 그를 이길 수 없었던 테렐은 500달러를 건네며, 50대를 30일 안에 납품해달라고 했다. 스티브 잡스와 그의 동료인 스티브 워즈니악Steve Wozniak은 잽싸게 조립 작업에 들어갔다. 일손이 부족했던 스티브 잡스는 도와달라며 여동생에게 SOS를 치기도 했다. 우여곡절 끝에 스티브 잡스는 납품일 하루 전에 주문 상품을 건네며 애플 최초의 수익을 손에 쥐었다.

이 이야기는 열일곱 살의 소년 레이쥔의 가슴에 불을 당겼다.

1987년 우한대학교 컴퓨터학과 1학년 시절 레이쥔은 대학교 도서관에서 《실리콘밸리의 불》이라는 책을 접한 후 무섭게 빠져들었다. 실리콘밸리의 이야기에 매료된 레이쥔은 여러 이야기 중에서도 실리콘밸리 특유의 정신에 크게 감동했다. 새로운 세상으로 가는 문이 그의 가슴에서 서서히 열리고 있었다.

가슴 속에 뜨거운 불길을 품은 채 레이쥔은 대학교 운동장을
두 바퀴나 돌았다.

이렇게 강렬한 기분은 난생처음이었다. 중국이라는 땅에서
스티브 잡스처럼 세계 최고의 회사를 세우고, 모든 사람의 삶
을 바꿀 위대한 제품을 만들겠다는 열망이 뜨겁게 끓어올랐다.

그 열망은 레이쥔이 자신을 채찍질하는 원동력 중 하나가
됐다. 그렇게 해서 우한대학교의 컴퓨터학과 87학번 소프트웨
어 2반의 학생들은 뛰어난 실력을 지닌 프로그래머의 탄생을
가까이서 직접 지켜볼 수 있었다. 레이쥔은 학과 내에서 프로
그래밍 실력이 가장 뛰어난 학생으로, 대학교 3학년 때 베이직
어셈블리, DOS 커널, 암호화/복호화, 바이러스 자가 감염 등
의 기술을 섭렵했다. 이는 대학원에서 접할 수 있는 것들이었
다. 대학교 2학년 어느 날, 레이쥔은 기숙사 룸메이트인 추이바
오추崔寶秋와 식당으로 밥을 먹으러 내리막길을 걷고 있었다.
해킹 기술로 바이러스를 만들 수 있다는 레이쥔의 말에 추이바
오추는 깜짝 놀랐다. 그도 그럴 것이 그의 지식 수준은 동기들
보다 적어도 1년에서 1년 6개월은 앞질러 있었기 때문이었다.

소프트웨어 2반의 학생들은 차오자헝曹家恒 교수의 '어셈블
리 언어' 수업을 유독 좋아했다. 인간적이면서도 학문에 대한
진지한 자세, 통통 튀는 말투로 교재까지 낸 차오자헝 교수에게
학생들은 '어셈블러 차오'라는 멋진 별명을 붙여주기도 했다.
레이쥔 역시 차오 교수의 강의를 무척 좋아했는데 한 번은 만점
을 받은 적도 있었다. 레이쥔이 제출한 과제물이 '어셈블러 차

오’가 새로 쓴 교재에 들어가는 일도 있었다. 이러한 상황이 이후로도 종종 생기자, 싱푸성邢馥生 교수가 쓴 파스칼 프로그래밍 언어 교재에 레이쥔의 이름이 여러 번 등장하기도 했다.

자신의 전공을 대하는 레이쥔의 태도는 진지하다 못해 ‘매료’된 상태였다. 당시에는 컴퓨터가 무척 드문 편이라 컴퓨터를 능숙하게 다루기 위해 레이쥔은 종이로 키보드를 탁본한 뒤 보지 않은 채 ‘종이 키보드’를 두드리는 연습에 매일같이 매달렸다. 훗날 레이쥔의 방법이 우한대학교 컴퓨터학과에서 유명해지면서, 교수님의 강의를 들으며 책상을 두드리는 학생들의 모습이 일상적으로 자리 잡기도 했다.

대학교 3학년, 전공 공부에 정신없이 매달리는 대부분의 동기와 달리 레이쥔은 학점을 모두 이수한 뒤 우한의 전자상가에 출몰하기 시작했다. 당시 레이쥔은 한 컴퓨터 업체에서 솔루션 업무를 담당하고 있었는데, 종종 5.25인치 플로피디스크가 담긴 상자를 들고 돌아오곤 했다. 디스크에는 레이쥔이 카피한 소프트웨어가 잔뜩 들어있었다. 소프트웨어 수집은 당시 IT 광팬들의 가장 큰 취미였는데 레이쥔을 비롯한 그의 대학 동기들 모두 별반 다르지 않았다.

1980년대 말 이공 계열의 남자 기숙사에는 친구들끼리 편하게 둘러앉아 토론을 벌이는 전통이 있었는데, 레이쥔의 기숙사에서도 비슷한 장면이 연출되곤 했다. 저녁이 되면 열띤 토론회가 열리곤 했는데, 대부분의 주제는 당시의 신기술이었다. 추이바오추는 한 문제를 놓고 레이쥔과 대립했는데 급기야 두 사람은 내기를 하기에 이르렀다. 추이바오추는 컴퓨터가 자연언어Natural Language <sup>●</sup>를 처리할 수 있는 능력이 턱없이 부족하므로 컴퓨터가 글을 쓰고 짓는 것은 불가능하다고 주장했다. 하지만 레이쥔은 낙관적인 태도를 취했다. 언어 자료만 충분하다면 컴퓨터도 언어 자료 보관소에서 언어 자료를 꺼내 뜻을 가진 문장으로 조합할 수 있다고 주장했다.

● 인간이 일상적으로 사용하는 언어.

인터넷이 없던 시대였지만 AI의 구현 가능성을 놓고 논쟁을 벌이기도 했다. 한 번은 추이바오추가 레이쥔에게 '아버지와 축구'라는 주제로 컴퓨터로 글을 지어보라는 문제를 내기도 했다. 추이바오추는 아버지와 축구처럼 동떨어진 주제라면 컴퓨터가 아무리 언어 자료를 동원한다고 해도 실감 나는 이야기를 쓸 수 없다고 여겼다.

3학년이 된 레이쥔은 자신의 전문적인 지식 시스템을 구축해 바이러스의 특징을 다루며, 바이러스 진단 및 차단에 관한 자료를 마련했다. 이 연구 성과를 논문에 담아 학술 기관에 제출했는데, 실력을 인정받아 전국 청년 컴퓨터학회 강단에 오를 기회를 얻게 됐다. 레이쥔은 필름을 들고 강연을 위해 청두成都로 향했다. 학교로 돌아온 후, 강연이 어땠냐는 친구들의 질문에 레이쥔은 씁쓸한 표정으로 입을 열었다.

"원래 40분짜리 강연이었는데 15분 만에 끝내버렸어. 남은 시간에 뭘 해야 할지 몰라서 강연 내용을 되풀이했다니까…."

그 이야기에 친구들은 박장대소했다.

많은 친구의 눈에 비친 레이쥔은 묵묵히 자신만의 세계를 만들어가는 괴짜이자 천재 프로그래머였으며, 장기 두기를 좋아하면서도 마음속 깊이 '거친 모습'을 간직한 존재였다.

훗날 레이쥔은 학교에서 지정해준 회사를 떠나 창업에 나섰다가 진산에 입사했다. 스물일곱 살 때 진산의 CEO의 자리에 올라 WPS를 개발하며 MS와 접전을 벌였다. 쥐위에왕을 개설하고 진산을 온라인 게임업체로 변신시킨 뒤에 홍콩 증시에 상장시켰다. 레이쥔은 언제나 창업가로서의 자세를 유지하며 젊은 시절 《실리콘밸리의 불》에서 깨달은 실리콘밸리 정신을 실천해왔다. 혈기 넘치는 대학생이 주요 뉴스에 종종 등장하는 인물로 성장하는 것을 지켜보며, 레이쥔의 친구들은 WPS의 탄생, 판구 소프트웨어의 실패 등에 대해 알게 됐다. 그와 함께 중국산 정품 소프트웨어 구입을 호소하는 홍색 정판 폭풍紅色正版暴風, 정부의 진산 매수 등의 소식을 접할 수 있었다.

어떤 의미에서 대학교 기숙사에서 여러 명이 둘러앉아 토론을 벌였던 세미나는 계속 이어지고 있는 셈이었다. 졸업 후 미국으로 박사학위를 따러 간 동기들과 레이쥔은 1998년부터 메일을 주고받으며 중국과 미국 IT업계의 사건과 동향에 대한 의견을 나눴다. 예전에는 레이쥔에게 신문에서 네 이름이 오르는 걸 봤으면 좋겠다는 덕담을 건넸지만 이제는 인터넷을 통해 레이쥔의 동향을 쉽게 알 수 있었다.

레이쥔은 미국에 갈 때면 가장 먼저 미국에 있는 동기들에게 연락을 취했다. 공항으로 마중 나온 친구들과 밤새 이야기를 나누는 일도 종종 있었다.

미국에 있는 동기들도 레이쥔의 중요한 순간을 직접 목격하는 일이 점점 늘기 시작했다. 2007년 진산을 상장시킨 후, 레이쥔은 미국에서 투자 설명회를 열었다. 그때 레이쥔은 캘리포니아의 더블 트리Double Tree 호텔 로비에서 추이바오추를 만나 밤늦도록 이야기하기도 했었다. 중국의 인터넷 산업 발전에 대해 허심탄회하게 이야기하며, 후발 주자인 중국이 빠르게 성장할 수 있는 방법에 대한 의견도 나눴다. 인터넷이라는 세계는 여전히 커다란 발전 가능성을 지니고 있던 터라, 레이쥔은 그 세계를 향해 많은 꿈을 꾸고 있었다. 또 한편으로 레이쥔은 진산을 이끌어온 길이 녹록지 않았다며, 최고 상장가 역시 최선의 결과는 아니라고 털어놨다. 모두에게 상장은 최선의 결과겠지만 개인적으로는 무척 아쉬웠다는 것이다.

2007년, 추이바오추는 진산을 떠난 레이쥔이 엔젤 투자자로 변신을 꾀한다는 소식을 들었다. 그 이야기에 그는 복잡한 기분에 사로잡혔다. 처음 그 소식을 접했을 때는 말도 안 되는 일이라고 생각했다. 왜냐면 이런 건 레이쥔의 스타일이 아니었기 때문이다. 대학교 때부터 알고 지내던 레이쥔이라면 패배를 인정했을 리 없다. 다른 한편으로는 레이쥔이 안타깝게 느껴졌다. 투자 역시 창업에 대한 꿈을 실현하는 방법 중 하나지만, 제대로 된 창업을 통한 목표 실현과는 전혀 다른 길이었기 때문이었다. 당시 추이바오추의 머릿속에 대학교 시절 친구들과 장기를 두던 레이쥔의 모습이 떠올랐다. 기숙사 책상에 파란색 비닐 천을 장기판처럼 깔아두곤 승부에 나서곤 했는데, 그때의 레이쥔은 절대 지지 않겠다는 눈빛을 하고 있었다.

사실 레이쥔은 단 한 번도 패배를 인정한 적 없었다.

진산 시절부터 벤처투자에 나섰던 레이쥔은 퇴사하자마자 벤처투자 분야에서 2년 동안 실력을 닦으며, 자신만의 '레이쥔 라인'을 천천히 구축하기 시작했다. 한번은 러쉰樂訊이라는 휴대폰 커뮤니티에 200만 위안을 투자하기도 했다. 투자금도 적고, 실적을 기대하기 어렵다는 주변의 반응에도 레이쥔은 투자를 결정했다. 러쉰이라는 플랫폼을 통해 휴대폰 업계의 동향을 가까이서 확인하고, 모바일 인터넷을 자세히 파악할 수 있으리라 확신했기 때문이다.

레이쥔은 투자라는 방식을 통해 새로운 산업 기회를 관찰하고 모색하며 다음 시대를 이끌 '태풍'이 오기를 기다렸다. 당시의 레이쥔을 보며 주변의 친구들은 그가 침묵하지 않을 거라는 데 의견을 모았다. 레이쥔이 뭔가 대단한 계획을 세워뒀다고 확신한 친구들은 어느 날 갑자기 깜짝 소식이 들려올 거라고 내심 기대하기도 했다.

1990년대부터 레이쥔은 바다 건너편의 미국으로 건너가 회의를 열거나 투자 설명회에 참가했고, 가끔은 휴가를 즐기기도 했다. 실리콘밸리 정신에 크게 감동한 그는 마침내 실리콘밸리에서 그곳의 생태계를 직접 경험할 수 있는 기회를 잡았다.

2007년 애플이 아이폰을 출시하자, 레이쥔은 휴대폰 광팬답게 출시 직후 아이폰을 구입했다.

아이폰은 휴대폰의 형태를 바꿔 놓았다. 애플의 디자인을 꼼꼼하게 살펴보던 레이쥔은 휴대폰 뒷면에 찍힌 문구에 눈을 번쩍 떴다. "Designed by Apple in California, Assembled in China(미국 캘리포니아 소재 애플에서 디자인했고, 중국에서 조립했다)." 그 문구를 보며 레이쥔은 중국산 제품에 대한 세계적인 인식이 여전히 조립에 머물러 있다는 사실을 새삼 깨달았다. 최고의 디자인은 모두 미국 본토에서 이뤄지고, 세계적인 브랜드 역시 대부분 서방 출신이었다. 이때의 일은 휴대폰 말고도 브랜드의 힘, 중국 제조업과 서양 국가 간의 격차에 대해서도 진지하게 고민하게 만드는 계기가 되었다.

《포지셔닝Positioning》의 저자 중 한 명인 잭 트라우트Jack Trout는 'China'가 브랜드에서 어떤 의미를 지니는지 조사한 결과, 'Made in China'는 조악한 싸구려의 대명사라는 사실을 확인했다. 중국은 여전히 세계적인 브랜드를 배출하지 못하고 세계의 공장 자리에 머물러 있다는 사실을 레이쥔은 떠올렸다. 레이쥔이 가장 큰 관심을 보인 휴대폰 시장을 예로 들면, 2009년 한 해 동안 중국 시장에서 노키아는 53.1%이라는 압도적인 비율로 시장을 호령하며 중국 소비자가 가장 사랑하는 휴대폰 브랜드로 떠올랐다. 그다음으로는 한국의 삼성 휴대폰이 있었다. 그해 삼성은 속도전을 통해 중국의 중저가 휴대폰 시장을 빠르게 점령했다. 이와 함께 중국의 3G 휴대폰 단말기 협력 파트너로 지정되며, 3G 시장에서도 큰 영향력을 발휘할 수 있게 됐다. 소니 에릭슨Sony Ericsson이 7.2%의 점유율로 3위에 오른 데 이어 모토로라Motorola, LG가 그 뒤를 차지했다. 이에 반해 중국산 휴대폰의 시장 점유율은 도저히 눈 뜨고 볼 수 없을 지경이었다.

중국산 휴대폰이 중국 시장에서 이렇다 할 성과를 보여주지 못하는 가운데, 이른바 '짝퉁' 휴대폰이 크게 유행했다. 2008년 중국산 짝퉁 휴대폰의 출하량은 1억 100만 대였으나, 2009년에는 1억 4500만 대로 늘어났다.[3]

진산에 몸담은 시절 레이쥔은 구글과 함께 진산츠바의 모바일 버전을 만들며 다양한 휴대폰을 테스트했다. 엔젤 투자자로 활동할 때도 UC Web에 투자해 다양한 휴대폰의 OS 성능을 직접 확인하곤 했다. 당시 시장에 출시된 휴대폰의 모델명을 줄줄이 꿰고 있었던 레이쥔은 짝퉁 휴대폰이 시장에 파고드는 현상에도 관심을 보였다.

투자업계에서 '휴식'을 취하는 것처럼 보이던 레이쥔은 이러한 시장 상황을 진지하게 고민했다. 애플과 안드로이드가 미래 모바일 시장에서 어떻게 자신의 매력을 드러낼 것인가? 싸구려 엉터리 제품만 만든다는 중국 제조업에 대한 이미지를 철저히 뒤집어엎을 순 없을까? 또다시 사업에 뛰어든다면 어떤 영역에서 터를 잡는 것이 좋을까?

중국산 휴대폰이 해외 시장에서 설 곳이 없다는 것 말고도, 휴대폰 업계 밖에 존재하는 문제에 대해서도 고찰이 필요했다. 일례로 레이쥔은 전체 제조업 구조의 효율 문제를 연구했다. 레이쥔은 당시 중국 시장에서 팔리는 제품의 가격이 턱없이 높다고 생각하고 있었다. 예를 들어 해외 시장에서 15달러에 팔리는 셔츠가 중국의 상점에서는 150달러에 판매되었고, 정가보다 5~10배 비싼 가격으로 매장에서 팔리는 신발도 수두룩했다. 이러한 상황은 업계 전반에 걸쳐 목격됐다.

레이쥔은 이러한 상황을 오랫동안 고민하면서 제조업에서 생산과 유통 효율이 장기간 개선되지 않은 이유를 찾기 시작했다. 중간 과정에서 생기는 거액의 손해를 어째서 소비자가 떠안아야 하는가? 비용을 절감하려는 모든 노력이 생산 원가의 10%를 낮추는 데만 집중되고, 90%에 달하는 운영비용을 줄이려는 시도로 이어지지 않는 이유는 또 무엇인가?

이러한 질문에 대해 레이쥔은 '철저한 효율 혁명만이 살길'이라는 저만의 결론에 도달했다.

개별적인 문제에서 출발해 사고를 확장하는 방식을 통해 레이쥔은 '다시 창업을 하면 뭘 해야 하는가?'라는 질문에 대한 답을 점점 찾아갈 수 있었다. 안드로이드를 기반으로 하고 휴대폰 하드웨어를 핵심으로 하는, 소프트웨어-하드웨어를 모두 아우르는 인터넷 회사의 설립, 그리고 중국 최고의 휴대폰 하드웨어와 소프트웨어 OS 구축이라는 그림이 그려졌다. 그 밖에도 효과적인 방법으로 중국 제조업의 핵심적 문제를 해결하고, 전체적인 사회 운영 효율의 저하 현상을 개선하려면 더 좋은 방법을 찾아야 한다고 판단했다. 이를테면 전자상거래의 경우 중간 유통 없이 소비자가 제품을 직접 확인할 수 있다면 상품의 가성비를 높일 수 있을 것이다. 이렇게 휴대폰을 시작으로 중국의 전반적인 제조업 현황을 점차 개선해 영향력 있는 중국산 브랜드를 탄생시킬 수 있을 거라고 레이쥔은 판단했다.

모든 생각을 정리한 후 레이쥔은 자신이 앞으로 나아갈 길을 정했다. 《실리콘밸리의 불》에 등장한 젊은 세대처럼 레이쥔역시 자신이 무엇을 원하는지 잘 알고 있었다. 《실리콘밸리의불》에 등장하는 글귀를 그 역시 믿어 의심치 않았다.

오늘날 우리가 살고 있는 시대는 이런 모습을 하고 있다. 환상을 가진 사람들은 자신들이 한때 간절히 원했던 힘을 발견하고, 그 힘으로 우리의 세상을 바꿀 수 있다.


## 나만의 속도로 전진

2010년 초의 어느 날 밤, 천싱즈번의 이사장이자 CEO인류친劉芹은 집에서 쉬던 중에 노키아 N97 휴대폰이 요란하게 울리는 걸 확인했다. 발신자는 레이쥔이었다. 휴대폰을 들고 서재로 들어간 그는 꽤 오랜 통화가 될 거라 직감했다. 류친은 2003년 레이쥔을 처음 알게 된 이래 라카라를 비롯해 UCWeb, YY 랭귀지, 뒤칸위에두多看閱讀 등 십여 개의 프로젝트에 함께 투자한 적 있었다. 레이쥔과 이야기를 나눌 때면 언제나 길게 통화했던 터라 그는 서재에 예비용 배터리를 여러 개가져다 두기도 했다. 여러 이사회에서 종종 만나곤 했지만 어떤문제에 관해서는 개인적으로 이야기를 나누는 편이기도 했다.

류친은 언젠가 레이쥔이 다시 한번 뛰어들겠다는 말을 꺼낼 거라고 예상했었다. 레이쥔은 한때 농담 반 진담 반으로 100억 달러면 몰라도 10억 달러 벌자고 다시 업계에 뛰어들 생각은 없다고 말한 적 있었다. 그 이야기에 류친은 레이쥔이 뭔가 대단한 일을 계획하고 있다고 직감했다.

2003년, 레이쥔이 사무실에서 처음 만난 류친은 겨우 스물아홉 살이었다. 투자업계에 뛰어든 지 3년이 채 안 되는 투자 매니저였다. 곱상한 외모 때문에 실제 나이보다 훨씬 어려 보였다. 류친의 말을 빌리자면, 당시 자신은 앞에서 열심히 프로젝트를 굴리는 조무래기였고 레이쥔은 존재감을 자랑하는 청년 사업가로 종종 여러 언론 매체에 얼굴을 드러냈다고 한다. 처음 레이쥔을 만나러 가던 날, '우상'을 만나러 간다는 생각에 잔뜩 긴장했던 류친은 거드름을 피우기는커녕 긴 머리에 평범한 티셔츠를 걸친 상대의 모습에 크게 당황했다. 하지만 상대는 대수롭지 않다는 듯 본격적인 이야기를 꺼내기 시작했다.

처음 진산에서 만나던 날, 류친은 진산이 '무척 고통스러운 방식'으로 온라인 게임 사업을 운영 중이라는 사실을 깨달았다. 당시 혈기 넘쳤던 류친은 말할 때도 거침없는 편이었는데 레이쥔에게 쉰레이訊雷의 다운로드 전망에 대한 의견을 구하러 왔다가 엉겁결에 진산에 대한 이야기를 입에 올리고 말았다.

"진산의 게임 개발 능력이 대단하지만 동시에 문제가 될 수도 있어요. 외부의 쉽고 빠른 자원에 거부감을 갖고 있으니까요!"

그 이야기에 레이쥔은 잠시 침묵했다. 류친이 지적한 문제가 뭔지 누구보다 잘 알고 있었기 때문이다. 당시, 천톈차오陳天橋의 샨다盛大 온라인은 한국의 온라인 게임 퍼블리싱을 맡으며 그야말로 돈을 갈퀴로 쓸어 담는다고 할 만큼 승승장구하고 있었다. 천싱즈번이 투자한 더나인九城 역시 한국과 미국의 대작 온라인 게임을 퍼블리싱하며 막대한 수익을 올리고 있었다. 류친은 업계 현황을 살피며 자신의 생각을 과감히 드러냈지만 레이쥔처럼 프로그래머의 능력을 믿어 의심치 않는 사람은 자신만의 힘으로 해내기를 원했다.

류친이 레이쥔보다 네 살 어린데다 두 사람의 '사회적 입지'가 천지 차이였지만, 둘은 예전부터 알고 지낸 친구처럼 의기투합했다. 종종 만나 이야기를 나누거나 휴가 때 같이 스키를 타러 가기도 했다. 2009년 엔젤 투자 분야에서 유명한 투자자가 된 레이쥔이 류친과 이야기를 나누며 자신의 투자 방법론에 대한 의견을 물은 적이 있었다. 어떻게 해야 성공적인 투자자가 되는가? 투자에서 가장 중요한 것은 무엇인가? 다소 포괄적인 질문이라는 생각에 류친은 잠시 생각을 정리한 뒤에 입을 열었다.

"투자하는 데는 참고할 만한 다양한 의견이 있지만 저는 투자에서 가장 중요한 게 노력이라고 생각합니다. 투자자라면 반드시 노력해야 성공한다고 믿습니다."

그러자 레이쥔이 즉각 반박했다.

"지금 내가 제일 못 믿는 게 하늘은 스스로 돕는 자를 돕는다는 말이야!"

레이쥔은 언제나 자신이 '하늘의 도움을 받지 못했다'고 이야기하곤 했다. 진산을 나온 뒤에도 레이쥔은 고통스러웠던 기억을 곱씹거나, 류친과 대화를 나눌 때도 솔직히 감정을 드러내곤 했다. 인터넷 붐이 일어나던 초기에 기회를 잡지 못했던 원인이나 자신이 놓쳤던 기회에 대해 이야기하기도 했는데, 그 중에서도 가장 간단한 사례를 들자면 이렇다. 1999년 미국 시장을 시찰하던 레이쥔은 이제 막 주목을 받기 시작한 구글에 시선을 빼앗겼는데, 귀국 후 구글의 최신 모델과 이념을 설명하는 글을 쓰기도 했지만 이러저러한 이유로 후속 조치를 취하지 못한 것이다. 그 일을 계기로 레이쥔은 인터넷 창업 분야에서는 반드시 빠른 행동력이 필요하다는 교훈을 뼈저리게 깨우쳤다.

기회라는 단어가 종종 그들의 대화에 등장하곤 했다. 엔젤 투자자로서 기회를 잡는 데 이들보다 더 많은 발언권을 가진 사람도, 또 이들보다 기회 뒤에 숨겨진 잠재된 퍼텐셜 에너지 Potential Energy를 믿는 사람도 없을 것이다. 기회를 발견하고 파악해, 기회라는 거대한 흐름 속에 훌쩍 몸을 던지는 것이 이들 대부분의 본능이자 천직이기 때문이다.

2009년 6월, 중신中信출판사에서 말콤 글래드웰Malcolm T. Gladwell의《아웃라이어Outlier》가 출판됐다. 저자는 사회적으로 성공한 사람들을 분석하며 뜻밖의 통계 결과를 보여줬다. 예를 들면 잉글랜드 프리미어 리그의 선수 대부분은 9월~11월생이며, 빌 게이츠와 스티브 잡스 모두 1955년생이다. 뉴욕에서 유명 변호사 사무실을 세운 수많은 사람들은 모두 유태계며, 그들의 조상은 모두 뉴욕에서 의류 판매업에 종사했었다.

사람들은 뜻밖의 결과보다 통계 수치 뒤에 숨어있는 이야기에 더 큰 충격을 받았다. 잉글랜드 프리미어 리그의 선수 등록 기간은 9월로, 같은 시즌에 등록된 선수 중에서 9월생인 선수의 나이가 8월생보다 한 살 많았다. 한 살 차이라고 하지만 그들의 프로선수 경력에는 커다란 영향을 끼쳤다. 스티브 잡스와 빌 게이츠는 모두 1955년생으로, 대학교를 졸업했거나 중퇴했을 당시 PC 산업이 이제 막 기지개를 켜고 있었다. 빨리 태어났으면 PC를 갖지 못했을 테고, 늦게 태어났으면 컴퓨터 혁명의 기회를 빼앗겼을 것이다.

결론적으로 말해서 아웃라이어는 아웃라이어가 아니다. 성공한 사람들은 역사와 환경의 산물이자, 기회와 오랜 시간 누적된 결과물이다.

류친은 《아웃라이어》를 읽은 후 말콤 글래드웰의 추종자가 되어 기회라는 개념에 좀 더 깊게 다가갈 수 있었다. 중국 내 PC와 인터넷 분야 창업가들에게도 이런 우연의 기회가 있었다는 사실을 류친은 깨달았다. 레이쥔, 딩레이丁磊 •, 리옌훙, 마화텅 모두 1960년대 말~1970년대 초에 태어났으며, 인터넷이 중국 내에서 발돋움하던 시기에 대학교를 2년 전에 졸업한 이들이었다.

류친과 레이쥔은 《아웃라이어》를 읽고 난 후의 감상을 공유했다. 류친도 이제는 레이쥔처럼 충분한 노력보다는 기회와 흐름이 성패를 가르는 결정적 요소라는 사실을 확신하게 됐다. 중국의 벤처투자 열풍보다는 인터넷 산업과 맞물린 흐름을 따라야 전혀 다른 결과를 볼 수 있다는 결론에 도달했다.

투자 방법으로서의 벤처투자는 미국에서 시작되었다. 1946년 미국 최초의 벤처투자 업체가 설립된 이래, 벤처투자와 실리콘밸리의 혁신은 점점 접점을 보이기 시작했다. 실리콘밸리 1.0시대에 등장한 투자자들은 실리콘밸리의 향후 도약을 위한 든든한 발판이 되어줬다. 구글, 이베이, 시스코Cisco, 페이스북 등의 업체가 연달아 성공하며 실리콘밸리에 신흥귀족이 탄생했다.

중국에서 벤처투자에 대한 개념은 1980년대에 소개됐다. 최초의 벤처투자는 국가 주도에 의해 진행되었는데, 모든 것이 도전과 학습 속에서 시작됐다. 1990년대 초 아메리칸 인터내셔널 그룹American International Group, 중국 벤처 그룹中創公司, 미국의 피델리티Fidelity Investment Group, 팬 아시아Pan Asia, 모건스탠리Morgan Stanley가 속속 중국 시장에 진출했다. 류친이 공동투자자로 있는 천싱즈번은 홍콩의 천씨陳氏 가문에서 세운 가족형 펀드로, 1992년에 중국 시장에 진출했다. 류친은 중국 최초의 인터넷 업체에서 일을 시작한 뒤, 1999년에 천싱즈번으로 이직했다. 그리고 레이쥔과 같은 젊은 사업가들과 만나거나 생각을 나누며, 스스로 경험을 쌓고 판단력을 높이기 위한 기본 실력을 닦는 데 매달렸다.

1998년부터 중국의 벤처투자와 함께 사모펀드 투자도 본격적인 움직임에 나섰다. 천싱즈번이 중국에서 소후, 시에청携程, 더나인, 정바오 교육正保教育, 평황왕鳳凰網에 투자하며 큰 성공을 거두자, 줄곧 내리막길을 걷던 류친은 벤처투자 분야에서 두각을 드러내기 시작했다. 자본이 창업자에게 날개를 달아줄 때 벤처 기업이 더 빨리 성장한다는 사실에 사람들은 조금씩 익숙해지기 시작했다. 류친은 그 기회를 놓치지 않았다.

2009년, 기대로 가득 찬 새로운 시대가 문을 열었다. 레이쥔과 류친은 어떤 기회를 맞이할 것인가?

2009년 초, 업계에서 오랫동안 기대했던 3G 영업 허가증이 마침내 모습을 드러냈다. 공신부工信部(중국 공업·정보화부) 부장部長 리이중李毅中이 영업 허가증을 3대 통신사에 발급하면서 3G 시대에 대한 업계의 기대는 하늘을 찌를 듯했다.

전 세계적으로 2009년 스마트폰 판매량은 작년 동기 대비 3300만 대 증가했다. 2008년 스마트폰 시장에서 애플의 시장 점유율은 8.6%였는데 이듬해인 2009년에는 14.4%까지 증가하며 윈도우 모바일 휴대폰의 전 세계 점유율을 뛰어넘었다.

안드로이드 휴대폰은 2009년에 동기 대비 가장 큰 증가폭을 기록했는데, 시장 점유율이 무려 7배 증가한 3.9%에 달했다. RIM의 블랙베리 판매량은 작년보다 1100만 대 증가했으며 스마트폰 시장에서의 점유율 역시 증가해 20%에 달하는 시장 점유율을 자랑했다.

MS의 윈도우 모바일 시스템은 이렇다 할 성과를 보여주지 못하면서 2009년 판매량이 현저하게 급감했다. 많은 사용자들이 UI 디자인과 아키텍처 레이아웃 등에 아직은 낯설다는 점을 고려해 홍다국제전자宏達國際電子(HTC)는 세계 최초로 안드로이드 시스템에 기반을 둔 센스Sense UI를 선보였는데, 그해 가장 사용자 친화적인 UI 중 하나라는 호평을 받았다. 당시만 해도 2010년 휴대폰 시장의 성장을 이끄는 원동력은 여전히 OS와 앱스토어이며, 하드웨어 자체는 별다른 혁신을 보여주지 못할 것이라고 주장이 나오던 시기였다.

또 한 가지 없어서는 안 되는 기회는 벤처 사업이 중국에서 점차 성장하고 있다는 점이었다. 2005년 이후, 중국의 벤처투자가 제2의 황금기를 맞이하면서 많은 투자자가 기회를 눈여겨보기 시작했다. 중국 소비자의 커다란 잠재적 수요, 창업가를 통한 대기업 설립의 기회가 여전히 존재했다.

이러한 추세를 지켜보던 레이쥔은 어느 날 전화기를 들곤 류친이 이미 예상했던, 그리고 오랫동안 기대했던 말을 들려줬다.

"류친, 우리 휴대폰에 대해 이야기 좀 할까?"

류친은 올 게 왔다는 반응이었다. 수백만 달러가 걸린 큰 그림을 레이쥔이 본격적으로 그리기 시작했다고 확신했다. 이날을 위해 레이쥔은 꼼꼼히 준비했을 게 분명했다.

통화는 무려 12시간이나 계속됐다. 오죽하면 류친의 아내가 통화 끝냈냐며 세 번이나 서재 문을 두드리기도 했다. 하지만 그때마다 통화를 끝낼 의사가 없다는 남편을 봐야 했다. 결국엔 류친의 아내가 마음대로 하라며 문을 닫고 가버렸다.

레이쥔과 류친은 자신들이 보아온 애플의 변신 과정에 대한 생각을 허심탄회하게 나눴다. 2년 동안의 관찰을 통해 아이폰이 획기적인 제품이라는 것이라는 것이 이미 입증됐으며, 그 혁신성에 대해선 누구도 부정할 수 없다는 것을 인정했다. 가장 중요한 점은, 애플은 하드웨어 업체일 뿐만 아니라 일종의 사용자 플랫폼이라는 것이었다. 하드웨어와 소프트웨어가 결합된 궁극의 사용자경험User Experience(UX)은 사용자에게 더 많은 가능성을 선사했다. 여기에 수많은 개발자를 포섭하면서 광활한 개발자 플랫폼도 형성했다.

류친은 통화 중에 버진 모바일Virgin Mobile이라는 업체를 언급하며 레이쥔에게 이렇게 소개했다.

"버진 모바일은 통신사의 기지국이 없는 가상 통신사로, 사용자 관계와 제품의 수명주기를 새롭게 정의하고 있죠. 그러니까 앞으로는 휴대폰 업체라는 한 가지 분야에만 머물러서는 안 된다는 겁니다."

류친은 레이쥔이 하려는 일이 수백억 달러짜리 사업이 틀림없다고 확신하고 있었다. '그' 레이쥔이 오랫동안 숨죽이고 짜둔 '큰 판'이 분명했다. 무려 12시간에 걸친 통화를 통해 두 사람은 점점 구체적인 방향을 모색하고, 위대한 목표를 세울 수 있었다. 그리고 자신들이 해야 하는 일이 그동안 누구도 시도해보지 않은 일이라는 예감이 들었다.

당시의 레이쥔은 마음속으로 사업 모델을 수백 번 시연하는 작업을 통해 구체적인 그림을 그려둔 상태였다. 최고급 사양, 궁극의 성능, 수준 높은 커스터마이징, 최상의 UX 시스템 및 애플리케이션, 적정한 가격, 중간 과정을 대체하는 가장 효과적인 전자상거래, 상품을 사용자의 손에 직접 전달하는 방식, 인터넷 서비스의 지속적 제공. 상업적 가치 실현을 구현하는 모델에서 하드웨어, 소프트웨어, 인터넷이라는 3대 요소가 일종의 순환 구조를 형성하는 그림을 그리고자 했다. 이는 훗날 '트라이애슬론Triathlon' 모델로 구체화된다.

레이쥔과 류친은 '트라이애슬론' 모델을 구현하기 위한 객관적인 환경이 2010년에 구축됐다고 판단했다. 하드웨어의 경우, 제조업 대국이라 불리는 중국에는 전 세계에서 가장 뛰어난 하드웨어 제작 대행업체가 대거 집결해 있다. 소프트웨어의 경우 레이쥔이 이끄는 진산에 든든한 버팀목 역할을 기대할 수 있을 터였다. 실제로 진산은 인터넷 인터랙션 디자인Interaction Design(IxD) ● UX를 다룬 초기 업체 중 한 곳인 데다, 소프트웨어는 레이쥔의 특기 중 하나였다. 마지막으로 인터넷 플랫폼에서는 레이쥔이라는 걸출한 인물이 제대로 힘을 발휘해 줄 수 있을 것이다. 아무것도 없는 상태에서 줘위에왕을 구축한 경험을 통해 레이쥔은 전자상거래에 대한 전반적인 지식과 경험을 확보했다. 게다가 엔젤 투자자로서 레이쥔 본인도 수직형 전자상거래Vertical E-Business, Directindustry E-Business ●● 업체인 반클과 러타오왕樂淘網에 투자한 적 있었다.

대중 소비 부문에서 중국 내 인터넷 쇼핑은 이미 일상에 자리 잡은 상태였다. 2010년은 타오비오왕淘寶網은 출시된 지 7년째 되는 해였다. 알리페이支付寶 역시 2004년에 소비자의

● 디지털 기술을 이용해 사람과 기기 간의 상호작용을 조정하여 소통을 유도하는 디자인.

●● 동종 제품을 겨냥한 B2B 또는 B2C 사업.

●
매년 11월 11일에
열리는 중국 인터
넷 쇼핑몰의 대규
모 할인 행사. 중
국판 '블랙
프라이데이'라고
불린다.

신뢰와 온라인 결제라는 난제를 이미 극복한 상태였다. 타오바오몰이 2009년 처음으로 '쌍스이雙十一'●를 개최하면서, 전자상거래는 중국의 쇼핑 스타일에 커다란 변화를 가져다줬다.

12시간에 걸친 전화 통화는 레이쥔 자신이 최근 고민하는 모든 문제를 속 시원하게 다 털어놓고 정리하면서 향후 방향을 모색하고 가능성을 타진하는 자리였다. 또한 레이쥔이 제 한 몸 던지겠다는 결심을 굳히게 된 계기가 됐다.

레이쥔이 긴 시간에 걸쳐 류친과 진지하게 다룬 문제는 다름 아닌 리스크였다. 창업에 따른 리스크를 레이쥔만큼 잘 아는 사람도 없었다. 지금껏 항상 자신들에게 찾아온 거대한 기회에 대해 이야기했지만 두 사람 모두 기회와 위기가 실과 바늘처럼 떼려야 뗄 수 없는 존재라는 것을 잘 알고 있었다. 벤처투자 분야에서 삶과 죽음은 날마다 일어나고, 기적과 파멸은 양날의 검처럼 존재한다. 기적을 만들어내는 이야기는 언제나 사람들로부터 뜨거운 환영을 받지만, 파멸과 죽음은 소리 소문 없이 사라지는 법이다.

당시 레이쥔은 이른바 '성공한 사람'이었다. 대중의 눈에 비친 그는 진산을 구한 영웅이자 중관춘의 롤 모델, 엔젤 투자업계의 천사와 같은 존재였다. 레이쥔과 류친이 공동으로 투자한 프로젝트만 해도 몇 배에 달하는 수익을 벌어들이며 창업자들에게 확신을 심어줬다. 가장 중요한 사실은 레이쥔은 여전히 창업 멘토로 통하고 있다는 점이었다. 실제로 레이쥔은 투자한 업체의 이사회에 자주 참석해 가르침과 조언을 아끼지 않는 인도자로 활약하기도 했다.

하지만 한 번의 성공이 영원한 성공이 되는 것은 아니다. 레이쥔은 혁신이라는 두 글자가 주는 무게감을 너무도 잘 알고 있었다. 죽기 아니면 살기라는 뼈를 깎는 고통 없이는 혁신도 없다는 걸 누구보다도 잘 이해했다. 혁신에 필요한 것은 강철과 같은 의지와 함께 밑바닥으로 끝없이 떨어질 때도 버틸 수 있는 인내심이다. 특히 휴대폰은 투자와 연구개발이 중요한 역할을 담당하는 사업으로, 실패하면 모든 걸 잃을 수 있다. 기존에 레이쥔이 몸담았던 소프트웨어 창업과는 전혀 다르게 이번 창업에는 거액의 자본이 반드시 뒷받침되어야 했다. 휴대폰 사업에 뛰어든다면 해외의 애플, 삼성, 모토로라는 물론 중국의 화웨이華爲, 쿠파이酷派(Coolpad), 중싱中興(ZTE), 렌샹 같은 쟁쟁한 경쟁자를 상대해야 했다.

레이쥔은 산전수전 다 겪은 노련한 창업자이자 남다른 성공을 자랑하는 엔젤 투자자로 많은 사람에 의해 업계의 전설로 언급되는 인물이다. 그런 그가 다시 창업에 나선다고 해서 반드시 성공하리라는 보장이 없었다. 창업은 그 자체만으로도 한 치 앞도 내다볼 수 없는, 대단히 위험한 도박이기 때문이다. 이러한 상황에서 레이쥔은 자신이 모든 창업 자금을 부담하고자 했다. 심지어 1억 달러의 손해도 감수하겠다고 마음먹은 상태였다. 1억 달러를 몽땅 쏟아부은 뒤에도 회사가 별다른 실적을 보여주지 못한다면 레이쥔으로서는 회사 문을 '조용히' 닫으면 그뿐이다. 하지만 레이쥔이 접촉 중인 공동 창업자는 레이쥔의 생각에 동의하지 않았다. 외부 투자자를 유치하면 회사 운영이 한결 수월할 것이라고 주장했다.

레이쥔은 다른 모든 창업가와 마찬가지로 창업을 기대 반 우려 반의 시선으로 보고 있었다. 이를테면 바람과 본능의 대결이라는 창업자에게 가장 중요한 덕목을 레이쥔 역시 가지고 있었다. 레이쥔은 류친과 종종 스키를 타러 가곤 했다. 좀 더 정확히 말하면 레이쥔이 류친에게 개인 교습을 해 준 것이지만 말이다. 두 사람은 자신의 실력에 맞는 코스를 타곤 했는데, 겁에 질린 류친에게 레이쥔은 항상 충고를 건넸다.

"겁낼 것 없어. 나만의 속도로 나아가기만 하면 돼."

급경사 구간을 통과할 때 사람들은 본능적으로 두려워하기 마련이다. 하지만 두 사람은 두려울수록 빨리 내려가야 한다는 걸 잘 알았다. 두려움을 이기지 못하고 본능적으로 몸을 뒤로 젖히다 보면 결국에는 나뒹굴게 된다.

미끄러운 눈길 위에 섰다면 다른 선택은 없다. 그저 목표 지점까지 앞만 보고 내려가야 한다.

레이쥔이 직면한 문제에 대해 누구의 답도 필요 없다는 것을 류친은 잘 알았다. 당시 마흔 살의 레이쥔은 열여덟 살의 꿈을 아직 이루지 못한 터였다. 엔젤 투자만으로 창업 과정에서 얻은 상처와 고통이 치유될 수 없다는 것도 류친은 알았다. 레이쥔은 자신을 치유할 좀 더 뜨거운 '사랑'을 원했다.

이번 통화에서 류친은 자신의 엔젤 투자 의향을 명확히 밝히며, 천싱즈번이 레이쥔이 새로 창업할 회사에 1차 투자금으로 500만 달러를 제공하기로 했다.

　류친은 자신의 투자 스타일은 인내형이라고 설명했다. 기회를 잡으려면 기회가 올 때까지 뚝심 있게 버티는 게 류친이 원하는 천싱즈번의 투자 스타일이었다. 류친은 레이쥔이 자신에게 100억 달러짜리 기회를 줬다는 생각에 투자를 확신할 수 있었다. 그리고 자신이 첫 투자자가 된다면 레이쥔의 부담을 조금은 덜어줄 수 있을 거라 여겼다.

# 2장 미치기 위해 태어나다

## 동맹 모집

뼛속부터 창업자인 레이쥔에게 투자자로 지내던 시기는 일종의 과도기였다. 투자업계에서 느긋하며 휴식을 취하며 업계 동향을 관찰하고, 지난 창업에서 입은 상처를 치료했다. 하지만 막상 기회가 찾아오자 레이쥔은 단단히 재무장하고 자신에게 상처를 줄 것이 뻔한 전장에 또다시 뛰어들었다. 허리케인이 다가온다는 뉴스에도 서핑 보드를 들고 해안으로 달려가는 서퍼처럼, 모두가 정신없이 태풍을 피할 때 신나서 앞으로 나아가는 건 레이쥔뿐이었다. 혁신은 때론 창업가가 갖춰야 할 덕목에 더 가깝기도 하다.

마음의 결정을 내리자 레이쥔은 자신의 팀을 만드는 작업에 즉각 착수했다. 휴대폰 사업이라는 태풍의 길목에 지체 없이 자신을 밀어넣은 뒤 분초를 다투며 움직이기 시작했다.

스타트업에서 무엇보다 중요한 것은 팀의 구축이다. 특히 휴대폰 사업처럼 난이도가 높은 사업은 다양한 업계 경험과 함께 일관된 가치관, 공통된 비전을 가진 사람이 무엇보다 중요하다. 이런 조직을 구축하는 데 많은 시간과 노력이 필요하다

77

는 것을 레이쥔은 잘 알고 있었다. 그래서 가장 뛰어난 업체에서 가장 우수한 인재를 찾아야 했다.

레이쥔이 가장 먼저 떠올린 후보는 오랫동안 해외 업체에서 CEO로 활동한 인물이었다. 십여 년 동안 외국계 IT 업체로부터 높은 대우를 받았고 외국인의 눈에는 절대 창업할 사람으로 보이지 않았던 인물인, 당시 구글 차이나에서 엔지니어링연구소 부사장과 글로벌 기술 총괄을 맡았던 린빈林斌이었다.

마른 체구에 큰 키, 넓은 이마와 좁은 테 안경, 학자 분위기를 풍기며 웃을 때면 초승달처럼 휘어지는 눈매를 지닌 린빈은 MS와 구글이라는 미국의 양대 IT 업체에서 경력을 쌓았다. 2000년, 리카이푸李開復*의 초대로 MS 아시아 연구센터에 들어가게 된 린빈은 3년이라는 시간 동안 무려 70여 개에 달하는 기술 이전을 성공적으로 이끌고 10여 개의 자체 기술을 개발하는 데 기여했다. 그 후 구글에 새로 둥지를 틀고 구글 차이나 엔지니어링연구소 부사장과 글로벌 기술 총괄로 근무했다. 그 기간에 린빈은 종종 실리콘밸리로 출장을 가곤 했는데 그때마다 구글 본사를 찾아 구글의 모바일 사업을 담당하던 부사장과 의견을 나눌 기회를 찾곤 했다. 그중에는 안드로이드의 아버지인 앤디 루빈도 있었다.

린빈과 앤디 루빈은 거의 두 달에 한 번 꼴로 만나곤 했다. 그러던 어느 날 린빈은 안드로이드 시스템의 기능을 구글 차이나의 엔지니어링팀에서 완성하고 싶다고 제의했다. 이를 앤디 루빈이 흔쾌히 수락하면서 구글 본사와 구글 차이나는 모바

* 전 구글 차이나 CEO이자 중국 스타트업의 대부.

일 분야에서 협력을 강화할 수 있었다. 린빈은 앤디 루빈을 기술에 남다른 관심을 가진 특별한 인물이라고 기억했다. 안드로이드가 어느 정도의 시장 점유율을 가질 수 있을지 앤디 루빈은 별다른 관심을 보이지 않았다. 하지만 훗날, 특히 애플의 iOS가 출시된 이후 그의 목표는 명확해졌다. 중국 시장을 눈여겨본 앤디 루빈은 차이나 모바일과 손잡고 중국 시장에 맞는 휴대폰 OS를 개발하고 싶다는 생각을 전했다. 중국의 ODM[4] 휴대폰 업체의 상황을 확인하기 위해 앤디 루빈은 실제로 여러 번 베이징을 방문하기도 했었다.

그 후 린빈은 구글 휴대폰의 지도, 중국어 검색, 모바일 정보 구조, 안드로이드 입력법 등 모바일 소프트웨어와 시스템 레이아웃을 개발했다. 그 외에도 구글 음악 검색 개발 프로젝트를 담당하며, 진산과 함께 휴대폰 버전의 진산츠바를 개발하기도 했다. 구글 모바일의 책임자로서 린빈은 구글 차이나 사옥에 다양한 휴대폰을 테스트하는 전문 실험실을 차리기도 했다. 작은 실험실에서 엔지니어들은 구글에서 출시한 일부 앱을 휴대폰에 탑재해 작동 상태를 확인하곤 했다. 한편으로 엔지니어들은 휴대폰 ODM 개발을 통해 생산된 안드로이드 시스템이 어떤지 호기심을 보이곤 했다. 당시 린빈은 매일 가방에 HTC, 노키아 등 다양한 휴대폰과 자바Java를 기반으로 하는 휴대폰을 여러 개 넣어 다니곤 했다.

그러던 중 린빈의 시선을 사로잡은 브라우저가 등장했다. 바로 UC Web이었다. 심비안 시스템은 여전히 사용하기 불편했지만 많은 사람이 휴대폰을 통해 궁금한 내용을 검색하기 시작했다. 린빈은 내부 데이터에서 UC Web이라고 불리는 제3의 브라우저가 구글에서 차지하는 비중이 유난히 빨리 증가한다는 점을 발견했다. 이에 린빈은 업체를 찾아가 구글의 검색창에 UC Web을 삽입하고, 수익을 분담하자는 합의를 이끌어냈다. 훗날 구글은 구글 지도를 개발하며 UC Web과도 협력에 나섰다.

UC Web과 구글의 협력 사례가 늘어나면서 린빈도 시급히 해결해야 하는 일부 문제를 발견하고는 UC Web의 이사회와 이야기를 나누고 싶어 했다. 그 이사회의 의장은 다름 아닌 레이쥔이었다.

린빈이 레이쥔을 처음 본 건 2009년 1월이었다. 4인용 회의실에서 두 사람은 구글과 UC Web의 결속을 강화하는 방법과 모바일 인터넷의 미래에 대해 의견을 나눴다. 대화를 통해 린빈은 레이쥔이 자신과 놀라울 정도로 비슷하다는 사실을 발견했다. 그중 하나가 다양한 종류의 휴대폰이 든 가방이었다.

"저는 일 때문에 테스트를 하려고 휴대폰을 가지고 다닙니다. 레이쥔 씨는 무슨 이유에서 그러시나요?"

"전 휴대폰이 좋거든요."

2010년 구글이 중국 시장을 떠나기 전, 구글 본사로부터의 압력과 중국 내 외국 기업의 어려움이라는 무거운 족쇄가 칭화淸華사이언스파크에 자리 잡은 구글 차이나의 발목을 잡고 있었다. 구글 본사가 활기 넘치는 피터팬 문화로 유명하다면, 칭화 사이언스 파크의 선명한 로고 뒤에는 구글 차이나가 외국인에게 털어놓기 어려운 부담과 우려가 숨겨져 있었다. 구글이 중국 시장에서 발을 뺀 건 충분히 예상된 결과였다.

당시 린빈 역시 창업에 대해 고민 중이었다. MS와 구글에서 일한 지난 십여 년 동안 린빈은 침착하고 노련해졌지만 자신을 증명할 기회를 아직 얻지 못했었다. 새로운 산업의 바람이 불어오자 린빈 역시 자신의 미래를 고민하기 시작했다. 구글의 음악 검색 프로젝트를 이끌면서 린빈은 수백 개의 음반 업체와 일했던 경험을 십분 발휘해 음악 검색과 관련된 창업에 착수하려 했다. 미래 모바일 검색 시장에서 음악 콘텐츠의 가능성을 눈여겨본 것이다.

2009년 11월 초, 레이쥔은 린빈의 생각을 알게 된 뒤 그에게 '하드웨어+소프트웨어+온라인'으로 이뤄진 '트라이애슬론 모델'에 대한 아이디어를 들려줬다.

"음악 말고 더 큰일을 같이합시다!"

레이쥔의 이야기에 린빈은 그가 큰 그림을 그리고 있다는 걸 확신했고 그 속에 담긴 레이쥔의 야심을 읽을 수 있었다. 진지한 고민 끝에 린빈은 외국 기업의 러브콜과 익숙했던 모든 것을 과감히 버리고 레이쥔의 함대에 합류했다.

첫 번째 동업자가 합류하자 레이쥔은 더는 혼자가 아니었다. 린빈과 자주 만나 머리를 맞대 회의하며 의견을 나누곤 했다. 때로는 카페 냅킨에 자신들이 추구하는 모델에 필요한 동업자들의 이름을 줄줄이 써 내려간 적도 있었다. 두 사람은 자신들의 일에 필요한 인재를 명확하게 구체화했다. 기술 전문가, OS 전문가, IxD 전문가, 멋진 제품을 다뤄본 전문가가 필요했다. 염두에 둔 후보들의 이름을 그렇게 빼곡히 써 내려갔다.

레이쥔이 진산에 있던 시절 같이 일했던 리완창黎萬强이 마침 진산을 퇴사하고 자신의 옛 상사였던 레이쥔에게 인사를 건네러 찾아왔다. 이렇게 해서 레이쥔은 하늘이 자신에게 '보내준' 또 한 명의 동업자를 맞이할 수 있었다.

광둥廣東 출신의 리완창은 진산에서 아리阿黎라는 이름으로 불렸다. 대학교를 졸업하자마자 진산에 입사한 아리는 소프트웨어 UI 디자이너로 근무했다. 훗날 아리는 진산의 UX와 디자인팀을 이끌었는데, 이들은 중국 소프트웨어 산업에서 가장 먼저 UI를 담당한 디자인팀이자 최초로 온라인 IxD를 연구한 조직이기도 하다. 레이쥔에게 리완창은 휴대폰 OS에 들어가는 사용자 UI와 IxD를 맡아줄 적임자였다.

레이쥔보다 일곱 살 어린 아리는 다부진 외모에 금테 안경을 썼다. 특유의 호탕한 웃음은 마성을 지녔다고 할 만큼 매력적이다. 디자이너 출신인데다 어릴 때부터 영화를 무척 좋아해 아름다움에 대한 저만의 엄격한 잣대를 지녔다고 평가받는다. 로고 또는 포스터에 대한 소비자의 반응을 알아보려고 주변의 동료를 시작으로 식당의 요리사에게도 의견을 구했다. 진산 츠바에 대한 소비자의 의견을 직원들이 볼 수 있도록 모든 설문 조사 결과를 벽보로 제작해 사무실 복도에 걸어뒀다. 덕분에 직원들은 제품에 대해 소비자가 가장 만족스럽게 생각하는 점과 가장 불만족스럽게 생각하는 점을 한번에 파악할 수 있었다. 이 일은 진산의 직원들이 사용자의 반응과 소통 경로의 중요성을 깨닫게 되는 일종의 계기가 됐다.

레이쥔과 이야기를 나누면서 아리는 진산을 떠난 후 전문적인 상업 영화를 찍고 싶다는 생각을 털어놨다.

"쓸데없는 소리 하지 말고, 나랑 같이 일하자고."

더 이상의 논의나 고민 없이 아리는 다시 한번 레이쥔을 따라 창업의 길에 나서기로 했다. 어떤 분야에 뛰어들 거라고 레이쥔이 제대로 이야기하지 않았는데도 아리는 레이쥔이 하려는 게 휴대폰 사업이라는 것을 이미 눈치챘다. 오랫동안 함께 일하며 수많은 난관을 극복한 일종의 전우애에서 비롯한 연륜이라고나 할까?

린빈은 또 레이쥔에게 MS 출신인 황장지黃江吉를 소개했다. 모두 그를 KK라고 불렀다.

짙은 눈썹에 부리부리한 눈이 돋보이는 KK는 말할 때 상대를 뚫어지게 쳐다보는 습관을 지녔다. 홍콩에서 자란 KK는 1996년 MS 본사에 입사한 후 2005년까지 미국 시애틀에서 MS의 핵심 업무인 기업용 소프트웨어의 대규모 DB를 관리했다. 2005년, 모바일 인터넷이 미국에서 서서히 성장 가능성을 드러내는 것을 목격한 황장지는 린빈의 권유로 귀국해 기회를 노리기로 했다. 2005년부터 2009년까지 윈도우 모바일의 엔지니어 매니저로 근무했던 KK는 MS에서 150명이나 되는 팀원들과 함께 윈도우 모바일의 모듈을 전문적으로 다뤘다. 당시 상당히 중요한 직무를 책임지고 있던 터라 모두들 그를 모바일 인터넷의 성장 과정과 윈도우 모바일의 몰락을 지켜본 산증인이라 부르기도 했다.

윈도우 모바일의 실패 후 KK는 지난 시간을 곰곰이 돌이켜보기 시작했다. 당시 MS는 윈도우 모바일 사업에 애플의 두 배나 되는 2000명의 프로그래머를 투입했지만 휴대폰 OS 분야에서 결국 실패했다. 대체 그 원인은 무엇인가? MS에는 하드웨어 업체의 DNA가 없기 때문이라고 많은 사람이 지적했지만 KK는 MS가 실패한 원인을 오랫동안 누적된 결과에서 찾았다. MS는 수십 년 동안 기업을 고객으로 대한 터라 그들의 니즈를 정확히 파악했다. 하지만 스마트폰 사업에 착수한 뒤로 스마트폰 사용자를 일반 기업 고객으로 간주하는 바람에 휴대폰을 쓰는 일반 사용자의 니즈를 제대로 파악하지 못했다. 당시 MS 내부에는 이해할 수 없는 논의가 벌어지기도 했다. 논의의 주제는 '윈도우 모바일에 카메라 앱을 내장해야 하는가?'였다. 이 문제에 대해 엔지니어들은 사용자가 필요할 때 알아서 설치하면 된다는 황당한 답을 내놓기도 했다.

2007년, 아이폰이 공전의 히트를 기록하자, 윈도우 모바일 팀에서 2년 동안 일했던 KK는 위기감을 느꼈다. 아이폰의 탄생은 MS에는 커다란 충격으로 다가왔다. 실제로 이를 계기로 전체 휴대폰 시장에서 대대적인 변화가 일어나기 시작했다. 2009년까지 KK는 안드로이드의 추격을 지켜봤다. 스마트폰에는 개방된 시스템이 필요하지만, MS의 폐쇄적인 시스템으로는 시장의 니즈를 소화할 수 없다는 것을 보여준 또 다른 사건이었다. 휴대폰 분야에서 MS의 방식을 고집한다면 모바일 인터넷 시장을 통째로 잃을 수도 있었다.

2009년 11월 말, 레이쥔은 베이징 제이드 팰리스翠宮 호텔의 바오왕豹王 카페에서 KK를 만났다. 두 사람은 그 자리에서 전반적인 업계 동향과 MS 근무 시절 KK가 내부에서 직접 목격한 사건에 대해 허심탄회하게 이야기를 주고받았다.

평소 독서가 취미인 KK는 레이쥔이 오기를 기다리며 아마존이 출시한 전자책 리더기 킨들Kindle로 책을 읽는 중이었다. 독서는 물론 최신 전자제품에 관심이 많은 얼리어답터답게 KK는 하드웨어에 남다른 애정을 보였다. 킨들의 소프트웨어 UX가 형편없다고 생각한 KK는 2주 동안 프로그램을 만들어 자신의 기기에 설치했다. 사실 레이쥔은 KK보다 킨들을 잘 아는 보기 드문 사용자였다. 과거 자신이 투자한 전자책 업체와 일했던 경험 덕분이었다. 레이쥔은 모든 휴대폰을 분해했던 것처럼 킨들도 분해해 내부 구조를 자세히 연구했다. 그 덕분에 그날 두 사람은 전자책 리더기에 대한 이야기를 시작으로 점차 거리를 좁힐 수 있었다.

KK는 제이드 팰리스 호텔에서의 만남을 떠올리며 평생 마셨던 커피 중에서 가장 중요한 한 잔이었다고 평가하기도 했다. 거의 5시간 동안 이야기를 나누는 바람에 KK는 그날 잡아놨던 일정을 미뤄야 했다. 하지만 대화가 끝났을 때 KK는 자신이 레이쥔의 팀에 합류하고 싶다는 걸 깨달았다. MS 본사에 가능성 있는 신제품을 소개하려면 10억 달러의 수익을 가져다 줄 사업이라는 점을 먼저 증명해야 한다. 그럴 수 없다면 누구도 해당 사업의 가치를 증명할 수 없다. KK는 그런 삶에 이미 오래전부터 익숙해져 있었다.

레이쥔은 창업자와 직원을 뽑을 때 한 가지 원칙을 고수한다. 혁신에 대한 의지가 있는가? 연봉을 삭감하는 대신 회사의 옵션을 받겠는가? 과감히 모험을 선택하는 사람만이 진심으로 혁신을 원하고, 미래를 믿는 사람만이 최선을 다한다는 것을 레이쥔은 잘 알고 있었다. 린빈, 리완창, 황장지 모두 레이쥔의 원칙에 대해 똑같은 반응을 보였다. 이렇게 해서 새로 합류한 동맹자들은 이때부터 생사를 함께하는 전우가 되었다.

창업에 좀 더 몰입할 수 있도록 레이쥔은 창업 동업자들에게 힘닿는 데까지 자금을 투자하겠다고 밝혔다. 그것이 창업을 준비하는 최고의 마음가짐이자 태도라고 여겼기 때문이다. 여기에 레이쥔이 창업 기간에 자신은 무보수로 일하겠다는 뜻을 밝히자, 린빈도 적극 동참했다.

그 밖에 린빈은 자신이 보유한 MS 주식 전부와 구글 주식 3/4을 매각해 엔젤 투자 방식으로 샤오미에 75만 달러의 현금을 투입했다. 훗날 이 일을 두고 매스컴에서는 외국계 사업가가 벤처투자에 과감하게 뛰어든 감동적인 스토리라고 대대적으로 포장했지만, 모두가 생각하는 것처럼 그렇게 극적인 과정은 아니었다고 린빈은 솔직히 밝혔다. 사실 아버지가 자신의 창업을 반대한 데다, 린빈 자신도 골치 아픈 문제에 봉착해 있었다. 구글에서 제공하는 각종 혜택만 포기하는 거라면 그렇게 힘들진 않았을 것이었다. 하지만 당시 린빈은 지금 가지고 있는 것을 포기하는 것도 모자라 오히려 물어줘야 하는 처지였다. 누구도 그에게 내일을 약속해 줄 수 없었고, 린빈 자신도 날 때부터 모험을 좋아하는 편은 아니었다.

린빈은 구글이 중국 시장에서 발을 빼기로 한 결정이 자신의 결정을 끌어낸 가장 중요한 사건이었다고 고백했다. 그렇게 해서 아내의 적극적인 지원 속에 린빈은 창업의 길로 뛰어들었다.

## 좁쌀죽의 약속

이렇게 해서 레이쥔은 린빈, 황장지, 아리 3명의 공동 창업자를 영입했다. 네 사람은 한자리에 앉아 새로 세울 회사의 이름을 놓고 고민에 빠졌다. 몇몇 사람들이 진지한 논의 끝에 선정한 후보에는 '훙싱紅星', '훙라쟈오辣椒', '헤이미黑米' 등이 있었다. 특히 '검은색黑'이라는 글자가 들어간 이름에 남다른 애정을 보였는데, 검은색 특유의 무게감과 신비함, 세련됨을 높이 평가했다. 게다가 블랙워터Black Water[•], 블랙스톤Black Stone[••]처럼 회사 이름에 '블랙'이 들어간 대기업이 많다는 점도 어느 정도 작용했다. 신규 프로젝트를 담당했던 천싱즈번의 젊은 투자 매니저 라이샤오링賴曉凌은 레이쥔에게 제출한 1차 투자 파일에서 회사 이름을 '헤이미'라고 적은 뒤 특별히 'BLACK RICE'라는 영어 대문자를 덧붙이기도 했다.

[•]
미국 최대의 민간 군사기업.

[••]
세계 최대 사모펀드 그룹.

회사의 이름이 최종 결정되진 않았지만 공동 창업자들은 자신들이 잘 아는 범위 내에서 인재를 모집하고 있었다. 신규 업체답게 새로운 피가 필요했기에 조건에 맞는 제품 매니저PM와 엔지니어를 찾았고, 합류 즉시 업무에 착수할 수 있기를 기대했다. 이 기간에 레이쥔은 인재 모집과 면접에 많은 관심과 노력을 기울였다.

여전히 사무실을 마련하지 못한 탓에 면접은 주로 카페나 찻집에서 진행되곤 했다. 거의 매시간마다 면접을 볼 정도로 일정은 빡빡했다. 그래도 믿음을 선택한 젊은이들은 사무실도 간판도 없는 작은 회사에 관심을 보이며 그들의 이야기에 공감했다. 당시 초기 인원은 대부분 MS와 진산 출신으로 채워졌다.

린빈 역시 거의 매일 사람을 찾아다녔다. 그러던 중에 당시 MS 소프트웨어 아카데미에서 같이 축구를 하던 젊은 엔지니어들이 떠올랐다. 이들 엔지니어들 대부분이 대학원을 갓 졸업했으니 현재(2010년)라면 서른 살 정도 됐을 것이다. 축구장에서 같이 땀흘린 이들인 터라 친분도 남달랐다.

금테 안경에 까무잡잡한 피부를 가진 류신위劉新宇는 AC밀란의 팬으로, 축구를 너무 좋아해 MS 사내 축구팀을 세우는 데 앞장서기도 했다. 류신위는 유니폼과 축구화를 구입하는 데 필요한 예산을 린빈에게 신청한 적도 있었다. 베이징이공대학교 컴퓨터학과를 이제 막 졸업한 류신위는 MS 연구센터에서 인턴으로 일하다가, 2003년 대학원을 졸업한 후 MS 아카데미에 곧바로 합류해 메일 서버와 관리 콘솔을 담당했다. 한마디로 말해서 기업의 메일 전략을 설정하는 작업을 담당했다.

MS에서 근무하던 시절 류신위에게는 판뎬範典이라는 절친이자 같은 축구팀 멤버가 있었다. 판뎬은 칭화대학교 컴퓨터학과를 졸업한 후 2007년에 MS 아카데미에 들어와 최고의 코딩 교육을 받았다. MS는 엔지니어가 만든 모든 프로그램의 가독성을 높이기 위해 함수나 대상 유형을 명명하는 데서부터 교육을 실시한다. 교육을 통해 판뎬은 디테일을 놓치지 않는 프로그래밍을 습득하며 말로 설명할 수 없는 매력에 사로잡혔다. 이때의 일로 판뎬은 프로그래밍 수준에 대한 MS의 깐깐한 잣대를 몸소 경험할 수 있었다. 실제로 판뎬은 교육을 받은 후 국제 무대에서도 통할 수 있는 코딩 실력을 선보일 수 있었다고 했다. MS 아카데미에서 근무하던 시절, 판뎬은 아웃룩Outlook 메일 서버 부서에서 근무하며 아웃룩 2007과 2010 버전 개발에 참여하기도 했다.

류신위와 판뎬은 MS 아카데미에서 같은 팀에 소속된 데다 모두 린빈의 휘하였다. 축구장에서 류신위는 레프트윙으로, 판뎬은 미드필더로 활약했다. 판뎬은 패스가, 류신위는 슈팅이 뛰어난 편이었다. 판뎬으로부터 롱 패스를 받아 류신위가 슛을 쏘곤 했는데, 주변으로부터 콤비 플레이가 좋다고 평가받을 정도였다. 당시 판뎬은 바티스투타Gabriel Omar Batistuta의 팬은 아니었지만 종종 흰색 헤어밴드를 하고 끈을 뒤로 길게 늘어뜨린 채 그라운드를 누비곤 했다.

린빈에 대한 판뎬과 류신위의 이미지는 무척 비슷했다. 두

사람 모두 린빈이 평소에는 점잖지만 그라운드에서는 거침없
는 타입이라고 생각했다. 그라운드 밖에서 보는 린빈은 프로그
래밍에 남다른 애정을 가진 인물이었다. 프로그래머를 상대로
종종 회의를 열어 작업 중에 포인터Pointer를 다 쓰면 꼭 Null<sup>●</sup>
을 달아주라고 여러 번 이야기하곤 했다. 그 덕분에 아카데미
의 엔지니어들은 그 이야기를 아직도 기억하고 있다.

　2009년 말, 린빈으로부터 샤오미에 들어오라고 권유를 받
았을 당시 판뎬과 류신위 모두 MS 아카데미를 떠나 알리바바
클라우드阿里雲에서 근무 중이었다. 둘은 알리바바 클라우드
에서 입사 순서로 서른 번째일 만큼 중책이었지만, 두 사람 모
두 린빈을 만난 뒤 레이쥔과 몇 차례 대화를 나눴다. 그런 뒤
많은 고민 없이 공동 창업팀에 합류하기로 결정했다. 아이폰과
비슷한 품질의 제품을 아이폰의 반값에 선보이고, 추후에는 인
터넷 서비스를 제공할 거라는 레이쥔의 계획을 두 사람 모두
파악했다. 이렇게 해서 판뎬은 샤오미의 여섯 번째 직원, 류신
위는 일곱 번째 직원으로 이름을 올렸다.

　MS 축구팀에는 쑨펑孫鵬이라는 젊은 멤버도 있었다.
2005년 MS에 입사한 쑨펑은 황장지를 직속 상관으로, 린빈을
부서장으로 두고 있었다. MS에서 근무한 5년 동안 쑨펑이 속
한 프로젝트팀은 황장지가 이끄는 윈도우 모바일이었다. 당시
MS 내부에는 KIN이라는 휴대폰을 개발하는 PINK라는 프로
젝트가 운영 중이었다. 2009년, 프로젝트팀은 KIN이 실패하
리라는 걸 예감했지만 프로젝트를 담당하는 부사장은 통신사

● 프로그래밍 언어
에서 포인터가 아
무것도 가리키고
있지 않다는 것을
나타내기 위해 사
용하는 값.

보다폰Vodafone과 계약을 맺었다며 계속 개발할 것을 독려했다. PINK 프로젝트가 날아가면 MS로서는 더 많은 돈을 물어야 했기 때문이다. KIN이라는 휴대폰이 출시되긴 했지만 결국 1만 대도 팔지 못하면서 프로젝트는 종료됐다.

쑨펑의 영어 이름은 피터Peter로, 영문 알파벳 첫 글자만 따서 모두들 그를 'P 사장님'이라고 불렀다. 그 역시 MS 축구팀의 멤버로, 그라운드에서 '거침없이' 뛰어다니는 모습을 판덴과 류신위 모두 또렷이 기억하고 있었다. 쑨펑은 더는 못 뛰겠다고 하면서도 언제나 남보다 한 발 더 달려갔다. 이제는 멈추겠지 싶을 때도 쑨펑은 공을 이리저리 드리블하곤 했다. 자유자재로 속도를 조절하며 상대 수비수를 혼란에 빠뜨리기도 했지만, 때로는 브레이크를 밟지 못하고 사이드라인까지 달려들기도 했다.

MS의 휴대폰 프로젝트는 실패했지만 휴대폰 제작에 관한 쑨펑의 호기심은 이어졌다. 그러던 중 린빈으로부터 새로운 스타트업에 합류하지 않겠느냐는 권유를 받았다. MS 시절부터 알고 지낸 동료들이자 그라운드에서 뛰는 멤버들 중 일부가 이미 합류했다는 걸 알게 된 쑨펑은 망설이지 않고 샤오미의 열세 번째 직원으로 합류했다.

그 외에도 MS 출신인 리웨이싱李偉星이 있었다. 마른 체구의 리웨이싱은 언제나 생각에 잠긴 듯한 눈망울을 지닌 진지한 소년과 같은 모습을 연상시켰다. 광저우廣州에서 자란 리웨이싱은 어릴 때부터 줄곧 학교 추천을 받은 모범생으로, 2005년 중산대학교를 졸업한 컴퓨터 전문 연구원 출신이다. 대학교와 대학원을 다니는 동안 리웨이싱이 가장 좋아하는 일은 컴퓨터 대회에 참가하는 것이었다. 지금도 여전히 유명한 국제컴퓨터 협회ACM가 개최하는 국제 대학생 프로그래밍 대회에 4년 연속 참가하기도 했다. 대회에 참가해서 거둔 최악의 성적은 아시아 리그 6위에 오른 일이었다. 해당 대회의 규정에 따르면 각 대회는 5시간에 걸쳐 세 명의 팀원이 컴퓨터 한 대로 프로그래밍을 끝내야 했다. 하지만 리웨이싱의 평소 훈련은 이보다 훨씬 까다로웠다.

레이쥔은 리웨이싱에게 샤오미에 합류할 것을 권하며, 단말기에 어울리는 휴대폰 OS를 함께 만들자고 제의했다. 그 말은 리웨이싱에게 깊은 울림을 선사했다. MS에서 4년 동안 윈도우폰Windows Phone을 만든 리웨이싱이었다. 윈도우폰의 많은 디자인이 중국인의 입맛에 맞지 않는다고 예전부터 생각해왔지만, 그의 다양한 아이디어는 MS라는 공간에서 통하지 않았다. 그런 자신에게 레이쥔이 하고 싶은 걸 하자고 제의하자, 연봉을 물어볼 생각도 하지 않고 샤오미에 합류하기로 결정했다.

MS의 젊은 동료들이 꾸준히 유입되는 가운데, 진산 쪽에서도 뜨거운 관심을 보였다. 예를 들어 리완창 밑에서 일했던 왕하이저우王海州는 진산에서 기술 파트를 담당하고 있었다. 아리가 진산을 떠났을 때도 그는 묵묵히 자리를 지켰다. 그러던 중 자신과 함께 일하자는 아리의 부름에 왕하이저우는 모바일 인터넷에 대한 동경과 옛 상관에 대한 믿음을 가슴에 품고 샤오미의 여덟 번째 직원이 되었다.

같은 기간 샤오미에 합류한 멤버로는 취헝屈恒이 있다. 1999년 중국의 대학입시 시험인 가오카오高考에서 639점으로 베이징항공항천대학교 컴퓨터학과에 입학한 후 진산에 입사해 모바일 버전의 진산츠바 개발 프로젝트에 참가했다. 그가 속한 팀은 라이선스에 관한 업무를 주로 처리했는데, 진산츠바의 라이선스를 모토로라, 노키아, 소니에릭슨과 같은 휴대폰 업체에 판매한 뒤 수익을 취하는 형태였다. 하지만 모바일 인터넷이 발전함에 따라 취헝은 자신의 미래를 두고 고민에 빠졌다. 휴대폰에 사전을 통째로 설치하는 사례가 점점 줄어드는 대신, 왕이 유오다오網易有道 같은 온라인 사전을 활용하는 사례가 점점 늘고 있었기 때문이다. 이러한 변화는 사전 분야에 치중했던 진산의 업종 전환은 물론, 취헝이 레이쥔의 팀에 합류하게 된 계기로 작용했다.

친즈판秦智帆은 진산의 UI 디자이너로, 리완창과 함께 IxD 기술을 함께 담당해왔다. 2009년 진산츠바는 PC 버전 외에도 모바일 버전 서비스를 제공하기 시작했다. 진산에서 근무하는 동안 친즈판은 실무 과정에서 무엇이 UI인지 몸소 깨달을 수 있었다. 리완창은 친즈판에게 반투명한 아이콘을 어떻게 만들어야 하는지 직접 가르쳐주기도 했다. 그전까지 시베이대학교에서 디자인을 전공했던 친즈판은 비주얼을 강조한 UI 디자인을 선보였다. 하지만 진산에서 몇 년 동안 실무를 익히며 UI가 단순히 보여지는 것만이 아니라 기기와 사용자 간의 원활한 소통을 뒷받침할 수 있어야 한다는 점을 깨달았다. 한마디로 IxD 는 다양한 분야를 아우르는 산물이다. 진산 시절, 리완창은 친즈판이 디자인한 포스터를 높이 평가하며 그에게 내부 포스터를 전적으로 제작하는 임무를 맡기기도 했다.

당시 창업팀에 합류한 유일한 여성 멤버로는 관잉즈管穎智가 있다. 모두 그녀를 샤오관小管이라고 불렀다. 스물다섯 살에 대학원을 졸업한 후 한 공기업에서 근무하던 관잉즈는 대학교 3학년 때 진산에서 인턴으로 근무했던 터라 진산 출신들과도 안면이 있었다. 2009년 연말부터 2010년 3월까지 레이쥔의 창업팀에는 십여 명의 직원이 근무 중이었다. 회사 규모가 어느 정도 갖춰지자 행정 및 인사 업무를 처리해야 했다. 인재를 찾던 리완창은 관잉즈를 떠올리곤 그녀에게 면접을 권했다.

면접은 예상과 달리 레이쥔이 직접 진행했는데, 당시 샤오관으로서는 도저히 믿기지 않는 상황이었다. 그도 그럴 것이 자신이 근무했던 진산에서 레이쥔은 최고 지도자였다. 그런 사람이 있다는 이야기는 들어봤지만 실제로 본 적은 없었다. 면접에서 관잉즈는 레이쥔에게 자신이 대학원 재학 시절에 중국 대학생 창업 기획대회 '챌린지컵'에 참가했던 이야기를 들려줬다. 관즈잉은 당시 중국지질대학교 인문경영대학원에 재학 중이었지만 컴퓨터 학부의 친구와 함께 마이크로컨트롤러 Microcontroller 상용화 프로젝트를 함께 선보였다. 이 프로젝트는 '챌린지컵'에서 베이징 지역 2등을 차지했다.

샤오관이 회사에 합류한 뒤 맡은 첫 번째 일은 미래 사무실을 위한 간단한 인테리어 작업이었다. 친즈판과 함께 커다란 가방을 메고 온종일 이케아에서 사무용품을 고르기 바빴다. 최초의 사무실은 중관춘 인구銀谷 빌딩 807호실에 마련됐다. 약 400m² 크기의 사무실은 꽤 썰렁해 보였다.

사무실을 어디에 마련할지를 두고 고민이 이어지던 중, 향후 구인 상황을 고려해 최종적으로 구글, MS와 진산의 중간 지점으로 낙점했다.

새로운 젊은 프로그래머들이 프로그래밍 작업에 착수했다. 레이쥔은 직원들이 빨리 손발을 맞출 수 있도록 몇 개의 앱을 설계했다. 그중에는 운전자들이 휴대폰에서 교통 법규 위반 기록을 조회해볼 수 있는 '스지샤오미司機小蜜'도 포함됐다. 또 '샤오미푼샹小米分享'이라는 앱은 안드로이드 사용자에 온라인으로 공유할 수 있는 휴대폰, 배경화면, 음악, 전자책, SMS를 제공하는 오픈 플랫폼이었다. 그 외에도 '미런迷人 브라우저'는 웹킷WebKit에 기반을 둔 커널Kernel로, 중국 사용자의 습관을 고려해 최적화한 브라우저다. 당시 프로그래머들의 주요 거점으로는 칭허샹수완清河橡樹灣의 상다오上導카페, 회룽관回龍觀 근처의 상다오 카페가 있었다. 칭허샹수완의 상다오 카페는 류신위의 집에서, 회룽관의 상다오 카페는 취헝의 집에서 가까웠다. 두 사람은 신생 축구팀처럼 밀착 훈련을 실시했는데, 나이도 비슷한 편이라 빠르게 손발을 맞출 수 있다.

그 외 대부분의 시간에는 바오푸스챠오保福寺橋 근처에 있는 스타벅스에서 프로그래밍 작업을 진행했다. 천싱즈번의 라이샤오링은 유격대처럼 창업에 몰두하던 시절에 대한 기억이 아직도 생생하다. 아침 8시 반, 한 무리의 프로그래머들이 정확한 시간에 모여 스타벅스 한구석에 자리를 잡는다. 각자 커피를 주문한 뒤 온종일 그 자리에서 작업에 몰두하곤 했다. 온종일 커피만 마실 수도 없는 노릇이라 도중에 물을 사러 나가는 사람도 적지 않았다. 리완창은 시끄러운 카페에서도 조용히 일할 수 있도록 프로그래머들이 노이즈캔슬링 이어폰을 끼고 있던 모습이 가장 인상적이었다고 떠올리기도 했다. 라이샤오링은 스타벅스에 전세라도 냈냐고 황장지와 리완창을 종종 놀리기도 했다.

'헤이미'라는 이름은 끝내 채택되지 않았다. 신규 프로그래머들도 사명을 짓기 위한 민주적인 토론에 참가했다. 모두들 사명을 짓기 위한 원칙을 세웠다. 이를테면 대중에게 친숙하고, 소리 내서 읽었을 때 입에 착착 붙는 이름, 인상 깊되 이상한 영어 번역이 아닌 반드시 중국어로 된 이름을 원했다. 결국 박학다식한 레이쥔이 평소 자신이 가장 좋아하던, '부처께서 보시기에 작은 쌀 한 톨은 수미산처럼 큰 산과 같다佛觀一粒米, 大如須彌山'는 격언을 떠올렸다. 여기에 누군가 이왕이면 좁쌀 小米보다는 쌀大米이 낫지 않겠냐고 반문하자, 투자자 류친이 제동을 걸었다.

"인터넷이라는 건 태생적으로 덩치가 큰 것보다는 똑똑한 작은 걸 추구하죠. 그러니 큰 것보단 작다는 뜻의 샤오미가 좋겠습니다."

실용적이면서도 깔끔한 이름에 모두들 찬성표를 던졌다.

이렇게 해서 샤오미가 탄생했다.

훗날 레이쥔은 샤오미라는 이름에 담긴 의미를 좀 더 자세히 들려줬다. 샤오미에서 '미'에 해당하는 영문인 MI는 모바일 인터넷Mobile Internet의 약칭이자, 샤오미에 완수 불가능한 임무는 없다는 뜻의 미션 임파서블Mission Impossible로 해석될 수도 있다고 했다. 이와 함께 레이쥔은 '한 손에는 좁쌀, 한 손에는 총小米加步槍'●이라는 혁명 낭만주의 정신으로 세계를 정복하고자 했다. 사명이 최종적으로 확정되자 레이쥔은 샤오미가 자신의 마지막 회사가 될 것이라고 공개적으로 밝혔다. 그건 회사를 세운 창립자로서 내놓은 약속이었다.

샤오미는 2010년 4월 6일 인구 빌딩에 입성했다. 그날의 기억이 모두에게는 여전히 생생하다. 샤오미의 행정 및 인사 담당인 관잉즈가 리완창의 요청에 따라 개업식에 필요한 간단한 음식을 미리 준비했다. 사무실 특유의 냄새를 없애줄 스킨답서스를 놓은 뒤, 일회용 흰 그릇과 케이크, 그리고 일회용 폭죽을 탁자 위에 세팅했다. 관리실에 미리 부탁해둔 간소한 화환도 도착했다.

4월 6일 새벽 5시, 리완창의 아버지는 기쁜 마음에 잠을 이루지 못하고 새벽부터 일어나 커다란 전기밥솥에 좁쌀죽을 잔뜩 쒔다. 아침 10시, 다섯 시간 동안 끓인 좁쌀죽이 자동차를 타고 인구 빌딩 807호로 배달됐다. 창립자와 직원들이 모두 집결한 가운데, 투자자 대표 류친과 라이샤오링도 개업식 현장을

● 중국 초기 공산당 팔로군八路軍의 상징으로, 온갖 고난을 이겨낸다는 뜻으로 사용된다.

2장 미치기 위해 태어나다

찾았다. 친분이 있는 사람들끼리 이야기를 나누었고, 처음 본 사람들끼리는 서로 인사를 하느라 바빴다. 그렇게 모두들 하이라이트가 될 시간이 오기를 기다리고 있었다.

그리고 마침내 좁쌀죽이 등장했다. 관잉즈가 일회용 흰 그릇에 좁쌀죽을 나눠주자, 모두들 한 그릇씩 들고 기념사진을 찍었다. 개업식이었지만 모두들 평소와 다름없는 옷차림을 하고 있었다. 레이쥔도 즐겨 입는 감청색 청바지에 줄무늬 셔츠, 그 위에 검은색 가죽 재킷을 걸쳤다. 이제 막 창업한 데다 할 일이 태산이었던 탓인지 제때 다듬지 못한 머리가 조금은 덥수룩하게 보였다.

좁쌀죽이 담긴 그릇을 쥐고 레이쥔이 모두를 향해 입을 열었다.

"오늘, 창업의 길에 정식으로 뛰어들었습니다."

이렇게 해서 미치기 위해 태어났다는 샤오미가 정식으로 설립됐다. 레이쥔의 선포에 일제히 손에 든 폭죽을 터뜨리자, 그 소리를 듣고 관리실에서 사람들이 달려 나오기도 했다.

평소와 다름없는 조금은 흥겨운 분위기 속에서 개업식이 끝나자 다들 바닥에 떨어진 꽃가루를 치운 뒤 제자리로 돌아가 업무를 시작했다.

이제 막 창업에 뛰어든 신생 회사 샤오미, 그 앞에는 엄청난 일들이 기다리고 있었다.

## 점점 진영을 갖추는 창립자

샤오미는 짧은 기간 동안 융자 작업을 모두 마쳤다. 천싱즈번이 투자한 500만 달러 외에도 공동 창업자가 내놓은 총 500만 달러(그중 레이쥔의 투자액은 400여만 달러였다. 린빈이 75만 달러를 투자한 데 이어 황장지와 리완창이 일부 현금을 투자했다)에 달하는 자금을 확보했다. 이로써 샤오미가 기획한 엔젤 투자 프로젝트로 융자금 1000만 달러, 시가 총액 2500만 달러라는 결과가 순식간에 결정됐다. 투자업계에서 레이쥔과 친분이 있는 일부 사람들은 레이쥔이 '재시동'을 걸었다는 이야기에 앞다투어 투자 참여를 문의해왔다. 대표적인 업체로는 치밍창투啟明創投(Qiming Venture Partners)의 퉁스하오童士豪가 있었다.

치밍창투에서 근무하던 시절, 퉁스하오는 레이쥔과 3년 동안 총 4개의 프로젝트에 공동으로 투자한 적 있었다. IT 기술에 열광하는 레이쥔의 모습에 퉁스하오는 깊은 인상을 받았다. 흐름을 꿰뚫어 보는 레이쥔의 분석력을 높이 평가한 퉁스하오는 한때 그를 치밍창투의 CEO 자리에 앉히고 싶다는 생각을 하기도 했다.

샤오미를 설립한 후 가진 모임에서 레이쥔은 퉁스하오를 7성급 판구호텔의 카페로 불러냈다. 이번 만남에서 레이쥔은 추진 중인 사업을 처음으로 퉁스하오에게 소개했다.

키 190cm인 퉁스하오는 건장한 체구에 호탕한 목소리를 가진 사업가로, 외모에 어울리지 않게 나긋나긋한 타이완 특유의 말투를 지녔다. 하지만 일어서면 마치 거대한 벽을 마주한 것처럼 강력한 카리스마가 느껴지기도 한다. 타이완에서 태어난 퉁스하오는 열세 살 때 부모님을 따라 미국으로 이민 간 뒤, 스탠퍼드대학교에서 수학한 후 메릴린치Merrill Lynch 증권사에 입사했다가 2007년에 치밍창투를 설립했다.

퉁스하오는 그날 레이쥔과 나눴던 이야기를 떠올리며, 30분 전만 해도 자신은 거의 패닉 상태였다고 고백했다. 맞은편의 레이쥔을 보며 미친 게 아닌가 하는 의심마저 들었다고 했다. 역사상 어떤 회사도 맨주먹으로 휴대폰 사업에 성공한 적 없다. 아이폰은 아이맥과 아이팟 덕분에 휴대폰 시장에 진출할 수 있었다. 모토로라는 다른 사업에 착수한 후에야 신규 영역에 진출했다. 맨주먹으로 휴대폰 사업에 뛰어들겠다는 생각은 한마디로 말해서 미친 짓이나 다름없었다.

그로부터 30분이 지난 후, 눈앞의 상대로부터 샤오미의 경영 방식에 관한 자세한 이야기를 들은 퉁스하오는 차분한 모습을 되찾았다. 무엇보다 중요한 점은 눈앞의 상대가 레이쥔이라는 점이었다. 퉁스하오가 흐름에 남다른 촉을 가진 레이쥔을 믿기로 결심한 까닭은 그동안 레이쥔이 증명한 실적 때문이었다. 하드웨어와 소프트웨어의 결합, 트라이애슬론 모델이라는 레이쥔의 구상을 실현하려면 무엇을 갖춰야 하는지 퉁스하오는 머릿속으로 빠르게 계산기를 두드렸다. 그리고 다음과 같은 결론을 내렸다.

'인터넷과 소프트웨어, 전자상거래, 그리고 하드웨어 제조업에 정통한 인재와 경험이 필요하다.'

레이쥔은 하드웨어 분야에서 일한 경험은 없지만, 다른 분야에서는 다양한 경험을 쌓은 터라 그의 영향력이면 적당한 하드웨어 책임자를 찾을 수 있다고 퉁스하오는 확신했다.

두 시간 정도 이야기한 끝에 퉁스하오는 레이쥔의 사업 마인드를 확인할 수 있었다. 당시 레이쥔이 융자 요청을 하지는 않았지만, 퉁스하오는 레이쥔의 프로젝트를 치밍에서 유치하겠다고 마음먹었다.

프로그래머들에게 사무실을 마련해주면서 이리저리 떠돌아다니며 프로그래밍 작업을 하던 방랑 생활도 끝이 났다. 업무 추진율도 점점 정상 궤도에 오르기 시작했다. 레이쥔과 몇몇 창업자는 우선 개발팀의 주특기인 휴대폰 OS에서 '시스템 최적화-시스템 안정성 확보-보급' 단계를 거치고, 이어서 휴대폰 하드웨어 제조 분야로 사업을 확장하는 방식을 확정했다. 상대적으로 쉬운Soft 단계에서 까다로운Hard 단계로 경영을 운영하는 방식은 창업자에게는 가장 익숙한 경영 방식이기도 하다.

휴대폰 OS의 이름은 MIUI로 결정됐다.

MIUI 프로젝트는 리완창이 담당했다. 프로그래머들은 안드로이드 커스텀 펌웨어 개발에 착수했다. 당시 휴대폰 시장에는 모조품이 크게 활개를 치고 있었는데, 대부분이 영어로 된 OS를 가지고 있었다. 이를 사용하려면 중국인에게 익숙한 중국어 OS로의 전환이 필요한데, 당시 사용자에게 다양한 경험을 제공하는 여러 커스텀 펌웨어가 크게 유행했다. 그러나 주로 개인이나 소규모 팀에 의해 제작된 탓에 최적화된 서비스

2장 미치기 위해 태어나다

와 꾸준한 업데이트를 제공할 개발력을 갖추지 못한 상태였다. MIUI팀은 바로 이 점을 집중 공략하기로 했다. 휴대폰 광팬을 열광시킬 최고의 OS를 만드는 게 MIUI의 첫 목표였다.

이렇게 해서 IT 광팬을 위한 MIUI가 탄생한다.

인구 빌딩에 자리 잡은 사무실도 바쁘게 돌아가기 시작했다. MIUI팀의 프로그래머들은 대부분 윈도우 모바일팀 출신으로, 그동안 대기업 특유의 틀 안에 갇혀 있었다. 그 때문에 주체적으로 작업을 이끌거나 계획을 행동으로 옮기지 못하는 경우가 허다했다. 하지만 샤오미 사무실에서는 광활한 세상 어디든 자유롭게 날 수 있었다. 여러 기능을 최적화하는 방법을 두고 열띤 토론을 벌이며 가장 하고 싶었던 일에 마음껏 뛰어들었다. 업무에 대한 직원들의 열정은 그 어느 때보다도 뜨거웠다.

이와 함께 새로운 창립자들도 합류하면서 팀에 활력을 불어넣었다. 구글의 전前 수석 PM 홍펑洪鋒은 입사 수속이 아직 완료되지 않았는데도 이미 새로운 사무실에 출근 중이었다. 구글에서 소프트웨어 프로그래머로 일한 홍펑은 구글 캘린더, 구글 지도 등의 프로젝트에 참가한 후 구글 뮤직 개발의 PM을 맡은 인물이었다. 상품에 대한 독창적인 시야를 지녔다고 판단한 린빈이 그를 샤오미로 영입했다.

홍펑은 과묵한 프로그래머였지만, 말을 꺼내면 직설적이며 깔끔하게 요점을 찌르곤 했다.

2005년부터 구글 본사에서 일한 홍펑은 구글 특유의 열린 문화로부터 큰 영향을 받았고, 회사 전반에 깔린 주체 의식은 그에게 많은 울림을 선사했다. 매주 금요일이면 구글에선 TGIF(Thank God, It's Friday) 파티가 열렸는데, 이곳에서 직원들은 창립자들과 자유롭게 대화할 수 있었다. 직원들은 법률상 기밀로 다루어야 하는 일 외에는 자신의 의견을 마음껏 드러낼 수 있었다. 이를테면 이사회에서 경영진이 논의한 전략이나 회사 차원의 결정, 그로 예상되는 결과 모두 자유로운 분위기 속에서 다뤄졌다. 이러한 자리를 통해 직원들은 회사 전체의 방향을 또렷하게 인식하고 단합할 수 있었다. 할 수 있는 일과 할 수 없는 일에 대해 자신의 생각을 드러낼 수 있는 권리와 용기를 가질 수 있었던 것이다. 보통 큰 수익을 올릴 수 있는 정부 프로젝트를 회사가 수주했을 때 직원들이 반대하는 경우는 무척 드물지만, 구글에서는 흔한 일이었다고 홍펑은 회고했다.

프로그래머로서 홍펑은 20퍼센트의 자유시간이 허용되는 프로젝트에 참가했다. 홍펑은 그 시간을 활용해 훗날 찬사를 받은 구글 스트리트 뷰Google Street View 개발 프로젝트에 참가했다. 직접 거리를 돌아다니며 다양한 데이터를 수집해야 했기 때문에, 자동차를 카메라를 탑재한 형태로 개조해야 했다. 차량의 배터리만으로는 대량의 전기를 공급할 수 없기 때문에 별도의 발전용 디젤 엔진을 장착했다. 차량에 기름을 넣을 때마다 지붕에 탑재한 디젤 발전기에도 디젤유를 넣어야 했다. 꽤 멋져 보이지만 작업 중에 돌발 상황이 일어나기 일쑤였다. 독특한 생김의 자동차가 시커먼 매연을 내뿜으며 난폭하게 달리는 바람에 번번이 경찰의 단속을 받아야 했다. 때로는 온종일

주행을 마치고 돌아온 뒤에 안에 탑재한 하드웨어가 충격을 받아 못 쓰게 된 걸 발견하기도 했다. 그런 날에는 힘들게 모은 데이터를 통째로 날려야 했다. 구글의 스트리트 뷰는 프로그래머가 날마다 차를 몰고 도로에 나가 찍는 수고를 거쳐 완성된 상품이었다.

구글에서 몇 년 동안 일하던 홍펑은 구글 차이나가 설립되면서 중국으로 귀국했다.

레이쥔은 린빈을 통해 이 과묵한 프로그래머를 만나기로 했다. 미래의 창업 파트너가 될 수도 있는 상대와 얼굴이라도 보자는 기분으로 나간 자리에서 레이쥔은 무척 당황한 표정을 짓고 말았다. 평소 말이 없기로 유명한 홍펑이 쉬지 않고 말을 꺼냈기 때문이다. 홍펑은 그 자리에서 레이쥔에게 폭풍같이 질문을 쏟아냈다. 어떤 문제는 레이쥔이 홍펑에게 던진 질문보다 상세하고 구체적이었다. 레이쥔이 홍펑을 면접 본 게 아니라 홍펑이 자신의 미래 상사를 면접 보는 것 같았다.

결국 홍펑은 상황을 깔끔하게 정리하는 촌철살인을 날렸다.

"꽤 재미있는 일 같군요. 추구하는 바도 크고, 논리적으로도 확실하니 도전해볼 만하겠군요. 솔직히 말해서 일의 규모나 무모한 정도를 따지면 이 일은 절대 불가능해요. 하지만 그만큼 매력적이니 도전하고 싶습니다."

홍펑이 샤오미에 합류하면서 팀 분위기는 한층 별스러워졌다. 일례로 진공청소기로 개조한 지능로봇Intelligence Robot이 그랬다. 이케아의 채소 바구니로 만든 머리, 흰색 쓰레기통 두 개로 만든 다리와 모니터로 된 몸통을 가진 이 로봇은 자유롭게 회전할 수 있게 진공청소기 위에 몸을 실었다. 훙펑은 고향인 상하이에 갈 때마다 원격 컴퓨터로 로봇을 조종하곤 했다. 사무실 바닥이 울퉁불퉁해서 로봇이 이따금 틈에 끼기도 했는데, 그때마다 훙펑의 목소리가 모니터를 통해 울려 퍼지곤 했다.

"거기 누구 있어요? 나 좀 옮겨줘요!"

그 소리에 근처 직원이 허겁지겁 달려와 로봇을 옮겨주곤 했다.

MIUI 개발 작업은 순항했다. 작업 기간이 그리 긴 편은 아니었지만 일부 광팬들은 MIUI의 남다른 마음가짐을 확인할 수 있었다. 연이은 문제에도 시스템 업데이트를 통해 MIUI의 속도와 디자인, 사용자 친화성을 개선하며 충성 고객들을 서서히 확보해나가기 시작했다. 한편 시스템이 먹통이 되는 문제가 이따금 나타났는데, 소프트웨어와 하드웨어 간 연동 과정에서 일반적으로 벌어지는 문제였다. 이러한 점 때문에 MIUI가 완벽하게 작동되는 휴대폰을 개발하는 일이 예상보다 빨리 추진되었다.

하지만 당시의 샤오미에는 하드웨어를 다뤄본 경험자가 없었다.


## 하드웨어로의 정식 진출

자본을 유치하기 위한 작업은 계속됐으나, 샤오미의 프로젝트는 퉁스하오의 예상과 달리 치밍창투 내부에서 그다지 순항하지 못했다. 심지어 첫 번째 내부 심사를 통과하지 못하기도 했다. 이 프로젝트를 처음 접한 여러 청년 투자자들은 사업의 리스크와 함께 너무 큰 목표를 가진 것이 아니냐고 지적했다.

퉁스하오는 레이쥔과 린빈, 황장지 세 사람을 상하이에 초대해 치밍창투 본사 임원들에게 소개했다. 퉁스하오는 당시의 청년 투자자들이 지금의 2030세대처럼 생각이 분명했다고 회상했다. 선배들이 탁자를 치며 호통을 칠까 두려워하지 않고 문제를 날카롭게 지적했다는 것이다. 린빈 역시 천싱즈번과의 미팅보다 청년 투자자들과의 만남에서 한층 본격적인 느낌을 받았다고 평가했다. 계속되는 질문 세례 속에서 레이쥔은 담배를 피우러 가끔 자리를 비우기도 했다.

실망스러운 만남을 계기로 레이쥔은 샤오미의 엔젤 투자에서 신규 기관 투자자를 더는 받지 않겠노라 속으로 다짐했다. 하지만 퉁스하오는 뚝심 있게 개인 투자자의 신분으로 샤오미에 25만 달러를 투자했다.

훙펑의 합류로 샤오미라는 신생 업체는 인터넷 관련 인재를 확보했을 뿐만 아니라, 훙펑에게서 그의 미국 유학 시절 친구인 류더劉德를 추천받아 영입했다. 류더는 훗날 최고의 휴대폰 디자인을 만드는 데 크게 기여했다.

재미있는 사실은 1973년생인 류더는 당시 IT 쪽으로는 발도 담가보지 않은 순수 산업디자인 전공자라는 점이다. 2009년까지 레이쥔이 누구인지도 몰랐던 류더에게 모바일 인터넷은 더더욱 낯선 존재였다. 이 때문에 홍펑이 미국에 있던 류더에게 귀국해 레이쥔과 만나보라고 권유했을 때도, 류더는 대수롭지 않은 약속이라고 여겼다.

베이징 출신인 류더는 어릴 때부터 그림을 좋아해 치바이스 齊白石(1860~1957)● 화풍의 수묵화를 즐겨 그리곤 했다. 류더는 거부할 수 없는 매력을 지닌 작품을 가장 좋아했는데, 의지로 억누를 수 없는 찰나야말로 진정한 천재성이 발휘되는 순간이라고 보았다.

대학 입시에서 류더는 미술과 한 끗 차이인 산업디자인을 선택했다. 류더가 대학생이던 시절은 중국에 산업디자인이 막 소개된 때였는데, 기계공학과 교수와 미술학과 교수가 함께 수업을 진행했었다. 학교에서 배울 수 있는 지식의 한계를 자각한 류더는 '612 스튜디오'를 세우고 기숙사 친구들과 저녁 6시부터 12시까지 디자인 공부에 매달렸다. 당시 류더와 그의 친구들은 국제대회에 참가할 궁리를 하고 있었다.

그러던 어느 날, 일본 오사카에서 '회오리바람飄'이라는 주제로 국제디자인 대회가 열렸다. 류더는 대용량 코카콜라 병을 한데 엮어서 만든, 물에 띄울 수 있는 침대 작품을 제출했다. 당시 중국에는 디자인 작품을 인쇄한다는 개념도 없었거니와 컴퓨터 자체도 드물어서 류더는 매직펜으로 그린 초안을 제출했다. 그의 작품을 본 심사위원회는 손쉬운 방식으로 디자이너의 앞선 감각을 표현했다고 평가하며 수상작으로 선정했다. 디자인은 결국 문화의 싸움이라는 것을 류더는 그제야 깨달았다.

● 중국의 피카소라 불리는 중국화의 거장.

당시 중국의 디자인 수준이 상대적으로 낙후된 탓에 디자이너는 스스로 노력해 문화의 간극을 뛰어넘어야 했다.

대학교 졸업 후 류더는 베이징과학기술대학교 산업디자인학과에서 강단에 올라 학생들을 가르쳤다. 그리고 틈틈이 자신이 세운 디자인 스튜디오에서 일하며 다양한 프로젝트를 '미친 듯이' 진행했다.

디자인 분야에서 다양한 직장을 다니며 경험을 쌓은 류더는 2003년 미국의 최고 예술학부인 아트 센터 칼리지 오브 디자인Art Center College of Design(ACCD)에서 공부를 시작했다. 서른 살이라는 나이에 ACCD에 합격했다는 것은 산업디자인 교육 분야에서 정상에 올랐다는 것을 의미한다. 미국 유학 기간, 류더는 서양 문화에 흠뻑 취한 채 빽빽한 수업을 날마다 소화해야 했다. 산더미 같은 과제를 제출하느라 프린터를 두 대나 고장내기도 했다. 유학 당시 완성한 디자인을 합치면 자신의 키만 했다고 류더는 그 시절을 떠올렸다. 이때 류더는 막연한 감각이 아닌 이론적 근거와 구체적인 논리에 따른 배색과 디자인이 가능하다는 것을 처음으로 깨달았다. ACCD에서는 유명 기업을 초청해 그들의 실제 니즈를 반영한 작업을 적극 추진했는데, 대기업과의 협업 과정에서 학생들은 업체의 입맛에 맞는 합리적인 디자인을 선보여야 했다. 류더는 ACCD에서 좋은 디자이너가 되는 것은 물론 우수한 사업가와 전략가가 되는 법을 배울 수 있었다.

홍펑의 초대로 베이징을 찾았을 때 류더는 귀국 문제로 한

창 고민 중이었다. 더 넓은 세상을 보기 위해 미국 유학을 결심한 2003년 당시는 중국에 외국계 디자인 회사가 본격적으로 진출하기 시작하던 시기였다. 그 후 7년이라는 시간을 미국에서 보낸 류더는 앞으로의 대세는 중국이라는 생각에 귀국을 고민하고 있었다.

회사로 와달라는 레이쥔의 요청을 받았을 때 류더는 레이쥔의 영향력을 전혀 알지 못했다. 인구 빌딩의 사무실 앞에서 레이쥔을 기다리던 류더는 척 봐도 최첨단 기술과는 거리가 멀어 보였다. 산업 디자이너답게 류더는 조용한 공간에서 혼자 일하는 게 익숙했다. 한때 강단에 선 경험 때문에 그에게선 교육자 특유의 분위기마저 느낄 수 있었다.

소프트웨어와 디자인 분야의 전문가가 한자리에 모였으니, 하드웨어에 정통한 인재를 찾을 차례였다. 레이쥔으로서는 앞으로 샤오미의 휴대폰 사업을 이끌어줄 하드웨어 전문가가 꼭 필요했다. 소프트웨어 업계에서는 레이쥔의 명성을 모르는 사람이 없을 정도였지만, 하드웨어 분야에서는 상황이 달랐다. 소프트웨어와 하드웨어는 하늘과 땅처럼 멀고도 먼 사이였다.

익숙하지 않은 분야의 전문가를 구하기 위해 레이쥔과 린빈은 엑셀로 표를 만들어 후보자를 관리하는 특별한 구인 방법을 만들어내기도 했다. 그 전통은 지금도 이어져 내려오고 있다. 자리에 어울릴 만한 사람을 추천해달라고 지인들에게 부탁하거나, 면접을 보면서 면접자에게 추천할 만한 사람을 세 명만 알려달라고 하며 명단을 늘려나갔다. 이렇게 해서 엑셀 표

를 꾸준히 업데이트하면서 해당 분야의 인재들을 서서히 알아
가기 시작했다.

하지만 100여 명에 달하는 휴대폰 연구개발 전문가에게 연
락을 취했는데도 레이쥔과 린빈이 흡족할 만한 프로젝트 책임
자를 찾지 못했다. 그래서 두 사람 모두 무척 초조한 마음을 감
추지 못했다.

사실 마음에 드는 후보가 전혀 없었던 것은 아니다. 모토로
라에서 10년 넘게 근무한 한 기술 전문가가 있었다. 그를 영입
하기 위해 레이쥔은 그를 한 달 동안 무려 다섯 번이나 만났는
데, 한 번 만나면 족히 10시간은 이야기를 나누곤 했다. 하지만
그의 입사는 연봉 협상 과정에서 결렬되고 말았다. 상대는 외
국 기업에서 받던 수준의 연봉을 요구했고, 주식이나 옵션보다
는 연간 휴가일 수에 더 집착했기 때문이다. 고민 끝에 레이쥔
은 포기하는 쪽을 선택했다. 창업 마인드 없이는 아무리 기술
적으로 뛰어나다고 해도 자신이 원하는 인재가 아니라고 판단
했기 때문이다. 레이쥔이 원하는 것은 자신의 모든 것을 던질
창업가였다.

2010년 9월 어느 날, 하드웨어 분야 설립 파트너Founding
Partner를 찾느라 두 달 가까이 발품을 팔던 레이쥔과 린빈은 베
이징 우다커우五道口의 '추이아이醉愛'라는 식당에서 식사 중
이었다. 식사 중에 린빈은 레이쥔에게 저우광핑周光平이라는
하드웨어 책임자를 최근에 알게 됐는데, 괜찮은 사람 같다고
운을 뗐다. 자신의 딸이 저우광핑의 딸과 같은 학교에 다니고

있어 한두 번 만난 적 있다는 이야기를 시작으로 린빈은 본격적인 소개에 나섰다. 기술 전문가인 저우광핑은 미국 모토로라 본사의 핵심 프로젝트에 참가했던 엔지니어로, 모토로라 차이나 연구개발팀에서 고위직으로 근무했다고 했다. 그곳에서 베이징 연구개발 센터의 하드웨어 부문 기술 관리를 담당한 저우광핑은 GSM, CDMA, 3G 휴대폰 등 다양한 연구개발 작업에 참여했었다. 그 외에도 모토로라 A1600, Ming A1200, A78 휴대폰을 선보이기도 했다. 2008년 모토로라를 그만둔 저우광핑은 델Dell로부터 투자받은 싱야오星耀 무선의 연구개발 부문 부사장으로 델의 글로벌 휴대폰 개발을 담당했다. 이와 함께 델 휴대폰과 ODM 업체와의 협력을 책임졌다. 한마디로 휴대폰 연구개발 및 공급망에 정통한 전문가였다.

저우광핑의 경력을 들은 레이쥔이 입을 열었다.

"회사를 옮긴 지 얼마 안 된 터라 당장 이직하지는 않을 것 같은데….."

"한번 해보죠. 아, 저는 내일 출장이 잡혀 있는데, 먼저 만나보실래요?"

"그렇게 합시다."

린빈은 레이쥔과 저우광핑의 만남이 자신의 예상과 달리 순조로웠다고 기억했다. 첫 번째 만남에서 샤오미에 합류하겠다는 저우광핑의 대답에 린빈은 크게 반색했다. 그 후 저우광핑은 레이쥔과 몇 번의 대화 끝에 입사 날짜를 결정했다. 나중에야 린빈은 당시 저우광핑이 처한 상황을 알게 됐다. 당시 델의

고위층이 휴대폰 사업에 어정쩡한 태도를 취하는 바람에 저우
광핑의 팀은 크고 작은 구설수에 휘말려야 했다. 이 일로 마음
이 크게 상했던 저우광핑은 린빈을 만나기 전에 레이쥔의 이
력과 인터넷에 떠도는 샤오미에 관한 정보를 검색했고, 린빈이
자신을 찾아온 이유를 눈치 챘다. 덕분에 이야기는 빨리 이뤄
졌다. 저우광핑은 샤오미에 입사한 후, 하드웨어 연구개발 및
BSP* 부서를 담당했다. 샤오미는 그의 합류로 우수한 실력을
지닌 엔지니어 십여 명으로 이루어진 하드웨어 전문 인력을 단
숨에 확보하는 뜻밖의 쾌거를 올렸다. 이들은 훗날 샤오미 최
초의 휴대폰을 탄생시킨 주역이 된다.

●
Board Support
Packages. 하드
웨어를 동작시키
기 위해 필요한 소
프트웨어 묶음.

저우광핑의 합류로 샤오미를 탄생시킨 창업자 7인의 라인
업이 완성되었다. 다섯 명의 엔지니어와 두 명의 디자이너로
이루어진 이 초호화 군단은 외부로부터 와호장룡臥虎藏龍이라
고 불렸다. 이 중 다섯 명은 해외파였다. MS, 진산, 구글, 모토
로라 출신인 이들 중 상당수가 수백 명 규모의 팀을 운영한 경
험이 있었다. 이때부터 이들은 중국 시장에 기존과 전혀 다른
휴대폰 제품을 선보이겠다는 야심을 불태우며 자신들의 실력
을 마음껏 뽐낼 무대를 노렸다.

샤오미가 초조한 마음으로 인력을 확보하고 기반을 다지
는 동안 전 세계 스마트폰 시장은 빠르게 발전하고 있었다.
2010년 6월에 출시된 아이폰 4는 전 세계가 주목하는 스마트
폰이었다. 또 2009년까지만 해도 스마트폰 OS에서 다섯 손가
락 안에도 들지 못했던 안드로이드는 수많은 휴대폰 제조업체

의 응원을 등에 업고 어느덧 최고의 승자로 떠올랐다.

2010년 안드로이드는 미국에서 선두에 선 스마트폰 플랫폼으로 자리 잡았다. 2010년 3/4분기까지 안드로이드는 아시아 시장에서 줄곧 선두를 달리던 심비안 시스템을 제치고 휴대폰 OS 분야에서 1위의 자리에 올랐다. 모토로라는 그해 디파이Defy를, HTC는 안드로이드 시스템을 탑재한 G7을 각각 출시했다. G7은 HTC 역사상 가장 많은 판매량을 올린 스마트폰으로 기록됐다. 삼성은 갤럭시 S의 판매 호조에 힘입어 안드로이드 시스템 진영에서 무시할 수 없는 영향력을 확보할 수 있었다.

시장의 빠른 변화에 전통 강자를 자처한 업체들의 방어 전략도 속속 등장했다. 아이폰과 안드로이드의 공세에 맞서 MS는 윈도우 폰Windows Phone을 선보였다. 한편 노키아는 그해 진정한 위기에 직면한 듯했다. 판매량이 날마다 감소하는 상황에서 노키아는 2010년 9월 21일 중대 결정을 발표했다. 노키아의 최고운영책임자COO이자 최고경영자로 재임한 올리 페카 칼라스부오Olli-Pekka Kallasvuo를 대신해 MS 출신의 스티븐 엘롭Stephen Elop이 노키아의 CEO자리에 올랐다.

피처폰Feature phone에서 스마트폰으로 도약하던 그해에는 스마트폰이 앞으로 인류의 삶에 커다란 변화를 가져다줄 거라 예언이 우세했다. 네트워크 인류학자 앰버 케이스Amber Case는 2010년에 열린 TED 강연에서 이러한 주장에 힘을 실었다.

"스마트폰은 우리 주머니 속에 든 단순한 기기가 아니라, 우리 자신과 관련된 데이터의 연장선에 더 가깝습니다. 이는 인류 역사상 최초로, 인간과 스마트폰이 연결된 것이라 하겠습니다."

중국 시장에서 스마트폰이라는 태풍의 길목이 본격적인 모습을 드러내기 시작했다. 아이폰 4가 중국 시장에서 떠오른 것을 시작으로, HTC도 정식으로 중국 시장 진출을 선언했다. 기존의 도팟Dopod●을 대신해 자체 브랜드로 중국 시장을 본격 공략하기로 한 것이다. 중국 휴대폰 업체들도 안드로이드 시스템을 탑재해 속속 경쟁 대열에 뛰어들었다. 롄샹, 쿠파이, 중싱은 저마다 스마트폰 제품을 시장에 내놨다. 소프트웨어 분야에서 이 업체들은 주로 자체 개발한 시스템을 사용하고 있었다. 이와 함께 소프트웨어 분야에만 발을 담그려는 업체도 대거 등장했다. 이를테면 리카이푸 박사의 시노베이션 벤처스 Sinovation Ventures(創新工場)는 딤섬點心(Tapas)이라는 벤처업체를 키우고 있었다. 해당 업체는 제3의 휴대폰 제조업체와 함께 젊은 인터넷 사용자를 위한 저렴하고 편리한 휴대폰 플랫폼을 출시하겠다는 목표를 제시했다. 이 제품은 MIUI의 가장 강력한 경쟁 상대였다.

한편 샤오미는 소프트웨어만으로는 한계가 있다고 판단했다. 샤오미는 자신의 장점뿐 아니라 앞으로 직면할 문제 또한 직시했고, 그에 따라 소프트웨어와 하드웨어를 아우르는 사업 방향을 더 명확하게 제시할 수 있었다.

2011년 3월, 천싱즈번의 라이샤오닝이 샤오미의 최신 기술을 소개했다. 여기서 샤오미가 지난 6개월 동안 거둔 성과와

● 2010년 전까지 HTC는 중국에서 이 브랜드 이름으로 자사 제품을 팔았다.

함께 아직 출시되지 않은 샤오미 휴대폰의 구체적인 사양이 공개됐다. 이를테면 높은 성능과 적은 전력 소모, 통화 및 문자 사용자에 대한 커스터마이징, 다양한 음악 재생 모드, 디지털카메라를 대신할 고품질의 카메라 기능 등이었다.

이 내용이 적힌 내부 문건의 마지막에는 샤오미가 직면한 도전 과제가 적혀 있었다.

첫째, 자금 확보.

둘째, 공급업체와의 관계.

예상대로 공급업체와의 관계가 샤오미의 성장을 위해 반드시 해결해야 하는 급선무로 떠올랐다.

# 3장 새것의 탄생

## 매력적인 참여감

재창업에 나선 레이쥔은 몸을 낮추기로 했다. '재창업' 소식에 대한 외부의 관심이 뜨거워진 상황에서 소식을 발표하면 자신이 곧 매스컴의 스포트라이트를 받는다는 것을 레이쥔은 잘 알고 있었다. 이러한 상황은 자신을 포함한 팀 전체에 커다란 부담으로 작용할 터였다. 창업가가 페이스를 조절하지 하고 마구잡이로 달리다 보면 넘어질 수 있다는 것 또한 잘 알고 있었다. 그래서 이번에는 자신이 아닌 제품이 말할 수 있도록 몸을 사리기로 했다.

이와 함께 모든 직원이 비밀협약서에 서명했다. 직원 중 상당수가 가족에게 자신이 어떤 회사를 다니는지, 어떤 일을 하는지 비밀로 붙여야 했다. 그저 소프트웨어 회사에서 멋진 제품을 만드는 일을 한다는 말을 들려주는 게 고작이었다.

겉으로는 한없이 조용해 보였지만 샤오미 내부에서는 뜨거운 혁명이 대대적으로 일어나고 있었다. 지난 몇 달 동안 다양한 배경과 성격을 지닌 젊은 청년들이 꾸준히 샤오미에 합류했다. 당시의 샤오미는 뛰어난 인재를 절실히 찾고 있었다. 창업자들은 중국 내 최고 엔지니어를 샤오미에 데려오지 못해 몸이 달았던 터라, 다양한 인재가 가진 각자의 개성에 관대한 태도를 취했다. 이를테면 PM인 펑타오彭淘는 면접 때 리완창에게 자신의 요구 사항을 정확히 밝혔다. 강도가 센 프로젝트도 기꺼이 감수할 테니, 대신 매년 일본 록밴드 라르크 앙 시엘 L'Arc~en~Ciel의 콘서트를 볼 수 있도록 휴가를 달라는 것이었다. 리완창은 직원들의 이러한 요구를 모두 수락했다.

인구 빌딩 807호가 젊은 청년들의 등장으로 금세 활기를 띠기 시작했다. 이들은 한자리에 옹기종기 모여 경쟁사의 휴대폰을 분석하고 순서를 정해 브레인스토밍을 하곤 했다. 사용자가 휴대폰을 사용하면서 생기는 다양한 문제를 최대한 빨리 해결하기 위해 찾아낸 방법이었다. 연설, 토론, 논쟁, 심지어 누군가가 문을 박차고 나가는 상황이 발생하기도 했지만 사내 분위기는 의아하게 생각될 만큼 민주적이었다.

새로 입사한 소프트웨어 엔지니어는 사무실에 처음 들어가면 MIUI의 개발 모드에 충격을 받고 했다.

MIUI 개발에 착수한 엔지니어들은 사용자가 휴대폰을 사용하는 데 불편함을 느끼지 않도록 시스템의 성능을 끌어올리는 작업에 가장 먼저 매달렸다. 엔지니어들과 PM들은 영상 프레임 수를 지속적으로 최적화시키기 위해 초당 30프레임에서 40프레임, 다시 60프레임으로 작동하는 데 필요한 소요 시간을 단축하는 데 매달렸다. 그 밖에도 PM과 엔지니어들은 통화와 문자 발신 등 핵심 모듈의 기능을 하나하나 확인해 사용자의 편의성을 최대한 끌어올렸다. 이를테면 자주 통화하는 상대에게 문자를 보낼 때 기존 시스템에서는 3~5단계 정도가 필요했지만, MIUI에서는 2단계만 거치면 됐다. 사용자의 편의를 최대한 고려한 설계였다. 그 밖에도 MIUI팀에서는 사용자가 휴대폰 화면을 보지 않고도 손전등 기능을 호출하는 방식을 연구했는데, 손을 떼면 손전등의 불빛이 자동으로 꺼지는 식이었다. 여기에 이왕이면 '보기도 좋았으면 좋겠다'는 요청이 쇄도하면서 모든 디자인이 일제히 '아름다움'을 추구하기 시작했다. 바탕화면에 들어가는 이미지가 수백, 수천 개에 이를 만큼 디자이너들은 '아름다움'에 대한 까다로운 입맛을 맞추기 위해 종종 한계에 몰리곤 했다.

한편 여타의 시스템 개발 방식과 달리 제품의 개선과 최적화 방법을 놓고 샤오미의 PM과 엔지니어들은 사용자와의 직접적인 소통을 선택했다. 이러한 방식은 전례가 없는 획기적인 개발 정책이었다. 엔지니어를 비롯해 PM, 디자이너를 포함한 샤오미의 모든 직원은 반드시 MIUI 커뮤니티에 가입해 사용자와 실시간으로 사용자 경험을 공유해야 했다. 현실적인 피드백을 거쳐 작업자들은 시스템과 UI를 개선했다. 레이쥔도 샤오사미 小蝦米 *라는 닉네임으로 날마다 게시판을 드나들곤 했다.

이러한 개발 방식은 휴대폰 OS는 반드시 인터넷 사용을 핵심 목표로 개발되어야 한다는 모바일 인터넷에 대한 레이쥔의 초기 구상에도 유리하게 작용했다. 인터넷의 승부수는 빠른 세대교체 속에서 결정되기 때문이다. 2008년 레이쥔은 인터넷에

●
중국 민난閩南 지역의 사투리로 '애송이'를 뜻한다.

서 선두를 차지하기 위한 비결로 집중專注, 최고의 품질極致, 입소문口碑, 속도快라는 키워드를 제시했다. 이 중에서 집중과 최고의 품질은 제품의 목표를, 속도는 행동 규칙을, 마지막으로 입소문은 인터넷 사고Internet thinking●의 핵심을 가리킨다. 레이쥔은 사람들의 참여가 현실이 되도록 MIUI가 휴대폰 OS를 위한 위키백과를 제공하고, 제품의 확산 및 전파는 광고가 아닌 입소문을 통해 이루어져야 한다고 여겼다. 이러한 기대 속에서 레이쥔은 샤오미의 모든 직원은 모두 PM이라는 분위기를 심어두고자 했다.

●
인터넷의 정신과 가치, 기술, 방법, 규칙, 기회를 충분히 활용해 삶과 일에 관한 사고방식을 선도하고 혁신하는 사고방식을 가리킨다.

"우리가 만든 MIUI 시스템을 입소문만으로 소비자에게 알릴 수 있겠나?"

리완창은 언젠가 레이쥔으로부터 이러한 질문을 받은 적 있었다. 그래서 MIUI 프로젝트를 맡게 된 후 그가 가장 먼저 떠올린 것은, '10만 명으로 이루어진 인터넷 개발팀을 어떻게 만들 수 있을까?' 하는 황당무계한 생각이었다. 그것도 개발팀 대부분이 전문 기술자가 아닌 평범한 사용자인….

휴대폰에 남다른 애정을 가지고 조예가 깊은 사용자를 찾기 위해 리완창은 온갖 커뮤니티를 뒤지기 시작했다. 유명한 안드로이드 관련 커뮤니티에 날마다 들락거리며 광고를 올리다가, 계정 사용이 금지되면 다른 ID를 만들어 게시물을 올렸다. 이렇게 리완창이 발품을 팔아 여러 커뮤니티에서 섭외한 초기 사용자들은 샤오미의 소중한 자원이 되었다.

2010년 8월 MIUI의 첫 번째 버전이 공개되던 날, 커뮤니티에는 100명의 사용자가 몰려들었다. 휴대폰에 특별한 애정을 가진 이들은 사용자 경험에 대한 남다른 견해를 지녔다. 새로운 사물에 강한 호기심을 드러내는 이들은 저마다 시스템에 관한 아이디어를 적극적으로 들려주었다. 이들의 열정을 담아내기 위해 량펑梁峰이라는 디자이너는 사용자들의 이름을 부팅 화면에 적었다. MIUI팀은 이러한 부팅 화면에 '감사하라, 주님께Dank sei Dir Herr'●라는 이름을 짓기도 했다.

● 추수감사절에 많이 부르는 찬송가의 제목이다.

구글, MS, 진산 등 다양한 출신과 서로 다른 개성을 가진 청년들은 하나같이 노련한 제품 개발 경험을 가지고 있었다. 하지만 이런 획기적인 작업 방식을 경험해본 사람은 아무도 없었다. 전 세계에서 가장 유명한 소프트웨어 업체 MS에서도 개발자가 사용자와 단단히 결속되어 있지는 않았다.

샤오미의 청년들도 프로세스 혁명에 환호했다. PM 쉬페이許斐는 구글 차이나에서 PM으로 근무했었다. 2005년 칭화대학교를 졸업한 후 몇 차례에 걸친 압박면접을 거쳐 꿈에 그리던 구글 차이나에 입사했다. 쾌활하면서도 긍정적인 성격의 소유자로, 언젠가 구글 차이나에서 큰일을 하게 될 날을 기대하던 호기심 가득한 사회초년생이었다. 하지만 구글 차이나의 속도에 그녀는 좀처럼 적응하지 못했다. 제품을 개발하려면 본사 동료들과 끊임없이 협업해야 했는데, 어렵사리 제품의 정의를 확정한 뒤 프로토타입을 디자이너에게 넘기면 기다리라는 말과 함께 토론이 시작됐기 때문이다.

"모든 작업이 1달 또는 4분기 단위로 진행되었기 때문에 몇

주 단위로 한 가지 일을 처리하는 게 무척 어려웠죠."

쉬페이는 구글 차이나에서 근무하는 몇 년 동안 가장 보람 있었던 일로 구글 본사와 협의하에 신년 축하용 SMS 상품 기능을 2주 만에 중국에서 출시한 일을 지목했다. 구글에서 이 정도의 속도는 상상도 할 수 없었다.

쉬페이는 스물여덟 살에 샤오미에 들어왔다. 빨리 아이를 갖겠다는 생각을 버리고, 과감하게 샤오미 행을 선택한 것이다. 입사 후 쉬페이는 샤오미의 제품 교체 속도가 거의 실시간이라는 점을 깨달았다. 한때 자신을 옥죄었던 족쇄가 모두 사라진 것이다. 게다가 휴대폰과 최신 기술에 열광하는 휴대폰 전문가를 날마다 상대하다보니 그들로부터 다양한 아이디어와 영감을 받을 수 있었다. PM으로서는 더없이 행복한 순간이었다. 한번은 휴대폰 잠금 화면의 슬라이딩 방향을 상하와 좌우 중 어디로 정할 것인지 고민하는 PM에게 한 사용자가 마음대로 정하냐면 안 되냐고 물었다.

"좋아요! 잠금 화면 슬라이딩 방향을 사용자가 알아서 설정하도록 하죠. PM에서는 이걸 MiLocker라고 부르도록 하겠습니다."

이러한 소통을 통해 쉬페이와 동료들은 자신들의 아이디어와 능력을 옥죄고 있던 족쇄를 벗어나 마음껏 날아오를 수 있었다. 사무실에서는 쉬페이의 기분 좋은 웃음을 자주 들을 수 있었다. 그런 그녀를 향해 동료들은 아줌마처럼 웃지 말라며 야유하다가, 결국 쉬페이에게 '쉬 아주머니'라는 정감 넘치는 별명을 지어주기도 했다.

같은 구글 차이나 출신으로 상하이 사무실에 근무한 진판 金凡 역시 한 번도 경험해보지 못한 '쾌감'을 샤오미에 와서 만 끽할 수 있었다. 구글에서는 UI 하나를 수정하는 데도 본사 경영진의 허락을 받아야 하는 터라, 프로세스를 추진하는 데 많은 어려움이 있었다. 하지만 샤오미에 들어온 후 진판은 사용자 피드백-문제 필터링-피드백의 제품화-라이선스라는 과정에서 게임에서만 느낄 수 있었던 쾌감, 즉 자신의 의견을 실시간으로 반영한 뒤 실시간으로 확인하는 기회를 직접 경험할 수 있었다.

"게임에서 총으로 사과를 쏘면 사과가 그 자리에서 산산이 조각나면서 사람들의 욕망도 순식간에 채워지죠. 그래서 사람들이 게임에 빠지는 거예요."

미톡米聊(MiTalk)과 위챗微信(WeChat)이 아직 없던 시절, 진판은 샤오미에서 하면 할수록 빠져드는 '게임'의 매력에 푹 빠져지냈다. MIUI에서 신년 인사와 관련된 기능의 최적화 작업을 담당하면서, 똑같은 내용의 메시지가 단체 발송되지 않도록 수신자의 이름이 자동으로 삽입되는 기능을 개발하기도 했다.

쑨펑孫鵬은 샤오미의 기반 시스템을 담당하는 엔지니어로 MIUI의 전반적인 기반 시스템을 개발했다. 윈도우 모바일 프로젝트를 담당했던 쑨펑은 샤오미에 합류한 뒤 기존에 자신이 해오던 전통적인 대규모의 개발 방식을 완전히 버렸다. 샤오미에서 쑨펑은 빠른 개발 방식을 선보였다. 매일 아침 동료들과 업무 위치에 선 채로 몇 분 동안 오늘 해야 할 일을 설명한 뒤 각자 업무에 착수하는 방식이었다. 개발 효율을 최대한 끌어올릴 수 있는 토요타TOYOTA의 다이나믹 시스템 개발 방식을 참고한 것이라고 한다. 이러한 분위기 속에서 축구장을 '무자비'하게 누비던 쑨펑의 성격이 여과 없이 드러나기 시작했다. 직설적인 성격의 쑨펑은 문제가 생길 때면 PM 심지어 회사 파트너들과 논쟁을 벌이곤 했다.

"MIUI 업데이트 버전이 출시됩니다. (코드 품질 문제에 대해) 레이쥔은 괜찮다고 했지만 전 괜찮지 않습니다." 명언을 남긴 쑨펑은 '파이 씨皮总'*, '쑨다주이孙大嘴'** 같은 멋스러운 별명을 얻기도 했다.

획기적인 개발 프로세스에 충격을 받은 것은 비단 외국계 인터넷 업체 출신의 엔지니어들만은 아니었다. 진산 출신 엔지니어들도 갇힌 틀에서 벗어나 새로운 세상에 눈을 떴다. 진산 츠바의 개발을 담당하던 취헝은 매년 한 가지 버전만 개발한다는 저만의 스타일을 고수했다. 하지만 말이 좋아 일 년이지, 연구에 6개월, 실제 개발에는 6~9개월이라는 시간이 소요되곤 했다. 매주 출시되고 매일 업데이트되는 MIUI의 개발 속도에 취헝은 혀를 내둘렀다.

제품을 매주 업데이트해야 한다는 분위기가 고착되면서 '오렌지 프라이데이Orange Friday'라는 용어가 등장했다. 엔지니어가 쓰는 코드 외에 제품에 대한 니즈 파악 및 테스트, 출시에 참여할 수 있는 기회를 사용자에게 주는 제도였다. MIUI의 다

*
중국 애니메이션 〈유쾌한 염소와 큰 늑대喜羊羊与 灰太狼〉에 등장하는 욕심 많은 장사꾼. 한국 전래동화의 '혹부리 영감'과 비슷하다.

**
거침없는 성격의 인물을 뜻한다.

양한 기능은 사용자의 토론과 투표를 통해 결정됐다. 매주 화요일 MIUI팀에서 사용자에게 사용 경험을 묻는 네 가지 문항으로 작성된 보고서를 제출해달라고 요청했다. 이렇게 수집된 정보를 토대로 엔지니어들은 전 주에 소개된 기능에 대한 사용자의 만족도, 불만사항, 관심도 등을 한눈에 파악할 수 있었다.

득표수가 가장 많은 기능을 개발한 개발자를 독려하기 위해 '빠오미화爆米花'•라는 보상 제도를 마련했다. 금요일 오후 가장 많은 표를 얻은 엔지니어는 관잉즈가 사다놓은 팝콘을 보상으로 받는다. 수상자는 팝콘 통을 손에 든 채 사무실 한 바퀴를 도는데, 개발자에게는 가장 명예로운 순간이다. 이와 반대로 '돼지머리 상'猪头奖••이 있다. 해당 주에 버그Bug를 가장 많이 만들었거나, 사용자의 경험에 부정적인 영향을 준 작업자를 위한 상이다. 경고 차원에서 '특별한 명예'를 차지한 작업자의 의자에 돼지 모양의 녹색 쿠션•••을 일주일 동안 걸어둔다.

모든 평가 시스템에 사용자가 참여하기 때문에 엔지니어나 PM이 강력한 동기를 가질 수 있었다. 금요일에 팝콘 통을 차지하는 사람은 마블Marvel의 슈퍼히어로로 같은 명예를 얻지만 돼지 쿠션이 걸리면 체면이 바닥에 떨어진다. 다른 사람들은 잠깐 웃고 넘어가겠지만, 돼지 쿠션을 받은 사람은 보이지 않는 압박감에 시달리게 된다. 실수하면 커뮤니티나 웨이보微博••••에서 사용자의 날카로운 비판을 피할 수 없다는 걸 작업자들도 잘 알고 있기 때문이다. 떨어진 체면을 회복하려면 용감하게 실수를 인정하고 바로잡기 위해 노력하는 수밖에 없었다.

• 빠오미爆米는 팝콘을 뜻한다.

•• 중국에서 돼지머리는 미련한 사람을 뜻한다.

••• 중국에서는 녹색 모자가 무능력함, 어리석음, 비천함 등의 상징으로 쓰여 놀림의 대상이 된다.

•••• 중국의 소셜 네트워크 서비스로, 중국판 트위터로 통한다.

●
휴대폰 핵심 기능
인 주소록, 문자,
통화를 통칭한다.

●●
Unified Modeling
Language. 개발
자 간의 원활한 의
사소통을 위해 개
발된 표준화한 통
합 모델링 언어.

이렇게 해서 기반 시스템을 담당하는 엔지니어, 핵심 CSP●
를 책임지는 PM, 바탕화면과 가젯Gadgets 디자이너가 하나의
팀으로 뭉쳤다. 수평화된 조직 구조, 개방적인 문화, 활기 넘
치는 분위기…. 그 시간들은 MIUI팀에서 가장 눈부신 나날이
었다.

초기 작업자들은 그 시절을 의아할 만큼 민주적이고, 수많
은 영감으로 가득한 활기 넘치는 때였다고 기억한다. 더 나은
아이디어를 위해 경쟁하고 논쟁하던 사람들, 순간의 화를 참지
못하고 휴대폰을 집어던지는 사람들도 있었다. 열기와 분주함,
새벽 2~3시에 퇴근하는 삶….

그러다 보니 언성을 높이는 일은 일상의 일부로 자리 잡았
다. 엔지니어와 PM이 함께 있을 때면 종종 목격되는 장면이기
도 했다. 새로운 기능을 도입할 때는 대개 PM이 프로토타입의
UML●●을 제시하고 시스템 엔지니어가 이를 구현하는데, 이
과정에서 갈등이 불거지곤 한다.

"이런 기능은 왜 만든 겁니까?"

"이런 설계는 좀 멍청해 보이는데요."

"기능 자체는 괜찮지만 기초부터 시스템을 설계할 때는 절
대 구현할 수 없습니다."

PM들이 괜찮다고 생각하는 설계를 엔지니어가 거절하는
경우가 대부분이었다. 엔지니어들은 자신들이 제품을 더 잘 알
고 있다고 생각하기 때문이었다. 자리에 앉아 차분하게 문제를
해결하는 경우가 대부분이었지만, 간혹 PM과 엔지니어 사이

의 '간극'을 넘지 못한 채 돌아서는 경우도 있었다. 날 선 말투와 날카로운 신경전이 난무하는 가운데, 상대의 '입을 막아버리겠다'는 생각을 속으로 꾹꾹 누르곤 했다.

새로운 기능이 출시되는 화요일은 대개 이러한 갈등이 최고조에 달하곤 한다. 화요일이 되면 모두 깔끔한 텍스트로 쓰인 '주간 업데이트'를 제출해야 한다. 그런 뒤에는 활기 넘치던 사무실이 승부를 놓고 싸우는 치열한 전쟁터로 변한다. 자신이 미는 기능에 대한 공격을 막으면서, 멍청해 보이는 기능과 디자인을 공격한다. 과장을 보탠다면 책상을 집어 던지고 싶은 충동에 시달리는 사람이 결코 한둘은 아닐 것이다.

느슨하다 못해 제멋대로 돌아가는 것처럼 보이는 조직을 통해 MIUI는 시간이 지날수록 속도와 편의성을 크게 개선했다. 초성 입력을 통한 주소록 검색, 다양한 벨소리, 손전등 기능 개선, MiLocker를 통한 나만의 바탕화면 꾸미기 등등. 안드로이드가 혼돈의 시대를 헤매는 동안 디테일과 첨단 기술에 열광하는 사람들은 혁신을 응원하는 '섬'에서 조금씩 새로운 '낙원'을 짓기 시작했다.

그 결과 MIUI를 찾는 사용자가 점점 늘어나기 시작했다. 100명으로 시작했던 체험단이 구체적인 수치로 설명할 수 있을 만큼 빠르게 증가한 것이다. 사용자의 피드백이 증가할수록 PM 역시 많은 영감을 받을 수 있었다. 이러한 노력을 통해 MIUI는 안드로이드 시스템에서 가장 개방적이고 수준 높은 휴대폰 OS라는 평가를 받게 됐다. PM에게 이들 커뮤니티의 고수들은 가장 낯익은 이방인이었다. 실제로 한 번도 만나지 않았지만 이들은 소울메이트를 만난 것처럼 순수하게 기뻐했다.

보다 많은 사용자의 참여를 이끌어내기 위해서 MIUI 커뮤니티에서 다양한 이벤트를 종종 열곤 했다. PM 야오량姚亮은 '나는 휴대폰 마니아'라는 이벤트를 개최했다. 자신이 매년 사용한 휴대폰을 태그한 뒤 웨이보에 자신이 사용했던 휴대폰의 역사를 한눈에 볼 수 있게 공유하는 방식이었다. 이를 위해 샤오미는 사용자의 휴대폰 사용 수준을 구분하기 위한 초급반, 중급반, 고급반 같은 태그를 제공하기도 했다. 레이쥔 같은 휴대폰 광팬은 대개 고급반에 속했다. 옛 추억을 함께 공유할 수 있는 이벤트에 무려 200만 명의 사용자가 참가했다. 이 사례는 지금도 효과적인 소셜미디어 운영을 위한 모범 사례로 활용되고 있다.

당시 샤오미에는 직급이 존재하지 않았다. 진산에서 샤오미로 이직한 띠야오메이링丁美玲은 사무실에서 레이쥔과 같이 도시락을 먹거나 프로토타입에 대해 이야기하던 순간을 여전히 생생하게 기억한다. 진산에서 일하던 시절 띠야오메이링이 레이쥔을 만날 기회는 거의 없었다. 하지만 샤오미에 들어온 뒤 '구름 위의 존재'라고 여겼던 레이쥔, 리완창과 한자리에 앉아 종종 이야기를 나누곤 했다. 사셴샤오츠沙縣小吃*에서 사온 음식을 먹으며 토론을 벌이곤 했는데, 띠야오메이링은 그 시절을 이렇게 회고했다.

"그때는 밥도 무척 빨리 먹곤 했죠. 닭다리를 입에 문 채 제

● 중국의 대표적인 프랜차이즈 식당. 저렴한 가격과 다양한 메뉴로 유명하다.

품의 기능을 어떻게 고칠지 결정해야 할 때도 있었고요. 이제는 아득한 일로 느껴지네요."

토론이 늘어날수록 띠야오메이링도 얼떨떨한 표정 대신 자연스러운 표정을 지을 수 있게 됐다.

당시 행정 업무를 담당했던 관잉즈는 매일 점심마다 레이쥔을 위해 사센샤오츠에서 음식을 주문하곤 했는데, 이따금 닭다리를 추가하기도 했다. 직원들도 거의 대부분 같은 식당에서 음식을 주문하곤 했다. 그로부터 꽤 오랜 시간이 지난 뒤에도 샤오미의 창업 멤버들은 사센샤오츠에서 가장 인기 있는 메뉴가 '오리고기 덮밥'이고, 거기에 단품으로 닭다리를 올릴 수 있다는 걸 여전히 기억했다. 오죽하면 직원들 사이에서 직원 복지를 위해 아래층에 있는 사센샤오츠를 통째로 사버리자고 건의하는 일도 있었다.

레이쥔의 닉네임 '샤오사미'는 MIUI 커뮤니티에도 종종 출몰하며 자신의 생각을 남기곤 했다.

"MIUI가 배워야 하는 건 아이폰뿐만이 아니다. 게임계의 또 다른 전설인 블리자드도 배워야 한다. 블리자드는 진입 장벽을 낮추되 커트라인을 높이는 전략을 선택했다. 휴대폰 업계에는 블리자드와 같은 구상을 지닌 곳이 없다. 아이폰과 블리자드는 어떤 점에서는 매우 비슷하다. 이를테면 최고의 제품을 추구하는 마인드, 강력한 입소문, 그리고 막강한 팬덤, 자신이 하는 일에 열광하는 직원들이 그러하다."

PM들과 제품에 대한 자신의 생각을 부지런하게 들려주기도 했다.

"인터넷을 하려는데 갑자기 휴대폰으로 인터넷이 안 되더군요. 재부팅도 하고 이것저것 한참 만지작거린 후에야 '데이터 접근Data Access' 기능이 꺼져 있다는 걸 발견했습니다. 휴대폰에서 인터넷을 사용할 수 없을 때 데이터 접근 상태를 알려줄 수 있나요? 해당 기능이 꺼져 있다면 사용자에게 선택 창이 팝업되는 건가요? 휴대폰에 네트워크가 표시됐는데도 인터넷이 안 될 때는요? 기지국의 통화량이 많거나 인터넷 사용자가 많을 때 에러 메시지를 띄우고 사용자에게 문제를 정확히 알려주는 기능은요? 전화할 때 쓰는 각 숫자의 사용 빈도를 통계내면 어떨까요? 자주 쓰는 전화번호가 우선 표시되게 하고, 문자 메시지를 보낼 때 통신 역사상 가장 빨리 수신자를 선택하게 할 수 있지 않을까요?"

커뮤니티에서 맹활약하는 '샤오사미'의 존재를 거의 모든 사람이 알고 있었지만 신비한 베일 뒤에 과거 중관춘의 영웅이라고 불리던 레이쥔이 숨어있다는 것을 아는 이는 샤오미 직원들뿐이었다.

## 퀄컴과의 라이선스 계약

격렬한 논쟁 중에 바닥에 던져진 휴대폰은 다시 주워지곤 했다. 치열한 논쟁도, 상대의 입을 다물게 해버리겠다는 생각도 꼬치구이 몇 개로 결국 해소되었고 며칠 지나면 다 같이 웃으며 이야기를 나눴다. 이유를 막론하고 모두의 목표는 하나였다.

리완창은 디자이너로서 모두에게 자신이 가장 존경하는 디자이너 하라 켄야Hara Kenya의 가치관, 즉 디자인의 출발점은 제품이 아닌 사람이라는 점을 강조했다. 디자이너는 쓰기 좋은 제품과 쾌적한 생활환경을 창조해 사람들에게 삶의 기쁨을 선사해야 한다는 것이다.

창업 초기 시절을 두고 훗날 많은 사람은 '완벽'이라는 두 글자를 떠올리곤 했다. 심지어 '유토피아'라는 단어를 꺼낸 사람도 있었다. 400m²에 달하는 사무실이 점점 비좁아지자, 샤오미는 왕징望京의 쥐안스톈디卷石天地로 이전했다. 새로운 사무실에서 젊은 작업자들은 여전히 시스템 최적화 작업에 매달렸다. 샤오미에는 출퇴근 카드를 찍어야 하는 제도나 복잡한 사내 정치 같은 것은 존재하지 않았다. 잘 해내야 한다는 초심 덕분에 직원들 스스로 맡은 바에 최선을 다하는 분위기가 저절로 조성됐다. 자신들이 회사의 일부라는 것을 그들 스스로 잘 알고 있었기 때문이다.

진심과 열정 외에도 합리적인 연봉 시스템을 통해 샤오미는 직원들의 능력을 이끌어냈다. 입사 초기 대부분의 직원은 연봉을 낮추는 대신 옵션을 조금이라도 더 받는 쪽을 선택했다. 제대로 해내기만 하면 두둑한 성과를 얻을 거라는 사실을 잘 알고 있었기 때문이다. 자신은 단순한 피고용자가 아닌 회사의 주인이라는 의식을 심어 주는 가장 효과적인 방법이었다.

실리콘밸리의 소프트웨어 업계가 잘나가던 시절, 여러 스타트업에서는 특별 초빙한 경영진을 제외한 일반 직원들에게 10~15%에 달하는 옵션을 제공했다. 오너와 직원의 관계가 고용 관계에서 계약 관계로 바뀌면서 직원들도 진정한 의미의 창업가가 될 수 있었다. 레이쥔 역시 초기 구상 당시 파트너와 직원들에게 무려 70%에 달하는 옵션을 제공하기로 마음먹었다. 이러한 결정은 직원들의 자발적 참여와 적극적 활동을 끌어내는 데 큰 도움이 됐다.

훗날 레이쥔은 직원들에게 옵션을 제공했을 뿐만 아니라 자사주 매입을 허용해달라는 직원들의 요청을 수락했다. 어느 날 한 직원이 레이쥔의 사무실 문을 밀고 들어왔다.

"평소에 주식 투자용으로 푼푼이 돈을 모으고 있습니다. 요새 회사에서 외부 업체를 대상으로 자금을 융통하고 있다던데, 차라리 직원들이 샤오미의 주식에 투자할 수 있도록 해주십시오."

샤오미는 직원의 요구를 흔쾌히 수락했다. 전 직원을 대상으로 최대 30만 위안의 자사주 매입을 허가한 것이다. 전 직원에게 이러한 결정을 담은 단체 메일을 발송하자, 76명의 직원이 1000만 위안을 투자했다. 샤오미의 초기 멤버 중 한 명인 관잉즈의 반응이 가장 뜨거웠다. 단체 메일이라는 걸 미처 확인하지 못한 상태에서 전체 답장을 보내는 바람에, 전 직원이 "사장님, 감사합니다!"라고 적은 자신의 메일을 보게 됐다. 관잉즈는 결혼 자금으로 모아둔 10만 위안을 샤오미에 투자했다.

자사주 매입이 허용되면서 다양한 반응이 있었지만 그중에서도 가장 흥미로운 현상은, 레이쥔을 찾아오는 직원들이 부쩍 늘었다는 것이다. 일부 직원들은 레이쥔의 사무실에 찾아와 요새 회사 사정이 어떠냐고 묻기도 했다. 이들은 직원이자 주주로서 회사의 운영 상태에 예전보다 부쩍 많은 관심을 보였다.

어떤 의미에서 자사주 매입 허가는 직원에게 자신이 창업자라는 마인드를 심어주는 동시에 최선을 다하는 샤오미의 문화를 닦는 기틀이 되었다.

이러한 분위기 덕분에 모두들 열심히 일하는 문화가 자연스레 자리 잡았다. 평소 열심히 일하다가 점심시간에 긴장을 잠시 내려놓고 짧은 휴식을 즐긴다. 앉아서 이야기를 나누거나 누워서 낮잠을 즐기는 모습까지, 사무실이라기보다는 대학교 기숙사를 연상시켰다. 디자이너 친즈판이 구석에서 기타를 꺼내와 얼마 전부터 배우기 시작한 곡을 어설프게 연주하자 소음 공해라는 야유를 받기도 했다.

이따금 밖에서 사온 맥주를 나눠 마신 뒤에 격투 게임 〈스트리트 파이터Street Fighter〉를 즐기거나, 드라마 〈투파창궁鬪破蒼穹〉을 정주행하기도 했다. 짧은 휴식이 끝나면 모두 밤늦도록 작업에 매달렸다.

외국계 인터넷 업체가 중국에 진출하고 인터넷이 중국에서 빠르게 발전했던 초기 10년 동안 모바일 인터넷의 발전에 필요한 수많은 현지 인력이 배출되었다. 2000년 이후 대학교를 졸업한 인재들은 고도로 상업화된 진영에서 10년 동안 일하며 다양한 업무 경험은 물론 자랑할 만한 기량을 닦는 데도 성공했다. 이들 중 일부가 샤오미의 초기 인재들이다.

소프트웨어팀이 일에 대한 열정을 불태우는 동안 하드웨어팀과 엔지니어팀은 가장 괴로운 시간을 보내고 있었다. 오랜 시간이 지나도록 퀄컴Qualcomm의 라이선스 계약이 완료되지 않았기 때문이다. 바꿔 말하면 라이선스 문제가 해결되지 않는 한 저우광핑이 이끄는 하드웨어팀과 엔지니어팀은 가장 기본적인 작업밖에 할 수 없다는 뜻이었다. 작업자들이 혼란에 빠진 가운데 회사를 계속 다녀야 하는지 모르겠다는 반응까지 나왔다.

샤오미의 창립자들은 처음부터 자신들이 만들려는 휴대폰에 대한 그림을 명확히 그려둔 상태였다. 핵심은 애플의 공급업체도 삼성의 플래그십 스토어도 아닌, 퀄컴의 최고급 칩을 사용하는 것이었다. 샤오미의 첫 휴대폰이 뛰어난 성능을 제공하려면 최고급 사양을 반드시 갖춰야 했다. 그래서 하드웨어팀이 자리를 잡자마자 샤오미에서는 퀄컴과의 협력을 모색하기 시작했다.

아날로그 시대에는 몇몇 대형 제조업체가 핵심 기술을 장악하면서 기술 독점 구조가 생겨났다. 이들 업체가 기술을 공개하지 않으면 칩을 구하지 못한 업체로서는 해당 분야에 발을 디딜 수 없다.

하지만 퀄컴의 등장으로 이 문제는 해결됐다. 퀄컴은 기술 특허를 방패로 내세운 업체들과 달리, 기술을 통해 칩을 개발한 뒤 특허를 부여하는 방식으로 제조업체들을 특허 문제에서 '해방'시켰다. 이러한 방식의 장점은 크게 두 가지다. 하나는 해당 영역에 진출한 신규 사업자가 신속하게 경쟁력을 확보할 수 있는 편의를 제공하는 것이다. 다른 하나는 글로벌 업체가 지적 재산권이 있는 국가에서 법적 리스크에 휘말릴 가능성을 낮춰준다. 이는 더 빠르고 효과적인 연구개발이 가능하다면 국적에 상관없이 시장을 차지한 능력을 앞세워 승리할 수 있다는 뜻이다.

가전제품 분야에서 가장 복잡한 제품인 휴대폰은 컴퓨터처럼 부품을 잔뜩 구매한 뒤에 뚝딱 조립하면 되는 것이 아니다. 수백 개에 달하는 부품에 대한 맞춤 제작, 테스트, 최적화를 포함한 대량의 연구개발을 진행해야 할 뿐만 아니라, 무선 네트워크의 설계 및 내부 구조의 레이아웃 구성, 칩 등 주요 부품을 다루는 제조업체와의 공동 연구개발 및 공동 테스트 등도 고려해야 한다. 그래서 퀄컴 같은 핵심 부품 제조업체의 휴대폰 제조업체에 대한 지원 및 연구개발 협력은 중요한 의미를 지닌다.

퀄컴의 내부 업무 라인은 크게 둘로 나뉜다. 첫째는 지적 재산권IP 라이선스 관련 부문으로, 퀄컴은 사전에 책정한 특허 라이선스 비용을 받은 뒤 통신 업체에 자사의 기술 라이선스를 제공했다. 둘째는 반도체 칩QCT 부문으로, 퀄컴에서는 전문 엔지니어를 파견해 업체와 함께 휴대폰 연구개발을 진행했다. 퀄컴 내 중국인 엔지니어 수가 상대적으로 적은 편이라 엔지니어 몇 명을 지원받을 수 있을지는 협력 파트너의 제품에 대한 퀄컴의 신뢰에 달렸다. 일반적으로 퀄컴은 긍정적으로 생각하는 생산 업체에 더 많은 엔지니어를 파견하곤 한다. 향후 해당 제품에 대한 시장 반응이 퀄컴의 실적에 크게 영향을 주기 때문이다. 휴대폰 한 대를 판매할 때마다 퀄컴은 사후 책정한 특허비를 챙기게 되는데, 그 비용은 휴대폰 도매가의 5%에 해당했다(이 수치는 몇 년 뒤에 일부 조정됐다).

스타트업인 샤오미가 퀄컴의 지원을 얻을 수 있을지는 한마디로 미지수였다.

2010년 9월 30일, 퀄컴의 특허 라이선스를 확보하기 위해 린빈과 저우광핑은 캐리 호텔Kerry Centre Hotel 맞은편에 있는 술집에서 퀄컴 차이나의 라이선스 담당자인 로버트 안을 만났다. 예의 바른 말투와 태도를 지닌 각진 얼굴의 30대의 청년은 외국계 업체 직원 특유의 분위기를 풍겼다. 그는 퀄컴의 라이선스를 얻는 데 필요한 프로세스를 차분하게 설명한 뒤, 샤오미의 휴대폰 시장 진출을 응원한다는 말을 전했다. 그리고 관련된 법률 문서를 빠른 시일 안에 전달하겠다고 말했다.

이날 만남은 한 시간도 채우지 못하고 끝났다. 곧이어 10월 1일부터 7일까지 이어진 국경절 연휴가 끝난 뒤, 퀄컴으로부터 두툼한 계약서 서류를 받은 린빈은 당황한 표정을 숨길 수 없었다. 읽기도 힘든 영문 계약서, 그것도 비즈니스 계약서였다. 미국에서 대학교를 다니고 구글에서 오랫동안 일한 린빈도 영문 법률 사전을 옆에 끼고 계약 문구를 한 줄 한 줄 자세히 확인해야 했다.

그로부터 한 달 동안 린빈은 거의 매일 영문 법률사전을 손에서 놓지 않았다. 팀 회의에서도 회의 내용에 귀 기울이기보다 계약서에 머리를 파묻은 채 뭔가를 끄적거리곤 했다. 이 당시 린빈은 걸핏하면 좌절감에 시달리곤 했다. 사전을 동원해도 모호한 문구 뒤에 숨어 있는 의도를 제대로 짚어낼 수 없었기 때문이었다. 한 달에 걸친 작업을 통해 린빈은 일부 조약에 담겨 있는 퀄컴의 의도를 파악할 수 있었다.

퀄컴의 조약 내용은 꽤 까다로운 편이었다. 린빈은 진지한 학자처럼 계약서 한 장 한 장에 줄을 긋고, 향후 퀄컴과의 협상에서 집중적으로 논의할 수 있도록 자신의 생각을 한바닥 채워 넣었다. 하지만 퀄컴 측에서는 계약서의 내용을 고칠 때마다 본사로부터 허가를 받아야 한다고 알려왔다. 게다가 최소 3개월에서 6개월까지 기다려야 한다는 모호한 이야기를 들려줄 뿐이었다.

시간이 조용히 흐르는 동안 대부분의 하드웨어 엔지니어들도 묵묵히 기다려야 했다. 일부 직원들은 점심시간에 산책하며 현재 상황이 어떤지 조용히 의견을 나누곤 했다. 한 치 앞도 내다볼 수 없는 상황에서 입사한 지 일주일 만에 이직하는 직원도 있었다.

훗날 사실이 증명하듯, 글자 하나 바뀌지 않은 계약서를 결국 퀄컴과 체결하게 됐다. 이때의 경험으로 레이쥔과 린빈은 인터넷 업체에 있어 '시간은 금'이라는 교훈과, 사업의 걸림돌은 사방에 숨어 있다는 사실을 뼈저리게 깨달을 수 있었다. 샤오미처럼 이제 막 기반을 잡은 신생업체로서는 시간을 버는 게 무엇보다도 중요했다. 샤오미에는 3~6개월 동안 퀄컴과 협의할 만한 자본이 없었다. 하루빨리 계약을 맺는 게 중요했다. 이 점을 의식한 듯, 11월 중순의 어느 날 쥐안스텐디의 사무실에 마주 앉은 레이쥔과 린빈은 서로를 향해 입을 열었다.

"이야기는 됐습니다, 그냥 눈 감고 서명해버립시다."

토시 하나 고쳐지지 않은 계약서에 레이쥔은 서명했다. 레이쥔에게 이러한 상황은 20여 년의 사회생활 중에 처음 있는 일이었다.

하드웨어와 소프트웨어는 서로 전혀 다른 세계라, 두 세계의 사업 논리와 노선 또한 전혀 다를 수밖에 없었다. 크리스 앤더슨Chris Anderson의 프리코노믹스Freeconomics● 이론이 인터넷 세계에서 성경으로 불리며 모두의 추앙을 받을 때, 하드웨어 세계에서 레이쥔과 린빈은 세상에 공짜는 없다는 것을 뼈저리게 깨닫고 있었다. 시간 역시 소중한 자원이었다.

이렇게 해서 두 달에 걸친 망설임 끝에 퀄컴과의 지적 재산권 협상이 2010년 12월 체결됐다. 하지만 그때의 협상이 샤오미가 공급업체와의 제휴를 추진하는 과정에서 가장 순조롭게 거둔 성과라는 것을 당시 레이쥔과 린빈은 전혀 알지 못했다.

● 디지털 산업에서 무료 제공을 기반으로 하는 경제.

### 공급업체의 연이은 퇴짜

투자 계획서에서 공급업체와의 관계가 샤오미가 직면한 2대 도전 중 하나로 정의된 것처럼 창업의 고단함은 이제 본격적으로 시작됐다. 그중 상당수가 중국에서 20년 넘게 사업에 종사했던 레이쥔조차 겪어보지 못한 전대미문의 문제였다. 저우광핑 박사가 이끄는 팀은 하드웨어에 관한 다양한 경험과 함께 공급업체와 돈독한 관계를 유지하고 있었다. 레이쥔은 휴대폰 공급업체와 친분도 있으니 전혀 신경쓰지 않아도 된다고 생각했었다. 그러던 어느 날 저우광핑이 레이쥔에게 공급업체와 문제가 있다고 알려왔다. 쉬운 나사못 작업도 못 하겠다며 상대가 샤오미와의 제휴를 거절하는 바람에, 작업에 문제가 생겼다는 것이었다.

모토로라에서 시작해 싱야오 무선을 거쳐 샤오미에 이르기까지 옌커셩顏克勝은 저우광핑 박사를 따르는 팀원 중 한 명이었다. 레이아웃 엔지니어로 오랫동안 업계에 몸담아 온 옌커셩은 여러 휴대폰 공급업체의 전우로 불리기도 했다. 그런 그도 샤오미와 함께 일할 공급업체를 찾는 일에 착수하면서 당혹스러운 상황에 직면하고 말았다. 옌커셩은 휴대폰 레이아웃에 관한 남다른 노하우와 업계 경험을 앞세워 오랫동안 알고 지내던 업체에 전화를 돌렸다. 그런데 상대와 안부를 주고받으며 화기애애한 분위기 속에서 업무에 관한 이야기를 꺼내면 말투부터 달라지는 게 아닌가!

"밥 한번 같이 먹자거나 이야기하는 건 괜찮지만 일 이야기라면 관두라고. 그 회사, 어디 되겠어? 물건을 납품하고도 제대로 정산도 못 받을 것 같은데….”

그 이야기에 옌커셩은 기가 막혔다. 하나에 몇 푼 되지도 않는 나사못 대금도 못 치를 거라는 게 샤오미에 대한 업계의 인식이라는 걸 뼈저리게 깨달았기 때문이었다.

당시 샤오미는 절박한 심정으로 공급업체를 찾아 나섰다. 오죽하면 옌커셩은 녹색의 인쇄회로기판Printed Circuit Board(PCB)을 마음에 드는 공급업체에 보내주며 파격적인 조건을 제시했다.

"얼마만큼의 물량을 원하든 다 좋습니다. 전체 물량을 원한다면 전부 드리죠."

하지만 샤오미의 스타일을 긍정적으로 여기는 곳은 단 한 곳도 없었다.

린빈의 초대로 한 공급업체 책임자가 레이쥔의 사무실을 찾았다. 린빈은 퀄컴과의 협상을 위해 준비해뒀던 샤오미 모델과 현황을 소개하는 프레젠테이션 파일을 보여주며, '갓성비' 전략으로 서비스를 제공한다는 사업 방향을 설명했다. 책임자는 그 자리에서 획기적인 방식이라면서 강한 호기심을 드러냈지만 협력하겠다는 대답을 선뜻 들려주지 않았다. 그로부터 몇 주일이 지난 후에야 지금 당장은 샤오미와 함께 일할 수 없다는 대답이 돌아왔다.

공급업체의 연이은 퇴짜에 업무 진행이 지체되는 것은 물론, 직원들의 자존심도 상처를 입었다. 모토로라 출신인 주단朱丹과 류안위劉安昱는 그때의 기억이 지금도 생생하다. 터치패드를 만드는 공급업체에서 샤오미와의 제휴 가능성을 논의하기 위해 두 명의 담당자를 파견했다. 이들은 소파에 반쯤 드러누운 채 심드렁한 표정으로 입을 열었다.

"무슨 이야기를 하라는 건지 모르겠수다. 우린 사장이 가보라고 해서 그냥 적당히 때우러 온 거요!"

주단과 류안위에게 이런 모욕은 난생처음이었다. 모토로라에서 근무하던 시절에는 공급업체로부터 극진한 대접을 받던 두 사람이었다. 지금 상대의 태도는 아무리 봐도 시비 거는 행동으로밖에 보이지 않았다.

당시의 샤오미 경영진도 휴대폰 공급업체와의 관계가 갑과을, 그 이상의 관계라는 사실을 조금씩 깨닫고 있었다. 손에 쥔 자금이 넉넉하다고 해서 공급업체를 마음대로 고를 수 있는 게 아니었다. 부품 관련 공급업체는 자금을 투자해 구매자와 함께 연구개발에 나서 상당수의 부품을 맞춤 제작해야 했기 때문에, 공급업체로서는 신규 구매자와의 제휴에 신중할 수밖에 없었다. 샤오미는 공급업체의 '적합한 대상' 명단에 들어 있지 않았다. 그도 그럴 것이 그때만 해도 '인터넷폰'의 의미를 제대로 이해하는 사람이 없었기 때문이다.

이러한 상황은 공급업체의 기고만장하고 꼬장꼬장한 태도 때문이 아니다. 당시 여러 공급업체가 '짝퉁 휴대폰' 때문에 속을 앓던 터라 신규 브랜드에 대한 거부감을 지녔기 때문이었다. 짝퉁 휴대폰 업체들은 수십만 위안 규모의 제품을 주문하곤 했지만 판매 실적을 장담할 순 없었다. 결제일이 다가오면 이들 업체는 대금을 제대로 지불하지 못한 채 악덕 채무자로 전락하고, 공급업체는 수익은커녕 원금도 회수하지 못하는 일이 다반사였다. 이 때문에 공급업체 중 상당수가 지난 3년간의 재무제표를 사전에 제시해달라고 요구했는데, 재무제표가 전혀 없는 샤오미로서는 난처할 수밖에 없었다.

저우광핑은 휴대폰 업계에 오랫동안 몸담으면서 수백 개의 공급업체가 생겨났다가 사라지는 것을 보았다고 했다. 한 치 앞도 내다보기 어려운 상황에서 하룻밤 사이에 희비가 교차했다. 장밋빛 미래를 보여줄 것 같은 이야기가 결국에는 모두가 불행해지는 비극으로 끝나는 상황이 반복되면서 모두 몸을 사릴 수밖에 없다는 것이다.

결국 레이쥔과 린빈은 결국 현장의 공급업체를 직접 찾아다니며 이야기를 나누기로 했다. 타이완만 해도 벌써 여러 차례 방문했다. 소프트웨어와 인터넷 세계에서 전설로 통하던 레이쥔도 공급업계라는 세상에서는 낯선 이름에 불과했다. 레이쥔은 투자업계, 금융계, 소프트웨어와 인터넷 업계의 친구들을 총동원해 공급업계와의 관계 구축에 나섰다. 첫날에는 자신을 만나달라는 타이완 업체들 때문에 전화통에 불이 났지만 이튿날 공급업체의 회의실에 들어갈 때면 레이쥔은 '안녕하세요, 레이쥔이라고 합니다'라고 인사하며 고개를 숙여야 했다.

따리광뎬大力光電, 요우다友達, 광바오光寶, TPK…. 유명한 공급업체들의 명단을 들고 레이쥔과 저우광핑은 타이완에서 공급업체와의 만남을 꾸준히 지속했다. 이 과정에서 일부 업체가 레이쥔의 설득에 넘어가기도 했는데, 대표적인 업체가 가장 먼저 샤오미와의 제휴를 거절했던 터치패드 제조업체 TPK였다. 레이쥔은 이들을 설득하기 위해 골드만삭스 타이완Goldman

Sachs Taiwan의 파트너를 통해 TPK의 책임자와 만났다. 생산 능력 부족이라는 이유를 대던 TPK는 천신만고 끝에 샤오미의 요청을 수락했다. 사운드 관련 부품을 취급하는 루이성瑞聲 IT도 비행기를 타고 선전深圳으로 날아온 레이쥔의 두 시간에 가까운 설득에 결국 협력 계약서에 도장을 찍었다. 당시 샤오미는 2억 5000만 달러의 신규 융자 프로젝트를 막 마무리한 상태였다. 샤오미의 사업 전략을 긍정적으로 생각한 루이성 IT의 창립자는 그 자리에서 샤오미에 250만 달러를 투자하기도 했다.

공급업체와의 제휴가 하나둘 진행되었지만, Mi의 위탁 생산업체로 어디를 선정할 것인지에 대한 논의는 아직 걸음마 단계였다. 저우광핑의 팀은 폭스콘Foxconn을 비롯한 전 세계 대형 위탁 생산업체의 명단을 작성한 뒤 돌아가며 협상을 벌였지만 아무런 소득도 거두지 못했다. 유명한 업체일수록 신규 브랜드와의 제휴에 신중할 수밖에 없었다. 충분한 생산 능력을 지닌 이들 업체로서는 오랫동안 제휴 관계를 유지해온 단골손님에게 자신의 자원을 제공하려 했다.

거절 의사를 밝힌 업체의 목록을 하나씩 지워가던 저우광핑은 마지막 한 업체가 샤오미의 제안을 단호하게 거절하지 않았다는 것을 깨달았다. 바로 난징南京에 위치한 잉화다英華達였다. 잉화다 그룹의 자회사가 최종적으로 샤오미와의 협력을 거절한다면 스타트업인 샤오미로서는 치명상을 입게 되는 상황이었다. 위탁 생산업체도 구하지 못한 마당에 공급업체와 이야기가 잘 돼봤자 무슨 소용이란 말인가!

그 밖에도 휴대폰에 들어갈 디스플레이 패널의 경우, 샤오미는 당시 세계 최고의 디스플레이 패널 공급업체인 샤프 SHARP로부터 물량을 공급받기로 합의했다. 디스플레이 기술의 아버지라 불리는 샤프는 세계적으로 오랜 명성을 자랑하는 공급업체 중 하나로, 당시 아이폰의 주요 공급업체이기도 했다. 전면적으로 아이폰을 롤모델로 삼는 샤오미로서는 반드시 사로잡아야 할 협력 파트너였다. 하지만 다양한 경로를 통해 만나자는 의사를 전했지만 샤프는 시간이 없다는 이유로 번번이 거절했다.

이제 막 간판을 단 신생업체로서는 무척 곤혹스러운 상황의 연속이었다.

레이쥔은 과거에 회사를 차린 적 있는 류더에게 공급업체 문제를 전적으로 맡겼다. 이렇게 해서 린빈과 류더가 가장 골치 아픈 문제를 떠안게 됐다. 자신에게 공급업체 관리를 맡기겠다는 결정에 류더는 크게 당황했다. 그도 그럴 것이 자신은 산업디자인 전공이지, 하드웨어 공급업체와는 거리가 멀어도 한참 멀었기 때문이다. 하드웨어와 관련된 경험이라고는 디자인 회사를 차렸던 시절 고객에게 군용 망원경 케이스를 만들어 준 게 다였다. 휴대폰 제작에 비하면 그야말로 애들 장난 같은 일이었기에, 류더는 자신이 일을 망칠까 봐 몸을 사렸다.

"망쳐도 탓하지 않겠네!"

레이쥔의 말 한마디에 류더는 아무런 경험도 없는 상태에서 2010년 말부터 샤오미의 공급업체를 관리하게 됐다. 아직 유일하게 가능성이 있는 위탁 제조업체인 난징의 잉화다와의 협상이 류더가 처리해야 할 첫 번째 임무였다.

새로운 인물을 새로운 자리에 앉힌 뒤 밑바닥부터 차근차근 배우는 일은 스타트업이라면 피할 수 없는 운명이라 하겠다. 대기업이 전문 분업을 실시한다면 신생 업체는 빈 자리를 채우는 데 급급할 수밖에 없었다.

사실 레이쥔과 린빈 두 사람 모두 공급업체를 다뤄본 경험이 없었다. 법률에 문외한이었던 린빈처럼 두 사람은 기존 세계의 틀에서 벗어나기 위해 다양한 영역을 공부해야 했다. 창업의 어려움을 가장 절실하게 느낀 순간이었다. 2015년에 출간된《하드씽The Hard Thing》에서 다루고 있는 창업의 어려움을 2010년의 샤오미는 시시각각 뼈저리게 깨닫고 있었다. 책에 쓰인 것처럼 모두 고군분투했다.

어느 순간, 창업자는 반드시 성공해야 한다. 그렇지 않으면 우리는 또 다른 길로 쫓겨나야 한다. 우리는 하나로 뭉친 팀이 되어야 한다. 모두가 시련을 견뎌 성장하기 위해 창립자가 해야 할 유일한 일은 직원들을 거친 파도가 몰아치는 바다에 밀어 넣으며 열심히 헤엄치라고 충고하는 것이다.

## 잉화다와 샤프

2011년 2월의 어느 날, 난징 잉화다의 CEO 장펑張峰은 사무실에 앉아 처음 들어본 회사의 관계자들을 기다리고 있었다. 통신업계에 몸담은 지 24년째 되는 해의 일이다.

대학교를 졸업하자마자 통신업계에 뛰어든 장펑은 중국 3G 분야의 대부 리스허李世鶴 밑에서 중국 최초의 이동전화 YD9100 프로젝트에 참여한 적 있었다.

"기술을 개발하려면 마음을 가라앉히고 묵묵히 실력을 쌓아야 하네. 한 몫 단단히 잡은 장사꾼이 되려거든 위대한 기술을 만들어낼 생각 따윈 버리는 게 좋아."

리스허의 충고를 가슴에 간직하고 있던 장펑은 묵묵히 기술 연구의 길을 걷다가, 타이완에서 잉예다英業達 그룹(잉화다의 모회사)에 들어갔다.

1994년, 장펑은 난징에서 잉화다 난징이라는 통신 업체를 차렸다. 1995년부터 2006년까지 그가 이끄는 연구개발팀은 300여 명에서 1000여 명으로 몸집을 키웠다. 그 기간동안 영국의 통신사인 BT의 유료 전화 사업에 대한 시스템 지원, 벨연구소Bell Laboratory의 텔레쇼핑Tele Shopping* 중 미약 신호 탐지 시스템 제공 등의 중요 연구개발 프로젝트에 다수 참여한 바 있다. 2001년에는 장펑이 이끄는 연구개발팀이 E28이라는 업체에 제공한 고기능 전화기가 대대적인 성공을 거두기도 했다. 4000여 위안짜리 전화기가 수십만 대 팔려나가며 당시 업계 기준으로 자리 잡았다.

2001년 하반기에 E28은 잉예다와의 협력을 종료한 뒤 휴대폰 독자 개발에 나섰다. 이 일을 계기로 장펑은 앞으로 어떤 일

* 전화와 텔레비전을 이용하는 쇼핑.

을 해야 하는지, 또 회사를 어떻게 이끌고 가야 할 것인지를 두고 선택의 기로에 섰다. 당시 잉화다 주식회사는 잉예다 그룹의 여러 자회사 중 하나로 설립된 상태였다. 자회사의 책임자로서 장평은 회사에 새로운 사업 방향을 제시하고, 가시적인 실적을 올려야 했다. 때마침 샤오링퉁小靈通(Little smart)*이라는 새로운 존재가 잉화다의 눈앞에 모습을 드러냈다.

* 유선망을 활용한 저가형 무선 전화기.

당시 자신이 선택한 길을 두고 장평은 '돈을 벌 수 있는 샛길'이라고 정의하기도 했다. 하지만 장평은 성공의 기쁨에 취해 정작 그 말 담긴 의미를 제대로 깨닫지 못했다.

시장의 흐름에 따른 본능적인 선택의 효과는 꽤 긍정적으로 보였다. 2001년 10월, 잉화다는 일본의 도시바TOSHIBA와 칩 구매 의향서를 체결한 지 4개월 만에 샤오링퉁을 양산하기 시작했다. 출하를 기다리는 화물차가 잉화다의 입구에 줄줄이 늘어선 것을 보면서 장평은 시장의 뜨거운 반응을 몸소 느낄 수 있었다.

그때부터 잉화다는 생산 라인을 대규모로 구축하면서 연구 개발 전문 업체에서 공급업체로 변신하기 시작했다. 화웨이, 샤프의 휴대폰처럼 GSM 글로벌 이동시스템 단말기를 제작하는 데도 참여했지만 잉화다의 주력 상품은 여전히 샤오링퉁이었다. 친환경, 저렴한 가격, 긴 대기 시간을 내세운 샤오링퉁은 한때 시대를 풍미하기도 했다. 2005~2006년에 샤오링퉁만으로 잉화다가 거둔 순수익만 5억 위안 이상에 달했다. 하지만 성공의 희열에 도취한 것도 잠시, 차가운 현실이 그를 왕좌에서 끌어내렸다.

2009년 중국 공신부는 샤오링퉁에 2011년까지 서비스를 종료할 것을 통보했다. 2009년 1월, 차이나 유니콤CHINA Unicom이 2008년 실적 보고서를 발표하면서 샤오링퉁을 상당 규모로 축소했다고 공개함으로써, 샤오링퉁에 단물이 빠졌다는 딱지가 붙었다. 2010년 샤오링퉁은 2011년 1월 1일 시장에서 퇴출될 것임이 공식적으로 확인됐다. 정책의 변화로 커다란 충격을 받게 된 잉화다는 주문량이 급감하면서 입구 앞에 늘어섰던 화물차 행렬이 사라진 것은 물론, 생산 라인의 장비와 직원들이 대량으로 일을 멈췄다. 그럼에도 2010년 하반기까지 잉화다는 중싱, 화웨이, 쿠파이, 롄샹에 납품하며 상대적으로 안정적인 출하량을 유지할 수 있었다.

2011월 2월의 어느 날, 난징 잉화다 사장실 사무실에 앉은 장펑은 류더라는 손님을 기다리고 있었다. 샤오미라는 전혀 들어보지 못한 회사 출신이라고 했다. 상대를 기다리는 시간 동안 장펑은 지난 8년 동안 자신이 걸어온 길을 돌이켜봤다. 샤오링퉁이 주류 기술이 아니라는 건 알고 있었지만 손쉽게 돈을 벌 수 있었기에 기술력을 쌓아야 하는 중요성을 망각하고 있었다. 한 마디로 지난 시절의 짧은 영광은 허황된 지름길이었다.

스승인 리스허가 자신에게 들려줬던 말이 문득 떠올랐다.

"기술력을 꾸준히 쌓아 꾸준한 성장 동력을 갖고 싶나, 아니면 눈앞의 이익을 얻는 데만 그치는 장사꾼이 되고 싶은가?"

이제 와 돌이켜보니 지난 8년 동안 일궜던 성공이 마법에 걸린 저주처럼 느껴졌다.

샤오미의 담당자가 도착했다. 장펑은 류더가 교수 같다고 생각했다. 키 크고 마른 체구, 금테 안경 뒤에 숨겨진 웃음기를 살짝 머금은 눈동자. 한편 류더는 배수진을 친다는 각오로 잉화다의 문을 두드렸다. 다른 위탁 제조업체가 샤오미를 모두 거절한 상태에서 잉화다만이 유일한 희망이었다. 티셔츠와 청바지, 덥수룩한 머리, 왠지 모를 사연이 느껴지는 얼굴, 타이완 업체에서 일하는 특유의 분위기를 지닌 장펑을 보며 류더는 눈빛을 반짝였다. 한편 맞은편의 장펑도 기대에 찬 눈빛으로 상대를 바라봤다. 잉화다의 생산 라인과 직원들에게 활기를 불어넣고 자신을 기술의 길로 다시 이끌어줄 남다른 포부를 지닌 협력 파트너가 그 어느 때보다도 절실했다. 몇몇 전자파 적합성Electromagnetic Compatibility(EMC) 연구소를 짓는 데 수억 위안 상당의 자금을 투자했기 때문이다.

넓은 접견실에서 류더는 인터넷폰에 대한 샤오미의 구상을 자세히 소개했다. 화이트보드를 채워가던 류더가 진지하게 입을 열었다.

"샤오미가 앞으로 얼마나 주문할 수 있을지 궁금하실 거라고 생각합니다. 현재로서는 저희도 알 수 없습니다. 하지만 샤오미의 MIUI는 이미 수십만 명의 사용자를 확보하고 있습니다. 이들이 샤오미의 디딤돌이 되어 Mi에 대한 시장의 인식 변화에 커다란 영향을 주리라 확신합니다."

그전까지 장펑은 인터넷 분야로의 진출을 진지하게 생각해

본 적 없었다. 하지만 류더의 이야기에 줄곧 하드웨어 영역에만 몸담았던 장평은 이것이 미래를 향한 새로운 기회가 될 거라고 어렴풋이 생각하고 있었다. 지금의 샤오미에는 꿈 말고 아무것도 없었지만 장평은 샤오미와 함께 보다 의미 있는 아이디어를 실현하는 데 힘을 보태고 싶었다. 특히 연구개발 비용을 사전에 지불할 수 있다는 샤오미의 제안은 잉화다의 향후 안정적인 경영에 도움이 될 것이 분명했다.

이렇게 해서 협상이 성사됐다. 린빈이 난징으로 날아와 장평과 함께 계약에 관한 세부 사항과 가격에 관한 이야기를 나눴다. 린빈은 구체적인 가격에 대한 이야기를 듣기 전까지 자신은 잔뜩 언 채로 공장 한쪽 구석에 있는 소파에 앉아 있었다고 당시 기억을 떠올렸다. 장평은 상대가 예상보다 후한 가격을 적어서 보여주자, 무거운 짐을 내려놓은 것처럼 속이 후련했다고 한다. 이렇게 해서 샤오미의 사업 전략은 계속 추진될 수 있었다. 창업팀에서는 이때를 공급업체인 잉화다가 샤오미에 구원의 손길을 내뻗은 순간이자, 하드웨어와 소프트웨어라는 두 세계가 손을 잡은 중요한 순간이라고 정의하기도 했다.

잉화다와의 계약을 계기로 샤오미의 불운도 끝나는 듯했다. 그동안 감감무소식이었던 샤프에서도 희망의 서광이 비치기 시작했다. 레이쥔은 진산 일본 지사의 책임자 션하이인沈海寅을 통해 샤프의 책임자를 만났고, 샤프 차이나의 판매 담당인 천지웨이陳基偉의 도움으로 샤오미는 일본의 미쓰이 물산Mitsui company과 안면을 틀 수 있었다. 일본 측의 도움으로 샤오미는 마침내 샤프와 약속을 잡을 수 있었다. 2011년 3월 24일 오후 3시, 오사카의 샤프 본사에서 첫 번째 협상이 이루어질 예정이었다.

하지만 3월 11일 오후, 갑작스러운 사건이 전 세계를 뒤흔들었다. 일본 센다이仙台 항구 동쪽, 태평양 해역에서 진도 9의 대지진이 만든 쓰나미로 1만 5000명이 목숨을 잃었다. 후쿠시마의 제1원전이 폭발하면서 방사능 누출로 활기를 띠던 거리가 텅 비고 말았다. 일본 전역이 재해 구역으로 변한 것이다.

약속한 날짜에 회의에 참석할 것인가? 샤프와의 협상을 다음 기회로 미룰 수 있는가? 창업자들은 이러한 문제를 놓고 몇 차례 이야기를 나눴지만 지진과 방사능 누출은 당시 샤오미가 처한 위기 중에서도 가장 낮은 수위에 속했다. 결국 몇몇 사람들은 약속대로 일정을 추진하기로 했다.

그날 베이징에서 오사카로 향하는 비행기에는 레이쥔과 린빈, 그리고 류더 세 사람만이 덩그러니 몸을 실었다.


## 때를 기다리는 샤오미

비행기에서 세 사람은 샤프 본사에 제출하기 위해 작성한 보고서를 꼼꼼히 살피고 있었다. 류더와 샤프 차이나의 판매 담당자인 천지웨이가 스타벅스에서 한참 동안 토론한 뒤에 작성한 것으로, 샤오미가 샤프에서 구매하려는 패널의 수량이 적혀 있었다. 천지웨이는 첫 거래에서 최대한 자제하라는 충고를 특별히 건넸다. 그전까지 여러 업체가 대량으로 구매하겠다는 의사를 타진했다가 전부 퇴짜를 맞았기 때문이었다. 고민 끝에 두 사람은 상대적으로 적절한 수량인 30만 개를 적어둔 상태였다.

2011년 3월 24일 오후 3시 정각, 샤프 본사 건물에 미쓰이 물산의 담당자가 베이징에서 날아온 손님들을 맞이하기 위해 프런트에서 대기 중이었다. 레이쥔, 린빈, 류더, 그리고 일본 진산의 책임자인 션하이인이 이번 방문의 전 과정에 동석했다. 대지진 이후 13일밖에 지나지 않은 터라 해외 업무 상당수가 중단된 바람에 건물 전체가 썰렁해 보였다.

일본 샤프 본사 VIP 제1회의실에서 샤오미의 세 창립자 레이쥔과 린빈, 류더는 지난 몇 개월 동안의 우여곡절 끝에 마침내 샤프 본사의 오하시 야스히로大橋康博 부장을 만날 수 있었다. 그날 샤프 본사를 찾은 유일한 방문객이 자신들이라는 걸 세 사람은 나중에야 알게 됐다. 협상 분위기는 화기애애했다. 사전에 준비한 대로 샤오미의 휴대폰 사업 전략을 설명한 뒤에 샤오미의 디스플레이 패널 공급업체가 되어 달라고 요청했다.

샤오미의 일부 창업자들은 FWVGA 해상도(854×480)를 가진 샤프 패널을 연구하며, 이것이 당시 다른 스마트폰이 갖추지 못한 장점이라는 결론에 도달했다. 하지만 일단 샤프의 패널을 채택하면 샤프는 연성회로기판Flexible Printed Circut(FPC)을 수정해야 했다. 다시 말해, 샤프에서 추가 비용을 투입해야 했다.

당초 1시간으로 예정됐던 협상이 3시간을 넘기고 있었다. 진

**151**

지한 표정을 짓던 오하시 야스히로는 샤프의 엔지니어를 불러 FPC의 수정 가능성을 확인해달라고 했다. 회의실에 여러 사람이 들락거리며 일본어로 이야기를 주고받았고, 머리를 끄덕이거나 패널을 든 채로 이리저리 뭔가를 쓰거나 그리기도 했다.

다시 2시간이 지난 뒤, 오하시 야스히로는 마침내 '가능하다'는 결론을 내놓았다.

이에 레이쥔은 30만 개라는 최종 구매 수량을 제시했다. 샤오미 경영진에서 이미 합의된 수치였다. 1년 동안 휴대폰 30만 대를 출하할 수 있다면 전투에서 어느 정도 승리를 보장할 수 있다고 판단한 것이다.

저녁 식사 자리에서 오하시 야스히로는 샤오미와 제휴하기로 결심한 이유를 몇 가지 들려줬는데 그중에서도 가장 결정적인 역할을 한 것은 미쓰이 물산이었다. 샤프는 미쓰이 물산과 오랫동안 일했던 터라 양측의 신뢰도가 무척 높은 편이었다. 그래서 샤프에서는 미쓰이 물산이 소개해주는 업체와의 만남을 긍정적으로 판단했다. 또 다른 원인은 일본 대지진이 일어난 지 얼마 되지 않은 시점에서 위험을 무릅쓰고 일본까지 찾아온 샤오미 창업자들의 용기 때문이었다. 뜻밖에도 샤프의 모든 거래는 반드시 얼굴을 맞대는 회의를 통해서만 이뤄지곤 했다.

마지막 이유에 대해 오하시 야스히로는 모험을 사랑하는 간사이關西 사람만의 특징을 소개했다.

샤프의 업무 효율에 대해 류더는 아직도 기억이 생생하다. 오사카에서 베이징으로 돌아온 날, 린빈과 류더는 회사 건물 아래에 있는 식당에서 간단히 요기한 뒤에 사무실에 복귀해 업무를 처리할 참이었다. 그런데 식사를 하던 류더의 전화벨이 울리더니, 위층의 담당자가 샤프의 엔지니어가 도착했다는 이야기를 전하는 것이 아닌가. 린빈과 류더는 다행히 면 요리를 먹던 터라 대충 후르륵 집어삼킨 뒤에 잽싸게 위층으로 뛰어 올라왔다. 샤프로서는 제휴의 뜻을 확인한 이상, 모든 것을 속전속결로 추진한 것이다.

샤프와의 제휴는 샤오미가 향후 추진할 공급업체와의 제휴에 복음福音을 가져다줬다. 샤프가 샤오미의 가능성을 보증하면서 이때부터 샤오미의 전반적인 공급업체 시스템이 천천히 굴러가기 시작했다. 류더는 종종 샤오미의 예금 증명서를 들고 상대 업체와 협상에 나서기도 했다. 샤오미는 다른 회사와 달리 자금이 충분하다는 것을 적극 어필한 것이다.

날마다 협상 테이블에 앉아야 했던 시절은 류더에게 잊을 수 없는 추억이 됐다. 동료 위안빙餘安兵과 함께 출장을 떠난 류더는 비행기에서 내린 뒤 낡은 폭스바겐 산타나를 타고 사방을 돌아다녔다. 공급업체의 공장이 대부분 도시 외곽에 자리 잡고 있어서 두 사람은 GPS의 도움을 받아 위치 추적에 나섰다. 하지만 2011년 초인 당시에는 상당수 지역의 고속도로 건설 작업이 제대로 이루어지지 않아 GPS 신호가 실제 위치와 맞지 않는 경우가 허다했다. 눈 앞에 있는 도로가 GPS에 잡히지 않는 경우가 대부분이라 두 사람은 감으로만 차를 몰아야 했다. 미국에서 7년 동안 살았던 탓에 평소에도 차를 빨리 몰았던 류더에게 위안빙은 걸핏하면 '위험해!'라고 소리치곤 했다.

사정상 현지 마을에 묵는 경우도 종종 있었다. 한 번도 가본 적 없는 여관에 찾아간 두 사람을 반겨주는 건 침대와 좁디좁은 탁자가 전부였다.

린빈과 류더는 때때로 많은 공급업체가 몰려 있는 타이완으로 출장을 가기도 했다. 하루 동안 타이베이臺北, 신주新竹, 타이난臺南을 돌아다녀야 하는 일도 있었다. 출장 도중에 피곤을 이기지 못한 린빈이 안구에 출혈 증세가 나타나는 바람에 어쩔 수 없이 먼저 베이징으로 돌아오는 일도 있었다. 남은 일정을 혼자 소화하던 류더는 지하철 승강장에 멍하니 서 있다가 표를 잘못 샀다는 걸 깨달았다. 어둑한 하늘 아래 류더는 자신이 누구인지, 뭘 하고 있는지, 왜 이 시간에 여기에 서 있는지 순간 답을 찾지 못했다.

베이징의 샤오미 사무실로 공급업체들이 찾아오기 시작했다. 휴대폰에 들어가는 부품이 수백 개에 달하는 터라, 이와 관련된 공급업체도 그만큼 많았다. 그 때문에 린빈과 류더의 일정은 빽빽하게 채워져 있었다. 그야말로 미친 스케줄이었다. 두 사람은 공급업체들과 무려 5개월 동안 협상 테이블에 앉아야 했기 때문이다. 몇몇 업체들은 같은 시간에 찾아오기도 해서, 회의를 10분 동안 중단하고 다른 업체와 10분 동안 이야기를 나누는 일도 비일비재했다. 저녁이 돼서 사무실 문을 닫아야 할 때면 아래층의 스타벅스로 자리를 옮겨 협상을 이어가곤 했다.

린빈과 류더가 공급업체를 밀착 마크하는 동안, 하드웨어팀 역시 꿈에 그리던 퀄컴과의 특허 라이선스 문제를 해결했다. 모토로라에서 이직한 샤오미의 엔지니어들은 마침내 자신의 실력을 발휘할 무대에 오를 기회를 얻게 됐다. 이들은 퀄컴 엔지니어들의 도움으로 어려운 연구개발 작업을 완성할 수 있을 거라는 꿈에 부풀었다.

칩셋을 구매하는 일은 돈을 주고 사온 칩셋을 하드웨어에 넣고 작동 여부를 테스트하면 되는 단순한 일이 아니다. 특히 주력 칩의 경우 퀄컴과 지적 재산권 문제를 완전히 해결한 후에 양측의 엔지니어가 시스템 안정화를 진행해야 하는 고난이도의 작업이다. 그동안의 경험으로 보건대, 스마트폰을 만들 수 있는 업체는 수천 곳에 이르지만 지적 재산권 문제로 실제 수익을 거두는 업체는 일부에 불과했다. 상황이 그러다 보니 퀄컴에 있어 협력 파트너를 선정하는 일은 절반은 관찰, 나머지 절반은 순전히 운에 맡길 수밖에 없었다. 요컨대 파트너 선정은 승패를 알 수 없는 도박과도 같았다.

퀄컴과 특허 라이선스 협의를 체결한 후, 퀄컴의 글로벌 마켓 부사장이자 중화권 CEO인 왕샹이 쥐안스텐디를 찾았다. 휴대폰 업계와 긴밀히 얽혀 있는 칩셋 생산업체의 경영진으로서 상황을 적시에 파악해야 했기 때문이다. 왕샹의 방문 목적은 크게 두 가지였다. 하나는 자사의 기술을 소개하는 것, 나머지 하나는 시장 흐름과 소비자 수요를 파악해 자사의 자원을 적절히 조절하기 위함이었다.

왕샹과의 첫 만남에서 레이쥔은 3시간에 걸쳐 샤오미를 세운 이유와 샤오미의 사업 전략을 설명했다. MIUI 커뮤니티, 스마트폰, 그리고 '대중에서 나와 대중 속으로 들어간다'는 기조도 들려줬다. 왕샹에게는 레이쥔의 이야기가 무척 신선하게 느껴졌다. 레이쥔은 쥐위에왕을 세운 이야기를 시작으로 반클에 투자한 사연, 진산의 구조조정 추진, 그리고 전자상거래에 이르는 경험을 들려주며, 샤오미의 향후 사업 전략에 대한 가능성을 증명하려 애썼다.

중국에서 만든 제품은 저렴하지만 품질이 낮다는 해외 소비자의 인식을 바꾸기 위해 최고의 칩셋을 선택했다는 이야기도 잊지 않았다. 일본 기업의 도약이나 독일 공장의 뚝심은 현재 전 세계적으로 인정받고 있지만, 이들 업체 역시 한때는 저가 공세로 시장을 공략하던 때가 있었다고 말했다. 일본은 1960년대 이후 몇몇 브랜드를 통해 일본 제품에 대한 해외 시장의 인식을 바꿀 수 있었다. 레이쥔은 이런 변화를 이끌어내기 위해서는 무엇보다도 기업가 정신과 강력한 행동력이 필요하다고 지적했고, 왕샹은 크게 공감했다.

당시 퀄컴은 중국에서 화웨이, 중싱, 우룽 쿠파이宇龍酷派, 롄상과 같은 대기업을 주로 상대하고 있었다. 이들 외에는 룽치龍旗 같은 디자인 회사가 전부였다. 왕샹의 가장 큰 고민은 엔지니어라는 자원을 가장 효과적으로 배치하는 일이었다. 이는 경영진으로서의 능력이 여실히 드러나는 과제였기 때문이다. 많은 이들이 모르는 사실 중 하나는, 퀄컴과 제휴한 업체와 프로젝트는 수두룩하지만 프로젝트의 최종 성공률은 10%에 불과하다는 것이다. 다시 말해서 90%에 달하는 협업은 실패로 끝났다.

이런 부담에도 왕샹은 샤오미에 엔지니어를 추가 배치하기로 결정했다. 샤오미가 구매한 스냅드래곤 MSM8260 칩셋은 퀄컴의 주력 제품으로, 당시 기준으로 퀄컴 역사상 가장 뛰어난 성능을 가진 CPU였다. 왕샹은 꿈을 가진 사람이라면 이 칩셋으로 도전해볼 만하다고 여겼다. 일반적으로 주력 상품을 사용하는 첫 사용자를 알파 사용자Alpha User라고 부르는데, 퀄컴의 알파 사용자가 된다는 건 더 비싼 금액, 더 많은 엔지니어가 투입된다는 것을 의미한다. 대부분의 업체는 경제적인 문제 때문에 전용 칩을 별도로 주문하지 않는다. 스마트폰이 막 등장한 2010년 말 당시 중국에는 자사를 대표할 수 있는 휴대폰을 선보일 수 있는 능력이나 용기를 가진 업체가 전무했다. 당시 플래그십 기기 전용 CPU를 사용하는 곳은 삼성, 노키아 등 일부 업체에 불과했다.

샤오미가 30여만 개를 주문한 퀄컴 칩셋의 가격은 개당 50달러에 달했다. 다수의 중국 업체가 사용하는 칩의 가격은 대개 20~30달러였다.

왕샹은 대담한 실험에 나선 이 중국 업체를 최대한 지원하겠노라 마음먹었다.

쥐안스텐디의 분위기는 한층 달아올랐다. MIUI팀은 여전히 경쟁과 협력을 반복하며 사용자와 적극적인 소통에 나섰다. 하드웨어팀과 엔지니어팀에서는 레이아웃과 기능 구현 문제로 토론을 벌이고 있었다. 다른 휴대폰 업체처럼 이들 팀과 산업디자인ID 팀은 제품의 외관과 기능을 놓고 격렬한 논쟁을 벌이곤 했다. 공급업체팀에서도 물 마실 시간도 사치라고 여길 만큼 공급업체와 마라톤 협상을 벌이기도 했다.

하루는 한 직원이 밤 11시에 퇴근하면서 쥐안스텐디 사무실을 향해 사진을 찍었다. 사무실 대부분이 캄캄한 가운데 12층에만 대낮처럼 환하게 불이 켜져 있었다. 이 사진은 '여기서 샤오미의 청춘이 불타고 있다'는 글과 함께 웨이보에 올라왔다.

류더는 그 시절을 마음속에서 뭔가 엄청난 것이 울컥 치솟는 비정상적인 나날의 연속이었다고 기억한다. 인구 빌딩으로 이전하기 전까지 이청둥위안逸成東苑에서 지냈던 류더는 매일 퇴근 후에 집까지 걸어가곤 했다. 우다커우, 칭화대학교를 지나 이청둥위안으로 돌아오는 코스였다.

"길에서 마주치는 사람들이 가족처럼 친근해보였고, 온 세상이 아름답게 느껴졌죠. 사랑이 넘치다 못해 폭발할 것 같은 기분이었습니다. 여러분도 자신의 모든 것을 쏟아붓고 싶은 뭔가가 있다면 무한한 에너지를 느낄 수 있을 겁니다."

쥐안스텐디로 이전한 뒤 류더는 자동차로 출퇴근했는데, 자신을 이곳에 소개한 해외파 디자이너 리닝닝李寧寧과 천루陳露를 집에 데려다준 후에야 안심한 채 집으로 돌아가곤 했다. 상하이에서 베이징으로 이사 온 두 사람은 회사 근처에 방을 한 칸 얻었다. 날마다 정신없이 일하는 두 사람을 보며 류더는 일에 치여 결혼 시기를 놓치면 어쩌나 내심 걱정하곤 했다.

레이쥔은 샤오미의 수평적 조직 구조를 어떻게 만들었냐는 질문에 이렇게 대답한 적 있다.

"샤오미는 우수한 인재는 스스로를 제어하고 잠재력을 이끌어낼 수 있다고 믿습니다. 수평화는 이런 믿음에서 출발합니다. 우리 직원들은 최고의 제품을 만들겠다는 의지를 지녔죠. 회사 역시 제품에 대한 그런 믿음이 있다면 관리하기가 한결 수월합니다."

샤오미의 초기 창립자들은 출퇴근 기록기를 구입하긴 했었지만 아직까지도 사용한 적이 없다.

## Mi1의 화려한 등장

더 많은 퀄컴의 엔지니어를 샤오미로 데려오기 위해 왕샹은 퀄컴 본사의 허가를 받아야 했다. 하지만 중국 업체에 대한 퀄컴 본사의 인식은 아직 과거에 머물러 있는 실정이었다. 이때보다 불과 10년 전까지만 해도 중국의 휴대폰 업체가 보여준 공정 능력과 기술 이해 능력은 지금에 비해 크게 뒤떨어져 있었고, 세계 시장에서 중국 휴대폰 브랜드의 점유율은 턱없이 낮은 수준이었기 때문이다. 왕샹은 시장 점유율을 아직 모르는 상태에서 샤오미에 본사의 엔지니어 자원을 배치해야 하는 이유를 본사 경영진에게 납득시켜야 했다.

왕샹은 당시 퀄컴의 글로벌 CEO인 폴 제이콥스Paul Jacobs에게 레이쥔과의 만남을 몇 차례 요청하며 통역을 자청하기도 했다. 샤오미의 사업 전략을 속속들이 이해하고 있던 왕샹은 샤오미의 온라인 사업 모델, 사용자가 아닌 친구 관계 구축, 최고의 가성비라는 개념을 자신 있게 설명할 수 있었다. 그 밖에도 왕샹은 당시 퀄컴에서 반도체 사업을 담당하는 품질 관리 기술 Quality Control Technology(QCT) 부문의 사업장 스티븐 몰런코프 Steven Mollenkopf를 샤오미에 특별 초청해 레이쥔의 MIUI 시스템을 시연하고 직접 사용해볼 수 있는 자리를 마련했다. 현장에 직접 와봐야 샤오미가 어떤 기업인지 알 수 있다는 게 왕샹의 생각이었다. 의심 가득했던 몰런코프의 눈빛이 샤오미가 어떤 기업인지 이해했다는 다정한 눈빛으로 조금씩 변하기 시작했다.

이러한 노력에 힘입어 퀄컴은 샤오미와의 협업에 최대한 많은 우수한 엔지니어를 투입했다. MIUI팀의 열정적인 분위기가 하드웨어와 엔지니어팀으로 순식간에 전파됐다. 두 달 동안 빗장을 닫고 있었던 하드웨어팀은 그동안 자신을 옭매고 있던 족쇄에서 벗어난 듯 훨훨 날아다니기 시작했다. 휴대폰 시스템의 소프트웨어를 책임지고 있는 류안위는 퀄컴의 특허 라이선스를 받던 순간, 마치 보물상자를 여는 듯한 팀원들의 표정을 아직도 기억한다. 한 글자도 놓칠 수 없다며 모두가 영문 조약한 줄 한 줄을 꼼꼼히 연구했다.

사무실 전체가 청춘 특유의 혈기로 가득했다. 창업자들을 비롯해 MIUI팀, 행정팀, 재무팀, 하드웨어팀, 당시 이제 막 설립된 미톡팀까지 커다란 사무실에 옹기종기 모여 있었다. 어깨가 스치고 눈길이 저절로 마주칠 만큼 사무실이 좁은 탓에, 누군가 문제가 있다고 소리치면 다른 한쪽에서 누군가 달려와 문제를 해결하곤 했다. 서로가 서로를 돕는 작업 분위기 속에서 사무실은 창업 전선 특유의 생동감이 넘쳤다. 성공하면 모두가 얼싸안고 기뻐하다가도, 실패하면 앞다투어 팔을 걷어붙인 채 서로를 돕기 바빴다.

하드웨어 디자인 담당인 주단은 저우광핑 박사가 모토로라에서 데려온 엔지니어로 지금도 그때 일했던 팀을 그리워하고 있다. 팀원 수는 많지 않았지만 다들 적어도 7~8년에 달하는 경험을 가진 경력자였기에 모두가 뛰어난 활약을 보여줬다. 팀은 위로 올라갈수록 커지는 역삼각형 구조를 띠고 있었다. 다시 말해서 팀에서 상위에 속하는 최고급 엔지니어의 비중이 가장 높았다. 이러한 특이한 구조 때문에 팀 전체의 디자인 능력은 언제나 최상의 수준을 유지할 수 있었다.

"최고의 팀이에요. 모토로라가 내리막길을 걷는 상황에서 디자인팀을 건진 건 샤오미의 행운 중 하나죠."

당시 주단은 전쟁터, 그것도 맨 앞에 선 듯한 느낌을 받았다. PCB만 해도 최적의 설계를 얻기 위해 무려 세 번이나 디자인해야 했다. 공간을 최대한 활용하기 위해 10mm 안에 아홉 개의 선을 완벽하게 그려내야 했다.

BSP 시스템의 소프트웨어를 담당하는 류안위는 공급업체를 상대하면서 받은 좌절감을 벗어던지고 작업에만 몰두했다. 2011년 3월 4일은 류안위에게는 평생 잊을 수 없는 날이었다.

이날 난징에 있는 잉화다 공장을 방문한 류안위는 하드웨어 엔지니어 쉬춘리許春利가 완성된 핵심 기판을 가져오자, 소프트웨어를 설치해 테스트에 나섰다. 화면에 불이 들어왔다! 메인 시스템, 메모리, 화면 등이 최소한의 시스템에서 정상적으로 돌아간다는 것이 증명된 셈이었다.

하지만 첫 번째 시도는 그다지 순탄하지 않았다. 저녁 8시 이후, 기판이 완성되자 류안위는 차례로 소프트웨어를 작동시켰지만 화면은 아무런 반응도 보이지 않았다. 쥐 죽은 듯한 적막감이 방 안을 뒤덮었다. 의심이 될 만한 원인을 전부 조사했지만 문제를 끝끝내 발견하지 못했다.

"절망이라는 단어로는 그 기분을 표현하지 못할 겁니다. 그때의 기분이란 머리털이 쭈뼛 선 것 같았어요. 하드웨어 문제인지, 소프트웨어 문제인지 전혀 감을 잡을 수 없었죠. 기판 자체에 문제가 있는 거라면 결국에는 하드웨어를 끄집어내서 재작업해야 한다는 건데, 그렇게 되면 프로젝트가 몇 개월이나 밀릴 수도 있었거든요. 상상만 해도 끔찍한 상황이었습니다."

그때의 일을 떠올리던 류안위의 얼굴에는 지난 올림픽대회의 금메달리스트가 이번 올림픽대회의 예선전에서 탈락한 것 같은 비참함이 깃들어 있었다. 이 소식을 팀에 알린다면 직원들이 어떤 정신적 충격을 받을지 류안위 자신도 알 수 없었다.

출장 기간에 진장즈싱錦江之星 *에 묵게 됐지만 류안위는 호텔에 들어가보지도 않은 채 비행기에서 내리자마자 잉화다의 생산 공장으로 달려갔다. 모든 시스템을 일일이 살펴 체크했는

* 중국의 중저가 체인형 이코노미 호텔.

데, 테스트가 실패로 끝날 때마다 모든 것이 도로아미타불이 되는 기분이었다. 그러다가 새벽 4시, 류안위가 일부 값을 조정하자 갑자기 화면에 불이 들어오더니 Log(프로그램 기록)가 출력되기 시작했다. 평소 차분한 성격이었지만 이때만큼은 류안위도 하마터면 머리를 싸매고 울음을 터뜨릴 뻔했다.

전화 모듈을 담당하는 엔지니어 장궈취안張國全은 2011년 4월 20일 점심 무렵 샤오미의 첫 번째 휴대폰으로 이루어진 통화를 생생히 기억하고 있다. 엄격히 말해서 그건 완전한 의미의 Mi가 아니라, 초록색 기판에 디스플레이와 안테나가 달린 기괴한 기계에 불과했다. 하지만 장궈취안은 전체 하드웨어가 작동하고 있다는 것을 증명하기 위해 통화를 해야 했다. 그래야 휴대폰 디자인의 P0 단계가 완성될 수 있기 때문이었다.

"뚜르르….."

허술해 보이는 전자회로기판이 요란하게 울리자, 휴대폰 업계에 10년 넘게 몸을 담고 있었던 장궈취안도 울컥하는 기분이 들었다. 자신이 꿈에도 바라 마지않던 휴대폰이었기 때문이었다. 중요한 순간을 놓칠세라 모두가 레이쥔을 부르며 그의 사무실로 몰려갔다. 허리를 굽힌 레이쥔은 갓난아기의 울음을 듣는 것처럼 탁자 가장자리에 귀를 바짝 가져다 댄 채, 황홀한 소리가 울려 퍼지는 순간을 낚아챘다. 허리를 굽힌 채 귀를 기울인 순간을 누군가 카메라에 담았는데, 이는 훗날 샤오미의 역사에서 잊을 수 없는 최고의 순간으로 평가됐다.

몸을 일으킨 레이쥔이 모두를 향해 축하의 박수를 보냈다.

어떤 순간에도 당황하지 않는 창업자의 모습 그 자체였다. 한편 장궈취안은 속으로 연신 환호성을 지르고 있었다.

'신이시여! 지금 이 순간이 무슨 뜻인지 아시는 겁니까!'

마음 같아서는 레이쥔의 두 손을 잡아채 만세 삼창이라도 부르고 싶었다. 그리고 레이쥔이 좀 더 기뻐해주기를 내심 기대했다.

하드웨어팀이나 소프트웨어팀 모두 곧 탄생할 제품이 시장에 출시되기만 하면 경쟁 제품을 한 방에 날려버릴 거라고 확신했다. 1.5Ghz 듀얼코어 프로세서, 4인치 디스플레이, 800만 화소 카메라, 통화 시간 900분, 대기 시간 450시간. 그야말로 꿈의 스펙이라는 사실을 하드웨어팀은 잘 알고 있었다. 시장에서 어떤 반응을 보일지 상상조차 되지 않았다.

한편 소프트웨어팀에서는 MIUI와 관련해 50만 명의 커뮤니티 팬을 확보한 상태였는데 그중 액티브 유저Active User<sup>•</sup> 수가 무려 30만 명에 달했다. 여러 사용자가 커뮤니티에 '인증글'을 올렸다. 과일가게 주인과 홍콩의 속옷 디자이너, 다양한 국적의 해외 사용자에 이르기까지 다양한 사람들이 그곳에 있었다. 또 MIUI가 사용자 커스텀 펌웨어를 공식 지원하면서, 많은 해외 팬이 유입되었다. 이들은 MIUI의 영어 버전, 스페인어 버전, 포르투갈 버전을 속속 선보였다. 2011년에는 트위터에 이런 글이 올라왔다.

'구글 넥서스Google Nexus<sup>••</sup>에 MIUI를 설치했는데 엄청 끝내줘!'

● 콘텐츠를 실제로 이용한 사용자.

●● 구글에서 2010년부터 2016년까지 제작, 판매한 안드로이드 레퍼런스 디바이스.

소프트웨어와 하드웨어가 손잡고 달려가는 상황에서 레이쥔 역시 끊임없이 사업 전략과 방향을 고민했다. 자신이 구상했던 사업 전략이 하나씩 현실로 구현되자, 가격 문제를 놓고 고민에 빠졌다. 장궈췌안의 기대와 달리 레이쥔이 진심으로 기뻐할 수 없었던 이유가 바로 여기에 있다. 가격은 샤오미의 휴대폰이 시장에서 순식간에 좋은 반응을 이끌어낼 수 있는지와 직결된 문제였다. 샤오미 휴대폰이 시장에서 좋은 반응을 이끌어내지 못한다면 레이쥔의 두 번째 창업은 실패로 끝날 테고, 그 승패는 레이쥔 본인의 운명은 물론 레이쥔을 따라 창업에 나선 파트너들, 날마다 의지를 불태우는 청년들의 미래와 직결된 문제이기도 했다.

창업자의 직감과 경험을 시험하는 순간이었다.

가격을 고민하는 시간 동안 레이쥔은 샤오미의 첫 번째 제품을 소개할 준비에 나섰다. 진산 시절 레이쥔은 다양한 제품 발표회에 참가하며 직원들과 함께 수많은 마케팅 활동을 펼쳤다. 두 번째 창업이라는 중요한 순간을 맞이해 레이쥔은 그동안 우습다고 여겼던 부분, 이를테면 게스트나 강연, 엔터테인먼트적인 요소를 모조리 빼기로 결심했다. 제품 발표회의 성공 여부는 사용자에게 새로운 제품의 탄생을 충분히 알릴 수 있도록 가장 투명한 방식으로 제품의 정보를 집중적으로 소개하는 데 있다고 확신했다.

레이쥔은 이러한 점을 고려해 프레젠테이션 방식을 선택했고, 그에 따라 프레젠테이션 제작을 맡게 된 량펑과 띠야오

메이링은 미치고 팔짝 뛸 노릇이었다. 시각 효과는 오랫동안 WPS를 다뤘던 레이쥔의 주특기였다. 자신의 상사가 가장 자신 있는 분야에서 일해야 하는 량펑과 띠야오메이링이 얼마나 큰 스트레스에 시달려야 했는지는 안 봐도 뻔했다. 레이쥔은 96쪽에 달하는 제품 자료를 만드는 데 무려 두 달이라는 시간을 투자했다. 자신이 원하는 효과를 레이쥔은 상당히 구체적으로 설명하곤 했다.

"이 부분에선 6개짜리 퍼즐 효과가 필요할 것 같군. 처음에는 각각 다른 방향에 있다가 합쳐지는 거지. … 가격은 애니메이션 효과로 처리하고 싶군, 큰 폰트로 쓰인 숫자가 종이 위에 떨어지면 괜찮을 것 같은데. … 지금 시장에 출시된 제품과 비교해 보이고 싶은데, 지표 자료를 넣는 게 좋겠어."

그 밖에도 레이쥔은 모든 디자이너에게 최고의 아름다움을 보여 달라고 주문하며, 글자 하나하나, 문장 기호 하나하나에도 심혈을 쏟았다.

제품 발표회를 담당하는 팀은 회의실을 차지했다. 모든 자료와 컴퓨터를 그곳에 둔 채 보름 동안 매일 정신없이 일했다. 기밀 사항인지라 모든 자료는 회의실 안에 두고 다녀야 했는데, 누군가 회의실 문에 '정신병원'이라고 적힌 A4 용지를 붙여 두기도 했다.

정신없이 몰아치는 와중에 한 언론과의 인터뷰가 사전에 진행됐다. 발표회를 준비하는 동안 일어난 일 때문에 레이쥔이 외부의 추측에 대한 입장을 표명할 자리가 필요했기 때문이다.

두 번째 창업을 준비하는 동안 레이쥔은 정신없이 바쁜 나날을 보냈다. 그와 20년 동안 알고 지낸 두 친구가 종종 쥐안스텐디를 찾아오곤 했다. 진산의 창립자인 장쉬안룽과 추바이쥔이 그 주인공이었다. 레이쥔이 진산을 떠난 3년 동안 진산의 영업 수익은 지난 분기 대비 18% 떨어진 상태였다. 이러한 상황에서 두 창립자는 매주 레이쥔을 찾아와 진산의 이사장 자리를 맡아 달라고 부탁했다. 그동안과 전혀 다르게 두 사람은 레이쥔에게 모든 투표권을 주겠노라 단단히 약속했다.

그동안 조용히 창업을 준비하던 레이쥔은 이제 곧 자신이 만든 제품의 출시를 앞두고 있었다. 그러니 장쉬안룽과 추바이쥔의 부탁을 완곡히 거절했지만 두 사람의 계속되는 부탁에 마음이 약해지고 말았다. 진산은 자신의 청춘을 바쳤던 곳이다. 그런 곳이 또다시 위험에 빠졌다는 이야기에 가만히 지켜만 볼 수는 없었다. 며칠 뒤 레이쥔이 진산으로 돌아가 이사장 자리에 오른다는 소식이 인터넷을 달궜다. 상황이 이렇게 되자, 레이쥔은 가슴 한쪽이 뻐근해지는 기분이었다. 진산이 앞으로의 행보를 수정해야 하는 것은 거스를 수 없는 흐름이었지만 이제 곧 선보일 샤오미 제품은 인생에서 가장 중요한 작품이었다.

2011년 7월 12일, 샤오미의 첫 번째 언론 인터뷰가 베이징 후하이後海에서 진행됐다. 회의에서 레이쥔은 자신이 재창업했다는 소식을 밝히며, 이 자리를 빌려 투자자와 대중에게 자신이 샤오미를 경영하면서 진산의 이사장 업무를 수행하겠다는 뜻을 밝혔다. 이 자리에서 줄곧 비밀리에 진행 중이던 샤오미의 사업 전략이 처음으로 공개됐다. 예상대로 남다른 촉을 가진 IT 전문 기자들은 레이쥔이 말한 '트라이애슬론' 모드에 큰 관심을 보였다. 오랫동안 업계를 관찰하던 사람들은 샤오미가 하드웨어와 소프트웨어, 그리고 인터넷 세 가지 분야를 섭렵하겠다고 공언한 최초의 중국 업체라는 사실을 깨달았다. 이러한 혁신적인 모델에 대한 사람들의 반응은 극명하게 갈렸다.

흥분된 반응 외에도 우려의 목소리도 적지 않았다. 별 볼 일 없는 스타트업이 최고급 스마트폰을 만들겠다는 이야기에 사람들은 의심 어린 눈초리를 보냈다. 샤오미가 제품 발표회를 준비하는 동안 구글의 스마트폰인 넥서스 원Nexus One이 온라인 몰에서 약 200일 가까이 판매되고 있었지만 실적은 영 신통치 않았다. 샤오미가 후하이에서 인터뷰를 가진 지 12일이 지난 후, 넥서스 원의 판매가 중단됐다. 이는 온라인에서 제품을 직접 팔겠다는 구글의 전략이 실패했다는 것을 뜻했다. 이 때문에 사람들은 샤오미의 사업 전략을 더욱 의심할 수밖에 없었다.

업계 내부의 여러 모임에서 샤오미의 운명을 추측하는 목소리가 끊이지 않고 흘러나왔다. 가장 낙관적인 이도 판매량을 5만 대에서 10만 대로 예상했다. 한번은 GeekPark라는 언론 미디어에서 개최한 행사에 레이쥔이 참석해 샤오미의 전략을 설명한 적이 있었다. 레이쥔이 이야기를 마치자 사회자는 현장에 있던 참석자들에게 설득됐다고 생각하면 손을 들어달라고 했다. 하지만 손을 든 사람을 소수에 불과했다.

그 기간 동안 '정신병원'에서는 외부의 우려와 의심을 신경

쓸 겨를이 없었다. 량펑, 띠야오메이링과 레이쥔은 브레인스토밍을 통해 얻은 아이디어를 다듬고 또 다듬었다. 이러한 노력은 샤오미의 신제품 발표회를 이루는 기조, 즉 '정보가 왕도王道'라는 목표를 지향하고 있었다. 이 분야에서 최고의 찬사를 받는 건 그래도 바다 건너에 있는 애플이었다. 깔끔하면서도 핵심을 찌르는 정보와 이미지의 구성에 자신 역시 여러 번 감동을 받았다고 띠야오메이링은 솔직히 회고하기도 했다. 그래서 애플의 초기 발표회 영상을 몇 번이고 돌려 보며 내용을 분석했다. 프레임 단위로 끊어서 관찰할 때는 불현듯 이런 생각이 들기도 했다. '중국 업체는 언제쯤에나 이 정도의 아이디어를 보여줄 수 있을까? 아마도 많은 돈과 시간을 들여야 하겠지.'

친즈판은 발표회장 밖에 설치된 제품 부스와 프레젠테이션에 소개된 Mi 촬영을 담당했다. 디자인을 전공했지만 촬영 실력이 부족하다는 생각에 외주 업체에 일을 맡기고 자신은 온종일 옆에 앉아 상황을 지켜보기로 했다. 촬영 작업을 마친 외주 업체에서 촬영 결과를 보여주며 의견을 물었다. 친즈판에게는 무척 곤혹스러운 상황이었다. 디자이너로서 촬영 결과가 마음에 들지 않았지만 어디가 마음에 안 드는지, 또 어떻게 찍으라고 지시를 내려야 하는지 몰랐기 때문이다. 소통이 제대로 이뤄지지 않자 촬영 현장은 혼란에 빠지고 말았다. 친즈판은 결국 리완창과 량펑에게 SOS를 보냈다. 사진에 남다른 애정을 가지고 있던 리완창은 촬영용 조명에 문제가 있다는 것을 금세 발견했다. 조명 밝기를 더 올리기로 포토그래퍼와 상의하고는 촬영 환경을 일부 손본 뒤에 재촬영이 진행됐다. 그 결과, 이전과는 전혀 다른 결과물이 나왔다. 친즈판은 그때를 리완창의 지원에 힘입어 자신이 가장 빠르게 성장한 해라고 회고했다.

마침내 2011년 8월 16일이 됐다. 샤오미의 첫 번째 휴대폰이 출시되는 날이었다. 그 여름날의 오후, 베이징의 햇살은 유난히 눈부셨다. 레이쥔은 아마도 이날이 운명의 날이 될 거라고 은연중에 짐작하고 있었다. 자신의 운명인가, 아니면 중국 휴대폰의 운명인가? 혹은 자신과 함께 땀 흘리며 고생한 청년들의 운명인가? 레이쥔도 확신할 수 없었다. 그저 온종일 이도 저도 아닌 붕 뜬 기분이었다.

장쉬안룽과 추바이쥔이 자신에게 투표권을 100% 위임하고 모든 결정에 책임을 지도록 자신을 인정했을 때가 진산에 몸담았던 시절에 대한 시험 무대였다면, 지금은 창업자로서의 시험 무대에 오른 셈이었다. 자신이 구상한 사업 전략과 판을 흔들 수 있는 능력이 있는지를 본격적으로 검증해야 했다.

이날은 어떤 의미에서 새로운 기점이 되는 순간이었다. 전 세계적으로 휴대폰이라는 제품을 오로지 인터넷에서만 판매하는 최초의 사업 전략은, 중간업자가 가져갈 마진을 전부 소비자에게 제공하는 모델이다. 이는 중국 제조업의 체질을 바꾸려는 레이쥔의 최초 시도이자, 새로운 모델에 대한 창업자의 당찬 포부이기도 했다.

자신의 착장에 전혀 신경 쓰지 않을 만큼 지금의 레이쥔은 그 어느 때보다도 차분했다. 평소 사무실에서는 반클의 저렴한 검은색 티셔츠와 청바지를 입고, 러타오의 저가 캔버스를 즐겨 신던 레이쥔이었다. 경제적으로 자유로운 사람들이 일부러 꾸민 듯한 근검절약하는 이미지가 아니라 레이쥔에게는 가장 비싼 착장이었다.

"이건 수백만 달러, 심지어 수천만 달러를 투자해서 얻은 거라, 내가 입은 것 중에서 가장 비싼 옷이지."

동료들에게 건네는 반쯤의 농담이자, 엔젤 투자자로서 자신이 투자한 제품을 직접 검증하는 기회이기도 했다.

제품 발표회 당일, 레이쥔은 평소의 '작업복'을 입고 집에서 점심을 먹은 뒤 발표회 오프닝 장소에서 10분 떨어져 있는, 베이징 798 아트센터에 마련된 발표회 현장에 도착했다. 차에서 내리는 순간, 레이쥔은 조용한 동굴 안에 있다가 강력한 회오리바람에 휘말린 것 같은 기분에 사로잡혔다. 798 아트센터는 열정적인 샤오미 팬들로 가득 차 오렌지빛으로 물들어 있었다. 수많은 인파에 밀려 샤오미의 직원들도 발표회장 안으로 발을 들이지 못하고 있었다. 오늘 발표회의 유일한 주인공인 레이쥔도 안으로 들어갈 수 없었다. 결국 동료들에게 전화를 걸어 간신히 안으로 발걸음을 옮길 수 있었다.

500명을 수용할 수 있는 발표회 현장에는 800여 명이나 되는 인파가 몰려들었다. 예정 시간까지 5분 남은 상황에서 발표회장을 감독하던 리완창이 다소 흥분된 표정으로 레이쥔에게 달려와 목소리를 낮춘 채 입을 열었다.

"이제 시작하죠. 지체하다가 무슨 일이라도 생기면 어쩌니까!"

이렇게 해서 샤오미 역사상 유일하게 원래 시간보다 5분 빠른 발표회가 시작됐다.

78분에 달하는 샤오미의 1세대 휴대폰 발표회는 지금도 널리 회자된다. 발표회가 진행되는 내내 사람들의 환호와 박수가 터져 나왔다. 레이쥔은 자신의 사업 전략을 현장을 찾은 청중에게 친절히 설명했다. 레이쥔은 두 가지 최고의 선물을 준비했다. 하나는 듀얼코어 1.5GHz를 탑재해 당시 메인스트림 휴대폰의 속도보다 200% 빠르고 타사 플래그십 휴대폰보다도 25% 빠른, 당시 전 세계에서 가장 빠른 안드로이드 휴대폰 하드웨어였다. 다른 하나는 인터넷 개발 모드로 만들어진 최초의 휴대폰 OS 시스템인 MIUI와 다양한 테마를 적용할 수 있는 MiLoker였다.

타사 휴대폰 4대와의 사양 비교를 마치자 검은색 배경 한가운데 커다란 노란색 물음표가 떨어졌다. 그때 발표회 전체를 통틀어 가장 큰 환호성이 터져 나왔다. 레이쥔은 청중들을 향해 질문했다.

"하드웨어 사양은 물론 소프트웨어에서도 가장 앞선 사양을 가진 이 휴대폰의 가격은 얼마일까요?"

필살기를 보여주려는 마술사에게 홀린 것처럼 모두의 시선이 커다란 화면으로 향했다.

화면을 가득 채운 크기의 숫자 '1999'가 밤하늘의 운석처럼 커다란 소리를 내며 화면 한가운데 쿵 하고 떨어졌다. 극적인 효과를 내기 위해 레이쥔이 직접 연출한 장면이었다.

발표회 현장을 가득 채운 환호성과 박수 소리는 30초 가까이 계속 이어졌다.

동일한 사양을 가진 휴대폰이 4000위안인 상황에서 샤오미의 가격은 절반에 불과한 것이다. 놀라운 가격과 극적인 발표 방식이 어우러지자 무대 위에서 거대한 마법이 일어나는 것 같았다.

중앙관제실의 샤오미 직원들은 하던 일을 멈추곤 뜨거운 눈물을 흘렸다. 이 순간, 샤오미 직원들과 미펀들은 같은 심정이었다. 자신들의 가장 순수한 열정과 의지를 믿을 수 없는 마법으로 보여준 샤오미와 역사에 기록될 것이 분명한 순간에 자신의 모든 것을 기꺼이 바치기로 했다.

# 4장 돌격, 앞으로

## 집에 돌아가지 않는 사람들

1세대 Mi가 발표되자, 전에 없던 뜨거운 관심이 샤오미에 쏟아졌다. 서로 얼굴도 본 적 없는 30만 명에 달하는 MIUI 팬들이 진심을 담은 샤오미의 제품에 일제히 각성한 것 같았다. 온라인과 오프라인 세상의 교감으로 생겨난 거대한 행복 에너지 덕분인지, Mi와 함께 발표된 알록달록한 휴대폰 배터리조차 근사하게 보였다.

이렇게 발표부터 남다른 존재감을 뿜낸 Mi는 열정 넘치는 커뮤니티를 구축하기 시작했다. 제품을 통해 사람들을 한데 모은 것이다. 아마도 당시의 팬들은 제품에 대한 순수한 애정을 가진 열혈 사용자였을 것이다. 샤오미와 팬들의 정신 세계는 하나로 이어져 있었다.

흥분의 열기가 식지 않은 발표회 현장, 누군가 '레이브 잡스'라고 외쳤고 이내 청중들의 유쾌한 웃음소리가 울려 퍼졌다. 레이쥔은 평소 출근할 때 입는 검은색 폴로 셔츠를 걸치고 있었는데, 그 모습이 검은색 티셔츠나 스웨터를 자주 입었던 스티브 잡스를 연상시켰던 것이다. 레이쥔은 2007년 첫 아이

● 레이쥔과 스티브 잡스의 이름을 합친 표현.

폰을 발표하던 스티브 잡스와 상당히 비슷한 모습이었는데, 일부러 연출한 거라고 수군거리는 사람도 있었다. 레이쥔이 젊은 시절부터 스티브 잡스에게 영향을 받은 건 사실이지만 그렇다고 사람들이 자신을 짝퉁 스티브 잡스라고 부를 줄은 몰랐을 것이다. 제대로 된 창업자라면 누군가의 복제품이 되고 싶지는 않을 것이다. 이러한 평판에 대해 레이쥔은 훗날 자신의 소감을 분명히 밝혔다.

"제2의 누군가가 아닌 제1의 레이쥔이 되고 싶습니다."

운명이 걸린 이번 발표회에는 가격 책정에 관한 전략적 의도가 은연중에 담겨 있었다. 가격 문제는 창업자의 사업적 지혜와 판단력을 시험하는 문제이면서 동시에 회사의 운명이 걸린 문제이기도 했다. Mi의 가격이 최종 확정되기까지의 과정을 살펴보면 큰 그림을 그리는 샤오미 창업자들의 생각을 확인할 수 있다.

Mi1 발표 당시에 소개된 4대 경쟁 업체의 대표 휴대폰은 HTC의 센세이션Sensation, 삼성의 갤럭시 S2, 모토로라의 MOTO Atrix ME860, LG의 옵티머스 2X였다. 레이쥔이 소개한 휴대폰 사양 목록에는 CPU, 메모리, 배터리 용량, 화면 크기, 카메라 화소 등이 포함됐다. 물론 가장 중요한 건 역시나 가격이었다. 센세이션의 비정식 수입 제품의 가격은 3578위안, 갤럭시 S2는 4999위안, MOTO Atrix ME860는 4298위안, 옵티머스 2X 비정식 수입 제품의 가격은 2575위안에 달했다. 사양 면에서 업계 1위에 속하는 휴대폰의 가격이 1999위안에 불과하다는 사실에 사람들이 얼마나 큰 충격을 받았을지 쉽게 짐작이 가고도 남는다.

Mi1이 출시된 후, 언론에서는 레이쥔이 자신의 새 회사를 위해 세운 '인기상품 전략'을 연구·분석하기 시작했다. 훗날 사실로 증명되었지만, Mi1을 시작으로 샤오미는 늘 사용자의 예상을 뛰어넘는 제품을 선보였고, 최고의 성능과 시장을 깜짝 놀라게 할 가격으로 사용자의 신뢰와 입소문을 확보한다는 원칙을 준수했다.

1999위안이라는 가격도 당시로서는 저렴한 편은 아니었지만 제품의 사양을 놓고 볼 때 샤오미의 가격 우위를 누구도 부정할 수는 없었다. 사실 레이쥔은 Mi1의 가격을 1499위안으로 책정하려 했다. 2011년 이후 중국에서 제작된 주력 제품의 시작 가격은 1500위안이었던 터라 샤오미는 사용자에게 가장 이상적인 가격을 제공하고자 했다. 하지만 2011년 11월 Mi1의 연구개발 계획이 거의 윤곽을 드러낼 즈음 저우광핑 박사는 개발팀에게 가격과 관련된 상황을 전했다. 샤오미는 기업 규모가 작은 데다 처음 휴대폰을 제작하기 때문에 공급업체에서 높은 가격을 불렀다며 원가만 2000위안에 달한다는 것이었다. 레이쥔은 빠르게 계산기를 두드렸다. Mi1이 계획대로 30만 대 양산된다면 가격을 1499위안으로 책정했을 경우 1억 5000위안의 적자를 보게 된다.

적자를 메우기 위해 샤오미는 2010년 12월에 2차 융자에 나섰다. 융자 계획에 따라 샤오미가 2500만 달러 규모의 융자에 성공하면 회사 가치는 2억 5000만 달러에 달했을 것이다. 하지만 깊은 고민 끝에 레이쥔은 너무 과한 가격은 역효과가 날 수 있다는 결론에 도달했다. 향후 경영과 회사의 장기적 발전에 부정적인 영향을 줄 것이 분명했다. 밤새 고민을 거듭하던 레이쥔은 이튿날 열린 경영진 정례회의에 퀭한 눈을 하고 나타났다. 기존의 가격 대신 원가에 조금 더 가까운, 원가보다 1위안 낮은 1999위안을 제시했다.

무대에서 가격이 발표되기 전까지 레이쥔은 성공을 확신할 수 없었다. 하지만 현장에서 사람들의 환호성을 듣는 순간, 자신의 결정이 옳았다는 것을 확신했다. Mi1이 시장에서 강력한 경쟁자들을 쓰러뜨릴 수 있는 무기임이 분명했다. 이제 남은 것은 사용자에게 최대한 빨리 제품을 건네는 일이었다.

샤오미 커뮤니티는 발표회 도중에 난생처음 다운되는 사태를 겪었다. 기술 담당자인 왕하이저우는 발표회 현장으로 가던 길에 동료로부터 전화 한 통을 받았다.

"지금 당장 와줘, 샤오미 커뮤니티가 다운됐어."

발표회에 대한 세간의 관심이 뜨거워지고 샤오미 커뮤니티의 동시 접속자 수가 순간 폭증하면서 서버가 뻗어버린 것이다. 왕하이저우는 회사로 발길을 돌려 사태 해결에 나섰다. 이 일을 계기로 왕하이저우는 신제품 발표회가 있을 때 발표회장을 찾지 않고 회사에서 서버를 지켰다고 한다.

스포트라이트가 꺼진 뒤, SNS와 언론을 통해 '샤오미'라는 새로운 존재에 대한 대중의 궁금증이 폭발했다. 제품에 대한 사용자의 기대감은 승리의 단맛처럼 느껴졌다. 그러나 공급업체, 전자상거래 관련 부서는 한 번도 겪어보지 못한 압박감에 시달려야 했다.

전자상거래 플랫폼을 구축하는 작업은 2011년 7월부터 본격적으로 시작됐다. 쥐위에왕이 탄생하는 전 과정을 직접 경험했던 레이쥔은 맨바닥에서 플랫폼을 구축시키기까지 얼마나 많은 어려움을 겪어야 하는지 잘 알고 있었다. 당초 레이쥔은 전자상거래를 포기하고, Mi와 자신이 투자한 반클의 제휴를 통해 기존에 구축한 유통경로를 적극 활용하는 판매 전략을 구상했다. 비용을 최대한 절감할 수 있는 방법이었다. 레이쥔은 반클의 창립자 천녠陳年을 만나 협력 가능성을 타진했으나, 반클이 당시 자체적으로 많은 어려움을 겪고 있던 터라 협상은 중단되고 말았다.

레이쥔은 중요한 고비를 앞두고 창립 멤버들의 담당 분야를 조정했다. MIUI를 담당하던 리완창은 재임용되어 샤오미의 자체 전자상거래 플랫폼인 샤오미왕小米網 구축을 책임지게 됐다. MIUI는 홍펑이 계속 담당하게 됐다. 이렇게 해서 샤오미의 4대 사업이 윤곽을 드러냈다. 리완창이 이끄는 전자상거래 및 마케팅 부문, 홍펑이 담당하는 MIUI, 황장지의 미톡, 린빈과 저우광핑, 류더가 담당하는 Mi 및 하드웨어 공급 부문이다.

하드웨어 부문에 진출한 레이쥔, 법률 문제를 담당하는 린빈, 공급업체를 상대하는 류더와 마찬가지로 리완창에게도 어려운 순간이 예고됐다. 한 번도 접해본 적 없는 전자상거래를 맨주먹 하나로 밀고 나가야 했기 때문이다. 리완창과 함께 일하게 된 왕하이저우는 진산 시절 기술만 담당했던 터라 전자상거래에 대해선 아무것도 알지 못했다. 리완창은 전자상거래를 어떻게 구축하는 건지 반클에 가서 배우자며 왕하이저우를 불러냈다.

진산 시절, 기술을 담당했던 왕하이저우는 그 실력을 인정받아 '하이海 대인'이라고 불리기도 했다. 왕하이저우는 러청궈지樂城國際 근처에 가서 처음 반클의 문을 두드렸던 날을 지금도 또렷이 기억하고 있다. 리완창과 왕하이저우는 한 건물에서 첫 번째 업체를 만난 후, 둥싼환東三環의 솽징차오雙井橋를 지나 맞은편의 건물에 장소를 옮겨야 했다. 그런데 가는 도중에 갑자기 비가 쏟아져, 우산이 없던 두 사람은 손으로 빗물을 막으며 빠르게 발걸음을 옮겼다. 하지만 결국 물에 빠진 생쥐 꼴이 되어 다리 아래로 몸을 피해야 했다. 리완창은 엉망이 된 옷을 정리하며 중얼거렸다.

"오늘 일진 한번 사납네. 일 망치면 자괴감이 들 것 같은데…."

반클 회의실에 도착한 리완창과 왕하이저우는 크게 놀랐다. 반클의 전자상거래를 배우겠다며 온 건 자신들 두 사람뿐인데 반클에서는 십여 명도 더 되는 사람을 내보냈기 때문이었다. 재무, 물류, 고객 서비스, 판매, 시장을 담당하는 이들이었다. 이들을 마주한 리완창과 왕하이저우는 반클의 저력에 꽤 놀란 눈치였다. 회사 간판을 내건 지 1년에 불과한 샤오미의 당시 직원 수는 100명이 채 되지 못했다. 이에 반해 반클은 전자상거래 분야에서만 50여 개 부서에서 직원 500여 명이 일하고 있었다. 마라톤식 회의가 끝난 후 리완창과 왕하이저우는 반클의 기술 구조 전체를 이해하는 사람이 없고, 모두들 각자의 파트만 담당하고 있다는 사실을 깨달았다. 이런 안정된 시스템은 이제 막 회사 간판을 내건 샤오미에는 어울리지 않았다.

결국 리완창과 왕하이저우는 반클 모델을 따르겠다는 생각을 버리고, 레이쥔이 투자한 또 다른 업체인 러타오왕에 도움을 청했다. 러타오왕의 CTO인 리용李勇은 한 치의 망설임도 없이 전자상거래에 관한 노하우를 아낌없이 전수했다. 재고 관리 코드Stock Keeping Unit(SKU)와 바코드 제작부터 상품 수령, 양식 기입, 분류, 출고 및 택배 업체와의 정산 문제에 이르기까지 전반적인 내용을 능숙하게 설명해주었다. 이는 레이쥔이 창업을 통해 거둔 가장 큰 성과 중 하나일 것이다. 그동안 '엔젤투자자'로 활동하며 쌓은 노력이 샤오미에 대한 무조건적인 신뢰와 적극적인 지원이라는 성과로 돌아왔다.

왕하이저우는 러타오의 창고에 3일 동안 머무르며 러타오왕의 백엔드 운영 모델을 꼼꼼히 확인했다. 심지어 러타오 고객서비스 담당자 옆에 앉아 사용자에 대한 전화 응대를 직접 지켜보기도 했다. 리완창과 왕하이저우는 조사를 통해 러타오의 직원 수는 100명 미만이며, 창업한 지 1~2년에 불과하다는 사실을 알아냈다. 게다가 단순한 구조를 지니고 있어 샤오미에 좋은 참고가 될 수 있었다.

러타오의 전문가들은 샤오미의 전자상거래 시스템에 중요한 두 가지 도움을 주었다. 첫째, 기술 담당자는 전자상거래 초창기에 SAP와 오라클Oracle과 비슷한 대형 소프트웨어에 모든 데이터를 보관하지 말라고 조언했다. 이 소프트웨어들에서는 초기에 설정된 사항들을 작업자가 수정하기 어려웠기 때문이다. 샤오미의 전자상거래 플랫폼은 이러한 다양한 지식을 수용하면서 최종적으로 대형 전자상거래 시스템과 IOE(IBM, Oracle, EMC)에 의존하지 않는, 탄력적인 모델을 구축했다. 오픈소스 방식의 확장 가능한 솔루션 덕분에 샤오미왕은 소프트웨어와 상업용 제품에서 비용을 절감할 수 있었다. 둘째, 반클은 상품을 분류하고 배송할 수 있는 창고 일부를 샤오미에 제공했다.

예상대로 전자상거래를 구축하는 과정에서 팀원들이 밤샘 작업을 하거나 치약이 묻은 칫솔을 문 채 사무실을 돌아다니는 모습을 쉽게 찾아볼 수 있었다. 몸을 뉘일 수 있는 의자와 담요가 곳곳에서 발견됐고, 밖에서 사온 도시락 냄새가 풍겼다. 2~3주 동안 모든 팀원이 철야하며 회사에서 숙식을 해결했다. 24시간 쉬지 않고 달리는 열차처럼, 한 치 앞도 내다볼 수 없는 어두운 밤에 출발해 새벽까지, 그리고 다시 이튿날 저녁까지 멈추지 않고 달리고 또 달렸다. 그런 직원들을 보며 황장지는 집으로 돌아갈 줄 모르는 사람들이라며 감탄을 터뜨리기도 했다.

초기 전자상거래 운영 가능성을 확인하기 위해 전자상거래 팀은 '음료 판촉 이벤트'를 실시했다. 샤오미 직원을 대상으로 90% 할인된 가격으로 코카콜라, 스프라이트, 마이둥脈動 *, 빙

*중국의 이온음료 브랜드.

홍차冰紅茶•를 판매한 것이다. 직원들은 새로 구축한 샤오미 전자상거래 플랫폼에서 0.1위안짜리 제품을 주문한 뒤 자기 자리에서 배송이 오기를 기다렸다. 전자상거래팀은 이 과정에서 온라인 결제 시스템이 제대로 작동하는지를 충분히 테스트할 수 있었다. 그 과정에서 가장 중요한 문제는 주문 시스템과 결제 시스템이 정확히 맞물리면서 정확한 금액을 계산·결제하는가의 여부였다.

•
중국의 대표적인
아이스티 브랜드.

진산 출신인 장젠후이가 '배달원'이 되어 쥐안스텐디의 사무실 곳곳을 누비며 주문한 음료를 날랐다. 시스템에 오류가 발생해서 중복 주문이 발생하기도 하고, 온라인에서는 무사히 결제했지만 실제 주문한 물건을 받지 못하는 일도 있었다. 샤오미왕의 기술팀은 90% 할인된 가격으로 콜라를 파는 이벤트를 통해 다양한 문제를 테스트하고, 전자상거래가 본격적으로 운영되기 전에 문제를 미리 방지할 수 있었다.

이벤트가 진행된 기간이 길지 않았지만 샤오미 내부에서 코카콜라를 아주 저렴하게 판매하는 전통은 지금도 이어지고 있다. 창업자들은 논의를 통해 직원들이 사랑해 마지않는 음료에 영원히 보조금을 제공하기로 결정했다. 가격을 0.1위안에서 1위안으로 올리긴 했지만….

전시 작전을 치르는 듯한 전자상거래팀의 열기에 많은 신입사원이 관심을 보이며 자신들에게도 실력을 선보일 기회가 하루빨리 찾아오기를 손꼽아 기다렸다. 장젠후이 역시 샤오미에 입사한 지 얼마 되지 않은 터라 리완창으로부터 별도의 작업을 배정받지 못한 상태였다. 그래서 배달원을 자청하고, 자신의 경험을 활용해 샤오미의 전자상거래에 존재하는 문제를 지적하는 일에 손수 나섰다.

음료 판촉 이벤트를 준비하는 동안 리완창은 전자상거래팀 전부를 자신의 사무실로 불렀다. 일고여덟 명이 이미 사무실을 채우고 있던 터라 들어갈 자리가 없었던 장젠후이는 입구에서 서서 사람들의 이야기에 귀를 기울였다. 왁자지껄 나누는 대화의 내용이 그녀의 관심을 끌었다. 원래 샤오미는 알리페이, 위챗페이를 통한 전자상거래 모델을 구상하고 있던 터라, 전자상거래팀 직원들은 기업용 계정®을 미리 만들어두고, 제휴 승인을 기다리고 있었다. 진산 시절 채널링 마케팅을 담당했던 장젠후이는 알리페이, 위챗페이, 지불 결제Payment Gateway 업무에 해박한 편이었다. 샤오미의 방식에 문제가 있다고 판단한 장젠후이는 그 자리에서 손을 번쩍 들었다.

"아리, 지금 저희가 판매하려는 건 휴대폰이라서 취급해야 하는 현금 흐름도 무척 클 거예요. 그러니까 인터넷에 등록된 요율이 아니라 알리페이에 새로운 요율을 적용하자고 제안하면 좋겠습니다."

중요한 문제를 지적했다고 판단한 리완창이 그 자리에서 장젠후이를 콕 짚더니 입을 열었다.

"그럼 오늘부터 그 문제는 당신한테 맡기죠."

장젠후이의 충고 덕분에 샤오미왕은 보다 합리적인 요율을 확보할 수 있었다.

●
위챗 서비스의 하나로, 출퇴근 체크, 회사 메일, 회사 내부 공지 등 기업 내의 경영관리 기능을 제공한다.

**183**

재고관리 부문의 인재가 부족하다는 소식에 리완창은 당시 샤오미에서 가장 멋진 스펙을 자랑하는 류신劉欣을 지목했다. 미국 캘리포니아공과대학(칼텍)을 졸업하고 맥킨지McKinsey와 MS에서 오랫동안 일했던 류신은 불평 한마디 없이 '재고 관리자'라는 업무를 수락했다.

샤오미 전자상거래 사이트는 이런 상황에서 오픈했다. 리완창의 지휘 아래 애플부터 징둥 스타일에 이르기까지 여러 콘셉트를 검토하고 수차례 수정을 거친 뒤에 비로소디자인팀에서 홈페이지를 여러 차례 수정한 끝에 샤오미 사이트는 제대로 된 전자상거래 사이트의 모습을 갖추게 됐다. 하지만 여기서 판매하는 제품은 1세대 Mi 딱 하나뿐이었다.

Mi.com은 단순한 전자상거래 사이트처럼 보이지만, 샤오미의 하드웨어+소프트웨어+온라인 플랫폼이라는 최초의 구상을 구현한 사이트였다. 샤오미의 효율혁명은 바로 여기서부터 시작된다. 전통적인 휴대폰 제조업체 중 상당수가 여전히 어두운 밤에 깊이 잠들어 있는 탓에 '괴짜' 회사가 가려는 길을 누구도 제대로 알아채지 못했다.

798 아트센터에서 열린 발표회가 끝난 후, 즈후知乎* 에는 Mi1의 예상 판매량에 대한 글이 속속 올라왔다. 5~10만 대만 팔아도 좋은 성적을 거둔 셈이라는 답변이 무색할 정도로 Mi1은 공전의 히트를 기록했다.

2011년 9월 5일, 예약판매 페이지가 오픈하자 순식간에 30만 대가 넘는 주문이 쏟아졌다. 생산 능력의 한계로 Mi1은

●
중국판 '지식인'이라고 불리는 중국 내 최대 지식공유 플랫폼.

정식 판매가 시작된 10월 20일에도 제한된 물량만 공급하는 중이었다. 12월 8일 공식 사이트에 풀린 한정 물량은 3시간 만에 완판됐다. 10만 명 이상의 사용자가 구매를 예약하자, 샤오미에서는 한정 판매를 실시하기로 했다. 사전에 예약된 30만 대에 달하는 물량까지 합치면 Mi1의 예약 대수는 무려 40만 대에 달했다.

당초 1년간의 판매량으로 예상한 물량이 몇 차례에 걸친 온라인 판매만으로 전부 매진됐다. 결국 샤오미는 판매를 예정보다 빨리 종료해야 했다. 이러한 경험을 통해 경영진은 샤오미의 자체적인 생산 능력으로는 수요를 소화해낼 수 없다는 사실을 깨달았다.

샤오미는 판매 데이터를 통해 획기적인 자신의 아이디어를 증명해냈다.

하지만 물건을 찾는 소비자들로 가득한 미펀과 텅 빈 창고로 대변되는 물량 부족 상황은 2012년까지 해결되지 못했다.


## 대대적인 공급망 개편 작업

레이쥔은 참여감의 기본 뼈대를 종이 위에 그린 적이 있다. 모든 것을 인터넷과 연관 지어 생각하는 이른바 '인터넷 사고'에 관한 레이쥔의 생각을 담은 이 종이는 리완창의 저서《참여감》에 소개됐다. 인터넷 사고가 입소문을 낼 수 있는 왕도王道라고 생각하는 샤오미의 신념은 지금도 유효하다. 오늘날의 대중은 입소문을 듣고 제품을 선택하고, 좋은 제품은 입소문을 내는 원동력이 된다.

MIUI는 50만 명이나 되는 팬을 거느린 후 빠르게 발전하기 시작했다. 팬 수가 50만 명에서 100만 명으로 증가할 수 있었던 것은 웨이보라는 소셜미디어 덕분이었다. 전통적인 비즈니스 세계에서 이러한 행동은 서로 다른 곳에 있는 두 세계의 대결을 다룬 SF 소설 《삼체三體》에 등장하는 '위도 강하 공격'이나 다름없었다. 이를 좀 더 통속적인 표현으로 풀자면 소비 시장이 커졌다는 뜻이다. 샤오미는 인터넷을 통해 제품을 만든다는 사고로 사용자를 교류의 대상으로 끌어들이고 열광하게 만들었다.

Mi1은 많은 호평을 받았지만, 일부는 다른 목소리를 내기도 했다. 고사양의 휴대폰을 어떻게 이런 말도 안 되는 가격으로 팔 수 있냐는 것이었다. 일부에선 Mi1이 '짝퉁'이 아니냐고 수군거리기도 했다. 남다른 뚝심의 소유자인 레이쥔은 이에 질세라 한층 과격한 방법으로 주변의 의심을 불식했다. 한 인터뷰에서 Mi1이 정품이라는 것을 보여주겠다며 휴대폰을 냅다 집어던진 것이다.

'레이쥔, 기자의 질문에 휴대폰을 집어던지다'라는 제목의 사진을 지금도 인터넷에서 찾아볼 수 있다. 이는 2011년 8월 19일에 있었던 사건으로, 레이쥔은 규모가 그리 크지 않은 한 매체와의 인터뷰에서 '세간의 관심'을 끄는 파격적인 행동을 취했다. 그날도 레이쥔은 전형적인 '엔젤 투자자' 전용 옷차림,

즉 감청색 청바지에 검은색 반팔 티셔츠를 걸치고 있었다. 티셔츠의 오렌지색 패턴과 어울리는 오렌지색 신발 끈이 달린 검은색 반클 운동화를 신었다.

샤오미를 대표하는 색인 오렌지색 운동화 끈을 고른 것이다.

휴대폰 품질을 의심하는 기자의 태도에 레이쥔은 회의실 가운데로 걸어가더니 검은색 Mi를 높이 쳐들고 떨어트렸다. 휴대폰이 시멘트 바닥에 떨어져 '픽'하는 소리가 회의실에 울려 퍼졌고, 배터리 케이스가 튕겨 날아갔다. 현장의 작업자들이 잽싸게 배터리 케이스와 휴대폰을 주워 조립한 뒤 다시 전원을 켜자 화면에 불이 들어오며 휴대폰이 정상적으로 작동했다. 그 모습에 레이쥔의 얼굴에 승리자의 미소가 떠올랐다. 이러한 행동을 통해 레이쥔은 이 정도의 충격도 견디지 못하는 짝퉁 휴대폰과 달리 샤오미는 기술력을 가진 회사라는 것을 증명하고자 했다.

사전 논의 없이 벌어진 레이쥔의 즉흥 연기에 현장에 있던 사람들 사이에서 탄성과 함께 뜨거운 박수가 쏟아졌다. 라이브 영상을 본 커뮤니티의 사람들도 온라인에서 쉴 새 없이 느낌표를 날렸다. 그 옆에서 상황을 지켜보던 저우광핑 박사는 식은 땀을 줄줄 흘리고 있었다. 여러 번 낙하 실험을 하긴 했지만 그 때의 높이는 1.5m였다. 하지만 레이쥔이 그날 떨어뜨린 높이는 2m에 달했다. 저우광핑은 나중에 레이쥔에게 나지막이 속삭였다.

"앞으로 이런 일을 하려거든 미리 언질이라도 주십시오. 마음의 준비라도 하고 있게요."

흥미로운 사건과 사람들의 증언이 충격파처럼 사람들에게 퍼지면서, 샤오미라는 업체에 대한 일반 대중의 호기심과 흥미도 점점 커져갔다. 하지만 이러한 사건은 샤오미의 브랜드를 알리는 동시에 미펀의 초조함을 가중시켰다. Mi에 대한 온라인에서의 관심은 갈수록 뜨거워졌지만, 오프라인에서는 제품을 구하지 못하는 상황이 계속되고 있었기 때문이었다. 물량 부족이라는 샤오미 측의 연이은 설명에 샤오미가 '헝거 마케팅 Hunger marketing'⦁을 한다는 꼬리표가 달리기 시작했다.

⦁ 한정된 물량만 판매해 소비자의 구매 욕구를 자극하는 마케팅 기법.

공식 사이트에서 제품을 구매하지 못한 사람들은 타오바오에서 'Mi'를 검색하기 시작했다. 이와 관련된 기사가 수없이 쏟아졌는데, 기사 하나에도 많은 관심이 쏠리곤 했다. 샤오미와 중간업자들의 치열한 머리싸움, 심리싸움도 아마 이때부터 시작된 것 같다.

한편 샤오미 내부의 사정은 더욱 여의치 않았다. 무수한 시련을 이겨낸 끝에 이제 막 하드웨어 세계에 안착했다고 생각한 것도 잠시, 공급망 관리라는 새로운 지식을 전반적으로 습득하고 부족한 점을 채워야 한다는 것을 그제야 깨달은 것이다.

애플의 현임 CEO이자 스티브 잡스의 후계자라고 불리는 팀 쿡Tim Cook은 공급망 관리자 출신이다. 그의 이야기를 다룬 《팀 쿡》이라는 책에서 작가는 공급망 관리라는 작업이 얼마나 복잡한지 자세히 설명했다.

공장으로서는 조립 작업에서 충분한 부품과 공급망을 확보해야 한다. 하지만 이는 생각보다도 훨씬 복잡한 일이다. 업무 특성상 정확성에 대해 눈높이가 무척 높을 뿐만 아니라, 디테일 하나도 놓쳐서는 안 되기 때문에 심한 압박감에 시달릴 수 있다. 공급망 관리는 거대하면서도 무척 복잡한 작업으로, 오류가 생기면 물량을 마련하지 못해 재고가 바닥날 수 있다. 어떤 경우든 결과는 치명적이다.

초기의 샤오미는 '치명상'을 입고 말았다. 약속한 한정 수량을 판매하기로 한 10월 20일, 샤오미에서는 2000대를 출하한다는 내부 계획을 세웠지만 최종 단계에서 공급팀은 1000대도 출하할 수 없다는 사실을 깨달았다. 그리고 상황이 악화 일로를 걸으면서 나중에는 급기야 500대도 확보할 수 없다는 것을 확인했다. 샤오미에서 일부러 물량을 제한한다는 불만이 온라인에서 쏟아져 나오고 있던 터였다.

초조한 마음에 밤잠을 설치던 레이쥔이 공급망 담당자인 저우광핑에게 날마다 몇 번이고 전화를 걸기도 했다.

"박사, 판매를 개시할 때마다 물량이 200대씩 훌쩍 빠져나가곤 하네. 물량도 제대로 맞추지 못하다니 나를 비롯한 사람들에게 뭐라고 설명할 셈인가?"

"하지만 어쩔 수 없는걸요. 한 세트뿐인 휴대폰 사출 몰딩에 문제가 있어서 납품 자체가 어렵습니다. 지금 출하하는 것도 온종일 찍은 건데, 여차하면 한 대도 만들지 못할 겁니다."

샤오미가 휴대폰 판매를 시작하기 전인 2011년 10월 1일

전부터 공급팀에서는 모든 몰딩 장비에 대한 사전 준비와 검증을 마치고 국경절 이후 정식 투입을 기다리고 있었다. 하지만 문제는 언제나 TV 드라마보다 극적인 방식으로 난데없이 일어나기 마련이다.

국경절 연휴가 끝난 후, 일정대로 납품하기 어렵다는 소식이 샤오미에 날아왔다. 연휴 전 검증이 모두 끝난 마당에 갑작스레 납품할 수 없다는 업체의 이야기를 하드웨어 연구개발팀의 옌커성은 도저히 납득할 수 없었다. 당장 공장을 찾은 옌커성은 휴대폰에 들어가는 나사가 하나 없다는 사실을 발견했다. 안에 들어있는 몰딩 자국도 그전에 확인한 것과 달랐다. 대체 어떻게 된 거냐는 옌커성의 질문에 업체 담당자는 솔직하게 이야기를 털어놨다.

"국경절 전에 공정 담당자가 교체됐는데 기존의 몰딩이 별로라고 해서 연휴 기간에 야근하면서 몰딩 장비를 수리했습니다. 작업을 끝내고 보니 잘 안 맞더라고요…."

옌커성은 그때 화가 머리끝까지 났고 그 자리에 있던 사람들도 죄다 벙 찐 표정을 지었다고 회고했다.

이 문제를 해결하기 위해 옌커성은 2박 3일 동안 공장에 머물렀다. 팀원들을 총동원해 매달린 끝에 동전극Copper Electrode을 다시 손보고, 모든 프로그램을 다시 점검했다. 활활 타오르는 불길을 마주한 소방대원처럼 이들은 오로지 문제 해결에만 매달렸다.

큰 불길을 잡았다고 생각한 순간, 다른 쪽에서 또 다른 불꽃이 치솟았다. 인력이 부족한 탓에 상당수의 엔지니어가 이쾅에 있는 창고에서 포장 작업에 투입됐다. 여러 작업 중에서도 Mi에 배터리를 조립하는 작업이 가장 중요했다. 엔지니어들은 일일이 손으로 배터리를 배터리 박스에 넣은 뒤 포장해야 했다. 그 과정을 지켜보던 옌커성은 배터리 공급업체에서 제공한 배터리 크기가 제각각이라는 것을 깨달았다. 배터리가 작은 경우, 작업자들이 적당한 크기의 배터리를 다시 골라 배터리 박스에 넣으면 됐다. 하지만 배터리가 규격보다 크면 골치 아파진다. 힘으로 하다간 휴대폰이 망가질 수 있어서 손으로 배터리를 살살 긁어내야 했다. 장빈張斌이라는 엔지니어는 작업 도중에 손톱이 깨져 피가 나기도 했다.

예상과 다른 배터리 품질에 옌커성은 피가 거꾸로 솟는 듯했다. 배터리 공급업체의 담당자를 창고로 불러내 어떻게 된 일이냐고 따져 물었다.

"배터리 크기가 대체 왜 모두 다른 겁니까!"

그러자 상대방은 그 자리에서 배터리를 바닥에 홱 던졌다.

"안 터졌죠? 그러면 됐지 또 뭘…."

쓸 수 있는 배터리라도 있는 걸 다행으로 여기라는 말투였다.

창업 초기, 샤오미는 온라인에서 사랑을 받았지만 샤오미의 공급업체 중 80%는 애플과 삼성의 공급업체이기도 했다. 냉정한 비즈니스 세계에선 여전히 상당수의 공급업체는 샤오미를 존재감 없는 약자로 여기고 있었다. 무시당하는 일이 당시로서는 당연할 수밖에 없었다고 옌커성은 고백하기도 했다.

배터리 공급업체의 이런 반응에 분노한 옌커성은 이번 프로젝트가 끝나면 거래를 끊겠노라 결심했다. 이 공급업체는 훗날 샤오미의 거래처 명단에 다시는 오르지 못했다.

공급망 문제에서 가장 심각했던 3D FPC 케이블의 들뜸 문제가 확인됐다. Mi1의 FPC 케이블은 접착제를 사용해 제작한 것으로, 이온 세척해야 하는데 한 업체가 이를 규격대로 처리하지 않는 바람에 작업자가 FRC 케이블을 분해해 배터리를 교체하는 과정에서 들뜸 현상이 발견된 것이다.

레이아웃 엔지니어인 왕샤오지에王少杰는 공장에 틀어박혀 꼼꼼히 검사를 진행했다. 그러다가 달리 뾰족한 수가 보이지 않자 180cm의 장정이 작업장 구석에 쪼그려 앉아 엉엉 울음을 터뜨리기도 했다.

샤오미의 초기 공급 시스템에서 온갖 문제가 고스란히 노출됐다. 당시 샤오미가 직면한 가장 심각한 문제는 디자인 능력의 부족이 아니라, 전체 공급업체의 지원 사격이 부족하다는 점이었다.

당시 샤오미에는 다섯 명의 레이아웃 전문 엔지니어가 있었는데, 옌커성을 제외한 네 명은 제조업체 현장에서 근무했다. 옌커성의 책상은 레이쥔과 린빈 바로 옆이었는데, 그 기간 동안 옌커성은 날마다 8시간 이상씩 통화하곤 했다. 대부분 납품을 재촉하는 전화였다. 어느 날, 전화기를 내려놓은 옌커성은 눈앞이 뿌옇고 귀에서 이명이 들리는 것 같았다.

"재촉 전화가 당시 제 업무의 전부였죠. 제가 원하는 물건을 제때 만들어달라고 공급업체를 다그쳤고, 제품이 제대로 만들어지는지 확인해야 했습니다. 물건에 문제가 있으면 공급업체 현장에 달려가 문제를 확인해야 했죠. 부품 하나라도 공급에 차질이 생기면 생산 라인 전체가 가동을 멈추게 됩니다. 당시 샤오미는 생산 라인을 임대해 쓰고 있었죠. 공장이 멈출 때마다 그만큼의 돈이 허공으로 사라진다는 뜻입니다!"

온갖 시련을 견딘 끝에 샤오미는 마침내 생산 능력이 어렵사리 향상되는 단계로 업그레이드했다. 하루 생산량이 500대에 불과하던 수준에서 1000대로 증가한 것이다. 하지만 간신히 재개된 부품 공급은 당시 태국에서 일어난 홍수 사태로 하루아침에 중단되었고, 커뮤니티 게시판은 사용자의 불만과 욕설로 도배됐다.

2011년 10월 30일, 저우광핑 박사는 언론과의 인터뷰에서 이번 품절 사태에 대한 자세한 설명을 들려줬다.

"Mi에는 금속 산화막 반도체 전계효과 트랜지스터Metal-Oxide-Semiconductor Field-Effect Transistor(MOS) 와 발신자 표시 램프가 들어가는데, 해당 부품은 모두 태국에서 생산됩니다. 그런데 홍수 때문에 태국 공장의 생산이 한동안 중단되면서 출하량이 대폭 감소했고, 납품도 밀리고 말았습니다. 태국 외에서 받는 부품도 물량이 달립니다. 배터리의 경우 2주 전부터 물량 부족에 시달렸는데, 그나마 간헐적으로 납품이 이뤄졌었습니다. 그런데 그저께 갑자기 연락해와선, 닷새 뒤에나 납품할 수 있다고 하더군요. 공장 측과의 협상이 아무런 성과 없이 끝나는 바람에 Mi의 판매를 당분간 중단한다고 알리게 됐습니다. 사실 거의 모든 휴대폰 제조업체가 공급업체 문제로 생산에 차질을 빚곤 합니다. 모토로라 A1200 역시 공급업체 때문에 애를 먹은 적 있죠. 잉화다도 협상에 실패해 하루 동안 생산을 중단한 적 있지만 그 이튿날부터 출근해 손실을 메울 수 있었습니다. 잉화다의 생산 능력은 충분해요. 10월 한 달 동안 매일 4000대, 11월에는 매일 8000대를 생산할 수 있습니다. 원자재 물량이 이 수치에 한참 못 미쳐서 문제죠."

한편 전자상거래를 담당하던 리완창도 극심한 스트레스에 시달리고 있었다. 새벽 2시까지 야근하고 퇴근하던 길에 리완창은 도로 한 쪽에 차를 세워둔 채 넋 나간 표정을 짓고 있었다. 태산처럼 거대한 부담감과 초조함이 리완창을 사로잡았다. 지금은 그 어느 때보다 혼자 있을 시간이 필요했다. 어둠 속에서 휴대폰에 불이 들어왔다. 확인해 보니 샤오미의 가장 초기 사용자 중 한 명인 LEO가 보낸 웨이보 쪽지였다. 커뮤니티에 자신이 만든 영상을 올렸는데, 시간 되면 보라는 내용이었다.

리완창은 링크를 타고 정성껏 만든 영상을 열었다. 전국 각지의 샤오미 사용자가 화면 속에서 '샤오미, 힘내라!'라는 구호를 외치고 있었다.

그 영상을 확인한 리완창의 눈가에 뜨거운 눈물이 그렁그렁 차올랐다.

마음에 드는 제품을 만들어 준 샤오미에 대한 사용자의 답례였다. 그들의 진심 어린 마음은 지친 팀원들에게 큰 힘이 되어줬다.

태국의 홍수 사태가 진정되면서 배터리가 엔지니어들의 손을 거쳐 하나씩 완성됐고, FPC 케이블 문제도 공급업체와 협의하거나 다른 공급업체의 제품으로 대체하는 방법을 동원해 해결했다. Mi의 생산 능력이 마침내 서서히 속도를 내기 시작했다. 이 기간 동안 100여 명에 달하는 샤오미의 창업자들은 첫 성공의 단맛과 함께 한 번도 겪어보지 못한 쓴맛을 동시에 맛봐야 했다.

《하드씽》의 저자 벤 호로위츠Ben Horowitz는 이렇게 말했다.

악전고투란 다른 사람과 대화하지만 상대가 무슨 말을 하는지 들리지 않는 상태를 가리킨다. 왜냐면 계속 그렇게 악전고투하며 지냈기 때문이다.

악전고투란 고통을 끝내고 싶을 때의 상태를 가리킨다. 악전고투란 고통이다.

악전고투란 힐링을 위해 떠난 휴가를 즐기지 못하고 더 괴로워하는 상태를 말한다.

악전고투란 주변에 여러 사람이 있지만 혼자라는 생각에 좀처럼 어울리지 못하는 상태를 가리킨다.

악전고투란 냉혹하다.

악전고투란 약속을 어기고, 꿈을 짓밟는 지옥이다. 온몸에 식은땀이 흐르고, 오장육부가 불타는 듯한 기분이다.

악전고투란 실패가 아니다. 하지만 실패하게끔 이끈다. 당신이 나약하다면 더 쉽게 실패할 것이다.

스티브 잡스부터 마크 주커버그에 이르기까지 뛰어난 모든 사업가는 악전고투했고 지금도 악전고투 중이다.

악전고투는 위대함을 만들어내는 경기장이다.

지금 이 순간, 샤오미는 가장 지독한 악전고투를 마치고 위대함을 만들어내는 경기장 한복판에 우뚝 섰다.


## 미톡의 작전상 후퇴

샤오미의 휴대폰 부문이 세간의 뜨거운 관심을 받고 가시적인 성과를 거둔다면, 샤오미의 창업자들은 '샤오미의 전략적 자원을 어떻게 분배할 것인가?'라는 새로운 문제에 답해야 한다.

창업 초기, 레이쥔은 진산에 몸담고 있던 시절과 달리 이번 창업에서는 너무 많은 디테일에 매달리지 않고 전략적 계획과 사업 모델, 핵심 인재의 모집, 핵심 기술 지향 및 협력 파트너와의 관계 구축 등에 힘쓰겠다는 자신만의 목표를 분명히 세웠다. 창업자라면 마땅히 지녀야 할 마음가짐이다. 그리고 지금, 레이쥔이 결단을 내릴 때가 됐다.

진산을 떠날 때부터 레이쥔은 모든 정보를 최대한 휴대폰을 통해 다루겠다는 규칙을 세웠다. 2008년의 경험은 무척 괴로웠다. 하지만 그때의 경험을 계기로 레이쥔은 모바일로 완전히 전향하고, 모바일 인터넷에 도전하는 출발선에 서게 됐다. 당시 레이쥔은 휴대폰의 SMS를 통한 의사소통이 무척 불편하다는 사실을 발견했다. 보다 쉽고 빠른 교류를 위해 SMS를 인스턴트 메시지IM로 전환하는 소프트웨어가 있으면 좋겠다고 생각했다. 이때의 아이디어는 훗날 실시간 음성 통신 앱으로 만들어지게 된다. 창업 초기, 레이쥔은 사내에서 '샤오미통小米通'이라는 팀을 조직해 자신의 아이디어를 구현하는 작업을 맡겼다.

예상했던 대로, 바다 건너편에 자리 잡은 업체 역시 똑같은 고민에 빠졌다. 2010년 10월 20일, 킥 메신저Kik Messenger라는 멀티 플랫폼 채팅 애플리케이션이 정식으로 출시했다. 출시 2주 만에 100만 명도 넘는 회원을 확보한 이 서비스의 개발자들은 캐나다 워털루대학교의 학생들이었다. 젊은 세대가 더 쉽고 편하게 친구와 채팅할 수 있는 방법이 있으면 좋겠다는 아이디어 하나에서 출발한 결과였다.

여기서 한 가지 주목할 점은, 이들이 휴대폰 주소록을 적극 활용했다는 점이다. 해당 애플리케이션에 주소록을 등록하기만 하면 쉽고 빠르게 메시지를 보낼 수 있었다. Kik의 등장으로 전 세계 모바일 인터넷 종사자들은 천재일우의 기회를 발견했다는 생각에 몹시 흥분했다. 모바일 인터넷 플랫폼에 기반을 둔 SNS 툴은 무한한 가능성을 예고했기 때문이다.

그리고 이제 막 회사 간판을 내건 샤오미의 엔지니어들은 남다른 촉으로 그 속에 담긴 거대한 기회를 확인했다.

훙펑과 MIUI팀의 PM 핑즈융憑志勇이 황장지의 사무실 문을 밀고 들어갔다. 두 사람이 황장지의 휴대폰에 Kik을 설치하자, 그의 주소록에 있는 친구 명단이 즉시 애플리케이션 화면에 떠올랐다. 황장지는 홍펑, 핑즈융과 채팅을 해보았고, 얼마 지나지 않아 그는 Kik이라는 제품에 획기적인 의미가 담겨 있다는 것을 깨달았다. 이제 곧 새로운 시대가 다가오면 모두가 모바일 통신의 엄청난 가치를 깨닫게 될 것이었다. 세 사람은 이튿날 레이쥔을 찾아갔다.

예정에 없던 방문이었기에 레이쥔은 다음 회의를 준비하기 위해 회의실을 막 나오던 참이었다. 두 사람은 레이쥔을 붙잡고서는 그 자리에서 Kik을 보여줬다. 그때의 상황을 황장지는 이렇게 기억했다.

"레이쥔과 홍펑, 그리고 저 세 사람은 문가에 선 채로 '샤오미퉁'을 당장 출시하자는 결정을 1분 만에 내렸죠. 이런 쪽 일이라면 다른 말이 필요 없을 만큼 손발이 착착 맞았으니까요."

이렇게 해서 샤오미는 '샤오미퉁'이라는 소프트웨어를 '미톡'이라는 제품으로 업그레이드하는 개발 작업에 상당수의 엔지니어를 투입한다. 2010년 12월, Kik이 출시된 지 한 달 만에 1세대 미톡이 출시됐다. 중국 최초의 휴대폰용 채팅 애플리케이션인 미톡은 휴대폰 음성 채팅, 음성 메시지 발송 등의 기능을 지녔다. Kik의 출시가 미톡의 사전 출시를 유도한 셈이다.

여기까지가 미톡의 탄생 과정이다.

당시 샤오미의 창립자들은 미톡이 성공하면 적어도 100억 달러 규모의 프로젝트가 될 거라고 예상했다. 이는 현재의 판단으로는 너무 보수적인 숫자처럼 보인다. 적어도 0이 하나는 빠진 게 분명했다. 하지만 모바일 인터넷 시대가 이제 막 시작된 시점에서, 이들의 선견지명은 확실히 시대를 앞선 것이었다. 이러한 인스턴트 채팅 툴이 있다면 앞으로 세상이 뒤집힐 변화가 일어날 것이라고 모두가 짐작하고 있었다.

미톡의 출시는 가능성을 확인하는 계기였다. 샤오미는 뛰어난 실력을 지닌 엔지니어를 대거 미톡팀에 배치하고, 홍펑과 황장지 두 사람에게 팀을 맡겼다. 이러한 조치는 MIUI팀원들도 부러워할 만큼 파격적인 지원이었다. 회사의 전략적 핵심은 엔지니어라는 자원의 배치에서 한눈에 확인할 수 있다. 샤오미 직원들조차 미톡이 샤오미의 소프트웨어 자원을 거의 독점했다고 인정할 정도였다.

예상대로 미톡이라는 프로젝트는 샤오미의 사업 계획서에 이름을 올리며 투자자로부터 뜨거운 관심을 받았다. 2011년 9월 샤오미의 융자 작업에서 미톡은 남다른 존재감을 발휘하기도 했다.

린빈은 미톡이 출시된 지 2개월 만에 사용자의 성장세가 무척 만족스운 수준으로 올라왔다고 회상한다. 춘절 연휴에 고향 선전을 찾은 린빈은 십여 명의 친구들과 식사를 했는데, 대부분이 미톡을 쓰는 장면을 목격했다. 미톡을 쓰지 않는 친구들은 그 자리에서 미톡을 설치하게 했다. 그런데 어찌 된 영문인지 아무리 해도 애플리케이션이 실행되지 않는 게 아닌가! 린빈은 그 자리에서 황장지에게 전화를 걸었다.

"미톡 접속이 왜 안 되는 거죠?"

"서버가 뻗었어요. 접속자 수가 너무 많아서….."

"언제 정상화될 것 같습니까?"

"30분에서 1시간 뒤라면 될 겁니다."

미톡 사용자 수는 출시 일주일 만에 두 배로 증가하더니, 주변 사람들이 모두 미톡을 쓴다는 이야기를 들려주는가 하면 경쟁 업체 직원들마저도 미톡으로 업무 관련 메시지를 보내오는 수준에 이르렀다. 이어서 몇 개월 만에 미톡의 사용자수가 100만 명을 기록하면서 전략적 성공을 거뒀지만, 그 기쁨은 오래 가지 못했다.

업계 특성상 텅쉰이라는 경쟁자를 피하는 건 불가능했다. IT 업계에 20년 동안 몸담았던 레이쥔은 텅쉰이라는 강력한 경쟁자를 언젠가 맞닥뜨릴 거라는 걸 짐작하고 있었다. 텅쉰이 언제 등판하느냐에 따라 미톡의 성공 여부가 결정될 거라는 사실 또한 잘 알고 있었다.

창립자로서 레이쥔은 어떤 프로젝트를 추진하든 팀원들을 궁지로 몰아넣는 방식을 선택하지 않았다. 팀원들이 충격을 받고 좌절하지 않도록 미톡 팀원들에게 종종 합리적인 분석을 들려주곤 했다.

이 문제에 대해 레이쥔은 황장지와도 이야기를 나눴다. 텅쉰이 미톡을 상대하기 위해 QQ <sup>●</sup>라는 무기를 꺼내 든다면 아직 기회는 있다고 설득했다. 휴대폰에서 QQ를 사용해보면 '무겁다'는 느낌을 받기 때문에, 모바일 인터넷의 가볍고 빠른 사용자 경험에 맞지 않는다는 것이 레이쥔의 판단이었다. 하지만 텅쉰이 전략적인 오류를 범하지 않고 미톡과 똑같은 형태의 제품으로 미톡을 상대한다면 상황은 달라질지도 몰랐다. 미톡이 텅쉰을 따돌릴 수 있는 시간이 1년이라고 가정했을 때, 샤오미의 승산은 50%였다. 만약 텅쉰이 그보다 빠른 시간 안에 똑같은 제품을 내놓는다면, IT 업계의 공룡이라고 불리는 텅쉰의 승리가 확실시될 것이었다. 만약 아직 세가 부족한 샤오미를 상대로 텅쉰이 자신의 모든 기술력과 마케팅 자원을 쏟아붓는다면 샤오미의 승산은 0%이 될 것이 뻔했다.

그로부터 한 달이 지난 후 '비보'가 들려왔다. 텅쉰이 '위챗'을 출시한 것이다.

위챗 출시 후 텅쉰이 위챗을 얼마나 중요한 전략으로 배치했는지 샤오미는 전혀 알지 못했다. 미톡과 위챗의 사용자가 동시에 증가했고, 급기야 양측이 서로의 핵심 인재를 빼오고 뺏기는 상황을 되풀이하면서 분위기가 점점 달아오르기 시작했다.

양측의 스카우트전이 한창 진행 중이던 2011년 4월, 텅쉰의 창립자 중 한 명인 장즈둥張志東은 린빈에게 연락을 취했다. 둘은 치열하게 싸우는 경쟁자였지만 차분한 분위기에서 호텔 조찬 회동을 가졌다.

"샤오미에서 출시한 미톡에 관심이 많습니다. 하지만 지금의 텅쉰에 위챗은 상당히 중요한 전략입니다. 텅쉰은 위챗을 반드시 성공시킬 겁니다. 그렇게 하기 위해서 아낌없는 투자를 각오하고 있지요."

장즈둥의 이야기에 린빈은 텅쉰의 창립자가 자신과 만나려 한 이유를 알아챌 수 있었다. 상대는 지금 위챗이 마화텅에게 얼마나 중요한 의미인지 알려주고 있는 것이다.

이후의 상황이 어떻게 전개되었는지는 모르는 사람이 없을 것이다. 텅쉰이 위챗에 QQ친구 기능을 추가하고, '주변 사람' 기능을 출시하면서 승부의 저울이 빠르게 기울기 시작했다.

황장지는 난생처음 토종 IT 거물을 상대로 육박전을 벌였다. 이전과는 전혀 다른 경험이었다. MS 시절, 세계 최고의 플랫폼에서 일했던 자신이었다. 회사 차원에서 텅쉰보다 많은 엔지니어를 거느리고 있어 누구를 상대해도 밀린다는 기분이 든 적 없었다. 하지만 이때 황장지는 난생처음 골리앗을 상대로 싸우는 다윗의 기분이 들었다.

미톡은 결국 자원의 한계에 부딪혀 텅쉰과의 경쟁에서 점점 밀려나기 시작했다. 엔지니어 자원이 부족한 탓에 걸핏하면 튕기거나 음성 메시지가 발송되지 않는 현상이 되풀이됐다. 대규모의 사용자를 확보한 경우 실시간 채팅에서는 무엇보다도 안정성이 중요하다. 오랫동안 실시간 채팅 서비스를 제공한 텅쉰의 장점이 바로 여기에 있다. 상대적으로 샤오미는 축적된 기술력과 네트워크 구축, 사용 가능한 서비스, 구조 안정성, 메시지 시스템의 전달율이 현저하게 떨어진다는 점이 사용자 경험의 만족도를 떨어뜨리고 있었다.

미톡팀에는 레이쥔의 대학 동창이자 절친인 추이바오추도 있었다. 2012년 6월, 추이바오추는 레이쥔의 연락을 받고 미국에서 중국으로 귀국했다. 당시 그는 링크드인LinkedIn 본사에서 일하며 콘텐츠 검색을 담당했다. 샤오미의 큰 틀을 그린 레이쥔은 옛 친구한테 '덤비지 않겠다'는 약속을 받고는, 추이바오추를 샤오미로 불러들였다.

4대 전략 사업 중에서 추이바오추는 미톡팀을 선택했다. 하드웨어, 전자상거래, MIUI보다 미톡이 자신의 입맛에 맞았기 때문이다. 미톡의 친구 추천 시스템은 링크드인의 '인맥 키우기' 기능과 비슷한 점이 많았기에 추이바오추는 자연스레 미톡의 친구 추천 시스템 구축을 도맡게 됐다. 샤오미의 초기 머신러닝 플랫폼 역시 추이바오추의 손에서 탄생했다고 해도 과언이 아닐 것이다. 레이쥔이 당시에 대학 동창까지 불러들인 데는 사실 또 다른 목적이 있었다. 추이바오추가 실리콘밸리에서 쌓은 온라인 백엔드 기술 경험을 통해 샤오미에 보다 든든한 기술적 기반을 확보하려던 것이다.

휴대폰 전략이 성공을 거둔 뒤, 레이쥔은 미톡에 대해 두 가지 이유로 전략적 후퇴라는 결정을 내렸다. 첫째, Mi의 성공이 기정사실화된 상황에서 한 가지 핵심 전략에만 집중해야 했다. '소비자의 입맛에 맞는 제품을 어떻게 찾아낼 것인가?', '공급망의 안정성을 어떻게 유지할 것인가?', '안정적인 물량을 어떻게 확보할 것인가?' 이런 문제가 당시 샤오미에는 가장 중요한 임무였다. 둘째, 텅쉰과 정면으로 맞선다는 것은 샤오미로서는 기름을 지고 불길에 뛰어드는 것과 진배없는 일이었다. 텅쉰을 이기려면 미톡에 꾸준한 자원을 공급해야 했고, 설사 그렇게 한다고 해도 승리를 장담할 수 없었다. 이러한 상황을 종합적으로 고려했을 때 미톡의 변신은 불가피했다. 이제 막 회사 간판을 내다 건 상태에서 원하는 것을 모두 이룰 수는 없는 법이다. 고집부리다가 결국 빈털터리가 될 수 있다.

미톡을 '낯선 상대'와 교류하는 SNS 툴로 전향하자는 목소리가 샤오미 내부에서 끊임없이 나오면서 샤오미는 기술과 양심의 기로에 섰다. 이 길을 가장 먼저 반대한 건 다름 아닌 추이바오추였다. 미국에서 오랫동안 지낸 추이바오추는 '밝은 대낮에 친구를 사귀자'는 가치관의 열렬한 추종자였다. 그는 낯선 사람과 친구가 되기 위해 '주변 친구'를 찾는 행동이 부자연스러울 뿐더러 샤오미의 기본적인 가치관에 어긋나는 일이라고 여겼다. 자신의 판단이 맞는지 확인하겠다며 추이바오추는 친구 사귀기 앱을 휴대폰에 다운받고 난생처음 낯선 상대와의 만남을 시도했다. 이 경험을 토대로 추이바오추는 자신이 심리적 저항에서 도저히 벗어날 수 없음을 인정하게 됐다.

결국 레이쥔은 홍펑을 미톡팀에 소환해 리완창이 도맡고 있던 MIUI의 지휘권을 넘겨줬다. 황장지는 미톡팀의 유지 보수를 계속 담당했다. 발 빠른 조치 덕분에 그동안의 투자가 물거품으로 사라지지는 않았다. 훗날 샤오미는 미톡 프로젝트를 추진하면서 쌓은 경험을 적극 활용해 클라우드 플랫폼을 구축했다. 이를 계기로 추이바오추의 팀은 인큐베이터Incubator●를 통해 실력을 기를 수 있었다. 이후 샤오미가 안드로이드 진영 최초로 클라우드 서비스를 오픈했을 때, 황장지는 미톡을 통해

● 초기 스타트업 단계에 공간이나 설비, 업무 보조 등을 지원하고 스스로 사업을 진행할 수 있을 때까지 멘토링 등을 통해 관리해주는 것.

쌓은 서버 관리 능력이 큰 도움이 됐다고 설명했다.

미톡의 실패로 추이바오추는 큰 충격을 받았지만 미톡과 텅쉰의 차이가 하늘과 땅 차이라는 것을 그 역시 잘 알고 있었다. 특히 막대한 사용자 수와 사용자 사이에 형성된 인맥은 텅쉰의 핵심 자원이었고, 이를 발판 삼아 다양한 영역으로 확장이 가능했다.

다행히 추이바오추는 패배감에서 빠르게 벗어나 샤오미에 더 확실한 선물을 가져다주었다.

자신을 향한 레이쥔의 기대에 부응하기 위해 추이바오추는 실리콘밸리 특유의 학술적 분위기를 샤오미에 도입해 기술적 토대를 단단히 쌓도록 유도했다. 자신의 이상을 구체적으로 구현할 클라우드 플랫폼을 준비하면서 추이바오추는 흔들리지 않는 기초 기술이 모바일 인터넷 업체가 반드시 갖춰야 할 특징이라고 여겼다. 추이바오추는 샤오미의 클라우드 플랫폼을 구축하고, 이를 토대로 다양한 상품 및 관련 서비스를 지원하는 일을 맡았다. 하지만 샤오미는 자산을 공유하는 클라우드 서비스를 지향하지 않았다. 그보다는 기술 전문 업체로서 중요하고 민감한 데이터와 응용 단계의 서비스를 자체적으로 다루고자 했다.

그 밖에도 추이바오추는 레이쥔이 적극 주창한 오픈소스 전략을 수행하며 샤오미의 성장에 크게 기여했다.

"인터넷 업체가 오픈소스를 외면한다는 건, 출발선에 서는 순간부터 진다는 것을 뜻하지."

레이쥔은 추이바오추에게 오픈소스에 대한 자신의 생각을 들려준 적 있었다. 기술 혁신과 오픈소스에 대한 남다른 열정과 관심은 샤오미 기술팀의 기조로 자리 잡았다. 오픈소스를 끝까지 안고 가겠다는 이념 또한 샤오미의 기술 시스템이 0에서 1이라는 성과를 거두는 든든한 버팀목이 됐다.

추이바오추는 샤오미 엔지니어들과 함께 데이터 고립을 해소하고, 오픈소스 전략을 수립하는 다양한 업무를 수행했다. 그러면서 엔지니어들에게 오픈소스 커뮤니티에 보답할 것을 적극 권장하기도 했다.

사람들은 샤오미의 뛰어난 마케팅 능력과 함께, 창업자들의 기술력을 높이 평가한다. 샤오미에 투자한 류친은 이렇게 기억했다.

"샤오미를 마케팅 회사로만 생각하는 사람들은 샤오미의 진면목을 모르는 셈입니다. 샤오미는 맞춤형 시스템 구축과 기술 혁신 분야에서 종합적이면서도 체계적으로 노력하고 있죠. 모든 방면에서 성장하는 회사라, 일면만 보고 만만하게 여겨서는 안 됩니다."

미톡에 대한 전략적 후퇴 외에도, 레이쥔은 비핵심사업을 매각하거나 구조조정을 실시하는 조치를 취했다. 이를테면 샤오미 쓰지小米司機(Xiaomi Driver)●는 무창木倉이라는 스타트업에 매각됐다.

● 운전자에게 필요한 정보를 제공하는 서비스.

부득이하게 일부 사업을 접기도 했지만, 샤오미의 창업자는 초기의 상황을 떠올리면 여전히 벅찬 기분에 사로잡히곤 한다. 위챗은 등장과 함께 획기적인 제품으로 떠오르며, 오늘날 전 세계 10억 명의 삶의 방식에 영향을 주는 초대형 모바일 애플리케이션으로 자리 잡았다. 훗날 증명되었듯 실시간 채팅은 1000억 규모에 상당하는 초대형 사업이 되었고, 샤오미 쓰지는 훗날의 차량공유 서비스 디디추싱滴滴의 탄생에 영감을 심어주었다. '스마트폰' 자체도 물론 마찬가지였다. 2019년 레이쥔은 개인적인 채팅 중에 이렇게 말했다.

"우린 시대를 잘 타고났어. 앞에 펼쳐진 길이 무척 크고 넓었지. 하느님께서 우리에게 좋은 카드를 세 장 주신 거야. 이제는 그런 카드를 찾기가 쉽지 않지."

레이쥔의 이야기는 모바일 인터넷 시대의 막이 오른 시기, 사방에 기회가 널린 시대상을 정확히 지목하고 있었다. 당시에는 열정 넘치는 젊은 창업가들이 새로운 산업 흐름에 숨겨진 무한한 기회를 노리고, 제대로 준비하지 못한 채 창업의 길로 들어서기도 했다. 몇 차례 창업한 적 있는 왕싱王興은 메이퇀을 세우고 '천단대전千團大戰'<sup>●</sup>에서 살아남으려 몸부림쳤다. 장이밍張一鳴이라는 청년은 자신이 세운 부동산 정보 제공 서비스인 지우지우팡九九房을 포기하고 진르토우티야오今日頭條<sup>●●</sup>라는 사용자 맞춤형 뉴스 제공 서비스를 선보였다. 알리바바의 알리페이에서 퇴사한 부사장 청웨이程維는 퇴사 후 9개월 중 6개월 동안 창업 방향을 고민했지만 결과적으로 아무것도 시작하지 못했다. 그러다가 몇 번의 출장에서 공항에 늦게 도착해 비행기를 놓친 경험을 바탕으로 차량 공유 서비스인 추싱出

●
2010년 미국 소셜 커머스 사이트인 그루폰 Groupon 의 성공을 흉내 내어 5000여 개의 단체구매 사이트가 대대적인 자본을 투입해 광고, 이벤트 등을 실시하며 경쟁을 벌인 현상을 가리킨다.

●●
'오늘의 헤드라인'이라는 뜻이다.

行을 세웠다.

창업 인재의 꾸준한 유입에 힘입어 벤처투자 역시 시장에
지속적으로 흘러들면서, 중국의 창업 생태계도 나날이 성숙해
갔다. 창업 투자 분야에서 몇 년 동안 몸을 낮추고 있던 레이쥔
도 주변의 공기가 바뀌고 있음을 깨달았다. 30년간 급성장한
중국의 시장과 소비자들이 새로운 제품과 모델을 수용하는 속
도가 다른 국가에 비해 압도적이라는 결론에 도달했다. 마침내
창업 펀드를 조성해 젊은 창업자들이 꿈을 이루도록 도울 때가
된 것이다.


## 순웨이펀드의 탄생

2010년 연말의 어느 날 밤 11시, 인구 빌딩의 샤오미 사무실
로 레이쥔의 친구가 찾아왔다. 싱가포르 출신, 키 178cm, 각진
얼굴, 나지막하면서도 여유로운 목소리. 지금껏 프로 투자자로
서 지내온 탓인지, 느릿한 말투에서 차분한 이성과 논리가 느
껴졌다. 그의 이름은 쉬다라이許達來, 영어 이름은 턱Tuck이었
다. 레이쥔의 오랜 친구였다.

스탠퍼드대학교에서 공부하지 않았다면 쉬다라이는 투자자
가 되지 못했을 것이다. 싱가포르에서 다섯 형제를 둔 대가족
과 살았던 쉬다라이는 대학교에 들어가기 전까지 뼛속부터 동
양 특유의 보수적인 DNA를 가지고 있었다. 1998년, 쉬다라
이가 스탠퍼드대학교에 입학하던 해는 마침 구글이 탄생한 시

기였다. 그에게 당시의 세상은 한 몫 단단히 잡을 수 있는 골드러시를 떠올리게 했다. 친구들의 추천으로 알게 된 구글이라는 검색 엔진은 그의 호기심을 자극했다. 온라인에 새로운 개념이 날마다 쏟아지고, '.com'이라는 꼬리표를 단 거의 모든 업체의 가치가 1000만~2000만 달러를 훌쩍 넘기곤 했다. 우후죽순처럼 생겨나는 벤처 기업에 관한 뉴스도 쏟아졌다. 이러한 상황에서 어떤 이는 세상을 바꾸겠다며, 또 어떤 이는 서른 살 전에 은퇴하겠다며 큰소리치기도 했다.

그때의 분위기를 떠올리며 쉬다라이는 그렇게 무언가에 미쳐 있던 시기는 그 전에도 후에도 없었다고 고백하기도 했다.

스탠퍼드대학교에서는 실리콘밸리의 벤처투자자를 종종 강연에 초청하곤 했는데, 쉬다라이도 그 기회를 놓치지 않았다. 한 번은 200여 명으로 채워진 회의실에서 한 사업가가 나타나 강연할 준비에 나섰다. 연사는 강연을 시작하기 전에 청중을 향해 한 가지 질문을 던졌다.

"여러분, 앞으로 창업할 계획이나 스타트업에 들어갈 생각이 있습니까?"

그 말에 많은 사람이 손을 들었다. 주변을 살펴보던 쉬다라이는 자신을 제외한 거의 모든 사람이 손을 들었다는 걸 깨달았다. 그 순간은 쉬다라이에게 커다란 충격으로 다가왔다. 그의 삶에서 가장 중요한 순간이었다. 싱가포르에서 이 질문을 받았다면 어땠을지 상상해보았다. 아마도 두세 명만 손을 들고, 나머지는 손을 들지 않았을 거다. 싱가포르에 창업 같은 라이프 스타일을 선택하는 사람이 많지 않은 것은, 안정적인 환경 덕분일 것이었다. 정해진 계획을 따르면 사는 데 지장이 없으니 굳이 모험을 택할 이유가 없는 것이다. 그런 이유로 쉬다라이에게 창업이라는 존재는 무척 낯설게 느껴졌다.

스탠퍼드대학교에서 보낸 시간은 그의 정신세계에 커다란 영향을 줬다. 결과적으로 창업이 아닌 투자자가 되는 길을 선택했지만, 쉬다라이는 투자자가 창업자와 비슷한 직업이라고 여겼던 것 같다.

쉬다라이와 레이쥔은 2005년에 처음 만났다. 당시 쉬다라이는 싱가포르 정부투자업체인 GIC에서 일하고 있었다. GIC는 1982년에 설립된 업체로, 싱가포르 정부의 해외 자산에 대한 투자 및 관리를 전문으로 하는 싱가포르의 양대 국부펀드 중 하나다. 쉬다라이는 중국에서 GIC의 사업을 지원하다가 진산에 대한 투자 프로젝트를 담당하게 됐다. 당시 쉬다라이는 레이쥔에게서 디테일 하나 놓치지 않는 대단히 전문적인 사업가라는 이미지를 받았다. 그런 사람에게도 위대한 기업을 만들고 싶다는 바람이 있다는 사실에 쉬다라이는 크게 감동했다.

업무를 같이 진행하면서 두 사람은 금세 친구 사이로 발전하며 만남을 이어갔다. 2007년, 쉬다라이는 레이쥔이 진산을 떠나는 과정을 모두 지켜봤다. 추바이쥔과 장쉬안룽의 만류, 다양한 가능성을 담은 사업 계획, 레이쥔의 고민과 망설임, 그리고 진산과의 이별까지. 당시 복잡한 심경으로 고민하던 레이쥔은 쉬다라이에게 의견을 물었는데, 쉬다라이는 자신이 알고 있는 단어로는 설명이 안 된다고 답하기도 했다.

2010년 말, 친구들과의 모임에서 레이쥔은 평소처럼 자신이 경영 중인 샤오미에 대한 이야기를 꺼냈다. 레이쥔은 자식 자랑하는 부모처럼 자신감 있는 말투로 하드웨어, 소프트웨어와 앞으로 소비자의 관심을 대거 끌 수 있는 온라인 서비스가 결합된 사업 모델에 대한 이야기와 함께 샤오미가 당시 막 성공을 거둔 1차 투자를 소개했다. 이런 분위기 속에서 쉬다라이와 레이쥔은 자신들의 주특기인 투자에 대해 자연스레 이야기를 나눴다.

벤처업계에서 10여 년간 치열하게 달려온 두 사람은 토종 벤처업체의 선전에 기분이 벅차올랐다. 당시 모두가 긍정적으로 여겼던 업체로 치밍창투와 천싱즈번이 있었다. 레이쥔과 쉬다라이는 투자업계에서 산전수전 겪은 베테랑으로, 자본력의 막강한 영향력을 누구보다 잘 알고 있었다. 두 사람은 벤처투자의 의미가 사회 발전을 이끌고 위대한 꿈을 가진 행동가를 돕는 데 있다고 여겼다. 지난 10년 동안, 중국의 인터넷 업계는 초기 양적 성장을 거쳐, 수많은 유니콘Unicorn●을 배출하고 있었다. 관찰자Observer로서, 두 사람은 새로운 모바일 인터넷 시대가 다가왔다는 것을 깨달았다. 새로운 세대의 기업인들이 끊임없이 등장하면서 자본의 힘을 이용해 세상을 바꾸려는 이들도 점점 늘어나게 될 터였다.

쉬다라이는 위험을 무릅쓰고 자신의 꿈을 향해 달려가는 사람들의 창업을 돕기 위한 토종 펀드를 설립하자고 레이쥔에게

● 기업 가치가 10억 달러 이상인 비상장 스타트업을 말한다. 현실적으로 매우 어렵다는 뜻에서 상상 속의 동물 유니콘의 이름이 붙었다.

제안했다. 진산 시절 겪은, 창업자로서 더는 떠올리고 싶지 않은 가시밭길을 누구도 되풀이하지 않도록 하자는 데 레이쥔도 동의했다.

또한 두 사람은 샤오미를 포함해 안정 궤도에 오른 기업은 고립무원에서 벗어나 산업 전반의 흐름을 담아낼 수 있는 생태 시스템을 구축해 자신의 영역을 점진적으로 넓혀 가야 한다고 여겼다. 이렇게 하면 샤오미는 향후 치열한 경쟁에서 자신을 지킬 수 있는 성벽을 얻게 될 것이다. 또 한편으로는 자신의 스타트업에 대한 인큐베이팅을 통해 궁극적으로 전략적 제휴 라인을 구축함으로써 산업 경쟁에서 활용할 능력을 확보할 수 있을 것이다. 레이쥔은 샤오미의 생태 시스템을 구축하기 위해 투자를 어떻게 활용할지 이미 구상을 마친 상태였다.

"순리에 따라 행동順勢而爲해야 한다는 것을 40대가 돼서야 깨달았지. 우리가 세울 펀드도 순리에 따라 흘러갔으면 해. 늘 창업자를 존중하고 이해하는 마음으로, 더 많은 창업자의 성공을 위해 순리에 따라 행동하는 거지."

그 겨울의 밤, '순웨이順爲'라는 이름이 인구 빌딩에서 결정됐다.

레이쥔과 쉬다라이는 자신들의 생각과 업계 관계자들의 견해가 일치한다는 사실을 깨달았다. 즉 레이쥔과 쉬다라이는 서로의 장점이 시너지 효과를 낼 수 있는 조합이라는 평가를 받았다. 레이쥔은 창업 경험과 함께 성공을 거둔 소수의 엔젤 투자자 중 한 명이고, 쉬다라이는 풍부한 투자 경험과 국제적 안목을 겸비한 전문 투자자였다. 두 사람 모두 '모험 정신을 지향하는 비즈니스 세계에서도 무척 이성적인 편'에 속했다.

두 사람이 마음을 굳힌 이상, 실무 작업이 신속하게 진행됐다. 순웨이펀드는 1차 모금 목표액을 2억 2500만 달러로 책정했다. 모금은 예상과 달리 무척 순조로웠다. 두 사람이 자금을 모집한다는 소식에 주변에서 국제적으로 유명한 유한책임투자자Limited Partner(LP)를 잔뜩 소개시켜주기도 했다. 쉬다라이와 레이쥔은 각자 가방을 메고 B&B 호텔<sup>●</sup>의 식당에서 LP들에게 자신의 구상과 중국의 상황을 설명하곤 했다. 뜻밖에도 이들 LP들은 상상 이상의 열의를 불태우며 약속했던 것보다 몇 시간씩 더 길게 대화를 나누곤 했다. 쉬다라이는 당시를 회상하며 이런 감회를 밝히기도 했다.

●
숙박Bed과 조찬
Breakfast 서비스
만 제공하는 저가
형 호텔.

●●
아랍에미리트의
수도.

"우리의 경험도 상당한 설득력을 지녔지만, 더 큰 설득력을 지닌 건 역시나 흐름이었죠."

그런 두 사람이 절대로 설득하지 못할 거라고 생각한 아부다비<sup>●●</sup>의 투자자가 있었다. 쉬다라이와 레이쥔은 9시간 동안 이코노미석의 좁은 시트에 몸을 구겨넣은 채 아부다비로 향했고, 비행기에서 내리자마자 곧장 회의장으로 향했다. 현지 시각으로는 곧 점심시간인지라 회의 시간이 1시간도 안 될 정도로 일정은 촉박했다. 두 사람이 순웨이의 전체 구상에 대해 소개했지만 상대는 별다른 반응이 없었다. 심지어 멀리서 날아온 손님들에게 같이 점심을 먹자는 말도 없었다. 두 사람은 실패했다고 여겼고, 온 김에 식사나 잘 하고 가자는 생각으로 두바이의 최고급 호텔인 부르즈 알 아랍Burj Al Arab에 가서 점심을 먹고 귀국했다.

하지만 베이징으로 돌아온 지 며칠 뒤, 아부다비의 투자자가 투자 의사를 전해왔다.

순웨이의 1차 모금액은 중동계 자금 외에도 미국과 싱가포르를 비롯한 세계 각지에서 확보했다. 8개월간의 준비를 거쳐고 순웨이펀드가 정식으로 설립되었고, 쉬다라이도 샤오미가 둥지를 틀고 있는 쥐안스텐디에 입성했다. 이때부터 쉬다라이는 하루의 업무량으로는 도저히 상상도 할 수 없는 업무 상태에 돌입했다. 레이쥔이 몸담은 샤오미와 순웨이는 서로가 서로를 돕는 협업의 여정을 시작했다. 순웨이펀드는 샤오미의 이전 융자 사업에도 깊이 관여했다. 쉬다라이는 샤오미의 프로젝트 논의와 인수 합병 문제에도 참여하겠다는 뜻을 밝혀왔다.

순웨이와 샤오미는 어깨를 나란히 하고 함께 성장하기 시작했다. 어떤 의미에서 미래를 향한 레이쥔의 야심은 벤처투자 기관으로서의 순웨이에 더 많이 담겨 있다고 할 수 있다. 순웨이가 투자를 결정하는 원칙은 단 하나였다. 적어도 향후 10~20년의 흐름을 대변해야 한다는 것이다. 앞으로 몇 년 안에 순웨이가 샤오미의 중요한 기관투자자이자 전략적 투자 분야의 도우미로 자리 잡는 것은 샤오미의 미래 사업에도 중요했다. 순웨이는 샤오미의 생태계에 속한 수많은 기업에 대해서도 후속 투자를 이어갔다.

## 무한질주

초기의 시련을 겪은 뒤 창업자들이 불사조처럼 다시 힘을 내기 시작하면서 모든 것이 호전되기 시작했다. 회사 간판을 단지 겨우 400일에 불과한 샤오미는 2011년 말부터 2012년까지 본격적으로 소매를 걷어붙이면서 더 많은 주목을 받기 시작했다. 사람들은 샤오미가 어떤 우여곡절을 겪었는지 알지 못했고 그저 맨주먹으로 '비상식적'인 창업 스토리를 만들었다는 사실만 어렴풋이 알고 있을 뿐이다. 하지만 이들은 늘 공급을 뛰어넘는 수요를 통해 샤오미에 대한 진솔한 반응을 보여주었다.

세계적인 경영 사상가인 우마이르 하크Umair Haque는《새로운 자본주의 선언The New Capitalist Manifesto》에서 다음과 같이 주장했다.

'가치 있는 대화의 사업 모델에 익숙해질 때, 당신의 기업은 빠르게 반응하고, 조작 또한 쉬운 슈퍼카로 변한다.'

샤오미는 점점 다루기 쉬운 슈퍼카로 변하고 있었다.

앞길을 가로막고 있던 장애물이 연달아 사라졌다. 전자상거래 플랫폼 부문에서는 왕하이저우의 팀을 동원한 리완창이 전자상거래의 백엔드 구축 및 안정화에 성공하면서 최후의 장애물을 제거했다. 여기서 말하는 장애물이란, 그들이 여태껏 단한 번도 생각해본 적 없던 영수증 부족 사태였다.●

창업 초기, 회사 규모가 크지 않을 때 세무국이 샤오미에 지급한 영수증은 300장뿐이이었다. 부족한 영수증은 추후에 따로 배송을 해야 했는데, 영수증만 보낸다고 해도 건당

● 중국에서는 정부가 인정하는 공식적인 영수증이 중요한 의미를 가진다. 제품의 품질을 보증하고, 청구서의 역할을 수행하기 때문이다.

10~12위안에 달하는 추가 택배비용이 발생하게 된다.

Mi을 날마다 1만 대씩 출하한다면 회사로서는 10만 위안을 추가로 지출하는 셈이었다. 왕하이저우는 당시의 난처한 상황을 떠올리며 이렇게 말했다.

"당시에는 경영 사정이 여의치 않았죠, 매일 10만 위안을 추가로 지출하는 건 상상도 할 수 없었습니다."

상품과 함께 영수증을 동봉할 수 있도록 왕하이저우와 재무팀이 머리를 쥐어짠 끝에, 넉넉한 수량을 확보할 수 있는 영수증을 신청했다. 때는 마침 한겨울이었다. 전자상거래 기술팀은 베이징 난우환南五環의 바이나百納 물류센터에서 오랫동안 머물고 있었는데, 추운 날씨에 모두 군용 외투를 걸치고 있었다. 밤이 되면 이름만 그럴듯하고 실은 궁색하기 짝이 없는 객실이 6개에 불과한 작은 여관으로 돌아가곤 했다. 베이징 사람이지만 출장이라도 간 것처럼 베이징에 있는 제 집으로 돌아가지 못했다. 배가 고프면 숙소 옆 음식점에서 뜨끈한 면 요리를 먹었다.

기술팀은 영수증 인쇄 문제를 해결하기 위해 엡손 690K 도트프린터 수십 대를 물류 작성실에 연결한 뒤 주문과 영수증 발급을 나눠서 처리했다. 조금이라도 넓은 공간을 확보하기 위해 프린터와 종이 영수증 상자를 3층짜리 간이 조립선반 위에 올려놓았고, 선반 주변에 현장 네트워크와 네트워크 스위치가 설치됐다.

며칠간의 밤샘 작업으로 모든 문제가 해결됐다고 여길 때쯤, 프린터를 올려둔 간이 조립선반이 품질 불량으로 갑자기 무너지고 말았다. 네트워크 스위치에 불이 들어오지 않았고, IP 주소 할당도 되지 않아 전체 네트워크를 재구축해야 했다. 오랫동안 힘들게 일한 성과가 순식간에 물거품이 된 것이다. 처음부터 다시 시작해야 했다. 이 소식을 들은 왕하이저우는 주저앉을 뻔했지만, 팀의 엔지니어 쑨젠페이孫建飛에게 전화를 걸어 격려했다.

"넘어지면 일어서는 게 우리 아니던가?"

6인용 객실에 투숙한 팀원들은 그 말에 서로를 격려하며 이튿날 전투력을 회복한 모습으로 샤오미 최초의 배송 동봉용 영수증 발급시스템을 완성했다. 이러한 노력은 훗날 Mi의 온라인 판매 운영을 저해하는 장애물을 없애는 성과로 이어졌다. 출하 속도가 빨라지면서 Mi는 날개 돋친 듯 팔려나갈 수 있었다.

당시 판매 운영을 담당하던 주레이朱磊는 자신의 경험을 털어놓으며 샤오미가 오로지 제품만으로 승부를 보는 회사라고 자신 있게 말했다. 속도를 앞세운다면 작업자가 축적할 수 있는 운영 경험은 무척 제한적일 수밖에 없었다.

"아리가 매주 물량을 빼 가면 1분 만에 10만 대가 훌쩍 사라져버리죠. 남은 할 일이라곤 제품 물량을 파악해서 출하하는 게 전부예요. 당시에는 인프라가 엉망이라서 샤오미는 엑셀로 일한다는 농담이 있었을 정도였어요. 솔직히 말해서 처음에는 엑셀로 일했어요. 그러다가 천천히 백엔드 툴이 생겨났죠."

남다른 속도는 샤오미의 초기 성장을 설명하는 특징으로 손꼽힐 정도다. 등장과 함께 전력 질주하는 바람에 사내 여러 인프라가 성장 속도를 따라가지 못하면서 후속적인 보완 작업이 이루어지곤 했다. 이에 대해 주레이는 샤오미를 시대가 만든 회사라고 정의했다.

리완창이 전자상거래 플랫폼을 앞세워 다양한 조정에 나서면서 생산 라인의 생산성이 점점 개선된 것이야말로 매출이 증가한 가장 근본적인 원인이었다.

모토로라 톈진天津 공장에서 일하던 스둥위時東禹는 2011년 9월 샤오미에 입사한 뒤 잉화다에 머물며 생산 라인에서 일어나는 온갖 문제를 해결했다. 당시 잉화다 공장의 납땜 높이가 Mi의 요구와 다르다는 것이 확인되자, 스둥위는 공장에 머무르며 2mm에 불과한 미세한 차이를 조정하는 데 성공했다. 스둥위는 잉화다의 관련 부서 책임자들에게 온라인에서 떠도는 유언비어, 이를테면 '잉화다는 2류 업체'라는 이야기를 무시하라고 격려했다.

"샤오미의 프로젝트를 제대로 해내면 더는 누구도 잉화다를 2류 업체라고 무시하지 못할 겁니다."

스둥위는 토요타의 '린 제조Lean Manufacturing'•라는 경영 이념을 동원해 현장 작업자를 격려하고, 잉화다의 경영진에게 전반적인 생산 라인 프로세스 개선 및 배치 인원의 조정 등에 대한 조언을 꾸준히 전했다. 디테일 경영, 최적화된 프로세스만이 조립 작업의 효율을 대폭 끌어올릴 수 있다고 그는 확신했다. 그래서 인원 배치와 생산 라인 프로세스 개선을 보다 과학

• 낭비를 최소화하고 생산 효율의 극대화와 공정의 지속적 개선을 강조하는 경영 방식.

적으로 완성해내는 데 많은 시간을 투자했다.

스둥위의 노력은 여기서 멈추지 않았다. 진심으로 노동자를 존중하고, 생산 라인에 투입된 작업자의 적극성을 이끌어내야 한다고 업체에 강조했다. 그래야만 작업자들이 자신이 하는 일에 자부심을 느낄 수 있고, 나아가 생산 라인의 불량률을 크게 줄일 수 있기 때문이다. 스둥위가 모토로라에서 데려온 직원들은 '사람에 대한 존중'이라는 생각이 뼛속까지 새겨진 이들이었다. 스둥위는 회사가 이러한 노력을 쏟는다면, 자기가 속한 회사에 대한 직원들의 믿음과 충성이라는 답례로 돌아올 것이라고 확신했다. 이러한 점을 고려해 스둥위는 생산 라인 작업자의 업무 환경을 바꾸겠노라 결심했다. 잉화다의 생산 라인에 직경 1m짜리 선풍기 한 대만 돌아가는 걸 보곤, 단호한 목소리로 입을 열었다.

"이게 뭡니까! 가마솥 같은 난징의 여름에 선풍기 한 대라뇨? 너무 열악한 환경이 아닙니까?"

훗날 스둥위는 잉화다에 샤오미와 계속 함께 일하려거든 작업장에 에어컨을 반드시 설치하라고 강하게 압박했다. 작업자들이 편하게 앉아서 작업할 수 있도록 위탁 생산업체에 작업 테이블의 높이를 낮추고 크기를 줄이도록 했다. 샤오미 관련 제품을 다루는 직원이라면 반드시 앉은 채 일할 수 있는 환경을 누려야 한다는 것이다. 그 밖에도 주말 동안 숙소에서도 마음껏 인터넷을 이용할 수 있도록 직원 숙소에 와이파이를 설치하라고 요구했다.

잉화다의 노력을 통해 사람 중심의 작업 환경이 조금씩 갖춰졌다. 서로의 눈높이를 맞추는 과정에서 샤오미와 공급업체 간 이해도 한결 깊어졌다.

샤오미가 발전함에 따라 공급업체의 태도도 조금씩 변하기 시작했다. 샤오미라는 브랜드가 가진 영향력과 잠재력을 눈여겨본 업체들은 너나 할 것 없이 이 젊은 브랜드와 손을 잡기를 원했다. 폭스콘의 궈타이밍郭台銘 회장은 레이쥔을 만나기 위해 베이징을 찾은 적 있었다. 레이쥔 역시 타이완에서 궈타이밍과 19시간 동안 이야기를 주고받기도 했다.

그때의 전설적인 만남에 대해 레이쥔은 여태껏 살아오면서 가장 놀라운, 입이 떡 벌어질 만한 경험이었다고 고백했다.

당시 레이쥔과 린빈, 레이쥔의 가까운 친구인 왕촨王川 세 사람은 궈타이밍과의 만남을 위해 타이완의 공급업체를 방문했다. 일정대로라면 오후 4시에 궈타이밍과 만나야 했지만 연거푸 연기되고 말았다. 이후의 일정에 영향을 줄 수 있다는 생각에 레이쥔은 다른 일정을 먼저 처리하려고 했다. 하지만 궈타이밍의 강력한 만류로 린빈과 왕촨 두 사람만 내보낸 채, 레이쥔은 궈타이밍을 기다려야 했다. 그리고 이튿날 오후 1시, 레이쥔은 드디어 궈타이밍을 만났다. 그 당시만 해도 두 사람이 19시간씩 이야기를 나눌 거라고 생각한 사람은 없었다.

이야기를 시작한 지 1시간 정도 지났을 때, 궈타이밍은 폭스콘의 모든 임원에게 전화를 걸어 당장 사무실로 오라고 지시했다. 레이쥔의 샤오미 사업 전략에 대한 이야기를 들어보라는 것이었다. 회의실에서 궈타이밍은 새로운 존재에 대한 강한 호기심을 보여줬다.

"궈타이밍의 학습력과 집중력은 놀라울 정도였습니다. 그렇게 바쁜 사업가가 한 가지 문제에 대해 19시간 동안 이야기를 나누는 건 말이 안 된다고 생각합니다. 궈타이밍에게서 창업자의 우직한 면모를 볼 수 있었습니다. 새로운 기회가 나타나면 궈타이밍은 끝까지 파고들더군요. 그야말로 집요함이 뭔지 알 수 있었습니다."

레이쥔은 궈타이밍과의 만남을 이렇게 기억했다.

그날, 궈타이밍은 중요한 글로벌 가전업체 한 곳과의 회의를 포함한 모든 회의를 전부 취소했다. 화장실에 다녀왔다가 일부 임원이 비우는 일이 있었는데, 비서에게 자리를 비운 이유를 묻고 즉각 회의실로 돌아오도록 지시했다. 회의는 중단되지 않을 것처럼 보였다. 하지만 마잉주馬英九 타이완 총통 사무실에서 전화가 왔다는 비서의 이야기에, 궈타이밍은 어쩔 수 없다며 얼른 통화하고 오겠다고 말했다. 궈타이밍은 통화를 마치자마자 회의실로 빠르게 돌아와 레이쥔과 이야기를 계속 이어갔다.

이렇게 해서 폭스콘은 샤오미의 위탁 생산업체가 됐다. 그 후로 오랫동안 샤오미는 폭스콘의 두 번째 협력 파트너로 자리 잡았다. 랑팡廊坊 폭스콘과 함께 일했던 시간들을 스둥위는 지금도 생생하게 기억하고 있다.

당시 랑팡 폭스콘은 노키아, 모토로라, 블랙베리의 휴대폰을 생산하고 있었다. 하지만 샤오미의 입성은 새로운 존재를 맞이하는 폭스콘의 유연한 모습을 보여주는 계기가 됐다. 랑팡 폭스콘과의 협상은 빠른 시일 안에 위탁 생산 라인을 확대하려는 샤오미에는 중요한 기점이었다. 폭스콘과 협의한 세부적인 기술 항목은 매우 복잡했다. 물자, 생산 효율, 비용, 결산 기간, 생산량, 심지어 지적 재산권에 대해서도 세부적인 규정이 정해져 있었다. 협력 파트너의 니즈를 정확히 파악해야 한다는 점을 강조하는 폭스콘은 리스크를 엄격하게 통제할 수 있는 전담 부서도 거느리고 있었다.

처음엔 샤오미는 폭스콘의 생산 라인 한 곳을 사용했지만 샤오미의 주문량이 늘자 그에 따라 생산 라인은 한 곳에서 두 곳, 세 곳으로 증가했다. 하지만 샤오미의 공급부서에서는 샤오미의 생산량이 계속 증가할 것으로 보고, 생산 라인의 추가 증설을 요청했다. 스둥위는 폭스콘의 작업장 한쪽에 마련된 100% 클린룸에서 다이아몬드가 박힌 노키아의 럭셔리 휴대폰 베르투Vertu가 만들어지는 것을 보았는데, 이 휴대폰의 한 달 생산량은 60만 대였다. 샤오미는 해당 작업장을 통째로 빌렸고, 1분기도 채 지나지 않아 폭스콘의 생산량을 최대치로 끌어올렸다. 그 후 폭스콘에서는 해당 작업장을 샤오미에 통째로 내줬다.

공급팀의 업무 강도는 다른 팀에 결코 뒤지지 않았다. Mi2를 준비하는 동안 팀원들은 소파에 웅크린 채 짧은 휴식을 즐기곤 했다. 폭스콘 직원들은 샤오미 직원들의 도시락을 같이 주문해줄 만큼 호의를 베풀었다.

"그땐 작은 탁자 앞에 쪼그리고 앉아서 밥을 먹곤 했죠."

생산량을 꼼꼼히 챙기던 스둥위는 폭스콘의 건물 창가에 선 채 폭스콘 직원들이 개미 떼처럼 우르르 몰려가는 모습을 종종 지켜보곤 했다. 작업 공정을 마칠 때마다 반제품을 다음 공정으로 운송하고, 완성품을 조립공장에 보내서 품질을 검사하는 과정이었다. 당시 샤오미의 생산량은 가파르게 증가하고 있었다. 폭스콘 생산 라인에 붙어 있던 플래카드를 떠올릴 때면 스둥위는 여전히 눈시울을 붉힌다.

'중국의 아이폰이 아니라 세계의 샤오미가 되자!'

젊은 폭스콘 직원들이 만든 슬로건이었다. 샤오미의 사명을 인정해준 것이다.


## 크게 노래 부르며 달려드는 해

2011년 10월 이후, '헝거 마케팅'과 '가짜 주문'은 샤오미를 비판하는 이들의 목소리였다. Mi를 구하기도 어려운데 판매량이 300만 대라는 샤오미의 자체 발표에 사람들은 Mi의 실제 생산량을 두고 수군거렸다.

2012년 5월, 샤오미는 난징 잉화다 공장에서 언론을 상대로 Mi의 생산 프로세스를 참관케 하는 '공장 개방' 활동을 선보였다. 취재진은 방진복과 일회용 덧신을 착용하고 공장 곳곳을 둘러봤다. 샤오미는 잉화다 공장에 10개의 SMT 생산 라인과 5개의 조립 라인을 보유하고 있어, 사람들은 이곳에서만 매월 최소 60만 대를 생산할 수 있을 것이라 추산할 수 있었다. 더욱이 샤오미가 확보한 두 번째 위탁 생산업체인 폭스콘에서도 샤오미에 대량의 물량을 공급하고 있었다.

샤오미의 하드웨어 능력은 한바탕 난리를 치른 끝에 어렵사리 안정기에 접어들었다.

당시 샤오미가 만든 '인터넷폰'이라는 개념은 인터넷 업계로부터 뜨거운 관심을 받고 있었다. 모바일 인터넷 시대를 앞두고, 사람들은 휴대폰이 모바일이라는 입구의 문을 여는 열쇠라는 것을 깨달았다. 인터넷 업체들은 하드웨어와 모바일 OS를 통해 기존 인터넷 사용자를 흡수해 휴대폰 사용자로 전환하는 방식을 시도하고자 했다. 이러한 상황에서 남다른 촉을 가진 인터넷 업체들은 스마트폰이라는 돌풍을 앞두고, 다른 '꿍꿍이'를 품은 채 발 빠르게 움직였다.

2012년까지 안드로이드 마켓에서 활성화된 앱은 40만 개가 넘었다. 텅쉰은 화웨이와의 제휴 끝에 선보인 휴대폰이 별다른 반응을 이끌어내지 못하자, 텅쉰도 안드로이드 기반의 맞춤형 OS를 내놓기로 했다. 하지만 TITA라고 불리는 텅쉰의 시스템은 출시 이후 단 한 번의 업데이트 없이 개발이 중단되었다. 훗날 텅쉰은 서드파티 커스텀 펌웨어 개발사인 러와樂蛙에 투자했으나 별다른 반향을 이끌어내지 못했다. 이로 인해 텅쉰은 모바일 OS 분야에서 한동안 침묵을 지켜야 했다. 시노베이션 벤처스 산하 타파스 팀은 2012년 말에 바이두에 인수됐다. 알리바바는 톈위 휴대폰天語手機에 구원의 손길을 내밀었다.

양측은 협업을 통해 '범블비黃蜂' 시리즈를 선보였다. 알리바바 클라우드 OS라는, 안드로이드와 호환되지만 완전히 독립된 모바일 시스템을 탑재한 이 휴대폰은 모바일 사업으로의 진출을 노리는 알리바바의 의도가 담긴 결과물이었다. 시간이 흐르면서 대형 업체들의 노력은 결과적으로 수포로 돌아가는 듯했다. 이러한 결과는 하드웨어 분야에서 이들 대형 인터넷 업체의 DNA가 부족한 것과 관련이 있다.

이들 업체가 계속해서 뒤쫓아오는 동안, 레이쥔은 난생처음 '차오양朝陽 공원 현피◆ 사건'을 겪게 된다. 이 사건은 가뜩이나 경쟁이 치열한 휴대폰 시장에 인터넷 업계 특유의 황당함과 비정상적인 분위기를 더했다.

샤오미의 인터넷 사업 방향을 확인한 저우훙이周鴻褘◆◆ 소유의 인터넷 보안업체 치후가 제3의 업체와 손잡고 개발한 '360 에디션' 역시 당시의 휴대폰 하드웨어 시장을 노리고 출시됐다. 360 에디션이 출시된 2011년 5월부터 저우훙이는 웨이보에 레이쥔과 샤오미를 저격하는 글을 연거푸 올렸다. 한 번은 레이쥔과 '현피'를 치르러 베이징 차오양 공원 동문東門으로 간다는 글을 올려 네티즌들의 뜨거운 관심을 받았다. 이 사건의 비하인드 스토리는 꽤 흥미진진하다. 레이쥔은 웨이보에서 저우훙이의 공격에 맞섰을 뿐만 아니라, 열혈소년처럼 진지하게 현피를 준비했다. 레이쥔은 리완창에게 마케팅팀의 류페이劉飛, 중위페이鐘雨飛 등 몇몇 동료들을 데리고 차오양 공원 동문에 가서 위치와 퇴각 경로를 파악하라고 지시했다. 제대로

◆
'현실 player kill' 를 줄여 쓴 인터넷 용어다. 온라인상의 논쟁에서 출발한 현실의 폭력 행위를 가리킨다.

◆◆
중국 보안 소프트웨어 개발업체 치후奇虎 360의 창업자.

한 판 뜨기로 마음먹은 것이 분명했다.

결과적으로 모든 것이 결국 흐지부지 끝나고 말았다. 하지만 모든 '현피' 과정이 웨이보라는 SNS를 통해 중계되면서 인터넷 업계의 치열한 경쟁을 일반 대중이 직접 볼 수 있는 기회를 만들어줬다. 이 사건은 당시의 비즈니스 전쟁에 멋진 효과를 더했다.

대중의 흥미를 자극한 이번 사건의 이면에는 혹독한 시장경쟁의 상흔이 있다. 일부 전통 업체는 샤오미의 활약을 지켜보며, 연간 생산량이 수백만 대에 달할지 몰라도 그 정도의 규모를 오랫동안 유지할 수 없을 거라고 생각했다. 화웨이에서는 단말기 사업을 이어받은 위청둥余承東이 휴대폰 사업을 포기하려던 창업주 런정페이任正非를 설득해 자체 브랜드를 가진 휴대폰 사업으로 진출하기도 했다.

이러한 시장의 변화는 Mi가 시장에 안긴 충격과 차기작에 대한 대중의 호기심을 증명하고 있다.

Mi2 개발에는 레이쥔이 직접 참여했다. Mi1은 완벽한 사양을 자랑했지만 레이쥔은 내심 디자인에 대한 아쉬움이 있던 터였다. 가령 Mi1의 두께는 12mm나 된다. Mi1의 디자인에 대한 소비자의 불만을 인터넷에서 쉽게 찾아볼 수 있었다. 샤오미에 '디자인 언어'가 없다는 지적을 레이쥔은 흘려듣지 않았다. 레이쥔은 디테일을 대단히 중요하게 여겼기 때문이다.

여느 하드웨어 업체와 마찬가지로 이 단계의 샤오미도 엔지니어 부서와 ID 부서 간의 힘겨루기에 따른 내홍을 겪고 있었다. 어느 한쪽이 강하면 다른 한쪽이 그만큼 물러설 수밖에 없다. 애플에서도 이러한 상황은 비일비재했다. 디자인이 공정을 주도할 것인지, 반대로 디자인이 공정에 자리를 내어줄 것인가를 두고 날마다 갈등과 타협을 반복하곤 했다. 애플의 수석 디자이너 조너선 아이브의 전기《조너선 아이브》에서 독자들은 이런 갈등의 순간을 여러 번 확인할 수 있다.

엔지니어는 오늘 일어날 수 있는 일을 현실적으로 따진다면, 산업 디자이너는 내일 일어날 수 있는 일을 상상한다.

디자인의 중요성은 말할 것도 없지만 우리는 전기 공정, 양산화, A/S 및 기술 지원 등의 문제 또한 해결해야 한다. 각 부서는 저마다의 목소리를 지녔다. 거기에 투표권 같은 효과가 담겨 있지는 않지만 그들 각자의 생각을 대변한다.

애플에서 산업 디자이너는 전혀 존재하지 않는 제품을 구상하고, 전체적인 생산 공정을 설계한다. 요컨대 상상을 현실로 만드는 일을 한다. 고객이 애플 제품을 터치했을 때의 경험을 정의하는 것도 여기에 포함된다. 디자이너는 제품의 전체적인 비주얼, 소재, 패턴과 색상을 결정한 뒤에 엔지니어 팀의 협조 속에 제품의 품질에 맞는 공정을 다듬어 제품을 완성하고 시장에 내놓아야 한다.

레이아웃 설계와 산업디자인 간의 전형적인 갈등은 Mi1이 탄생하는 과정에서도 목격됐다. 더욱이 디자이너가 사내에서 명확한 우위를 가진 애플과 달리, 샤오미에서는 하드웨어 부문이 주도권을 쥐고 있었다. 특히 초기 단계에서는 공급업체에서 제공하는 소재의 한계 때문에 휴대폰 내부 구조를 이루는 레이아웃의 변화 가능한 폭이 크지 않았다. 산업디자인팀을 이끈 류더는 그 시절이 무척 고통스럽고 어두웠다고 솔직히 고백했다. 디자이너로서의 자부심을 내려놓아야 했던 시절을 자세히 떠올리고 싶지 않다고 이야기하기도 했다. 그래서 메이드 인 차이나에 대한 인식을 바꾸고 중국산 디자인의 업그레이드를 꿈꿨던 레이쥔도 자신의 꿈을 잠시 접어야 했다.

"1세대 휴대폰은 내부 레이아웃을 먼저 구축한 뒤에 디자인을 적용했습니다. 구조를 튼튼히 다진 뒤에 '옷을 입히는 방식'을 적용하는 것이 기본적인 개념이었죠. 구조 위에 옷을 잘 입힌 뒤에 쓸데없는 장식은 모두 떼어냈습니다. 그 당시의 가장 큰 문제는 의제를 논의할 시스템이 없어 갈등을 어떻게 해결해야 하는지 몰랐다는 겁니다. 그 때문에 많은 어려움을 겪어야 했죠."

샤오미의 차세대 휴대폰 제품에 대한 논의가 이뤄지는 동안에도 두 부서 간 '힘겨루기'는 여전히 계속됐다. 레이쥔은 상황의 심각성을 눈치 챘다. 이 문제를 그냥 모른 체했다간 개인적인 갈등으로 비화될 수도 있을 터였다. 실무에 관여하지 않겠다고 맹세했던 레이쥔도 더는 참지 못하고 직접 문제를 해결하러 나섰다.

"Mi2을 또 이렇게 두껍게 만든다면 나도 미쳐버릴 겁니다!"

휴대폰 디자인과 부서 간 구조를 자세히 살펴본 끝에 레이퀸은 두 팀을 한 자리에 부른 뒤, 화이트보드에 레이아웃 구조도를 그렸다. 그리곤 두 팀에게 휴대폰의 두께나 형태를 자세히 설명했다.

"다행히 학교에서 입체 기하학도 배운 적 있고, 무선 전신도 조금 아는 터라 문제를 잘 수습할 수 있었죠."

레이퀸은 그때의 상황을 떠올리며 담담하게 입을 열었다.

혼란을 겪는 동안, 레이퀸은 휴대폰 디자인과 구조 부서를 진지하게 살펴봤다. 두 부서 간의 갈등을 해결하는 데 많은 시간과 공을 들이고서야 레이퀸은 휴대폰 디자이너는 하드웨어, 부품, 소재 등에 정통해야 한다는 사실을 깨달았다. 이러한 문제를 해결하기 위해 전략가로서 레이퀸은 중재 시스템을 구축해야 한다는 결론에 도달했다. 이러한 경험은 몇 년 뒤 샤오미가 발전하는 데 커다란 밑거름이 됐다.

Mi2의 디자인은 전 세대에 비해 장족의 발전을 거뒀다. 창업팀은 휴대폰 패키징에도 정성을 기울였다. 패키징 디자인 담당인 천루는 류더의 미국 아트센터 디자인스쿨 후배로, 졸업후 류더의 연락을 받고 샤오미에 입사했다. 미국에서 패키징 디자인을 배울 당시 천루는 환경보호 의식에 커다란 영향을 받았다. 이때의 경험은 샤오미의 디자인 철학에 영향을 미쳤다. 미국 유학 시절, 환경보호 의식을 강조한 교수들은 학생들에게도 사회적 책임을 강조하곤 했다. 당시 천루는 푸마PUMA 러닝화 상자를 리사이클링하는 프로젝트를 준비하기 위해 날마다 푸마 매장 밖에 있는 커다란 쓰레기통에서 사람들이 버린 신발

상자를 줍곤 했다. 주운 상자에 스프레이를 뿌려 포장한 뒤 새로운 로고인 푸마 리사이클PUMA Recycle이라고 써넣었다. 천루는 이 디자인을 세이프Safe 시리즈라고 불렀다.

안전성·친환경 콘셉트는 샤오미의 패키징 디자인에도 고스란히 적용됐다. Mi의 패키징 케이스는 재활용이 가능한 친환경 소재를 사용하고 있을 뿐만 아니라, 전자상거래 패키징에도 적합하다.

샤오미는 눈높이에 맞는 포장업체를 찾다가 공급망을 구축할 때처럼 찬밥 취급을 받아야 했다. 천루의 팀은 제지업체와 미팅 약속을 잡았다가 바람맞은 적도 있었는데, 어떻게 된 일이냐는 항의에 돌아오는 대답이 가관도 아니었다.

"미안하지만 저희 사장님이 샤오미라는 회사를 들어본 적이 없다고 하셔서 못 가게 됐습니다."

훗날 위안빙余安兵은 오랜 시간을 들여 업체를 일일이 방문했다. 전국의 크라프트지kraft paper 업체를 거의 다 만나본 끝에, 심슨 카드辛普森牛卡라는 제지 공급업체를 찾아 협상을 진행했다. 샤오미는 정밀 제품의 패키징 재료로 크라프트지를 사용하려 했고, 제지업체 측에 질기며 잘 구겨지지 않고 특히 압축에 강하고 방수 기능을 가진 제품을 요청했다. 천루는 심슨 카드의 제품이 무척 마음에 들었다. 빠르게 분해되는 데다 상품에 대한 직접 패키징이 가능해 패키징 위에 운송장을 붙일 수도 있었다. 특히 원가가 다른 업체에 비해 저렴해 샤오미의 최종 패키징 비용은 개당 몇 위안에 불과했다. 이는 패키징에 드는 비용을 아껴 그만큼 소비자에게 돌려주자는 샤오미의 가성비 전략과도 맞아떨어졌다.

패키지가 브랜드의 아이덴티티라는 점을 깨달은 샤오미는 Mi2의 색상과 패키징을 대대적으로 개선했다. 예를 들어 패키징에서 전자회로 이미지를 삭제해 기술적인 느낌을 없애고 심플한 크라프트지 포장과 샤오미의 로고만 남겼다. 또 상자를 여는 경험을 개선하기 위해 패키징팀은 수십 개의 상자를 두고 테스트에 나섰다. 가장 자연스러우면서도 어렵지 않게 상자를 열고 휴대폰을 꺼내는 경험을 제공하기 위함이었다. 테스트 과정에서 패키징팀은 남성 사용자의 엄지손가락이 굵다는 점에 주목했다. 홈이 작으면 상자를 열기 힘들다는 점을 감안해 홈의 크기와 위치를 조정했다.

이렇게 해서 '상자 형제'가 등장하게 됐다. 패키징의 강도를 보여주기 위해 직원 중 형제 사이인 두 사람이 몸을 겹친 채 Mi2의 패키징 박스 위에 주저앉은 것이다. 행위 예술과 같은 이런 방식을 통해 사람들은 샤오미의 패키징 박스가 심플한 디자인은 물론 150kg에 달하는 하중을 견딘다는 사실을 알게 됐다. 두 형제가 연출한 장면은 직관적이면서도 충격적이었다. 리완창은 이 에피소드를 마케팅에 활용했다. 웨이보에 두 형제의 이야기를 소개하며, 두 사람을 소재로 하는 이미지 합성 대회를 개최해 많은 관심을 끄는 데 성공했다. 성공적인 마케팅 활동이라는 평가가 쏟아졌다.

유쾌하면서도 화제성 있는 이벤트를 통해 드러난 장인 정신에 대한 샤오미의 진심은 새로운 비즈니스 세계를 향한 샤오미만의 대답이기도 했다. 샤오미는 새로운 비즈니스 환경에서 일방적으로 명령을 내리는 업체가 아닌 민주적인 업체가 미래 전략의 주역이 될 거라고 확신해왔다.《새로운 자본주의 선언》의 주장처럼, 민주적인 정신만이 흩어진 조직을 폭발력을 가진 호응을 이끌어낼 수 있고, 대중과의 대화가 상품 중심의 가치관을 대체할 것이라 여긴 것이다.

샤오미는 대중과 소통할 수 있는 시스템을 구축하는 데 최선을 다했다.

샤오미에 2012년은 잊을 수 없는 해다. 2012년을 기점으로 모든 것이 좋아지기 시작했기 때문이다. 단순히 상황이 좋아지는 데 그치지 않고 샤오미가 온갖 시련을 극복하고 무한질주하는 첫해이기도 했다.

Mi2 발표 직후인 2012년 8월 23일, 샤오미는 Mi1S를 또다시 선보였다. Mi1의 업그레이드 모델로 세계에서 가장 빠른 속도를 자랑하는 퀄컴 MSM8260 듀얼코어 1.7GHz CPU를 탑재했다. 화려한 사양에도 불구하고 가격은 1499위안에 불과했다.

Mi2는 2012년 8월 23일 정오에 홈페이지를 통한 판매가 시작됐다. 이미 Mi1S가 Mi1S청춘靑春 모델 45만 대, 스탠다드+텔레콤 모델 5만 대를 합해 50만 대가 판매된 터였다. Mi2의 완판은 따놓은 당상이었고, 얼마 만에 매진이 되느냐가 유일한 관심사였다. 이에 대해 샤오미는 4분 15초라는 답을 들려주었다.

2012년 말, 샤오미는 11월 말 기준으로 지난 1년 동안의 매출액이 100억 위안을 돌파했다고 언론에 밝혔다. 충격적인 숫자였다. 게다가 2012년이 끝나는 시점에는 총 판매 대수가 719만에 달했고, 연매출은 126억 위안을 기록했다. 투자자들은 2012년 4월에 40억 달러로 평가했던 샤오미의 회사 가치를 연말에 100억 달러로 조정했다. 이유는 간단했다. 회사 간판을 단 첫해부터 영업 이익이 100억 위안을 넘긴 스타트업은 없었기 때문이다. 사람들은 미친 듯이 질주하는 샤오미의 행보를 지켜보며, 그들의 성공을 '일반적이지 않은 창업'이라고 정의했다.

사람들은 샤오미에 대해 이렇게 말한다.

3G폰 시장 진출을 기점으로 화웨이와 쿠파이가 매출 100억 위안을 달성하는 데까지 6년이 걸렸고, 징둥닷컴京東商城 또한 6년이 걸렸다. 바이두는 무려 10년이나 걸렸다. 어떤 관점에서 보더라도 샤오미는 '정상'이 아니다.

회사 간판을 단 지 2년도 안 되는 데다, 제품을 판 지 겨우 1년밖에 안 된 스타트업이 순식간에 '100억 클럽'에 가입한 것이다. 지난 30여 년 동안 중국 재계에서 이런 기적을 이룰 수 있는 업체는 높은 콧대를 자랑하는 독과점 기업과 사방에 걸쳐 문어발식 확장을 한 다단계 판매업체들뿐이었다.

샤오미의 창립자들은 그해, 새벽이 오기 전 어둠을 깨우는 성취감을 느낄 수 있었다. 레이쥔은 언론과의 인터뷰에서 지금의 성과를 거둘 수 있었던 건 운이 좋았기 때문이라며 겸손하게 입을 열었다.

"우리가 해낸 일들은 여러 분야를 아우르고 있다는 데 의미가 있다고 생각합니다. 오늘 우리에게는 무궁무진한 사업 기회와 상상의 공간이 있다고 생각합니다."

샤오미의 행운은 시대가 행운의 주인공에게 건네는 선물로 볼 수 있을 것이다. 예를 들어 2009년에 등장한 웨이보는 제품을 대중에게 알리는 방식에서 새로운 혁명을 가져다줬다. 2003년 이후 전자상거래가 중국에서 급성장한 것 역시 샤오미의 직거래 모델을 위한 시대적 밑거름이 되어주었다. 그 밖에 인재 확보에도 운이 따랐다. 엔지니어가 배당을 받는 시대는 우직하게 일만 하던 엔지니어 그룹에게 무한한 동력을 선사하는 동시에, 레이쥔 같은 수퍼 PM 출신의 창업자에게 거대한 기회를 제공했다. 물론 가장 중요한 점은 인터넷폰의 성장에 따른 막대한 수익 모델이 등장했다는 것이다. 인터넷폰이 본격적으로 등장한 2011년은 마침 중국에 스마트폰이 크게 보급되던 시절이었다. 2011년 중국의 휴대폰 보급률이 100인 기준 73.6대를 기록했다. 2012년 중국의 3G 보급률은 25%를 기록했다.

여러 요소가 뭉치면서 '태풍의 길목 이론'●을 이해하기 시작한 사람들은 창업자를 위한 기회가 왔음을 직감했다. 하지만 샤오미 사람들은 이번 승리를 가치관의 승리라고 정의했다. 세

● 태풍이 지나갈 곳에 자리 잡으면 돼지도 하늘을 날 수 있다는 의미로 레이쥔이 사용한 말.

계적인 경영 사상가인 우마이르 하크가《새로운 자본주의 선언》에서 지적한 것처럼, 좀 더 의미 있는 업체를 세우는 일은 차별화된 상품을 생산하는 데 그치지 않고 대중과 공동체, 나아가 후대의 삶의 방식을 개선하는 것과 일맥상통한다.

성숙한 사회적 영향력에 기초해 대중에게 더 행복한 삶을 선사하고, 긍정적인 영향력과 함께 제품의 품질로 사람들의 삶을 바꿀 수 있는 저력을 갖춘 기업이라면 전통 업체를 뒤떨어지게 보이도록 만들 수 있다.

사람들의 삶을 바꾸고 사람들에게 행복을 선사해주는 것. 샤오미가 간판을 처음 내건 날부터 일관되게 추구한 궁극적인 가치관이다.

# 5장 출항을 시작한 샤오미의 생태계

## 한발 앞선 샤오미 모델

지금도 Mi2는 샤오미 직원들의 마음속에는 '신물'로 통한다. 2012년 8월부터 2013년 말까지 Mi2는 많은 사람의 예상을 깨고 오랜 생명력을 유지할 수 있었다. IT 광팬을 위해 태어난 또 하나의 휴대폰이라는 구호처럼, 뛰어난 성능의 최고의 휴대폰 중 하나라는 평가를 받았다. Mi2는 별도의 마케팅 없이도 사람들로부터 뜨거운 반응을 이끌어냈다.

당시 소비자가 Mi를 손에 넣을 수 있는 판매 경로는 온라인과 통신사가 유일했다. 온라인 판매가 70%, 통신사 판매가 30%를 차지했다. 통신사를 통한 판매는 전통적인 판매 방식으로서, 샤오미는 중국 전역을 아우르는 유통업자Agent에게 전권을 맡겼다. 원가에 가까운 가격 때문에 이론적으로는 유통업자에게 제대로 된 이윤을 제공할 수 없었지만 린빈은 2~3%의 할인율이라면 유통업자도 적극적인 관심을 보일 거라고 확신했다. 당시 통신사들은 대대적인 가격 보조금 정책을 실시하고 있었는데, Mi 물량을 확보한 뒤에 약정을 걸고 판매하면 큰 인기를 끌 것이 분명했기 때문이다. 이러한 방식은 초기의 샤오미가 온라인 판매 외에 오프라인에서 유일하게 시도했던 판매 방식이었다.

Mi가 날개 돋친 듯 팔리면서 MIUI 시스템에도 새로운 사용자가 꾸준히 유입됐다. 이러한 변화에 발맞춰 열혈 마니아를 위한 MIUI 커뮤니티도 좀 더 현실적인 색채를 띠기 시작했다. 샤오미 커뮤니티를 통해 유입된 사용자가 다른 사용자와 온라인에서 친분을 쌓고 소통하는 사례가 점차 증가했다. 사용자들은 다양한 게시판을 오가며 소통하기도 하고, 백엔드에서도 쉽게 확인될 만큼 MIUI 게시판에 참여하는 사용자 수도 눈에 띄게 늘어났다. 마치 남다른 친분을 가진 사교 목적의 커뮤니티를 연상시켰다.

샤오미의 팬들은 새롭게 생겨난 쿠완방<sub>酷玩帮</sub>[•]과 촬영 커뮤니티 등에서 새로운 라이프 스타일에 대한 의견을 나누거나 촬영 기법을 공유했다. 또 지역별 동호회를 통해 만남의 자리를 마련하기도 했다. 이런 모임은 1년에도 수백 회에 달했는데, 대부분은 미펀들이 자발적으로 조직한 것이었다. 샤오미 직원들도 미펀들이 가장 좋아하는 'F코드'[••]를 들고 나타나 뜨거운 환대를 받곤 했다. 당시 샤오미의 9번째 직원인 리밍<sub>李明</sub>은 677이라는 별명을 가진 직원과 함께 잡지 〈팝콘<sub>爆米花</sub>〉을 펴내기도 했는데, 커버에 실린 미펀은 셀럽과 같은 대우를 받았다. 이처럼 샤오미 사람들에게 미펀은 자신들의 마음속 영웅으로 비쳐졌다.

MIUI는 IT와 일상을 다루는 커뮤니티 운영을 통해 쿨하고

[•] 샤오미의 신제품 공개 플랫폼.

[••] 샤오미에 지대한 공헌을 한 사용자, 샤오미 명예 고문단, MIUI 명예 개발팀에 특별 지급되는 구매 할인 코드다. 'F'는 '친구 Friend'의 영문 이니셜을 뜻한다

개성 넘치는 라이프 스타일에 관심 많은 젊은 사용자들과 거리를 좁혀가며, 미펀에게 자신들의 진솔한 애정을 전했다.

2012년 4월 6일은 샤오미가 정식으로 설립된 지 2년이 되는 날이다. 2012년 3월 23일, 마케팅팀은 기념 행사를 어떻게 진행할 것인가를 두고 새벽 3시까지 머리를 맞대고 있었다. 샤오미의 탄생 2주년을 기념하는 뜻에서 Mi 약정폰을 소개하는 대대적인 행사를 추진하자는 의견이 제시됐다. 하지만 그것만으로는 부족하다는 의견에 회의는 밤늦도록 계속 이어졌다. 리완창은 의자에서 벌떡 일어나 기지개를 켜며 중얼거렸다.

"우리 그냥 이렇게 하죠. 미펀을 위한 미펀 페스티벌米粉節을 열어서 다 같이 즐기는 겁니다. 미펀이야말로 우리 회사의 영웅이니까요."

클럽 스타일로 꾸며진 행사장에 사람들이 속속 모여들었다. 회사에서 개최하는 행사라고 들었는데 신나는 음악이 흘러나오는 클럽 분위기를 마주하자 다들 처음에는 얼떨떨한 눈치였지만, 이내 긴장을 풀고 파티를 즐겼다. 추이젠崔健●의 옛 노래 '새로운 길 위에서 부르는 록新長征路上的搖滾'이 흐르는 가운데, 행사장 전방에 세워진 폭 11m의 거대한 스크린과 화려한 네온사인 등이 자리를 빛내고 있었다. 오렌지색 티셔츠를 입고 온 참석자들이 오렌지색 바다를 만들어냈다. 인더스트리얼 분위기로 꾸며진 798 아트센터의 제1스튜디오에서 사람들은 음악에 맞춰 자유롭게 몸을 흔들었다.

제대로 된 클럽 효과를 내기 위해 리완창은 밤 11시에 퇴근

● 중국 록 음악의 대부로 저항 정신이 담긴 노래를 주로 불렀다.

한 뒤에도 사람들을 끌고 클럽에 가서 조명 다루는 법을 배웠고, 행사장으로 발길을 옮겨 인테리어 작업을 진두지휘하기도 했다. 창립자들과 미펀들이 설 자리를 마련하기 위해 행사장에 있는 의자를 모두 치우고 라이브 DJ를 영입했다. 모든 것에서 젊음의 열기가 느껴졌다. 젊음, 열정, 록 음악, 그리고 쿨함이 미펀 그 자체를 상징한다고 샤오미는 확신했다. 이렇게 해서 기존의 낡아빠진 것들을 모두 밀어낸 가장 쿨한 행사가 탄생할 수 있었다. 미펀들도 모두의 기대에 부응하듯 샤오미가 준비한 행사를 마음껏 즐겼다. 선전 출신의 Gage라는 닉네임을 가진 베테랑 미펀은 레이쥔조차 '민망해' 할 만큼 샤오미에 대한 남다른 애정을 보여줬다. 자신의 전공인 시각 디자인을 활용해 Mi의 로고에서 힌트를 얻은 헤어스타일을 한 채 행사 현장에 나타난 것이다. 그 모습에 현장에 있던 많은 미펀이 자신의 눈을 의심하며 그를 바라봤다.

미펀들 사이에서 큰 관심을 끈 헤어스타일에 대해 레이쥔은 이런 평가를 내놨다.

"머리를 저렇게 밀고 싶긴 한데 아직은 그럴 용기가 없네요."

충성 팬답게 Gage는 샤오미에 대한 남다른 애정을 과시했다.

"커뮤니티에 머무는 시간을 정확히 계산해본 적은 없지만 제 근무 시간보다는 길 겁니다. 샤오미를 왜 이렇게 좋아하냐고요? Mi의 성능과 디자인, MIUI의 편의성 때문일까요? 아니면 저와 비슷한 생각과 취향을 가진 커뮤니티 때문일까요? 정확히 딱 꼬집어 이야기할 순 없지만 한 가지 분명한 건, 그 모든 이유가 샤오미를 향한 제 일편단심을 가능케 했다는 겁니다."

Gage는 샤오미의 거의 모든 제품과 부품을 소장하고 있었다. 오죽하면 샤오미가 여성용 속옷을 출시한다면 그것도 사겠다고 공언하기도 했다. Gage가 샤오미의 제품을 구입하는 건 그저 필요해서가 아니라, 진심으로 아끼는 마음과 수집의 즐거움 때문이었다.

그날 샤오미는 현장에서 Mi 10만 대를 판매하는 알리는 라이브 방송을 연출하기도 했다. 이러한 방식을 통해 샤오미에 관한 진실을 조금이라도 빨리 알리고자 하는데 의도가 있었다. 샤오미의 판매량을 의심하는 곱지 않은 시선이 존재하던 터였다. 이어지는 완판 행렬이 모두 사전에 기획된 것이며, 이슈를 만들어내기 위해 억지로 꾸민 사기극이라고 주장하는 사람도 있었다. 샤오미의 알리페이 잔액을 보여주며 진실 밝히기에 나섰던 리완창은 이번 기회를 빌려 모두에게 사실을 전하고 싶었다.

레이쥔이 10만 대나 되는 휴대폰을 온라인에서 판매하기 시작한 순간, 백엔드를 책임진 왕하이저우는 경악을 금치 못했다. 훗날 왕하이저우는 당시 상황을 '짜릿했다'고 표현했다. 무대에 오른 레이쥔이 구매 시작을 선언했는데 대형 스크린의 판매 숫자가 10여 초 동안 꿈쩍도 하지 않는 바람에 참석자들은 잠시 당황한 표정을 지었다. 하지만 이내 스크린 속 숫자가 올라가기 시작하자 기술팀에서는 그제야 한숨을 돌렸다. 사용자는 주문 페이지에 접속한 후 이름과 주소, 전화번호를 기재하

고 결제해야 했는데, 여기에 십여 초가 걸린 것이다. 왕하이저
우는 이 때문에 대형 스크린 속 숫자가 멈춘 거라고 훗날 회고
했다. 숫자가 빠르게 올라갔고, 6분 5초 만에 약정폰 10만 대가
완판을 기록했다.

현장의 미펀들은 빠르게 올라가는 숫자를 보며 환성과 비명
을 지르며 6분 5초라는 시간 동안 현장을 뜨겁게 달궜다. 마침
내 숫자가 멈춘 순간, 무대 아래 있던 리완창은 감격에 겨운 나
머지 자신도 모르게 벌떡 일어나 주먹을 힘껏 휘둘렀다. 눈으
로 직접 보는 것보다 더 설득력 있는 언어가 세상에 또 있을까?
세간의 모든 의심과 비방은 뜬구름처럼 순식간에 사라지고 말
았다. 남다른 감성의 소유자인 리완창은 바로 그 순간, 자신의
삶에 존재하는 모든 감정과 감성을 자신이 창업자로 함께한 샤
오미에 바쳤다.

2013년 1월, MIUI 글로벌 온라인 사용자 수가 1000만 명
을 돌파했다. 2013년 열린 미펀 페스티벌에서 샤오미는 웹 영
화 〈100명의 드림 서포터100個夢想贊助商〉를 상영했다. 영화의
전체적인 분위기는 상업영화라기보다 한 편의 예술영화를 떠
올리게 했다. 주변에서 끊임없이 무시당하던 시골 청년이 우직
하게 노력하다가 마침내 카레이서의 꿈을 이루는 과정을 그린
영화였다.

슈허舒赫는 카레이서를 꿈꾸는 작은 시골 마을의 평범한 청
년이다. 마을 사람들은 카레이서가 되고 싶다는 그의 말을 무
시하곤 했다. 하지만 슈허는 기죽지 않고 자신의 노력과 친구

의 도움으로 경기장에 발을 딛는다. 슈허는 자신의 꿈을 응원해준 사람들의 이름을 개조한 차에 적었다. 그리고 그 힘을 동력 삼아 트랙에 오른다. 이때 영화 속 차체에 적힌 이름은 MIUI를 최초로 이용한 알파테스터 100명의 이름이었다.

영화가 끝나고 신위에퇀信樂團 밴드의 노래 '광활한 세상天高地厚'이 울려 퍼지는 가운데, 100명의 이름이 대형 스크린에 차례로 등장했다. 그 모습에 수많은 관객이 뜨거운 눈물을 흘렸다. 주변의 숱한 비웃음과 의심, 냉대를 무릅쓰고 꿈꾸던 목적지까지 힘겹게 걸어간 시골 청년의 모습은 샤오미 그 자체였다. MIUI 커뮤니티에서 알파테스터로 활동해준 100명의 사용자를 향한 답례 차원에서 제작한 영화였다. 그들은 샤오미의 꿈을 인정해주었고, 그런 그들을 샤오미는 '드림 서포터'라고 불렀다. 샤오미가 특별히 준비한 이 영화를 통해 그들의 이름은 영원히 기억될 것이었다.

브랜드를 만들 때 가장 먼저 해결해야 할 문제는 포지셔닝, 즉 내가 누군지 사람들에게 알리는 것이다. 샤오미라는 브랜드는 세상에 등장한 이후 전례 없는 뜨거운 관심을 받아왔다. 샤오미라는 브랜드의 승리는 '인터넷폰'이 거둔 승리이기도 하다.

제품에 관한 입소문을 통해 샤오미라는 브랜드를 성공적으로 안착시킨 후, 샤오미는 Mi2의 발매에서 기존의 판매 속도 기록을 깼다. Mi2는 판매를 개시한 지 3분 만에 50만 대가 팔려나갔다. 사이트에 판매 제품을 올릴 때마다 샤오미왕에 한바탕 소동이 일어나는 통에 리완창과 그의 팀은 사이트에 제품을

올리기 전에 사무실에서 향을 피우고 두 손 모아 기도를 올리
곤 했다. 향을 피우면 서버가 터지지 않고 잘 버텨줄 거라는 마
음의 위안을 받기 위한 나름의 궁여지책이었다.

새로운 브랜드의 맹활약에 시장이 주목하기 시작했다.
2011년부터 2013년까지 이제 막 회사 간판을 내건 애송이
(즉 샤오미)가 막강한 실력을 갖춘 고수들의 세계를 비집고 들
어가기 시작했다. 2013년, Mi의 전 세계 판매량은 전년 대비
2배 이상 증가한 1870만 대였다. 샤오미 굿즈의 판매 수익도
10억 위안을 넘어섰다. 샤오미의 마스코트인 '미투米兔' 인형은
50만 개나 팔려나갔다.

1870만 대라는 숫자는 2013년 당시 휴대폰 업계에서는 그
리 큰 숫자가 아니었다. 2013년 글로벌 데이터에서 알 수 있
듯, 삼성은 시장 점유율 31.3%로 전 세계 판매량 1위를 기록했
고, 15.3%의 기록으로 애플이 2위를 차지했다. 화웨이(4.9%),
LG(4.8%), 롄샹(4.5%)이 차례로 뒤를 이었다. 이 중 중국산 휴대
폰의 생산량은 14억 6000만 대로 전 세계 출하량의 81.1%를
차지했다. 전체 흐름으로 보면 2013년은 스마트폰이 전 세계
에서 급성장한 해였다. 2011년 4억 944만 대를 기록한 전 세계
스마트폰 출하량은 2013년에 그보다 두 배 이상 늘어난 10억
42만 대를 기록했다.

이 기간은 중국 시장에서도 전통적인 휴대폰 제조업체들이
피처폰에서 스마트폰으로 전환하기 시작한 시기다. 전통적인
휴대폰 제조업체는 오랫동안 통신사와 손을 잡고 채널 마케팅

을 펼쳐왔다. 3G 네트워크와 휴대폰을 통한 인터넷 사용을 대폭 늘리기 위해 통신사가 제공하는 보조금은 상당한 매력을 지닌다. 2010년부터 2011년까지 상당수의 휴대폰 제조업체는 통신사의 개입 방식을 검토한 끝에 통신사 채널을 구축했다. 이런 이들에게 온라인 모델은 여전히 낯선 존재였다.

샤오미라는 브랜드에 대해 사람들은 레이쥔이 그냥 취미 삼아 차린 회사라고 대수롭지 않게 여겼다. 사람들은 많은 라이벌이 오랫동안 정성껏 가꾼 텃밭에 함부로 뛰어든 침입자가 성공할 수 없다고 여겼다. 하지만 샤오미의 판매량이 점차 증가하면서 전자상거래 업체와 휴대폰 업체들은 2012년부터 서서히 눈을 뜨기 시작했다. 온라인 업체들도 하드웨어 문제를 고민하기 시작했고, 하드웨어 업체들도 휴대폰이 사실상 온라인이라는 입구로 통하는 기회라고 여기기 시작했다.

레이쥔의 사무실에 기존 휴대폰 제조업체들이 속속 찾아오기 시작했다. 자신을 찾아온 상대에게 레이쥔은 샤오미의 방법론과 사업 모델에 대한 이야기를 허심탄회하게 들려줬다. 샤오미의 모델이 당시로서는 월등히 앞섰다고 판단한 레이쥔은 샤오미 모델이 전 업종의 성장을 유도할 수 있을 것으로 기대했다. 레이쥔은 나중에 농담 삼아 이야기했지만, 당시에는 이 업체들이 샤오미라는 브랜드에서 이렇게 빠르게 학습할 줄은 미처 알지 못했다고 솔직히 고백했다.

주목할 만한 사실은, 남다른 학습력을 갖춘 화웨이가 2013년 12월 16일 인터넷 서브 브랜드 룽야오榮耀(Honor)를 선보였다는 것이다. 현재 이 브랜드는 성공적으로 성장했다고 평가받는다.

클레이 서키Clay Shirky가 《샤오미의 길: 스마트폰, 샤오미, 그리고 중국의 꿈Little Rice: Smartphones, Xiaomi, and the Chinese Dream》에서 지적한 것처럼 많은 브랜드가 기회를 노리고 달려들었다.

중국인, 특히 도시와 연해 지역 주민의 가처분소득이 꾸준히 증가할 것을 업계 관계자들은 분명히 알고 있었다. 또 한편으로는 전자제품의 원가가 전체적으로 낮아지고 있었다. 이러한 현상은 중국 시장에 변화가 나타나면 그 변화는 하루아침에 이뤄질 것이라는 사실을 의미했다.

## 샤오미즈쟈를 위한 밑그림

샤오미가 플래그십 휴대폰에서 거둔 성공은 단번에 사람들의 주목을 끌었다. 2013년 7월 기준 MIUI 사용자는 2000만 명으로 증가했고, 2013년 상반기에만 Mi2가 700여만 대가 판매되는 등 그야말로 파죽지세가 따로 없었다. 이런 상황에서 샤오미의 A/S 서비스 시스템은 한 단계 업그레이드될 필요가 있었다.

진산 출신의 장젠후이는 다른 샤오미 사람들처럼 여러 영역을 두루 다뤄야 하는 업무 방식을 되풀이하고 있었다. 진산에 10년 동안 몸담은 장젠후이지만 진산에서는 주로 오프라인 채널을 통한 판매 업무만 다룬 그였다.

장젠후이는 서른 살에 막연한 동경으로 샤오미에 입사했지만 리완창의 지시로 쉽지 않은 업무를 담당하게 된다. 바로 샤오미의 전국 A/S 서비스를 담당하는 고객 센터 사이트를 구축하는 일이었다.

처음에는 장젠후이는 이러한 인사 결정을 좀처럼 받아들이지 못했다. A/S 서비스가 얼마나 고되고 힘든지, 그리고 욕만 먹는 일이라는 걸 그녀를 포함한 모든 사람이 알고 있었다. 제품에 문제가 있어서 서비스를 요청하는 소비자가 좋은 기분으로 서비스 센터를 찾아올 리 만무하다. 게다가 연구개발이나 영업, 마케팅 등에 비해 존재감도 떨어져 실적을 올리기도 쉽지 않다. 하지만 장젠후이는 결심한 이상 제대로 해내겠노라 마음을 단단히 고쳐먹었고, 전국을 대상으로 A/S 센터를 물색하기 시작했다. 몇몇 후보 도시를 찾은 그녀는 부동산 중개업체를 통해 현장을 직접 누볐다. 날마다 발품을 팔다 보니 저녁이 되면 발이 퉁퉁 붓곤 했다. 나중에는 새로운 도시를 찾을 때마다 밤에 발을 담글 수 있는 플라스틱 대야를 가장 먼저 사곤 했다.

계속되는 강행군에 자신의 가치를 의심하던 장젠후이는 작은 사건을 계기로 180도 다른 생각을 갖게 됐다. 어느 날, 청두成都에 있는 친장즈싱 호텔에 머물던 그녀는 아침에 체크아웃하며 프런트 직원에게 영수증을 끊어달라고 부탁했다. 근무처를 알려달라는 말에 장젠후이가 '주식회사 베이징 샤오미 모바일'이라고 불러주는 순간, 프런트 데스크의 여직원이 갑자기 두 눈을 반짝이며 데스크에서 나오더니 자신을 훑어보는 게 아닌가!

"샤오미라면, 그 샤오미 말인가요? Mi를 만드는 그 샤오미요?"

그 순간, 장젠후이는 자신이 얼마나 중요한 사명을 짊어지고 있는지 깨달았다.

장젠후이는 A/S 센터의 부지를 선정하는 작업을 그럭저럭 해냈지만, A/S의 규정을 정하는 작업은 또 완전히 새로운 업무였다. 처음 이 업무를 맡게 됐을 때 '제품 수리, 교체, 환불에 관한 책임 규정'이라는 법률의 내용이 무엇인지, 어떤 작업자를 뽑아야 하는지도 알지 못했다. 스스로 생각해도 어처구니없었다.

"회계 사무실을 세우고 싶다면서 정작 회계의 기본이 뭔지도 모르는 것과 같은 막막한 기분이었죠."

이러한 상황을 타개하기 위해 전문가를 초빙해 DOA[5], DAP[6]와 같은 개념을 파악하는 한편, A/S 주요 부서의 조직을 도와줄 부품Spare 관리 및 공급망 관리 경험이 있는 전문가를 찾았다. 이뿐만 아니라 노키아의 A/S 임원들에게 조언을 듣고자 오후 내내 기다리기도 했다. 당시 노키아의 A/S 부서는 베이징의 윙허자위안雍和家園에 자리 잡고 있었는데, 장젠후이는 종종 건물 아래층에 있는 카페에서 노키아 담당자를 기다리곤 했다. 그녀의 문제는 딱 하나, 어떻게 해야 A/S라는 난관을 넘어설 수 있을 것인가 하는 것이었다.

"조언을 부탁한다며 업계에서 내로라하는 거물들을 자주 상
대해야 했어요. 명성에 맞지 않게 하나같이 소탈하고 좋은 분
들이라서, 스승님으로 모시기도 했답니다."

장젠후이는 주택가에 A/S 센터 부지를 정한 뒤 샤오미즈쟈
小米之家°라는 새로운 이름을 선보였다. 블랙 앤 화이트에 오
렌지 컬러를 매치해 집이라는 공간의 느낌을 최대한 끌어냈다.
이케아 소파가 놓인 방에 때로는 디퓨저를 놓거나, 방문한 미
펀에게 샤오미 직원이 직접 선물을 건네기도 했다.

업무 초반, 장젠후이는 자신의 결정에 반대 의견이 나오는 녹
록지 않은 상황에 직면했다. 그중 가장 크게 언성을 높였던 것
은 휴대폰의 디스플레이를 교체하는 데 드는 비용을 책정하는
문제였다. 자신의 손으로 뽑은 직원이 디스플레이 교체 원가가
1200위안이라며 최소한 이 정도나 이보다 조금 높은 1300위안
을 단가로 정하면 될 것 같다고 보고했다. 하지만 화끈한 성격
의 장젠후이는 그 이야기를 도저히 받아들일 수 없었다.

"그렇게 하면 죽어서도 묻힐 자리가 없을 거예요!"

자신이 뽑았지만 자신에게 걸핏하면 도전하는 전문가를 향
해 장젠후이는 분노를 쏟아냈다.

"그렇게 하면 안 되죠. 디스플레이 하나 바꾸는 데 휴대폰 가
격의 2/3이나 되는 비용을 내는 게 무슨 사용자 경험이라는 거
죠? 그렇게 하면 욕을 바가지로 먹어도 할 말이 없을 겁니다!"

결국 장젠후이는 회사의 손실을 최소화하면서도 사용자의

• '샤오미의 집'이
라는 뜻이다.

경험을 만족시킬 수 있는 적절한 가격을 책정했다.

하나씩 문제를 해결하고 해결책을 모색하는 과정을 통해 Mi의 A/S 시스템이 점차 안정적으로 자리를 잡기 시작했다. 훗날 샤오미 A/S 시스템만의 '1시간 수리 서비스'나 '배송 수리' 같은 획기적인 사용자 체험을 제공하기도 했다. 당시 장젠 후이는 레이쥔과 직접 만날 기회가 많지 않아 거의 미톡에서만 이야기하곤 했는데 레이쥔은 종종 링크를 보내며 빠른 처리를 요구했다. 우는 표정의 이모티콘과 함께…. 한 마디로 가야 할 길이 아직도 멀다는 뜻이었다.

## 짝퉁 시대의 종말을 고한 훙미의 탄생

전국 A/S 시스템의 개선은 Mi의 인기를 든든히 뒷받침했다. 한편 2012년 상반기부터 2013년 상반기까지 샤오미 연구개발팀은 중요한 혁명에 조용히 착수했다. 뼈를 깎는 노력 끝에 2013년 7월 31일에 시장에 전례 없는 충격을 선사할 신제품이 출시된다는 소식이 곧 들려왔다.

발표회는 간결하게 진행됐다. 40명만이 들어갈 수 있는 진산 회의실이 행사 장소라는 소식에 언론사들은 당황스러운 반응을 보였다. 그동안 샤오미의 신제품은 798 아트센터나 비즈니스 센터 등에서 화려한 조명 아래 출시되었던 터라 이런 발표회는 처음이었기 때문이다. 리완창은 행사를 진행하면서 모두의 궁금증을 풀어줬다.

"발표회를 이런 곳에서 진행하는 이유가 궁금하신가요? 그 이유는 간단합니다. 우차이청五彩城에 있는 사무실 자리가 모두 차는 바람에 40명이 들어갈 만한 공간을 찾지 못했거든요. 발표회를 왜 조촐하게 진행하냐고요? 작년 미박스小米盒子(MiBox)●를 출시했을 때의 경험을 토대로 저희는 한 가지 결론에 도달했습니다. 제품이 좋으면 반드시 대박을 터뜨린다는 겁니다. 오늘 선보일 제품도 그렇게 될 거라고 생각합니다."

● 샤오미의 TV 셋톱박스.

그날 리완창은 밝은 파란색 티셔츠 차림으로 짤막한 오프닝 멘트를 던졌다. 심플한 옷차림이었지만 그에게서 위풍당당함을 느낄 수 있었다. 그의 뒤로 보이는 붉은색 배경화면 위로 홍미紅米手機(RedMi)라는 글자가 떠올랐다. 그리고 그 바로 아래 차이나 모바일, 샤오미, Qzone(QQ空間)이라는 단어가 나란히 적혀 있었다.

홍미는 이날 발표회의 주인공이었다. 샤오미가 지난 1년 동안 조용히 준비했던 새로운 브랜드가 탄생하는 순간이었다. 샤오미의 플래그십폰과 달리 일반 소비자를 대상으로 하는, 1000위안 미만의 가격대의 휴대폰으로 사람들에게 그동안 상상할 수 없었던 세상을 제공해줬다.

리완창의 인사말이 끝난 뒤, 검은색 티셔츠 차림의 레이쥔이 무대에 올라 제품의 사양과 탄생 과정을 소개했다. 이번에는 브랜드가 없는 짧은 검은색 반팔 티셔츠를 입었는데, 가슴 부분에 MI라는 글자가 입체적으로 튀어나와 있었다. 한 손으로는 마이크를, 나머지 한 손으로는 홍미를 쥔 채 제품을 소개하는 레이쥔의 모습은 무척 편안해 보였다.

그 후 레이쥔은 50분에 걸린 발표회에서 홍미의 성능을 자세히 소개했다. 미디어텍聯發科(MediaTek)<sup>•</sup> 쿼드코어 CPU, 요우다 4.7인치 720p 디스플레이, 1GB RAM과 4GB 내장 스토리지, 800만 화소 백라이트 카메라, MIUI5 OS가 탑재된 샤오미 최초의 듀얼 카드 지원 TD-SCDMA<sup>••</sup> 모델.

제품에 대한 소개가 끝나자 레이쥔은 홍미의 험난한 탄생비화를 들려줬다.

"연구개발팀에서는 다른 업체의 유심칩을 일 년가량 테스트했지만, 이 시스템의 활성도가 본사 기준에 못 미친다는 점을 확인했습니다. 아쉽지만 약 4000만 위안의 몰딩 비용을 포기하고 미디어텍의 칩을 채택한 제품을 다시 제작해 지금의 홍미를 선보이게 됐습니다."

제품이 출시될 당시 레이쥔은 이미 홍미의 충성 사용자로 활동 중이었다. 샤오미의 임원진에게도 자사 제품을 사용할 것을 주문하기도 했다. 여태껏 WCDMA를 사용해 왔던 레이쥔은 TD-SCDMA를 처음 사용해서 놀랍고 유쾌하다는 소감을 밝혔다.

놀라운 사양을 가진 휴대폰의 최종 가격은 더욱 놀라웠다. 당시 동급의 사양을 가진 휴대폰의 판매 가격은 1500위안 정도였으나 1000위안 시장을 공략한 주력군에 레이쥔은 799위안이라는 가격표를 달아줬다. 홍미의 가격 전략이 또다시 업계 전체를 강타했다. 업계 관계자들은 그제야 소박하게 진행된 제

•
무선 통신 및 디지털 멀티미디어 기술, 반도체 통합 시스템 솔루션 등을 취급하는 타이완 IT 업체.

••
3세대 이동통신 기술 중 하나. 중국 기업들이 개발해 중국 내에서 서비스되었다.

품 발표회가 사실 피비린내로 가득한 전장이라는 것을 깨달았다. 소비자들이 놀라운 가격에 열광하는 가운데, 일부 휴대폰 제조업체들은 휴대폰 업계가 변할 거라는 불길한 예감에 한쪽 구석에서 숨을 들이키고 있었다.

사실 홍미의 가격도 무척 극적으로 책정됐다. 레이쥔이 Mi1을 발표하기 직전에 1499위안에서 1999위안으로 가격을 변경한 것처럼 홍미의 가격도 마지막 순간에 변경됐다. 가격을 올린 지난번과 달리, 이번에는 999위안에서 200위안을 깎아 799위안으로 가격을 결정한 것이다. 다른 휴대폰 제조업체로서는 엄두도 못 낼 가격이었다. 막강한 가격 전략을 앞세운 덕분에 홍미는 시장에서 압도적인 영향력을 발휘할 수 있었다.

Qzone과 진행한 소셜 마케팅이 성공을 거두자 많은 관계자가 자신을 비롯한 파트너들이 모두 경악했다며 감탄을 터뜨렸다. 사흘 만에 Qzone에서 예약 코드가 500만 개 팔려나갔다. 판매 개시 당시 준비된 수량은 10만 대였으나 최종 예약자 수가 745만 명을 달성하는 기록을 세웠다. 최종적으로 10만 대에 달하는 물량이 90초 만에 완판됐다.

훗날 소셜 마케팅의 대표적인 성공 사례를 분석하는 여러 작업에서 Qzone을 제휴 대상으로 삼은 홍미의 선택이 정확했다는 분석이 나왔다. 예를 들어 Qzone을 사용하는 그룹은 홍미의 목표 사용자 그룹과도 일맥상통했다. 게다가 QQ제품을 사용하는 유료 사용자 수가 가장 많아 별도의 시장 조사 없이도 이들의 소비 수준이 높다는 것을 알 수 있었다. 샤오미가 각종 소셜미디어와 제휴한 사례들이 또다시 사람들의 화제에 올랐다.

사실 2011년 말 Mi가 처음으로 웨이보에서 온라인 판매를 공지한 순간부터 리완창과 그의 팀은 각종 소셜미디어와 제휴를 추진해왔다. 웨이보를 시작으로 Qzone 및 텅쉰의 전자상거래, 이후의 위챗에 이르기까지 샤오미는 초대형 소셜 스트리밍 플랫폼과 활발한 교류에 나섰다. 별도의 마케팅 비용 없이 오로지 제품의 자체적인 인기와 이벤트 기획을 통해 샤오미는 여러 플랫폼으로부터 러브콜을 받았다. 이러한 성과를 통해 리완창과 그의 팀은 '계속된 사냥의 기쁨'을 만끽할 수 있었다. 예를 들어 팀원 중 한 명인 종위페이鍾雨飛는 별난 취미를 가지고 있었다. 협력업체의 서버가 이벤트로 생겨난 거대한 트래픽을 감당하지 못하고 뻗는 것을 구경하는 일이었다.

하지만 아무리 성공적인 마케팅도 제품 없이는 불가능하다. 사람들에게 홍미는 시장에서 '짝퉁을 종결시킨 제품'으로서 사명을 다했다고 알려져 있다.

홍미를 필두로 중국에서 저가 휴대폰 전쟁이 시작됐다. 수많은 휴대폰 제조업체는 '가성비'가 뛰어난 다양한 제품을 선보였다. 홍미는 중국 전역을 점령한 짝퉁 휴대폰의 맥을 끊는 마지막 저격수가 됐다.

이러한 상황은 휴대폰을 만드는 것을 넘어 중국 제조업의 현실을 바꾸겠다는 샤오미의 초심과도 일치한다. Mi가 애플, 삼성과 거래하던 해외 공급업체들과 적극적으로 거래했던 것과 달리, 홍미는 중국에서 만든 부품을 대량으로 사용하면서 중국산 휴대폰 공급망의 발전을 이끌어냈다. 레이쥔은 이를 두고 사회적 책임을 다하려는 샤오미의 노력이라고 소개했다.

샤오미의 기업 가치는 2013년에 이르러 100억 달러를 달성했다. 홍미의 등장으로 샤오미는 스마트폰 업계와 관련 업계 종사자들에게 커다란 충격을 선사했다. 더는 누구도 샤오미의 존재감을 무시할 수 없게 되었다. 사람들은 샤오미가 로켓처럼 빠르게 성장한다며, 세계에서 성장률이 가장 빠른 기업 중 하나가 될 수 있었던 것 모두 샤오미가 직접 일군 기적이라고 평가했다. 기적을 만들어낸다는 것은 어떤 기분일까? 참고로 롄샹은 시가 총액 100억 달러라는 목표를 달성하기까지 무려 30년에 가까운 시간과 공을 들여야 했다!

## 여덟 번째 창립자

레이쥔은 샤오미가 추진했던 몇 차례의 융자 프로젝트 중에서 인상 깊었던 사건으로, 40억 달러 규모의 한 융자 프로젝트를 손꼽았다. 그 작업을 두고 레이쥔은 샤오미 역사상 가장 비싼 융자 프로젝트라고 설명했다. 러시아 출신 투자자인 유리 밀너Yuri Milner가 자신에게 건넨 가격을 보고 레이쥔은 두 눈을 의심할 수밖에 없었다. 2억 5000만 달러에 불과하던 회사 가치가 10억 달러로 증가하는 동안, 샤오미의 휴대폰 판매량은 30만 대를 기록했다. 투자자들은 샤오미가 첫 단추를 잘 끼웠다고 평가했지만 유리 밀너가 40억 달러를 직접 제시했을 당시만 해도 더 이상의 성과를 거두지 못한 실정이었다. 하지만 훗날의 성과가 증명하듯, 유리 밀너의 날카로운 안목은 정확했다.

2012년 6월, 샤오미는 2억 1600만 달러에 달하는 융자 프로젝트에 성공하며 회사 가치가 40억 달러로 증가했다. 당시 블랙베리의 제조사인 RIM의 시가 총액 47억 달러에 맞먹고, 노키아의 시가 총액 절반에 해당하는 규모였다.

40억 달러 규모의 융자를 유치한 성과를 축하하는 자리에서 레이쥔은 중요한 할 일을 떠올렸다. 그건 친구인 왕촨을 다시 샤오미로 데려오는 일이었다. 샤오미를 창립하고 2년여 동안 레이쥔은 창립자라면 자신의 단점을 보완할 방법을 찾아야 한다는 생각을 한시도 놓은 적 없었다. 그리고 샤오미라는 큰 그림에서 가장 아쉽다고 생각한 부분은 역시나 하드웨어였다. 레이쥔은 저우광핑 박사에게 자신이 하드웨어 연구개발 작업을 보조하면 되지 않겠느냐고 반쯤 농담 삼아 이야기한 적도 있었다. 하지만 자신이 자세를 낮추는 것만으로는 부족했다. 하드웨어 부문에서 동급 부서 간 협업이나 업무 조율이 쉽지 않다는 것을 레이쥔이 모를 리 없었다. 회사가 빠르게 발전할수록 하드웨어 부문의 인력을 하루빨리 보강해야 했다.

왕촨은 당시 레이쥔의 친구 중 하드웨어를 가장 잘 아는 사람이었다. 2006년 베이징 난산南山 스키장에서 알게 된 두 사람은 만나자마자 오랫동안 알고 지낸 친구처럼 돈독한 우정을 자랑했고, 이후에도 가족 동반으로 스키장에서 함께 휴가를 보내곤 했다. 한번은 구정 연휴 기간에 프랑스 알프스에 있는 한 스키장에서 왕촨은 레이쥔의 '광기'를 처음 보게 됐다.

"당시 레이쥔은 스키를 배운 지 얼마 되지 않은 터라 그린 슬로프에서 연습하라고 했는데, 곧 죽어도 저희랑 같이 레드 슬로프를 타겠다고 하더군요. 알프스 산의 레드 슬로프라면 중국에서는 블랙 슬로프에 해당하는 난이도일 겁니다. 엉덩이 보호대를 구할 수 없어서 급한 대로 보온용 허리 보호대만 몇 개 챙겨줬었죠. 그래도 엄청난 속도로 우리 뒤를 바짝 쫓아오더군요. 아마도 레이쥔이 태어나서 가장 많이 넘어졌던 때일 겁니다. 일부 급경사 코스에는 절벽도 있었는데 정말 죽기 살기로 타더라고요!"

스키장에서 맺은 우정은 레이쥔이 샤오미를 설립할 때까지 이어졌다. 샤오미가 회사 간판을 내건 2년 4개월 동안, 왕촨은 레이쥔의 곁을 지키며 온갖 지원과 응원을 아끼지 않았다.

예를 들어 왕촨은 레이쥔에게 훗날 샤오미에 큰 힘이 되어 준 디자이너 주인朱印을 소개했다. 리고 디자인RIGO Design 스튜디오의 창립자인 주인은 샤오미와도 인연이 있었다. 사실 주인은 리완창의 친구로, 샤오미 창립 초기에 샤오미의 MIUI 디자인 프로젝트를 함께 추진하자는 제의를 받은 적 있었다. 하지만 주인은 자신만의 스튜디오를 세우고 싶다며 리완창의 제의를 정중히 사양했었다. 샤오미와 같은 시기에 회사 간판을 단 주인의 스튜디오는 거물급 손님들로 장사진을 이뤘다. 하지만 실제 작업량은 전체 의뢰 분량의 10%에 불과할 만큼 클라이언트에 깐깐하기로 유명하기도 했다.

이들 고객 중에는 왕찬의 레이스커지雷石科技도 포함되어 있었다. 청년 예술가처럼 멋들어진 구레나룻을 기른 주인은 클라이언트를 기겁하게 만드는 디자인 비용을 제시하곤 했다. 하지만 그가 작업한 레이스커지의 OS 디자인을 확인한 왕찬은 무척 흡족한 표정을 지었다. 이렇게 해서 왕찬은 친구 레이쥔에게 주인을 소개했고, 레이쥔은 그런 주인에게 MIUI의 디자인 작업을 맡겼다. 주인이 디자인에 참가한 샤오미 MIUI5 시스템을 확인한 레이쥔은 자신이 지불한 비용을 잊어버릴 만큼 칭찬을 아끼지 않았다.

왕찬은 레이쥔의 가장 좋은 친구 중 한 명이다. 평범한 체구에 과묵한 성격, 굳은 눈빛을 가진 왕찬은 대학교에서 컴퓨터를 전공하며 수많은 대회에서 명성을 날린 유명한 엔지니어로, 그 역시 창업에 나섰다.

레이쥔과 알게 된 2006년 당시, 왕찬은 중국 최대 노래방 시스템 및 설비 업체인 레이스커지의 창립자였다. 회사가 성공하자 평소 독서를 좋아하던 왕찬은 아마존의 킨들과 비슷하면서도 중국인의 독서 습관에 더 맞는, 심플하면서도 멋진 전자책 리더기 둬칸多看 리더기를 제작했다. 왕찬의 첫 번째 리더기를 레이쥔도 종종 애용하곤 했다. 레이쥔의 도움으로 왕찬의 '둬칸'은 1000만 달러의 융자에 성공하며 하드웨어 제작 사업에 본격적으로 뛰어들었다.

2012년 6월, 둬칸은 애플의 태블릿 PC 아이패드로 인해 전략을 변경해야 하는 궁지에 내몰렸다. 왕촨은 스마트TV에서 기회를 확인했다. 2011년부터 스마트TV가 IT 업계 최고의 핫이슈로 떠올랐고, 구글도 그해 구글TV를 출시했다. 이러한 흐름을 지켜보며 왕촨은 스마트TV가 반드시 잡아야 할 기회라고 깨달았다. 이러한 전환은 하드웨어 분야에서 오랫동안 내공을 쌓아온 둬칸에게는 무척 시의적절한 변신이었다.

왕촨은 TV 셋톱박스를 시작으로 TV 업계에 뛰어들겠다는 계획을 세웠다. 중국어 OS 개발 경험과 다양한 네트워크 소스를 갖추고 있는 둬칸이 볼거리를 찾는 시청자들에게 좋은 길라잡이가 되어주기를 기대했다.

2012년 6월, 샤오미의 40억 달러 융자 프로젝트의 성공을 축하하기 위해 마련된 연회가 끝나자, 참석자들은 얼큰하게 취한 얼굴로 뿔뿔이 흩어졌다. 레이쥔은 왕촨을 자신의 사무실로 데려간 뒤 알딸딸한 표정으로 와인을 한 병 더 깠다. 그런 레이쥔의 입에서 나온 말은 지난 1년 가까이 들어왔던 질문이었다.

"왕촨, 오지 않겠나?"

레이쥔은 왕촨이 샤오미에 합류하는 조건으로, 시가의 2배에 해당하는 가격으로 둬칸을 인수하겠다고 제의했었다.

"지금도 거절한다면 자네가 우리 샤오미를 무시한다는 뜻으로 이해할 수밖에 없겠네."

말을 마친 레이쥔은 손에 들고 있던 와인을 쭉 들이켰다.

이번 이야기를 통해 왕촨은 자신을 영입하려는 레이쥔의 결심을, 그리고 일말의 서운함을 느낄 수 있었다. 사실 그동안 샤오미에 합류하기를 거절한 이유는 친구와 일적으로 얽히는 걸 원치 않았기 때문이었다. 우정과 사업을 분리하자는 건 왕촨만의 인생철학이었다. 가족은 물론 친구들에게도 창업이 얼마나 큰 영향력을 미치는지 왕촨은 잘 알고 있었다. 자신의 가장 소중한 친구인 레이쥔을 잃고 싶지 않았던 것이다.

하지만 지금의 대화를 통해 왕촨은 레이쥔이 자신을 얼마나 절실하게 원하는지 느낄 수 있었다. 그때 왕촨의 기분은 마치 알프스산의 위험천만한 레드 슬로프에 두고 온 동료를 가만히 지켜만 보고 있는 것 같았다. 그날 밤, 왕촨도 잔에 든 와인을 단숨에 비우고 샤오미에 합류하기로 결심했다.

그 후 왕촨이 이끄는 팀은 샤오미가 휴대폰 다음으로 세력 확장에 나선 디스플레이 분야 최초의 제품인 샤오미 TV를 내놓았다. 그리고 왕촨은 샤오미의 여덟 번째 창업자가 됐다.

2012년 11월, 샤오미 테크놀로지가 TV 셋톱박스 제품인 미박스를 출시하면서 미박스의 둬칸 테크놀로지 인수 소식을 전격 발표했다. 둬칸의 투자자가 소량의 주식을 양도하면 나머지 주식을 샤오미 주식으로 전환할 것이며, 둬칸 창업팀의 옵션도 전부 샤오미 옵션으로 전환한다고 발표했다.

시장의 분위기를 파악하기 위해 테스트용으로 선보인 미박스가 뜻밖에도 성공을 거뒀다. 특히 왕촨이 심혈을 기울인 열한 개 버튼으로 구성된 리모컨, 일명 미스틱MiStick은 스티브 잡스의 열렬한 추종자로서 스티브 잡스에 대한 일종의 경의를 담은 결과물이다. 애플과 스티브 잡스의 광팬인 왕촨은 종종 애플의 산업디자인에 푹 빠져 있곤 했다. 가끔은 애플 제품을 보며 '스티브 잡스라면 어떻게 할까?'를 고민하다가 머리가 아파지면 두뇌 체조Brain Gym를 하기도 했다. 진지한 고민 끝에 왕촨은 애플이 최고의 결과라는 해결책만을 보여주는 (경쟁사에게) '절망적인 회사'라는 것을 깨닫게 됐다.

그래서 자신도 세상에서 버튼이 가장 적지만 소비자는 복잡한 기능을 마음껏 사용할 수 있는 '절망스러운' 결과물을 내놓겠노라 결심했다.

왕촨은 여든 살 어르신이든 네 살배기 어린아이든 설명서를 보지 않고도 직감만으로 다룰 수 있는 리모콘을 만들자고 팀원들에게 주문했다. 그 효과를 직접 확인하기 위해 제품 테스트 당시, 왕촨은 팀원들에게 방안의 불을 모두 끄게 한 뒤 어둠 속에서 리모컨으로 보고 싶은 프로그램을 찾아보라고 했다.

미박스가 발표된 후의 어느 날, 왕촨은 자신의 사무실에서 방송국 사장을 맞이했다. 첫 만남에서 상대가 왕촨을 향해 입을 열었다.

"미박스와 미스틱을 만든 사람을 드디어 만나볼 수 있게 됐군요."

눈앞의 상대가 과거 애플 제품을 본 자신처럼 '절망'했었다는 걸 느낄 수 있었다.

미박스가 TV 시장에 진출하면서 진정한 의미의 스마트TV 제작에 나서는 것은 지극히 자연스러운 흐름으로 보였다. 왕촨은 폭스콘 공장에 들어가 자신의 또 다른 인생작인 Mi TV를 개발하는 일에 착수했다.

이로서 레이쥔이 구상했던 하드웨어 부문의 보강 작업이 서서히 추진되기 시작했다. 레이쥔은 미래의 모든 설비는 연동되어야 하며, 모든 것이 네트워크로 연결되는 것이 모바일 인터넷의 미래라고 여겼다. 공유기를 만들던 시절부터 샤오미는 그 길을 오랫동안 탐색해왔다. 스마트TV 제작을 통해 레이쥔은 산업의 방향을 고민할 새로운 기회를 얻었다.


## 출항에 나선 생태계

사물인터넷IoT이라는 태풍의 입구가 떠오른 것을 확인한 레이쥔은 2013년 말에 스마트 하드웨어를 생산하는 하드웨어 회사를 투자로 인큐베이팅하겠다는 중요한 결단을 내렸다. 그리고 그 임무를 당시 ID 부서를 지휘하던 류더에게 맡겼다.

그의 이런 결정은 기업 경영에 대한 레이쥔의 고민을 대변한다. 2013년은 샤오미가 크게 성장한 한 해였다. 십여 명에 불과하던 직원 수는 4000명으로 빠르게 증가했다. 그중 2000명이 휴대폰 업무에 투입된 상태였다. 샤오미 내부에서 하드웨어 업체를 지원한다면 회사의 집중력은 필연적으로 떨어질 수밖에 없고, 나아가 회사의 성장에 치명적으로 작용할 수밖에 없다. 레이쥔은 류더에게 자신의 생각을 전했다.

"우리는 초점을 맞춰야 해. 안 그러면 효율이 떨어지게 될 걸세. 더 전문적이고 뛰어난 인재를 확보해야 해. 항공모함이 아니라 기동성 좋은 함대가 되어야 하지. 함대를 이루는 모든 배에는 각각 선장이 있어야 하고."

하드웨어 부문을 키우겠다는 결정을 내리기 전에, 레이쥔은 휴대폰에 들어가는 이어폰을 만드는 완마셩쉐萬魔聲學에 투자한 적 있었다.

샤오미 초기, 산업 디자이너로서 역량을 발휘하지 못했다고 여긴 류더는 2012년 초 공급망 개발 및 확장 작업에 착수한 후, 공급팀을 샤오미의 또 다른 공동 창업자인 저우광핑에게 넘겼다. 그 후 한동안 은행에서 회사 신용도를 상담하거나 대학교 캠퍼스에서 샤오미의 가치관을 알리기도 하고, 정부 회의에 참석하던 시절도 있었다. 그런 류더를 직원들은 '류 형'이라고 편하게 부르곤 했다. 하드웨어 업체를 육성하라는 임무를 받은 류더는 해안가에 오랫동안 좌초한 고래처럼 마침내 바다로 돌아왔다.

류더는 사내에 엔지니어팀과 디자이너팀을 꾸리곤 투자를 처음부터 배우기 시작했다. 생태계라는 개념이 처음 생겨난 2013년 여름만 해도 샤오미에서 생태계는 별다른 존재감을 보여주지 못했다. 류더가 함께 일할 거라고 데려온 사람들에게는 한 가지 공통점이 있었다. 그들은 모두 샤오미의 원년 멤버들로, 샤오미의 가치관과 방법론에 익숙했다. 게다가 사내에서 다양한 자원과 인맥을 확보하고 있어 곤란한 문제가 생겨도 사내의 폭넓은 자원과 인맥을 이용해 사내에서 '직접 해결하기' 쉽다는 장점을 지녔다. 마지막으로 이들 모두 초기 샤오미의 주식을 보유하고 있어 유혹이나 부패에 좀처럼 흔들리지 않았다.

투자에 어두운 이들 문외한은 2014년 상반기부터 전국을 돌아다니며 유망한 하드웨어 업체를 '스캔'하기 시작했다. 초기 공급망을 뚫을 때처럼 류더는 날마다 출장을 다니며 허름한 호텔에 머무는 생활을 다시 시작했다. 당시 출장길에 함께 나섰던 장웨이나張維那라는 직원이 류더에게 농담을 던졌다.

"류 형, 투자자라는 건 모두 근사하게 차려입고 높다란 빌딩을 드나들며, 중심 상업 지구Central Business District(CBD)에서 멋지게 활약해야 하는 거 아닙니까? 그런데 우리는 왜 허름한 호텔에서 패스트푸드나 먹는 겁니까?"

그 이야기에 두 사람은 너털웃음을 터뜨렸다.

샤오미 생태계를 만들려면 휴대폰 주변 상품부터 공략해야 한다는 것이 레이쥔의 최초 구상이었다. 휴대폰 주변 상품은 현재 샤오미의 주력 사업인 휴대폰 부문과 자연스럽게 이어져 있다. 특히 휴대폰 사용 시간이 길어질수록 소비전력이 커지기 때문에 충전에 대한 사용자의 수요도 급증할 것으로 전망됐다. 이러한 점을 감안해 레이쥔이 가장 먼저 착수한 일은 보조배터리 사업이었다. 그리고 그 일의 적임자로 장평을 가장 먼저 떠올렸다.

장평은 당시 잉화다를 떠난 뒤였다. Mi의 생산 작업에 주력하던 장평은 잉화다를 떠나 휴대폰 통신 모듈을 제작하는 일을 시작했다. 그의 주요 고객은 일본의 샤프였고, 훗날에는 레이쥔으로부터 투자를 따내기도 했다. 류더가 난징에서 다시 만난 장펑은 십여 명의 직원을 거느리고 매년 수백만 위안의 수익을 거두는 어엿한 중소기업의 사장이었다.

잉화다가 샤오미의 휴대폰 사업을 적극 지원했던 것처럼 류더의 부탁에 장펑은 한순간도 망설이지 않았다. 자신이 경영하는 회사의 업무를 모두 접은 뒤, 기술 자료와 핵심 코드를 장비와 함께 묶어 샤프에 최저가에 팔았다. 또 한편으로 배터리 사업에 착수하기 위해 쯔미紫米(ZMI) 테크놀로지라는 회사를 설립했다. 장펑이 류더의 제안을 받아들이고 두 번째 창업에 나선 건 샤오미와의 인연과 레이쥔에게 보답하고 싶다는 의지가 컸기 때문이었다. 하지만 사업 준비를 하면서도 불안한 마음을 좀처럼 떨쳐버릴 수 없었다.

'보조배터리로 무슨 사업을 한다는 거지? 별로 대단해 보이지도 않은데….'

하지만 만만하게 보였던 휴대폰 배터리는 샤오미의 깐깐한 요구에 따라 결코 만만하지 않은 사업임이 훗날 입증됐다. 디자인에 대한 깐깐한 안목 말고도 배터리 내부 구조에도 혁신을 요구하는 샤오미의 요구에 평소 침착한 편이었던 장펑도 걸핏하면 이성을 잃을 뻔했다. 특히 레이쥔이 1만mAh에 69위안이라는 가이드라인을 제시했을 때는 자신의 눈을 의심하기도 했다. 그도 그럴 것이 이 정도 가격은 동일한 스펙을 가진 타사 보조배터리의 1/2, 심지어 1/3에 불과한 가격이었기 때문이다.

디자인팀을 비롯해 장펑 팀은 레이쥔의 주문에 유례없는 도전에 직면하고 말았다.

류더는 자신이 자신과 같은 미국 아트센터 디자인스쿨을 졸업한 산업 디자이너 리닝닝을 미국에서 스카우트해 샤오미의 산업디자인팀에 데려왔다. 그 후 리닝닝은 류더의 지휘 아래 샤오미의 산업디자인 스타일을 구축하기 시작했다. 지난 1년 동안 죽기 살기로 휴대폰 부품 프로젝트를 이끌던 리닝닝은 이론파에서 어느덧 현장파로 변해 있었다. 미국의 디자인 명문대 졸업장이 만능열쇠가 될 수 없다는 것을 그녀는 실무를 통해 깨달았다. 디자인을 거쳐 하나의 제품이 탄생하기까지 수많은 고비와 시련을 견뎌야 했다. 샤오미에서 일한 지난 1년 동안 리닝닝은 휴대폰 부품을 제작하기 위해 여러 공급업체와 직접 이야기하고, 제조업에 대한 체계적인 지식을 갖췄다. 이를테면 소재 및 색상 선택, 리스크를 피하는 법 등등이다. 똑같은 소재라고 해도 색상에 따라 성형된 사출 결함이 다르게 나타나기도 했다. 이러한 소중한 경험은 리닝닝이 샤오미 생태계의 산업디자인을 담당하는 데 든든한 힘이 됐다.

ID팀의 디자이너 왕타오王濤가 마침내 보조배터리 디자인을 선보였다. 원기둥 모양의 파나소닉 18650 배터리 셀Cell을 사용하고, 최고의 디자인과 최저 가격이라는 사양을 구현하기 위해 알루미늄을 재료로 선정했다. 인체공학적 디자인 원리에 보다 충실하기 위해, 보조배터리 양 끝이 자연스럽게 휘어진 모습으로 디자인되어야 했다. 그래야 다른 제품보다 더 쉽게 한 손으로 배터리를 쥘 수 있기 때문이다. 배터리 셀을 네 칸의 공간에 넣은 뒤에 나사로 고정하는 디자인은 가장 뛰어난 강도를 보였고, 내부 구조 역시 최적이라고 평가받았다.

디자인은 완벽했지만 기능의 구현은 결코 쉽지 않았다. 장평은 그 원인을 빠르게 발견했다. 알루미늄 사출로 플레이트를 성형할 때마다 표면에 사출 자국이 도드라지곤 했는데, 공정 문제에 속하는 이 현상을 여러 업체가 해결하지 못하고 있었던 것이다. 그동안 장평은 혼자 차를 타고 저장江浙성 일대를 돌아다니며 알루미늄 케이스를 성형할 수 있는 공장을 찾고 있었다. 문제를 해결하기 위해 30여 개의 도시를 돌아다니며 200여 개에 가까운 시제품을 만들기도 했다.

"매일 밤마다 공장에 쭈그리고 앉아 공장 책임자랑 안면 트기만 기다리고 있었죠."

그 업체는 낮에는 아이패드 표면의 샌드 블라스팅 마감 작업을 해야 하는 터라, 장평이 업체 측과 이야기할 수 있는 시간은 저녁뿐이었다. 한번은 장쑤江蘇에서 상하이로 향하는 고속도로에 교통사고가 일어났다. 하지만 경찰이 현장에 출동하지 않는 바람에 밤늦도록 도로에 갇혀 있어야 했다. 어찌나 낙담했는지 지금의 구조를 포기하고 다른 방식으로 조립하는 더 복잡한 대안을 구상할 정도였다.

마침내 석 달 후, 그동안 장평을 괴롭히던 문제는 광둥 허성廣東和勝을 통해 해결됐다. 뛰어난 실력을 가진 현장 작업자는 고운 모래 위에서 가볍게 발자국을 찍듯 몰딩 기기를 조절했다. 작업 중에 생기는 문제가 발견되면 섬세한 손길로 수정하기를 수차례, 샌드 블라스팅 마감 처리된 일체형 알루미늄 합금 케이스에서 더는 지저분한 자국을 찾아볼 수 없었다. 완성된 샘플을 본 순간, 오랫동안 온갖 상술과 치열한 경쟁을 겪은 자신이었지만 자신도 모르게 눈물을 쏟을 만큼 감격했다고 장펑은 그때의 벅찬 감정을 고백하기도 했다.

2013년 12월 3일, 샤오미왕에서 샤오미의 보조배터리를 판매하기 시작했다. 1만mAh, 일체형 알루미늄 합금 케이스, 샌드 블라스팅 처리한 표면, 깔끔한 디자인, 전원이 달린 정면 최하단 중간에 'MI'라는 로고만 새겨진 보조배터리였다. 앞선 산업디자인과 뛰어난 사양에도 불구하고 69위안에 불과한 제품의 등장에 시장 전체가 큰 충격에 빠졌다.

"보조배터리 업계 전체가 그날 잠을 설쳤죠."

샤오미 생태계 함대 최초의 사업가로서 장펑은 그때의 기억을 회상하며, 끊임없이 궁지에 몰렸던 창업자가 마침내 시련을 극복하고 새로 태어나는 기분을 느낄 수 있었다고 설명했다. 샤오미 배터리 역시 피투자회사Investee Company에게 기운을 북돋아주는 샤오미의 남다른 영향력을 잘 보여주었다. 샤오미 배터리는 출시되자마자 샤오미왕에서 첫 달에만 60만 개가 팔려 나갔고, 둘째 달에는 150만 개, 세 번째 달에는 300만 개가 팔려나갔다. 당초 왕찬의 의심과 달리 보조배터리는 대단한 사업임이 증명됐다.

이로써 장펑이 가장 골치 아프게 생각했던, 배터리의 개당 원가가 소비자 판매 가격보다도 높은 77위안이라는 문제가 자연스럽게 해결됐다. 제품이 대량으로 판매되지 않았다면 적자를 피하는 건 불가능했다. 하지만 주문량이 꾸준히 증가하면서 원가도 꾸준히 낮출 수 있었다. 이렇게 해서 장평은 가장 어려운 고비를 무사히 넘어 흑자를 기록할 수 있었다.

반년 후, 보조배터리 출하량이 레이쥔이 당초 구상했던 계획, 즉 중국의 보조배터리 시장에서 샤오미와 다른 업체의 제품만 남았다고 평가될 만큼의 목표를 달성했다. 샤오미 배터리는 브랜드 1위, 나아가 세계 1위라는 자리에 우뚝 설 수 있었다.

이 사건을 통해 샤오미의 사업 전략에 담긴 신비한 효과, 즉 뛰어난 산업디자인, 뛰어난 제품 성능, 매력적인 가격, 전자상거래 방식으로 사업 효율 문제를 해결할 수 있다는 것이 다시 한번 입증된 셈이다. 무엇보다도 자랑스러운 사실은, 많은 가공업체가 장평을 찾아와 돈은 안 받을테니 샤오미의 배터리를 어떻게 제작하는지 알려달라고 부탁한 일이었다. 배우고 싶다며 찾아온 업체가 늘어난 만큼 보조배터리 시장의 전반적인 기술력 역시 향상됐다. 샤오미가 힘겹게 개발한 작업 방식은 업계의 전반적인 발전을 이끌었다. 이는 2010년 말에 레이쥔이 샤오미를 세울 때 가졌던 구상, 즉 중국의 제조업을 바꾸겠다는 생각을 구체화시킨 결과물이라 하겠다.

샤오미의 사업 모델로 중국의 제조업을 무장하는 건 시작일 뿐이었다. 여기에 이어 레이쥔은 5년 안에 100개 업체를 인큐베이팅하고, 100개의 전통 업종을 바꾸겠다는 비전을 제시했다.

이보다 더 신기한 것은 레이쥔과 쉬다라이가 함께 세운 순웨이펀드 역시 샤오미의 생태계라는 신기한 여정을 돕고 나섰다는 데 있다. 생태계 투자 분야에서 샤오미와 순웨이펀드는 언제나 어깨를 나란히 한 채 존재감을 키우고 있었다.

## 샤오미의 길

2013년 당시 샤오미는 국제적 관심을 받았다. 그해 뉴욕대학교 교수이자 업계로부터 '인터넷 업계의 선구자'라고 불리며 인터넷 발전에 커다란 영향을 준《인지 잉여Cognitive Surplus》의 저자 클레이 서키가 강연을 위해 중국을 찾았다. 중국의 한 비즈니스 센터 강단에 올려진 MI 로고가 새겨진 휴대폰이 그의 관심을 끌었다. Mi3가 다른 유명 브랜드에 뒤지지 않는다는 인상을 받은 클레이 서키는 10분 뒤에 Mi를 손에 넣는다.

그 이후에 일어난 일은 서키에게 놀라움을 주었다. 중국의 한 캠퍼스에 머문 7일 동안 휴대폰을 꺼낼 때마다 어디서 샀냐는 질문을 받곤 했다. 서키는 그 휴대폰을 생산하는 업체의 출하량이 시장의 수요를 따라가지 못해 수많은 사용자가 애타게 기다리고 있다는 사실을 나중에야 알게 됐다. 훗날 그는《샤오미의 길》을 집필하며 당시의 기분을 소개하기도 했다.

'최신 유행이라는 제품을 쓰게 되자, 잠시나마 내가 젊은이들의 우상이 된 것 같았다.'

그 밖에도 클레이 서키는 Mi3의 외형을 간단하게 소개하기도 했다.

'심플한 디자인, 대형 화면으로 더 얇아 보이는 바디, 디스플레이 주변을 감싼 좁은 블랙 베젤 덕분에 전체적으로 통일된 느낌을 이루고 있다.'

중국의 IT 업체인 샤오미에 대한 선지자의 관찰은 이렇게 시작됐다. 뛰어난 실력을 가진 업체가 중국의 제조업을 이끌고 중국 특유의 디자인 세상을 구축하고 있다는 사실에 클레이 서키는 주목했다. 메이드 인 차이나에 대한 사람들의 시선을 바꾸고, 진지한 논의를 이끌어내는 것만으로도 이미 대단하다는 것이 그의 판단이었다.

서키는 자신이 받은 인상을 《샤오미의 길》에 또렷이 담았다. 책은 수십 년 동안 메이드 인 차이나 제품에 대한 지적이 끊이지 않았다는 내용으로 포문을 열었다.

'절대적으로, 중국은 대량으로 복제만 할 뿐 신제품을 디자인할 줄 모른다. 중국이 개혁 개방을 추진하고 40년 동안, 중국의 제조업은 정밀 제품의 복잡한 제작 프로세스와 조립 기술, 특히 전자제품 부문의 기술을 점차 장악해왔다. 이 과정을 지켜본 이들에게 지금의 문제는 '중국의 디자인이 언제 서양을 따라잡을 것인가?'로 바뀌어 있었다. 이러한 물음에 Mi3가 답을 들려줬다. 적어도 전자제품에 대해서 그 시점은 바로 2013년이 될 것이라고 말이다.'

레이쥔은 서키와 달리 Mi3의 산업 디자인이 대단하다고 여기지 않았다. 하지만 그의 이러한 평가와 달리 Mi3는 엄청난 판매량을 기록했다. 2013년 9월 5일 발표한 Mi3는 10월 15일

정식으로 판매되기 시작했고 출시 8개월여 만에 1000만 대 판매라는 돌풍을 일으키며 Mi2의 눈부신 성과를 이어갔다. 이를 계기로 샤오미는 중국 스마트폰 제조업체 톱 5에 드는 기염을 토했다.

왕촨이 선보인 샤오미의 1세대 스마트TV가 '의천도룡倚天屠龍'이라고 불리는 발표회에서 처음으로 모습을 드러냈다. 이러저러한 사정으로 경쟁사인 러스樂視(LeEco) TV보다 한 달 늦게 출시되는 바람에, 출시 당시에는 우위를 차지하지 못했다. 하지만 스마트TV 분야에서 흔들림 없는 발걸음을 내디디며 젊은 세대를 위한 샤오미 최초의 TV라는 타이틀을 차지했고, 향후에 벌어질 추격의 발판을 마련했다.

9월 5일 개최된 발표회의 한구석에서는 짙은 머리색과 넓은 이마, 남미인 특유의 또렷한 이목구비를 가진 사람의 모습이 포착됐다. 실리콘밸리 출신 브라질인인 그의 이름은 휴고 바라Hugo Barra였다. 그가 샤오미의 신제품 발표회에 나타났다는 소식에, 전 세계 IT 업계가 뜨거운 관심을 보였다. 얼마 전까지만 해도 그에 관한 뉴스가 거의 전 세계를 뒤덮다시피 했기 대문이다.

'구글 안드로이드 프로덕트 매니지먼트 부사장 휴고 바라가 샤오미 글로벌 사업부 부사장이 되어 샤오미의 글로벌 마켓 확장과 구글 안드로이드와의 전략적 협력을 담당하게 될 것이다.'

이 소식은 일파만파 퍼졌고, 사람들은 바라가 중국의 인터넷 회사가 영입한 중국에 상주하는 글로벌 임원이라는 사실에 주목했다. 샤오미는 바라의 합류로 스포트라이트를 받았을 뿐만 아니라, 전 세계 동종업계로부터 중국 모바일 인터넷 업계의 급부상을 보인 업계의 경사라는 평가를 이끌어내기도 했다.

미국의 IT 매체 판도데일리Pando Daily는 '바라의 구글 퇴사는 샤오미, 나아가 중국의 IT 업계에 큰 호재로 작용할 것이다'라는 글에서 중국 IT 업계에서 바라의 샤오미 합류는 메가톤급 폭탄이나 다름없다고 설명했다.

'바라의 이직은 최고의 임원이 세계에서 가장 영향력 있는 회사를 떠나 인기 있는 스타트업이자 잠재적인 경쟁자와 손을 잡았다는 것을 의미할 뿐만 아니라, 중국의 IT 업체들이 국제화에 박차를 가하며 진지하게 세력 확장에 나서고 있다는 것을 의미한다.'

바라를 샤오미로 영입할 수 있었던 것은 이런 분석과 같은 이유가 작용한 것도 있지만, 국제화에 대한 샤오미의 야심을 보여주었기 때문에 가능했던 것이기도 하다. 레이쥔이 그린 큰 그림에서 샤오미는 처음부터 국제화를 염두하고 있었다. 샤오미의 잠재력은 데이터를 통해서도 드러난다. 블룸버그 산업 보고서에 따르면 2013년 2분기 기준, 판매가 250달러 이하인 스마트폰이 전 세계 스마트폰 출하량에서 차지하는 비중이 49%에 이른다고 한다. 이는 2012년의 31%보다 훨씬 높은 수치다.

'이러한 업계 흐름 속에서 중국과 인도의 신흥 휴대폰 제조업체가 수혜자로 떠올랐다.'

이 시기가 바로 샤오미가 799위안짜리 홍미1을 출시해 중국 시장에서 거대한 잠재력을 증명한 때다.

바라를 샤오미로 영입하는 일은 결코 쉽지 않았다. 바라는 린빈이 구글에서 일할 때 만난 동료로, 협업한 적도 여러 번 있었다. 린빈은 샤오미에 합류한 후 구글을 찾아가 바라에게 샤오미를 소개한 적 있었다. 그때 기본 시스템으로 안드로이드를 채택했다고 말했고, 바라는 샤오미라는 중국 업체를 알게 됐다. 구글이 2010년에 출시한 구글 넥서스가 중국 시장에서 패전을 거둔 터라 바라는 샤오미에 강한 호기심을 느끼고 있었다.

샤오미의 글로벌 사업을 추진하기 전에, 레이쥔은 다국적 운영에 따른 문화적 격차 문제를 먼저 고민해야 했다. 1996년부터 미국과 중국의 인터넷 발전 현황을 주시해온 레이쥔과 린빈은 훗날 여러 미국 인터넷 업체가 중국 시장에서 실패를 거듭하며 가방을 싸는 모습을 여러 번 목격했다. 그리고 샤오미의 글로벌 경영을 위해서는 우선 글로벌 인재를 영입해야 한다는 결론에 도달했다. 가장 먼저 떠올린 사람이 샤오미의 사업모델을 구체적으로 이해하고 있던 바라였다.

바라로서는 흥미로운 회사에 입사하는 것이 그다지 어려운 선택은 아니었지만, 실리콘밸리를 떠나 중국으로 향하는 결정은 쉽게 내릴 수 없는 것이었다. 특히 미국에서 오래 지낸 탓에 중국에 대해 아무것도 모르는 외국인에게는 더더욱 어려운 일이었다. 바라는 레이쥔에게 자신에게는 기회비용의 문제도 있다고 솔직한 심경을 전했다. 당시 구글 안드로이드 프로덕트 매니지먼트 부사장인 자신이 샤오미에서 성공하지 못하면 원래 자리로 돌아가기 힘들 거라는 뜻이었다.

2013년 7월, 레이쥔은 실리콘밸리의 한 카페에서 바라를 만나 그와 결정적인 이야기를 나누었다. 이번 만남의 목적은 과거 레이쥔이 중국인 직원을 모집할 때와 크게 다르지 않았다. 예를 들어 '과학 기술을 통해 행복한 삶을 누릴 수 있다'는 사람들의 바람이 샤오미를 통해 이뤄지기를 바란다는 이야기를 비롯해, 좋은 품질과 디자인으로 모든 사람을 행복하게 만들어주는 브랜드가 되고 싶다는 진심도 들려줬다. 그 외에도 레이쥔은 바라에게 진심 어린 조언도 아끼지 않았다.

"그동안 연구개발 작업만 해왔는데 현장에서 제품을 만드는 일은 관심이 없습니까? 당신의 삶에서 이러한 변화는 무척 매력적일 것 같은데….."

어쨌든 바라는 레이쥔과 린빈의 설득으로 바다를 건너 샤오미에 입성했다. 그런 그가 처음 모습을 드러낸 곳이 Mi3의 발표회 현장이었다. 당시 그는 레이쥔과 같은 검은색 티셔츠, 짙은 남색 청바지 차림에 Mi3를 든 채 환한 미소를 지었다. 이 순간은 여러 사진기자의 플래시 세례를 받았다.

2013년, 샤오미의 기업 가치가 100억 달러를 기록하고 국제 자본의 비중이 점점 증가하자, 여러 언론에서는 샤오미가 해외 시장에 진출할 용기를 갖췄으며 여러 해외 업체가 샤오미에 적극 투자하고 있다는 분석을 내놨다. 실제로 퀄컴 차이나는 샤오미가 설립된 지 1년 후부터 샤오미에 투자하기 시작했는데, 지금까지 퀄컴이 추진한 가장 성공적인 투자 사례로 평가된다.

DST펀드의 유리 밀너 역시 레이쥔의 든든한 후원자였다. 중국에서 알리바바, 징둥, 디디 택시, 진르토우티야오, 모모陌 陌* 등에 투자한 유리 밀너의 눈에 샤오미는 이들 혁신적인 기 업만큼이나 무궁무진한 잠재력을 지니고 있었다. 이러한 판단 하에 DST펀드에서는 샤오미에 100억 달러 규모의 융자를 독 점적으로 투자했다.

●
중국의 위치 기반
채팅 서비스.

샤오미의 성적표에서도 이러한 잠재력은 고스란히 드러난 다. 샤오미의 재무 데이터에 따르면 2013년 샤오미의 영업수 익은 약 265억 8300만 위안, 순이익은 약 3억 4700만 위안을 기록했다. 2012년만 해도 126억 위안에 불과했던 샤오미의 영 업수익이 1년 새 110% 증가한 것이다.

2013년 말, 흥미로운 사건이 일어났다. 샤오미의 레이쥔 회 장과 중국 가전기업 거리뎬치格力电器의 둥밍주董明珠 회장이 중국 중앙텔레비전CCTV이 개최한 제14회 중국 경제 올해의 인물상 시상식에서 전국의 시청자가 보는 가운데 내기에 나선 것이다. 레이쥔은 5년 안에 샤오미의 매출이 거리보다 높으면 자신에게 1위안을 줘야 할 거라고 말했다. 그러자 둥밍주는 그 자리에서 10억 위안으로 판돈을 올리자고 제안했다.

사실 이 상황은 시상식 분위기를 살리기 위해 주최 측에서 기획한 즉흥 연출이었다. 둥밍주는 CCTV 무대에서 즉흥적으 로 10억 위안이라는 금액을 제시했다. 그 이야기에 레이쥔은 다소 당황하긴 했지만 두려운 기색은 전혀 보이지 않았다.

당시 거리뎬치의 영업수익은 1200억 원이었고, 샤오미의 영업수익은 1/6에 불과한 200억 위안 수준에 그쳤다. 하지만 레이쥔은 샤오미가 거리뎬치를 따라잡을 것이라고 확신했다. 2013년 한 해 동안, 전 세계 스마트폰의 출하량이 전년 동기 대비 38.4% 증가한 10억 대를 돌파했고, 중국의 스마트폰은 전년 대비 84% 증가한 3억 5000만 대의 판매고를 올렸기 때문이다.

신경제New Economy●의 활력이 뚜렷이 모습을 드러내면서 모바일 인터넷의 인터넷 활성화 효과 또한 더욱 뚜렷해졌다. 리카이푸는《AI·미래AI·未來》라는 책에서 이렇게 설명했다.

> 인터넷 회사의 경쟁은 달리기 경주 같다. 주자들은 다들 비슷한 트랙 위에 서 있다. 그동안은 미국이 중국보다 조금 앞서 있었다. 하지만 2013년 즈음부터 중국의 창업자들은 미국 업체의 뒤를 무작정 쫓아가거나 흉내 내지 않기 시작했다. 그 대신 실리콘밸리에 없는 제품 서비스를 개발하는 일에 뛰어들었다. 그동안 분석가들은 '중국판' 페이스북, '중국판' 트위터 같은 표현을 동원해 중국 업체를 설명했지만 이러한 표현은 더는 통하지 않는다. 왜냐면 중국의 인터넷 산업은 이미 평행우주가 됐기 때문이다.

둥밍주와 레이쥔 두 사람 모두 화제의 인물이었기에 다양한 연령의 시청자가 지켜보는 생방송 도중에 연출된 장면은 순식간에 사방으로 퍼져나갔다. 그리고 오늘날까지도 여러 사람의 입에 오르내리는 뜨거운 화제이기도 하다.

유쾌해 보이는 내기였지만 그 안에 담긴 실상은 쇼가 아닌

● 정보통신기술을 기반으로 새로운 유망분야가 출현하거나 확대되고 경제성장과 물가 안정의 공존이 지속되는 현상을 가리킨다.

냉혹한 현실이었다. 거리렌치로 대변되는 전통 제조업 모델과 샤오미로 대표되는 신흥 자산 경량화 전략Asset-light Strategy을 구사하는 온라인 모델 중에서 무엇이 더 유리한가? 무엇이 더 큰 성장 잠재력을 가지고 있는가? 이러한 사업 모델은 아마도 꽤 오랫동안 영향력을 발휘하며 기업 발전을 위한 올바른 길이 무엇인지 다투게 되는 핫이슈가 될 것이다.

이 문제가 사람들로부터 뜨거운 관심을 받았던 이유는, 새로운 기술이 기존의 세계를 빠르게 뒤덮고 있었기 때문이다. 전화 보급률이 10%에서 40%로 증가하는 데 39년이 걸렸지만 이동전화가 같은 보급률을 달성하는 데는 6년, 스마트폰은 겨우 3년밖에 걸리지 않았다.7 경제의 판도가 하룻밤에 바뀌면서, QQ가 5억 명의 가입자를 모으는 데 10여 년이 걸린 데 반해 2013년 말 위챗의 월별 액티브 유저 수는 서비스를 시작한 지 3년만에 3억 5500만 명을 기록했다. 이런 시대에 한가운데 서 있는 기업의 성장세 역시 근본적으로 변하게 될 것이다.

영업수익이 거리렌치의 1/6에 불과한 샤오미가 베팅에 참여할 수 있었던 것 자체가 혁신적인 기업에 대한 사람들의 기대를 대변하고 있었다.

한 치 앞도 내다볼 수 없는 혼란의 시대에 기업이 직면한 위기와 혼란을 표현하는 VUCA라는 표현이 있다. VUCA는 변동성Volatility, 불확실성Uncertainty, 복잡성Complexity, 모호성Ambiguity을 뜻한다.8

모든 가능성에는 기회와 위기가 모두 담겨 있는 법이다.

2부
위기 속에 전진

# 6장 영광 뒤에 숨겨진 그림자

## 중국 휴대폰의 전면 각성

레이쥔은 샤오미의 창립을 구상하며 초기 3년 동안의 전략을 세워둔 상태였다. 2014년 초가 되자, 샤오미 창업자들 모두 쾌조의 출발을 보이기 시작했다. 온라인을 적극 활용한 샤오미의 경영 효율이 획기적인 성공을 거두자, IoT의 부상이라는 태풍의 길목으로 생겨난 생태계가 본격적으로 순항하기 시작했다. 그 결과 중국 시장이 빠르게 성장하면서 샤오미 역시 글로벌 인재를 영입하며 글로벌 시장 진출을 위한 기반 다지기에 나섰다. 4년 전, 샤오미가 작성한 몇 페이지 분량의 사업 계획서에 적혀 있는 내용에서 한 치도 벗어나지 않은 상황이었다. 지난 몇 년 동안의 실전 경험을 통해 샤오미의 사업 전략이 순항하는 가운데, 샤오미는 교과서에 나올 법한 바람직한 창업 스토리를 연출했다.

2014년 샤오미 신제품 발표회를 앞두고 레이쥔은 샤오미의 비전을 제시했다. 모든 사람에게 과학기술의 즐거움을 선사하고, 직원에게 샤오미의 기업 가치관인 '진심+사랑'을 보여주겠다는 것이 주요 골자였다.

지난 4년 동안의 여정을 통해 회사의 창립자들은 한 가지 사실을 확실히 깨달았다. 즉 회사가 평범함에서 우수함에 도달하려면 타고난 재능과 근면함에 의존해야 하고, 우수함에서 위대함으로 도약하려면 '이상'과 '사랑'이라는 정신적 발판이 필요하다는 사실이었다.

많은 중국 기업이 샤오미의 사업 모델을 연구하며 하드웨어와 소프트웨어의 결합에 숨겨진 잠재력을 알아보려 하는 동안, 미국인 클레이 서키는 중국 방문을 통해 샤오미의 정신적 특징을 알게 됐다. 그는 《샤오미의 길》에서 샤오미에 대해 이렇게 설명했다.

많은 이들이 이 회사를 '중국의 애플'이라고 부르지만 샤오미는 정신적으로 아마존과 구글에 가깝다.

눈에 띄지 않는 작은 회사에서 시작해 무대 한복판에 선 혁신가이자 기존 시스템에 맞서는 저항가로 거듭나면서 샤오미를 향한 관심과 추종자들은 점점 늘어갔다. 2013년 4분기, 휴대폰 시장 점유율 부문에서 샤오미는 톱 5에 이름을 올렸다. 2014년 상반기 자료에 따르면, 안드로이드 폰의 활약도 상위 10위 중에 절반을 샤오미가 차지했다. 전통적인 휴대폰 제조업체들은 마치 꿈에서 깬 듯 얼떨떨한 표정을 지어야 했다. 자신의 영역에 함부로 발을 디딘 침입자인 줄 알았던 샤오미가 어느새 게임의 규칙을 뒤흔드는 주역으로 우뚝 섰기 때문이었다. 《파괴적 혁신Disruptive Innovation》의 저자 클레이튼 크리스텐슨Clayton Christensen의 말처럼 아무도 관심을 기울이지 않는 구석에서 모든 것이 시작됐다. 거대한 시장을 독점했던 대기업들이 혁신가들에게 관심을 기울일 때는 이미 한발 늦은 뒤였다. 이제 전통적인 제조업체들은 샤오미의 성공을 외면할 수 없게 됐다.

2013년 하반기부터 인터넷폰의 추종자들과 훼방꾼들이 요란하게 등장하면서 시장 전체가 큰 혼란에 빠졌다. 그해 인터넷폰 시장에 뛰어든 중국 업체 중에는 온라인에서 시작한 메이주魅族, 이자一加, 추이즈錐子 외에도 오프라인에서 출발한 중싱과 화웨이, 쿠파이, 렌샹이 있었다.

강연과 이상주의로 유명한 전前 신동팡新東方의 영어교사이자 뉴보왕牛博網의 창립자인 뤄융하오羅永浩가 2012년 5월 IT기업 추이즈커지錐子科技를 창립하며 인터넷폰 진출을 선언했다. 뤄융하오는 '이상주의자의 창업 이야기'라는 주제로 강연을 할 정도로 남다른 호소력과 카리스마가 지닌 인물로 많은 팬을 거느리고 있었다. 샤오미의 젊은 직원들조차 뤄융하오는 현실을 바꾸는 힘을 가진 사람이라고 했다. 이 때문에 뤄융하오가 휴대폰 OS를 만드는 건 물론, 나아가 인터넷폰 시장에 본격 진출하겠다고 선포했을 때 MIUI팀은 무척 긴장할 수밖에 없었다.

MIUI팀을 이끌고 전선에서 힘겹게 싸우고 있던 홍펑은 전체 회의를 열었다. 그 자리에서 가장 많이 강조한 이야기는 다음과 같았다.

"뤄융하오에게 '당하는' 일은 절대로 없어야 합니다. 압도적인 제품을 내놓지 않으면 이 바닥에서 웃음거리로 전락할 겁니다!"

당시 MIUI5를 개발 중이던 MIUI팀에 홍펑은 자신의 커리어를 건다는 각오로 이번 작업에 임해달라고 주문했다.

MIUI팀의 진판은 뤄융하오가 휴대폰 OS를 만든다는 소식을 들었을 때의 기분을 이렇게 떠올렸다.

"추이즈의 OS인 스마티잔Smartisan이 출시되기 전에 뤄융하오가 웨이보에 올리는 홍보 글을 볼 때마다 스트레스를 받곤 했죠. 대중에게 큰 영향력이 있는 인물이었으니까요. 엄청난 제품을 출시해 MIUI를 압도할 거라고 확신했었습니다. 엄청난 거물을 만난 기분이었죠."

당시 스트레스가 얼마나 컸던지 악몽을 꾸기도 했다. 스마티잔의 엄청한 기능에 놀라 꿈속에서 식은땀을 흘리기도 했다. 그럴 때면 진판은 일어나자마자 꿈에서 본 것을 잽싸게 메모해두곤 했다.

"우리가 예상한 스마티잔의 기능과 구성을 고려해 MIUI5를 개발하기로 했습니다."

2013년 3월 27일, MIUI의 핵심 팀원들은 베이징 국가 컨벤션 센터에서 열린 스마티잔 발표회 현장에 속속 모습을 드러냈다. 밀려드는 인파, 화끈한 현장 분위기에 샤오미의 젊은 직원들은 꽤 긴장한 듯했다. 박수와 웃음이 끊이지 않는 현장에서 뤄융하오는 자신의 특기를 발휘하며 샤오미의 장인 정신과 제품 콘셉트를 재치 넘치면서도 호기심을 자극하는 언변으로 녹여내 마치 콘서트 현장에 있는 듯한 흥분감을 선사했다. 진판과 쉬페이는 외부 반응을 전혀 듣지 못한 채, 미톡에서 스마티잔의 향후 출시 스케줄에 대해 실시간으로 채팅 중이었다. 두 사람은 발표회 현장을 지켜보는 한편, 스마티잔과 MIUI5의 UI를 실시간으로 비교하기 시작했다. 그때의 상황을 진판은 이렇게 회고했다.

"발표가 시작된 후 45분까지 우리는 뤄융하오가 분위기를 띄우고 있다고 생각했었죠. 그런데 쉬페이가 미톡에 분위기를 띄우는 게 아니라 이게 다라는 멘트를 남겼더군요. 그래서 제가 '그게 정말이야? 확실해? 정말 이게 다라고?!'라고 반문했었죠."

그래서 발표회가 절반 정도 진행되었을 때쯤, 모든 팀원이 안도의 한숨을 돌릴 수 있었다.

훗날 누군가는 그날의 발표회를 이렇게 평가했다.

'전문적인 관점에서 봤을 때 추이즈커지의 스마티잔 발표회는 재앙 그 자체였다. 스마티잔 자체는 물론, 회의장 준비와 현장 시연도 어설프기 그지없었다. 무엇보다도 발표회 현장에 와이파이와 3G 모두 터지지 않은 게 최악이었다. 발표회 현장과 외부의 통신이 원활하지 않아 유명 매스컴의 현장 라이브도 제대로 이뤄지지 못했다.'

추이즈 같은 업계 초보에 비해 화웨이가 출시한 신제품 룽야오는 좀 더 전문적인 모습을 갖췄다. 2013년 12월 16일, 룽야오3C와 룽야오3X 출시를 시작으로 룽야오는 룽야오 페스티벌을 개최하고, '용감하게 자신이 되자勇敢做自己'라는 카피로 브랜드 이미지 홍보에 나서는 등 누가 봐도 샤오미를 겨냥한 듯한 적극적인 행보를 선보였다. 샤오미로서는 화웨이야말로 사납고, 거침없이 자라난 강력한 상대였다.

2014년 7월 22일, 매년 출시되는 샤오미의 플래그십폰 Mi4가 예정대로 공개됐다.

Mi는 이번에도 시장으로부터 뜨거운 관심을 받았다. 퀄컴 스냅드래곤 801 칩셋, 최대 내장메모리 64GB, 800만 화소 전방 카메라와 1300만 화소의 후방카메라를 갖춘 Mi4에 대해 샤오미는 이번에도 또한 세계에서 가장 빠른 휴대폰이라고 공언했다.

'철의 여정'이라는 주제로 열린 발표회에서 레이쥔은 스테인리스 테두리 가공 공법을 소개했다. 오스테나이트Austenite 스테인리스 304는 단조Forging 성형과 CNC 연마 8번을 거쳐 만든 소재다. 309g의 강판을 최종적으로 19g으로 가공한 테두리로, 작업 시간만 32시간에 달한다. 복잡한 공정을 요하는 작업물에 대한 비용으로 폭스콘은 장당 400위안을 요구했고, 결과적으로는 다른 위탁업체인 비야디BYD Company에 생산을 맡겼다. 비야디에서 제시한 가격이 폭스콘보다 80위안 낮았기 때문이다. 원가에 민감한 샤오미로서는 80위안은 하늘과 땅 차이였다. 쉰커량尋克亮이 총괄 디자이너로 활약한 Mi4에서 휴대폰 디자인에 대한 레이쥔의 야심을 또다시 확인할 수 있었다. 보다 나은 디자인을 구현하기 위해 새로운 생산설비를 증설하는 데 19억 위안을 과감히 투자하기도 했다.

의심할 여지 없이 Mi4는 성능이나 감각적인 마케팅에서 샤오미의 기존 장점과 열정을 고스란히 계승했다. 특히 Mi4가 출시될 당시는 3G폰에서 4G폰으로의 교체가 진행되던 시점이었다. 이러한 패러다임 속에서 Mi는 온라인에서 한발 앞선 우위를 점하고 있었다. 2014년 9월부터 3대 통신사의 4G 버전 Mi4가 속속 출시되기 시작했다. 소비자의 수요가 폭발하면서 시장에서의 강한 존재감이 또다시 증명됐다.

2013~2014년은 휴대폰 제조업체가 연달아 각성하기 시작한 시기였다. 각개전투에 나선 개별 제조업체를 제외하고, 샤오미라는 새로운 존재의 등장과 모바일 인터넷계의 또 다른 거물에 맞서기 위해 '하드웨어 연맹'이라는 조직이 2014년 8월 1일 결성됐다. 이는 완카玩咖 미디어가 중국의 걸출한 스마트폰 제조업체와 손잡고 만든 컨소시엄으로, 설립 당시 참여했던 휴대폰 업체로는 오포OPPO, 비보vivo, 쿠파이, 진리金立, 렌샹, 화웨이가 있다. 나중에는 메이주, 누비야努比亞도 가세했다. 이들은 손을 잡고 애플리케이션 배포를 위한 가상의 연합체를 구성한 뒤, 진리 휴대폰의 현임 CEO인 루웨이빙魯偉氷을 초대 의장으로 초빙했다.

하드웨어 연맹을 만든 이유에 대해 루웨이빙은 나중에 이렇게 설명했다.

"당시 우리가 각자 애플리케이션을 배포했다면 수적으로 열세였을 게 분명합니다. 일단 규모에서 밀리면 외부에도 매력적

으로 비춰지지 않았겠죠. 하지만 몇몇 업체끼리 손을 잡고 나
선다면, 그 규모가 1억만 돼도 게임이나 애플리케이션 개발자
를 영입해 첫 배포 작업을 추진하거나 우리와 함께 손잡고 콘
텐츠 배포 작업을 추진할 수도 있을 겁니다. 여러 약자를 위한
일종의 연대인 셈이죠."

그런 점에서 당시 루웨이빙은 다른 업체와 마찬가지로 일종
의 앱 마켓으로서 휴대폰의 역할에 주목하고 있었다. 당시 시장
에는 360 쇼우지주쇼우360手機助手, 91주쇼우91助手, 완더우자
豌豆荚, 시노베이션 벤처스의 타파스 등 다양한 앱 마켓이 존재
했다. 한편 당시의 샤오미 역시 나날이 늘어나는 판매량 때문에
MIUI의 상업적 가치 또한 나날이 높아지고 있었다.

여기서 한 가지 흥미로운 사실은, 루웨이빙과 레이쥔은 사
실 예전부터 알고 지낸 사이라는 것이다. 2012년 9월 25일, 레
이쥔은 가까운 친구이자 IT 업계의 유명 애널리스트 쑨창쉬孫
昌旭에게 부탁해, 선전 환러해안에 위치한 카페에 '임시 휴대폰
매장'을 세웠다. 레이쥔과 쑨창쉬 외에 그날 그곳을 찾은 사람
으로는 진리 휴대폰 CEO 루웨이빙, OPPO CEO 천밍융陳明
永, 촨인傳音 CEO 주자오장竺兆江, 캉자康佳 휴대폰 CEO 리
훙타오李宏韜 등이 있었다.

당시는 Mi2가 갓 출시된 때여서 레이쥔은 뜨거운 관심을 받
았다. 레이쥔은 참석자들과 환담을 나누며 샤오미의 사업 모델
을 설명했다. 그러자 이들 전통 제조업체의 경영인들도 레이쥔
에게 공급업체 관리의 어려움을 토로했다. 자사 휴대폰을 꺼내

누구의 카메라 모듈이 더 뛰어난지 확인해보자며 사진을 찍기도 했다. 쑨창쉬는 2012년에 이뤄졌던 휴대폰 업계 간의 대화를 '인터넷폰과 전통 휴대폰 간 탐색전'이라고 표현했다. 모임이 끝난 뒤 공항으로 가려는 레이쥔을 발견한 루웨이빙은 뜻밖의 사실을 발견했다. 레이쥔처럼 유명한 사업가가 비서도, 운전기사도 없는 게 아닌가! 그는 결국 자신의 운전기사에게 레이쥔을 공항까지 데려다주라고 지시했다.

이 모임 당시, Mi는 이제 막 출시된 따끈따끈한 신상품이었지만 그로부터 2년이 지난 뒤 시장에서 불가사의한 변화가 목격되기 시작했다. 샤오미가 실력으로 시장에서 '센터'를 차지한 것이다.

2014년 샤오미의 연간 출하량은 227% 증가한 6112만 대를 기록했다. 다시 말하자면 Mi에 탑재된 MIUI는 사용자 수 6000만 명, 고정 팬 1억 5000만 명을 거느린 서비스로 자리 잡았다는 뜻이다. 이는 레이쥔이 냅킨에 썼었던, 하드웨어와 소프트웨어가 융합된 사업 모델과 놀라울 만치 비슷했다.

샤오미는 시장에서 두각을 나타낼 때부터 남다른 모습을 선보였다. 레이쥔은 심지어 이런 태도를 사회적 실천으로 여기기도 했다. 당시 레이쥔이 내렸던 가장 '미친' 결정은 사내에 커넥션을 위한 별도의 부서를 두지 않고 광고 없이 오로지 제품에 대한 사용자의 입소문만으로 회사를 경영하기로 한 일이었다. 레이쥔이 이런 실험을 실시한 목적은 하나였다. 하나의 제품이 홍보 대신 품질 하나만으로 시장에서 어디까지 버틸 수 있는가

하는 것이었다.

지난 몇 년 동안 샤오미는 진심 어린 찬사와 함께 따가운 의심을 받아왔다. 하지만 시도 때도 없이 쏟아지는 경쟁자들의 맹공에 레이쥔은 꿈쩍도 하지 않았다. 지난 몇 년 동안의 창업 과정에서 홍보 때문에 난처했던 적은 딱 한 번뿐이었다. 한때 경쟁사였던 메이주가 온라인에서 쉬지 않고 다양한 버전의 이야기를 만들어냈을 때였다. 이 때문에 샤오미는 지난 창립하고 몇 년만에 처음으로 홍보를 해야 하는지 고민에 빠지기도 했다.

샤오미가 큰 성공을 거두면서 인터넷에서 사실과 다른 소문이 난무했다. 레이쥔은 진실을 밝히기 위해 그해 받은 편지와 감사 편지까지 찾아냈지만 결국 참아야 했다. 눈앞의 전략에 집중하는 편이 더 중요하다고 생각했기 때문이다.

2014년 판매 자료 발표를 앞두고, 레이쥔은 자신을 비롯한 샤오미의 전 직원에게 다른 사람은 꿈도 꾸지 못한 곳으로 가자는 격려의 말을 전했다.

2014년 3분기, 샤오미의 휴대폰 시장 점유율이 처음으로 중국 1위에 올랐다.


## IoT라는 태풍의 길목

여러 제조업체가 모바일 인터넷의 급부상 속에서 깨달음을 얻는 동안, 레이쥔은 평범하기 이를 데 없는 어느 날 오후에 우차이청의 동료들에게 또 다른 IT기술을 소개하고 있었다. 그

것은 IoE(Internet of Everything)라는 새로운 개념이었다. 레이쥔은 미래 산업 주기가 변화하는 현상이 어렴풋이 목격되고 있다는 사실을 깨달았다. 샤오미는 생태계 방식을 통해 2013년부터 하드웨어에 투자하고 있었지만 하드웨어를 어떻게 연동할 것인가에 대한 구체적인 구상을 내놓지 못했다.

하지만 샤오미의 젊은 광팬들은 이미 IoE 분야를 조용히 탐색하고 있었다.

2014년 초 어느 날, 샤오미 공동 창업자 중 한 명인 황장지가 두 명의 청년을 데리고 레이쥔의 사무실을 찾았다. 그들의 이름은 가오즈광高自光과 인밍쥔殷明君이었다.

사무실 문을 열고 들어가자마자, 황장지는 대뜸 레이쥔에게 재미있는 걸 보여주겠다고 하더니 분주하게 움직이기 시작했다.

세 사람은 책상과 의자를 옮기고, 벽에서 적당한 위치에 있는 전원을 몇 개 찾아낸 뒤 전구를 바닥의 멀티탭에 꽂고선 전원 스위치를 올렸다. 그런 뒤에 레이쥔을 전구 가운데로 끌어내 앉으라고 한 뒤 자신들도 따라 앉았다.

"시작할까!"

황장지의 나지막한 목소리에 옆에 앉아 있던 가오즈광이 고개를 끄덕이더니 휴대폰을 꺼내 뭔가를 조작하기 시작했다. 휴대폰을 가볍게 터치하자, 멀티탭의 전구가 저절로 꺼졌다. 또다시 휴대폰을 두드리자, 다른 전구가 꺼졌다. 그런 뒤에 휴대폰으로 전구를 모두 밝혔다.

"멋지긴 한데 그래서 이게 뭔가?"

"이건 하드웨어에 탑재하기만 하면 휴대폰으로 해당 하드웨어를 제어할 수 있는 와이파이 모듈입니다. 우리의 IoT와도 연동할 수 있죠."

말을 마친 황장지가 작은 와이파이 모듈을 레이쥔에게 건넸다.

반도체 모듈을 바라보던 레이쥔의 눈이 번쩍하고 빛나기 시작하더니, 그의 비즈니스 판단 메커니즘이 작동하기 시작했다. 줄곧 고민해왔던 IoE에 대한 해답을 이제 얻을 수 있을 거라는 예감이 들었다.

레이쥔은 진산을 떠날 때부터 IoE의 가능성에 주목하기 시작했다. 미래에는 모든 기기가 IoE를 통해 서로 연동되면서 모든 사물에서 인터넷에 접속하는 장면이 연출될 거라는 예감이 들었다.

샤오미 창립 이후, 레이쥔은 사내에 IoE를 전략적으로 배치해왔다. 당시 IoE에 대한 레이쥔의 판단은 이러했다. 첫째, 휴대폰이 슈퍼컴퓨터처럼 중앙에서 하드웨어를 연동한다. 둘째, 미래에는 모든 장소에 모니터가 존재할 것이다. 모든 모니터를 하나로 연동해 모니터끼리 자유롭게 정보를 주고받으며 대화할 수 있다. 이러한 판단하에 레이쥔은 왕촨을 영입해 스마트TV 시장에 진출했다. 셋째, 공유기는 대개 24시간 내내 온라인 상태를 유지하므로, 가정에서 유일하게 로그아웃되지 않는 하드웨어 장비에 속한다. 그러므로 공유기가 데이터 센터를 감당하는 역할을 수행해야 한다. 여기까지 생각이 미친 레이쥔은 유명한 기자 샤융펑夏勇峰을 과감하게 영입해 공유기에 대한 다각적인 제품 정의를 탐색하고, IoE 솔루션에 대한 연구를 맡겼다.

시안교통대학교 컴퓨터학과와 칭화대학교 대학원을 졸업한 가오즈광은 황장지가 텅쉰에서 스카우트한 인재로, 공유기 연구에 꾸준히 매진하면서도 IoE를 탐구하는 청년이었다. 하지만 그는 금세 공유기의 한계를 알게 됐다.

샤오미에 입사하기 전, 가오즈광은 텅쉰에서 10년 동안 근무하며 웨이스微視*를 주로 담당했다. 그 당시 가오즈광은 백엔드에서 Mi 사용자의 활약도가 유독 높다는 것을 발견했다. 그는 하드웨어 연구개발 분야에서 맞닥뜨린 자신의 한계에서 벗어나고자 과감하게 샤오미를 선택했다.

●
텅쉰 산하 쇼트클립 플랫폼 및 공유 커뮤니티.

샤오미는 텅쉰과는 완전히 달랐다. 샤오미 입사 초기, 가오즈광은 샤오미의 활기 넘치는 창업 문화에 적지 않은 충격을 받았다. 대개 세 명의 직원이 한 자리에서 같이 일하도록 꾸며진 근무 환경에서 샤오미 직원들은 어깨를 나란히 한 채 일하곤 했다. 하지만 텅쉰에서는 이런 모습을 상상할 수도 없었다. 그 모습을 지켜보며 가오즈광은 텅쉰이였다면 일찌감치 다들 항의했을 거라고 생각이 들었다. 그 밖에도 텅쉰은 일찌감치 HR 시스템과 관리 제도를 구축해둔 터라 모든 것이 규정에 따라 돌아갔다. 이에 반해 샤오미는 아직 초기 단계인 듯 상대적으로 부족한 점이 한둘이 아니었다.

그럼에도 가오즈광은 이런 분위기 속에서 색다른 일을 하고 싶다는 강한 열망에 휩싸였다. 텅쉰에서 일할 때 채우지 못했던 자신의 어떤 정신적 가치와 궤를 함께하고 있었기 때문이다. 텅쉰에서는 모두가 차세대 위챗, 차세대 QQ뮤직, 차세대 텅쉰 뉴스 프로젝트에 참여할 기회를 간절히 원했다. 하지만 경쟁이 치열한 탓에 사람들은 새로운 길을 끊임없이 모색해야 했다.

"중국 전역에서 잘 나간다는 업체들도 결국에는 사라지지만, 인터넷을 탐색하며 남은 것들은 하나같이 소중한 존재가 될 거라는 걸 알아야 합니다. 천천히 되는 쪽을 선택한다면 영원히 장샤오룽張小龍●은 되지 못한 채 '문지기'로 살아가야 할 겁니다. 그래서 모두들 남과 다른 길을 걸으려고 합니다."

● 텅쉰의 부사장. '위챗의 아버지' 로 불린다.

이제 샤오미에서 IoE의 근간을 탐색하는 작업은 가오즈광에게는 삶의 중요한 원동력이 됐다. 하지만 공유기 연구에 매달린 지 3개월이 지난 뒤 가오즈광은 공유기에 기반을 둔 IoT는 불가능하다는 결론을 내렸다. 작업 과정에서 가오즈광은 많은 문제를 고민했다. 샤오미 IoT 사업의 성공이 반드시 공유기를 기반으로 한 것이라면, 공유기를 먼저 성공시켜야 했다. 한 회사에서 A라는 사업이 성공하기 위한 전제 조건이 B사업의 성공이라면 그건 A사업의 성공 가능성을 크게 떨어뜨리는 일이었다.

그래서 가오즈광은 IoE에서 하드웨어가 아니라 플랫폼을 구축하는 데 전력을 다하자는 발상의 전환에 나섰다. 인터넷 업체가 멋진 플랫폼을 구축한 뒤 기존의 하드웨어 업체가 이용할 수 있도록 문을 활짝 열자는 것이었다. 이러한 발상을 토대로 가오즈광은 중국 전역의 가전업체를 방문해 실태 조사에 나섰다. 조사 결과는 자신의 추측과 상당 부분 일치했다. 현장을 조사하는 과정에서 가전을 주로 취급하는 업체를 포함한 상당수의 하드웨어 제조업체가 소프트웨어를 다루기가 쉽지 않다는 것을 깨달았다. 업종 간의 이해가 하늘과 땅 차이라는 말처럼 가전업체는 하드웨어 분야에서 오랜 경험을 쌓았지만 소프트웨어나 시스템 쪽으로는 문외한이나 다름없었다. 샤오미 엔지니어 몇몇이서 2~3일 만에 해낼 코딩 작업을 전통적인 가전업체에서는 반년을 줘도 완성하지 못할 것이었다. 설사 해낸다고 해도 그 품질은 샤오미에 미치지 못할 터였다. 눈앞의 현실에 가오즈광은 자신의 생각을 굳혔다. 즉 하드웨어 업체가 직접 사용할 수 있는, IoE가 가능한 시스템을 구축하기로 했다. 그 일환으로 가오즈광이 떠올린 최초의 구상은 IoT 플랫폼이었다.

이러한 구상에 따라 가오즈광은 대학교 동기인 인밍쿼이 설립한 IoE 솔루션 회사를 눈여겨보기 시작했다. 이 업체의 시스템은 코드량을 짧은 시간 안에 실시간으로 처리할 수 있는 프로토콜을 포함하고 있어서, 클라우드에 직접 연동할 수 있었다. 가오즈광이 사전에 제작한 하드웨어 삽입용 모듈을 이 업체가 회로도에 따라 패널에 납땜하면 기기를 제어할 수 있었다. 이렇게 하면 가전업체는 IoE에 진출할 때 소프트웨어 엔지니어나 칩 개발을 위한 엔지니어를 별도로 고용하지 않아도 된다. 가전업체의 가장 가려운 곳을 긁어주는, 거의 완벽한 해결책이었다.

와이파이 모듈을 완성한 가오즈광은 황장지를 찾아가 휴대폰으로 전구를 켜고 끄는 과정을 시연했다. 그 과정을 지켜본 황장지는 가오즈광과 인밍쥔을 끌고 레이쥔을 찾아갔다. 휴대폰으로 전구를 껐다 켜는 기능을 레이쥔 앞에서 시연한 일은 이렇게 해서 이루어진 것이다.

가오즈광이 가장 자랑스럽게 생각하는 것은 무엇보다도 전구 등 IoT 장비와 클라우드의 프로토콜 및 연동 방식이 상당 부분 자신이 텅쉰에서 QQ 백엔드를 개발할 때의 경험에 뿌리를 두고 있다는 사실이었다. 그 덕분에 작은 칩에서 전송 제어 규약Transmission Control Protocol(TCP)이 아닌 사용자 데이터그램 규약User Datagram Protocol(UDP)으로 클라우드와의 연동을 구현함으로써 제어 장치의 반응 속도를 단축시킬 수 있었다.

가오즈광의 아이디어에 레이쥔의 눈동자가 환하게 빛났다. 어쩌면 이 기술이 IoE의 세상을 열어줄 획기적인 열쇠일지도 몰랐다. 하지만 개당 60위안이나 되는 모듈 가격을 떠올렸을 때, 선뜻 구매자가 나타나지 않을 것 같다는 예감이 들었다. 레이쥔은 바닥에 앉은 세 사람을 향해 입을 열었다.

"이걸 상용화려면 적어도 개당 가격을 10위안 수준으로 낮춰야 하네."

시연이 있었던 토요일이 지나고 맞이한 월요일, 가오즈광이 엔지니어 다섯 명을 데리고 IoT 부서를 만들었다. 인밍쥔의 스타트업도 샤오미에 전격 인수됐다. 가오즈광은 샤오미의 신속한 의사결정에 또 한 번 충격을 받았고, 그날부로 엔지니어들과 함께 IoT를 활용한 제휴 가능성을 모색하기 시작했다.

그 후 1년 가까운 시간 동안 가오즈광은 비즈니스 세계에서 '전형적인 이공계 출신'으로서의 한계에 부딪히곤 했다. 샤오미와 가전업체 간의 제휴를 강화하고자 관련 부서를 조직했지만 좌절을 거듭해야 했다. 사실 플랫폼을 구축한 뒤에 업체에 가입을 요청하는 방식은 플랫폼 구상의 비현실적인 면을 드러내는데 이는 대다수 업체가 초기에 범하기 쉬운 오류 중 하나다.

소통 과정에서 가전업체들은 하나같이 호감을 보이긴 했지만 대부분은 타사의 제품이 아닌 자사에서 개발한 모듈을 원했다. 회사 입장에서는 지극히 당연한 결정이다. 거듭되는 협상 실패로 가오즈광은 처음으로 현실의 벽을 절감해야 했다.

가오즈광이 레이쥔에게 제휴를 이끌어내기 쉽지 않다고 보고하자, 레이쥔은 어떤 심정인지 안다고 위로했다.

"시스템과 플랫폼에서의 경험이 만족스럽고 사용자에게 충분히 어필할 수 있다면, 또 사용자에게 가치를 선사할 수 있다면 다들 저절로 찾게 될 걸세. 큰 업체와의 협업이 어렵다면 중소기업부터 공략해 사용자 그룹을 천천히 만들어가는 건 어떻겠나?"

레이쥔은 가오즈광에게 샤오미가 투자한 생태계 업체를 먼저 찾아 해당 기술을 적용해보라고 조언했다.

류더가 이끄는 생태계 부문은 IoT 부문보다 한 달 빠른

2014년 1월 8일에 이미 설립된 상태였다. 생태계 부문은 하드웨어 업체에 대한 투자에 박차를 가했다. 당시만 해도 시장에서 두각을 나타내지 못한 업체들이 보이지 않는 곳에서 마구잡이로 자라고 있었다.

가오즈광은 샤오미의 모듈을 탑재한 샤오미의 첫 번째 생태계 업체를 세웠다. 공기청정기를 만드는 스타트업 쯔미智米(Smartmi)다.


## 무럭무럭 자라는 생태계

류더의 말을 빌리자면, 생태계 부문은 설립 초기만 해도 가장 외진 구석에 둥지를 터야 했다. 하지만 누구도 관심을 보이지 않는 그곳에는 자유로운 분위기가 가득했다. 생태계 부문이 앞으로 어떻게 변할지 당시 누구도 알 수 없었다. 마치 희망으로 가득 찬 황무지와도 같았다.

류신위, 쑨펑, 리닝닝, 샤융펑 등 샤오미 초기 멤버들을 모아 조직된 생태계 부문은 투자자와 PM이라는 '투잡'을 뛰어야 했다. 투자자들은 기존과 전혀 다른 방식으로 투자에 나섰다. 사업계획서를 보고 투자하는 것이 아니라, 팀과 상품의 잠재 가능성에 무게를 두고 평가하는 식이었다. 이들은 계산기를 두드려보지도 않고 다짜고짜 창업자에게 질문부터 던졌다.

"앞으로 1년 동안 상품 양산화에 얼마의 자금이 더 필요하든 다 드리죠. 대신 저희에게 15~20%의 지분을 주십시오."

어떤 프로젝트는 창업자의 사무실에서 한 시간 만에 투자 결정을 받을 정도로 생태계 부문은 빠른 일 처리 속도를 자랑했다. 업무 처리 과정 곳곳에서 비현실적인 장면이 연출되기도 했다.

이들이 상대 회사의 기업 가치를 보지 않는 이유에 대해 류더는 훗날 이렇게 답했다.

"초기의 파이가 너무 작아서 가격 협상 자체가 무의미했거든요. 본질적으로 샤오미의 생태계가 추구하는 건 인큐베이션입니다. 샤오미의 자원을 활용해 이들 기업의 성장을 돕고 그 과정에서 생태계 업체에 샤오미의 가치관, 제품 가치관, 방법론을 전파하는 거죠."

투자자가 투자할 때 팀이나 데이터, 수익률만 강조한다면 샤오미의 엔지니어들은 제품과 기술, 흐름을 더 높이 평가한다. 쑨펑은 이제 막 생겨난 부서에서 신선한 분위기를 받았다.

"여기 있으면 마음이 가벼워요. 류 형은 어느 누구에게도 특정한 목표를 정해주지 않았죠. 좋다는 생각이 들면 그냥 그대로 밀고 나갈 수 있었어요. 2010년 말의 MIUI팀처럼요. 공기마저 신선하다니까요."

이런 분위기에서 팀원들은 저마다 최선을 다해 시장에서 유망한 하드웨어 업체를 찾아 나섰다. 이들은 물 만난 고기처럼 유쾌함을 잃지 않으면서도 제각기 자신의 능력을 십분 발휘했다.

2013년 중순, 쑨펑은 중국 과학기술대학교 동문이자 스마트위치를 만들고 있던 황왕黃汪을 찾았다. 당시 황왕이 설립한 화헝華恒전자는 자금난을 겪고 있었다. 쑨펑은 황왕의 스마트 워치를 가져와 레이쥔의 손목에 둘러줬다. 몇 번의 협상을 통해 쑨펑은 파산 직전에 처한 화헝전자에 투자하기 위한 생태계를 서둘러 구축하기 시작했다. 이를 계기로 샤오미는 스마트 웨어러블 시장에 진출하게 됐다.

그리고 2013년 말, 쑨펑은 당시 어려움에 처해 있던 이라이트Yeelight라는 조명업체를 또다시 발견했다. 창업자인 장자오닝姜兆寧과 팀원 모두 기술 전문가 출신으로 제품 연구개발 과정에서 발견된 문제를 해결할 뿐, 공급망에 대한 노하우가 전무했다. 생사의 기로에 두 번이나 내몰린 후, 장자오닝은 샤오미의 생태계 투자를 받기로 선택했다. 샤오미도 이라이트를 통해 스마트 조명 산업에 뛰어들게 됐다.

한편, 샤융펑은 로봇청소기를 만드는 창징昌敬을 알게 됐다. 첫 만남에 오랜 친구를 만난 것처럼 마음이 통한 두 사람은 유쾌한 분위기에서 이야기를 나눴다. 창징은 속으로 쾌재를 불렀다. 샤오미의 PM은 영향력이 큰 직급이라, 그런 상대를 만나 자신의 제품에 대해 이야기한다는 사실에 유명 인사를 만난 것처럼 얼떨떨한 기분이 들었다. 몇 차례의 상담을 마친 후, 샤오미 생태계는 창징의 스토우커지石頭科技(Roborock)에 투자했다. 이를 계기로 샤오미는 로봇청소기 시장에도 진출하게 된다.

이와 비슷한 상황이 꾸준히 반복되면서 2014년을 기점으로 샤오미의 생태계는 샤오이小蟻 카메라, 창미創米 스마트 플러

그 등 다양한 하드웨어 업체에 투자하기 시작했다. 심지어 미국 허니웰Honeywell에서 예화린葉華林이라는 인재를 스카우트해서 스마트 드론 시장에 진출하기도 했다. 생태계와 관련된 모든 작업자가 자신의 업무에 100% 몰입하면서 하드웨어 제품에 대한 인큐베이션도 속도를 내기 시작했다.

류더는 자신이 오랫동안 연구해온 군사이론, 즉 '정밀 타격'과 '게릴라 작전'을 생태계 제품 개발에 적용하기로 결심했다. 이러한 전략에 따라 생태계 업체들은 대다수 사용자가 필요로 하는 제품을 개발해야 했다. 단일 제품이 소위 말하는 대박을 쳐서 날개 돋친 듯 팔린다면 시장에서 군림할 수 있다. 그래서 샤오미의 PM들은 투자받은 업체가 자사의 제품을 정확히 정의할 수 있도록 발 벗고 나섰다.

이와 함께 산업디자이너로서 류더의 역할이 십분 발휘됐다. 휴대폰 부문에서 음울한 분위기를 풍기고 있던 때와 달리, 류더는 생태계 부문에서 적극적으로 발언하고 나섰다. 그 결과, 산업디자이너의 잠재력을 끌어올릴 수 있는 디자이너 문화가 강한 환경을 구축했다.

초기 생태계 제품의 디자인은 모두 리닝닝의 팀에서 심사했다. 류더와 동문인 리닝닝은 생태계 제품의 산업디자인을 깐깐하게 다뤘다. 샤오미의 생태계 제품이라면 높은 수준의 디자인을 보여줘야 한다는 결정은 앞으로의 험난한 과정을 예고하는 동시에 잔혹한 현실, 즉 생태계 제품의 디자인은 애당초 심사에 통과될 확률이 낮다는 가혹한 사실을 보여주고 있었다. 수십 번, 수백 번 고치고 고쳐도 더 나은 디자인을 선보이지 못한다면 수백 위안이나 되는 고가의 장비가 버려지는 사례를 업계에서 흔히 찾아볼 수 있었다. 디자인에 대한 남다른 고집과 집착으로 리닝닝은 생태계 업체의 종사자라면 누구나 두려워하는 '여마두女魔頭'로 불리게 됐다. 친분이 있는 업체들 사이에는 샤오미의 산업디자이너 리닝닝을 조심하라는 이야기가 오갔다. 성격이 보통이 아니라며, 건드리지 않을 수 있으면 최대한 건드리지 않고, 맞출 수 있으면 최대한 맞춰주는 게 최선이라고 미리 충고하기도 했다. 그 때문에 심사에 들어온 제품들에서는 디자인에서 각별히 신경을 쓴 흔적을 찾아볼 수 있었다. 리닝닝은 훗날 농담 삼아 당시 자신이 천둥벌거숭이처럼 날뛰었노라 인정하기도 했다. 하지만 이 덕분에 샤오미는 생태계 업계 사이에서 존재감을 드러낼 수 있었다.

한번은 샤오미의 신제품 발표회에 맞춰 출시될 화미華米의 스마트밴드가 몰딩 최종 통과 심사 결과를 기다리고 있었다. 하지만 리닝닝은 여전히 밴드 디자인에 문제가 있다고 생각했다. 몇 번이나 고민했지만 도저히 그냥 넘어갈 수가 없었다. 그날 화가 머리끝까지 난 리닝닝은 황왕에게 물건을 어떻게 이렇게 만들었냐며 쏘아붙였다. 화가 잔뜩 난 리닝닝의 모습에 황왕은 식은땀을 뻘뻘 흘렸다.

"제품이 마음에 들지 않으면 출하를 조금 늦추면 안 되겠습니까? 급할수록 돌아가라고 하지 않습니까? 무엇보다 품질이 중요하니까요."

그렇게 해서 수정한 제품을 확인한 리닝닝은 황왕에게 '대박'이라는 두 글자를 들려줬다. 제품은 결과에 책임을 져야 한다는 생각에 두 사람 모두 동의한 덕분이었다.

품질에 대한 집착은 훗날 생태계 업체들 사이에서도 하나의 공감대로 형성됐다. 황왕은 생태계 업체 모임에서 자신의 경험을 들려주며 다른 동료 업체들에 충고하기도 했다.

"제품에 개선의 여지가 있다고 판단될 때는 조급하게 생각해선 안 돼. 급한 마음에 품질이 떨어지는 제품을 그냥 넘겼다가는 입소문이 날 수 있으니까."

샤오미의 특기인 인기 제품 마케팅 전략에 따라, 제품이 출시되면 샤오미는 일단 해당 제품이 대박을 칠 것이라는 가정하에 대량의 출하량을 확보했다. 다시 말해서 뛰어난 제품 품질을 확보하는 것이 무엇보다도 중요했다. 이와 함께 제품 개선이나 세대교체에는 시간이 걸리기 때문에 처음 만들 때 제대로 만드는 것이 중요했다.

자신과 비슷한 미적 감각을 지닌 류더를 상사로 두고 있다는 게 리닝닝에게는 무척 다행스러운 일이었다. 자신의 아이디어나 디자인을 상사가 함부로 짓밟는 일을 피할 수 있었기 때문이다. 류더는 팀원들이 최대한 자유로운 환경에서 일할 수 있도록 배려했다. 디자이너들은 다른 회사였으면 벌써 잘렸을 거라며, 샤오미에서 일하는 게 정말 행복하다고 웃으며 이야기하곤 했다.

리닝닝은 생태계 업체와 샤오미의 ID 부문 간의 갈등을 좀처럼 해소할 수 없을 때는 류더에게 중재를 부탁하곤 했다. 그럴 때면 류더는 장기적인 관점에서 결정을 내리곤 했다. 하지만 가끔은 중재에 나선 류더에게 항의하는 디자이너들이 나타나기도 했다. 이를테면 '샤오미 공기청정기와 발뮤다BALMUDA 공기청정기의 표절 의혹' 문제는 한때 생태계 부문에서 가장 뜨거운 논쟁을 불러일으키기도 했다. 쯔미의 디자이너는 최고의 디자인을 벤치마킹하긴 했지만 엄연히 다른 디자인이라고 주장했지만 리닝닝은 회의적인 반응을 보였다. 류더가 크게 문제되지 않을 거라며 해당 디자인의 심사를 통과시키자, 리닝닝은 자신의 상사인 류더를 위챗 채팅창에서 차단시켜 버렸다. 그리곤 류더를 '눈만 높은 장사치'라고 평가했다.

이는 생태계 부문에서 일어났던 가장 격한 충돌이자, 해당 부문에 정신적 충격을 가하는 사건이었다. 그래서 이 사건의 결론은, 이런 일이 더는 일어나지 않도록 영원히 덮어두자는 데 모두가 동의하는 것으로 막을 내렸다.

디자인을 둘러싼 갈등과 고민은 샤오미의 창립자 레이쥔의 이념, 즉 중국의 디자인으로 중국산 제품을 이끈다는 취지와 맞아떨어지는 것이었다. 당시의 샤오미는 자신만의 일관된 디자인 언어인 '편리한 기능, 미니멀한 디자인, 뛰어난 품질'을 조금씩 만들어가고 있었다. 샤오미의 생태계도 디자인을 통한 생태계 발전 방향과 제품 특징을 구현한다는 독특한 관리 방식을 선보이기 시작했다. 샤오미의 생태계는 비즈니스 세계에서 점차 목소리를 높이고 있었다.

생태계 부문 설립 직후인 2014년 3월 레이쥔은 전국양회全國兩會*에 참석했다. 심각한 스모그 문제가 처음으로 광범위하게 나타나면서 대기질 문제가 도마에 올랐다. 양회에 참석한 틈틈이 레이쥔은 류더에게 전화를 걸어 실내 공기질 문제를 해결하기 위해 서둘러 공기청정기 업체에 투자해야 한다고 말했다. 하지만 투자팀에서 전국 곳곳을 뒤졌지만 마땅한 업체를 찾지 못했다. 상황이 이렇게 되자, 투자팀에서는 인큐베이션 방식으로 공기청정기 사업을 다시 시도해보자는 결론을 내렸다.

류더는 주소록에서 쑤쥔蘇峻이라는 이름을 찾아냈다. 대학교 시절 차린 디자인 회사에서 알게 된 친구였다. 쑤쥔 역시 산업디자이너 출신으로, 칭화대학교 예술학과 대학원에서 박사학위를 취득한 뒤 북방공업대학교 산업디자인학과에서 학생들을 지도하고 있었다. 당시 대학교를 다니면서도 사회생활에 뛰어들었던 류더처럼 쑤쥔은 교단에 서면서도 친구들과 가정용품 디자인 회사를 세웠다. 한 해 영업수익으로 3000만 위안을 올릴 만큼 회사는 안정적인 성장세를 유지하고 있었다.

채워지지 않은 만족감에 창업에 뛰어들었다는 창업자의 이야기는 쑤쥔에게도 예외는 아니었다. 라오셔차관老舍茶館에서 류더와 만난 쑤쥔은 샤오미의 생태계 모델에 대한 이야기를 듣고 샤오미가 공기청정기에 다시 손을 대려는 야심을 온전히 이해할 수 있었다. 류더에게는 이번 프로젝트가 막대한 규모의 사업이자 자신을 '거물'로 만들어줄, 살면서 좀처럼 만나기 어려운 절호의 기회였다. 한편 쑤쥔 역시 속으로 열심히 계산기를 두드렸다. 인재를 육성하는 일과 사람을 위한 디자인 중에서 무엇이 더 중요할까? 쑨쥔은 창업하면 무엇을 잃게 될 것인지만 알 뿐, 창업을 선택하면 무엇을 얻을 수 있을지 전혀 알지 못했다. 다시 말해서 학과 주임이라는 직함과 자유, 그리고 안정적인 3000만 위안의 영업수익을 잃게 될 것이다. 게다가 자신의 디자인 회사까지 잃게 될 것이다. 그게 바로 류더의 조건이었다. 자신들과 손을 잡으려면 모든 걸 걸고 덤비라는 뜻이었다. 대학교 강단에서 물러나는 것은 물론, 몸담고 있던 회사의 지분까지 내놔야 했다.

결국 날 때부터 가진 '사물'에 대한 남다른 애정이 현실의 안주함을 상대로 승리를 거뒀다. 쑨쥔은 교단에서 물러나 창업의 길에 뛰어들기로 했다. 사물에 대한 타고난 '집착'을 가진 자신이 창업에 뛰어든 것이 마치 정해진 운명 같다는 것을 쑨쥔 자신도 알고 있었다. 어릴 때부터 '사물을 만드는 일'에 강한 호기심을 느끼던 자신이었다. 미국 유학 시절 쑨쥔은 혼자서 대형 슈퍼마켓에 들어가 온종일 물건을 구경하곤 했다. 진열장에 나란히 진열된 물건을 보며 제조 상태와 디자인을 감상했다. 또 쑨쥔은 애플의 거의 모든 제품을 가지고 있을 뿐만 아니라 애플의 역대 제품 포토북*을 소장할 만큼 애플의 충실하고 열정적인 추종자이기도 했다.

대학교를 떠나려면 14년 동안 몸에 밴 관행을 버려야 했다. 설상가상 학교 측에서도 사직을 반려하자 쑨쥔은 난처한 상황에 빠지고 말았다. 급기야 학교 측에서는 그만두려거든 14만 위

*
'Designed by Apple in California'라는 제목으로 애플에서 2016년 출간한 고가의 한정판 대형 화보집.

안 상당의 인재 육성비를 내라고 요구했다. 그래야 일주일 안에 사퇴를 수리해준다는 게 아닌가! 어떻게 해서든 쑤쥔을 잡으려는 학교 측의 눈물겨운 몸부림이었다. 학교 측의 제안에 쑤쥔은 크게 기뻐하며 인사부로 달려가 은행카드를 건넸다. 그리곤 14만 위안을 긁은 뒤 한 치의 망설임도 없이 교문을 나섰다.

그 후 쑤쥔은 쯔미라는 회사 간판을 내걸고 밑바닥에서부터 하나씩 기반을 쌓기 시작했다. 공기청정기를 만드는 과정은 맨땅에 헤딩하는 것처럼 막막하기 그지없었다. 공급업체를 뚫기 위해 두 달 내내 발품을 팔기도 하고, 9개월 안에 제품을 만들어야 하는 일정으로 일하기도 했다. 디자인, 구조에 심혈을 기울이며 거의 24시간 내내 일만 하는 날도 있었다. 두 달 내내 기침을 달고 살다 보니 온몸에서 힘이란 힘은 다 빠진 것 같았다.

당시 쑤쥔에게 가장 큰 고민은 원가 문제였다. 공기청정기는 가성비 대비 최고의 품질을 추구한다는 샤오미의 사업 이념에 따라 최고급 부품과 소재를 사용했지만 동시에 샤오미의 가치관에 따라 원가에 가까운 판매가로 제공해야 했다. 원가 절감 문제로 고민하던 쑤쥔에게 가오즈광이라는 한 줄기 빛이 드리워졌다. IoT 부문의 모듈 칩이 마침내 완성된 것이다. 모듈 칩이 외부 업체에 팔리지 않자, 가오즈광은 시험 삼아 생태계 부문에서 먼저 시도해보기로 결정했다. 게다가 가오즈광이 가장 먼저 마음에 두고 있던 제품 역시 쑤쥔의 공기청정기였다.

새로운 사물이 등장할 때와 마찬가지로, 기업 내부적으로 전략적 공감대를 구축하지 못하면 한 가지 일도 제대로 해내기 어려운 법이다. IoT 모듈을 공기청정기에 탑재하겠다는 가오즈광의 이야기에 쑤쥔은 IoT 모듈이 자신의 공기청정기와 그다지 관련 없다고 본능적으로 판단했다. 설상가상 모듈 1개를 추가하려면 40위안의 추가 비용이 발생하게 된다. 날마다 손가락 사이로 빠져나가는 돈을 어떻게 마련한단 말인가? 게다가 해당 모듈을 탑재하려면 전체 시스템과의 조율도 고려해야 했다. 추가 작업으로 구멍이 생길 것이 분명한 상황에서 A/S나 고객 서비스 같은 문제에 어떻게 대응할 것인가?

산 넘어 산 같은 상황을 생각만 해도 골치가 아플 지경이었지만 류더와 가오즈광은 큰 그림을 그려야 한다는 사실을 잘 알고 있었다. 샤오미가 IoT와 스마트화 사업에 도전하는 일은 미래 IT의 발전 방향과 일치하는 일이라고 여겼다. 그런 의미에서 휴대폰으로 제어할 수 있는 공기청정기는 좋은 출발점이 될 수 있었다. 고객에게 편리한 경험을 선사할 수 있는 것은 물론이었다. 쯔미가 당시 계획한 출하량대로라면 스마트 공기청정기의 대중화를 통해 시장에서 새로운 바람을 일으킬 가능성이 컸다. 장기적인 관점과 IoT에 대한 샤오미의 장기 계획에 따라 쑤쥔은 본능적인 거부감을 이겨내고 공기청정기에 IoT 모듈을 탑재하는 데 동의했다.

이 일을 계기로 류더는 더 먼 미래를 계획하기 시작했다. 당시 경쟁사인 필립스에서 이미 스마트 공기청정기를 출시한 상태였다. 4G 시대가 열리면서 스마트 하드웨어 열풍이 마침내 불기 시작했다. 류더는 스마트 커넥티드Intelligent Connected가 대세가 되리라 직감하고, IoT 부문과 생태계 부문의 연동이 반드시 선행되어야 한다고 판단했다. 그래서 전략적으로 가오즈 광의 도전을 적극 지지하기로 했다. 생태계 부문이 설립된 직후부터, 류더는 가오즈광의 팀을 모든 생태계 회의에 초대하는 한편 생태계 업체들에 자신의 조건을 분명히 전했다. 즉, 샤오미가 투자한 하드웨어 장비는 인터넷을 통한 네트워킹이 가능한 경우 반드시 네트워킹을 구현해야 한다는 것이었다.

류더는 생태계 부문의 연말 보너스에서 100만 위안을 떼서 가오즈광의 팀에 지급하며 그들의 노고를 치하하기도 했다. 그로부터 몇 주 뒤, 가오즈광의 IoT팀이 본격적으로 생태계 부문에 편입됐다.

그해 생태계 부문은 가시적인 성과를 거두며 승승장구했다. 화미 밴드는 출시와 함께 3개월 만에 판매고 100만 개를 올리며 2014년 샤오미 생태계 최고의 작품으로 평가받았다. 2014년 12월, 화미는 3500만 달러 규모의 융자 프로젝트를 발표했다. 예상되는 화미의 가치 총액은 3억 달러에 달했다. 가오룽즈번高榕資本을 필두로 천싱즈번, 홍샨즈번紅杉資本이 뒤따라 투자에 나섰다.

샤오미 공기청정기는 발표되자마자 시장을 쓸어버리겠다는 기세를 거침없이 드러냈다. 2014년 12월 9일, 899위안에 불과한 샤오미 스마트 공기청정기가 출시됐다. 미니멀한 디자인과 우수한 성능, 그리고 매력적인 가격을 등에 업고 시장 공략에 나섰다. 이듬해 2세대 샤오미 공기청정기가 출시되면서 순식간에 시장 점유율 20%를 기록했다.

쑨펑이 정의한 제품 콘셉트에 따라 공급망을 뚫은 이라이트의 첫 번째 스마트 전구도 샤오미 제품 발표회에 등장했다. 출시와 함께 샤오미왕에서 미펀 2억 명을 상대로 판매를 실시했는데 하루 만에 무려 4만 개가 팔려나갔다. 상황을 지켜보던 장자오닝은 미펀들이 미친 것 같다며 얼떨떨한 표정을 지었다.

그동안 꾸준히 출하 중이던 쯔미의 보조배터리 역시 판매호조를 보였다. 2014년 12월까지 쯔미의 보조배터리 판매량은 1000만 대로 전 세계 판매 1위 자리를 지키고 있었다.

판매량보다 더 중요한 것은 샤오미로부터 투자받은 업체들이 각자의 분야에서 신기록을 갈아치우는 동시에 스마트화에 보다 적극적으로 나서기 시작했다는 것이다. 이들은 자사 제품에 대한 원격 제어 시스템을 구현할 수 있도록 하루빨리 IoT 모듈을 탑재해달라고 가오즈광과 그의 팀에게 부탁하기도 했다. 이러한 태도의 변화는 가오즈광의 팀에게 커다란 희망과 에너지를 선사했다. IoT 부문에서는 소비자가 휴대폰으로 샤오미가 투자한 하드웨어를 전문적으로 제어할 수 있도록 샤오미 스마트홈(현재의 Mi Home)이라는 앱을 만들었다. 당시 샤오미의 생태계에 들어온 하드웨어로는 샤오미 공기청정기, 촹미의 스마트 플러그, 샤오이 카메라가 있었다.

생태계 제품에 IoT 모듈을 탑재하면서 샤오미가 투자한 하드웨어 제품은 고립 상태에서 벗어나 서로 연결될 수 있었다.

이 젊은 사업가들은 최신 트렌드에 맞춰야 시대의 흐름을 선도하는 제품으로 키워나갈 수 있다는 것을 잘 알고 있었다. 또한 시대가 선택한 사업가가 되어야 날개를 활짝 펴고 날아오를 기회도 얻을 수 있다고 확신했다.

## 글로벌화를 향한 샤오미의 여정

2014년 4월 22일 오전 10시, 레이쥔은 웨이보에 '샤오미의 새로운 도메인 mi.com을 소개합니다'라는 짤막한 글을 올렸다. 칠흑처럼 어두운 검은 바탕화면 위로 초서체草書體로 쓴 '세상이 더 가까워집니다'라는 문구가 떠올랐다. 그리고 그 문구 아래로 이제 곧 모습을 드러낼 푸른 지구가 자리 잡고 있었다.

이것은 평범한 포스터가 아니라 샤오미의 중요한 전략 중 하나인 글로벌화를 향한 샤오미의 결심을 보여주는 장면이었다.

이는 휴고 바라를 영입하기 전부터 준비한, 샤오미의 글로벌화를 위한 레이쥔의 포석이었다. 인터넷 업계에 오랫동안 몸담고 있던 레이쥔은 도메인이 기업에 미치는 중요한 영향을 잘 알고 있었다. 많은 업체가 짧고 기억하기 쉬운 도메인을 원했다. 그래야 사용자를 배려할 수 있는 것은 물론, 인기를 높이는 데도 큰 도움이 되기 때문이다. 예를 들어 징둥은 360buy.com에서 jd.com로 도메인을 변경했다. 또 2005년 구글이 중국에 진출하자, 리카이푸는 도메인 투자자인 차이원성蔡文勝으로부터 g.cn을 사들였다.

2012년부터 레이쥔은 xiaomi.com이 중국인에게는 익숙하지만 샤오미의 글로벌화에는 그다지 도움이 되지 않다는 점을 조금씩 깨닫고 있었다. 상당수의 외국인은 Xiao라는 글자를 읽지도 못하고, xiaomi라는 영문명에 어떤 의미가 담겨 있는지도 알지 못했다. 그래서 레이쥔은 2013년 린빈에게 mi.com이라는 도메인을 소유한 사람을 찾도록 지시했다. 조사 끝에 린빈은 스탠퍼드대학교의 한 교수가 도메인을 소유했다는 사실을 알아냈다. 도메인 수집 애호가인 교수는 1991년에 mi.com이라는 도메인을 사들였다고 한다.

당시 샤오미의 인지도가 어느 정도 있던 터라 린빈은 대행업체를 통해 도메인 소유자와의 접촉을 시도했다. 최대한 공정한 가격으로 도메인을 구입하려는 목적이었다. 하지만 상대가 터무니없는 값을 부르는 게 아닌가! 오랫동안 아무도 관심 없던 도메인을 사겠다는 사람이 나타나자, 수천 배 높은 값을 부른 것 같았다.

몇 차례의 협상 끝에 샤오미는 결국 360만 달러를 주고 도메인을 사들였다. 이러한 결정을 두고 한때 외부에서는 구차하다는 평가를 내리기도 했지만 레이쥔은 과감하게 결단했다. mi.com이라는 도메인이 해외 사용자에게는 기억하기 쉽고, 응용할 수 있는 여지가 크다고 판단했기 때문이다. 게다가 이것 외에 다른 선택지가 없었다.

그 후에 있었던 일화를 린빈은 아직도 생생하게 기억하고 있다. 샤오미가 위탁한 특허 대리인이 업계 표준 가격에 따라 수수료를 받으려 하자, 린빈이 버럭 화를 냈다.

"두 눈 똑바로 뜨고 봐요, 당신네 회사도 샤오미가 투자한 거니까!"

일리가 있다고 생각한 특허 대리인은 수수료를 크게 할인해 주었다.

휴고 바라는 중국 땅을 밟은 후 해외 사업을 확장하겠다는 의도를 곧바로 드러냈다. 수많은 데이터를 연구하고 자료를 수집하는 작업 끝에 잠재력 있는 시장을 찾아냈다. 그는 레이쥔의 사무실에 커다란 세계지도를 펼친 뒤 굵은 펜으로 동그라미를 치고 해당 국가 또는 지역의 GDP와 통신 시설의 현황을 적었다. 그런 뒤에 펜을 들고 레이쥔에게 하나씩 설명하기 시작했다. 그런 바라를 보며 레이쥔은 그의 노력과 열정을 똑똑히 확인할 수 있었다. 설명을 마친 바라는 레이쥔에게 전 세계 10개 국가 및 지역에 동시에 진출할 예정이라고 보고하며, 그 중에서도 인구밀도가 높은 인도가 중요한 전략 거점이 될 거라고 설명했다.

바라가 공식적으로 샤오미에 입사한 지 일주일이 지난 2013년 10월의 어느 날, 린빈의 사무실에 마누 쿠마르 자인 Manu Kumar Jain이라는 청년이 찾아왔다. 마누는 인도 출신의 1981년생 청년으로, 어린 나이에도 인도 전자상거래 업계에 오랫동안 몸담아온 인물이었다. 그는 자신처럼 젊은 인도 청년들과 함께 자봉Jabong이라는 고급 전자상거래 사이트를 운영했는데, 그러면서 전자상거래에 대해 조금씩 알아가기 시작했다.

전자상거래 페이지 구축부터 상품 입고, 재고 관리 등의 지식을 익혔지만 그의 특기는 마케팅이었다.

린빈의 사무실에 들어설 당시 마누의 나이는 서른두 살에 불과했다. 민머리에 둥근 얼굴, 건장한 체격에 새하얀 치아가 돋보이는 까무잡잡한 피부, 기분 좋은 웃음이 눈길을 사로잡았다.

마누는 인도의 대가족 출신으로 어릴 때부터 수준 높은 교육을 받았다. 남다른 학구열을 지닌 그의 어머니는 여러 대학교를 다녔을 뿐만 아니라 마누가 대학교에 지원한 뒤에도 대학원에 진학해 배움을 이어갔다. 마누의 기억 속에 어머니는 자신에게 독서를 적극 권장하곤 했다. 마누의 아버지는 그가 어린 시절부터 사업에 뛰어들어 크고 작은 시련을 겪었다. 한 번은 아버지가 운영하던 시계 공장에 도둑이 들어 공장 전체가 파산할 만큼 큰 피해를 입기도 했다. 하지만 아버지는 은행 대출을 받지 않고 혼자의 힘으로 버텼다. 아버지의 영향 덕분에 마누는 회사 운영을 어느 정도 이해할 수 있었으며, 위기를 기회로 바꾸는 법을 배울 수 있었다.

마누의 경력으로 보아 그가 린빈의 사무실에 들어올 수 있었던 것은 우연처럼 보였지만 이미 운명으로 정해진 필연이었다. 마누는 인도 최고의 학부인 인도공과대학교를 졸업한 뒤 세계적 컨설팅 업체 중 한 곳인 맥킨지에서 5년간 근무했다. 업무의 70%는 고객의 전략을 실행하고 사업의 연착륙을 돕는 일이었다. 세계 각국에 있는 고객을 상대하느라 마누는 오랫동안 공중 곡예사처럼 땅에 발 딛지 않는 시간을 보냈다. 오늘은 잠

비아에서 시장 확장 사업을 지원하고, 내일은 싱가포르에서 고객의 계획을 검토했다. 이틀에 한 번꼴로 다른 나라를 방문하곤 했다. 그러는 동안 그는 회사를 관찰하는 습관을 기르고, 국제적 안목을 넓히는 실력을 키웠다. 이러한 노력은 마누가 인도에서 회사를 차렸을 때 큰 도움이 됐다.

2008년 출장으로 처음 중국을 찾은 마누는 깊은 인상을 받았다.

"중국은 놀라웠습니다. 그곳의 인프라 시설은 매우 우수하더군요. 그동안은 인도와 비슷한 수준일 거라고 생각했는데…. 중국이 수십 년의 발전을 거쳐 상상도 못 한 모습으로 변했다는 걸 그때 처음으로 깨달았습니다. 그때 그런 생각이 들었죠, 중국 땅을 꼭 다시 밟겠다고요."

그로부터 5년이 지난 후, 마누는 마침내 중국 땅을 다시 밟았다. 이번에는 회사 출장이 아닌 개인 스케줄이었다. 선전과 상하이上海에서 친구들을 만난 뒤 마지막으로 여행의 중요한 일정인 베이징을 찾았다. 당시 해외에서 명성을 날리고 있던 샤오미를 방문하기 위해서였다. 당시 마누는 모바일 시장에 관심을 갖고 있었는데, 마침 읽은 영문 기사에 소개된 샤오미의 철학에 매료되어 친구를 통해 린빈에게 이메일을 보내 약속을 잡은 것이었다.

회의실에서 마누는 린빈을 비롯해 얼마 전에 입사한 바라를 만났다. 인도 시장에 관심이 많던 린빈과 바라는 마누에게 인도의 경제와 전자상거래, 스마트폰 시장에 관한 질문을 던졌다. 마누 역시 샤오미에 관해 물었다. 바라에 강한 호기심을 보인 마누가 휴고를 향해 입을 열었다.

"미국을 떠나 중국에서 일하도록 당신을 이끈 동력이 뭔가요?"

당시 마누는 샤오미에 합류할 의사가 전혀 없었다. 하지만 몇 달 뒤 린빈으로부터 전화 한 통을 받았다.

"우리 회사에 왜 들어오지 않는 겁니까? 들어오기만 하면 인도 시장 개척 사업을 도맡을 수 있을 텐데요?"

사실 당시 마누는 자봉을 그만두고 인생 2막을 준비 중이었다. 린빈의 연락은 하늘이 자신에게 준 완벽한 선택 같았다.

마누는 샤오미에 합류하기 전 레이쥔과 공식적으로 만난 일을 영원히 잊지 못할 것이다. 린빈, 바라와 마찬가지로 레이쥔 역시 인도의 시장 현황과 전자상거래, 미래 시장의 가능성에 크게 관심을 보였다. 하지만 그보다 더 관심 있는 주제는 마케팅 비용이었다. 마누가 그 전에 전자상거래에 종사했다는 걸 알고 있던 레이쥔이 마누에게 질문을 던졌다.

"운영하셨던 사이트의 매출 대비 마케팅 비용이 얼마나 됩니까?"

"10~15%입니다."

"샤오미는 얼마나 될 것 같습니까?"

"으음, 4%인가요?"

"아뇨. 다시 맞춰 보세요."

"3%?"

"틀렸습니다."

대답을 마친 레이쥔이 사무실 앞으로 뚜벅뚜벅 걸어가더니 화이트보드 위에 커다랗게 '0'이라고 적었다.

이렇게 해서 서른두 살에 불과한 마누가 샤오미 인도의 첫 번째 직원이 됐다. 그의 직함은 샤오미 인도지사의 CEO였다. 업무를 배정받은 후, 그는 인도 시장 개척에 팔을 걷어붙였다. 인도 사업 초기의 상황을 떠올릴 때면 마누는 지금도 저절로 웃음을 짓곤 한다.

사무실도 없던 터라 마누는 인도 최대의 전자상거래 업체 플립카트Flipkart에서 2km 떨어진 카페에서 일을 처리하곤 했다. 플립카트와 미팅이 있을 때는 회의하러 갔고, 회의가 없을 때는 컴퓨터를 켜고 카페에서 업무를 봤다. 카페를 자주 찾는 사람들끼리 잡담을 나누곤 했는데 무슨 일을 하느냐는 질문을 받을 때마다 마누는 샤오미라는 회사에서 일한다고 답했다.

"샤오미? 무슨 회사죠? 사무실은 어디 있습니까?"

"사무실이 아직 없어서 카페에서 일하고 있습니다."

"으음? 실제 있는 회사인가요?"

"아직은요. 하지만 이제 곧 있게 될 겁니다."

대화는 이쯤에서 끝나곤 했다. 그때마다 마누는 이상한 사람이나 불법적인 일을 꾸미는 사람으로 취급당하곤 했다.

샤오미 인도는 창립 초기에 인재 채용에 어려움을 겪었다. 샤오미가 어떤 회사인지 인도 사람들에게 설명하는 건 무척 어려웠다. '샤오미 철학'을 입사 지원자에게 온전히 전달하는 일은 마누의 입담은 물론 지원자의 이해력을 요하는 일이었기 때문이다. 마누가 상대를 아무리 설득하고 감동시켜도, 그들의 부모와 친구, 배우자의 반대가 부딪히는 경우가 적지 않았다. 아직 아무것도 없는 회사에 무슨 미래가 있겠냐는 게 그들 대부분의 반응이었다.

강렬한 고독이 인도 청년을 집어삼켰다. 마누에게 가장 힘든 일은 사업을 확장하는 것은 아닐지도 몰랐다. 왜냐면 인도처럼 떠들썩한 나라에서 아무도 마누에게 말을 걸지 않는 현실이 가장 큰 도전이었기 때문이다. 낮 동안 사람들을 가장 많이 상대할 때는 바라, 린빈과 단체통화를 할 때뿐이었다. 그러다가 마침내 회사를 등록하고 여섯 명이 들어갈 수 있는 사무실을 임대했다. 그렇게 구한 사무실이 자신이 즐겨 찾던 카페보다 썰렁하다는 걸 마누는 깨달았다. 간혹 사무실에서 미팅이 잡힐 때면, 약속 시간보다 먼저 나온 상대는 마누가 열쇠로 직접 문을 여는 모습을 목격하기도 했다. 2014년 7월 인도 샤오미의 두 번째 직원이 입사하던 날, 마누는 뛸 듯이 기뻤다. 가장 먼저 든 생각은 드디어 자신과 이야기를 할 수 있는 동료가 생겼다는 것이었다.

사업 확장 초기에는 비현실주의적인 느낌을 물씬 풍겼지만 샤오미의 인도 진출은 상당히 빠르게 진척되고 있었다. 마누가 인도 최대 전자상거래 사이트인 플립카트와 오래전부터 거래를 해온 데다, 플립카트 측에서 샤오미의 제품 판매에 상당한 관심을 보인 터라 제휴에 큰 어려움은 없었다. 샤오미 본사에서는 샤오미가 인도 시장에서 처음 선보일 예정인 Mi3의 독점 판매권을 플립카트에 넘기기로 빠르게 결정했다. 뛰어난 품질과 매력적인 가격이라는 중국 내 판매 전략을 고스란히 도입해 인도 시장에 첫발을 내디뎠다.

플립카트는 2014년 7월 15일부터 일주일 동안, Mi 판매를 위한 'D-7 사전 예약' 서비스를 홈페이지에 오픈했다. 일주일 만에 예약 건수가 10만 건에 달했다.

Mi의 인도 시장 첫 진출을 축하하며 샤오미는 소규모 기자 회견을 열었다. 사원의 작은 예배당에 18명의 인도 기자가 찾아오자, 마누는 잔뜩 흥분했다. 그도 그럴 것이 듣도 보도 못한 회사를 취재하러 기자들이 찾아왔기 때문이었다. 덩그러니 스크린만 놓인 작은 회의실에서 린빈과 바라, 마누 세 사람은 간단하게 소감을 밝혔다. 훗날 많은 강연을 하게 된 마누에게는 일종의 첫 데뷔 무대인 셈이었다. 그때의 일을 두고 마누는 긴장해서 죽을 뻔했다고 고백하기도 했다.

인도에서 출시된 Mi3는 플립카트에서 판매 39분 만에 품절을 기록하는 성공을 거두었다. 인도 시장은 상품이 순식간에 팔려나가는 상황을 아직 겪어본 적이 없던 터라 기술적 준비가 미흡한 편이었다. Mi3는 당일 정오 12시부터 판매를 개시했지만 플립카트의 서버는 금세 다운되고 말았다. 결제 페이지로 넘어가면 사용자의 쇼핑카트가 비워지는 경우도 더러 있었다. 일부 이용자들은 주문 내역서가 발급되기도 전에 중복 결제가 되었다며 불평을 쏟아내기도 했다. 플립카트의 다양한 기술적 문제 때문에 Mi를 예약 구매하지 못한 사용자가 수두 룩했다.

이런 결과에 인도 네티즌들이 분통을 터뜨릴 것은 불 보듯 뻔했다.

'플립카트는 정말 실망이다. 불투명한 일 처리는 최악이다. 계정을 등록했다고 당일 휴대폰을 구매할 수 있는 건 아니라고 미리 말해줬어야지!'

'아마존을 무너뜨리고 싶은가 본데⋯.'

'노이즈 마케팅인 것 같아. 지금 모든 언론에서 이 사건을 대 서특필하고 있어.'

물론 이런 부정적인 평가로만 도배된 것은 아니었다.

'삼성, HTC, 소니처럼 성능 대비 비싸기만 한 회사가 치명 타를 입게 되겠지. 정말 기뻐!'

'오늘 Mi3를 샀어. 성능 완전 최고야!'

언론에서도 Mi3가 순식간에 매진됐다는 소식을 전하며, 플 립카트와 샤오미의 재고가 수요를 따라가지 못할 게 분명하다 는 평론을 내놓기도 했다.

샤오미는 한 달 동안 온라인을 통해 휴대폰 12만 대를 판 데 이어, 1분기 만에 인도 스마트폰 시장 점유율 1.5%라는 기록을 달성했다.

마누에게는 그동안의 의심이 순식간에 사라지는 순간이었 다. 성공한 인도 사업가 중 상당수가 샤오미의 모델에 의문을 품었다. 전통적인 대기업을 거느린 몇몇 CEO들은 마누에게 여러 번 경고하기도 했다.

"인도 시장의 94%가 오프라인에 있는데, 겨우 6%에 불과한 온라인으로 어떻게 성공을 거둔다는 겁니까? 마케팅 비용으로 땡전 한 푼 안 쓰다는 게 가당키나 합니까? 그렇게 장사하다간 망할 게 분명합니다!"

그리고 지금 마누는, 그들이 틀렸다는 것을 깨달았다.


## 450억 달러 아래 감춰진 그림자

의심할 바 없이 2014년은 샤오미에 단연 최고의 한 해였다. 샤오미는 선봉에 서겠다는 기치 아래 휴대폰 시장에서 승승장구하고 있었다. 2014년 3분기 재무제표에 따르면 샤오미는 불과 3년 만에 중국 내 시장 점유율 1위, 글로벌 시장 점유율 3위에 오르는 기염을 토했다. 오랫동안 우위를 차지했던 전통적인 휴대폰 업계의 강자, 이를테면 삼성, 롄샹, 화웨이, 쿠파이를 모두 따돌리고 중국 최대 스마트폰 업체로 급부상했다.

샤오미의 열혈 추종자든, 의심 가득한 안티팬이든 사람들은 샤오미가 회사 간판을 내건 순간부터 내세웠던 이른바 인터넷 사고가 구현되는 것을 지켜봤다. 휴대폰의 안정적인 판매에 힘입어 MIUI는 안정적인 수요를 확보할 수 있었다. 2014년 8월 16일, MIUI 사용자 수가 7000만 명을 돌파했다. 홍펑이 이끄는 클라우드 서비스팀은 편의성과 속도를 개선하는 작업에 몰두했다. 샤오미 클라우드 서비스 이용자는 이때 6800만 명에 육박했고, 241억 장의 사진과 2억 4700만 개의 영상을 저장하고 있었으며, 그 수치가 계속 증가하고 있었다. 이러한 성과를 지켜본 외부에서는 샤오미가 점차 플랫폼 업체로 변신하고 있다는 평가를 내놓기 시작했다.

중국 내수 시장에서의 선전과 함께 휴고 바라는 인도 시장을 개척하는 성과를 올렸다. 전 세계 7개 지역에 사무실을 차리고 글로벌 시장 공략을 준비했다. 류더가 이끄는 생태계 업체들은 시험 삼아 27개 하드웨어 업체에 투자했는데, 그중 몇몇 업체에서 낸 상품은 대박을 냈다. 이러한 성과는 생태계 모델의 확장 가능성을 입증했다.

샤오미는 2013년보다 227% 늘어난 6112만 대의 휴대폰을 판매해 중국 휴대폰 시장에서 122.5%의 점유율을 차지했다. 세전 매출액은 743억 위안으로 2013년보다 135% 증가한 수치였다. 눈으로 봐도 믿기지 않는 성적은 창업 신화라는 말을 절로 떠올리게 했다. 레이쥔은 물론, 초기 직원들을 포함한 다른 공동 창업자 모두 사업 초기만 해도 지금과 같은 날이 이렇게 빨리 찾아올 거라고 생각하지 못했다. 외부 환경을 고려해서 볼 때, 샤오미는 피처폰에서 스마트폰으로 갈아타는 흐름에 정확히 올라탔을 뿐만 아니라, 모든 것은 흐름을 따라야 한다는 창업 이념을 입증했다.

세계적인 시장 조사 기관인 GFK에 따르면 2009년부터 2013년까지 연간 스마트폰 성장률은 해마다 73%, 157%, 126%, 82%였다. 샤오미가 모바일 인터넷 시대에 '센세이션'을 일으키는 업체가 될 수 있었던 것은, 이러한 거시적 호재와 관련이 깊다.

새로운 산업 주기가 찾아오면서 레이쥔과 동시대 기업인들은 더 많은 기회를 얻었다. 2014년 제1회 세계인터넷대회가 중국 저장성 우전烏鎭에서 개최됐다. 중국은 세계 인터넷 사업을 이끄는 주축 중 하나로 떠오른 상태였다. 당시 중국의 스마트폰은 미국 시장의 3배인 9000만 대가 팔릴 만큼 전성기를 구가하고 있었다. 게다가 중국의 2030세대와 1020세대의 일평균 인터넷 사용 시간도 3시간이나 됐다. 4G가 도입되면서 모바일 인터넷은 엄청난 경제적 파급력을 쏟아내기 시작했다. 4G 기술을 등에 업은 하드웨어 장비를 비롯해 모바일 인터넷, 클라우드 컴퓨팅, IoT와 빅데이터 플랫폼 기반의 '새로운 서비스와 산업, 애플리케이션과 사업 모델'이 대세로 떠올랐다.

줄곧 몸을 낮춘 채 새로운 창업 기회를 노리던 장이밍, 천루이陳睿, 왕싱王興, 청웨이 등은 2014년 마침내 흐름을 타고 기회를 잡았다. 4G 시대의 비즈니스 모델과 인터넷을 통해 막대한 수익을 거둘 수 있는 기회가 찾아왔고, 이를 차지하기 위해 다양한 애플리케이션과 비즈니스가 생겨났다. 콘텐츠 소비와 근교 여행 등과 같은 기존과는 전혀 다른 소비 방식이 등장한 것이다. 진르토우티야오, 비리비리哔哩哔哩*, 메이퇀, 디디, 콰이쇼우는 변화를 선도한 전형적인 사례에 해당한다. 그해, 디디와 위챗이 제휴를 추진하면서 디디의 사용자 수가 1억 명을 넘고 등록된 운전자 수도 100만 명을 돌파했다. 일평균 이용

*
중국판 유튜브로 불리는 동영상 플랫폼.

건수도 521만 8300건에 달했다. 콰이쇼우 역시 쇼트클립 영상 커뮤니티와의 협업을 모색하기도 했다. 장이밍이 창립한 진르토우티야오는 마침내 소후, 왕이, 텅쉰 등 포털 사이트의 뉴스 카테고리에서도 존재감을 드러냈다. 사용자 1억 명, 월간 주요 사용자 수 4000만 명이라는 기염을 토했다.

샤오미는 시장에서 점차 입지를 다지는 동시에 혁신의 기회도 얻었다. 샤오미가 이제 막 회사 간판을 달았을 당시 공급업체에서 샤오미에 정해진 기술만 제공하려던 것과는 다른 상황이었다. 이제는 새로운 기술이 등장할 가능성이 확인되면 공급업체에서 먼저 샤오미를 찾아와 샤오미의 엔지니어들과 함께 미래의 가능성을 함께 연구하려 했다.

Mi4를 출시한 후, 디스플레이 패널을 공급하는 샤프의 한 직원이 레이아웃 공정을 담당하는 옌커성을 찾아왔다. 이야기를 나누던 중 상대의 손에 들린 휴대폰 디스플레이 모서리가 깨져 있는 것을 보게 됐다. 깨진 디스플레이가 네모반듯한 기존의 화면보다 한결 부드러워 보였다. 옌커성은 상대에게 디스플레이의 모서리를 둥글게 처리해줄 수 있는지 물었다. 그러자 상대로부터 당장 확인하기는 곤란하지만 일단 돌아가서 시도해보겠다는 답변을 들을 수 있었다.

샤프 담당자가 떠난 뒤 옌커성의 머릿속에 온갖 아이디어가 샘 솟듯 떠오르기 시작했다. 샤프에서 화면 모서리를 둥글게 처리할 수 있다면 그에 맞게 장비를 변경할 수 있을 것이다. 그렇다면 다음 문제는 '휴대폰이 더욱 멋져 보이도록, 화면이 차지하는 비율을 높이려면 어떻게 해야 하는가?'였다. 휴대폰 전면부에서 화면의 크기를 최대한 키울 수 있다면 더할 나위 없이 좋은 결과일 것이다. 화면 대 본체 비율Screen to Body Ratio(SBR)을 100%로 끌어올리려면 다른 레이아웃을 맨 위나 아래로 밀어 넣어야 했다.

그날, 옌커성은 잠들기 전까지도 쉬지 않고 구상을 떠올렸다.

'휴대폰의 상하단 베젤을 모두 없애고 카메라와 안테나, 스피커를 내부에 넣을 수 있을까? 어떻게 구현해야 하지?'

생각을 거듭할수록 잔뜩 신이 났다. 옌커성의 머릿속엔 샤오미 최초의 '풀스크린' 휴대폰에 대한 구상뿐이었다.

2014년 샤오미의 사기는 그 어느 때보다도 하늘을 찌를 듯했다. 게다가 샤오미의 성장세에 투자자들은 내심 쾌재를 부르며 샤오미에 투자 가능성에 대해 꾸준히 문의하고 있었다. 이 기회를 빌려 샤오미의 투자자 명단에 이름을 올리려는 의도가 분명했다.

DST의 유리 밀너는 샤오미의 투자자 중에서도 가장 듬직한 인물에 속한다. Mi4가 또다시 대박을 친 후, 밀너는 2014년 7월의 어느 날 레이쥔에게 전화를 걸어 질문을 던졌다.

"지금 샤오미의 평가액이 500억 달러 정도라고 하던데 투자할 수 있습니까?"

"500억이라는 근거는 뭡니까?"

"페이스북이 상장되기 전의 가치가 500억 달러였죠. 이 정도면 최고가일 겁니다."

유리 밀너는 아직 상장되지도 않은 샤오미에 최고 가치를 매겼다.

그전까지 레이쥔은 추가 융자에 부정적인 태도를 보였다. 아직 상당한 금액의 현금을 회사에서 보유하고 있는 데다, 기존에 약 40억 달러 규모의 채무를 발행한 터라 현금 사정이 나쁘지 않았기 때문이었다. 하지만 유명한 투자자들의 끊임없는 러브콜과 협상을 통해 샤오미 역사상 가장 큰 관심을 끈 융자 프로젝트가 닻을 올렸다.

일본 소프트뱅크SoftBank의 손정의孫正義는 레이쥔의 오랜 지인인 천이저우陳一舟를 통해 레이쥔과 만남을 갖곤, 샤오미에 대한 뜨거운 관심을 전했다. 레이쥔 역시 일본으로 두 번 날아가 손정의와 4~5시간씩 이야기를 나누곤 했다. 손정의는 샤오미 제품에 대한 남다른 애정을 드러내며 자신의 투자 의사를 확실히 밝혔다.

"500억 달러면 너무 비싸고 450억 달러라면 투자해볼 만하겠네요. 소프트뱅크는 적어도 10%의 지분을 보유하고 싶습니다."

결국 소프트뱅크는 50억 달러 규모를 출자하는 데 동의했다. 여기에 레이쥔이 당시 접촉했던 다른 외부 투자자까지 합쳐 70억 달러 정도의 자금을 조달할 수 있었다.

화기애애한 분위기 속에 협상은 순항 중이었다. 레이쥔과 소프트뱅크는 2014년 10월 14일에 베이징에서 계약을 체결하기로 합의했다. 하지만 샤오미는 막판에 생각을 바꾸고 말았다. 레이쥔이 계약서를 들고 베이징으로 돌아오자, 몇몇 임원이 반대의 뜻을 밝혔다. 지금 과도하게 많은 자금을 회사에 들이면 예상된 승리의 결실을 의도치 않게 나누게 될 거라는 게 그들의 생각이었다. 심지어 한 임원은 샤오미의 미래 기업가치가 1000억~2000억 달러가 될 거라고 주장하기도 했다. 샤오미 경영진은 결국 소프트뱅크에 10억 달러 규모의 투자를 제안했고, 소프트뱅크는 당연히 이를 거절했다.

이번 투자 프로젝트는 결국 DST펀드가 주도했다. 모건스탠리 출신의 유명 애널리스트 지웨이둥季衛東이 새로 세운 올스타 투자All-Stars Investment가 프로젝트에 합류했다. 이들 업체 외에도 마윈 산하의 윈펑雲鋒 펀드, 싱가포르 국부펀드인 GIC, 후푸厚朴 투자 등도 속속 투자 합류에 가입했다.

2014년 12월 29일, 레이쥔은 공개서한을 통해 샤오미가 11억 달러의 자금을 조달했으며 기업가치가 450억 달러에 달한다는 소식을 공개했다. 갑작스러운 소식에 투자업계와 산업계에 한바탕 난리가 났다. 사람들은 무서운 속도로 성장하는 샤오미를 주목하며, 그 성장 비결을 분석하는 글을 연달아 쏟아내기도 했다.

회사 창립 당시 기업가치가 2억 5000만 달러에 불과하던 샤오미가 어느새 450억 달러로 몸집을 키웠다는 소식에 모두 감탄을 쏟아냈다. 매년 4배씩 성장하는 샤오미는 살아있는 비즈니스 기적으로 불리며, 많은 사람의 애정과 추종을 받는 존재로 점차 발돋움했다.[9]

2014년 한 해 동안 거둔 눈부신 실적, 2014년 말 발표된 초대형 호재는 밤하늘에 화려하게 피어나는 불꽃처럼 창업자들에게 커다란 기쁨을 선사했다. 하지만 가장 밝을 때가 보이지 않는 어둠이 밀려드는 때이기도 하다. 더할 나위 없이 완벽해 보이는 순간에 언제나 위기가 찾아오기 마련이다. 회사 차원에서 몇몇 문제가 발견되긴 했지만 눈부신 성과에 가려졌고, 우려 섞인 목소리는 승리를 축하하는 환호성에 묻히고 말았다.

휴대폰 시장에서 강력한 경쟁자가 급성장하고 있었다. 화웨이는 메이트7의 성공을 계기로 그해 삼성이 잃어버린 중국 중고가폰 시장을 빠르게 점령하더니, 삼성이 중국 시장에서 퇴장하며 남긴 휴대폰 사업을 재편해 화웨이의 후속 성장을 위한 발판으로 적극 활용했다. 또 메이주와 알리바바가 화웨이와 전략적 협력에 나서며, 보다 개방적인 시스템을 구축하겠노라 공언했다. 러스 휴대폰도 혼란을 예고하는 상황 속에서 은밀히 준비에 나섰다. 아주 저렴한 가격으로 휴대폰 시장을 공략할 작업에 착수한 것이다. 그 외에도 쿠파이, 치후 등도 휴대폰 시장에서 시장 점유율을 차지하기 위한 대대적인 마케팅에 나섰다. 하드웨어 업체들의 불안감이 커지는 가운데 융자를 늘리는 샤오미의 행동은 업계에 대한 핫머니의 공세에 불을 붙이고 말았다.

그해 OPPO와 vivo의 존재감도 대단했다. 통신사가 중싱, 화웨이, 쿠파이, 롄샹에만 허용하던 시장을 공개시장Open Market에 개방하면서 그동안 공개시장에서만 활동하던 두 업체가 단일시장에서 통신사를 포함하는, 다양한 경로를 거느린 시장으로 진출하게 됐다.

그 밖에도 훙미가 짝퉁 시장을 날려버린 기회를 틈타 OPPO와 vivo는 높은 제품 마진과 유통 전략을 통해 수많은 대리점을 끌어들였다. 거리 곳곳이 OPPO와 vivo를 취급하는 매장으로 뒤덮일 만큼 대대적인 인해전술을 펼쳤다. 이 기간에 두 브랜드는 중국 내 3선線* 도시에서 5~6선 도시로 침투하며, 한때 짝퉁 휴대폰이 차지했던 오프라인 시장 점유율을 흡수하며 빠르게 몸집을 키웠다.

바쁜 업무에 쫓기느라 샤오미는 또 다른 중요한 신호를 놓치고 말았다. 알리바바가 그해 오프라인 사업을 모색하며 신유통New Retail** 부문에서 기회 포착에 나섰다. 그해, 알리바바는 인타이 백화점銀泰百貨***의 주식을 매입했고, 타오바오의 자체 브랜드인 타오핀파이淘品牌는 인타이 백화점에 입점했다. 인타이 마켓은 톈마오 마켓天猫超市에 둥지를 틀었다. 이로써 인타이의 회원 시스템이 알리바바의 톈마오 데이터와 연동되는 상황이 벌어졌다. 한편 메이퇀은 치열했던 생존전에서도 뛰어난 활약을 보이며 BAT(바이두, 알리바바, 텅쉰)의 뒤를 잇는 대형 업체로 성장했다. 그 비결 역시 오프라인 시장에서 찾을 수 있었다. 온라인 시장에만 집중하는 여타의 업체와 달리 메이퇀은 오프라인 시장에 많은 공을 들였고, 그 덕분에 오프라인에서 막강한 영향력을 유지할 수 있었다.

일부 평론가는 1999년 이후, 중국 소매업의 체질을 공격적으로 '개조'하던 단순한 온라인 모델이 '한계'에 도달했다고 평

* 선線은 중국 도시를 비즈니스 관점에서 발전 정도에 따라 분류하는 지표다.

** 인터넷을 기반으로 빅데이터, AI 등 최첨단 기술을 활용해 제품을 생산·유통·판매하는 사업 모델.

*** 중국 최대 백화점 체인.

가하며 앞으로 온·오프라인이 결합된 단계로 진화할 것이라고 전망했다.

대형 전자상거래 업체가 오프라인 시장에 진출할 계획을 세우면서 외부에 또렷한 신호를 전했다. 즉 온라인 시장은 포화 상태를 보이고 있으며, 온라인에서의 인기를 등에 업는 효과가 점점 줄어들 것이라고 예고했다. 이에 따라 대형 전자상거래 업체들은 오프라인에서 새로운 기회를 엿보기 시작했다. 등장과 함께 승승장구했던 샤오미왕에서도 전자상거래 업체의 이름이 인기 검색어에 오르는 상황이 점점 늘어나고 있다는 것을 눈치챘다.

해외 시장에서 샤오미는 첫 번째 '데뷔식'을 치렀다. 인도 시장에 성공적으로 진출한 지 5개월 만에, 샤오미는 소니 에릭슨의 특허소송에 휘말려 상품을 판매하지 못하게 됐다. 그 후 인도 델리 법원에서 대당 100루피를 선납하는 조건으로 퀄컴 프로세서 기반의 스마트폰 '홍미1S'를 계속 판매할 수 있도록 '임시 허가증'을 내줬다. 이 사건을 통해 레이쥔은 해외 시장에 진출하려면 기술 특허를 충분히 보유해야 한다는 사실을 뼈저리게 깨달았다. 그렇지 않으면 앞으로 어디서든 견제를 받을 게 분명했다. 당시 샤오미의 특허 보유 상황은 상당히 취약한 편이었다.

전 세계 7개 국가 및 지역에서 동시에 시장 공략에 나선다는 전략을 추진하면서 샤오미의 창립자 중 한 명인 리완창도 위험을 감지했다. 리완창은 어느 날 레이쥔의 사무실에 들어가 지금의 상황이 심상치 않다는 이야기를 꺼냈다.

그리곤 레이쥔에게 샤오미를 잠시 떠나고 싶다고 말했다. 지난 몇 년 동안 계속된 판매, 서비스 및 마케팅 경영으로 리완창은 지칠 대로 지친 상태였다. 온전히 쉴 시간이 필요하다는 리완창의 이야기에 레이쥔은 안타까운 표정을 지었다. 팀원들이 일제히 입을 다문 가운데 유독 그를 따르던 장젠후이와 주레이는 소식을 듣고선 울음을 터뜨렸다.

모든 것이 조용히 변하는 가운데, 샤오미는 여전히 시장의 높은 평가에 도취되어 있었다.

"나를 포함해 모든 사람이 허세에 취해 있었죠."

레이쥔은 훗날 당시의 심정을 떠올리며 이렇게 이야기했다. 융자 프로젝트가 끝난 지 한 달이 지난 후, 레이쥔은 450억 달러 규모의 융자 프로젝트를 추진한 게 심각한 실수라는 사실을 문득 깨달았다. 허세가 만들어 낸 거품이 인터넷폰에 대한 자본의 탐욕을 부추겨 투기 자본을 시장으로 끌어들이는 결과를 초래하고 말았다. 또 한편으로 융자 프로젝트를 통해 샤오미는 사람들로부터 주목을 받는 동시에, 눈독을 들이는 자리에 자신을 노출시키고 말았다. 사실 샤오미는 경쟁자들에게 무제한으로 맞설 수 있는 정도의 자금을 융자하지도 못했다. 당시 샤오미가 인타이와 다른 투자자로부터 70억 달러의 자금을 받게 되면 '비정상적인' 전략적 손해를 뛰어넘을 만큼 훌륭한 업계 인재를 추가로 고용해 몇 년 안에 치열한 업계 경쟁을 끝낼 수 있다는 게 레이쥔의 계산이었다.

하지만 역사에 만약이란 존재하지 않는다.

위기는 그동안 꽃길만 걸어온 샤오미에 어두운 그림자를 드리웠다.

# 7장 끝없는 추락과 위기일발

### 사라진 플래그십폰

2014년의 눈부신 실적에 힘입어 샤오미는 2015년 초에 연간 8000만 대라는 판매 목표를 세웠다. 2014년에 거둔 성장세를 감안했을 때 아무도 지나친 목표라고 생각하지 않았다.

지난 5년이라는 시간은 불가사의한 일들로 가득했다. 2014년에 중국 휴대폰 시장 점유율 1위에 오른 샤오미의 휴대폰 관련 직원 수는 300명도 채 되지 않았다. 이에 반해 이들의 강력한 경쟁자는 최소 수천 명, 심지어 수만 명이나 되는 전문 연구팀을 거느렸다. 샤오미는 '최소 시스템Minimum System'으로 휴대폰과 관련된 모든 부문이 유기적으로 돌아가도록 지원하고 있었다.

창립 초기, 샤오미는 수평적 관리 모델을 추구했다. 이는 샤오미가 창립 초기에 빠른 인터넷을 적극 활용해 자사의 사업 모델을 구축할 때 지향하던 일관된 목표였다. 공동 창업자들은 각자의 팀을 이끌며 자신의 영역에서 최선을 다했다. 샤오미는 젊고 신선한 이미지와 발 빠른 시장 반응으로 시장의 체질을 바꿨다.

통합 제품 개발Integrated Product Development(IPD)이 없는 게 아니라, 명확한 프로세스 관리가 거의 없었다고 레이쥔은 그 시절을 회상하며 말했다.

당시 샤오미는 신속함 · 융통성 · 빠른 의사 결정이라는 장점을 누렸지만 급성장과 함께 수평적 관리 스타일 고유의 단점도 노출되기 시작했다. 설상가상 기업 내부가 무척 느슨하게 관리되면서 이를 제어해줄 프로세스를 찾아볼 수 없었다. 이러한 상황은 2015년까지 이어졌다.

시장 규모가 점차 커지고 직원 수도 수천 명에 달하면서, 이 시절의 샤오미는 더는 스타트업이라고 부르기 어려운 규모가 되었다. 2015년, 샤오미는 빠른 성장의 이면에 시스템적인 한계를 점차 드러내기 시작했다. 특히 경쟁사들이 자본을 앞세워 '매섭게' 달려들자, 줄곧 관심 밖에 밀려나 있던 관리 방식은 결국 문제를 드러낼 수밖에 없었다.

450억 위안 규모의 융자 프로젝트가 여정을 마친 뒤 한 달이 지났을 무렵, 레이쥔은 샤오미가 시장에 의해 과대평가되었다는 것을 깨달았다. 샤오미에 대한 시장의 평가와 샤오미의 실력 사이에는 간극이 존재했다. 이번 융자 프로젝트에 대해 레이쥔은 창업에 노련한 자신이 샤오미를 창립한 이래 저지른 유일한 전략적 실수라고 판단했다. 지금의 실수가 미래의 창업자들에게 경고의 메시지를 준다면, 시장의 반응이 아무리 뜨거워도 최대한 냉정함을 유지하라는 말로 정리할 수 있을 것이다. 무작정 융자에 나설 것이 아니라 허세를 버리고 충분히 낮은 자세로 빠르게 문제를 해결하든지, 아니면 메이퇀이나 디디처럼 지분이 줄어들 수 있다는 사실도 아랑곳하지 않고 거액의 돈을 융통해 막대한 자본력으로 시장을 호령했어야 했다. 하지만 샤오미는 SF 소설《삼체》에서 말하는 암흑의 숲The Dark Forest 법칙•을 무너뜨리며, 모든 경쟁자에게 놀라움을 줌과 동시에 자신의 문제를 시장에서 값을 톡톡히 치르는 방식으로 드러내고 말았다.

2014년 7월 출시된 Mi4가 큰 성공을 거뒀지만 뜻밖에도 물량 부족 현상이 발생하고 말았다. 이러한 현상이 나타나게 된 원인 역시 예상 밖이었다. 터치스크린 공급업체인 윈텍Wintek이 갑자기 부도를 내면서 벌어진 일이다. 샤오미가 창립한 날부터 함께 일해 왔던 윈텍은 유리에 터치스크린 회로를 설치하는 OGS(One Glass Solution) 기술을 개발했다. 사용자에게는 보이지 않게 유리 표면에 홈을 파는 기술이었다. 스마트폰 등장 초기에 이 기술은 상당히 앞선 터라 여러 업체로부터 각광을 받았다. 샤오미와 오랫동안 함께 일했던 스둥위는 윈텍을 '애플 때문에 살고, 애플 때문에 죽는 업체'라고 설명했다. 초기에 애플의 간택 덕분에 빠르게 성장할 수 있었지만, 애플이 라인을 변경하면서 회사가 도산했기 때문이다.•• 그리고 다른 휴대폰 제조업체들도 천천히 그 뒤를 따르고 있다며, 수많은 공급업체가 사실은 유행이 만들어낸 산물일 뿐이라고 지적했다. 애플에 과도하게 의존한 나머지 윈텍이 파산 위기에 처했다는 이야기에 레이쥔은 놀라움을 감추지 못했다. 레이쥔은 윈텍의 경영진에게 윈텍의 현황에 대한 이야기를 계속 들어온 터였다. 상대는 자신들이 잘 지내고 있다는 것을 보여주기 위해 다양한 증거를 제시했지만 채무위기에 빠졌다는 사실을 숨긴 것이다.

윈텍의 위기는 Mi4가 출시된 후 날개 돋친 듯 팔리는 상황에서 갑작스레 터지고 말았다. 생산량이 증가하는 단계에 있는 제품이 맞닥뜨릴 수 있는 가장 치명적인 상황이었다. 구매해둔 자재와 부품을 위탁업체에 전부 쌓아둔 상태에서 터치스크린을 구하지 못해 공장은 가동을 중단할 수밖에 없었다. 위기에 처한 윈텍을 구하기 위해 샤오미는 약정을 깨고 만기가 되지 않은 물품의 대금을 미리 지불하는 등 다양한 도움을 제공했다. 하지만 윈텍이 하루빨리 위기에서 벗어나길 바라는 샤오미의 바람과 달리 윈텍은 속절없이 무너져내렸다.

그렇다고 터치스크린 부품을 교체하는 것도 그다지 현실적이지 않다는 판단에 샤오미는 당시 OGS 생산 라인을 이제 막 가동한 공급업체 오페이광歐菲光(O-film Tech)에 연락을 취했다. 하지만 공급업체를 교체하기 위해서는 샤오미 엔지니어의 기술 검증을 거쳐야 했다. 이보다 더 심각한 문제는 오페이광의 기술력이 윈텍에 미치지 못한다는 것이었다.

모든 작업이 비정상적인 수준으로 빠르게 진행되었지만 공급업체를 도중에 교체하는 작업에 따른 허점은 완전히 메워지지 않았다. 이 때문에 뛰어난 성능과 세련된 디자인을 가진 Mi4는 출시된 지 3개월 만에 생산량 부족이라는 심각한 상황에 처하게 됐다. 출하 문제는 샤오미의 영업수익에 직접 영향을 주기 때문에 자금은 물론, 회사의 생사가 걸린 문제이기도 했다. 더욱 가혹한 사실은 Mi4의 품귀 현상으로 시장의 수요를 만족할 수 없게 되자, 경쟁사들이 이를 추격의 발판으로 삼아 경쟁 구도를 뒤흔들기 시작했다. 이 때문에 공급업체를 상대하는 관련 부서들은 괴로운 시간을 보내야 했다.

공급업체 교체 테스트에 밤낮없이 박차를 가하는 동안, Mi4의 금속 프레임을 가공하는 폭스콘의 수율도 점차 향상되기 시작했다. 이렇게 해서 Mi4의 출하 문제는 2014년 12월에 마침내 해결됐다. 윈텍이 도산에 직면한 상황에서 고맙게도 쑤저우蘇州의 한 공장에서 터치스크린 물량을 신속하게 공급해 준 것이다. 하지만 샤오미만 믿고 샤오미와 4년 동안 일한 공급업체를 구제할 수는 없었다. 시장의 흐름은 이미 걷잡을 수 없었다. 최근 몇 개월간 심각했던 공급 부족 현상이 Mi4의 수명주기에 영향을 주지 않은 게 유일하게 다행스러운 일이었다.

Mi4의 공급망 위기가 해결되자마자, 샤오미는 2015년 1월에 보급형과 프리미엄형으로 구성된 미노트MiNote* 시리즈를 발표했다. 3000위안으로 책정된 미노트의 목표는 프리미엄 시장에서 입지를 다지는 것이었지만 Mi4와 미노트 모두 기존 샤오미의 플래그십폰처럼 대대적인 성공을 거두지는 못했다. 거시적 전망과 휴대폰 업계의 변화에서 그 원인을 찾아볼 수 있다.

중국 국가통계국 자료에 따르면 2011년부터 2014년까지 중국의 소비자 물가지수CPI는 각각 전년 대비 105.4, 102.6,

*
대형 스크린을 장착한 샤오미 스마트폰 브랜드.

102.0이었다. 이러한 추세라면 2010년의 1999위안의 구매력은 2014년의 2146.39위안과 맞먹는다. 좀 더 직관적인 사례를 예로 들자면, 베이징 칭허淸河에 자리 잡은 샤오미 본사 주변의 샹수완의 1m²당 땅값은 2010년 당시 1만~2만 위안에 불과했지만, 2014년에 이르러 6만~7만 위안으로 크게 올랐다.

샤오미는 선택의 기로에 섰다. 마진율을 낮춘 1999위안이라는 가격으로도 진정한 의미의 플래그십폰의 원가를 만족시킬 수 없게 된 것이다. 한편 4년이라는 시간이 흐르면서 샤오미 1세대의 주요 사용자들은 사회에 진출한 상태였다. 자신의 눈높이가 높아졌든 샤오미의 꾸준한 성장에 대한 기대치가 높아졌든, 성능, 디자인, 공정 모두 업그레이드된 슈퍼 플래그십폰을 내놓기를 바라는 사람들이 적지 않았다.

'샤오미는 내게 3000위안짜리 플래그십을 빚졌다'는 소리가 커뮤니티에 퍼지기 시작했고, '1999위안이라는 족쇄에서 어떻게 벗어날 것인가?'라는 문제는 샤오미의 핵심 전략으로 떠올랐다. 2011년 8월 Mi 1세대는 1999위안이라는 가격을 앞세워 중국 휴대폰 시장을 호령했다. 앞선 성능과 외국 브랜드 대비 저렴한 가격으로 '갓성비'라고 불리기도 했다. 하지만 그 후 샤오미의 공식 사이트에서 가성비를 대대적으로 내세운 데다, 업계 경쟁에서 생겨난 꾸준한 여론의 공세 속에 '가성비'라는 이상적인 경영 이념은 점점 '싸구려'라는 뜻으로 취급되기 시작했다. 이로 인해 샤오미는 브랜드 이미지 하락에 따른 시련에 허덕이며 난국을 타개할 대책을 모색 중이었다.

미노트는 휴대폰 디자인에 남다른 집착을 갖고 있던 레이쥔이 또다시 연구개발과 디자인에 직접 참가해 만든 제품이다. 샤오미가 지난 5년간 선보인 제품 중 미노트가 가장 아름답다고 여긴 레이쥔은 미노트가 3000위안이라는 족쇄를 풀어주기를 은근 기대하기도 했다. 기분 좋게 출발했지만 운이 따르지 않았다. 여러 문제가 불거지면서 샤오미는 브랜드 업그레이드에 실패했다.

보급형 미노트에는 퀄컴 스냅드래곤 801 칩셋의 업그레이드 버전인 스냅드래곤 805 칩셋을 탑재하려 했지만 샤오미의 개발 엔지니어팀에서 칩의 호환에 문제가 있다는 것을 발견했다. 그래서 결국 미노트에는 Mi4의 퀄컴 스냅드래곤 801 칩셋을 탑재했다. 이러한 조치 때문에 미펀들은 실망하고 말았다. 미노트 프리미엄형에는 퀄컴 스냅드래곤 805 칩셋의 업그레이드 버전인 퀄컴 스냅드래곤 810 칩셋이 탑재됐으나, 사용 중 발열 문제가 불거졌다.

사실 샤오미는 미노트의 디자인에 많은 심혈을 기울였다. 휴대폰 두께를 6.9mm로 낮추고 금속 뒷면 커버가 유행하던 시절에 듀얼 커브드 글라스를 사용해 유행을 선도하는 디자인을 선보이기도 했다. 하지만 결과적으로 퀄컴의 알파 고객Alpha Customer으로서의 리스크를 가장 먼저 경험하게 됐다. 즉, 신규 모델을 처음으로 도입하면 시장의 흐름을 선도하고 충성고객을 열광시킬 수 있지만, 도전에 직면하기도 쉽다. 퀄컴의 칩이 기술적 한계에 부딪힌다면, 이는 휴대폰 성능과 직결되는 문제이기 때문이다. 미노트의 판매 데이터가 사내에 전달되자, 모두가 충격적인 표정을 지었다. 최종 판매량이 1000만 대를 넘지 못할 것이라는 소식을 망연자실한 눈치였다.

"말도 안 돼, 샤오미라고! 대체 왜?"

결국 출고가 2999위안의 미노트 프리미엄형은 여기서 1000위안 내린 가격에 판매를 마무리했다.

미노트는 역사적 소명을 다하지 못했다.

엎친 데 덮친 격으로 퀄컴 스냅드래곤 810 칩셋의 발열 문제 때문에 매년 발표됐던 샤오미의 플래그십폰 시리즈의 신제품인 Mi5가 2015년에 출시되지 못하고 출시 연기됐다. 기대를 모았던 신규 브랜드이자, 시장에서 No.1 자리를 차지했던 샤오미에는 실망스러운 소식이 아닐 수 없었다. 이를 통해 브랜드 구축 작업에서 샤오미가 적지 않은 상처를 입었음을 짐작할 수 있었다.

샤오미가 내부 위기를 겪고 있는 사이 450억 달러 규모의 자본이 서서히 전시효과를 내기 시작했다. 2014년 중국 자본투자 시장의 총모금액은 5000억 위안을 간신히 넘기는 수준이었고, 투자액도 4500억 위안에 불과했다. 하지만 2014년 이후, 중국의 자본투자 시장이 빠르게 회복하면서 맹활약하는 VC/PE(벤처캐피탈/사모펀드) 기관이 8000곳을 돌파하더니, 자본금도 4조 위안을 넘어섰다. 이러한 환경 덕분에 모바일 인터넷 업계는 2015년부터 본격적으로 폭발적으로 성장해, 중창콩젠眾創空間● 확대, 신싼반新三板●●의 도약, 투자 철회 시스템Stock

● 스타트업을 지원하기 위해 중국 정부가 직접 운영하는 인큐베이터.

●● 비상장 중소기업들을 대상으로 한 중국 본토 지분 거래 플랫폼.

Rights Transfer System의 개선 등의 환경이 조성됐다. 긍정적인 소식이 꾸준히 시장에 충격을 주면서 유례없이 빠르게 창업 붐이 일어나기 시작했다.

샤오미처럼 빠르게 성장한 슈퍼 유니콘의 등장으로 스마트폰에 대한 자본 세력의 관심은 전에 없이 뜨거웠다.

힘 있는 경쟁자들이 빠르게 성장하며 휴대폰 시장 점유율을 무섭게 집어삼키기 시작했다. 예를 들어 화웨이가 꾸준히 선보인 룽야오 시리즈의 기세가 두드러졌다. 2015년 10월, 룽야오는 50억 달러에 달하는 연간 판매 목표를 앞당겨 달성했을 뿐만 아니라 매출도 동기 대비 2배 증가했다. 알리바바로부터 6억 5000만 달러 규모의 자금을 조달받은 메이주 역시 2015년에 판매량 2000만 대를 달성하며 샤오미의 독주를 견제했다. 뤄융하오의 추이즈커지는 저만의 매력과 적극적인 홍보에 힘입어 휴대폰이라는 레드오션에서 여전히 존재감을 과시하고 있었다. 2015년 8월 뤄융하오는 '1인 토크쇼' 스타일의 발표회를 통해 상하이 메르세데스벤츠 문화센터에서 젊은 세대를 공략하는 '젠궈堅果(JmGO)'라는 서브 브랜드를 공개했다. '실력파답지 않은 아름다움'이라는, 가볍지 않으면서도 격조 있는 문구는 깊은 인상을 남겼다. 젠궈의 가격은 899위안이었고, 세련된 디자인과 매력적인 가격이 젊은 소비자의 마음을 사로잡았다.

막강한 자본력을 등에 업은 매력적인 브랜드 역시 판을 뒤집겠다는 자신만만한 모습으로 시장에 등장했다. 그 주인공은

7장 끝없는 추락과 위기일발

바로 러스였다.

러스 CEO 자위에팅賈躍亭은 대규모 발표회를 연달아 개최해 신기한 개념을 선보이며 사람들의 시선을 사로잡았다. 또 행사 현장에 유명 연예인을 대거 초빙하는 전략을 앞세워 연예계 관련 보도나 영상을 쏟아내며 여러 방송사의 메인을 도배했다. 러스는 이러한 전략 덕분에 업계 내 다른 경쟁자들의 추적을 따돌릴 수 있었다.

2015년 4월, 러스의 슈퍼폰이 처음으로 대중들의 눈앞에 모습을 드러냈다. 세 그룹으로 나눈 목표 고객군을 겨냥한 휴대폰 3종을 동시에 발표한 덕분에 단번에 더 많은 수요를 만족시킬 수 있었다. 여기에 러스가 오랫동안 구축한 멀티미디어 리소스 및 보조금을 지원해주는 하드웨어 판매 전략으로 시중에 출시된 모든 인터넷폰을 압박했다. 특히 러스 휴대폰이 원가보다 낮은 가격으로 판매된다는 사실에 업계 전체가 크게 당황했다. 휴대폰을 한 대 팔 때마다 러스는 200위안을 손해 보는 셈이었기 때문이다. 이러한 상황으로 인해 업계 전체가 발칵 뒤집히고 말았다.

러스의 '제 살 깎기' 전략을 따라가야 하느냐는 문제를 놓고 샤오미 내부에서 엇갈린 목소리가 터져 나왔다. 레이쥔은 이런 내부 토론을 '영혼의 고문'이라고 불렀다. 샤오미 창립자들은 샤오미의 시장 점유율을 지키기 위해 때를 놓치지 말고 러스의 기세를 꺾어놔야 한다고 입을 모았다. 하지만 이러한 목소리는 레이쥔의 단호한 반대에 부딪혔다.

●
Bill of Material.
모든 품목에 대해
상위 품목과 부품
의 관계와 사용량,
단위 등을 표시한
목록.

"샤오미는 이미 BOM●에 가까운 방식으로 가격을 정하고 있습니다. 이 때문에 샤오미의 이윤율이 무척 낮은데, 여기에 더 급진적인 방식을 쓴다면 막대한 손실을 입을 게 분명합니다. 회사를 경영해본 경험이 조금이라도 있는 사람이라면 그런 일이 일어나도록 절대 내버려두지 않을 겁니다."

레이쥔은 내부 회의에서 모두를 향해 이렇게 말했다. 사실 이런 생각은 Mi1 발표회 전날 밤, 고민을 거듭하고 내린 결론이었다.

2015년은 중국 휴대폰 업계가 가장 활기를 띠던 해로 불린다. 룽야오, 러스, 메이주, 추이즈가 저만의 브랜드 스토리를 들려주는 것 외에도, 인터넷 보안을 전문으로 다루는 저우훙이도 쿠파이, 러스와 함께 '밀당'하는 삼각관계를 형성했다. 복잡한 과정과 혼란한 사정으로 인터넷폰이라는 애증 가득한 전쟁터에 또 하나의 판타지를 만들어냈다.

2015년 휴대폰 시장의 경쟁이 점점 뜨거워지는 가운데 레이쥔은 냉정해지는 쪽을 선택했다. 우연이라고 생각했던 문제들, 이를테면 공급업체의 갑작스러운 부도, 퀄컴의 품질 및 발열 문제, 사용자의 품질 지적 등이 사실은 우연한 외부적인 문제로만 치부할 수 없다는 것을 깨달았다. 계속해서 불거지는 문제들은 샤오미의 기술력 부족, 불안한 조직력, 미흡한 체계 등을 보여주는 현상이었다. 업무 규모가 확대되면서 지금의 능력으로는 시장의 발전 속도를 감당하는 데 한계가 있다는 사실이 드러났다. 새로운 추이에 대한 팀 차원의 판단력, 공급업체에 대한 장악력 및 최종 인도 능력이 치열한 경쟁 속에 낙오되는 모습이 속속 목격됐다.

예를 들어 윈텍의 부도 사태를 조기에 파악했어야 했다. 윈텍 사태가 예상치 못한 이변이라고 하지만 휴대폰 업계에서는 모든 공정마다 제2의 공급업체를 두는 게 일종의 관행이다. 이러한 점을 감안했을 때 샤오미도 즉시 양산 가능한 제2의 공급업체를 확보했어야 옳다. 하지만 그것은 말처럼 결코 간단한 과정이 아니다. 제2의 공급업체의 기술력을 검증하고 테스트한 뒤 점진적으로 양산화를 추진하려면 사전에 준비를 마쳤어야 한다. 하지만 2014년과 2015년의 샤오미는 일손 부족 때문에 한바탕 홍역을 치른 바 있었다. 제2의 공급업체를 확보했지만 작업에 즉시 투입할 수준에는 미치지 못했다. 이 때문에 공급망에 문제가 생겼을 때 제2의 공급업체가 제때 투입되지 못하는 바람에 불가피하게 피해를 입고 말았다.

그 밖에도 퀄컴 스냅드래곤 810 칩셋의 발열 문제는 사실 2015년 내내 보고됐었다. 이 문제로 여러 중국산 휴대폰 제조업체가 어려움을 겪고 있다는 소식이 들려왔다. 하지만 뛰어난 기술력을 가진 기업이라면 자체 판단을 통해서 리스크를 피할 수 있었을 것이다. 가령 똑같은 퀄컴의 글로벌 알파 고객인 삼성은 퀄컴 스냅드래곤 810 칩셋의 발열 문제가 품질에 영향을 줄 수 있다는 가능성을 미리 확인하고, 엔지니어들이 충분한 기술 검증과 리스크 평가를 실시한 후에 결국 포기하자는 결론을 제시했었다. 이에 반해 샤오미의 당시 연구개발 능력은 충분한 리스크 평가를 뒷받침할 수 없을 만큼 미흡한 상태였다.

미노트 발표 이후, '광팬을 위해 태어났다'던 샤오미가 최첨단 기술 분야에서 주춤거리자 일부 미펀들 사이로 실망스럽다는 목소리가 흘러나왔다. 예를 들어 애플이 2013년 말에 지문인식 및 지문 결제 기능이 탑재된 기기를 본격적으로 선보이자, 중국 업체들도 앞다투어 기술 도입에 나섰다. 하지만 미노트 1세대는 지문인식이나 지문 결제 기능을 제공하지 않았다. 이는 샤오미의 제품 디자인 주기에 문제가 있다는 것을 뜻했다. 사용자의 수요를 꿰뚫어 보고 판단하는 능력이 뒤떨어졌다는 것을 보여주는 직관적인 사례였다.

연달아 불거진 여러 문제를 돌아보며 레이쥔은 하루빨리 사내 개혁을 추진해야 한다는 위기감을 느꼈다. 특히 거액의 융자 프로젝트로 자본시장이 위기감에 휩싸인 것과는 대조적으로 샤오미 내부에서는 여전히 승리에 취해 있었다. 막대한 기업 가치를 두고 일각에서는 샤오미에 대적할 적수가 없다는 것을 시장이 인정한 것이라고 치켜세우기도 했다. 샤오미 전체, 그중에서도 휴대폰 관련 부서에서는 '내가 제일 잘나간다'는 분위기마저 감지됐다. 이처럼 현실에 맞지 않는 인식과 허세 가득한 마음가짐 때문에 샤오미는 시장에서 또다시 고꾸라지고 말았다.

레이쥔은 깊은 자성을 통해서만 위기를 기회로 바꿀 수 있다는 것을 깨달았다. 샤오미의 창립자로서 그는 내부의 심각성을 누구보다 먼저 깨달았다.

이러한 상황에서 오랫동안 고민해온 문제들이 다시 수면 위로 떠올랐다. 휴대폰 관련 부서를 대대적으로 개편할 것인가? 휴대폰 연구개발 및 유통, 판매 시스템을 체계적으로 확대할 것인가? 가장 중요하면서도 가장 어려운 문제였다. 휴대폰 하드웨어팀의 책임자를 교체해야 하는 상황과 관련됐기 때문이었다. 이 문제는 누구도 대신할 수 없는, 창립자만이 해결할 수 있는 문제였다.

객관적으로 말해서 휴대폰 부문의 문제는 오래전부터 예견되어왔었다. 하드웨어 부문이 설립된 이래 휴대폰 부문은 사내에서 막강한 영향력을 휘두르며 가장 큰 목소리를 내오곤 했었다. 마치 외딴 섬처럼 다른 부서와의 소통이 쉽지 않았다.

샤오미가 최초의 융자 프로젝트를 추진하던 당시, 천싱즈번의 류친은 창립자들에게 이 문제를 언급한 적 있었다. 팀원들이 하드웨어와 소프트웨어 출신의 전문가로 이루어진 탓에 서로 다른 업종 간 문화적 충돌이 일어날 것이라고 귀띔했다. 그러면서 이러한 갈등을 어떻게 해소할 것인가가 샤오미에는 커다란 도전이 될 거라고 경고했다.

레이쥔과 몇몇 파트너들은 샤오미의 창립멤버들이 본질적으로는 여전히 소프트웨어와 인터넷 출신이라는 것을 잘 알고 있다. 이들은 '트라이애슬론' 모델을 구축하기 위해 포용적인 자세로 다양한 문화와 팀워크를 구축해야 했다. 아무리 포용을 외친다고 한들 '갈등'을 완전히 피할 수는 없었다. 하지만 그 갈등의 골이 점점 깊어진다면 문화 충돌로 생겨난 오해는 포용이라는 말로 해결될 수 없을 만큼 커질 것이었다.

사정이 이렇다 보니 사내에서 문제가 생기면 해결을 위해 종종 레이쥔에게 최고 PM의 역할을 주문하기도 했다. 더 이상 이 문제를 근본적으로 해결하지 않고 위기 상황을 계속 방치한 다면 샤오미의 큰 그림에도 영향을 줄지도 몰랐다. 하지만 감정적으로 보자면 하드웨어 부문의 책임자가 샤오미 초기 공동 창업자 중 한 명으로 샤오미의 성공에 크게 기여했다는 사실을 무시할 수 없었다. 지금 책임자를 교체하면 근거 없는 소문이나 여론이 생길 수도 있었다. 게다가 가장 중요한 문제는, 팀원 모두 그와 함께 10년 이상 일한 동료들이라는 것이다. 개편으로 인해 사내 직원들이 혼란에 빠지는 것은 아닐까? 더욱이 샤오미 내부에서는 하드웨어에 정통한 또 다른 적임자를 아직까지 찾지 못한 상태였다.

핵심 문제와 중요 직위, 복잡한 상황, 가장 골치 아픈 문제들이 한데 뒤엉켜 몰려왔다. 레이쥔의 인생에서도 이렇게 복잡한 문제는 처음이었다.

업무에 있어서 레이쥔은 흔들리지 않는 전사였다. 창업자 특유의 근거 없는 자신감이 자신에겐 있다고 종종 농담 삼아 이야기하기도 했다. 하지만 사람을 대할 때면 상대의 기분을 무척 의식했다. 그 때문에 중요한 인물에 대한 인사 조치에는 언제나 신중을 거듭했다.

사실 많은 창업자가 이러한 상황을 마주치곤 한다. 대개 창업자는 업무는 물론, 그보다 한결 복잡한 사람에 관한 문제를 다뤄야 한다. 참된 인성과 격한 감정적 동요, 위기일발의 상황과 이익 앞에서 다르게 행동하는 사람들을 마주해야 한다. 깊은 밤, 조용하게 자기 자신을 마주하기도 하고, 자신의 고독과 나약함을 마주해야 한다. 중요한 결단의 순간에 망설이고 흔들리는 자신도 직시해야 한다. 복잡하면서도 어려운 문제에 직면했을 때의 괴로움을 겪는 과정을 견뎌야 한다.

하지만 괴로움과 시련은 기업가 정신을 시험하기도 한다. 《창업가 정신创业家精神》에서는 이렇게 말하고 있다.

때로는 드높은 투지를 불태우고, 때로는 극도로 방황한다. 좁디좁은 공간에서 꿈과 신념, 그리고 사명감을 위해 세상을 탐구한다.

## 해외 시장에서의 부진

2015년 4월의 어느 날 새벽, 베이징 우차이청 샤오미 본사 15층에 자리 잡은 레이쥔의 사무실에서 판매 운영 회의가 열리고 있었다. 리완창이 샤오미를 잠시 떠난 후, 샤오미왕의 운영은 린빈이 담당하고 있었다. 샤오미왕은 당시 중국 내수 시장에 무게를 둔 상태였다. 회의에 참가한 사람 중에는 이번에 샤오미에 새로 합류한 청년도 있었다. 인도 시장에서 인맥을 쌓는 업무를 담당하는 그는 중국계 미국인인 쑹자닝이었다. 회의에서 그는 휴고 바라의 통역을 맡았다.

그날 모두는 평소처럼 판매 데이터를 체크하고 있었다. 누군가 인도 시장으로 분배된 Mi4의 출하량이 무척 적은 것 같다고 지적했다. 레이쥔은 즉각 인도팀에 판매 데이터를 요청했다. 쑹자닝은 평온했던 레이쥔의 표정이 분노로 바뀌는 순간을 똑똑히 기억하고 있다. 그도 그럴 것이 레이쥔이 그렇게 화를 내는 일은 무척 드물었기 때문이다. 자료를 확인한 레이쥔이 자신도 모르게 목소리를 높였다.

"아니, 주간 출하량이 이렇게 적다니, 대체 재고가 얼마나 되는 겁니까? 이렇게 심각한 일을 왜 진작 보고하지 않은 겁니까!"

회의실 안의 사람들은 무시무시한 침묵에 빠졌다.

휴대폰 업계 사람이라면 휴대폰 사업의 생명이 싱싱함에 있다는 것을 잘 알고 있다. 다시 말해서 휴대폰을 창고에 넣어두면 하루가 멀다 하고 그 가치가 떨어지게 된다. 회의 당일에도 50만 대나 되는 휴대폰이 인도의 창고에 처박혀 있었다. 대당 2000위안이라고 친다면 재고 총액만 10억 위안에 달한다는 뜻이었다.

중국 기업이 해외에 진출하는 일은 언제나 순탄치만은 않았다. 10억 위안의 재고가 샤오미에 커다란 재앙으로 작용했다. 그동안 레이쥔은 출하량이 수천만 대나 되는 중국 내수 시장에 집중하고, 다른 경영진이나 바라를 공동책임자로 임명해 해외 시장을 맡겼다. 그리고 지금, 그동안의 해외 시장에 대한 자신의 관리 방법이 틀렸다는 것을 깨달았다.

2014년 12월 말, Mi4의 공급 부족 사태가 해결되는 것과 동시에, 지난 몇 개월 동안 품절 사태를 빚은 Mi4에 대한 중국 내수 시장의 수요가 폭발했다. 한편 인도 시장에서는 Mi4 판매를 위해 50만 대를 제공해달라는 주문이 끊임없이 들어왔다. 앞서 인도에서 출시된 Mi3와 홍미1S는 20만 대나 되는 Mi3가 순식간에 온라인몰에서 매진 행렬을 이어갈 정도로 성공했었다. 이를 계기로 인도 시장에서 샤오미라는 브랜드의 가능성을 인도 팀에서도 확신하며, 여세를 몰아 시장 점유율 점령에 나섰다.

중국 시장의 공급 부족 상황 속에서도 레이쥔은 이를 악물고 Mi4 50만 대를 인도 시장에 지원했다. 하지만 해외사업팀은 훗날 커다란 영향을 미치게 될 결정을 내리고 말았다. 4G 기능이 인도 시장에 아직 이르다고 판단한 해외사업팀에서는 거듭된 요청에 3G 버전의 Mi4를 전달했다. 그리고 이 결정이 엄청난 실수였다는 것이 뒤늦게 밝혀졌다.

'철의 여정'이라고 불리는 Mi4의 스테인리스 테두리 가공 공법은 무척 복잡했기 때문에 휴대폰 원가를 높게 잡을 수밖에 없었다. 당시 샤오미는 인도 현지에 휴대폰 제작 기반을 아직 마련하지 않은 터라, 인도 시장에 진출할 때 관세와 물류 등의 비용을 감안해 휴대폰 가격을 인상한 상태였다. Mi4의 판매 가격은 인도 시장에서 1만 9999루피(약 2000위안)로 책정됐다. 이는 대다수 인도인의 예상을 뛰어넘는 높은 가격이었고, 더욱이 1~2년 뒤면 사라질 3G 모델이었다. 쓸모 없는 제품을 비싼 돈 줘가며 살 사람은 없었다. 결국 이전에 인도 시장에서 판매됐던 샤오미의 다른 제품과 달리, Mi4는 가시밭길을 걷게 됐다. 쑹자닝의 말을 빌자면 인도 시장에서 고가에 해당하는 가격으로 출시된 Mi4의 앞길이 순탄치 않을 거라는 예감이 들었다고 한다.

레이쥔이 문제를 발견했을 당시 인도 시장에서 Mi4의 출하량은 매주 수천 대에 불과했다. 게다가 판매 부진 상태가 지난 두 달 동안 계속 이어지고 있었다. 이런 속도라면 몇 년이 걸려도 Mi4의 재고 물량을 제대로 처리하지 못할 게 분명했다. 이보다 더 심각한 문제는, 2015년 2분기에 이르러서야 상황을 깨달았다는 것이다. 이 물량을 중국 시장으로 다시 돌릴 수도 없는 노릇이었다. 당시 중국 시장에서는 휴대폰 세대교체가 이미 끝난 터라 3G 휴대폰을 사려는 사람이 한 명도 없었기 때문이다.

상황이 이렇게 되자, 레이쥔은 전략 제휴 부서를 통해 쑹타오宋濤를 호출해, 사태 해결을 위해 전권을 위임했다.

쑹타오는 화웨이에서 12년 동안 일하며 해외 시장에서 풍부한 마케팅 경험을 쌓은 인물이었다. 그는 차베스 시절, 베네수엘라에서 화웨이의 시장 개척을 진두지휘한 뒤 카리브해 지역 공략에 나섰다. 동카리브해의 섬나라 국가에서 오랫동안 머무른 그에게 동료들은 '섬 주인'이라는 별명을 지어주기도 했다. 샤오미에 합류한 후, 쑹타오는 몇 년 동안 샤오미와 통신사와의 전략적 제휴를 담당한 터라 해외 사업 쪽으로는 접점이 없었다.

구이양貴陽 출장길에서 쑹타오는 위기에 처한 Mi4 사태를 자신에게 맡긴다는 레이쥔의 결정을 듣게 됐다. 시급한데다 어려운 문제라는 것을 그는 직감했다. 오랫동안 해외 사업에서 잔뼈가 굵은 자신이지만 이번 상황은 여간 어려운 게 아니었다. 제대로 해결하지 못하면 자신의 커리어에 영향을 줄 수 있는 뜨거운 감자였기 때문이다.

임무를 수락할 것인가를 두고 쑹타오는 사흘 내내 고민에 고민을 거듭했다.

하지만 사태 파악을 위해 조사에 나선 쑹타오는 인도 시장의 현황을 깨닫곤 복잡한 기분에 휩싸였다. 그때의 심경은 '안타깝다, 온몸에 분노가 차오르다, 말도 안 된다, 기본적인 비즈니스 상식도 없다'는 말로도 표현이 안 될 만큼 참담했다. 샤오미 모델을 이해하고 있을 뿐만 아니라 해외 시장에 정통한 사람이 이번 사태를 해결해주길 바라는 회사의 입장을 충분히 이해할 수 있었다. 한 치의 망설임도, 머뭇거림도 용납할 수 없을 만큼 시간이 없었다. 회사에 대한 책임감으로 쑹타오는 즉시 전투에 뛰어들었다.

3페이지 분량의 업무보고서를 레이쥔에게 제출한 후 쑹타오는 세계 일주를 시작했다. 지금처럼 급박한 상황에선 샤오미에는 지상전을 치를 겨를이 없다는 걸 그는 잘 알고 있었다. 개척하려는 국가를 일일이 방문해 지사와 대표 사무실을 차릴 시간이 없었다. 현재 재고를 해결하는 유일한 방법은 전 세계를 대상으로 무역 거래망과 위탁업체를 찾아 Mi4를 아직 휴대폰 교체 단계에 속하지 않은 시장에 파는 것뿐이었다. 빠르면 빠를수록 좋다. 레이쥔도 가만히 구경만 하고 있진 않았다. 쑹타오에게 재고 처리와 함께 글로벌 마켓을 담당할 판매팀을 꾸릴 수 있는 해결책을 제시했다.

쑹타오와 류이劉毅, 톈미야오田淼 세 사람으로 결성된 팀은 전 세계를 누비는 시간을 보내기 시작했다. 이들 특수부대의 임무는 최대한 빨리 각 시장의 위탁업체와 접촉해 위탁 판매 계약서를 체결하는 일이었다. 그와 동시에 샤오미의 글로벌 마케팅을 담당할 현지 직원을 찾는 일에도 박차를 가했다. 일부 온라인 채널을 빌리는 것 외에 글로벌 마켓의 업무 대부분은 오프라인을 통해 이뤄지기 때문에, 이들 역시 파키스탄, 인도네시아, 두바이, 마이애미 등을 돌아다니며 몇 개월 동안 현지 통신업체와 치열한 수 싸움을 벌이기도 했다.

2015년 당시 샤오미는 중국 내에서 유명 브랜드의 반열에 올랐지만 국제적인 인지도는 아직 낮은 편이었다. 그 때문에 쑹타오와 팀원들은 현지 시장에서 통신업체를 만날 때마다 샤오미의 '트라이애슬론 모델'에 대한 소개를 시작으로, Mi를 직접 보여줘야 했다. 그뿐만 아니라 위탁업체가 MIUI 시스템을 직접 경험해볼 수 있도록 현장에서 직접 시연하기도 했다. 샤오미의 모델을 인정하는 업체가 가장 먼저 샤오미의 위탁업체가 돼서 특정 시장에서 샤오미 제품을 판매할 수 있는 경영권을 손에 넣을 수 있었다. 협상 과정에서 샤오미의 사업 모델을 이해한 위탁업체는 50%에 불과했다. 그 때문에 Mi4는 협상 과정에서 쑹타오의 팀이 가장 먼저 제공하는 '예물'이 되곤 했다. 판매 위탁 계약서를 체결하는 조건으로, 샤오미 측에서는 Mi4를 우선적으로 판매해달라는 조건을 제시했다.

그 무렵, 한 달 중 3분의 2를 비행기에서 보내는 쑹타오는 현지 위탁업체와 계약을 맺을 때마다 잊지 못할 사연을 남기곤 했다. 두바이에서 위탁업체와의 협상은 상대적으로 순조로웠다. 팀에서 샤오미의 사업 모델을 꺼내자, 촉이 좋은 한 위탁업체가 그 속에 담긴 가치관과 잠재력을 눈치 채곤 협상에 나섰다. 한바탕 난리를 겪긴 했지만 샤오미와 휴대폰 5만 대의 판매를 담당한다는 내용의 위탁계약서를 체결했다. 이뿐만 아니라 쑹타오는 오프라인 매장 홍보에 큰 비용을 쏟아붓기도 했다. 중국 시장 내에서도 오프라인 광고를 내보내지 않는 샤오미의 광고 포스터가 처음으로 두바이의 지하철과 열차에 모습을 드러냈다. 이후 두바이의 고속도로 옆에서도 커다랗게 쓴 샤오미 로고를 볼 수 있었다. 그 장면을 목격한 레이쥔 역시 감개무량한 기분이 들었다.

파키스탄에서의 협상은 험난했다. 오랫동안 해외에서 지낸 쑹타오가 처음으로 생명의 위험을 느끼기도 했다. 거리 곳곳에서 AK-47 자동소총을 든 군인들을 볼 수 있었다. 차를 몰고 카라치Karachi에서 묵었던 호텔로 들어가려면 세 개의 관문을 지나야 했다. 첫 번째 관문을 지날 때는 보안요원이 지뢰 제거 탐지기로 차량에 폭탄이 있는지 확인했다. 현지에선 테러 사건이 시도 때도 없이 터진다고 했다. 당시 파키스탄은 피처폰에서 스마트폰으로 세대교체를 겪는 중이었다. 샤오미는 위탁업체와 협상하려 했지만 결국 무산되고 말았다. 시간을 많이 지체하는 바람에 샤오미는 QMobile이라는 위탁업체에 총판권을 지급했다.

미국 마이애미에서 샤오미는 리패키징 공정이 가능한 브라이트스타Bright Star와 손을 잡았다. 보통 샤오미가 해외 위탁업체와 협상할 때 내세우는 전제조건 중 하나는 위탁업체의 리패키징 능력이었다. 오리지널 패키지와 휴대폰 시스템 모두 중국어로 되어 있기 때문에 다른 시장에서 판매하려면 위탁업체가 반드시 패키징과 설명서, 시스템 언어를 현지 언어로 수정해야 한다. 위탁업체가 자체적으로 리패키징 공정을 보유하고 있다면 후속 공정에서 많은 문제를 줄일 수 있기 때문이다.

그 당시 쑹타오가 이끄는 팀은 필리핀을 제외한, 수억 명의 인구를 거느린 인구 대국을 거의 다 방문했었다. 반년 동안 힘든 시간을 보낸 후에야 인도 시장에서의 Mi4 재고 문제를 거의 다 해결할 수 있었다. 막대한 피해를 입었지만 더 이상의 피해를 입지 않도록 빠르게 조치를 취한 것만으로도 불행 중 다행이었다. 당시 수출관세가 환급된 Mi4의 정상 원가는 230달러 정도였다. 하지만 이번에 해외 시장에서의 출하 가격은 대부분 170~175달러였다. 일부 국가에서는 180~185달러로 팔리기도 했는데, 마지막 물량에 한해 쑹타오는 130~140달러의 가격을 책정해 계약을 체결하기도 했다. 이렇게 해서 이번 임무는 멋지게 마무리될 수 있었다. 그해 말 Mi4의 재고 문제가 해결된 것은 물론 해외 시장에서의 출하량도 처음으로 200만 대를 달성했다. Mi4 외에 다른 모델들도 위탁업체를 통해 글로벌 마켓 공략에 나섰다는 것을 의미한다.

전 세계를 누비며 위기를 기회로 바꾼 샤오미는 전 세계를 대상으로 하는 판매 네트워크를 구축하고, 향후 샤오미의 해외 사업팀 출범을 위한 발판을 마련했다. 게다가 당시 중요한 문제를 발견해 이를 바로잡을 기회도 얻게 됐다.

이러한 상황은 샤오미의 국제화를 추진하면서 지불한 거액의 수업료가 됐다.

예를 들어 샤오미가 브라질에 세운 사무실은 완전히 틀린 결정이었다는 것으로 판명됐다. 브라질은 세법이 복잡한 데다 전자상거래가 크게 낙후된 지역이다. 샤오미는 이곳에 팀을 꾸렸지만 사업 추진율은 거의 0%였다. 설상가상 팀을 해체하려면 현지 법률 정책에 따라 직원들에게 거액의 배상금을 지급해야 했다. 결국 샤오미는 많은 비용을 들여 실수를 바로잡고 브라질 사무실을 폐쇄했다.

부당한 위탁 계약으로 판매에 어려움을 겪는 경우도 있었다. 가령 아프리카에서 샤오미는 아프리카 지역의 독점 판매권을 소형 위탁업체에 건넸는데, 업체 규모가 너무 작아 업무 추진에 어려움이 따랐다. 해당 업체와의 독점 계약을 전부 이행한 후에야 적합한 위탁업체로 교체할 수 있었다.

레이쥔이 '황당해서 말도 안 나온다'고 표현할 만큼 황당한 일도 있었다. 샤오미는 인도네시아 시장에서 최소 매출 보장 협의를 체결했다. 협의 규정에 따르면 위탁업체가 통신사의 대금을 받지 못하면 샤오미가 최저 매출을 보장해야 한다는 내용이었다. 레이쥔은 훗날 그 때의 일을 떠올리며 어떤 업체도 이런 식으로 계약을 맺지 않았을 거라고 말했다.

"당초 책임자가 실적을 내기 위해 도박을 한 것 같습니다. 회사가 파산할 확률이 낮다고 생각했던 거겠죠."

하지만 계약 규정은 부메랑이 되어 돌아오고 말았다. 위탁판매업체와 제휴 중이던 업체가 문을 닫는 바람에 대금을 지불할 수 없게 되자, 샤오미는 계약 규정 때문에 대금을 대신 내야 했다. 다시 말해서 샤오미는 600만 달러의 손실을 입었다. 이에 분노한 레이쥔이 해외사업의 법무 권한을 회수했고, 이후 모든 해외 사업의 계약은 본사에서 일괄 관리하도록 규정했다. 당시 샤오미가 해외 시장에서 힘겨운 시간을 보내던 때를 떠올리며 레이쥔은 이제야 퀄컴 같은 대기업이나 글로벌 업체의 고충을 이해할 수 있었다.

"사실상 그들은 재무와 법무로 회사를 관리했던 겁니다."

쑹타오, 류이, 톈미야오가 해외사업 문제를 해결하는 동안 레이쥔은 인도 시장을 직접 관리했다. 그때부터 인도의 일일 판매보고서가 레이쥔에게 직접 발송됐고, 인도 시장의 책임자인 마누도 레이쥔에게 직접 업무를 보고하기 시작했다. 지금도 레이쥔은 인도 시장에 관한 뉴스를 날마다 10건 이상 받는다. 대 인도 전략을 자연스레 본사에서 지휘하면서 해외 사업에 관한 본사와 현지 시장과의 결정권 구조가 어떻게 나눠지는가에 관한 선례가 생겨났다.

레이쥔은 그때의 일을 돌아보며 샤오미의 글로벌 사업을 위한 여정 중에서 가장 어설펐던 때라고 고백했다.

이를 악물었던 레이쥔은 서서히 안정을 되찾으며 이번 사태를 분석했다. 대체 누구의 잘못인가? 린빈과 여러 차례 내부 회의를 열곤 진지한 성찰 끝에 그들 모두에게 책임이 있다는 결론에 도달했다. 그동안 해외 시장을 개척하겠다며 지도에 동그라미를 그리며 개척 작전을 지휘한 일은 지금 생각하면 터무니없는 행동이었다. 시장은 결국 잔혹하다. 게다가 휴대폰은 전 세계에서 가장 경쟁이 치열한 소비 시장이다. 그런데도 자신들은 실전 경험이 전혀 없는 사람에게 지휘관 자리를 넘겼다. 휴고 바라는 실리콘밸리에서 높은 인지도를 자랑하고 있을 뿐만 아니라, 진지하면서도 솔직한 성격을 지닌 인물이다. 인터넷 제품을 다뤄본 경험도 풍부하고 소통과 마케팅 능력도 뛰어났다. 하지만 그는 하드웨어 사업을 다뤄본 실무 경험이 없었다. 설상가상 전 세계 여러 국가에서 동시에 추진해야 하는 휴대폰 하드웨어 사업을 해 본 적이 없었다.

해외 시장에 대한 관리를 보완하기 위해 레이쥔은 적임자라고 생각하는 글로벌 마켓 분야의 임원을 샤오미에 합류하도록 설득했다. 바로 초기 샤오미에 커다란 도움을 제공했을 뿐 아니라 퀄컴의 샤오미 투자를 도운 인물인 퀄컴 글로벌 부사장 겸 중화권 CEO인 왕샹이었다.

사실 샤오미가 승승장구하던 2014년에 레이쥔은 왕샹에게 샤오미에 들어오라고 권유했지만 왕샹은 당시 중요한 일을 겪고 있던 터라 제안을 거절한 적 있었다. 퀄컴은 휴대폰 칩 시장에 줄곧 군림했었지만 그에 따른 문제도 갖고 있었다. 2013년부터 퀄컴은 중국에서 지루한 반독점 조사에 휘말려 국가발전개혁위원회와 조정 협의를 협상해야 했다. 왕샹은 이 사건의 당사자였던 터라, 자신을 설득하러 온 레이쥔에게 자신의 심정을 솔직하게 전했다.

"모든 게 끝난 뒤 다시 생각해 보겠습니다. 지금처럼 중요한 시기에 몸담은 회사를 떠나는 일은 결단코 없을 겁니다."

퀄컴의 반독점 사건은 2015년 5월 조사가 마무리됐다. 왕샹은 그해 7월, 간신히 안정을 되찾은 샤오미의 해외 시장 업무를 넘겨받았다. 사실 샤오미의 해외사업부는 이번 사태를 계기로 출범할 수 있었다. 휴고 바라도 왕샹에게 업무를 보고하겠다고 먼저 제의하기도 했다. 재미있는 사실은, 그때 바라는 언어의 장벽 없이 왕샹과 해외사업에 대해 중국어로 이야기할 수 있게 됐다는 것이었다. 그전까지 바라는 린빈이나 쑹자닝의 통역을 통해 경영진과 대화를 이어왔다. 하지만 이제 막 글로벌화에 나선 중국 업체에서 중국어를 못하는 게 자신의 한계가 될 수 있다는 사실을 깨달은 것이다.

쑹자닝도 이 점에 대해 공감했다. 미국에서 자란 쑹자닝은 집에서 중국어를 쓰는 부모님 덕분에 중국어를 할 수 있었지만 간단히 듣고 말하는 수준에 그쳤다. 샤오미 입사 당시, 자신의 중국어 실력으로는 복잡한 비즈니스 토론에 끼어들 수 없었던 터라 업무 관련 미팅을 할 때마다 무척 긴장하곤 했다. 이런 근무 환경 속에서 공부의 중요성을 느낀 그는 중국어에 매달리기 시작했다. 자신의 컴퓨터에 엑셀 파일을 만든 뒤, 매일 받는 메일과 위챗에서 잘 모르는 단어를 기록해뒀다가 옆에 영어 해석을 붙이곤 했다. 그 당시 쏭자닝이 배운 전문 용어로는 공급업체, 메모리, 위탁업체, 원가 구조 등이 있었다. 샤오미에서 일한 지 4년이 지난 2019년이 되자 일부러 묻지 않으면 그의 모국어가 중국어라고 생각할 만큼 완벽한 발음을 구사하게 됐다.

이는 중국 기업이 해외 시장에 진출해 글로벌화를 추진하는 과정에서 겪은 유쾌한 에피소드일 것이다. 중국 기업이 해외로 나가는 과정에서 이와 비슷한 소동을 겪는 사례는 주변에서 쉽게 찾아볼 수 있다. 2013년과 2014년에 텅쉰은 위챗의 해외 시장 개척을 위해 2억 달러를 투입했다. 2014년에 바이두는 브라질에서 포르투갈어로 된 검색 엔진을 출시했다. 알리바바 역시 뉴욕증권거래소에 상장되기 전부터 미국의 전자상거래, 모바일 인스턴트 메시지 서비스, 명품 전용 전자상거래 및 카풀 서비스 등에 5억 달러 이상을 투자했다. 점점 더 많은 중국 브랜드가 다양한 방식으로 글로벌 시장에 진출했고, 걸핏하면 넘어지기 일쑤였지만 꾸준히 앞을 향해 나아갔다. Mi4가 발표된 이후, 인도에서는 2015년 4월 23일에 Mi4i를 출시했다. 인도의 수도 뉴델리에서 열린 발표회에서 레이쥔은 다소 흥분된 말투로 'Are you OK?'라고 물으며, 현장의 인도 미펀들로부터 열광적인 반응을 얻었다. 콘서트장에서나 들을 법한 그의 말은 밈Meme이 되어 중국 인터넷에서 빠르게 전파되기도 했다. 온라인의 유쾌한 기능이 빛을 발하는 순간이었다.

《창업가 정신: 중국 창업자는 중국과 세계를 어떻게 변화시키나?》에는 다음과 같은 내용이 등장한다.

'기업 경영이 더는 국내 시장에 의존하지 않을 때, 중국의 성장이 전 세계에 자신의 기업과 브랜드를 수출하는 높은 수준에 도달했음을 의미한다.'

당시 샤오미는 전 세계에 샤오미라는 기업과 브랜드를 수출하는 과정에서 거센 파도를 맞았지만 흔들림 없이 한 방향으로 나아갔다. 왕샹은 샤오미 해외팀에 들어간 뒤 오랫동안 특허 문제를 해결하는 업무를 담당했다. 샤오미 엔지니어들이 가능한 한 많은 특허를 출원할 수 있게 지원하며 특허 분야에서 샤오미의 지분을 높이기 위해 애썼다. 이와 함께 샤오미의 특허를 보다 편리하게 사용할 수 있도록 일부 특허회사를 인수하기도 했다. 퀄컴에서의 경험을 살려 글로벌 모바일 교차특허Cross License 위임 협상을 적극적으로 추진했다. 이 덕분에 샤오미가 해외로 나가는 과정에서 발목을 잡힐 요소를 최소화할 수 있었다. 해당 업무와 관련해 예산을 무제한 제공하겠노라 레이쥔이 자신에게 약속했다고 왕샹은 솔직히 털어놓았다.

훗날 해외사업부 마케팅 부사장 자리에 오른 류이는 Mi4의 재고를 정리하는 과정에서 샤오미를 따라가기로 선택한 해외 시장의 유통업체가 나중에도 샤오미와 함께 점진적으로 성장했다는 사실을 발견했다. 예를 들어 이스라엘에서 샤오미의 파트너인 헤밀튼Hemilton은 훗날 현지 스마트폰 매출 2위에 오르기도 했고, 우크라이나의 파트너인 알로Allo는 현지 시장 1위 자리에 오르기도 했다. 그 밖에도 당시 샤오미를 돕겠다고 나선

러시아의 파트너 RDC 그룹도 샤오미와의 협업을 꾸준히 이어가며 샤오미의 오프라인 라이선스 매장을 꾸준히 지원했다.

한편 샤오미의 재무팀은 환율 변동이 원가에 미치는 영향을 줄이기 위해 이에 대비하는 방법을 적극적으로 모색했다. 이 덕분에 전 세계 환율이 급변하는 상황에서도 샤오미는 일사분란하게 구매 사업을 추진할 수 있었다.

도전과 시행착오를 거듭할수록 샤오미의 맷집도 꾸준히 강해졌다. 글로벌화를 위해 반드시 겪어야 하는 과정이다.《창업가 정신》의 저자 시에주츠謝祖墀 박사는 이렇게 설명했다.

글로벌 경영으로 발전하는 과정에서 중국의 기업가는 여전히 초심자다. 하지만 그들이 지닌 탐험심과 적응력, 상당한 리스크 저항력은 국제 경쟁력을 꾸준히 높이는 데 도움이 될 것이다. 글로벌 마켓에서 중국 기업의 성장은 중국이 초강대국으로 성장 중이라는 변화의 시대가 이미 찾아왔음을 뜻한다.


**오프라인 매장의 첫 도전**

초기의 샤오미는 인터넷의 숭배자이자, 온라인 마케팅의 충직한 집행자였다. 레이쥔은 당시 샤오미를 '전자상거래주의의 독실한 신자'라고 부르기도 했다. 온라인 모델이 전통적인 오프라인 모델보다 앞선다는 게 회사 전체의 인식이었다. 이 때문에 샤오미는 2010년 창립 이후 2014년 말까지 오프라인 진출을 고려하지 않았다.

변화는 2015년에 일어났다.

휴대폰 연구개발 작업이 순탄치 않았지만 2015년 상반기에도 샤오미는 여전히 판매 호조를 이어가고 있었다. 2015년 1분기 1500만 대의 물량을 내보낸 데 이어 2분기 2000만 대를 출하했다. 2014년 당시 2600만 대에 불과했던 상반기 출하량은 2015년에 3500만 대를 기록했다.

이런 상황에서 A/S 부문을 이끌던 장젠후이가 샤오미즈쟈에 판매 기능을 추가하면 어떻겠냐는 구상을 내놨다.

"그렇게 하면 A/S만 하는 샤오미즈쟈에 힘을 실어줄 수 있을 거예요. 그리고 샤오미즈쟈에 직접 찾아와서 제품을 구입하려는 미펀들이 적지 않아요. 사용자의 체험과 서비스를 강조한다면서 제 발로 찾아온 손님들을 왜 내쫓는 거죠?"

2015년 4월 25일, 장젠후이는 내부 회의에서 자신의 아이디어를 꺼냈다가 강한 반대에 부딪혔다. 하나같이 반박의 여지가 없는, 조목조목 맞는 이야기뿐이었다.

"마케팅 능력이 있습니까?"

"사무실에만 있는 샤오미즈쟈가 마케팅을 한다는 게 맞는 말인가요?"

"지금 온라인에서 팔 물량도 달리는데, 샤오미즈쟈에 나눠줄 물량이 어디 있습니까?"

내부 반발이 거센 가운데, 장젠후이는 인트라넷인 미톡을 통해 레이쥔에게 자신의 생각을 보고했다. 판매운영팀과 이야기해 보라는 레이쥔의 답변에 그녀는 뛸 듯이 기뻐했다.

판매운영팀을 자주 찾아가 물품 상황을 체크하는 한편, 오프라인 물량을 확보하기 위한 작업에 착수했다. 장젠후이는 대학교 때부터 소프트웨어 전문점의 영업사원으로 사회생활을 시작한 후 진산에서 10년 동안 쌓은 경력을 몽땅 쏟아부으려고 마음먹은 듯했다. 2015년 4월 30일, 판매운영팀의 동료가 나눠줄 물량이 없다고 했지만 장젠후이는 포기하지 않고 준비 작업에 계속 매달렸다. 매장에 걸어둔 깃발은 물론, 홍보물, 배너까지 무엇 하나 빼놓지 않았다.

"혹시나 해서 완판이라고 적힌 플래카드까지 미리 만들어놨었죠."

그뿐만 아니라 5월 4일에는 오프라인 전문 판매 교육을 위해 각 지역의 샤오미즈쟈 점장을 베이징으로 소집하기도 했다.

"마케팅 활동에 나서기 전에 점장들의 경영 이념을 하나로 통일하는 게 무엇보다 중요해요. 어떤 절차가 중요한지, 제품은 어떻게 소개해야 하는지, 또 소비자와 어떻게 소통하는지 알려줘야 하죠. 결제 문제도 빼놓을 수 없어요. 온라인과 오프라인의 결제 방식을 어떻게 처리할지, 결제 프로세스는 어떻게 진행되는지도 챙겨야죠. F코드로 중간업자를 어떻게 처리해야 하는지 고민해본 적 있나요. 소란을 피우는 손님이 있다면 어떻게 해결해야 할까요? 파출소에 신고해야 할까요? 이런 다양한 상황에 대처할 수 있는 상세한 자료를 미리 준비해뒀답니다."

이런 대답을 들려주는 장젠후이에게서 강한 자신감이 느껴졌다.

샤오미가 처음 오프라인으로 전국에 물량을 배포할 때는 다소 비현실적인 가치관을 제시하고 있었다. 판매운영팀은 장젠후이에게 오프라인으로 물량을 배포하는 게 어려운 이유를 설명했다. OBA<sup>●</sup>라고 불리는 작업이 너무 느리기 때문에 오프라인에 배포할 물량은 제작할 수 있지만 패키징이 어렵다는 것이었다. 그 이야기에 장젠후이는 A/S팀의 엔지니어 십여 명을 공장에 파견해 지원에 나섰다. 엔지니어들은 생산 라인에서 소프트웨어를 업데이트하거나 규격 검사를 실시하는 등, 완제품 출하 전의 마지막 공정에 투입됐다. 그 시각, 장젠후이는 물류팀에 연락해 공장 입구로 트럭 2대를 보내달라고 했다. 그리고 패키징 작업이 끝난 갓 나온 신제품을 화물차에 실어 공항이나 기차역으로 보냈다. 시간이 촉박한 탓에 푸저우福州에 나눠준 물량이 화물차를 통해 운송될 수 없게 되자, 장젠후이는 일단 둥관東莞으로 물량을 보낸 뒤 샤오미 직원에게 고속철을 이용해 푸저우로 운송하라는 지시를 내렸다.

이렇게 해서 2015년 5월 12일, 샤오미즈쟈 최초의 오프라인 매장이 문을 열고 중국 내에서 프리미엄판 미노트 2000대를 판매하기 시작했다. 미펀의 호기심을 자극한 마케팅에 힘입어 전국 각지의 샤오미즈쟈에서 물건을 사기 위해 줄을 서는 진풍경이 펼쳐졌다. 그러자 장젠후이는 보안 등급을 임시로 강화하는 한편, 현지 A/S 업체에 연락해 현장 질서 유지를 위해 직원을 두 명씩 보내라고 지시했다.

● Out of Box Audit. 상자를 열어서 확인하는 기본 검사.

심혈을 기울인 준비 작업이 곳곳에서 효과를 발휘했다. 도우미들의 안내에 따라 손님들이 샤오미즈쟈 매장 앞에 차분히 줄을 서기 시작했다. 개중에는 과자를 만들거나 마술을 부리는 사람도 있었고, MI 로고가 들어간 커피가 배달되기도 했다. 개성 넘치는 모습 덕분에 현장은 줄을 서야 한다는 푸념이나 짜증보다는 유쾌한 웃음소리로 뒤덮였다. 베이징에 위치한 샤오미 본사 건물 아래 식당에서는 샤오미 직원들이 김이 모락모락 나는 좁쌀죽을 사람들에게 나눠주었다. 대단한 것은 아니었지만 소박한 정을 느끼게 하는 샤오미의 행동에 미펀은 감동했고, 샤오미에 대한 호감을 이끌어냈다. 취재를 위해 현장을 찾은 베이징의 한 기자는 상황을 지켜보며 감탄을 터뜨리기도 했다.

"샤오미는 정말 기발하네요. 샤오미의 전략은 그보다 몇 배는 기발하고요."

오프라인 판매 전략이 성공을 거두면서 미노트 2000대가 매진됐다. 현장에서 미노트를 구입하지 못한 사람들을 위해 장젠후이는 미리 준비해뒀던 F코드를 나눠줬다. 성공적인 오프라인 이벤트였다고 자평했지만 장젠후이에게는 이벤트를 계속 이어나가겠다는 생각은 없었다. 하지만 2015년 8월 어느 날, 레이쥔의 비서로부터 15층에서 레이쥔과 회의를 열 거라는 연락을 받았다. 흔한 일이 아니었다. 장젠후이의 말을 빌리자면 자신이 몸담고 있는 곳은 후방 중에서도 최후방이라 레이쥔과 직접 대화할 기회가 많지 않았기 때문이다.

레이쥔은 장젠후이에게 2015년 5월에 추진했던 오프라인 판매 도전에 대한 이야기를 들려주며, 오프라인 시장에 대한 그녀의 생각을 물었다. 그리곤 샤오미가 현재 처한 위기에 대해 이야기했다. 몇 시간에 걸쳐 두 사람은 샤오미의 제품 판매를 비롯해 경쟁자의 오프라인 판매 현황에 대한 생각을 나눴다. 샤오미가 뛰어난 품질의 제품을 선보이면 공급부족 때문에 가격을 올려도 소비자는 기꺼이 수용할 것이라고 레이쥔은 지적했다. 하지만 예상외의 부진을 거두면 출하 속도가 더뎌지는 결과가 나타나고 만다. 샤오미는 오프라인에서 진영을 구축하지 못했다는 이야기를 레이쥔은 처음으로 꺼냈다.

"샤오미가 오프라인 시장에 발을 딛지 않으면 소비자를 직접 만날 수 없을 겁니다. 이러한 상황을 샤오미는 타개해야 합니다."

장젠후이는 이때의 만남에서 오프라인 시장에 진출하려는 레이쥔의 의지를 확인할 수 있었다고 설명했다. 자신과 마찬가지로 레이쥔 역시 그동안 원가에 가까운 가격으로 온라인 판매 사업을 추진하던 샤오미가 오프라인 마케팅에 필요한 막대한 비용을 어떻게 감당하고 조달할 것인지 고민하고 있었던 것이다.

두 사람은 저녁 7~8시가 될 때까지 사무실에 불도 켜지 않은 채 이야기를 나눴다. 창밖의 가로등 불빛이 사무실 안을 비추는 장면을 장젠후이는 또렷하게 기억하고 있다. 가로등 불빛 아래 맞은편 상대의 윤곽이 또렷하게 보였다. 왠지 모를 압박감이 방 안을 서서히 채우고 있었다. 결국 레이쥔은 장젠후이에게 오프라인 매장을 내도 되는지 일선 도시를 돌아다니며 실험해보자고 제의했다.

2012년, 왕젠린王健林과 마윈은 CCTV가 선정한 올해의 경제계 인물 시상식에서 2022년까지 전자상거래가 중국 유통시장에서 차지하는 비중이 50%를 넘을 것인가를 두고 내기를 벌였다. 마윈은 50%를 달성할 거라고 했고 왕젠린은 그렇지 않다고 했다. 50%를 넘으면 왕젠린이 마윈에게 1억 위안을 주기로 했고, 넘지 않으면 마윈이 왕젠린에게 1억 위안을 주기로 했다. 이 내기는 전자상거래와 전통적인 오프라인 사업의 전망에 관한 세기의 도박이라고 불렸다. 당시 사람들은 전자상거래의 부상에 주목했다. 전자상거래가 앞으로 오프라인 시장을 완전히 대체할 것이라는 전망이 우세한 가운데, 2015년에 흥미로운 현상이 나타났다. 마윈의 타오바오, 톈마오가 온라인에서 오프라인으로 세력을 확장하는 반면, 완다萬達는 완다백화점을 쑤닝蘇寧에 매각하는 자산 경량화의 길에 들어섰다. 유통산업에서 주목할 만한 변화가 목격된 것이다. 샤오미의 사업 확장과 창립자들이 현장에서 관찰한 변화에 발맞춰 '전자상거래주의의 독실한 신자' 레이쥔은 처음으로 오프라인 시장에 진출하겠다는 생각을 갖게 됐다. 미래의 유통 시장은 온라인과 오프라인이 결합된 형태일지도 모른다는 생각이 들었다.

당시 샤오미의 수석 부사장이었던 치옌祁燕은 오프라인 매장인 당다이상청當代商城 지점과 협상에 나섰다. 전자상거래가 실물경제에 충격을 주는 상황에서 베이징시 상무위원회와 하이덴구 상무위원회는 실물경제의 발전에 관심을 기울이며, 오랜 전통을 가진 업체에 새로 떠오른 가상경제의 활력을 불어넣고자 했다. 실물경제에 진출하려던 샤오미와 일치하는 대목이었다. 치옌의 주선으로 당다이상청은 샤오미를 자사에 입점시키며 임대료를 할인해주기도 했다.

당다이상청 6층에 위치한 매장은 사람들의 눈에 띄는 곳이 아니었다. 장젠후이는 계약이 확정되자마자 대대적인 인테리어 작업에 나섰다. 오프라인 사업을 하루빨리 추진하기 위해 빠른 작업을 주문했다. 이 과정에서 장젠후이에게 난감한 문제가 터지고 말았다. 샤오미의 패키징은 전부 온라인 판매를 위해 디자인된 것이라 크라프트지로 제작됐다. 한쪽 벽에 다양한 크기의 크라프트 상자가 잔뜩 놓인 모습은 썰렁하기까지 했다. 매력적이지도 않고 오프라인에서 판매하기에 적합하지도 않다는 판단에 장젠후이는 상품 개발팀, 디자인팀과 정보팀 동료들을 매장으로 데리고 왔다. 오프라인 매장에서 물건을 판매하려면 샤오미의 패키징에 변화가 필요하다는 것을 보여주려 한 것이다. 그런 뒤에 동료들이 모든 소재를 오프라인 판매에 적합한 디자인 스타일로 수정하도록 유도했다. 정보팀의 동료들에게는 기존의 온라인 전자상거래식 표현을 오프라인 판매에 어울리는 용어로 수정하도록 했다. 이를테면 전자상거래에서는 거래가 완료된 주문을 배송이라고 부르지만 오프라인에서는 결제라고 부른다.

"샤오미 같은 회사에서 줄곧 전자상거래를 취급했던 동료들과 오프라인에서 필요한 게 뭔지 이야기하는 건, 인도 사람에게 만두 먹으라고 하는 것처럼 골치 아픈 일이죠."

당시 장젠후이는 오프라인 유통 사업에서 디테일이 얼마나 중요한지 뼈저리게 깨달았다.

샤오미 내부에서는 당다이상청 지점에 입주한다는 계획을 일종의 간 보기로 여겼다. 성공을 기대하는 사람은 한 명도 없었다. 업체 측의 임대료 할인 기간이 끝나는 대로 매장 문을 닫겠다고 장젠후이가 마음먹을 만큼 주변의 반응은 회의적이었다. 입주 장소에 대한 우려 섞인 반응이 무엇보다도 가장 컸다. 샤오미 매장을 나서자마자 거리 양쪽으로 이불이나 수건, 각종 일용품 가게가 즐비했다. 샤오미가 끌어들이려고 하는 목표 고객군과는 전혀 접점이 없는 환경이었다. 하지만 당다이상청 샤오미 매장이 2015년 9월 12일 문을 연 후부터, 일일 이용객 수가 매장 전체 이용객 수와 맞먹었다. 점포에서는 Mi 외에도 공기청정기, 보조배터리 등 샤오미 생태계에 속하는 다양한 제품을 판매했다. 이러한 환경은 마치 한 자리에서 다양한 상품을 직접 구경하고 구매할 수 있는 '원스톱 쇼핑'을 하는 듯한 기분을 선사했다. 예상보다 빠르게 제품이 판매되면서 오프라인 매장은 금세 큰 수익을 올릴 수 있었다.

이렇게 해서 당다이상청 지점은 샤오미의 오프라인 판매 모델이 먹힐 것이라는 주장을 처음으로 입증했다. 상품이 빠르게 유통되면서 안정적인 사업 효율을 보장할 수 있다면 오프라인 매장도 수익을 창출할 수 있을 것이다. 이러한 결과는 오프라인 시장에 진출하겠다는 레이쥔에게 확실한 자신감을 심어줬다.

한편 여러 도시를 누비던 장젠후이도 미톡을 통해 레이쥔에게 오프라인 매장 확장을 위한 문제와 구상을 보고했다. 첫째, 1선線 도시인 베이징·상하이·광저우·선전에서 반응을 테스트한다. 둘째, 한 성省에서 4~5개의 시市 또는 현縣을 골라 판매와 A/S가 합쳐진 '샤오미즈쟈'를 시범 운영한다. 하지만 오프라인 매장 운영의 어려움과 리스크 또한 무시할 순 없었다. 첫째, 재고 관리 리스크를 제어하려면 물류 창고에 능숙한 새로운 팀을 구축해야 했다. 둘째, 구매-판매-재고Purchase, Sales & Inventory(PSI) 시스템 등 새로운 시스템을 개발해야 했다. 셋째, 공급원과 제품을 어떻게 조합할 것인지를 고민해야 했다. 이에 대해서는 신제품 개발+대박 상품 개발 SKU●+이윤이 보장되는 모델이 제시됐다. 넷째, 전문가를 초빙해 팀원의 역량을 끌어올려야 했다. 다섯째, 오프라인 매장은 비용 부담이 큰 게 사실이다.

이러한 사고와 고민이 깊어지면서 샤오미는 오프라인 매장을 체계적으로 확장하겠다는 계획을 미래 샤오미의 새로운 전략으로 삼았다. 장젠후이가 제시한 문제들은 샤오미가 새로운 전략을 실천했을 때 직시하고 해결해야 할 문제였다. 샤오미라는 전자상거래의 독실한 신자는 이제 편안한 현실에서 벗어날 때가 된 것이다. 또한 이러한 문제는 창업자의 능력을 시험하는 중요한 계기가 되기도 했다. 즉 시장의 변화에 따라 기존 사업 모델의 한계에서 벗어나 사업 모델을 어떻게 조정할 것인지

●
Stock Keeping
Unit. 재고관리를
위한 식별 코드,
또는 상품 진열의
최소 단위.

묻는 시험 문제이기도 했다.


## 드러난 생태계 관리 방법론의 윤곽

2015년, 휴대폰 대전이 한창인 가운데 샤오미의 생태계 부문은 여전히 별다른 주목을 받지 못하고 있었다. 하지만 생태계 부문을 이끄는 초기 샤오미의 PM은 반드시 사내에서 새로운 세력을 형성하고 누구도 무시할 수 없는 존재감을 가진 조직으로 성장하겠다는 집념을 불태우고 있었다.

그해, 생태계 투자가 일사불란하게 진행되는 가운데 생태계 부문은 여전히 3단계 성장 법칙에 따라 시장 공략에 나섰다. 1단계는 샤오미 보조배터리와 같은 휴대폰 주변기기에 대한 투자, 2단계는 스마트 공기청정기, 에어컨, 스마트 전기밥솥 같은 가전제품에 대한 투자, 마지막 단계는 수건, 칫솔 등 일용품과 같은 일반 소비재에 대한 투자가 그것이었다. 단계적 전략을 이해하지 못한 사람은 샤오미의 생태계 사업 모델을 이해하지 못하겠지만 그 전략을 이해한 사람이라면 점-선-면으로 이어지는 물 샐 틈 없는 구조가 IoE 시대에 샤오미가 만들어낸 네트워크라는 것을 간파할 수 있을 것이다.

샤오미가 이들 창업자에 주목하는 것과는 별개로, 시대 역시 이들에게 남다른 애정을 갖고 있는 것 같았다. 2014년 9월 10일, 리커창李克强 총리는 톈진에서 열린 다보스 포럼에서 축사하며 '대중은 창업하고, 만중은 혁신하라大眾創業, 萬眾創新'

는 내용을 거듭 강조하며, 중국 경제의 성장과 현대화를 추진하는 과정에서 IT 혁신이 중요한 역할을 담당하게 될 것이라고 암시했다. 온라인 창업과 토종 혁신에 대한 정부의 생각을 고스란히 읽을 수 있는 대목이었다.

이러한 큰 흐름 속에서 민간 부문의 벤처투자가 적극적으로 일어났다. KPMG●가 발표한《2017년 4분기 글로벌 벤처투자 트렌드 보고서》에 따르면, 2010년부터 2013년까지 중국에서 발생하는 벤처투자액은 고정적으로 연간 30억 달러를 유지하고 있었는데 2014년에는 이보다 4배 증가한 120억 달러를 기록했고 2015년에는 260억 달러로 불어났다. 리카이푸가《AI·미래》에서 지적한 대로 2015년에 이르러 또 다른 형태의 IoT를 촉발한 요소, 즉 하루가 다르게 발전하는 기술, 충분한 자금, 우수한 인재와 창업을 응원하는 사회적 환경이 모두 제 역할을 다했다. 이는 샤오미 생태계에 속하는 수많은 업체가 탄생할 수 있었던 시대적 배경이기도 했다. 이처럼 파란만장한 창업의 바다에서 행운아들이 속속 모습을 드러내기 시작했다.

눈에 띄지 않는 구석에서 오랫동안 침묵하던 일부 제품들은 출시되자마자 주변을 놀라게 하며 제품에 대한 업계 전반의 인식을 바꿔놓기도 했다. 가령 샤오미 멀티탭은 강렬한 매력을 지닌 제품으로 칭미靑米 팀이 장장 15개월에 걸친 개발 끝에 2015년 3월 31일에 선보인 작품이다. 이 프로젝트에 투자하며 칭미의 CEO 린하이펑林海峰에게 '작품'을 만들어 달라던 레이쥔을 만족시켰다는 평가가 주를 이룬다.

● 전 세계 144개국에 회원사를 둔 종합 회계·재무·자문 그룹.

샤오미 멀티탭은 산업디자인에서 아름다움의 극치를 보여주는 전형적인 사례라 하겠다. 디자인팀은 작은 디테일 하나도 허투루 넘기지 않았다. 일반 멀티탭은 콘센트 구의 각도가 3도 정도 되는데, 샤오미는 아름다운 디자인을 구현하기 위해 각도를 0으로 수정해 달라고 요구했다. 하지만 그렇게 하려면 멀티탭의 불량률이 높아져 비용 문제가 발생한다는 것을 발견한 린하이펑은 고민 끝에 각도를 1.5도로 조절했다. 자체적인 디자인 개선을 위한 조치였지만 업계에서 파란을 일으키며 더 나은 품질을 요구하는 목소리를 대변했다.

산업디자인 분야에서 작은 각도와 얇은 디자인 다음으로 어려운 게 내부 레이아웃 디자인이다. 특히 멀티탭은 안전 기준에 완전히 부합해야 한다. 극도로 좁은 공간 안에서 디자인을 구현하는 건 낙타가 바늘귀를 통과하는 것보다 어려웠다. 이 때문에 디자인팀은 몇 번이나 절망의 구렁텅이에 빠지곤 했다. 레이아웃 디자이너인 류융차오劉永潮는 실험을 수없이 반복하던 도중에 퇴근길에 영감을 받았다. 강한 전류와 약한 전류 사이에 분리막을 넣는 방법을 떠올린 류융차오는 이 소식을 알리려 허겁지겁 회사로 되돌아왔다. 어찌나 급했는지 유리문에 '쾅' 하고 부딪히고 말았다. 큰 소리에 놀란 경비원이 달려와 보니, 누군가 머리를 감싼 채 바닥에 드러누워 끙끙거리는 모습이 보였다.

이렇게 해서 샤오미 USB 멀티탭은 49위안으로 출시된 이래 수백만 개가 팔리며 업계에 또다시 충격을 선사하고 업계의 분위기를 뒤바꾸어 놓았다. 샤오미 생태계가 추진하는 수많은 투자 중에서 멀티탭은 전통적인 제품에 속한다. 샤오미가 그것을 온라인 버전으로 업그레이드했는지를 둘러싸고 수많은 전통 업체가 답을 찾고자 했다. 일부에서는 샤오미가 하나의 기준을 제시한 뒤 온라인 사업 논리에 따라 최고의 품질을 추구한 점이 샤오미의 가장 큰 공헌이라고 주장하기도 했다.

홍미로운 점은, 샤오미가 '저격수'의 자세로 멀티탭 업계에 뛰어들자 해당 분야에서 줄곧 선두로 달리고 있던 공뉴公牛 전기가 자극을 받았다는 점이다. 공뉴는 샤오미의 멀티탭과 유사한 제품을 빠르게 선보이더니 전자상거래에도 관심을 보였다. 실제로 샤오미보다 1위안 저렴한 가격으로 온라인에서 제품을 판매하기도 했다. 샤오미의 생태계 PM은 공뉴의 제품이 그저 외형만 샤오미와 비슷하다고 여겼지만 업계 전체가 멀티탭 품질을 개선하겠다는 의지를 보인 증거라 하겠다. 이는 샤오미가 전통 업종에 진출해 해당 업종의 성장을 촉진한 사례였다.

샤오미의 생태계가 진출하는 업종이 많아지면서 샤오미의 하드웨어 제품도 갈수록 또렷한 브랜드 포지션을 앞세워 시장에 진출하기 시작했다. 이 과정에서 생겨난 관심의 열기 역시 Mi의 인기에 점점 다가가고 있었다. 샤오미라는 생태계에 유입되는 업체가 증가하면서 업체 간 자원을 공유하고 나누는 사례 역시 자연스레 늘어났다.

2015년에 샤오미가 투자한 회사 중에서 눈길을 끄는 곳은 2014년 하반기 샤오미의 공급업체 중 한 곳이었던 나인봇納恩

博(Ninebot)이 있었다. 나인봇은 전동 이륜 평행차 제작업체로 빠른 이동을 위한 제품을 주로 취급했다. 특허 문제를 깨끗하게 정리하기 위해 나인봇의 CEO인 가오루펑高祿峰은 레이쥔의 지원 속에 미국 전동 이륜 평행차 업계의 시조인 세그웨이 Segway를 인수하는 성과를 올렸다. 그 덕분에 지적재산권 문제에 발목 잡히지 않고 승승장구할 수 있었다.

샤오미라는 든든한 조력자를 등에 업은 나인봇의 입지가 공급망에서 크게 높아지면서 샤오미 생태계 업체 간 시너지 역할도 점차 가시화되기 시작했다. 나인봇의 제품은 무엇보다도 배터리의 성능이 중요했다. 배터리 성능에 따라 세그웨이의 가격이 책정되는 점만 보더라도 어떤 배터리 공급업체를 선정하느냐는 나인봇에는 특히 중요한 문제였다. 사업 초기, 나인봇의 가오루펑은 배터리 공급업체를 찾던 중에 쯔미의 장펑을 떠올렸다. 20여 년 동안 하드웨어 분야에 종사한 장펑은 베테랑 중의 베테랑인데다 그가 이끄는 쯔미 역시 배터리 부문과 관련이 있었다.

장펑은 나인봇에 중요한 의견을 제시했다. 쯔미가 나인봇의 모든 배터리 물량을 독점하지는 않겠다는 것이었다. 제품의 모든 핵심 부품은 일반적으로 공급업체 2~3곳에서 조달하는 게 일종의 관례였기 때문이다. 그래야 미연의 사태를 방지할 수 있었다. 하지만 쯔미의 존재는 나인봇에 직접적인 혜택을 가져다줬다. 첫째, 쯔미가 배터리 가격을 잘 알고 있던 터라 다른 업체가 나인봇에 지나치게 높은 가격을 제시할 수 없었다. 둘째,

쯔미는 줄곧 자사 제품의 품질에 엄격했던 터라 다른 공급업체의 제품 품질을 개선하는 효과로 이어졌다.

이는 샤오미가 투자한 업체 간 시너지를 낸 전형적인 사례에 속한다. 장펑의 쯔미는 유니콘 기업이 되었고, 장펑은 잉화다에서 오랫동안 하드웨어 업체와 일하며 경험을 쌓은 덕분에 공급업체를 노련하게 상대하는 전문가가 될 수 있었다. 하드웨어 업종에서 창업할 때 가장 어려운 문제는 공급업체에서 불거지곤 한다.

장펑은 생태계 업체들이 처음부터 잘못된 길을 가지 않도록 도와주곤 했다. 훗날 공급업체 문제를 다루는 베테랑으로서 공급업체 때문에 골치를 앓는 생태계 업체들이 꾸준히 장펑을 찾아와 도움을 청하곤 했다. 쯔미의 배터리를 납품해달라는 고객사가 증가하면서 쯔미는 다른 생태계 업체의 공급업체로서 배터리 기술을 지원하곤 했다.

이 무렵, 샤오미 생태계 업체들 간에 '대나무 숲 효과'가 나타나기 시작했다. 샤오미의 생태계 이론 중에서 유니콘 기업은 고립된 대나무 잎과 같다는 말이 있다. 대나무 잎은 대나무 숲에서 자라지 않으면 뿌리를 제대로 내리지 못해 밤새 낙엽이 되어 떨어질 수 있다. 하지만 지금의 생태계 업체들은 조금씩 생태계를 이루며 한데 얼기설기 얽혀 있다. 끊임없이 외연을 확장하는 동시에, 죽순이 빨리 자랄 수 있는 비옥한 흙을 제공해주는 것이다.

1년 반에 걸친 연구를 끝낸 뒤, 2015년 10월에 나인봇은 세그웨이 나인봇을 출시했다. 무게 12.8kg, 시속 16km의 성능을 지닌 이륜전동차의 가격은 1999위안이었다. 그동안 이륜전동차의 가격은 수만 위안을 훌쩍 넘어서곤 했지만 나인봇의 등장으로 가격이 크게 내려갔다. 2015년 12월, 세그웨이 나인봇은 10만 대라는 판매 기록을 세웠다.

2015년은 생태계 투자가 점점 활발해지는 한 해였다. 꾸준한 투자를 통해 샤오미는 생태계 업체에 대한 관리가 무척 느슨하다는 것을 깨달았다. 투입되는 자본이 점차 증가하는 상황에서 규범화된 관리의 필요성이 점차 대두됐다. 그래서 류더는 노키아에서 자오차이샤趙彩霞를 스카우트해서 생태계 업체에 대한 체계적인 관리를 주문했다. 거대한 '폭풍'이 이제 곧 생태계 업체를 집어삼킬 것이었다.

자오차이샤를 면접한 류더는 노키아에서 근무할 때 모든 소재의 원가를 확인해 본 적 있느냐고 질문을 던졌다.

"원가 말고도 월별, 분기별 원가 변화를 살펴보는 편이에요. 환율에도 관심이 많습니다. 원가가 몇 센트만 차이 나도 그 원인을 기필코 알아내야 직성이 풀리거든요."

그녀의 대답에 만족한 류더는 샤오미에 합류할 것을 권했다. 샤오미에서 자오차이샤는 샤오미의 생태계 업체를 위한 원가 심사 시스템을 구축·운영하는 일을 담당했다.

노키아 같은 회사에서 근무하다가 샤오미의 생태계 부문으로 이직한 자오차이샤는 얼떨떨한 기분이었다. 여태껏 이런 기분은 처음이었다. 그녀의 말을 빌리자면 뭐든지 딱딱 갖춰진

곳에 있다가 '뭐든지 부족한' 스타트업에 오자, 모든 것을 제 손으로 해결해야 한다는 것을 깨달았다고 한다. 하지만 그로 인한 피로감보다는 강력한 원동력이 작동하곤 했다.

"뭘 하든지 보람 있다는 기분이 들었어요."

노키아에서 식사 시간을 놓친 적 없던 자오차이샤는 샤오미로 이직한 뒤에는 밥 먹는 것을 잊어버릴 정도로 바쁜 시간을 보냈다.

샤오미의 생태계 업체들이 거둔 이윤을 지분에 따라 나눠주려면 영업이익에서 원가를 뺀 비용을 일정 비율로 나눠야 한다. 하지만 자오차이샤는 샤오미와 생태계 업체들이 체결한 계약서 중에서 실현 가능성이 낮은 항목이 여러 개 있다는 것을 발견했다. 이윤을 어떻게 계산할 것인가? 원가를 또 어떻게 공제할 것인가? 생태계 업체마다 셈법이 다른데다 개념에 대한 설명 역시 무척 모호했다. 생태계 플랫폼의 장기적이면서 지속적인, 그리고 효율적인 성장을 위해 샤오미에 하나로 통일된 제휴 협의서 양식이 필요하다고 여겼다. 그중에서도 가장 중요한 내용은 분배 기준을 확정하는 일이었다. 그러려면 무엇보다도 원가의 진실성을 확보해야 한다. 원가 견적이 맞는지 확인한 후에는 기한 여부, 소급 가능한 징벌 시스템을 구축해야 한다. 이러한 조치에 대한 자오차이샤의 생각은 다음과 같다.

"샤오미가 원가를 일일이 심사할 수 없는 터라 계약서에 공급업체가 견적을 허위로 제출했다는 증거가 발견되면 10배 이상의 과징금을 부과한다는 규정이 있어야 해요."

당시 많은 생태계 업체가 류더를 찾아왔다. 사정하는 사람도, 고소하겠다는 사람도 있었고, 새로운 제도에 '항의'하는 사람도 있었다. 하지만 류더는 자오차이샤의 결정을 지지했다. 지난 몇 년 동안 샤오미의 경영진은 샤오미 모델의 핵심이 사용자의 신뢰라는 데 모두 공감했다. 샤오미가 궁극적으로 추구하는 이상적인 상태는 샤오미샹청小米商城●에 가입한 사용자가 샤오미의 제품이 품질이나 가격 면에서 가장 뛰어나다는 점을 믿고선 눈 감고 아무거나 사도 걱정 없다는 신뢰를 얻는 일이었다. 샤오미가 투자한 생태계 제품들이 샤오미라는 브랜드를 달고 한 번이라도 사용자를 실망시킨다면 그간의 노력은 모두 물거품이 될 것이었다. 이 때문에 원가 정보를 정확히 제출하라는 요구는 샤오미 모델을 지키기 위한 조치였다.

통일된 시스템을 처음 도입하자 생태계 업체 내부의 강한 반발에 부딪혔다. 심지어 일부 샤오미 PM들마저 이렇게 하면 '복잡'하다며 반대하기도 했다. 평소 사무실에서 자오차이샤를 언니라고 부르던 동료가 처음으로 메일에서 '사장님'이라는 호칭을 쓰기도 했다. 이것만 보더라도 합의 강행에 대한 심상치 않은 정서를 느낄 수 있었다.

여러 생태계 업체가 계약서에 서명하고 싶지 않다는 반응을 보였다. 그 반응은 샤오미 내부보다도 훨씬 직접적이었다. 일부 업체의 CEO는 심지어 이런 말을 들려주기도 했다.

"자오 사장, 몇 푼 벌지도 못하는데 원가를 있는 그대로 써내라고 하면 우린 뭐 먹고 살란 말이야!"

● 샤오미 공식 온라인 쇼핑몰 중 하나.

그 이야기에 자오차이샤는 의자에서 벌떡 일어나더니 책상을 쾅 하고 내리쳤다.

"뭐가 그렇게 떳떳하십니까! 그러기만 해 보십시오. 저도 가만히 있지 않을 겁니다!"

주변의 거센 저항에도 자오차이샤는 굴하지 않고 더 단호한 태도를 취했다. 계약서에 사인하지 않으면 거래 주문을 중단하겠다고 통보한 것이다. 주문이 끊기면 회사에 자금이 돌아가지 않는다. 일부 업체가 계약 문제로 고민하느라 제품 주문이 1~2주 밀리기도 했다. 결국 이들은 이번 사태가 장기적으로는 회사의 발전에 도움이 될 거라고 판단해, 자오차이샤와 계약을 체결했다.

계약 시스템 구축, 이윤 분배 자료 정리, 역대 데이터 정리 외에도 자오차이샤는 생태계의 집중 구매 시스템을 구축하려고 애썼다. 많은 생태계 업체가 동일한 소재를 사용하기 때문에, 집중 구매를 통해 입찰가 자체를 대폭 줄일 수 있었다. 2015년 8월부터 자오차이샤는 재무팀, 정보팀, 물류팀 등 7개 부서를 불러들인 뒤 시스템 구축에 나섰다. 물류와 주문, 재무결산 시스템을 하나로 묶은 시스템을 통해 지금도 매년 10억 위안에서 20억 위안 규모의 구매 작업을 소화하고 있다. 모든 결제는 시스템에서 자동으로 전송된다.

집중 구매 시스템 역시 당시 생태계 업체 사이에서 논란의 대상이 됐다. 일부 생태계 업체들은 공급망 관계를 회사의 운명을 가르는 문제로 생각해 자신이 직접 다루려 했다. 현재 샤오미에서는 해당 시스템에 의무 가입하도록 규정하고 있지 않다. 생태계 업체가 더 좋은 견적을 받아낼 수 있다는 것을 증명할 수 있다면 스스로 처리해도 무방하다. 하지만 전체적으로 집중 구매 시스템은 공급업체의 비용을 5~15% 가까이 절감시키는 효과를 지녔다. 이는 공급업체와 관계가 없는 초기의 생태계 업체에는 무척 큰 도움이 된다.

2015년 샤오미 생태계 업체들은 전년 동기 대비 매출이 2.2배 증가할 것이라는 계획을 세울 만큼 성장했다. 이들 업체는 샤오미에 커다란 수익을 제공했다. 이 중에서 1억 위안 이상의 수익을 달성한 업체는 7곳으로, 최대 17억 5000만 위안 상당의 제품을 판매했다. 그리고 샤오미는 2015년 한 해 동안 총 28개 프로젝트에 투자했다.

성장을 향한 생태계 부문 전반에 걸친 열망에 자오차이샤도 금세 빠져들었다. 생태계 업체의 규범화를 추진한 노력은 이들 업체의 양적 성장을 위한 중요한 밑거름이 됐다. 자오차이샤는 그 기간에 이런 말을 몇 번이고 되풀이하곤 했다.

"우리는 성장해야 해요. 어떤 시련이 있어도 성장해야 해요. 우리를 막는 건 뭐든지 해치워버려야 합니다. 그래야 우리 생태계 부문이 성장할 수 있으니까요!"


## 마음의 짐을 덜다

2015년은 중국의 모바일 인터넷 업계에 먹구름이 드리워진

한 해였다. 눈 깜짝할 사이에 어마어마한 변화의 물결이 들이닥치곤 했다. 그해, 빅 3의 시가 총액이 꾸준히 증가하는 것 외에도, 인터넷 업계에선 '깜짝' 인수합병 소식이 4건이나 들려왔다. 58간지赶集*, 디디추싱, 신메이다新美大**, 시에청취나携程去哪***의 인수합병이 전격적으로 이뤄졌다. 합병을 통해 이들 업체의 시가 총액이 하룻밤 사이에 빠르게 증가했고, 이들 각자는 모바일 인터넷을 기반으로 하는 온라인 영역에서 절대 강자로 떠올랐다. 업계에서 존재감을 자랑하는 대기업을 중심으로 인수합병이 적극적으로 추진되기 시작한 것이다. 이들은 각자의 전략을 조정하며 중국 내 인터넷 업체에 대한 투자 또는 조정에 나섰다. 자신의 사업 영역을 서로 보완하거나 강화하기 위한 조치였다.

점점 경쟁이 치열해지는 가운데, 휴대폰 업계도 급변하기 시작했다. '강호의 은원'이 교차하는 가운데 우습기 짝이 없는 장면이 서서히 연출되기 시작했다. 인기 스타를 다룬 연예계 뉴스가 휴대폰 발표회와 한데 뒤범벅되더니 휴대폰 업계가 연예계로 변질될 것 같다는 자조적인 농담이 업계 관계자 사이에서 흘러나왔다.

어떤 의미에서는 샤오미가 강호에서 강적들에게 포위되고 있음을 넌지시 보여주는 상황이라고도 할 수 있겠다. 2015년은 샤오미에는 무척 길고도 긴 한 해였다. 갑작스레 터진 문제를 정신없이 수습하느라 스트레스를 받았다는 사실마저 잊을 만큼 유난히 우여곡절이 많은 한 해였다. 게다가 8000만 대라

●
텅쉰이 후원하는
온라인 버룩시장.

●●
온라인 배달업체 메이톤과 맛집 정보 서비스업체 다중뎬핑大重點評이 합병한 업체.

●●●
중국 여행업계의 1위인 시에청 携程(Ctrap)과 2위 취날去哪儿(Qunar)이 합병한 업체.

는 판매 목표에 대한 시장의 기대와 관심 또한 커다란 부담이 됐다. 샤오미의 판매 실적이 예상에 미치지 못하자, 샤오미에 관한 온갖 부정적인 보도와 분석, 의심과 공세가 날마다 매스컴을 도배했다. 심지어 5년 안에 샤오미가 사라질 거라고 주장하는 사람도 있었다.

경쟁자들은 인정사정없었다.

판매 운영을 담당하는 주레이는 그해 11월, 샤오미가 탄생한 이래 가장 치열한 '쐉스이'를 보내고 있었다.

샤오미는 사업 초기 샤오미왕에서만 제품을 판매하는 폐쇄적인 판매 구조를 지녔었고, 2013년이 돼서야 톈마오의 요청으로 처음 타오바오 '쐉스이' 대전에 참가했다.

"당시 톈마오가 제시한 조건은 파격적이었죠. 상징적인 의미로 요율도 매우 낮은 편이었고요."

주레이는 당시 상황을 이렇게 기억했다. 샤오미 역시 모두의 기대를 저버리지 않고 2013년에 손쉽게 1위 자리를 차지했다. 2014년 린빈이 판매 운영 사업을 인수한 후 맞이하는 첫 번째 '쐉스이' 대전은 그야말로 샤오미의 독주 체제였다. 그해 판매 실적 역시 압도적이었기에 린빈의 사진으로 이모티콘을 만들어 즐길 만큼 판매팀원들은 어느 때보다도 여유로운 시간을 보내고 있었다. 이모티콘 속의 린빈은 샴페인을 이리저리 터뜨리며 웃고 있었다. 그런 린빈의 이모티콘이 채팅창을 가득 채우곤 했다.

2015년, 샤오미는 제품의 모든 라인을 전자상거래를 통해 판매한다는 전략을 발표했다. 자사의 샤오미왕 외에 톈마오, 징둥, 쑤닝 등에서도 샤오미 제품을 판매·운영하기 시작했다. 분위기가 슬슬 달아오르는 가운데, 2015년의 '솽스이' 대전의 서막이 올랐다. OPPO와 vivo의 오프라인 매장이 하루가 다르게 거리를 뒤덮고, 온라인을 발판으로 도약한 브랜드 역시 호시탐탐 기회를 노렸다. 일부 전자상거래 업체에서는 오프라인 업체를 모집해 자사의 전자상거래 플랫폼을 통해 대규모 거래를 성사시킨다는 이야기가 공공연한 비밀이 되기도 했다. '솽스이'라는 큰 전쟁에서 샤오미도 질 생각은 없었다. 치열한 각축전 속에서 샤오미와 경쟁자가 엎치락뒤치락하는 가운데, 마지막 30분을 남기고 샤오미가 승부수를 던졌다. 사용자에게 50위안 상당의 보너스를 제공하겠다고 발표하며 샤오미는 승부에 쐐기를 박았다.

"중간업자를 통해서 매출을 부풀린 적이 없던 터라 쉽지 않은 싸움이었죠."

주레이의 말처럼 올해 더욱 치열해진 휴대폰 대전을 지켜보던 레이쥔은 착잡한 표정을 지었다. 아마도 이 일 때문에 2015년 11월 24일 발표회에서 레이쥔은 유독 감정적으로 동요했던 것 같다. 그날 발표회에서 샤오미는 홍미 노트 시리즈 3세대 모델인 홍미 노트3를 소개했다. 5.5인치 1080p 디스플레이가 장착된 홍미 노트3의 화면 비중은 73.2%이었고, 500만 화소의 전방 카메라와 1300만 화소의 후방 카메라, 그리고 당시 유행하던 듀얼 LED 플래시를 갖췄다. 홍미 노트3는

1000위안 가격대의 플래그십폰에 대한 미펀의 모든 기대를 충족시킨 제품이라 할 수 있었다.

2015년 한 해 동안 한바탕 우여곡절을 겪고 난 뒤에 무대에 오른 레이쥔은 만감이 교차했다. 24년 전, 혼자서 13시간 동안 기차를 타고 우한에서 베이징으로 올라오던 때의 기분이 떠올랐다. 베이징역 광장에 내려서 사방을 둘러보던 자신은 반드시 꿈을 이루고 말겠다며 다짐했더랬다.

24년 전 우한武漢에서 열차로 13시간 만에 베이징에 온 자신의 심정을 돌아보면 베이징역 광장에서 망연자실한 느낌, 꿈에 대한 갈망이 있었다.

레이쥔은 난생처음 강연 도중에 울먹거렸다. 그것도 몇 번씩이나…. 여태껏 무대에 섰던 경험 중에서 감정적으로 가장 많이 흔들렸던 때였을 것이다.

무대 뒤로 돌아온 레이쥔의 눈이 붉게 달아오른 걸 스태프들이 목격하기도 했었다. 무대에 오른 레이쥔은 마치 젊은 시절의 자신과 이야기를 나누는 것처럼 보였다. 자신을 비롯해, 자신과 함께 꿈을 이루기 위해 뛰어든 사람들에게 24년 전부터 지금까지 무엇을 위해 달려왔는지, 4년 전부터 지금까지 샤오미가 무엇 때문에 버텨왔는지를 들려줬다.

이러한 고민은 2016년 1월 15일 연차총회까지 계속됐다. 그리고 레이쥔은 송년회에서 위의 질문에 대한 해답을 내놨다. 그날, 린빈은 2015년 Mi의 판매 실적을 발표했다. 총판매량은 7000만 대로, 여전히 중국 내 1위의 성적을 달리고 있었다. 하지만 샤오미가 당초 예상했던 8000만~1억 대라는 목표치와는 큰 차이가 있었다. 레이쥔은 유난히도 길었던 한 해를 결산했다. 인도 Mi4i 발표회에서 인터넷을 뜨겁게 달군 자신의 어록을 꺼냈다.

"이 정도의 성적표에, Are you OK?"

솔직히 말해서 난 OK가 아닙니다. 지난 1년 동안 우리는 무척 어려운 시간을 보냈습니다. 이런 상황을 겪게 된 일을 두고 내부적으로도 다양한 반응과 생각이 있을 거라고 생각합니다. 우리한테 무슨 문제가 있는지 한참을 고민했죠. 그리고 우리가 엄청난 부담을 짊어지고 있다는 결론에 도달했습니다.

우리는 연초에 8000만 대라는 판매 목표를 세웠습니다. 경쟁이 치열한 시장의 흐름을 지켜보며 우리는 우리도 모르는 사이에 목표를 반드시 해내야 하는 임무라고 여기기 시작했습니다. 어떻게 해야 임무를 완수할 수 있을지 날마다 고민하고 또 고민했죠. 그 압박감에 사로잡힌 나머지 우리는 점점 웃음을 잃게 됐습니다. 우리는 창업한 지 6년도 채 안 되는 회사죠. 어느 때보다도 혈기왕성해야 합니다. 그리고 이제는 우리가 무엇 때문에 달리기 시작했는지 다시 고민해야 합니다.

창업의 본질은 뭘까요? 멋지다고 생각하는 상품을 만들고, 그 과정을 즐기는 겁니다. 아무리 어려워도, 또 어떤 문제가 있어도 샤오미는 그 과정을 즐겨야 합니다. 그러니 2016년에는 우리의 전략을 즐기기로 합시다. 즐거워야 에너지도 생기고, 즐거워야 창조적인 영감도 얻을 수 있죠. 샤오미의 모든 직원이 즐거워야 고객도 즐거울 수 있습니다.

이번 연설에서 레이쥔은 판매고 8000만 대를 올려야 한다는 직원들의 부담을 덜어주면서 '모든 사람이 테크놀로지를 즐길 수 있게 해달라'는 주문도 잊지 않았다. 앞으로의 목표를 분명히 하기 위해 레이쥔은 2016년의 3대 키워드로 '집중, 보충, 대담한 탐구'를 제시했다. 그 밖에도 디테일 경영 역시 중요한 이슈로 선정했다.

2015년은 안팎으로 혼란한 사건이 연거푸 터졌지만 샤오미는 꾸준히 새로운 움직임과 시도에 나섰다.

예를 들어 왕촨과 주인이 십여 차례에 걸친 논의 끝에 주인의 RIGO Design 스튜디오를 샤오미가 최종 인수하기로 협의했다. 이번 인수를 통해 MIUI는 꾸준한 업그레이드를 거듭하며 최고의 사용자 경험을 선사할 수 있는 기반을 갖게 됐다. 그뿐만 아니라 훗날 주인이 Mi의 산업디자인을 맡게 될 여지로 활용되기도 했다. 자신의 팀원들을 데리고 샤오미에 입사한 주인은 '애증의 대상'이었던 PM들과 만나게 됐다. '마음에 안 들면 바꾼다'는 신조를 가진 주인은 MIUI팀에게 '마음에 안 드는 기능이 있으면 기필코 바꾸고 말겠다'는 자신의 생각을 전파하기도 했다.

그 밖에도 중요한 시도가 샤오미 내부에서 추진되기 시작했다. 바로 샤오미가 자신의 사업 모델에 대한 검증에 나선 것이었다. 레이쥔의 제안으로 샤오미는 MIUI 상업화를 본격적으로 모색하기 시작했다. 5년 전 자신이 세운 샤오미의 사업 모델, 즉 하드웨어+소프트웨어+온라인이 단순히 이야기에 그치는 것이 아니라는 것을 투자자에게 알리고자 했다. 온라인 서비스가 회사에 수익을 가져다주면서 이를 통해 연구개발 비용을 충당하는 것은 물론, 고품질의 제품을 싸게 팔아야 하는 문제도 해결할 수 있었다. 이뿐만 아니라 더 뛰어난 엔지니어를 대거 샤오미에 합류시켜 회사의 가치를 높일 수도 있었다.

물론 샤오미에서 기술에 대한 순수한 열망을 좇는 일부 엔지니어는 상업화에 본능적으로 거부감을 드러내기도 했다. 위의 결정이 공식화되자, 팀원들 사이에서 업무에 소홀한 분위기가 감지됐다. 직원들이 스스로 나서도록 만드는 것이 레이쥔이 해야 하는 일이었다. 별도의 제한 없이 일단 큰 방향을 좇되, 도중에 문제를 바로잡으면 됐다. 이 과정에서 엔지니어들은 심리적 어려움을 극복해야 하는 시간을 견뎌야 했다. 상업화 결정을 추진하기 위한 무척 흥미로운 과정으로서, MIUI팀은 사용자의 반감을 사지 않는 광고에 대한 고민과 논의를 2년여 동안 거듭하게 된다.

MIUI팀의 상업화 모색이 샤오미에 풍부한 자금을 제공한 것 외에도, 샤오미의 휴대폰 부문도 의미 있는 새로운 시도에 나섰다. 휴대폰 하드웨어 레이아웃을 담당하는 옌커성은 줄곧 고민하던 휴대폰의 새로운 형태, 즉 풀스크린 휴대폰이라는 이슈를 정식으로 꺼내 들었다. 옌커성은 레이쥔에게 예비 연구팀을 조직해야 하는 중요성을 설명했다. 회사의 상품이 지금의 시장만을 겨냥한 것이라면 멋진 제품을 선보이기는 쉽지 않다. 현재의 제품은 현존하는 기술 중에서도 안정된 기술만을 도입한 것인데다, 원가를 따져야 했기 때문이다. 기술력으로 먹고 사는 회사에 있어 예비 연구팀은 미래 기술을 확보하기 위한 밑거름으로서, 기술력에 대한 회사의 장기적인 안목을 보여주는 대목이기도 하다. 신기술을 연구할 때는 예산이나 시간을 제한하는 일은 없어야 한다.

엔지니어 출신의 창업자인 레이쥔은 혁신의 의미와 혁신에 따른 가치를 정확히 이해하고 있었다. 기술을 강조하는 기업 문화를 가진 샤오미의 엔지니어들이 혁신을 얼마나 동경하고 갈망하는지 레이쥔은 그 누구보다도 잘 알고 있었다. 혁신은 때로 벤처투자와도 같았다. 시간과 자금을 투자해도 그만큼의 보상을 얻을 수 있을지 누구도 장담할 수 없었다. 하지만 세상을 향한 관심과 이상에는 말로 설명하기 어려운 의연한 큰 뜻이 담겨 있곤 한다. 실리콘밸리가 탄생할 수 있었던 기적에 가까운 원인 역시 바로 여기에 있다. 실리콘밸리의 진정한 힘은 GDP 같은 눈에 보이는 수치가 아니라, 세계의 기술을 끊임없이 선도하겠다는 열정에서 비롯된다. 그 열정이 꾸준히 위대한 기업을 만들어낸다. 젊은 시절의 레이쥔도 누구에게 뒤지지 않는 모험심과 뜨거운 이상을 품고 있었다. 진산 시절, 죽어가던 WPS 프로젝트에 숨통을 트이는 데 5년이라는 시간을 보냈다. 혁신을 실천하기 위해 레이쥔은 몸소 나섰다. 샤오미를 이끌면서도 레이쥔은 인텔Intel이 수백억 달러를 들여가며 칩을 개발하는 과정을 지켜봤다. 그리고 사람들에게 혁신의 어려움을 종종 들려줬다. 그 때문에 2015년 풀스크린 휴대폰이라는 새로운 개념이 제시됐을 때도 레이쥔은 자연스레 적극적인 지원에 나섰다. 내부적으로 논란이 컸던 프로젝트였지만 레이쥔은 강하게 밀어붙였다. 프로젝트가 결정되자 팀원 전체를 불러 회식하며 힘을 실어줬다.

사기를 북돋우려는 노력과 함께 레이쥔은 450억 달러에 달하는 융자를 추진한 자신의 실수를 직접 수습하기 시작했다. 리완창에게 휴가를 마치고 샤오미로 돌아오라고 설득하는 한편, 재무와 투자에 정통한 전문가를 찾아 나섰다. 2015년 7월, DST의 유리 밀너 곁에서 프로젝트를 봐주던 저우쇼우즈周受資를 샤오미 그룹의 최고 재무책임자CFO로 임명했다. 싱가포르 출신의 청년은 당시 겨우 서른두 살이었다.

저우쇼우즈가 너무 젊다는 주변의 반응에도 레이쥔은 그에게 남다른 잠재력이 있다고 판단했다.

"저우쇼우즈는 세계적인 투자자입니다. 젊고 똑똑하죠. 게다가 성실하기도 합니다."

DST 근무 당시 창업 프로젝트를 연구하고, 중국 모바일 인터넷의 현황을 관찰하기 위해 저우쇼우즈가 매년 350여 명의 창업자를 만나고 있다는 걸 레이쥔은 잘 알고 있었다. 2010년부터 저우쇼우즈는 기업의 핵심 경쟁력이 어디에 있는지 날마다 고민하곤 했다. 투자를 기술이라고 여기는 저우쇼우즈는 실력을 비축해놔야 양적 성장에서 질적 성장으로 도약할 수 있다고 여겼다. 2015년 레이쥔이 그를 찾아갔을 때 그는 이미 1000여 개의 업체를 연구한 상태였다.

부진했던 샤오미는 왕샹과 저우쇼우즈의 합류, 아리의 복귀를 통해 2016년에 실수를 만회할 준비에 나섰다. 샤오미는 한 치 앞도 내다보기 어려운 폭풍우를 마주하고 있었다. 하드웨어 팀의 책임자를 교체할 것인가를 두고 레이쥔은 여전히 고민에 빠져 있었다.

# 8장 폭풍 속으로

## 위기의 공급망

　2015년 하반기부터 Mi의 판매량이 눈에 띄게 줄자, 판매 운영을 담당하는 주레이는 모든 데이터가 요동치는 것을 지켜보며 전에 없이 괴로운 시간을 보내고 있었다. 2011년부터 매출 데이터가 줄곧 상승곡선을 그리던 상황에 익숙한 주레이는 난생처음 추락하는 아찔한 감각에 휩싸였다. 그동안 샤오미의 상승세를 지켜보며 주레이는 짜릿한 성취감을 느끼곤 했다. 그런 그녀를 '여왕님'이라고 부르는 동료도 있었다. 레이쥔의 설명처럼 '지난 5년 동안 승승장구하며, 노는 것처럼 일했던 창업 시대'에 쉼표가 찍힌 것 같았다. 그런 샤오미를 기다리는 것은 좀 더 일반적인 의미의 창업이었다. 일반적인 의미의 창업이란, 다른 말로 표현하자면 롤러코스터 타듯 위험천만한 길, 끝이 보이지 않는 지루할 정도로 괴로운 시간이 남아 있다는 뜻이기도 했다.

　샤오미가 회사 간판을 내건 2010년부터 2016년까지 휴대폰 시장은 줄곧 성장세를 유지해왔다. 휴대폰이라는 제품에 대한 시장의 수요가 크다는 뜻이었고, 시장에 처음 발을 디딘 도

전자에게도 기회가 있다는 의미기도 했다. 하지만 그런 이유로 샤오미는 연거푸 문제를 떠안아야 했다. 2016년은 샤오미가 폭풍 속으로 걸어 들어간 해라고 하겠다.

현장 책임자로서 주레이는 샤오미 제품의 인기가 시들해진 게 아니라 샤오미의 제품 수명 주기와 공급 주기가 눈에 띄게 흐트러졌다는 것을 직감했다. 2015년 하반기부터 제품의 출하 주기가 제품의 인기를 따라가지 못하는 경우가 늘어나기 시작했다. 미노트의 경우 미편으로부터 큰 인기를 끌었지만 커브드 글라스의 수율 문제로 몇 개월 동안 품귀 현상을 빚고 말았다. 생산력이 정상 궤도에 올랐을 때는 시장에서 제품의 인기가 사라진 뒤였다. 샤오미의 제품이 품귀 현상을 빚는 동안, 샤오미를 상대로 '단체전'에 나선 여러 브랜드가 정기적으로 물량을 출하하며 휴대폰을 교체하려는 소비자의 수요를 메우고 있었다. 이로 말미암아 샤오미는 시장 점유율을 상당 부분 잃게 됐다. Mi4부터 홍미 노트에 이르기까지 공급망에 연거푸 문제가 생기면서 샤오미 경영진부터 일반 직원에 이르기까지 전사적으로 위기감이 팽배했다. 무엇보다도 시스템상의 문제를 해결하는 일이 급선무였다.

모바일 인터넷은 2016년 한 해 동안 새로운 흐름을 보였다. 2015년에 모든 플랫폼에서 사용자가 PC에서 모바일 단말기로 이동하는 현상이 목격됐다. 그 때문에 2016년 모든 모바일 인터넷 시장에서 '데이터 사용량이 정점을 찍는 현상'이 완전히 가시화됐다. 전자상거래 운영에서 눈에 띄는 활약을 보여주는 샤오미로서는 호재가 아닐 수 없었다.

한편 사용자의 데이터에서 탈중심화라는 흥미로운 현상이 목격됐다. 1985년 이후 출생한 사용자와 1990년 이후 출생한 사용자 사이에도 엄연한 세대 차이가 존재했다. 가령 비리비리 사용자는 웨이보 이용에 상대적으로 소극적인 편이었다. 이에 반해 친목이나 엔터테인먼트 계열에서 사용량은 조용히 증가하고 있었다. 이러한 변화는 샤오미가 배워야 할 새로운 과제였다.

19개월에 걸친 기다림 끝에 Mi5가 2016년 2월 24일 베이징 국가컨벤션센터에서 모습을 드러냈다. Mi5는 5.15인치 1080p 디스플레이, 스냅드래곤 820 프로세서, 3000mAh 규격 배터리, 소니 1600만 화소 4축 손떨림 방지 카메라를 탑재했다. 평소처럼 샤오미의 마케팅팀은 '블랙 테크놀로지'를 중무장한 Mi5를 위해 이색적인 기획을 추진했고, 분위기를 띄울 공식 사전 행사도 한창 진행 중이었다. 2016년은 쇼트클립 영상이 유행하기 시작한 해였다. 샤오미는 휴대폰으로 홍보 영상을 찍은 덩차오鄧超의 〈어군텐스惡棍天使(Devil and Angel)〉에서 아이디어를 얻어 홍보 영상을 제작했다. 영상 속에서 3분 동안 1096번 뛰는 데 성공한 세계 줄넘기 기록 보유자 천샤오린쏵小林이 눈을 의심케 하는 멋진 퍼포먼스를 선보였다. 그리고 영상의 맨 마지막에 '미칠 정도로 빠르다快得有点狠'라는 자막이 떠오르며, Mi5의 남다른 성능과 경험을 강조하는 것으로 영상은 끝을 맺는다.

휴고 바라 샤오미 글로벌 부사장은 영상 속 주인공에게 도전했다. 새로 제작한 영상에서 바라는 빨리 뛰기에 도전했다가 실패하자, 홧김에 줄넘기를 집어 던져버렸다. 유쾌한 영상이 끝나자 'Insanely fast, and more(미칠 정도로 빠르지만 그게 다가 아니다)'는 자막이 '미칠 정도로 빠르다'라는 홍보 문구와 어울리면서 Mi5의 '국제판' 홍보를 톡톡히 해냈다. 이 영상이 발표되는 시기에 맞춰 언론에서는 '휴고 바라의 흑역사'라는 기사를 앞다투어 내기도 했다. 덕분에 오랫동안 사람들을 기다리게 했던 Mi5에 대한 대중의 기대감은 점점 커져갔다.

마케팅에서 늘 앞서가는 샤오미의 아이디어에 네티즌들은 '샤오미답다', '유쾌하고 재미있다', '소탈하다'는 반응을 보였다.

발표회는 평소처럼 커다란 성공을 거뒀지만 Mi5는 2016년 3월 1일부터 생산력 부족에 시달렸고, 그에 따른 품귀 현상은 4월 '미펀 페스티벌'까지 해결되지 못했다. 일부 네티즌은 미펀 페스티벌에도 샤오미 홈페이지에서 Mi5를 추가로 풀지 않았다며 예전의 사재기 현상이 떠오른다고 지적했다.

당시 샤오미 내부에도 말 못 할 괴로운 사정이 있었다. 주문량과 예상 판매량이 연달아 빗나가면서 퀄컴의 주문도 지연되고 말았다. 업스트림 단계에 속하는 칩이 도착하지 않으면 공장은 돌아갈 수 없다. 이 때문에 가뜩이나 공급이 부족한 샤오미의 상황은 점점 악화되었고, 주변의 의혹도 점점 불거지기 시작했다. 문제의 원인을 규명하기 위해 퀄컴의 글로벌 CEO가 팀원들과 함께 레이쥔의 사무실을 찾아 주문서를 확인하기 시작했다. 조사 끝에 샤오미의 주문 요청이 퀄컴의 마케팅 시스템 단계에서 머문 채 양산 시스템으로 넘어가지 않았다는 것을 확인할 수 있었다. 당시 두 시스템이 연동되지 않은 터라 샤오미는 실제보다 한 달 늦게 주문을 요청한 셈이었다.

그 밖에도 퀄컴과의 시스템 연동은커녕 샤오미 내부에서조차 제대로 된 정보 시스템이 구축되지 않은 상태였다. 매주 중요한 주문 회의가 열릴 때면 공급업체, 생산부서, 판매부서가 각자 노트북을 들고 각자의 엑셀 파일을 열어 대조하는 게 전부였다. 해괴한 소식을 접한 업계 관계자들은 자신의 귀를 의심했다. 한 해 수천만 대가 팔리는 샤오미가 이런 식으로 출하량을 관리했다는 게 도저히 믿기지 않았다.

이는 우연히 생긴 문제가 아니었다. 레이쥔은 문제의 본질을 깨달았다. 휴대폰 관련 부서의 능력과 샤오미라는 그릇의 크기가 맞지 않은 데 원인이 있었다. 눈앞에 떨어진 어려운 문제는 해결하기 쉽지 않을 듯했다. 샤오미에 대한 외부의 부정적인 기사가 날마다 쏟아지는 상황에서 샤오미는 이미 여론의 도마 위에 올라 있었다.

하드웨어의 공급 차질 외에도 MIUI 역시 힘겨운 시간을 보내고 있었다. 상업화의 가능성을 타진하는 MIUI의 시도는 2015년 하반기에 시작되어 2016년부터 본격적으로 추진됐다. 시행 초기, 불만을 가지고 수동적으로 행동하던 엔지니어들도 조금씩 생각을 바꾸기 시작했다. 수익을 창출한다는 보람과 함께 회사의 돈줄을 쥐고 있다는 자부심을 가질 수 있었다. 내부 회의가 열릴 때면 수익률이 높은 부서는 영웅 대접을 받기도 했다. 그러다 보니 인터넷을 활용한 수익 창출을 연구하는 엔지니어들이 점점 늘어나기 시작했다. 경험도 전무하고 기준이 뭔지도 모르는 상황에서 그들은 MIUI나 샤오미의 앱 한쪽 구석에 광고를 실었다. 내용이 적합하지 않은 경우도 있었고, 사용자의 불만을 사는 경우도 있었다. 미펀들이 커뮤니티에 실망스럽다는 글을 올리던 일화를 떠올리며 레이쥔은 이렇게 말했다.

"처음에는 MIUI의 상업화에 제한을 두지 않고 엔지니어들이 마음대로 하도록 내버려뒀더니 지나친 상업화에 거부감을 느끼는 반응을 포착할 수 있었습니다."

몇몇 엔지니어는 레이쥔의 사무실 문을 열고 들어가 맞은편에 앉아 다짜고짜 질문을 던지기도 했다.

"처음으로 고객과 척을 졌는데, 계속 이렇게 해도 된다고 생각하는 겁니까?"

지금도 그 말을 잊을 수 없다고 레이쥔은 솔직하게 털어놨다.

공개서한을 통해 회사 임원을 직접 비판하는 직원도 있었다. 초기 샤오미 커뮤니티를 담당했던 장샤오량張少亮은 MIUI 커뮤니티에 올라온 반응을 지켜보며 초조한 마음을 좀처럼 숨기지 못했다. 커뮤니티를 운영한 지난 몇 년 동안 샤오미에 대한 애정과 긍정적인 에너지에 익숙한 장샤오량이었다. 하지만 지금은 지난 몇 년 동안 공들여 가꾼 커뮤니티에 한숨과 실망만 가득할 뿐이었다. 커다란 돌덩이가 가슴 위를 누르는 것처럼 답답한 기분에 온종일 사로잡혀 있었다.

2016년 4월, 장샤오량은 자신의 입장을 담은 장문의 메일을 썼다.

어떤 앱을 사용하다보면 도저히 눈 뜨고 못 봐주겠다는 경험을 할 때도 있습니다. 책임자가 과연 그 앱을 매일 쓸까 생각할 때도 있습니다. 우리는 최고라고 자부할 수 있기는커녕 아직도 부족한 부분이 우리에겐 많습니다! 영업 수익이라는 목표는 숫자로 표현할 수 있지만 사용자의 경험을 숫자로 평가하는 건 누가 책임질 수 있습니까? 둘 사이에 충돌이 있을 때 누가 사용자의 경험을 위해 목소리를 낼 수 있을까요? 수많은 개인의 취향에 따라 일을 하는 게 아니라, 사용자의 경험을 책임져줄 수석 경험관이 필요하진 않습니까? 사용자의 경험을 위해 열심히 노력했다며 연말 보너스를 더 줄 수는 없는 겁니까? 매주 금요일에 사용자의 반응을 알아보기 위한 투표를 진행했었죠. 지금 우리에게 그런 용기가 아직 남아있습니까?

누군가는 사랑 때문에 세상이 지켜질 수 있다고 하지만, 기존의 것을 지키려는 마음이야말로 진정한 사랑이라고 생각합니다.

이 메일 내용은 그대로 단체 대화방에 올라왔다. 채팅창에 있던 MIUI의 책임자 홍펑은 그 내용을 보곤 익숙하다는 기분을 가장 먼저 떠올렸다. 구글 본사에서 근무하던 시절 자신은 정의감과 주체 의식에 익숙했었다. 엔지니어들은 월급이 아닌 사업을 위해 인생을 걸었다는 각오로 단단히 무장해 있었다.

그 때문에 구글 본사에서는 시위하거나 항의하는 직원들을 어렵지 않게 볼 수 있었다. 회사가 바른길을 갈 수 있도록 촉구하는 목소리였다. 그는 지금 이 순간, 구글 본사가 직원에게 베풀던 관용을 샤오미에 가져오기로 결심했다.

홍펑은 공개 메일을 다른 팀에도 공유했다. 이 일을 계기로 많은 사람이 관심을 갖고, 엔지니어들이 사용자를 위한 더 나은 아이디어를 낼 수 있도록 입장을 조율하기를 기대했다. 하지만 그 조율 작업은 상당히 긴 시간을 요하는 일이라는 것이 훗날 증명됐다.

이 무렵의 샤오미는 다양한 문화가 뒤엉키는 혼란의 시간을 보냈다. 휴대폰 하드웨어팀과 사내 인터넷 문화의 충돌, 인터넷 제품을 둘러싼 경험주의와 인터넷 사업의 상업화 간의 갈등에 샤오미는 성장통의 의미를 뼈저리게 깨달을 수 있었다.

샤오미 하드웨어의 연구개발 주기가 깨지면서 Mi5 플래그십폰 출시가 연기되고, MIUI의 상업화를 둘러싸고 뜨거운 논쟁이 벌어질 때 더 골치 아픈 문제가 터지고 말았다. 공급팀이 샤오미 내부에서 세력을 키우는 데 과도하게 매달리는 바람에 크고 작은 갈등이 누적됐다. 그 가운데 공급팀 부사장이 샤오미의 중요한 공급업체인 삼성을 상대로 큰 실수를 저지르고 말았다.

이 일로 삼성은 샤오미에 디스플레이를 더는 공급하지 않기로 결정했다. 자세한 조사를 통해 레이쥔은 문제의 원인이 천재가 아니라 인재라는 것을 알아냈다. 공급업체와의 회의에서 물품 공급과 비용 문제로 삼성 경영진에게 불손한 발언을 하는 바람에 심각한 갈등을 빚고 만 것이다. 그 일이 있고 난 후, 삼성과 샤오미의 협업은 중단됐다. 미노트2의 출시가 1년 가까이 미뤄진, 창사 이래 최대의 공급 위기였다.

안팎으로 문제가 끊임없이 터지는 가운데 레이쥔은 어쩔 수 없이 또다시 전면전에 나서야 했다.


### 레이쥔의 사과

텅쉰 기자는 '샤오미의 부활'이라는 기사에서 샤오미와 삼성 사이에 갈등이 빚어진 과정을 자세히 다뤘다.

'삼성반도체 중국 지사의 경영진이 팀원들과 함께 샤오미 공급팀을 만난 후 현장에서 PPT로 회의를 열던 중에 문제가 터졌다. 샤오미의 불성실한 태도에 삼성도 물러서지 않으며 현장에서 치열한 논쟁이 벌어졌다. 급기야 샤오미 직원이 책상을 쾅 내려치자, 삼성 관계자가 그 자리에서 벌떡 일어나 그 자리를 떠났다.'

사건의 진상은 아마도 이 설명보다 더 심각했을 것이다. 어쩌면 기사로 내보내기 부적절한 정도로 분위기가 나빴을 것이다. 삼성반도체 중국 담당자는 사무실을 나선 후 분노에 휩싸인 채 그간의 과정을 담은 메일을 삼성 본사에 있는 임원 전체에게 보냈다. 그 결과, 삼성은 가뜩이나 생산량이 제한적이었던 아몰레드AMOLED 디스플레이를 샤오미에 더는 공급하지 않기로 했다.

샤오미로서는 중대한 사고였다.

삼성은 반도체, 메모리, 디스플레이 등을 고루 아우르는 초대형 공급업체로서, 휴대폰 업계에서 세계 최고의 연구개발 기술을 가졌다고 평가받는 업체다. 삼성의 혁신적인 기술이 업계 전반의 흐름을 좌우할 정도로 공인된 기술력을 지녔다. 삼성 휴대폰이 커브드 글라스를 탑재한 이래, 수많은 업체가 앞다투어 벤치마킹에 나섰다. 그 덕분에 휴대폰의 디스플레이 기술은 획기적인 변화에 성공할 수 있었다.

아몰레드 디스플레이의 상표권과 특허권은 삼성이 보유하고 있다. 이 제품의 등장은 휴대폰 업계에 일대 파란을 가져다 줬다. 유기발광다이오드OLED 기술이 적용된 이 제품은 자연광에 가까운 스펙트럼, 넓은 시야각, 풍부한 색채, 적은 에너지 사용량, 부드러운 굴곡 구현 등의 특징을 지녔고 같은 전력으로 더 높은 명암비와 밝기를 구현할 수 있다. 또 소자가 스스로 발광하기 때문에 백라이트 모듈이 필요 없다. 이런 특징 때문에 아몰레드는 '꿈의 디스플레이'로 불리며 많은 플래그십폰 제조업체가 눈독을 들이는 부품이기도 했다.

삼성은 아몰레드 디스플레이 시장에서 거의 독점적인 존재감을 자랑했다. 2016년, 휴대폰에 들어가는 전체 아몰레드 패널의 99%가 한국에서 생산됐다. 해당 제품의 생산능력은 무척 제한적이라 삼성은 항상 해외 공급물량을 제한하는 편이었다. 2016년을 예로 들자면, 전 세계 플렉시블 아몰레드 휴대폰의 출하량은 총 6000만 개로, 2016년 3월 출시된 삼성 갤럭시 S7 엣지가 그해 상반기에만 1330만 대 팔리며 플렉시블 패널 출하량의 20% 이상을 차지했다. 이를 제외한 나머지 물량을 다른 업체에 판매하기에도 부족한 마당이었고, 삼성은 그마저도 대부분을 애플에 납품할 계획이었다.

삼성이 샤오미와의 협력을 거부하는 순간부터 샤오미는 인기가 뜨거운 이 부품을 더는 사용할 수 없게 됐다. 대체 가능한 제품이 거의 없는 탓에 계획 중인 미노트2가 직접적인 피해자가 된 처지에 놓였다. 미노트2의 듀얼 커브드 스크린은 당초 삼성의 아몰레드 디스플레이를 채택하려 했으나 샤오미의 부적절한 대응으로 어쩔 수 없이 다른 업체의 디스플레이로 대체해야 했다.

상황이 이렇게 되자, 샤오미의 창업자 레이쥔은 부득이하게 전면에 나서게 됐다. 속사정에 밝은 마지막 증인으로서 레이쥔은 위기 속에 숨겨진 문제의 본질을 간파했다. 그것은 하드웨어팀과 회사 전체 부문과의 관계 단절이었다. 레이쥔은 핵심 경영진의 자유의사를 존중하는 차원에서 자발적으로 능력을 발휘하도록 내버려두고, 해당 분야에서 목소리를 낼 수 있도록 힘을 실어줬다. 그러나 회사가 올바른 길을 걷도록 지켜보는 사이 해소될 수 없는 갈등이 불거지고 말았다. 창립자로서 사내 분위기를 챙기고, 문제를 해결해야 하는 등 할 일이 한두 가지가 아니었다.

샤오미의 초기 공급망은 레이쥔이 직접 구축했다. 이를 위해 타이완을 자주 드나들며 마음에 드는 공급업체를 찾는 게 얼마나 어려운 일인지 절절하게 깨달았다. 그 때문에 직원들에게 휴대폰 공급업체와 돈독한 관계를 유지해야 하는 필요성을 거듭 강조하곤 했다. 그런데 지금 가장 보고 싶지 않았던 일이 터지고 말았다. 게다가 그 피해자가 샤오미 자신이었다.

레이쥔은 제3자를 통해 당사자에게 몇 번이나 연락을 취해 직접 만나자는 뜻을 전했지만 그 바람은 끝끝내 이뤄지지 않았다. 그러던 어느 날 아침, 레이쥔은 더는 참지 못하고 옛 친구에게 전화를 걸었다.

"언제 시간 되나? 선전으로 직접 가서 사과하고 싶네."

다음 주 월요일 오전 10시, 레이쥔은 오랫동안 함께 일한 상대, 이번 사건의 당사자인 삼성 관계자를 만났다. 두 사람은 점심 식사 자리에서 와인을 다섯 병이나 비웠다. 상대는 그날 회의실에서 자신이 당한 수모를 설명하며 그날 있었던 대화를 다시 들려줬다. 전말을 알게 된 레이쥔의 낯빛이 무겁게 가라앉았다.

"우리가 잘못했네, 우리 잘못이야. 그런 건 샤오미의 태도가 아닌데…. 내가 어쩌다가 샤오미를 이렇게 만든 건지…."

여태껏 이렇게 화가 머리끝까지 난 건 처음이었다.

그날 레이쥔은 휴대폰 업계에 몸담고 있는 친구들에게 전화를 걸어 자신이 삼성 관계자에게 제대로 사과할 수 있도록 도와달라며 부탁했다. 그중 두 명은 2012년 선전 환러해안에 위치한 카페에 자리 잡은 '휴대폰 임시 매장'에서 알게 된 친구들이었다. 진리 휴대폰 CEO 루웨이빙과 OPPO CEO 천밍융이었다. 나머지 두 명은 원타이 테크놀로지聞泰通訊(Wingtech Technology)와 루이성 테크놀로지瑞聲科技(AAC Technologies) 소속이었다.

이때의 만남 이후, 레이쥔은 성의를 표시하기 위해 한국의 삼성 본사를 몇 번이나 찾아가 사과했다. 몇 개월 걸친 사과 끝에 삼성은 2년 후에 샤오미에 납품하기로 합의했다. 향후 2년간의 주문이 이미 꽉 찼다는 게 그 이유였다.

그동안 샤오미에 대한 여론의 공세에 레이쥔은 난생처음으로 가슴이 미어지는 기분이 들었다. IT 관련 언론에서 마치 약속이라도 한 듯 샤오미를 비난하거나 심지어 동정 어린 시선을 보내기도 했다.

사실 그럴 만도 했다. 소비용 전자 하드웨어 산업 부문에서 낙오자에게 현실은 참혹하기 그지없었다. 역사적으로 애플을 제외하면 실적이 추락한 가운데 전세 역전에 성공한 업체가 없었다. PC 업계의 왕안 컴퓨터王安電腦, DEC, 컴팩은 물론 휴대폰 업계의 지멘스Siemens, 블랙베리, 팜Palm, 소닉 에릭슨, 노키아, HTC 등은 한때 명성을 날린 브랜드다. 하지만 이제는 역사의 뒷무대로 이미 사라졌거나 간신히 숨통을 유지한 채 대중의 시야 밖으로 밀려나고 있다. 가장 전형적인 사례가 노키아와 HTC다. 업계에서 정점에 오른 두 업체가 바닥까지 추락하는 데 3년이 채 걸리지 않았다. 게다가 그 충격적인 사건은 불과 얼마 전의 일이었다.

그 원인은 휴대폰 실적 하락이 공급업체의 신뢰를 흔들었기 때문이었다. 실적이 좋지 않으면 공급업체는 업체에 대한 신뢰를 잃고, 첨단 기술에 대한 투자를 줄이는 동시에 충분한 부품과 생산능력을 더 이상 제공하지 않는다. '죽음의 소용돌이'에 한번 발을 들이면 빠져나올 수 있는 사람은 거의 없다.

데이터가 문제의 심각성을 좀 더 잘 설명해 줄 수 있다. 2016년 1분기 샤오미 스마트폰의 전 세계 판매량은 1480만 대였다. IHS iSuppli 중국 연구소 소장인 왕양王陽은 이에 대해 다음과 같은 분석을 내놨다.

'샤오미는 제품 구조조정을 겪고 있다. Mi3와 홍미 노트3가 품절된 상황에서도 Mi는 선전했다. 2015년 1분기 샤오미가 1498만 대의 판매량을 올린 것은 그다지 나쁜 성적은 아니지만, 업계의 전반적인 상황에 비춰보면 샤오미의 상황은 우려스럽다.'

시장 조사 전문기관인 IDC가 발표한 최신 데이터에 따르면 샤오미는 전 세계 스마트폰 판매량에서 톱 5 밖으로 밀려났으며 그 자리를 OPPO와 vivo가 차지했다.

이러한 상황에서 언론에서는 부정적인 소식만 연거푸 들려왔다.

'화웨이, 메이주 등의 브랜드가 샤오미를 압박하는 가운데, 광팬을 위해 태어났다는 샤오미를 쓰러뜨리겠다는 다른 브랜드의 위협이 심상치 않다. 공급업체를 상대로 샤오미의 가격 협상력이 약화되는 데다, 점점 오만하게 구는 샤오미의 태도에

공급업체들이 고개를 돌리기 시작했다.'

'초기의 샤오미는 그야말로 우등생이었다. 최고의 타이밍에 맞춰 샤오미는 뛰어난 마케팅 능력을 앞세워 출중한 실력을 선보였다. 하지만 지금의 샤오미는 아득한 목표만 좇다가 눈앞의 소중한 것을 잊고 말았다.'

샤오미와 레이쥔은 2016년 초부터 괴로운 시간을 보내고 있었다. 회사가 강력한 경쟁자를 맞닥뜨렸을 때는 중대한 조정에 나서야 한다. 그것이 창업자의 진정한 역할이다. 하지만 경영진의 기득권, 직원의 힐난과 도전, 혼란한 내부 질서, 불행을 비웃는 외부의 냉대 모두 창업자라는 화려한 조명 뒤에 숨겨진, 창업자가 오롯이 견뎌야 하는 잔혹한 현실이기도 하다. 창업자는 마음을 단단히 먹어야만 현실 세계의 소소한 문제를 마주할 수 있다.

《하드씽》의 저자 벤 호로위츠는 그런 외로운 시간을 견뎌야 했다고 고백했다.

'어떤 핑계도 소용없다', '경기 침체 때문이다', '내가 제출한 제안을 채택하지 않았기 때문이다', '세상이 너무 빨리 변하기 때문이다' 이런 핑계는 절대로 입에 올리지 않을 거다. 내가 마주한 유일한 선택은, 생존하거나 철저하게 실패하는 것뿐이다. 대부분의 일은 다른 사람의 손을 빌릴 수도 있다. 대부분의 관리자는 자신의 전문 영역에서 결정을 내릴 권한을 가지고 있다. 하지만 가장 기본적인 문제는 회사를 어떻게 생존시키는가 하는 것이다. 이 문제는 내게만 주어진 것이다. 나만이 그 문제

에 대한 해답을 찾을 수 있다.'

레이쥔은 그 기분을 뼈저리게 깨달았다. 어떤 변명도 소용없다. 문제를 해결하겠다고 결심하고 샤오미를 살려야 했다.


## 샤오미 역사상 가장 긴 하루

2016년 신정 연휴 기간, 레이쥔은 린빈과 리완창, 왕촨에게 전화를 걸었다.

"시간 되면 잠깐 이야기 좀 합시다."

이 세 사람은 전화를 끊고 달려올 때만 해도 잠깐 하자던 이야기가 18시간 동안 이어질 줄은 꿈에도 알지 못했다.

올해 판매량이 7000만 대라는 소식을 시장에 발표하기 보름을 앞둔 때였다. 수치로는 여전히 정점을 찍고 있었지만 이것이 얼마나 어렵게 거둔 성적인지 레이쥔은 잘 알고 있었다.

2015년 '솽스이'에서는 모든 팀이 30분마다 '전황'에 따라 작전을 취한 끝에 승리를 거뒀다. 그해는 상품 기획이 틀어지는 바람에 브랜드를 앞세워 판매량을 어떻게든 채울 수 있었지만 이런 전략이 1년 이상 먹힐 리 만무했다. '창업 초기, 팀에 크게 이바지한 창립자가 더는 회사의 분위기와 맞지 않으면 어떻게 해야 할까?' 레이쥔은 이 문제에서 좀처럼 벗어날 수 없었다.

고민 끝에 이 문제에 대해 이야기할 사람을 찾아야 한다고 판단한 것이다.

그날의 이야기는 마치 마라톤 대회처럼 무척이나 길었다.

레이쥔은 평소 다른 사람 앞에서 억울해하거나 괴로워하는 모습을 보이는 경우가 좀처럼 없는 편이다. 하지만 그날 레이쥔은 그야말로 진퇴양난이었다. 하드웨어팀에 대한 구조조정을 실시한다고 해도 적합한 후임자를 찾지 못하면 회사의 미래를 보장할 수 없다. 그렇다고 지금 이대로 둔다면 회사의 미래를 보장할 수 없을 게 더더욱 확실하다.

길고 긴 이야기에 몇몇 사람은 당장이라도 쓰러질 지경이었지만 쓸 만한 결론을 끝내 도출하지 못했다. 다른 어려운 결정처럼 쉽게 내릴 수 있는 문제가 아니었기 때문이다.

시간은 그렇게 겨울에서 봄으로 흘러갔다. 4개월이라는 짧은 시간 동안 온갖 사건 사고가 좀처럼 끝이질 않았다. Mi5는 사람들을 놀라게 할 기술을 탑재했지만 1년 전 플래그십폰에서 사용했던 3D 글라스를 채택했고 프리미엄형에만 세라믹 재질의 바디를 탑재했다. 당시 시장에 출시된 플래그십폰의 99%가 모두 금속 재질의 바디를 가진 터라 미펜들은 적지 않게 실망했다. 메탈형 바디는 그립, 질감, 견고함 면에서 뛰어난 편이었다. 지르코늄 나노 세라믹Zirconium Nano Ceramic은 휴대폰 커버용 소재로서 또 한 번의 진화를 예고하긴 했지만 수율이 여전히 낮다는 문제가 있었다.

Mi5S에 사용된 초음파 지문 시스템 역시 샤오미 내부에서 논란의 대상이었다. 당시에는 압력 감지형 지문 잠금 해제 방식이 보편적으로 사용됐는데, 센서의 스캔 지문이 땀이나 물 등 때문에 정확도가 낮다는 지적이 있었다. 초음파 지문 인식은 한 단계 앞선 기술로, 지문 표면에 오염물이 있어도 초음파로 지문 패턴을 3D로 인식할 수 있다.

시대를 앞선 기술력은 훗날 그 가치를 인정받을 수 있었지만 당시에는 기술력의 안정성이 떨어져 지문 인식률이 80%에 불과했다. 기능이 작동하지 않는다는 소비자 불만도 끊이지 않았다. 사용자들은 해당 기능이 생각처럼 편하지 않은 데다 지문 식별 시스템으로 휴대폰을 켤 수 없다며 불만과 질책을 쏟아냈다. 그 때문에 A/S 부서가 한바탕 난리를 치르기도 했다.

이 역시 기술적 판단력에 관한 문제였다. 휴대폰 산업은 결론적으로 모든 게 완벽해야 하는 산업이라는 게 입증됐다. 경쟁이 나날이 치열해지는 상황에서 기술에 대한 사전 연구, 모델 선정, 디자인, 공급망 관리, 자원 조달, 마케팅 어느 것 하나 빠져선 안 됐다. 공급업체, 유통, 판매 시스템이 톱니바퀴처럼 완벽하게 맞물려야만 회사의 건강한 운영을 뒷받침할 수 있다. 하지만 당시의 샤오미는 하드웨어 연구개발 분야에서 문제를 드러내고 있었다. 설상가상 퀄컴의 주문 문제, 삼성과의 불화 등은 사방이 허점투성이라는 것을 보여주고 있었다.

2016년 5월에 열린 경영진 회의는 샤오미 역사상 처음이자, 유일하게 참석자들이 얼굴을 붉히며 싸웠던 회의로 기억된다. 휴대폰 부문의 책임자는 Mi5의 판매 압박에 못 이겨 마케팅팀을 비난하기 시작했다. 그는 샤오미왕의 판매에 문제가 생긴 데다 마케팅팀의 실력 부족으로 Mi5의 예상 목표치를 달성하지 못했다고 주장했다. 그 말은 이제 막 샤오미에 복귀한 리완창의 심기를 건드렸다. 리완창은 그동안 쌓아뒀던 화를 터뜨리며 하드웨어 책임자와 말다툼을 벌이고 말았다.

레이쥔은 샤오미를 창립한 지 5년여 만에 처음으로 회의를 중단해버렸다. 두 사람의 말싸움과 그만 싸우라고 말리는 주변 사람들의 성화 속에 레이쥔은 회의실을 박차고 나갔다. 회의실을 나온 순간, 뜻밖에도 평정을 되찾을 수 있었다. 결정을 내려야 할 때가 됐다는 걸 깨달은 것이다.

2016년 5월 10일, 샤오미 대화면폰 미맥스MiMax가 베이징 국가컨벤션센터에서 소개됐다. 미맥스와 함께 MIUI 8과 미밴드2MiBand2도 공개됐다. 이날 발표회는 평소와 다름없이 뜨거운 분위기와 미펀의 환호성 속에서 시작을 알렸다. 강연자 교체를 알리는 음악과 함께 레이쥔이 무대에 모습을 드러냈다. 헤어스프레이로 깔끔하게 머리를 올린 레이쥔은 평소처럼 깨끗한 연청색 셔츠를 걸쳤다. 레이쥔은 미소를 지으며 사람들의 환호 속에 제품을 소개하고, 네티즌들이 올린 유쾌한 글을 행사장 스크린에 띄우기까지 했다.

유쾌한 분위기 속에서 레이쥔은 미소를 지으며 발표를 마쳤다.

사실 창업자 입장에서는 이번 발표회는 형언할 수 없을 만큼 힘든 행사였다. 지난 며칠 동안 온갖 생각이 머릿속을 가득 채웠기 때문이다. 창업자란 이런 것이다. 무대에서는 평소와 다름없이 위트와 의연함을 잃지 않지만, 무대를 내려오는 순간 가장 복잡한 문제를 마주해야 한다.

발표회가 끝난 후 레이쥔은 혼자서 사흘 내내 고민에 잠겼다. 그리곤 인사 조정의 시기를 더는 미뤄서는 안 된다는 결론을 내렸다. 그동안은 중대한 인사 조정 때문에 팀 전체가 혼란에 빠지는 건 아닐까 겁이 났던 게 사실이다. 직원들이 혼란에 빠져 사업이 좌초하게 되는 건 아닐까? 오죽하면 엄청난 규모의 회사를 운영하고 있음에도 필요할 때 즉시 도움을 받을 수 있도록 정부 기관에 보고해야 하는 건 아닌지 고민하기도 했다. 사내와 시장에서 휴대폰 부문의 후임자를 찾지 못하면 누구에게 부서를 맡겨야 하는지도 고민했다. 마지막 순간, 레이쥔은 문제를 해결할 수 있는 게 자신뿐이라는 것을 깨달았다. 샤오미를 세운 지 5년 하고도 2개월이 지난 시점에서 레이쥔은 이 일이 얼마나 어려운 것인지 잘 알고 있었다. 마땅한 후보자가 없으면 자신이 나설 수밖에 없다는 것도 잘 알고 있었다. 아이가 큰 병에 걸리면 어떤 대가를 치르더라도 구하고 싶다는 게 부모의 마음이라고 생각했다.

2016년 5월 15일, 레이쥔은 일요일인데도 내부 회의를 열고 투표를 진행했다. 휴대폰 부문의 책임자 교체 안건이 만장일치로 통과됐다. 그다음 날인 5월 16일에 열린 긴급 이사회 회의에서 샤오미의 이사진은 이 결정이 샤오미의 향후 성장에 더할 나위 없이 중요한 결정이라는 데 동의했다. 회의에서 참석자들은 철저한 준비와 구체적인 분업에 착수했다. 가령 당사자와 어떤 방식으로 이야기를 나눌 것인지, 절차상 문제는 어떻게 처리할 것인지, 또 여론의 반응에 어떻게 대처할 것인지 등

등. 이사들은 심지어 만일의 사고에 대비해 응급차를 부르자고 제안하기도 했다.

2016년 5월 16일 오후 2시, 중요한 창업자와의 미팅이 베이징에 있는 '마네의 잔디'라는 건물에서 이뤄졌다. 레이쥔은 이사장으로서 당사자와 단독으로 이야기를 나누며 그에게 이사회의 결정을 전달했다. 류친과 치옌이 각각 이사회와 샤오미를 대표해 당사자와 이야기를 나눴다. 무려 8시간 동안 계속된 대화는 저녁 10시가 돼서야 끝을 맺었다. 전체적으로 봤을 때 예상했던 충격적인 반응이나 극적인 상황은 찾아볼 수 없었다. 당사자는 최종적으로 사실을 순순히 받아들였다. 별빛 가득한 밤하늘 아래서 그는 상대적으로 성공했다고 볼 수 있는 샤오미에서의 시간을 마무리했다.

그가 가져온 모토로라 시대의 경험이나 우수한 팀, 팀원 간의 끈끈한 협동심 모두 지난 5년 동안 샤오미의 발전에 크게 이바지했다. 하지만 지금과 같은 혼란한 상황에서 누군가 현실을 직시하고 낡은 것은 무너뜨리고 새로운 것을 받아들여야 한다. 인사 조정은 쉽지 않지만 기업의 성장을 위한 필수 과목이라 하겠다. 그리고 샤오미는 그 과목을 무사히 끝냈다. 이때부터 샤오미는 스타트업에서 한결 성숙한 업체로 발돋움하기 시작했다.

샤오미 마케팅팀 쉬지에윈徐潔雲의 기억 속에서 그날은 샤오미 역사상 가장 길고 긴 하루였다. 5월 16일, 상하이로 출장을 간 자신에게 리완창이 전화를 걸어선 지금 하는 일을 당장 멈추고 잠시 베이징으로 돌아오라고 했다. 곧 중요한 발표가 있을 거라고 했다. 베이징으로 돌아온 쉬지에윈은 마케팅팀 동료들이 좁아터진 사무실에 모여 앉아 있는 걸 발견했다. 구체적인 임무가 주어지지 않은 채 리완창은 위챗을 통해 팀원들에게 소식을 기다리라는 짤막한 메시지만 남겼다.

저녁 11시, 샤오미 역사상 가장 기억할 만한 소식이 들려왔다. 하드웨어 책임자가 샤오미의 수석 엔지니어가 될 것이며, 휴대폰 부문을 더는 관리하지 않을 거라고 했다. 정식 공고 메일은 이틀 뒤에 발송될 예정이었다.

이 소식을 두고 언론은 엇갈린 해석을 내놓았다. 혹자는 레이쥔이 직접 휴대폰 연구개발과 공급망 관리를 직접 챙길 거라고 주장했다. 샤오미의 최신 휴대폰 연구개발 개발 주기를 보다 정확하게 파악하기 위해, 보다 효과적인 방식으로 중간 소통 과정에서 발생하는 시간을 단축해 치열한 시장 경쟁에 맞설 거라고 예상했다.

또 일부 언론에서는 휴대폰 출하량을 높이기 위해 레이쥔이 공급업체를 직접 관리하는 것이라는 기사를 내놨다. 공급업체와 보다 긴밀한 협력을 절실히 원하는 걸 보니 레이쥔이 급하긴 급한 것 같다는 설명도 잊지 않았다.

샤오미의 기초 기술력을 다지기 위해서라고 전망하는 사람도 있고, 수석 엔지니어 임명을 통해 첨단 기술에 대한 샤오미의 관심을 보여주려는 전략의 일환이라고 주장하는 사람도 있었다.

이런 변화는 많은 사람에게는 정보의 홍수 시대에 여러 언론사가 쏟아놓은 수많은 평범한 기사 중 하나에 쓰인 내용에 불과했지만, 샤오미에는 중요한 역사적 전환점이었다. 이 일을 계기로 샤오미는 스타트업에서 보다 성숙한 회사로 도약할 수 있었다. 레이쥔이 수많은 밤에 잠을 설쳐가며 고민했던 흔적이라 하겠다. 또 이 한 걸음을 내딛기까지 레이쥔 자신이 겪은 삶의 중요한 성장통 중 하나였다.

나이키Nike 창업자 필 나이트Phil Knight는 자서전《슈독Shoe Dog》에서 이렇게 말했다.

'지혜는 무형의 자산으로, 그 자산은 모두에게 동일하다. 우리는 모두 기꺼이 모험에 나설 이유가 있다. 창업은 생활 속의 다른 리스크, 이를테면 결혼, 재산, 지위 등의 문제에서 발생하는 리스크를 조금 더 극복할 수 있게 하는 유일한 선택이다. 하지만 실패한다면 하루빨리 실패에서 벗어났으면 한다. 그래야 좀처럼 겪기 어려운 경험이나 교훈을 정리할 충분한 시간적 여유를 얻을 수 있다. 나는 목표를 자주 설정하지 않는다. 하지만 일단 정한 목표는 재빨리 실패에서 벗어나라는 마음속 노래가 될 때까지 내 머릿속을 끊임없이 맴돈다.'

모든 과정을 마친 레이쥔은 모처럼 홀가분한 기분이 들었다. 이번에 자신의 한계를 극복하는 작업을 통해 지혜라는 무형의 자산을 또다시 얻었다. 곧 맡게 될 새로운 일 때문에 긴장되긴 했지만 그래도 자신은 있었다. 업체의 상황이 정말 나빴다면 공급 부족과 같은 문제도 일어나지 않았을 테니 말이다.

레이쥔은 그저 지금의 혼란한 상황을 어떻게든 빨리 끝내려 했다.


## 휴대폰 부문을 접수한 레이쥔

2016년 5월 17일, 레이쥔은 샤오미의 휴대폰 사업을 총괄하기 시작했다.

전자제품에 남다른 애정을 가진 자신이었지만 자신의 전공이 소프트웨어와 온라인이라는 걸 레이쥔은 잘 알고 있었다. 휴대폰은 세계에서 가장 복잡한 소비용 전자제품으로, 휴대폰의 연구개발과 공급망을 다루는 것은 사람들이 상상하지 못할 만큼 복잡하고 까다로웠다. 그 때문에 험난한 길이 일찌감치 예고됐다.

또 휴대폰 부문은 샤오미에서도 가장 폐쇄적인 곳으로, 팀원 대부분이 모토로라 출신이었다. 팀이 분열한다면 회사에 중대한 영향을 끼칠 것이 분명했다. 팀원들이 단체 행동에 나서지 않는다고 해도, 업무 진행에 소극적이라면 사내에 더 큰 충격을 줄 수 있었다.

이러한 상황에서 지난 20여 년 동안 쌓은 관리 경험이 효과를 발휘했다. 팀원 전체의 신뢰를 얻고, 업무의 핵심을 파악하는 게 무엇보다 시급하다는 걸 레이쥔은 본능적으로 깨달았다. 상황 파악이 끝나자 레이쥔은 이 두 가지 일을 동시에 추진하기로 했다. 휴대폰 부문을 접수한 첫날, 내부 회의를 열곤 거침없는 발언을 쏟아내기 시작했다.

"오늘부터 휴대폰 부문의 두 번째 창업이 시작됐습니다. 과거에 거둔 성과는 모두 지나갔고, 과거의 잘못도 더는 언급할 필요 없습니다. 우린 오늘부터 다시 시작입니다."

여기서 말하는 잘못에는 공급팀 때문에 삼성과의 관계가 틀어질 뻔한 사건도 포함됐다. 레이쥔의 과감한 발언에 회의 참석자들의 눈이 휘둥그레졌다.

"제가 여기 있는 한 누구의 뒤에 서거나 편을 가를 필욘 없습니다. 우리에게 필요한 건 새 출발이니까요!"

기존의 휴대폰 연구개발 과정에서 레이쥔은 휴대폰 부문의 팀원들과 종종 상품에 대해 토론하곤 했지만 하드웨어팀 담당자의 기분을 고려해 휴대폰 부문의 팀원들과 일일이 이야기를 나눈 적은 없었다. 하지만 휴대폰 부문을 접수한 이후, 8개 부문의 책임자를 시작으로 200여 명의 팀원을 직접 면담했다. 자신이 해야 할 일은 명확했다. 첫째, 각 팀원의 직무를 빠르게 파악하고 직무 이해도를 강화한다. 둘째, 대화를 통해 회사가 지금 직면한 가장 심각한 문제와 해결해야 할 문제를 정리한 뒤에 해결책을 제시한다. 셋째, 부문별로 가장 유능한 실무 책임자를 팀원 투표를 통해 선발하고, 회사가 새 인사를 결정한다. 이를 위해 팀원들과 면담할 때 가장 우수한 담당자 세 명을 골라보라고 했다.

200명의 팀원과 일일이 대화를 나눈 후, 레이쥔은 개탄을 금치 못했다. 샤오미는 지난 5년간 취약한 조직 구조와 심각한 인력 부족이라는 객관적 조건 속에서 필사적으로 싸우며 세계적인 업체로 우뚝 선 것이었다. 샤오미의 초기 성공은 모두의 꿈과 성숙한 팀워크에 기댄 눈물겨운 성과였다. 특히 옵션 인센티브 제도가 지대한 역할을 했다.

휴대폰 부문은 레이쥔에게 접수되기 전까지 프로젝트팀 방식으로, ID, 레이아웃, 밴드, BSP, 핵심 부품 등 몇 개 부문으로 구성되어 운영되고 있었다. 제품의 전반적인 기획이 확정되면, 부서별로 각자의 작업을 수행한 후 일부 모듈을 완성해 다음 모듈로 옮겨가는 프로세스로 운영됐다. 모듈별로 부서를 구성할 때 발생하는 가장 큰 문제는, 각 부서 간의 소통이 원활히 이뤄지지 않아 발언권을 차지하거나 존재감을 드러내기 위한 경쟁이 몹시 치열한 데 있다. 게다가 부서 간 갈등이 심화되면서 협업도 점점 어려워졌다. 팀원과의 직접 면담을 통해 레이쥔은 공통된 목소리를 들을 수 있었다. 안테나팀의 태도를 '더는 못 봐주겠다'는 것이었다. 안테나는 휴대폰의 구성품 중에서도 가장 중요한 부품으로 휴대폰의 외관에 결정적인 영향을 준다. 기술 혁신을 통해 휴대폰 구조에서 차지하는 비중을 줄이지 않으면 혁신적인 휴대폰을 선보일 수 없다. 당시 샤오미에서 무선 주파수 안테나팀의 관리 스타일과 기술력은 상당히 뒤떨어진 상태였지만 원체 입김이 강한 터라 다른 부서에서는 어쩔 수 없이 불만을 삼켜야 할 때가 많았다.

이보다 더 심각한 건, 휴대폰 부문의 조직 구조에서 제품과 프로젝트를 관리할 인력이 부족해 모든 제품이 감과 부서 책임자의 주관적 판단에 지나치게 의존하고 있었다는 점이다. 이들은 모토로라에서 근무할 때 몸에 밴 습관에 따라 프로젝트를 추진하곤 했다. 62번째 직원인 휴대폰 부문의 장궈취안張國全은 이를 두고 '당시 휴대폰 부문은 프로세스가 아닌 인맥을 통해서 관리됐다'고 표현했다.

대화를 나누던 중, 레이쥔은 휴대폰 부문의 수장이 교체되는 중대한 사태에 다들 후련하다는 반응을 보인다는 사실에 주목했다. 당시 안테나 부서의 엔지니어인 장레이張雷는 자신의 생각을 솔직하게 털어놨다.

"사실 저희가 내부에서 느끼는 바와 저희를 향한 외부의 생각은 같을 겁니다. 당시의 샤오미는 기술력도 달리고, 품질도 떨어졌죠. 하지만 어느 부서에 문제가 있는지 파헤치다 보면 시스템상의 문제라는 걸 아시게 될 겁니다. 누구의 책임이라고 딱 잘라서 이야기할 수 없다는 겁니다. 예를 들면 Mi5S 초음파 지문 해제 시스템의 성공률을 잘못 판단한 문제의 책임자를 찾아내고 싶어도 어떤 부문에 책임을 물어야 할지 모를 만큼 샤오미에는 개혁이 절실합니다."

레이쥔이 휴대폰 부문을 접수했을 당시 팀원들의 사기는 바닥까지 떨어진 상태였다. Mi의 성패는 샤오미뿐 아니라 직원 개개인의 운명에도 영향을 줄 수 있다. 많은 수의 직원이 지난 5년 동안 회사 주식을 잔뜩 쥔 채로, 아침 9시부터 밤 9시까지 매주 6일 근무한다는 '996 정신'으로 작업에 매달렸다. 한마디로 말해서 회사가 제대로 성장하지 않으면 자신들의 미래에도 현실적인 영향이 있다는 뜻이었다.

"회사의 앞길이 막히면 직원 개개인의 부富와 자유에도 안 좋은 영향을 줄 수 있죠. 솔직히 말해서 개혁이라면 저흰 두 손 들어 환영입니다."

장궈취안의 말처럼 지난 5년 동안 샤오미가 거둔 성과는 이들 작업자들이 피땀 흘려 거둔 노력의 결실이었다. 그들에게 샤오미는 단순한 회사가 아니라 자기 자식과도 같은 존재였다. 걱정에 휩싸인 레이쥔이 샤오미에 대한 이들의 애정을 과소평가한 것이다.

2016년 7월, 레이쥔은 휴대폰 부문 출정식을 열었다. 현장에는 휴대폰 부문뿐만 아니라 다른 부서에서 중요한 직무를 담당하는 직원들도 총출동했다. 레이쥔은 휴대폰 사업의 현황과 샤오미가 직면한 시련과 도전을 그 자리에서 허심탄회하게 분석했다.

"우리는 지금 이런 문제에 직면해 있습니다. 절 믿는다면 저와 함께 역전극을 펼치지 않겠습니까?"

진심을 담은 레이쥔의 말에 뜨거운 박수가 쏟아졌다.

레이쥔은 팀원들의 신뢰를 이끌어내며 휴대폰 부문에 대한 대대적인 구조조정에 나섰다. 1년에 걸친 기나긴 전쟁이 예고됐다. 전체적인 전략은 이러했다. 시장에서 가장 뛰어난 업체를 벤치마킹해 연구개발 기능에 따라 팀을 재구성한다. 또 휴대폰 부문의 내부 구조를 정비해 기존의 프로젝트 구조를 제품, 연구개발, 공급망, 품질 네 개 부문으로 조정한다.

휴대폰 관련 부문에 과학적인 관리 프로세스를 적극 도입하기 위해 레이쥔은 제품팀과 PM팀을 구조적으로 설계했다. 제품팀은 제품 라인을 합리적으로 관리하고, 제품의 정의에 대한 깊이 있는 연구와 정확한 기획 수립을 통해 제품의 방향을 정확히 진단하는 업무를 담당하게 됐다. 이와 함께 핵심 기술에 관한 샤오미 차원의 연구개발 투자를 확보하는 임무를 수행했다. PM팀은 경쟁업체의 연구개발 성과를 규정해 주어진 시간 안에 연구개발 작업을 완료할 수 있도록 엔지니어를 독려하는 업무를 담당했다.

연구개발 부문의 경우, 레이쥔은 휴대폰 외관 디자인 부서, 즉 ID라고 불리는 부서를 조정해 두 개의 부서로 분리시켰다. 지난 몇 년 동안의 연구개발 작업을 통해 레이쥔은 ID가 업체의 종합적인 실력을 보여주는 바로미터라는 점을 깨달았다. 휴대폰의 외관은 그저 디자인의 일환처럼 보이지만 경쟁 제품의 소재, 구조나 기술 등을 두루 파악해야 구현이 가능하기 때문이다. 이 때문에 ID팀과 연구개발팀은 유기적으로 작동해야 했다. 이에 레이쥔은 남다른 심미관의 소유자인 주인을 과감히 발탁해, 하드웨어 부문에서 그만의 미적 감각을 펼쳐주기를 기대했다. 그동안 레이쥔에 종종 맞서거나 디자인이 별로라고 불평을 터뜨리던 주인은 임명장을 받자마자 MIUI 관리팀을 나와 하드웨어 외관 연구개발이라는 거대한 바다에 풍덩 뛰어들었다. 평면 디자인에서 하드웨어 디자인으로 전향한 주인은 업무를 파악하며 휴대폰의 외관 디자인이 무척 복잡한 작업이라는 것을 점점 깨닫기 시작했다. 똑같은 R 각도라고 해도 기술에 따라 비용과 납품 기한, 심지어 공정까지 모두 제각각이었기 때문이다. 합리적인 비용을 투자해 예상을 뛰어넘는 제품을 만들어내는 것, 그것이 앞으로 자신이 추구해야 할 목표였다.

그 외에도 레이쥔은 핵심 부품 부문을 만들어 카메라, 디스플레이, 배터리, 충전기 분야에 집중 투자하며 심혈을 기울였다. 이렇게 하면 카메라 부문은 기획과 실무 작업을 자체적으로 추진할 수 있고, 핵심 부문의 영상 실험실 역시 자리를 잡을 수 있을 것이다. 그리고 그 결과는 시장에서 우위를 유지할 수 있는가를 가늠하는 잣대가 될 것이다.

레이쥔은 테스트 부문의 독립이 제품의 품질 강화에 중요하다는 것을 잘 알고 있었다. 테스트 부문을 중립적인 부서이자 1급 부서로 분류해야 제품의 품질을 보장하는 것은 물론 연구개발 목적도 검증할 수 있다. 연구개발 부문과 테스트 부문 간에 상호견제 관계가 구축되어야 테스트가 최고의 효과를 발휘할 수 있다.

조직 구조 개편과 함께 임원 선출 프로세스를 손보는 일도 진행됐다. 안테나 부문을 이끌던 기존 책임자가 이직하면서 투표를 통해 선출된 청년 엔지니어 장레이가 후임자로 선정됐다. 레이쥔은 그런 장레이를 독려했다.

"민주적인 선거를 통해 뽑혔으니 충분히 잘해주리라 믿네. 일단 6개월 정도 수습 기간을 갖도록 하지. 그동안 업무를 제대로 감당하는지 평가하도록 하세."

베이스 밴드Baseband 연구개발팀에서 근무하던 주단은 휴대폰 제품팀을 구축하는 작업에 투입됐다. 연구개발 분야에 줄곧 몸담아온 주단으로서는 뜻밖의 인사 결정이었다. 일반적으로 연구개발 전문 엔지니어는 비즈니스가 아니라 상부에서 지시한 작업만 해내면 됐기 때문이다. 게다가 주단은 이번 결정 때문에 전혀 새로운 관점에서 휴대폰이라는 제품을 대하는 것은 물론, 큰 틀에서 문제를 고민해야 했다. 여러 분야를 거쳐 완성되는 제품을 파악하기 위해 레이쥔에게서 고객 페르소나Persona, 사용자 그룹 분석 및 방법론에 대해 배우기 시작했다. 2년 동안 출장을 최대한 피한 채, 날마다 레이쥔을 따라 사무실에서 아침부터 밤늦게까지 공부하곤 했다. 2년에 걸쳐 제품을 다룰 수 있다는 자신감을 얻은 주단은 훗날 샤오미의 성장기에 중요한 역할을 담당하게 된다.

새로 발탁된 임원들에 대한 교육은 레이쥔이 직접 담당했다. 휴대폰 부문에서 허리에 해당하는 중간 간부들이 수혈되지 않은 상황에서 어설픈 모습이 걸핏하면 노출되곤 했다. 이들 청년 엔지니어를 팀을 이끌 만한 리더로 키우는 게 레이쥔의 역할이었다. 중간 간부에 대한 교육은 옷차림, 대화법, 효과적인 프레젠테이션 제작에 관한 것에서부터 시작됐다.

"당시 젊은 임원들은 이야기하는 내내 모니터만 들여다볼 뿐, 강연 도중에 청중과 어떻게 눈빛을 주고받아야 하는지, 중요한 문제를 어떻게 설명해야 하는지도 몰랐죠. 그래서 그다음부터 임원회의를 진행하게 될 담당자에게 사전에 리허설을 한 뒤 그 내용을 그대로 되풀이하라고 지시했습니다. 회의 진행 중에 팀원과 눈빛을 주고받는 법을 배우려면 평소 리허설을 통해 서로에 대한 신뢰를 높이는 것도 좋겠죠."

레이쥔은 이렇게 작은 것에서부터 하나씩 관리에 나섰다. 매달 한 번씩 열리는 임원 세미나가 끝나면 참석자들과 함께 회식하며 친목을 다지기도 했다.

조직 개편을 마친 후에는 대규모 채용도 본격화됐다. 핵심 부문을 비롯한 각 분야에 전문가가 참여하면서 외부의 새로운 피가 꾸준히 주입되었고, 기존과는 다른 토양을 이루기 시작했다. 샤오미의 휴대폰 부문 수석 PM인 왕텅王騰은 그 당시 OPPO에서 샤오미로 막 이직한 상태였다. 베이징을 찾은 왕텅은 300여 명에 불과한 샤오미의 연구개발팀을 보곤 속으로 혀를 내둘렀다.

'OPPO에는 연구개발팀원만 최소 2000여 명인데, 겨우 300명이 그렇게 멋진 제품을 만들어낸다고?'

봄에서 여름으로 넘어가는 시기를 거치며 샤오미는 디테일 경영과 체계적인 성장의 길에 본격적으로 발을 내디뎠다. 구조조정, 업무 정리, 임원 육성 등 해결해야 할 사안이 한두 가지가 아니었다. 레이쥔은 샤오미 창립 이래 가장 빽빽한 일정을 소화 중이었다. 당시 최소 50여 명의 직원이 그에게 직접 보고했다.

"업무 조정과 같은 특별한 상황에서 임원진의 역량이 부족할 때 가장 효과적인 소통 방법은 중간에 정보가 잘못 전달되지 않도록 하는 겁니다."

제품 연구개발 회의가 열릴 때마다 레이쥔의 사무실은 이들로 가득 차곤 했다. 약 1년 동안 레이쥔의 일정에는 매일 최소 15개, 많을 때는 22개의 회의가 있었다. 새벽 2시에 퇴근하는 것이 일상이었다. "중간층이 강하지 않을 때 직접 소통하는 것이 가장 효과적"이라며 "중간 정보가 잘못 전달되지 않도록 할 것"이라고 말했다.

당시의 레이쥔은 과거 진산 시절에 재창업에 나섰던 때의 모습을 연상시켰다. 2003년, 레이쥔이 진산에서 웹게임 사업에 착수했을 때 최소 20여 명의 작업자가 매일 아침 그의 사무실에 모여 회의를 하곤 했다. 아침 회의 때 나눠준 임무를 밤에 검사하기를 하루도 안 빼놓고 수년 동안 되풀이했다. 아마도 이것이 일반적인 회사의 모습일 것이다. 일상적인 업무는 더는 신선하지도, 멋있게 느껴지지도 않는다. 시간이 지날수록 쌓이는 건 디테일과 인내심뿐이다.

어느 날, 샤오미의 한 엔지니어가 놓고 간 물건을 가지러 한밤중에 회사에 왔다가 레이쥔이 벽에 있는 TV를 끄려고 리모컨을 만지작거리고 있는 것을 보게 됐다. 당시의 레이쥔은 회사에서 맨 마지막으로 퇴근하곤 했기 때문이다. 휴대폰 부문의 엔지니어 궈펑郭峰은 제품 회의 중에 감기에 걸린 레이쥔이 패딩 점퍼를 입은 채 제품을 설명하던 내내 손에서 휴지를 놓지 못했던 모습이 아직도 선하다고 말하기도 했다.

마침내 휴대폰의 제품 정의, 프로젝트 관리, 핵심 부품 및 테스트 등의 부문이 재통합되면서 사기가 점점 살아나기 시작했다. 당시 레이쥔은 청년 직원들에게 종종 '부끄러움을 알고 난 다음에 용감해진다知恥而後勇'라는 말을 들려주며, 샤오미는 모든 부문에 걸쳐 최신 기술을 따라잡아야 한다고 격려했다. '시간은 샤오미의 친구다', '정보가 점점 투명해지는 오늘날, 원가에 충실한 샤오미의 모델은 결국 정의와 빛을 상징하게 될 거다'는 샤오미의 가치관을 내부에 거듭 주입했다. 이러한 격려에 힘입어 발탁된 젊은 리더들은 자신감을 갖기 시작했다. 엔지니어와 엔지니어 간의 소통이 원활해지고, 다양한 배움과 교육의 기회도 눈에 띄게 증가했다. 그 외에도 샤오미는 해체 분석 및 조립 프로그램을 적극적으로 추진했다. 이를 통해 한 가지 부문만 다룰 줄 알았던 엔지니어들이 휴대폰 제작 전반에 걸친 기술을 빠르게 파악할 수 있었다. 새로운 기술에 대한 분석과 브레인스토밍 역시 날마다 적극적으로 진행됐다.

창문을 열자 빛이 다시 쏟아지기 시작했다. 이제 막 샤오미에 입사한 왕텅도 지금 이대로라면 샤오미가 금세 회생할 거라고 확신했다. OPPO의 연구개발 부문 출신인 왕텅은 이보다 더 심한 침체기를 경험한 적 있었다. 피처폰에서 스마트폰으로 갈아타는 전환기에 한계에 봉착한 OPPO는 시스템을 업그레이드하는 과정에서 하마터면 도산할 뻔했다. 하지만 OPPO는 자신의 항로를 재조정하며 적극적인 변신을 통해 역전의 주인공이 됐다. 이러한 일이 지금 샤오미에서 일어나고 있는 것이다.

일 년 남짓한 시간 동안 레이쥔은 워커홀릭으로 변신해 있었다. 거친 비바람이 몰아치는 바다를 건너는 함선의 선장처럼 레이쥔은 배를 파도 잔잔한 항구에 정박시키기 위해 자신의 모든 것을 걸었다. 연구개발은 하룻밤 사이에 뚝딱 해낼 수 있는 게 아니라는 걸 레이쥔은 잘 알고 있었다. 3년, 6년, 아니면 9년이 걸릴지도 모를 일이었다. 하지만 다행스럽게도 샤오미는 빠르게 궤도에 오를 수 있었다.

2016년 말, 휴대폰 하드웨어 부문의 팀원 수는 300명에서 595명으로 거의 2배 가까이 늘어 있었다. 연구개발 투자금도 신기술의 각 분야로 빠르게 흘러 들어가기 시작했다. 2016년, 샤오미의 연구개발 투자금은 21억 위안에 달했다. 또 이때부터 샤오미 연구개발 부문의 팀원 수는 매년 2배씩 늘어났고, 연구개발 투자금도 대폭 증가하기 시작했다.

창업자는 때로 성인이 된 고아처럼 상실과 폭풍우를 혼자서 묵묵히 견뎌야 한다. 《고아가 된 성인The Orphaned Adult》의 저자 알렉산더 레비Alexander Levy는 책에서 이렇게 말했다.

'폭풍우가 지나가면 항상 치워야 할 것들이 생긴다. 예를 들어 부서진 고목, 무너진 낡은 건물, 과열된 곳에선 연기가 피어오르기도 한다. 하지만 폭풍우가 지나간 것처럼, 슬픔이 지나고 나면 주변의 공기가 다시 맑아지면서 우리는 예전보다 더 편하게 숨 쉴 수 있다. 어쩌면 하늘 너머를 바라보는 능력이 생길지도 모른다.'

모두들 샤오미를 감싼 공기가 바야흐로 맑아지는 것을 조금씩 깨닫기 시작했다.

## 샤오미의 새로운 공급책임자

휴대폰 부문을 대대적으로 개편하면서도 레이쥔은 좀처럼 마음을 놓을 수 없었다. 복잡하면서도 까다로운 일이었고, 그보다 더 많은 시간이 걸리는 일이 아직 남았기 때문이었다. 그건 바로 샤오미의 공급망 시스템이었다.

《팀 쿡》에 등장하는 하드웨어 업체의 공급망 관리에 대한 설명은 공급망 관리에 대한 대중의 생각을 콕 짚어 이야기하고 있다.

'시장 예측과 공급망 개선은 전혀 멋지게 들리지 않는다. 기자들도 애플의 경영 개혁을 잡지 〈포춘Fortune〉이나 〈와이어드 WIRED〉 커버스토리로 다루려 하지 않는다. 일반 소비자는 물건을 제때 받지 못할 때나 업체의 공급망 문제에 주목한다.'

하지만 업체 내부에서는 공급망 관리를 소홀히 할 수 없다. 이에 대해 저자는 이렇게 말한다.

'스티브 잡스가 형편없는 디자인을 혐오했던 것처럼 팀 쿡은 재고를 끔찍할 정도로 싫어했다. 재고는 회사에 부담을 주기 때문이다. 산더미처럼 쌓인 재고를 언급할 때면 팀 쿡은 '털끝만큼의 양심도 없다'며 도덕적 잣대를 들이대기도 했다.'

휴대폰 생산 과정에서 공급망 관리는 거의 모든 업체의 골칫거리다. 하드웨어 부문에서 오랫동안 공급업체와 씨름해 온 장펑의 말을 빌자면 휴대폰 시장은 예측하기 무척 어렵기 때문에 재고와 물량 부족이라는 문제에서 벗어날 수 없다고 한다. 이 때문에 무너진 업체가 한둘이 아니라는 것이다. 샤오미처럼 온라인 모델을 발판 삼아 소프트웨어로 승부수를 건 업체에 있어 공급망 관리는 더더욱 어려울 수밖에 없다. 위에서 설명한 난제를 해결하려면 원가 관리와 공급업체와의 관계 구축이 반드시 선행되어야 했다.

지난 2년 동안 레이쥔이 손댄 휴대폰 프로젝트는 미노트와 Mi4C로, 레이쥔은 일부 공급업체와 부품에 대해 어느 정도 파악한 상태였다. 두 프로젝트에 레이쥔이 참여하면서 알려진 에피소드가 몇 가지 있는데, 그중에서도 가장 유명한 건 레이쥔이 언제나 슬라이드 캘리퍼스Slide Calipers * 를 들고 다니며 배터리와 휴대폰 케이스의 간격을 일일이 쟀다는 것이다. 최적의 간격을 찾아내기 위해 레이쥔은 샤오미의 배터리 공급업체인 ATL, 신왕다欣旺達(Sunwonda), 관위冠宇의 생산 라인과 실험실에 온종일 박혀서 배터리 기술에 대한 지식을 쌓았다고 한다. 그밖에도 레이쥔은 자신이 가장 잘 알고 있는 카메라 모듈을 상품 정의라는 측면에서 진지하게 연구하기도 했다.

휴대폰 개발 부문에 대한 구조조정 이후, 레이쥔은 전체 공급망에 대한 최적화 작업을 동시에 추진하기 시작했다. 더 복잡해 보이고, 도무지 끝이 보이지 않을 것 같은 공급망 관리 작업에 레이쥔은 자신이 실무 책임자라도 된 듯 죽기 살기로 달려들었다. 연관된 부품만 수백, 수천 종류에 이르는 복잡한 작업이었다. 고민 끝에 레이쥔은 경쟁입찰을 통해 샤오미의 공급망을 관리하기로 결심했다. 기존의 공급업체를 제외하고 일선의 공급업체를 추가로 찾아낸 뒤 샤오미와의 협력 의사를 확인

물체의 두께를 재거나 구멍의 지름 따위를 정밀하게 재는 금속제의 자.

했다. 그때부터 레이쥔의 회의실 문턱이 닳기 시작했다. 공급업체의 경영주나 정책 결정자가 직원 2~3명과 우차이청을 찾아와 자사의 제품을 소개했다.

"사무실에 찾아오는 방문객이 부쩍 느는 바람에, 외부인으로 가득한 사무실을 볼 때면 마치 재래시장에 서 있는 기분이었죠."

레이쥔의 이야기처럼 당시 수많은 업체가 샤오미를 찾아왔다. 이러한 만남을 통해 레이쥔은 자신이 생각했던 것보다 공급망이 훨씬 복잡하다는 사실을 깨달았다. 가장 쉬워 보이는 충전 케이블조차 수준 높은 지식을 필요로 했기 때문이다.

실상을 파악하기 위해 레이쥔은 샤오미의 오랜 친구인 장펑에게 샤오미가 구매한 케이블의 원가가 적절한지 분석해달라고 요청했다. 휴대폰 케이블의 구매 원가를 평가한 장펑은 샤오미가 확실히 비싼 가격에 부품을 구매했다는 사실을 발견했다. 다시 말해서 샤오미의 제품 품질은 최고 수준이지만 샤오미의 비즈니스 능력은 그렇지 않다는 뜻이었다. 공급업체가 샤오미에 제시하는 가격 역시 가장 적절한 수준이 아니었다. 이러한 상황에서 장펑은 베이징으로 날아가 케이블 공급업체와 재협상을 나섰고, 결국 케이블의 실제 원가를 확인한 뒤 가격을 재조정했다. 이 과정에서 업체와의 '불화'를 상상할 수도 있겠지만 장펑은 공급업체를 이렇게 설득했다.

"지금까지의 단가는 그만한 이유가 있다고 생각합니다. 하지만 내일부터는 새로운 날이 될 겁니다."

실제 원가를 조사하는 것 외에도 레이쥔은 샤오미가 지난 몇 년간 사용한 부품이 이상하리만치 낭비되고 있다는 사실을 발견했다. 예를 들어 나사의 경우, 샤오미가 한 공급업체로부터 제안받은 공급 가격은 다른 업체의 5배였다. 해당 업체는 샤오미가 2010년 설립 초기부터 거래하던 업체였다. 유난히 높은 가격을 레이쥔은 납득할 수 없었다. 사무실에서 해당 업체 담당자와 이야기를 나누면서 의문을 제기했다.

"같이 일한 지 6~7년 정도 된 것 같은데 귀사 제품은 왜 이렇게 비싼 겁니까?"

"저희 제품은 크게 두 가지 장점이 있습니다. 첫째는 토크Torque●가 애플이 정한 기준보다 2배나 큽니다. 그러니까 품질이 확실하다는 뜻이죠. 둘째는 나사마다 샤오미의 MI라는 로고를 새겼답니다. 멋지지 않습니까?"

"그럼 애플에서 귀사의 부품을 쓰고 있는 겁니까?"

"애플에서 저희 제품을 사지 못할 정도로 품질이 뛰어나답니다!"

그 말에 레이쥔은 어이가 없다는 표정을 지었다. 회사의 구매팀을 찾아간 레이쥔은 구매팀이 이 문제를 알고 있다는 사실을 발견했다. 이보다 더 놀라운 건 구매팀의 태도였다. 나사가 비싸봤자 하나에 얼마나 하냐며 깐깐하게 따질 필요 없다는 게 아닌가! 나사 하나의 가격은 얼마 안 될지 몰라도 한 해 출하량이 수천만 대에 달하는 상황을 고려할 때 나사 때문에 막대한 비용이 추가될 수도 있을 터였다. 원가를 고려하지 않은 무의미한

● 물체에 작용하여 물체를 회전시키는 원인이 되는 물리량.

자원 낭비가 눈앞에서 일어나고 있었다. 문제는 여기서 끝이 아니었다. 기존 휴대폰 부문에서는 소통이 제대로 이뤄지지 않아 제품에 들어가는 나사의 표준도 일정하지 않았다. 이 때문에 휴대폰 모델마다 서로 다른 규격의 부품이 들어가곤 했다.

제품 소재는 비싸다고 해서 반드시 좋은 것도 아니고, 싸다고 해서 원가를 아끼는 것도 아니다. 사실 원가가 높은 건 샤오미가 최고의 디자인을 선택했기 때문이다. Mi의 표준 부품 중 유심핀이 대표적인 경우에 속한다. 샤오미 설립 초기, 유심핀의 공급가가 개당 2.2위안이라는 이야기에 레이쥔은 공급팀에 가격 인하를 지시했다. 훗날 레이쥔이 공급팀을 접수할 당시 유심핀의 가격은 개당 0.8위안이었다. 공급업체를 재입찰하는 과정에서 레이쥔은 삼성의 플래그십폰에 들어가는 유심칩이 0.3위안에 불과하다는 사실을 발견했다. 일반 모델의 유심핀은 0.15위안으로 샤오미가 구매하는 가격의 절반도 채 되지 않았다. 공급업체에 문의한 끝에 레이쥔은 원인을 알아냈다. 원래 샤오미의 유심핀은 100% 스테인리스로 공정 난이도가 상당히 까다로운 편이었다. 절삭 기계를 사용해 가공해야 하기 때문에 공급업체에서는 개당 0.8위안을 준다고 해도 손해라며 손사래를 쳤다. 상의 끝에 공급업체 측에서 레이쥔에게 한 가지 의견을 제안했다.

"유심핀의 기능은 사실 단순한 데다 딱 한 번 쓰고 마는 것이니, 대안이 있습니다. 스테인리스가 멋져 보이긴 하지만 비용 면에서 최고의 선택은 아니죠."

결국 공급업체와의 상의 끝에 클립을 써서 예쁜 하트 모양으로 유심핀을 만들었다. 이렇게 해서 부품의 원가를 최적화했을 뿐 아니라 양질의 기능과 체험을 제공할 수 있었다.

포장 원가는 디자인 콘셉트와 관련 있다. 심플한 샤오미 휴대폰 설명서가 이 점을 정확히 보여준다. 레이쥔은 공급업체를 살피면서 한 가지 문제를 발견했다. 최적화된 비용에 맞는 디자인을 원했지만, 실제로는 제작 과정에서 막대한 낭비가 발생하고 있었던 것이다.

샤오미가 처음 디자인한 제품 설명서는 4페이지 분량의 종이로 이루어져 있었다. 4페이지의 설명서를 페이지별로 인쇄한 후 기계로 순서대로 놓은 뒤 투명한 비닐로 밀봉했다. 설명서를 인쇄하고 밀봉하는 데 개당 0.8위안이 들었다. 레이쥔은 0.8위안도 비싸다고 생각했다. 다른 업체에 비하면 터무니없이 비싼 가격이었다. 가격 협상에 나선 레이쥔에게 공급업체는 연신 불평을 쏟아냈다.

"샤오미에서 의뢰하는 작업이 여간 까다로운 게 아닙니다. 페이지가 워낙 얇아서 걸핏하면 순서가 틀어지곤 합니다. 게다가 샤오미가 워낙 까다로워야죠! 100만 세트에서 한 번의 실수도 용납할 수 없다니 원가가 높을 수밖에요. 이러니 손해죠, 종이 한 장에 설명문을 몽땅 인쇄한 뒤에 접어버리면 될 것을…."

한참을 고민하던 레이쥔은 제품 설명서를 이렇게 제작한 이유를 도무지 알 수 없어 디자이너를 찾아가 자세한 사정을 물었다. 그러자 상대는 4페이지 중에서 한 페이지라도 잘못되면 그것만 교체하면 된다며, 비용 절감 차원에서 이런 방식으로 제작하게 됐다고 대답했다.

그때의 일을 떠올리며 레이쥔은 씁쓸한 표정을 감추지 못했다.

"조판 작업은 사실 별 게 아닙니다. 종이를 펼치는 방식으로 디자인했다면 비용도 훨씬 절감하고, 소비자 입장에서도 한결 좋았을 텐데요. 전형적인 부서 간 소통 부재의 결과입니다. 모두들 자신의 생각대로 디자인하는 데 급급해 비용을 아낄 생각만 하려다가 디자인을 구현하는 과정에서 그보다 몇 배나 불필요한 낭비를 초래할 수 있습니다."

당시 레이쥔은 무의미하게 원가나 소재를 낭비하는 사례를 여럿 밝혀내고 이를 바로 잡았다. 한동안 자신이 직접 공급망을 관리하기도 했는데 이를 두고 오히려 잘된 일이라고 소감을 밝히기도 했다.

"창립자 자신이 핵심 업무의 작동 원칙도 알지 못하면서 다른 사람이 자신보다 잘하기를 기대할 수는 없겠죠."

전체 공급망 시스템을 손본 후, 레이쥔은 휴대폰 개발과 공급망 시스템을 또다시 동시에 관리하다간 뒷심이 달릴 거라는 점을 깨달았다. 휴대폰 개발과 공급망 시스템 모두 샤오미에서 가장 중요한 분야인데, 그중에서도 공급망을 관리하려면 관련 업체를 만나야 하는 경우가 허다한 편이었다. 작은 것도 하나하나 알려주고, 주문 내역을 세세히 확인하며 가격을 꼼꼼히 따져야 했다. 술잔을 기울여야 하는 경우도 있었다. 이런 관계는 시간을 들여서 인간적인 감정을 나누는 방식을 통해서만 형성될 수 있다. 사람들의 발길이 끊어지지 않는 레이쥔의 사무실을 찾는 업체 중에는 샤오미의 공급업체도 있었다. 이들은 문을 똑똑 두드리며 레이쥔에게 반갑게 인사를 건네곤 했다. 그렇게 몇 달 동안 공급업체를 상대하는 일을 하다 보니 레이쥔은 자신의 시간이 부족하다는 것을 뼈저리게 깨달았다. 이 상황을 정리해 줄 누군가의 도움이 절실히 필요했다.

공급망 책임자를 채용하려고 두 달 동안 면접을 치렀지만 마땅한 사람을 찾을 수 없었다. 이러한 상황에서 류더는 차라리 장펑에게 이 일을 맡기면 어떻겠냐는 의견을 내놨다. 장펑과 샤오미는 잉화다에서 인연을 맺은 뒤 쯔미를 통해 한결 단단해졌다. 그리고 이젠 샤오미 생태계의 일원으로서 공급망을 뚫는 역할을 담당하고 있다. 장펑만큼 뛰어난 적임자도 없을 터였다. 장펑을 어떻게 데려와야 하는지 레이쥔은 본능적으로 머리를 굴렸다. 이 무렵 장펑의 쯔미는 모바일 배터리 부문에서 시장 1위에 오를 만큼 성장 가도를 달리고 있었다. 그런 그를 '고생길'로 내모는 게 아닌지 고민하는 레이쥔에게 류더가 자신이 물어보겠다고 이야기했다.

예상과 달리 류더를 통해 사정을 알게 된 장펑은 전혀 불가능한 일은 아니라고 여겼다. 그 후 레이쥔은 장펑과의 만남을 추진했다. 두 사람이 만난 날은 2016년 8월 28일이었다.

"사흘만 시간을 주십시오. 주주들한테 이야기한 뒤에 신임

CEO를 임명해야 하니까요. 사흘 뒤인 9월 1일 아침 9시에 샤오미에서 뵙도록 하죠."

2016년 9월 1일, 샤오미의 오랜 친구 장펑은 아침 9시 정각에 레이쥔의 우차이청 사무실 문을 두드렸다.

"적어도 3년 동안은 샤오미의 공급망 시스템을 손보는 데 힘을 보태겠습니다."

잉화다에서 나와 창업에 뛰어든 장펑은 대기업 문화에 회의적인 편이었다. 100여 명의 직원과 한데 어울리며 일하고, 직접 얼굴을 마주 본 채 이야기하는 것을 좋아했다. 자유로운 분위기를 유독 좋아하는 탓에 쯔미 사무실에는 여러 명이 함께 둘러앉는 칸막이 없는 책상이 놓여 있기도 했다. 이렇게 동료들과 허울 없이 일하길 좋아하던 장펑은 샤오미와의 특별한 인연을 생각해 샤오미라는 대기업에 다시 한번 발을 디뎠다.

이때부터 샤오미의 공급망 관리가 점차 건전한 상태로 전환되기 시작했다. 공급업체와 소통해야 하는 짐을 떠안게 된 장펑은 다른 협력 파트너와의 관계처럼 신뢰와 진심을 토대로 업체들을 상대해야 한다는 걸 잘 알고 있었다.

장펑은 유연한 자세로 공급업체와의 관계를 구축하기 시작했다. 가령 일부 공급업체에서 생산 라인이 두 달 이상 멈출 것 같다며 추가 주문을 부탁하자, 장펑은 예정일보다 한 달 전에 미리 주문서를 보내곤 다음 달에 납품해달라고 했다. 이렇게 하면 공급업체는 정상적으로 생산 라인을 가동하는 것은 물론, 샤오미의 운영에도 영향을 주지 않을 수 있었다. 대금을 치르는 일자는 납품 시기를 기준으로 정해졌기 때문이다. 공급업체에 접근할 때는 융통성 있는 방법이 통한다는 것을 장평은 잘 알고 있었다.

그뿐만 아니었다. 장평은 공급업체의 입장과 처지를 누구보다도 잘 알고 있었기에 도움이 될 수 있는 일이면 정성껏 돕기도 했다. 한 공급업체의 임원이 샤오미를 상대로 2억 위안 규모의 구매 사업을 따내면 스톡옵션과 승진을 보장해줄 거라는 사측 제의를 받았다고 알려왔다. 하지만 연말을 앞두고 샤오미와의 거래액이 1억 9500만 위안에 그친다는 말에 장평은 고민에 빠졌다. 그 정도의 거래액은 샤오미에는 대수롭지 않은 금액이지만 당사자인 임원에게는 현실이 걸린 문제였기 때문이다. 장평은 사내 회의를 소집해 해당 업체에 500만 위안의 주문을 추가로 넣을지 검토하자고 제의했다. 그의 제안이 통과되면서 공급업체의 책임자는 한숨을 돌릴 수 있었다. 이처럼 탄력적인 대응을 통해 샤오미는 공급업체와 긴밀한 유대감을 쌓으며 서로 상부상조할 수 있는 관계로 발전했다. 샤오미가 어려울 때 발 벗고 돕는 업체도 여럿이었다. 갑을 관계가 언제든지 뒤바뀔 수 있는 공급업계에서 평소 다진 돈독한 관계는 중요한 순간에 뜻밖의 효과로 나타나기도 했다.

공급망 관리는 큰 그림을 살피는 안목은 물론, 인간적인 관계를 챙길 줄 아는 섬세함이 필요한 작업이다. 그 때문에 관리자는 뛰어난 능력을 갖춰야 하는 것은 물론, 공급업체를 개별 구성 요소가 아닌 동등한 대상으로 바라볼 수 있는 안목을 지녀야 한다. 이는 개인의 문제가 아닌 회사 차원의 문제라 하겠다. 공급업체를 대하는 직원들의 인식 개선을 위해 장평은 샤오미 본사 지하 1층에 마련된 다목적실에서 샤오미 임원들을 대상으로 회의를 열었다. 그리곤 명나라 유학자 왕양명王陽明이 말한 '산속의 도적을 무찌르기는 쉬우나 마음속의 도적을 무찌르고 없애기는 어렵다破山中賊易, 破心賊難'를 주제로 강연에 나섰다.

공급업체에 있어 납품은 당연히 중요합니다. 납품은 상품 기획을 시작으로 디자인, 생산량 파악, 마케팅 등과 밀접한 관련이 있을 뿐만 아니라, 오늘 이 자리에 계신 여러분들과도 관계가 있습니다. 공급업체에 대한 잣대를 높이면 문제는 개선될 겁니다. 이게 바로 산속의 도적을 치는 일이지요. 하지만 각 부서에서 납품은 자신과 무관하다고 여기는 순간, 마음속의 도적에게 당하게 될 겁니다.

다목적실의 스피커를 타고 울려 퍼지는 장평의 말에 강단 아래의 참석자들은 깊은 생각에 잠겼다.

공급망 관리 업무를 맡은 장평은 공급업체의 정보화 개혁에 대한 직원들의 인식 개선에 불을 지피고 전방위에 걸쳐 천천히 개혁에 나섰다. 샤오미에 합류한 여러 창업자처럼, 장평은 입사 첫날부터 엄청난 속도로 일을 해치우기 시작했다. 날마다 부서 회의를 열고 각종 데이터를 확인하고, 밤늦게 퇴근하는 일상을 반복했다. 이전과는 비교할 수 없을 정도의 강행군이었다.

장펑은 예전처럼 캐주얼한 정장 차림으로 겸손하게 사람들을 대한다. 말할 때면 자신도 모르게 자조적이거나 썰렁한 농담을 던지기도 하지만 샤오미와 많은 시간을 보내며 한 단계 성숙한 소양을 쌓을 수 있었다.

장펑은 공급망 관리가 원칙에만 따라서만 되는 일이 아니라며, 마치 회사의 요리사 같은 일이라고 비유하기도 했다.

"대단한 회사라고 해서 회사의 요리사 솜씨가 반드시 대단할 거라고 생각해선 안 됩니다. 하지만 좋은 회사라면 실력 좋은 요리사가 있어야죠. 모두들 맛있게 먹고 건강하고 즐거울 수 있도록 해야 합니다. 회사를 마비시킬 식중독에 걸리지 않도록 직원들의 건강을 챙기는 게 요리사의 역할이죠."

그 순간에도 장펑은 자신을 낮춰 말하는 겸손함을 잊지 않았다.


## 샤오미즈쟈의 정식 출범

2016년, 인터넷 사용량이 빠르게 증가하는 추세가 빈번히 목격되기 시작했다. CCTV가 선정한 올해의 경제계 인물 시상식에서 왕젠린과 마윈이 내기를 걸었던 2012년 당시 중국의 온라인 부문 유통 매출액은 전체 소비품 유통 매출액의 6.3%에 불과했다. 2016년에는 15.5%까지 증가했지만 그 성장세는 미미했다. 하지만 모바일 인터넷 부문의 O2O* 열기가 식으면서 새로운 흐름이 서서히 모습을 드러내기 시작했다. 온라인

*
Online to Offline. 전자상거래 혹은 마케팅 분야에서 온라인과 오프라인이 연결되는 현상을 가리킨다.

업체가 온라인에서 오프라인으로 세력을 확장하면서 가상경제와 실물경제가 통합되는 새로운 생태계가 등장했고, 이로 인해 오프라인 자원과 운영에 대한 가상경제의 의존도가 더욱 높아진 것이다.

다시 말해서 오프라인으로 진출하지 않으면 더 이상의 성장은 불가능하다는 뜻이다. 샤오미의 펀더멘털Fundamental이 확대되지 않으면 오프라인 시장에서의 점유율도 기대할 수 없다.

이러한 상황에서 온라인숍을 제외한 샤오미의 유일한 판매 루트인 위탁판매 시스템이 본격적으로 와해되기 시작했다. 기대되는 수익이 제한된 상황에서 Mi가 빠르게 공급되지 않는다면 유통업체들은 더 많은 수익을 기대할 수 있는 상품으로 시선을 돌릴 것이다. 하지만 샤오미 본사와 전국적인 위탁판매 시스템을 갖춘 유통업체 간의 사이가 벌어지면서 수습 불가한 상태로 후퇴하고 말았다.

2015년 7월 16일, 오프라인 시장 개척을 책임지는 장젠후이는 장쑤성 난징시 리수이溧水구의 훙란洪藍, 허펑和鳳 지역과 가오춘高淳의 야시椏溪 마을을 답사하며 해당 지역의 주요 통신사와 판매업체가 대부분 OPPO 간판을 달고 있다는 것을 확인했다. 소규모 매장에서 OPPO를 선호하는 건 높은 이윤과 확실한 A/S 때문이었다. 문제 있는 제품을 수리해달라고 맡기면 대개 1주일 안에 정상 제품을 돌려받을 수 있었다. 해당 지역에서 진리, OPPO, vivo의 판매율이 60%에 달했다. 이들 업체가 오랫동안 심혈을 기울여 오프라인 시장을 경영했던 것과 달리, 샤오미는 그동안 오프라인 시장을 외면했었다. 오프라인으로 풀린 물량도 중간업자나 다른 경로를 통해 넘어간 경우가 대부분이었다. 일부 업자는 한 푼이라도 더 받기 위해 Mi에 온갖 소프트웨어를 미리 설치했다. 그 때문에 휴대폰을 처음 켜자마자 화면 곳곳에 온갖 애플리케이션이 깔려 있어 새 제품을 구입한 사용자의 경험에 좋지 않은 영향을 끼쳤다. 게다가 지방 도시에는 샤오미 공식 라이선스를 받은 지점이 적어서, 대다수의 소규모 매장은 판매하는 곳에서 제품을 수리해준다는 영업 원칙을 따르고 있었다. A/S 무상 보증 기간 내에는 해당 지역의 지점에서 수리가 가능했지만 기간을 넘긴 제품은 공식 라이선스를 받지 못한 곳에서 수리하는 경우가 태반이었다. 이 때문에 점주들은 샤오미라는 브랜드를 알아도 매장에 들이는 것을 탐탁지 않게 여겼다.

이런 가운데 레이쥔과 린빈은 2015년 10월 중하순부터 샤오미의 오프라인 확장 사업에 본격적인 시동을 걸었다. 주요 전략은 크게 두 가지로 나뉘었다. 하나는 전국적으로 샤오미즈쟈 매장과 유통 시스템을 구축하는 일이었다. 두 사람은 샤오미의 A/S 시스템 구축과 당다이상청 지점 오픈을 담당한 장젠후이를 샤오미즈쟈의 시장 진출을 위한 실무자로 지목했다. 레이쥔과 린빈은 언제나 열정적인 장젠후이와 각각 몇 차례 이야기를 나누며, 오프라인 사업을 이끌어달라는 생각을 전했다.

레이쥔은 린빈과 장젠후이에게 자신이 샤오미즈쟈를 구상하며 연구했던 코스트코Costco 모델을 소개했다. 코스트코의 경영 이념을 참고해 중국의 오프라인 유통업계에 색다른 바람을 일으켜 달라고 했다.

레이쥔은 2011년 말부터 코스트코를 연구하기 시작했다. 당시 미·중 양국을 자주 오가던 레이쥔은 이상한 현상을 발견했다. 자신과 친구 또는 동료가 미국에 갈 때면 비행기에서 내리자마자 대형 매장으로 달려가 미친 듯이 쇼핑하는 사람들을 쉽게 볼 수 있었다. 한 번은 캘리포니아 지역 책임자인 장훙장張宏江 박사와 함께 미국 출장길에 올랐는데, 장훙장이 비행기에서 내리자마자 렌트카를 타고 코스트코로 달려가 쇼핑하는 게 아닌가! 쇼핑 후 그는 사람들에게 코스트코를 즐겨 찾는 이유를 들려줬다. 코스트코 제품은 실용적이면서 저렴한 편이라며, 다른 임원들에게도 꼭 한번 가보라고 추천하기도 했다. 이튿날 레이쥔은 사람들과 함께 코스트코를 찾았다. 대형 매장에 15분 동안 서 있은 후에야 레이쥔은 코스트코의 매력을 깨달았다. 베이징에서 9000위안에 팔리는 캐리어가 여기선 10분의 1 가격에 불과한 900위안에 팔리고 있었다. 상품 종류가 많은 건 아니었지만 진열된 제품 하나하나가 알짜여서 아무리 많이 사도 손해보는 일은 없을 것 같았다. 레이쥔은 코스트코의 본질이 과거 자신이 세웠던 쥐위에왕 모델과 일치하다는 걸 즉시 깨달았다. 즉 엄선된 상품을 적정가에 판매해 궁극적으로는 소비자의 신뢰를 얻고자 했다.

레이쥔은 공개 석상에서 여러 차례 코스트코에 대한 존경심을 드러내기도 했다. 이를테면 코스트코의 모든 제품은 정가

기준으로 총이익이 최대 14%에 불과하다. 총이익이 14%를 초과하면 반드시 CEO의 승인과 이사회의 동의를 받아야 했다. 즉 코스트코는 낮은 이익률과 높은 효율을 추구하며 소비자로부터 존중을 받을 수 있었다. 이는 레이쥔이 세운 샤오미의 초심이기도 했다.

창업 초기, 레이쥔은 코스트코의 경영 이념과 아이디어에 영향을 받아 낮은 이익률과 높은 효율을 추구하는 모델을 온라인 플랫폼에 도입하며 효율 혁명을 일으켰었다. 그리고 이제는 '신유통'이라는 개념을 앞세워 오프라인 시장에 뛰어들었다. 레이쥔은 샤오미의 유통업 모델이 전통 유통업을 되풀이하는 게 아니라, 샤오미의 온라인 DNA와 선호도 혁명의 개념을 기존 모델에 주입해야 한다고 강조했다. 그 고민의 결과가 온라인과 오프라인이 하나로 이어져 상호작용하는 큰 그림이었다. 샤오미는 유통 효율을 높이는 방법을 통해 가격과 품질 모두 '착한' 제품을 소비자에게 제공함으로써, 소비 업그레이드라는 혁신적인 유통 모델을 구현하고자 했다.

'신유통'이라는 개념이 처음 세상에 소개된 건 2016년 10월 13일로, 그 배경에는 흥미로운 이야기가 숨어 있다. 레이쥔이 신유통이라는 개념을 공개적으로 제안한 날에 중국 쓰촨四川에서 전자상거래 정상회의가 열렸다. 공교롭게도 같은 날, 마윈 역시 윈치대회雲棲大會 ●에서 새로운 개념의 유통업·제조업·금융업, 그리고 신기술과 신에너지를 강조하는 '5신五新(Five New)'을 소개했다. 세 곳에서 같은 날 '신유통'이라는 개념이 제시된

● 알리바바 그룹이 2009년부터 항저우에서 매년 개최하는 IT 페스티벌.

것을 두고 일부 언론에서는 신유통이라는 개념을 처음으로 소개한 주인공이 누구냐는 기사를 올리기도 했다. 일부 네티즌은 마윈과 레이쥔의 발표 시각을 비교하는 영상을 올리기도 했다. 누가 먼저 제시했는지 알 수 없지만 신유통이 모두가 목격하게 될 새로운 흐름이라는 걸 누구나 알 수 있었다.

그 무렵, 레이쥔은 장젠후이에게 새로운 유통 전략에 관한 아이디어, 이를테면 샤오미의 대박 전략이나 과감한 시도, 투입 대비 생산 비율 계산 등에 대한 내용을 미톡을 통해 틈틈이 전하고 있었다. 또 한편으로 팀원들에게 매장 운영에 관한 이념을 들려줬다.

"이익이 적어도 인기가 있으면 이익이 큰 것입니다. 이익이 커도 인기가 없으면 이익이 작은 것입니다. 샤오미의 오프라인 모델은 단일 제품만으로 이윤을 추구하는 전통적인 모델과는 다릅니다. 샤오미는 제품을 찾는 소비자의 신뢰와 인기를 통해 부족한 이익을 메울 겁니다."

진산에서 채널링 확장을 담당하다가 샤오미의 전국 A/S 시스템을 구축한 뒤 당다이상청에 샤오미즈쟈를 입주시킨 장젠후이. 지금껏 그녀가 쌓아온 경력은 지금 이 순간을 위해 준비된 것 같았다. 장젠후이보다 뛰어난 적임자가 없었고, 본인 역시 남다른 열정을 불태우고 있었다. 하지만 레이쥔, 린빈과 직무와 예산을 논의하며 본격적인 사업에 뛰어들려고 하는 순간, 몸이 예전 같지 않다는 느낌을 받았다. 특히 2015년 '솽스이'를 준비하던 장젠후이와 그녀의 팀은 정신없이 바쁜 시간을 보내고 있었다. 낮 동안의 근무를 마치면 팀원들과 함께 샤오미가 새롭게 선보이는 온라인 게임 〈클래시 오브 킹즈Clash of Kings〉를 플레이하며 분석에 나섰다. 진산에서 일하던 당시, 장젠후이는 게임의 여왕이라고 불릴 만큼 뛰어난 실력을 자랑했는데 이번에는 뭔가 이상했다. 평소 건강 하나만큼은 자신 있던 자신이 밤 12시가 되기도 전에 곯아떨어지곤 했다.

'솽스이' 당일, 샤오미가 한바탕 전쟁을 치르고 있던 시간 장젠후이는 병가를 내고 병원을 찾았다. 기본적인 검사를 마친 장젠후이를 향해 의사는 임신이라는 뜻밖의 검사 결과를 들려줬다.

직장을 다니는 여성으로서 마주해야 할, 고전적인 문제였다. 치열한 전투를 앞둔 상황에서 누군가의 보호를 받아야 하는 존재가 된다는 뜻이었다. 어떻게 해야 할까? 무엇을 선택하고, 포기할 것인가? 둘 사이에서 균형을 찾을 수 있을까? 많은 사람이 흔히 고민하는 문제를 앞에 두고, 여왕님 포스를 물씬 풍기던 장젠후이는 그날 밤 두 가지 해결책을 내놨다.

2015년 11월 12일, '솽스이'를 무사히 보낸 그다음 날에 장젠후이와 그녀의 직속상관인 린빈이 A/S 부문의 비품 센터로 향했다. '솽스이' 대전이 막 끝난 터라, 거대한 물류 창고에선 물류 대전이 한창 치러지는 중이었다. 린빈과 장젠후이는 물류 팀과의 회의를 요청했다. 회의가 끝난 뒤 장젠후이가 창고 앞에 선 채 린빈에게 잠시만 기다려달라고 했다. 그리고 린빈을 향해 입을 열었다.

"아무래도 업무에 영향을 줄 일이 생긴 것 같아요."

자신의 말에 긴장한 듯한 린빈을 보며 장젠후이가 빠르게 입을 열었다.

"저 임신했어요. 지금 샤오미즈쟈 프로젝트를 하루빨리 마무리해야 하잖아요? 그래서 제게 두 가지 방법이 있어요. 하나는 일단 제가 샤오미즈쟈 프로젝트를 진행할 테니 최대한 빨리 후임자를 찾아주세요. 나머지 하나는, 마땅한 다른 후임자를 찾지 못하겠거든 절 기다려주세요. 출산 휴가는 4개월이잖아요? 저 딱 두 달만 쉬고 나올게요."

린빈은 한동안 고민하더니 장젠후이에게 두 번째 방안대로 하겠다는 대답을 들려줬다.

이렇게 샤오미즈쟈의 시장 진출 프로젝트가 본격적으로 추진됐다. 그 기간 동안 개인 사무실을 갖고 있던 린빈은 실무팀과의 긴밀한 소통을 위해 컴퓨터를 들고 장젠후이의 책상에 자리를 마련했다. 그리고 거기서 샤오미즈쟈 작전을 진두지휘했다. 장젠후이도 오프라인 매장을 직접 방문하는 여정에 올랐다. 가끔은 자신이 임신했다는 사실도 잊은 채 린빈과 함께 오프라인 매장을 둘러보기도 했다.

임신 7개월이 돼서야 장젠후이의 여정도 막을 내렸다. 세계 최고의 디자인 체험 매장을 배우고 오프라인 시장에서의 실력을 키우기 위해 장젠후이는 애플 스토어의 단골손님이 됐다. 중국 내 42곳에 세워진 매장을 거의 다 돌아본 뒤 장젠후이는 매장 운영에 대해 척 하면 척이라고 할 수준이 됐다.

린빈과 장젠후이는 싼리툰三里屯 애플 스토어 근처 광장에 앉아 시간당 이용객 수를 세며 자료를 기록했다. 이용객이 많은 시간대가 점심인지 저녁인지 확인하고, 성별과 연령대를 눈여겨봤다. 매장 입구에 자리를 잡고선 소비자가 왼쪽과 오른쪽 중에서 어느 방향으로 도는 걸 더 좋아하는지도 살피며, 고객 동선에 대한 애플의 디자인 설계도 확인했다. 장젠후이는 2층에 올라가 예약실을 찾은 손님의 수를 확인하고, 어떻게 운영되고 있는지도 살폈다. 고객이 예약 없이 매장을 방문하면 어떤 조치를 취하는지도 면밀히 확인했다. 애플 사이트에 들어가 체험 프로그램을 직접 신청해 매장 직원의 응대 수준과 실제 매장 내 진열된 제품, 이를테면 아이패드의 UI가 어떻게 노출되도록 디자인했는지도 꼼꼼하게 체크했다.

그 밖에 장젠후이가 가장 많이 관심을 보인 건 애플 스토어의 인테리어 표준과 스타일이었다. 애플 스토어는 어떻게 심플한 디자인 콘셉트를 유지할 수 있었을까? 매장에 평행선 디자인이 유난히 많은 이유는 무엇일까? 매장 안에 여백을 넉넉히 만든 이유는 또 무엇일까? '제품이 곧 영웅'이라는 개념을 어떻게 부각했는가? 1층에서 2층으로 이어지는 유리 계단 말고 다른 계단은 보이지 않는다는 것도 파악했다. 그렇다면 직원들은 어떻게 3층 사무실에 올라갈 수 있을까? 알고 보니 2층 끝에 숨겨진 계단이 있었다. 얼핏 보면 알루미늄 패널을 세워둔 벽으로 보이는데 손으로 슬쩍 밀면 안에 숨겨진 공간이 드러났다. 진실을 알게 된 장젠후이는 정교한 디자인에 감탄을 터뜨렸다. 알루미늄 패널은 비싼 편이지만 벽면을 은색 알루미늄 패널로 처리하면 편리한 점이 한두 가지가 아니었다. 첫째, 어디에서나 쉽게 구할 수 있는 색상을 사용해 전 세계 어느 매장에서도 일관된 콘셉트를 유지할 수 있다. 둘째, 알루미늄 특유의 광택과 평면감 덕분에 소재의 질감을 소비자가 고스란히 느낄 수 있다. 셋째, 견고한 재질과 유행을 타지 않는 색상 덕분에 청결한 상태를 유지할 수 있다. 매장 한구석에 붙어있는 '소화기'라는 글자조차 알루미늄 패널과 똑같이 처리한 세심한 디테일에 장젠후이는 입이 턱 벌어졌다.

당시 싼리툰 애플 스토어에서는 뭔가에 정신이 팔려 있는 젊은 임산부가 종종 목격되곤 했다. 손으로 누르면 숫자가 표시되는 전자용 자를 든 임산부는 진열된 긴 테이블 옆에서 테이블의 길이를 재곤 했다. 때로는 벽에 붙어 있는 조명 광고 속 이미지를 멀찍이 떨어진 곳에서 쳐다보다가, 가까이 다가가서 보더니 이젠 한 자리에 가만히 서서 바라보기도 했다. 그녀의 행동을 이상하게 여긴 직원이 도움이 필요하냐고 묻자, 젊은 임산부는 언제나처럼 괜찮다고 했다.

"괜찮아요, 재보기만 할게요."

샤오미즈쟈 화룬우차이청 지점은 장젠후이의 뜨거운 학구열이 만들어낸 결과물이다. 샤오미 최초의 플래그십 스토어가 될 매장의 위치를 샤오미의 부사장 치옌이 결정한 뒤에 장젠후이가 임대 계약서를 작성했다. 장젠후이는 당시 자금 사정이 여의치 않았었다고 솔직히 털어놨다.

"당시 예산으로는 지하 1층에 있는 약 $300m^2$ 크기의 공간을 월세 2~3만 위안에 간신히 빌릴 수 있었죠. 저희가 입주할 당시만 해도 1층에 상가 하나 없었어요. 밖에서 밥을 먹을 수 있는 식당도 하나밖에 없었어요."

샤오미가 진정한 의미의 플래그십 스토어를 세우려면 인테리어부터 운영 모두 따라 하기 쉬워야 다른 지역에 확산하는 데 유리하다는 걸 장젠후이는 잘 알고 있었다. 그래서 제품을 만든다는 각오로 샤오미즈쟈를 세우는 일에 착수했는데, 그중에서도 인테리어를 표준화하는 작업이 중요했다. 소재를 선택할 때는 타일의 색상까지 완벽할 수 있도록 장젠후이는 최선을 다했다. 그래서 팀원들에게 다양한 색감을 가진 회색 타일 십여 개를 샤오미 본사 사무실에 전시한 뒤, 20~30대 직원들이 살펴보고 마음에 드는 색깔에 투표하도록 했다. 나중에는 모든 고객의 동선을 고려한 디자인, 진열대의 배치 모두 애플 스토어의 인테리어를 참고했는데, 그중에서 조명 광고 때문에 가장 골치를 앓아야 했다. 샤오미즈쟈를 홍보하면서 장젠후이는 샤오미가 전자상거래의 DNA를 가진 회사라는 사실을 다시 한번 느낄 수 있었다. 그런데 관련 부서에서 휴대폰에서 봤을 때 정밀도가 떨어지는 이미지가 전달되자, 장젠후이는 빅마켓팀에 달려가 정밀도가 높은 이미지를 내놓으라고 한 뒤 자신이 원하는 사이즈로 편집했다. 장젠후이는 자신이 임산부라는 것도 잊은 채, 마스크 하나만 쓴 채로 위험한 인테리어 현장을 누비곤 했다. 우차이청 지점을 오픈하기 전인 2016년 3월 19일에도 날마다 마스크를 쓰고 작업장 곳곳을 드나들었다. 공사 진척을 확인하던 장젠후이는 '소화기'라고 쓴 글자도 그냥 지나치지 않았다. 흔히 볼 수 있는 빨간색 대신 은색으로 수정해달라며 인테리어 디자이너에게 수정을 요청하기도 했다.

플래그십 스토어 오픈을 준비하는 동안에도 샤오미가 가야 할 길은 여전히 멀기만 했다. 가구, 진열, 조명 시스템, 조명 광고 위치에 이르기까지 디테일의 극치를 추구했기에 오프라인 팀은 더 빠르게 움직이고 배워야 했다. 장젠후이는 진산에서 같이 일했던 동료 왕하이저우에게 온라인과 오프라인이 결합된 판매 시스템을 구축해달라고 부탁했다. 이러한 학습 과정에서 순수 온라인 전문 전자상거래 업체였던 샤오미는 오프라인을 플랫폼으로 하는 신유통 사업을 거느린 종합 업체로 탈바꿈했다. 레이쥔과 린빈도 오프라인 부문으로의 진출에 발맞춰 판매운영팀을 분리하고 주레이에게 오프라인 파트를 맡겼다.

군더더기 하나 없이 깔끔해 보이는 샤오미즈쟈의 가장 큰 매력은, 시스템과 가격 모두 샤오미왕과 연동된다는 점이었다. 샤오미왕 사이트에서 가격을 조정하면 오프라인 가격도 같이 조정됐다. 오프라인 매장은 매장 임대료, 인테리어 원가, 인건비 등을 부담해야 해서 이윤이 무척 낮다. 이러한 상태에서 오프라인 매장이 계속 운영되려면 어떤 상품을 진열하느냐에 따라 성적이 달라질 수 있다.

레이쥔은 샤오미즈쟈에 시너지 효과를 낼 수 있는 인기 상품을 진열하기로 구상했다. 여기에 생태계 업체가 생산한 제품을 샤오미즈쟈에 입주시켰고, 기존의 '물건은 많지만 살 게 없다'는 제품 구성을 호기심을 유발하는 제품 위주로 변경했다. 이러한 구상에 따라 Mi 외에도 공기청정기, 멀티탭, 샤오미 TV, 심지어 세그웨이 등 일상용품들이 화이트를 테마로 한 샤오미즈쟈 매장에 진열됐다. 레이쥔이 3년 전에 가동한 생태계 프로그램을 통해 '부화'한 여러 제품은 샤오미즈쟈의 제품 다양성을 더욱 끌어올렸다. 그리고 그 해, 레이쥔은 샤오미 브랜드와 생태계 브랜드를 구분하기 위해 생태계 제품을 '미쟈米家(MiHome)'●라고 불렀다. 미쟈의 인기 상품 역시 샤오미즈쟈에 입주해 오프라인 판매에 나섰다.

●
한국에서는 '미지아'라는 이름으로 더 많이 불린다.

이러한 상품 선택 전략이 무척 성공적이었음이 훗날 증명됐다. 샤오미즈쟈 베이징 우차이청 지점은 2016년 2월 18일 시범 영업을 시작한 이래, 전통적인 유통업계에 새로운 바람을 불어넣으며 하루 3000명에 가까운 방문객을 유치했다.

그로부터 일주일 뒤 Mi5 출시와 함께 진행된 샤오미의 봄 시즌 발표회에서 샤오미즈쟈가 정식으로 유통 매장으로 전환한다는 소식을 발표했다. 이를 두고 언론에서는 샤오미의 전략적 포석이라고 해석했다.

20여 일 뒤, 샤오미의 오렌지색 로고와 원목 진열대를 갖춘 세련된 스타일의 샤오미즈쟈 우차이청 지점이 베이징에서 정식으로 문을 열었다. 매장에는 품질, 인기, 가성비 면에서 최고로 평가되는 샤오미 제품들이 진열돼 있었다. '샤오미즈쟈'라는 '상품'은 샤오미의 여러 제품이 시장에 처음 소개됐을 때처럼 '새로운 존재의 등장'에 감탄하는 시장 반응을 이끌어냈다. 매장 앞에는 날마다 끝이 보이지 않는 사람들의 행렬이 이어졌다. 덕분에 매출이 꾸준히 증가했고, 매장 문을 연 지 몇 달 만에 월평균 매출 1100만 위안을 달성했다. 이는 전체 매장 매출의 10%에 육박했다. 오픈 후 10개월이 되었을 때 우차이청 지점의 매출은 전체 매장 연간 매출의 14분의 1을 차지했다. 이러한 성적에 힘입어 샤오미즈쟈는 우차이청 쇼핑센터에서 주는 최우수 매장 상을 받기도 했다. 다시 말해서 샤오미즈쟈가 우차이청 쇼핑센터에서 손님 수와 매출 모두 최고라는 뜻이었다.

샤오미 제품의 인기만으로 샤오미즈쟈를 운영하기 시작하자, 유통업 관계자들이 샤오미즈쟈의 비용 계산에 나섰다. 신기하게도, 업계 전체의 비용율이 15% 안팎인 데 반해 샤오미즈쟈의 비용율은 9.9%에 불과했다. 또 다른 전문 데이터에 따르면 그 차이는 더욱 명확하다. 평당 면적에서 발생하는 매출액을 가리키는 평당 영업액은 대형 유통매장 또는 백화점의 경영 상태를 가늠하는 지표다. 공개된 데이터에 따르면 애플은 전 세계에 약 500개 정도의 매장을 운영 중인데, 단위면적당 매출이 $1ft^2$당 5546달러($1m^2$당 약 36만 7000위안)라고 한다. 애플의 뒤를 이어 명품 주얼리 브랜드 티파니Tiffany가 20만 위안으로 2위를 차지했다. 샤오미즈쟈의 평당 영업액은 22만 위안을 유지했다.

화룬우차이청 지점이 산뜻하게 스타트를 끊으면서 샤오미즈쟈는 전국에서 부지 선정 작업에 나섰다. 일부 주요 상권도 샤오미에 먼저 손을 내밀며 샤오미즈쟈에 더 많은 혜택을 제공하겠다고 제안했다. 샤오미가 고객의 발길을 사로잡는 인기 브랜드인 만큼 샤오미즈쟈를 유지하면 쇼핑몰의 새로운 활력을 불어넣을 거라는 판단 때문이었다.

전국에 걸쳐 매장을 여는 과정에서 린빈은 주말마다 여러 도시로 출장을 떠났다. 서부 일부 지역을 제외한 주요 도시를 돌아다니고, 때로는 현縣 1급 도시까지 찾아가 주요 도시와는 전혀 다른 오프라인 판매 상황을 점검하기도 했다. 한편 장젠후이는 무사히 아이를 출산한 후 린빈에게 약속했던 대로 두 달 만에 전쟁터로 돌아왔다. 사실 어떻게 보면 그녀는 한시도 전쟁터를 벗어난 적이 없다고 하겠다. 몸조리를 하는 동안에는 팀원들이 그녀의 집에 찾아와 업무회의를 열었다. 출산 휴가 기간에도 팀원들을 통해 레이쥔과 린빈의 회의 녹취록을 확인하곤 지시에 따라 업무에 착수했다. 이상한가? 샤오미의 내부 분위기는 전혀 그렇지 않다고 말한다.

그해 말 샤오미는 전국에 걸쳐 총 50개의 샤오미즈쟈를 선보였다. 린빈과 장젠후이가 개별 전투에 나서면서 두 사람은 중국 전역을 누비며 샤오미즈쟈의 운영 모델을 끊임없이 보급했다. 그 밖에도 샤오미 직영점을 발판 삼아 샤오미 전문점이라고 불리는 모델의 가능성을 타진하기 시작했다. 샤오미 전문점 모델이란, 샤오미와 업체가 협업해 유통업체는 매장 임대료와 인건비를 책임지고 샤오미는 상품 공급과 함께 점장을 파견해 물류, 매장 운영, 직원 교육 등 운영 비용을 부담하는 모델이다. 해당 모델에 따르면 전문점은 샤오미에 보증금만 입금해 주면 재고에 대한 부담을 덜 수 있다.

이러한 매력에 이끌려 불과 몇 달 사이에 현대적인 감각을 물씬 풍기는 샤오미 매장과 유명한 오렌지색 로고가 더 많은 사람의 시선을 사로잡기 시작했다.


## 희망의 서광

2016년 하반기는 샤오미 역사상 가장 힘들었던 시기였다. 상반기에 대대적인 구조조정을 실시하며 레이쥔은 연구개발과 공급망 사업을 접수하는 틈틈이 조정이 필요한 빽빽한 작업을 추진했고, 신제품 계획을 수립하는 데도 소홀할 수 없었다. 하지만 중대한 조정의 효과는 가시적인 효과를 즉시 노출하지 않는다. 이런 상황에서 샤오미는 유난히 경쟁이 치열했던 하반기를 맞이하게 됐다. 당시 샤오미 판매량이 급감하면서 모두가 초조한 분위기를 숨기지 못했다. 샤오미의 온라인 전자상거래를 담당하던 경솨이耿帥는 그 시간을 '생사의 기로'에 선 순간이었다고 고백하기도 했다.

외부의 의심 어린 시선 속에서 일부 공급업체에서도 샤오미에 대한 불신을 드러내기 시작했다. 언론에 보도된 업체 중에서도 징둥과 차이나 모바일이 유독 걱정스럽다는 반응을 보였다. 언론에 보도된 바에 따르면 징둥의 류창둥劉強東이 샤오미의 상태를 직접 물어봤다고 한다. 차이나 모바일 역시 초조한 반응을 보였다. 샤오미와 3000만 대 총판 계약을 체결했었던 차이나 모바일 역시 샤오미의 동향을 예의주시했다.

이러한 분위기 속에서 레이쥔은 또다시 지휘봉을 휘둘렀다. 휴대폰 부문의 부담이 과도해지자 레이쥔은 샤오미의 온라인 판매를 진두지휘하며 샤오미의 가장 중요한 텃밭 지키기에 나섰다. 쥐에왕을 준비하는 동안 레이쥔은 배고픈 것도, 피곤한 것도 잊을 만큼 전자상거래 사업에 사활을 걸었다. 당시 레이쥔은 개발팀에 화소당 판매 효율을 계산하라고 지시했다. 화면에 올라온 광고의 평균 판매량을 시스템을 통해 계산한 뒤 조건에 맞지 않으면 즉시 광고를 교체하는 방식이다. 현재 샤오미의 전자상거래 판매는 샤오미왕과 그 외의 전국 이커머스 마켓을 통해 이뤄지는데, 후자의 경우 톈마오와 쑤닝, 징둥을 통해 판매되고 있다.

레이쥔은 2016년 7월부터 샤오미왕과 전국 이커머스 마켓의 전투에 뛰어들었다. 팀원들에게 지시를 내리고, 시간을 쪼개 팀원들에게 전자상거래 판매를 지도했다. 당시 샤오미왕을 관리하던 리밍진李名進은 그때를 떠올리며 두 달 만에 세계 최고의 EMBA 과정을 이수해야 했다고 고백했다.

팀원들이 그동안 발견하지 못했던 디테일한 문제, 이를테면 휴대폰 애플리케이션을 통해 샤오미상청에 접속하면 속도가 현저하게 더뎌지는 것 같은 문제를 여럿 발견했다. 레이쥔의 지적에 팀원들은 샤오미상청의 접속 속도는 오래전부터 예의주시하고 있는 문제라며, 다른 경쟁업체와 차이가 없다는 반응을 보였다. 팀원들의 불만 섞인 반응에 레이쥔은 그 자리에서 커다이쇼핑口袋購物이라는 앱을 열었다.

"이걸 보면 문제가 있다는 걸 알게 될 겁니다."

리밍진과 그의 팀원들은 해당 앱을 살펴보며 자신들의 예상이 틀렸다는 걸 확인할 수 있었다. 연구를 통해 현재의 웹페이지로는 다양한 제품 이미지를 소화할 수 없어 소비자의 사용 경험에 좋지 못한 영향을 미쳤다는 걸 알 수 있었다. 그래서 리밍진은 즉각 문제 해결에 나섰다. 경쟁업체의 전자상거래 접속 속도를 '압도'할 수 있도록 엔지니어가 안드로이드의 로딩 엔진을 손봤다. 사소한 문제였지만 사용자의 경험을 효과적으로 개선했다는 게 증명됐다.

그 밖에도 레이쥔은 타이틀, 이미지처럼 사소한 것부터 바로잡기 시작했다. 조회율과 구매율을 높일 수 있도록 하려면 어떤 소재나 이미지를 사용해야 하는지 직원들에게 반복해서 설명했다. 징둥과 톈마오 모두 고가의 자원인 만큼 해당 사이트에 쓸 이미지는 여러 번 체크하는 게 특히 중요하다고 강조하기도 했다.

그러는 과정에서 전국 이커머스 마켓의 책임자인 정솨이는 레이쥔이 짊어진 부담의 무게를 느낄 수 있었다. 업무 스트레스가 과도할 때도 레이쥔이 직원들에게 화풀이하는 일은 거의 없었지만 그의 컨디션을 보며 어제 제대로 쉬었는지 짐작할 수 있었다. 때로는 눈에 핏발이 가득 설 때도 있었고, 스트레스가 심할 때는 이따금 담배를 피울 때도 있었다. 한 번은 레이쥔이 회의에서 직원과 데이터를 확인하면서 다 마시고 차곡차곡 쌓아둔 콜라 캔에 담뱃재를 터는 모습을 목격하기도 했다. 그 모습에 직원들은 레이쥔이 얼마나 섬세한 사람인지 두 눈으로 확인할 수 있었다.

모두가 과도한 업무 스트레스에 시달리던 가운데, 정솨이는 디테일한 작업을 수행하다가 신경 쇠약에 걸릴 만큼 지쳐 있었다. 정솨이는 그때 이후로 휴대폰 벨 소리만 들어도 공포에 휩싸이기 시작했다. 휴대폰 알림이 뜨는 것도 무서웠다. 특히 위챗을 통해 전달된 게 문자 텍스트가 아닌 이미지라면 더더욱 그랬다. 대개 캡처 이미지가 전달되곤 했는데 그건 레이쥔이 보낸 게 분명했다. 레이쥔이 동그라미를 쳐둔 이미지를 볼 때마다 '당장이라도 폭발'할 것 같았다. 아침에 일어나서 휴대폰을 드는 순간 파고드는 괴로움이 자리에서 일어나기도 전에 큰 시험을 치러야 하는 압박감으로 느껴졌다.

샤오미의 온라인 텃밭을 지키기 위해 레이쥔은 샤오미왕과 전국 이커머스 마켓에 핵심성과지표Key Performance Indicator(KPI)를 전달했다. 샤오미왕은 매달 최소 100만 대, 전국 이커머스 마켓은 매달 150만 대를 판매해야 한다고 주문했다. 당일 판매 목표를 달성하지 못하면 팀장이 레이쥔에게 수당을 반납해야 했다. 반대로 목표를 달성하면 레이쥔이 팀원들에게 수당을 지급했다.

전사적으로 전시 상태에 돌입하면서 샤오미왕에 근무하던 진량金亮은 리밍진의 작전 수행 능력에 깊은 인상을 받았다. 먼저 리밍진은 100만 대라는 KPI를 시간 단위로 쪼갰다. 매일 아침 팀원들이 샤오미 본사 사무실에 앉아 오전 9시부터 한 시간 간격으로 매출 결과를 보고했다. 특정 시간대에 판매량이 감소하면 모두 즉각 원인을 분석했다. 운영업체의 문제인지 아니면 기술적인 문제인지 원인을 규명한 뒤에 판촉 이벤트를 벌이기도 했다. 한 시간 간격이었던 것이 어느새 15분으로 줄었다. 시스템이 자동으로 데이터를 산출했지만, 샤오미왕 직원들은 A4 용지에 판매량을 기록하곤 했다. 이렇게 하면 즉흥적으로 생기는 변화를 실시간으로 파악하고 대처할 수 있었기 때문이다. 그래서 하루 일과를 마칠 때 즈음이면 직원들 앞에 스무 장도 넘는 종이가 쌓여 있기도 했다.

2016년 9월 9일, 레이쥔은 샤오미 본사 지하 1층의 다목적실에서 판매 운영에 관한 회의를 열었다. 핵심 임원들이 총동원된 내부 회의로 레이쥔은 평소보다 한결 느긋한 모습을 보였다. 그 자리에서 레이쥔은 지난 몇 달 동안 자신이 전자상거래 사업을 예의주시했던 이유를 말하며 전자상거래 팀원들의 성과를 회고했다.

"텃밭을 지켜야 다시 싸울 수 있습니다. 전자상거래와 전국 이커머스 마켓이라는 전쟁에서 우린 반드시 승리해야 합니다. 저는 최근 두 달 동안 매일 밤 샤오미샹청의 판매 실적을 확인했습니다. 그런 뒤에 수당을 보냈는데 다들 별 관심이 없어 보이더군요. 얼마오二毛(리밍진의 별명)가 지금 새벽 1시라고 하더니 제게 동영상을 하나 보내줬습니다. 영상에는 일곱 명의 직원들이 일하는 중이었는데 수당을 확인할 시간도 없이 바빠 보였습니다. 판매 실적을 놓고 경쉐이와 몇 번 내기도 했는데 제가 여섯 번 지는 동안 경쉐이는 딱 한 번 졌었죠, 그것도 간발의 차이로요. 그래도 경쉐이는 침착했습니다. 두 팀 모두 지난 두 달 동안 장족의 발전을 거뒀습니다!"

공격적인 판매전을 펼치며 달려온 기나긴 터널 끝에 한 줄기 희망의 서광이 비치는 듯했다. 그뿐만 아니라 샤오미의 주요 전쟁터 밖에서도 연달아 희소식이 들려오고 있었다. 류더는 생태계 업체에 투자하는 과정에서 거장이 만든 예술 작품에서만 느낄 수 있었던 비현실적인 감동을 느낄 수 있었다. 생태계 업체들은 지난 3년 동안의 발전을 통해 비약적으로 성장했다. 2016년, 생태계를 통해 수십여 개의 업체가 태어나며 수많은 제품을 선보이고, 인기 상품을 꾸준히 선보이며 샤오미의 점-선-면으로 이루어진 전략을 완수했다. 그해, 샤오미가 생태계와 IoT를 통해 벌어들인 수입이 100억 위안을 달성했다. 다시 말해서 샤오미는 3년 만에 샤오미 전체 생태계를 지킬 수 있는 견고한 방어막을 세우는 데 성공한 셈이다.

샤오미의 다양한 제품은 뛰어난 성능은 물론 디자인 면에서도 소비자의 시선을 사로잡았다. 생태계 부문 출범 초기부터 생태계 제품들은 궁극의 디자인을 통한 일상 속 예술작품이라는 가치관을 지향했다. 그 덕분에 레드닷 디자인 어워드Red Dot Design Award와 같은 국제 디자인대회에서 수상하는 등 디자인 분야에서 눈부신 성과를 거뒀다. 이러한 노력에 힘입어 레이쥔은 2016년 4월 미국의 IT잡지 〈와이어드Wired〉의 커버 모델로 등장하기도 했다. '중국을 카피할 때가 됐다'라는 제목의 글에서 레이쥔은 메이드 인 차이나에 대한 세계의 인식을 바꾸는 것이 그동안 샤오미의 목표였다고 밝혔다.

그 무렵 샤오미가 생태계에 투자하는 이면에서 보여준 방법론은 독특한 가치를 보여주고 있었다. 업체나 인큐베이터에 투자하는 방식과 달리, 투자 업체의 상품 정의, 외관 디자인, 가치관 확립 및 루트 개척 등에 샤오미는 수백 명의 팀원을 동원하는 지원을 아끼지 않았다. 그 때문에 생태계에서 제작된 제품은 자연스레 샤오미 모델을 참고하게 된다. 이러한 산업 클러스터가 확대될수록 샤오미 모델을 통해 메이드 인 차이나 모델도 자연스레 업그레이드될 수 있다.

한편 인도 시장에서 크게 데였던 샤오미는 그동안의 실수를 바로잡고 해외 시장 공략을 위한 방향을 잡았다. 2016년 3월, 샤오미는 인도에서 홍미 노트3를 출시했다. 샤오미가 인도에서 처음 공개한 풀메탈 스마트폰으로, 지문 인식 기능과 대화면 디스플레이로 인도 소비자의 입맛을 겨냥했다. 게다가 배터리 용량도 4000mAh 이상이라, 전기 공급이 불안한 인도 시장의 수요와도 잘 맞아떨어졌다. 뛰어난 성능, 매력적인 가격을 앞세운 홍미 노트3는 반년 만에 230만 대가 팔리며, 인도 시장에 진출한 이래 최초의 흑자 기록을 세웠다.

그 후 샤오미는 인도에서 파죽지세를 올렸다. '최고의 가성비'를 앞세운 홍미는 인도 사용자의 소득 수준에 적합했을 뿐 아니라, 인도 소비자의 개성을 고려한 커뮤니티 운영 방식으로 큰 인기를 누렸다. 무엇보다 샤오미가 인도 전자상거래 시장에서 처음으로 도약을 위한 발판을 확보하며 자신에게 맞는 해외 시장 진출을 모색하는 계기로 작용했다는 게 중요한 의미를 지닌다.

이러한 흐름은 중국 모바일 인터넷 업체들의 해외 시장 진출과도 잘 맞아떨어진다. 2016년, 해외 시장 개척에 나선 중국 업체의 체급과 시장 규모는 모두 한 단계 도약했다. 가령 알리바바의 경우 213개국으로 세력을 확장했고, 치타 모바일은 휴대폰 관리 애플리케이션인 클린마스터CleanMaster 외에 콘텐츠 사업에서도 약진했다. 해외 시장에서 순항하는 모바일 인터넷 업체가 꾸준히 증가하는 가운데, 샤오미의 해외 사업 비중도 이러한 흐름에 맞춰 점차 증가하고 있다.

2016년 10월, 샤오미는 또다시 신제품 발표회를 열었다. 대부분의 직원도 모르는, 오랫동안 준비해 온 콘셉트의 제품이 무대 위에서 모습을 드러냈다.

미래에서 온 휴대폰은 출시와 함께 업계 전반에 걸쳐 핫이슈로 떠올랐다.


### 세계 최초 풀스크린 휴대폰

2016년 4분기, 새로운 자본 혹한기가 지난 수년 동안 고속 성장을 구가한 중국 모바일 인터넷 시장을 소리소문없이 덮쳤다. IT와 전통 산업 모두 업그레이드를 앞둔 중요한 시점이었다. 인터넷 업계가 업그레이드 과정에서 가장 힘든 시간을 보내게 될 거라는 우려의 목소리가 점점 커지기 시작했다.

샤오미의 출하량도 큰 폭으로 떨어졌다. 국제데이터센터 IDC가 발표한 2016년 중국 휴대폰 시장의 분기별 보고서에 따르면, 2016년 4분기 OPPO가 압도적인 기세로 1위를 차지한 데 반해 샤오미의 판매량은 급감했다.

샤오미의 매출 감소를 일으킨 주범은 휴대폰, 그리고 이제 막 실력 향상에 나선 공급망이었다. 이전 상품의 수명주기가 끝나기도 전에 드러난 문제는 여전히 해소되지 못했다. 게다가 퀄컴의 부품 공급이 늦어져 샤오미는 당분간 물량 확보에 나서야 했다. 이러한 원인이 뒤엉키면서 여러 제품이 여전히 심각한 공급 부족 사태를 겪는 바람에 샤오미는 무척 초조한 시간을 보내야 했다.

전체 시장의 동향을 파악한 결과, 휴대폰 시장의 성장 사이클은 이미 막을 내린 상태였다. IDC가 발표한 전 세계 스마트폰 데이터에 따르면 2016년 전 세계 스마트폰 출하량은 14억 706만 대로, 2015년보다 10.4% 증가했다. 2016년의 증가율 수치만 보면 시장은 침체에 가까운 상태였다. 이와 함께 중국 내 1, 2선 도시 이용자들 대부분이 스마트폰을 보유한 터라 수요도 포화 상태였다. 이와 대조적으로 3, 4선 및 더 넓은 지역의 농촌 시장에서 스마트폰이 본격적으로 보급되기 시작했다. 이 덕분에 OPPO와 vivo의 시장 점유율이 꾸준히 증가할 수 있었다.

상대적으로 개방 가능성이 높은 오프라인 시장에 진출할 기회가 없었던 샤오미로서는 더욱 어려운 처지에 놓인 것이다.

업계 일각에서는 연간 시장 점유율로 따졌을 때 샤오미가 전세계 빅 5에서 '기타Others' 그룹으로 밀려났다는 데 주목했다.

샤오미 역사상 가장 힘든 분기가 예상됐다. 판매 급감으로 샤오미가 춥고 어두컴컴한 터널을 지날 것이라는 분위기가 팽배해지면서 샤오미 내부 직원들도 침울한 표정을 지었다. 하지만 레이쥔은 2016년 10월 25일 발표회 현장에 평소처럼 활기찬 모습으로 나타났다. 주름 하나 없이 빳빳한 하늘색 셔츠, 팔뚝까지 접은 셔츠 소매에 짙은 청바지 차림은 여전했다. 벨트에 마이크를 찬 모습도 평소와 같았다. 긍정적이면서도 차분한 미소는《하드씽》의 한 구절을 연상시켰다.

'상황이 어려울수록 마이크는 강해졌다. 그를 최고의 전사라고 부르는 이유가 여기 있다.'

이날 샤오미는 베이징대학교 체육관에서 신제품 미노트2를 발표했다. 오프라인 시장 진출에 발맞춰 샤오미는 자사의 홍보 모델인 영화배우 량차오웨이梁朝偉를 현장에 초대했다. 브랜드 파워를 키우고 새로운 마케팅 방식을 모색하기 위한 중요한 자리였다. 발표회 전까지 리완창은 신제품에 관한 소식을 비밀에 부쳤다. 사내 직원 대부분이 샤오미가 오랫동안 준비한 회심의 작품을 그 자리에서 처음 본 것이다.

량차오웨이가 무대에 천천히 오르자, 무대 아래서 뜨거운 환호성이 터졌다. 이러한 스타 효과는 샤오미의 발표회장에서는 처음 목격된 것이다. 량차오웨이는 자신이 출연한 영화로 미노트2의 듀얼 커브드 디스플레이의 특징을 소개했다.

"하나의 일대종사一代宗師, 또 하나의 화양연화花樣年華입니다."

레이쥔도 현장의 팬들에게 농담을 건네며 분위기를 띄웠다.

"제가 여러분 대신 량차오웨이 씨와 기념사진을 찍겠습니다. 나중에 절 포토샵으로 지워버리세요."

그 말에 무대 아래선 유쾌한 웃음이 터져 나왔다.

'직선은 인간의, 곡선은 신의 영역'이라는 감탄 속에서 미노트2 발표회는 50분간 이어졌다. 의례적인 방식으로 진행된, 크지도 작지도 않은 규모의 발표회였다. 행사가 거의 끝났다고 생각될 때 즈음, 현장의 관객 심지어 많은 샤오미 직원들의 예상을 깨고 레이쥔이 다시 마이크를 잡았다.

"오늘 소개할 휴대폰이 더 있습니다. 미래에서 온 미믹스 MiMix를 소개합니다."

2014년, 레이쥔은 상업적 대가나 상업적 목적을 따지지 않고 창의성을 극도로 발휘한, 리스크 투자라고 여겼던 제품 개발에 착수하기로 마음을 굳혔다. 그것은 전 세계 휴대폰의 효시이자, 휴대폰의 SBR 90%를 최초로 구현한, 휴대폰 형태를 혁신한 제품이었다. 미믹스가 공식 발표되는 순간을 지켜보던 많은 엔지니어는 만감이 교차했다. 지난 1년여간 힘들게 작업했던 프로젝트에 여전히 빠져 있는 것만 같았기 때문이다. 우여곡절 많았던 지난 시간을 떠올리자니, 미믹스의 개발은 미지로 가득한 여정을 떠올리게 했다. 미믹스의 등장은 당연한 결과물이 아닌, 험난한 여정에 종지부를 찍는 종착역처럼 느껴졌다.

그 시간, 발표회 무대 뒤편에 서 있던 미믹스 연구개발을 담당한 메인 엔지니어 류안위는 눈시울을 붉히고 있었다. 베이징대학교는 그의 모교였던 터라 예전에는 이곳 체육관에서 자주 농구 게임을 즐겼지만 어떤 승리도 오늘의 승리만큼 감동을 선사하진 못했다. 미믹스와 같은 제품을 개발하기 위해 스포츠정신으로 단단히 무장해야 했다고 류안위는 고백했다. 끈질긴 인내심과 성공을 향한 야망, 그리고 누군가는 패하게 될 것이고 패자는 무대에서 퇴장해야 한다는 잔혹한 현실을 담담히 받아들일 수 있는 담대함을 지녀야 한다는 것이다.

누가 봐도 야심 가득한 프로젝트였다. 시장에 출시된 많은 휴대폰이 화면 대 본체 비율을 강조했고, 사용자에게 더 큰 디스플레이를 제공하기 위해 많은 회사들이 고민하는 중이었다. 이러한 상황에서 등장한 미믹스는 당시 흔히 볼 수 있는 70%의 SBR을 90% 이상으로 끌어올리며 세계에서 SBR이 가장 큰 휴대폰으로 평가됐다.

소비자에게 더 큰 디스플레이를 제공하는 일은 엔지니어에게는 험난한 가시밭길을 예고하는 것이었다. 언제 끝날지도 모르는 그 길을 날마다 쉬지 않고 걸어야 했다. 풀스크린 디스플레이를 구현하기 위해 해결해야 할 문제가 한두 가지가 아니다. 게다가 외관이 바뀌면 레이아웃 엔지니어는 기존의 휴대폰 디자인을 전부 뒤엎어야 했다. 스피커와 소리 전달 방식도 기존과는 전혀 달라져야 했다. 상상하기 어려운 공정을 통해 엔지니어들은 캔틸레버 압전 세라믹 음향 기술Cantilever Piezoelectric Ceramic Acoustic을 미믹스에 탑재했고, 소리를 공기를 통해 전달하는 방식이 아닌 기기 전체의 진동을 통해 전달하는 방식으로 스피커 없는 기기를 구현할 수 있었다. 또 기존 휴대폰에 탑재되었던 적외선 센서는 오작동 현상을 피하기 위해 초음파 탐지 시스템으로 교체됐다. 휴대폰의 최신 성능을 구현하기 위한 소재로 엔지니어들은 디스플레이와 베젤, 후면부를 단단히 이어주는 기술로는 중국의 전통 공예 기술에서 영감을 얻은 장부 조인트 디자인Tenno Joint Design을 활용했다.

화면 비율을 높이고 모서리를 곡선으로 바꾸는 조건하에서, 보기 편안한 비율을 구현하기 위해 ID 엔지니어는 1년 내내 복잡한 테스트에 매달렸다. 16:9, 16:5, 17.5:9, 18:9…. 끊임없이 반복된 테스트 끝에 기존 16:9의 화면 크기를 17:9로 변경했다. 사소한 차이처럼 보이지만 이를 위해 엔지니어들은 막대한 시간과 비용을 쏟아야 했다. 당시 휴고 바라는 엔지니어가 화면 비율을 변경할 거라는 소식에 구글의 호환성 규정 Compatibility Definition Document(CDD)에 위반될 수도 있다는 점을 경고했다. 안드로이드 기기의 애플리케이션 호환성과 균일한 사용자 경험을 위해 당시 안드로이드 호환성 규정에서는 화면 비율이 4:3과 16:9 사이여야 한다고 규정되어 있었다. 샤오미가 특수한 디스플레이를 구현하려면 구글 본사의 동의를 거쳐야 했다. 이를 위해 샤오미의 엔지니어들은 반년 넘게 구글과 소통하는 한편, 국제전화를 통해 관련 기술을 설명했다. 바라와 쑹자닝 역시 미믹스 엔지니어들과 함께 구글의 마운틴 뷰 Mountain View 본사로 두 번 날아가 현지 임원들과 회의를 열었다. 바라는 옛 동료들 앞에서 구글의 철학으로 샤오미가 혁신에 나선 의미, 즉 모든 것은 사용자를 위한 것이라는 의도를 설명했다. 몇 달에 걸친 소통 끝에 구글로부터 동의를 받아낸 샤오미는 정면의 불필요한 공간을 없애고 화면을 적절히 늘릴 수 있었다. 이렇게 해서 미믹스는 안드로이드 기반 휴대폰으로 출시될 수 있었다.

레이아웃 문제를 해결했으니 외관 디자인도 해결해야 했다. 흔히 볼 수 있는 플라스틱이나 금속 혹은 유리가 아니라 금속성 광택과 유연성을 가지고 투명하면서도 단단한 세라믹 소재를 사용했다. 레이쥔은 발표회 무대에서 흑진주처럼 빛나는 미믹스를 보며 감탄을 금치 못했다. 세라믹 소재는 가격이 비싼 것은 물론 가공 공법 역시 보통 까다로운 게 아니었다. 1500℃에 달하는 고온에서 구워야 하는데, 굽기 전과 구운 후 수축 현상으로 모양을 잡기 어려웠다. 초기 연구 단계에서 엔지니어들은 테스트를 위해 난로에 세라믹 조각을 넣기도 했는데, 화력 조절에 실패해 세라믹 조각 5000개를 몽땅 폐기하기도 했다. 거듭되는 실패에 자괴감에 빠지는 엔지니어들이 속출하기도 했다.

제품 발표까지 두 달 남은 시점에서 미믹스의 공개 여부를 두고 의견 충돌이 있었다. 휴대폰을 개발하는 과정에서 여러 업체가 샤오미의 '대화면 휴대폰 제작' 소식을 알고도 별다른 관심을 보이지 않았다는 걸 아는 엔지니어들도 있었다. 샤오미가 그렇게 대단한 물건을 만들지 못할 거라는 반응에도 이들은 최적화를 거듭하며 세상을 놀라게 할 작품의 탄생을 준비했다. 미믹스는 콘셉트 제품이기는 하지만 휴대폰 제조 산업에 충격을 가져다주는 것은 물론, 여러 업체에 샤오미에 대한 확신을 심어줄 기회라는 것을 레이쥔은 잘 알고 있었다. 새로운 아이디어를 제시한 크리에이터로서 이보다 더 값진 선물은 없었다.

이보다 더 다행스러운 건, 시대를 앞선 디자인에 성능이 전혀 밀리지 않았다는 것이다. 스냅드래곤 821 프로세서, 4GB RAM과 128GB 내장메모리, 4400mAh 배터리를 탑재한 미믹스를 샤오미는 두 가지 버전의 가격으로 시장에 소량 출시하는 판매 전략을 취했다.

이날 발표회에는 량차오웨이 외에도 세계적인 디자이너 필립 스탁Philippe Starck이 초대됐다. 레이쥔은 발표회에서 필립 스탁이 디자인한 작품, 가령 스티브 잡스의 개인용 요트, 프랑스 대통령 관저인 엘리제궁의 실내 디자인, 수백만 개의 루이 고스트 체어Louis Ghost Chair 등을 보여줬다. 그리고 마지막엔 필립 스탁을 무대로 초대해 휴대폰으로 사진을 찍자, 발표회 현장에서 뜨거운 환호성과 박수갈채가 쏟아졌다.

초대형 화면에 통유리로 만든 것 같은 휴대폰이 두 사람 손에서 주황빛을 터뜨렸다!

이날 발표회는 모두의 감탄 속에서 막을 내렸다. 팬들의 열광과 비명은 2011년 8월 16일, 광팬을 위해 태어난 Mi1의 발표회 현장을 떠올리게 했다. 많은 사람이 샤오미에 대한 뜨거운 사랑을 또다시 불태우기 시작했다. 이날 커뮤니티에서 미펀들은 앞다투어 샤오미에 대한 사랑을 고백하기도 했다.

"그래, 바로 이거야. 영원히 젊고, 뜨거운 눈물이 차오르는 그런 벅찬 기분….'

"기술을 위해서면 뭐든 하겠다는 샤오미가 드디어 돌아왔어!"

발표회가 끝난 뒤 레이쥔은 연구개발 엔지니어들을 데리고 사무실로 돌아와 술병을 돌렸다. 모두 머리를 감싸 안고 엉엉 울고 싶은 기분이었다.

"이렇게 좋은 결과를 만들어 내다니 다들 모두 수고했습니다!"

샤오미가 보여준 기술 혁신에 IT 업계가 크게 흥분했다. 샤오미가 다시 한번 브랜드 파워를 키웠다는 언론 보도가 온라인과 오프라인을 장식했다.

미믹스의 등장은 브랜드의 리모델링이자, 초심으로 돌아가는 선택이었다.

신비한 베일에 싸인 미믹스, 그 끝은 어디일까?

미믹스는 풀스크린이라는 콘셉트를 처음 제시했다. 현재 휴대폰 시장의 동질화가 나날이 심각해지는 상황에서 혁신을 앞세워야 시장과 소비자의 인정을 받을 수 있다는 걸 샤오미가 입증했다.

IT 전문매체 〈테크레이다TechRadar〉는 다음과 같은 평가를 내놨다.

샤오미는 2016년 최고로 쿨하면서 핫한 비주얼을 선보였다.

샤오미는 자력으로 글로벌 미디어의 관심을 이끌어냈다. 그 중에서도 가장 상징적인 사건은, 필립 스탁이 미믹스를 든 채 주간지 〈타임TIME〉에 실린 일이었다. 〈타임〉은 '스탁의 휴대폰이 대화면 휴대폰의 데뷔를 장식했다Starck phone makes big-screen debut'는 타이틀 아래, 디자이너 필립 스탁의 디자인과 미믹스 디자인을 모두 극찬하며 '세라믹 기술의 혁명'이라고 불렀다.

미믹스는 세계 최초의 풀스크린 휴대폰으로 삼성보다 6개월, 애플보다 1년 먼저 등장했다. 이러한 등장이 제품 트렌드에 미치는 영향은 상상 그 이상이었다. 구글은 샤오미의 발표회가 끝난 뒤 샤오미 엔지니어들에게 메일을 보냈다.

"축하합니다. 정말 충격적이었습니다. 구글은 더 큰 비율의 디스플레이와 커브드 디자인을 지원할 계획을 세웠습니다."

중국 휴대폰 업체의 실력 향상에도 미믹스는 긍정적인 효과를 가져다줬다. 미믹스가 소개된 뒤 전 세계 스마트폰 부문에서 풀스크린에 대한 관심이 뜨거워지면서, 중국 휴대폰 업체의 연구개발 능력과 혁신에 대한 관심도 뜨거워져 갔다.

미믹스의 등장과 그에 따른 파급력은 암울한 시기, 온갖 부정적인 소식만 접하던 샤오미에 많은 것을 가져다줬다. 시장에서의 입지 회복, 하늘을 찌를 듯한 사기, 공급업체를 향한 긍정적인 신호, 광팬을 위해 탄생했다는 초심, 미래를 향한 기대와 두려움 없는 용기…. 미믹스 효과를 통해 샤오미는 시장에서 원래의 자리를 되찾았다. 자본금이 말라붙은 모바일 인터넷 업계에 샤오미는 혁신의 진정한 의미를 보여주며, 희망의 바람을 불어넣었다.

샤오미의 작업 일정표가 신제품 개발을 위한 계획으로 빽빽하게 채워졌다. Mi 관련 부문 역시 실력 강화를 통해 전투력을 끌어올리고 있었다. 하지만 샤오미의 부활에 대한 외부의 시선은 여전히 회의적이었다. 어느 날, 작업 일정표를 확인한 주레이는 달력에 2017년 2분기가 시작하는 날을 표시했다. 이 날이 되면 샤오미의 역습이 시작될 거라고 확신했다.

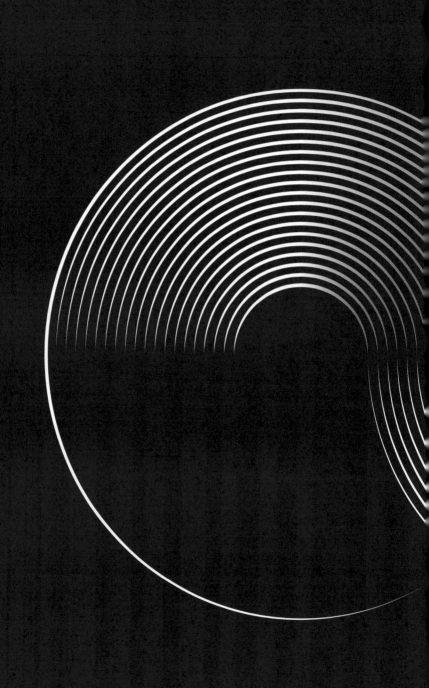

3부
가장 젊은
글로벌 500대 기업

## 9장 거침없는 질주

### 샤오미의 목숨줄

미믹스의 혁신적인 풀스크린은 샤오미에는 일대 전환점으로 작용했다. 샤오미의 기술적 안목과 돌파력을 외부에 선보였을 뿐만 아니라, 사내에서도 긍정적인 신호를 보내며 직원들의 사기를 끌어올렸다. 한 엔지니어는 SNS에 연구개발에 참여했을 당시의 심경을 올렸다.

엔지니어는 성실하기도 해야 하지만 그보다는 용기가 더 필요하다. 유럽의 항해사처럼 기술이라는 대항해시대에 자신만의 신대륙을 찾아야 한다. 그들은 두려움을 무릅쓰고 자신을 시간과 미지에 내던진 채 망망대해를 누비는 선구자, 이 시대의 마젤란과 콜럼버스가 되어야 한다.

레이쥔이 2016년을 실력 강화의 원년으로 삼겠다고 제안한 이래 혁신과 품질, 유통은 샤오미 휴대폰 사업의 3대 혁신으로 자리 잡았다.

혁신에 대한 꾸준한 탐색 외에도 장펑이 이끄는 공급망 관리팀은 안정적인 유통을 책임질 수 있는 시스템 구축이라는 임무를 수행했다. 2016년 하반기부터 공급망 관리팀은 특수부대처럼 짧은 시간 내에 합동작전을 펼쳐 골치 아픈 시스템 문제를 집중적으로 공략했다. 당시 장평은 제대로 자지도, 쉬지도 못하는 시간을 보내야 했다. 급기야 한밤중에 퇴근하는 게 당연하게 여겨지는 상황이 되자, 장평도 인내의 한계를 느끼기 시작했다.

한 번은 사무실에서 직원과 자료를 검토하던 중에 물품이 부족하다는 걸 발견한 장평이 직원에게 원인을 캐묻기 시작했다. 천성적으로 낙천적인 성격인지 직원은 속사포처럼 쏟아지는 장평의 질문 공세에 슬쩍 웃음을 터뜨렸다. 그 모습에 장평은 화가 머리끝까지 난 채 소리쳤다.

"지금 때가 어느 때인데 웃음이 나옵니까! 여기서 당장 나가요!"

사무실 문을 가리키는 장평의 모습에 직원은 표정이 굳더니 억울한 듯 노트를 들고 사무실을 나섰다.

그날 밤 12시, 업무를 마친 장평이 사무실을 나서다가 아까 그 직원이 정신없이 일하고 있다는 걸 깨달았다. 아까 화를 낸 일이 미안했던 터라 장평은 상대에게 다가가 사과하며 충고를 건넸다.

장평은 공급망 관리 부문을 넘겨받기 몇 달 전, 4~5개월에 걸쳐 팀원들에게 다음 달 완수할 공급량 목표를 설정하는 이른바 '출사표'를 월말에 제출하라고 했다. 그런 뒤에는 꽤나 공식적인 방식으로 연출하곤 했다. 가령 팀원 전체가 다음 달 1300만 대를 출하하겠다는 출사표를 던지면 장펑은 빔 프로젝트로 빨강색 바탕에 황금색으로 적힌 숫자를 사무실의 대형 모니터에 띄우도록 했다. 그런 뒤에 직원들은 화면 앞에서 각자 목표량이 적힌 목록을 들곤 단체 사진을 찍곤 했다. 장펑은 이런 방식이 효과적이라고 여겼다. 기존의 인력과 시스템으로 더 많은 임무를 해내기 위해서는 공식적인 과정을 통해 압박감과 함께 자신의 임무를 정확하게 인지시켜야 한다고 생각했기 때문이다.

이런 행동이 뜻밖에도 효과적이라는 것이 훗날 증명됐다. 직원들 스스로 자신에게 할당된 임무를 완수하는 데 관심을 보이더니, 매달 자신의 임무를 완수하는 데 집중하기 시작한 것이다. 시스템을 꾸준히 최적화하는 한편, 장펑 역시 공급망의 정보화 구축과 인력의 최적화에 나섰다. 이러한 노력에 힘입어 공급망은 점차 안정적인 상태를 유지했다. 그로부터 2년 뒤, 장펑이 매일 확인해야 할 전자 결재가 수천 건으로 늘었다. 번잡한 것을 한눈에 파악하기 쉽고, 역추적 또한 가능하다는 점에서 정보화는 공급망 시스템의 투명도를 높이는 효과를 가져왔다. 정보화 관리의 더 큰 매력은, 기상 이변과 같은 상황이 나타난다고 해도 공급망 시스템에서 사전에 위험을 감지해 발생 가능한 문제를 피할 수 있다는 데 있다. 예를 들면 열흘 뒤에 태풍이 광둥에 상륙한다면 공급망의 정보 시스템이 해당 지역의 공급업체 몇 곳이 영향을 받는지를 자동으로 알려준다. 이러한 경고 덕분에 조달을 담당하는 관리팀에서는 생산 라인 조절과 물류 준비에 미리 나설 수 있다. 사람들도 더는 날씨를 불가항력 요소라고 둘러대지 못할 것이었다.

휴대폰의 혁신과 유통 부문에 힘쓰는 사이, 레이쥔은 여전히 품질 관리를 걱정하고 있었다. 품질 관리는 회사의 운명을 좌우하는 핵심 요소다. 제품의 품질을 보증할 수 있어야 경쟁에서 승리할 수 있기 때문이다. 레이쥔은 품질 부문을 휴대폰 부문과 같은 1급 부서로 개편했지만 회사 내 입지가 여전히 약하다고 판단했다.

제품의 품질이 나쁘면 회사에 치명적인 결과를 가져올 수 있다는 걸 확인시켜준 사례가 있다. 대표적인 사례가 삼성 갤럭시노트7의 폭발 사건이다. 2016년 8월 24일 한국에서 갤럭시노트7이 충전 중에 폭발하는 사건이 처음 발생한 이래 세계 곳곳에서 비슷한 뉴스가 들리면서 소비자와 업계가 등을 돌리고 말았다. 특히 전 세계 주요 항공사들이 공개적으로 갤럭시노트7을 가진 승객의 탑승을 거부하겠다고 선언하면서 삼성이라는 브랜드는 큰 상처를 입었다.

품질에 대한 레이쥔의 고민은 2017년 구정 연휴에도 계속됐다. 스위스의 생모리츠St.Moritz 스키장에서 휴가를 보내며 거의 스키를 타지 않을 정도였다. 당시 품질 관리 문제로 레이쥔이 밤잠을 설쳤다는 걸 아는 사람은 극히 일부에 불과했다. 일주일 동안 레이쥔은 최대한 말을 아낀 채 미노트2를 들곤 어떻게 해야 샤오미의 제품 품질을 보장할 수 있을지 고민을 거듭했다.

구정 연휴가 지나고 출근 첫날, 사무실 문을 열어젖힌 레이쥔은 가장 먼저 사내 핵심 임원 4~5명을 소집해 긴급회의를 열었다. 회의에서 레이쥔이 임원들에게 품질 문제에 대한 자신의 우려를 드러내자, 모두가 공감한다는 반응을 보였다. 제품 품질에 대한 회사 차원의 보다 엄격한 집행을 위해 '잣대'를 높여야 한다는 데 모두 동의했다. 그 결과 긴급회의에서는 품질 위원회를 세워 제품의 품질에 관한 가장 높은 수준의 발언권을 주자는 결론을 도출했다. 이를 통해 품질 관리에 대한 모든 직원의 의식에 경종을 울릴 수 있었다. 그 밖에도 직원들에게 규칙을 정해줌으로써 품질 관리를 위한 표준 시스템을 구축할 수 있었다. 품질 문제를 해결하기 위해서는 긴 싸움이 필요하다는 걸 레이쥔은 알고 있었다. 시스템 문제도 관련되어 있는 만큼 단기적으로는 불만의 목소리가 터져 나올 수도 있지만 반드시 해결해야 하는 문제였다.

레이쥔은 품질 문제 해결에 직접 나서려 했지만 자신이 맡은 휴대폰 부문의 업무만 해도 이미 복잡하다고 판단했고, 품질위원회 위원장을 '감각 있는' 사람에게 맡기기로 했다. 그 결과, 레이쥔이 지목한 인물은 Mi의 초기 레이아웃 공정 책임자이자 미믹스 기획자 중 한 명인 옌커성이었다.

구정 연휴가 끝나자마자 자신에게 중임이 맡겨졌다는 사실에 옌커성은 크게 당황했다. 모두에게 미움을 받는 자리라는 게 불 보듯 뻔했다. 또 품질위원회 위원장 자리에 앉는 순간부터 전방위에 걸쳐 문제를 찾아내야 했다. 설상가상 함께 힘들게 일했던 동료들을 건너편에서 마주해야 한다는 점 또한 쉽지 않은 문제였다. 골치 아픈 문제에 옌커셩은 본능적으로 도망치려 했지만 품질 문제는 피할 수 있는 문제가 아니었다. 옌커셩 개인적으로도 품질과 관련해 뼈아픈 기억이 있었다. Mi1이 막 탄생했을 무렵, 공급업체와 통화 중에 휴대폰이 꺼지는 일이 네 번이나 있었던 것이다. 그때 옌커셩은 손에 든 휴대폰을 바닥에 집어 던졌다. 그건 누구도 아닌 자신에 대한 분노였다. 그때의 일을 옌커셩은 늘 기억했다. 장기적인 관점에서 자신도 품질 관리에 대한 책임을 져야 한다는 것을 옌커셩은 잘 알고 있었다.

2017년 구정 연휴 이후 샤오미는 전 직원의 품질 의식을 강화하고 엄격한 품질 향상을 시도하는 기나긴 여정에 올랐다. 품질위원회 출범 후 열린 첫 번째 모임에서 모두를 '경악'시킨 장면이 연출됐다. 옌커셩은 각 부문의 책임자를 한자리에 모은 뒤 A/S 담당자인 장젠후이에게 영상을 틀라고 했다. A/S 센터를 찾은 한 고객이 들어오자마자 휴대폰을 바닥에 냅다 집어 던지곤 현장 직원의 뺨을 두 번이나 후려치는 영상이었다.

현장에서 영상을 본 사람들은 크게 놀랐다.

품질 관리는 꼼꼼하면서도 장기적으로 추진될 거라는 판단에 따라 옌커셩은 사내 책임자와 일대일 소통을 시작했다. 면담을 통해 옌커셩은 한 가지 사실을 발견했다. 모두 품질이 얼마나 중요한지 잘 알고 있었을 뿐만 아니라, 일을 잘 해내고 싶다는 의욕도 있었다. 하지만 정작 품질을 어떻게 관리해야 하는지 아는 사람이 없었다. 한마디로 말해서 의욕이 없는 게 아니라 방법을 몰랐다는 뜻이다.

이에 따라 품질위원회는 휴대폰 생산 기준과 검사 절차라는 큰 그림을 그린 뒤, 세부적인 개선 작업에 착수했다. 품질위원회는 모든 Mi를 일일이 테스트한 뒤 데이터를 기준으로 문제를 파악했고, 모든 문제가 개선될 때까지 개선 전담팀을 여럿 꾸렸다. 예를 들어 휴대폰이 제멋대로 꺼졌다 켜지는 문제의 경우, 470여 개의 휴대폰을 분해해 하드웨어와 소프트웨어, 제조, 설계를 분석해 원인 파악에 나섰다. 그 결과 휴대폰이 꺼진다는 소비자 항의가 크게 감소했다.

그 외에도 품질위원회는 휴대폰 연구개발 작업의 성공률을 높이기 위해 물 샐 틈 없는 제어 제도를 도입했다. 휴대폰의 품질 향상 및 연구개발 효율을 뒷받침하는 중요한 조치로서 결함검사Defect Inspection 시스템을 도입해 품질위원회가 개발 중인 모든 문제에 평점을 매긴 뒤 양산 전에 반드시 일정 점수를 달성하도록 했다.

무엇보다 중요한 건 품질위원회가 상위 공급사슬의 품질을 통제할 수 있게 됐다는 점이다. 품질위원회는 Mi에 들어갈 부품들 하나하나의 품질을 체크했다. 이런 엄격한 관리를 놓고 한때 샤오미 내에서 불만의 목소리가 터져 나오기도 했다. 품질위원회에 소속된 직원 쉬더우許多는 샤오미의 디스플레이 공급업체에서 2주 동안 머물며 품질 평가에 착수했다. 평가 결과 일부 제품의 불량률이 10%라는 사실이 확인됐다. 이러한 결과를 받아든 공급업체에서 고민 끝에 샤오미의 공급 관리팀 담당자인 스둥위에게 전화를 걸어 사정 좀 봐달라며 사정했다. 스둥위가 쉬더우를 사무실로 불렀다.

"지금도 매달 200만 대밖에 안 나오는데 불량률을 10%라고 해버리면 좀 곤란한데…."

"품질 문제에 예외란 없습니다. 지금 제대로 처리하지 못하면 나중에 1000만 대를 출하할 때는 문제가 그 정도에만 머물진 않을 테니까요."

이렇게 샤오미 직원 전원의 품질 의식이 강화되면서 샤오미도 품질 관리에 대한 투자에 본격적으로 나서기 시작했다. 여러 팀과 위탁업체의 꾸준한 손발 맞추기로 얻어낸 결과였다.

샤오미는 위탁업체에 직원들을 대거 파견하는 한편, 현장에서 발견되는 문제를 수첩에 적어 업체 자체적으로 개선을 독려하도록 했다. 이 때문에 업체 관계자들은 웃지도, 울지도 못하는 난처한 상황에 빠졌다. 이들은 결국 쉬더우를 찾아가 업계 담당자들이 '말도 안 된다'고 말하는 샤오미의 품질 기준을 만족시키려면 업체의 효율이 떨어질 수밖에 없다고 하소연했다. 위탁업체가 품질에 대한 샤오미의 이념에 협조하려면 위탁 제조 비용이 몇 위안 증가할 거라고 하자, 샤오미는 한 치의 망설임도 없이 그들의 제안을 받아들였다.

품질위원회 위원장 자리에 오를 때 걱정했던 인간관계가 자신이 상상했던 것처럼 최악은 아니라는 데 옌커성은 안도의 한숨을 쉬었다. 품질을 엄격하게 관리하는 과정에서 주변의 질타나 불만보다는 응원의 목소리가 더 컸다. 모두 품질을 가장 중요하게 여기며, 전사적인 노력을 통해 달성해야 하는 목표라는 데 공감했다. 특히 엔지니어 문화가 강한 샤오미에서 문제bug를 두고 보지 못하는 엔지니어들의 본능을 자극했다.

품질위원회가 설립되던 해에만 총 254회에 걸친 품질회의가 있었고, 이를 통해 샤오미 제품의 품질은 크게 향상됐다. 연말까지 Mi의 고장 신고율이 60% 넘게 줄어들었고, A/S 처리율도 40%나 떨어졌다.

더 반가운 소식은 2017년 4월 샤오미가 플래그십폰 Mi6를 발표했다는 점이다. 업계에서 '무결점'이라고 불린 Mi6는 뛰어난 품질 덕에 교체 주기가 길어 '장수폰'이라는 별명으로 불리기도 했다.

2017년 4월 초, 레이쥔은 샤오미의 다른 창업주 6명과 함께 '대장정'에 다시 올랐다. 자신들이 함께 싸웠던 바오푸스 인구 빌딩, 왕징의 쥐안스텐디와 칭허의 화룬우차이청으로 돌아간 이들은 그곳에 찾아가 감회에 젖었다. 이날 7명의 동업자는 흰색 바탕에 '샤오미 7주년'이라는 금박 문구가 새겨진 검은색 티셔츠 차림으로 여전히 쌀쌀한 4월의 햇살 아래서 기념사진을 찍었다. 샤오미를 이끌고 앞으로 달려온 이들에게 세월은 많은 숙제를 남겼다. 그들의 눈빛 역시 7년 전보다 훨씬 깊어졌다.

촬영을 마친 이들 중 일부는 워푸스臥佛寺를 찾아 중요한 회의를 열었다. 이틀 동안 진행된 회의에서 레이쥔은 몇몇 창업주들에게 예산서 양식을 보내 각각 작성해 달라고 했다. 예산서를 한데 정리한 후 사람들에게 다시 나눠주자, 몇몇 사람들의 눈이 휘둥그레졌다.

1000억 위안.

그렇다, 지금 이 순간 샤오미 창립자들의 눈앞에 드러난 숫자는 2017년 샤오미 그룹의 예상 총매출액이었다. 모든 사업의 매출액을 계산하면 샤오미 그룹의 영업 매출액은 2017년 1000억 위안을 넘어설 것이다. 레이쥔은 샤오미가 오랜 부침을 거듭하다가 고속 성장의 길로 돌아왔다는 걸 특이한 방법으로 알려주려 한 것이다.

특별한 온기가 감도는 것 같은 봄날, 샤오미는 치열한 시장 경쟁 속에서 외부의 견제에도 무사히 대처하고, 단계적으로 조직을 무사히 복원했다. 스타트업이라면 종종 이런 과정을 겪게 된다. 처음에는 뜨거운 혈기로 앞만 보고 달려가지만 어느 정도 몸집이 커지면 피로감이 쌓이면서 여러 문제가 드러나고 결국 조직 전반에 걸쳐 회복기를 가져야 한다. 이렇게 관계나 조직 모두 바닥을 헤매다가 원래 자리로 복귀해 두려움 없이 달려나갈 힘을 폭발시키는 것이다.

## 샤오미즈쟈의 오프라인 모험기

휴대폰 부문이 끊임없이 자체 문제 해결에 나서고 단점을 보완하는 사이, 샤오미의 채널 정책도 같은 작업에 착수했다. 2016년 말 당시, 샤오미 전체 매출에서 온라인 매출과 오프라인 매출은 각각 75.16%, 24.84%의 비중을 보였다. 오프라인 진영 강화는 2017년 샤오미 채널 정책의 핵심이 될 게 분명했다. 쉽게 말해 샤오미는 인터넷뿐 아니라 매장과 다른 판매 경로를 통해 더 많은 사람이 샤오미 제품을 구매할 수 있는 기회를 발굴하고자 했다.

샤오미즈쟈 우차이청 지점은 샤오미즈쟈 직영점이라는 사업 모델의 성공 가능성을 제대로 입증했다.

짧은 시간 안에 샤오미즈쟈는 샤오미의 명함이 됐다. 베이징 화룬우차이청 지하 1층을 가득 메운 인파 속에서 사람들은 레이쥔의 모습을 간혹 목격하곤 했다. 그해 샤오미 본사를 방문한 손님들에게는 레이쥔의 안내로 회사 지하에 있는 샤오미즈쟈를 함께 둘러보는 것이 일종의 필수 코스였다.

린빈이 이끄는 오프라인 판매팀도 발 빠르게 참고하며 동시 출점에 나섰다. 2016년을 샤오미즈쟈 모델을 검토하는 해로 정의한다면, 2017년은 샤오미즈쟈의 '스트레스 테스트Stress Test'를 진행하는 해였다.

온·오프라인 시스템의 긴밀한 협동 시스템이 확장의 토대가 되었고 여기에는 엄격한 관리가 요구됐다. 장젠후이와 왕하이저우는 신유통 분야에서 꾸준한 탐색에 나섰다. 두 사람 모두 자신의 한계를 뛰어넘어야 하는 도전을 마주하곤 했다.

"신유통은 유난히 복잡한 디테일을 가졌어요. 공급망, 정보화 외에도 오프라인 시장과 전자상거래에 대해서 알아야 해요."

장젠후이는 기초 데이터를 분석한 뒤 그런 데이터를 얻게 된 원인을 분석했다. 그리고 이를 제품, 매장, 창구 등의 카테고리로 나눠 운영에 필요한 자료로 정리했다. 왕하이저우는 PM들과 함께 이 자료를 이용해 정보 관리용 툴을 개발했다. 간편하고 실용적인 툴 덕분에 관리자는 휴대폰으로 1시간 안에 샤오미즈쟈의 수주 현황과 물류 정보를 파악할 수 있었다.

린빈의 제안으로 샤오미는 온·오프라인에서 다양한 협동 시스템을 확보할 수 있었다. 가장 간단한 사례가 매장 내 '스캔 쇼핑' 기능이다. 부피가 크거나 재구매율이 낮은 제품은 매장에 상시 마련해 두기 어렵다. 그래서 소비자가 마음에 드는 진열 상품을 휴대폰의 스캔 기능으로 구매하면 택배로 즉시 배달하는 것이다. 소비자는 '1시간 이내 배달'과 일반 배달 방식 중에 선택할 수 있다.

사업 모델에 대한 꾸준히 검증과 정보화 시스템의 최적화를 거듭하면서 샤오미즈쟈는 세력을 확장하는 데서도 여러 매장을 전국에서 동시에 오픈하는 방법을 모색했다. 그동안 샤오미즈쟈가 전국에 동시에 출점한다는 소식이 계속 보도되면서 사람들은 샤오미가 샤오미 특유의 인터넷 속도만큼 빠르게 전통 유통업에 뛰어들고 있다는 사실을 깨달을 수 있었다. 이 속도는 개점이라는 업무를 하나의 프로그램으로 관리했기 때문에 가능한 것이었다. 부지 선정부터 실내 인테리어, 점포 인테리어, 공정, 인력 교육 등에 걸친 '워크플로우'가 점차 고정되면서 매장들의 작업 주기가 거의 일치하기에 이르렀다. 이를 두고 장젠후이는 '매장 오픈을 위한 생산 라인을 만들었다'고 농담 삼아 이야기하기도 했다.

이 프로세스는 기본적으로 '청문회' 방식으로 샤오미 본사에서 진행됐다. '청문회'에는 샤오미 본사 직원, 해당 지역의 현장 담당자와 직무 부서 담당자가 한자리에 참석한다. 먼저 해당 지역의 현장 담당자가 샤오미즈쟈가 들어설 지역의 개황, 상권 위치, 상가 규모 및 건물 층수, 건물 전체 평면 분포도, 동선 디자인, 이용객 수를 종합적으로 보고한다. 그런 뒤에 점포 사진과 영상을 소개한다. 점포를 여러 각도에서 찍은 사진과 다양한 시간대의 이용객 현황을 보여주는 영상을 통해 토론과 종합적인 분석을 거쳐 해당 매장을 열 것인지 말 것인지를 결론 낸다. 부지 위치가 일단 통과되면 다음 단계의 토론이 펼쳐진다. 디자인팀과 엔지니어팀은 입점 조건과 인테리어 공사에 걸리는 시간을 논의한다. 최종적으로 샤오미는 공정에 걸리는 시간을 고려해 사전에 인재 육성 규정을 마련한 뒤에 인력 모집과 교육을 위한 준비에 착수한다.

"이 과정에서 입지 선정 작업이 가장 중요해요. 입지를 잘못 선택하면 매장의 향후 경영에 영향을 줄 수 있기 때문에 가장 오랫동안 이야기가 오가죠."

이런 이유를 들려주며 장젠후이는 공정이라는 상대적으로 표준화된 작업을 여러 모듈로 구분했다. 처음에는 개점에 필요한 시공일 수가 23일이라는 이야기에 공정팀이 아연실색했지만 여러 번에 걸친 훈련과 실전을 통해 장젠후이에게 공정을 18일로 단축할 수 있다며 자신감을 드러내기도 했다.

2016년부터 2017년까지 샤오미즈쟈는 자체 탐색을 통해 온라인 모델을 오프라인에 적용하며 많은 어려움을 겪었다. 추산에 따르면 샤오미즈쟈 한 곳의 매출은 평균 7000만 위안으로, 초기 오픈한 매장은 손실을 보지 않았다. 장젠후이의 말을 빌리면 원금 회수 속도가 느린 매장이 있을 뿐이라고 했다. 외부에서는 샤오미즈쟈라는 대박 사례를 분석하고, 높은 효율과 거대한 몸집을 가진 오프라인 프랜차이즈 시대가 됐다고 이야기하기 시작했다. 하지만 샤오미즈쟈는 온라인몰에도 오프라인몰만큼의 투자가 되어야만 오프라인 매장이 인기를 끌 수 있다는 것을 입증했다.

샤오미즈쟈는 샤오미의 브랜드 파워를 한껏 끌어올렸다. '스트레스 테스트'를 통과한 샤오미즈쟈를 지켜보며 샤오미는 오프라인에서도 큰 자신감을 얻었다. 이에 레이쥔은 3년 안에 샤오미즈자 지점 1000곳을 개점하겠다는 새로운 목표를 제시했다.

2016~2017년 동안, 샤오미가 오프라인 모델을 모색하는 과정에서 세계적으로 명성 자자한 인물이 다시 한번 샤오미의 시야에 포착됐다. 그는 애플 스토어의 수석 디자이너 팀 코베 Tim Kobe였다. 스티브 잡스와 함께 일하며 다양한 버전의 애플 스토어를 설계한 팀 코베는 스티브 잡스와 함께 세계 공간 미학에 영향을 준 거장으로 꼽힌다. 팀 코베는 매장에서 느낄 수

있는 정서는 기능이나 형식보다 월등히 효과적이라고 여기며, 좋은 매장 디자인은 이성으로 설명할 수 없는 브랜드 충성도로 이어진다고 지적했다. 이러한 디자인 콘셉트를 바탕으로 팀 코베는 애플 스토어를 사용자가 중심이 되는 체험 공간으로 해석했다. 그가 디자인한 애플 스토어의 실내 및 실외 환경, 상품 진열 모두 사람이 중심이라는 분위기를 물씬 풍긴다. 그런 그를 가리켜 사람들은 애플 정신을 가장 깊이 이해하는 사람 중 하나라고 평가한다.

샤오미즈쟈 설립 초기, 샤오미 직원들은 애플 스토어를 꾸준히 찾아가 배움을 이어가며 팀 코베의 디자인에 감탄을 터뜨리곤 했다. 샤오미즈쟈 매장을 세우는 과정에서 애플 스토어를 연구하며 '지독하다'는 말이 절로 나올 만큼 디테일한 디자인을 발견할 수 있었다. 특히 전 매장의 조명 시스템을 보며 샤오미 직원들은 애플 스토어에 숭배에 가까운 존경심을 드러내기도 했다.

팀 코베가 2012년에 샤오미와 상당히 교감하고 있었다는 사실을 알고 있는 사람은 그리 많지 않다. 스티브 잡스가 2011년에 세상을 떠난 뒤 팀 코베는 자신의 스튜디오를 싱가포르로 옮겼다. 2012년 샤오미의 브랜드 파워를 실감한 팀 코베가 먼저 샤오미를 찾아와 오프라인 매장에 대한 제휴 가능성을 타진했었다. 당시 그를 맞이한 건 샤오미의 공동 창업자 중 한 명인 린빈이었다.

팀 코베와 이야기를 나누던 린빈은 애플이 뉴욕 5번가에 애플 스토어를 지었던 과정에 흥미를 보였다. 그러자 팀 코베도 유쾌하게 그 당시의 에피소드를 들려줬다. 당시 스티브 잡스는 뉴욕 애플 스토어 건물 외벽을 통유리 1장으로 처리해 달라고 주문했다. 그 때문에 오랫동안 문제를 해결하지 못한 채 작업이 진척을 보이지 못했다. 훗날 유리를 다루는 기술이 발전하고 나서야 애플 스토어를 리모델링할 수 있었다. 스티브 잡스의 요구를 만족시키기 위해 애플은 수천만 달러의 비용도 불사했다고 한다.

팀 코베는 애플 스토어의 디자인 콘셉트는 건축가 이오 밍 페이Ieoh Ming Pei가 프랑스 루브르광장에 세운 유리 피라미드에서 영감을 받은 것이라고 했다. 스티브 잡스는 애플 스토어를 찾은 사람들이 유리 피라미드 안에 서 있는 느낌을 받기 원했다. 예술과 디자인은 일맥상통한다는 것이 스티브 잡스의 생각이었다.

당시 자리에는 린빈의 호출을 받고 온 샤오미 디자이너 리닝닝과 천루도 있었다. 한쪽에 앉은 두 사람은 좋아하는 연예인을 만난 광팬처럼 뜨거운 눈빛을 불태웠다. '팀 코베라니!' 산업디자인 분야에서 전설적인 인물로 통하는 코베는 두 사람이 졸업한 미국 아트센터 디자인스쿨 선배기도 했다.

팀 코베가 방문한 2012년만 해도 샤오미는 전자상거래주의의 신실한 신도였고, 오프라인 매장은 계획표에 없었다. 하지만 5년이라는 시간이 지난 후 시장이 급변하면서 샤오미의 오프라인 전략도 명확해졌다. 샤오미 플래그십 스토어를 세워야 한다는 목소리가 쏟아져 나오면서 팀 코베와 샤오미는 다시 인연을 이어갈 수 있게 됐다.

2017년 초 팀 코베가 샤오미즈쟈 플래그십 스토어의 디자인을 맡으면서 샤오미는 메이드 인 차이나 제품과 세계적인 디자이너와의 컬래버레이션을 추진할 수 있었다. 우여곡절 끝에 첫 플래그십 스토어가 들어설 장소로 선전深圳 난산구南山區의 완샹톈디萬象天地가 최종 낙찰됐다. 이곳은 선전에서 국제적 커뮤니티, 소비, 레저 및 크리에이티브를 가장 가깝게 피부로 느낄 수 있는 지역으로, 관리팀은 샤오미의 진출이 이곳에 IT 특유의 분위기를 더하는 데 보탬이 되기를 기대했다. 팀 코베는 샤오미에 자사의 디자이너를 상주시키면서 자신은 1~2주에 한 번씩 린빈을 만나 디자인에 대해 논의했다. 당시 그가 직접 그렸던 디자인 초안이 아직도 샤오미 본사에 남아 있다.

선전 플래그십 스토어의 디자인 콘셉트를 린빈에게 설명하기 위해 팀 코베는 그와 함께 일본 긴자銀座에 자리 잡은 애플 스토어를 방문했다. 매장 근처에 선 팀 코베가 손으로 매장을 가리키며, 긴자와 선전 매장의 구조 모두 여러 층으로 구성됐으며 2층이 공중에 뜬 형태를 띠고 있다고 설명했다. 사실 이 디자인을 스티브 잡스는 반대했었다. 도쿄 긴자의 땅값이 너무 비싼 탓에 애플은 최대한 판매 면적을 확보하려 했지만 팀 코베는 지붕을 뜯어내고 소비자에게 탁 트인 뷰를 선사했다.

선전 플래그십 스토어에도 팀 코베는 동일한 디자인을 적용했다. 무려 150m²에 달하는 천장을 통째로 뜯어낸 것이다. 층고를 높인 디자인 덕분에 2층에서 1층이 훤히 보이는 개방감이 시각적 충격을 더했다.

혁신적인 일부 디자인도 실험적으로 적용됐는데, 시멘트 재질의 진열대가 대표적인 사례에 속한다. 팀 코베는 애플 느낌이 나는 원목 스타일을 과감히 포기하고 시멘트를 소재로 하는 진열대를 제안했고, 샤오미가 이를 흔쾌히 받아들였다. 길이 4m, 너비 1m 크기의 시멘트 진열대를 제작한 뒤 가공 작업을 거쳐 쿨한 느낌을 부여했다. 하지만 린빈은 그 모습에 난감한 표정을 지었다. 일단 고가의 시멘트 진열대는 다른 지점의 매장에 적용하기 어려운 데다, 매우 무거운 터라 치우기도 곤란했다. 결국 팀 코베는 진열대 상판에만 시멘트 소재를 적용하자는 절충안을 받아들였다.

그 밖에도 린빈은 IT 특유의 요소를 추가해 신선함을 더했다. 예를 들어 연구개발팀이 두 달 동안 개발한 80인치 화면 5개를 합친 인터랙티브 쇼핑 월wall은 손짓만으로 대형 스크린 속의 상품을 검색할 수 있도록 구현됐다. 게다가 100% 셀프 쇼핑을 지원함으로써 얼리 어답터가 된 듯한 기분도 제공했다. 사람들이 매장 내 인터랙티브 쇼핑 월을 지나갈 때면 스크린 위에 방향키가 따라 움직이는 효과도 냈다.

빠듯한 공사 기간과 복잡한 과정 때문에 선전 플래그십 스토어를 세우는 일은 그야말로 시간과의 싸움이었다. 하지만 극한의 어려움 속에서 보이지 않는 힘이 발휘되는 법이다. 가오픈 전날, 5개의 화면을 엔지니어가 연동하자 수천 장의 이미지가 조합됐다가 변하는 광경이 시선을 사로잡았다. 사람 키보다 더 큰 모니터 앞에 선 채 사람들이 이리저리 눌러보고, 살펴보는 광경은 중국의 신유통 성장사에서 찾아보기 힘든 독특한 장면으로 평가됐다.

2017년 11월 5일, 샤오미의 선전 플래그십 스토어가 예고대로 영업을 시작했다. 애플 스토어의 통유리 구조와 비슷한 매장의 외관은 투명하면서도 현대적인 감각을 자랑했다. 레이쥔과 샤오미 임원들이 함께 오프닝 행사에 참여했다. 미펀들의 뜨거운 열정으로 가득한 현장에는 매장을 구경하려는 사람들의 행렬이 대로까지 늘어지기도 했다.

이날 사람들은 샤오미라는 중국 업체의 매장을 둘러보며 난생처음 보는 기술력을 접할 수 있었다. 샤오미의 창업자 레이쥔도 이날 영업직원이 되어 매장을 누볐다. 미소를 띤 채 매장 입구에 서서 상품을 구매하러 온 미펀들의 결제를 도왔다. 현장의 수많은 미펀이 Mi로 그 모습을 담았다.

2017년, 샤오미즈쟈는 170개 도시에 235개에 달하는 매장을 세웠다. 1.65일에 한 번씩 신규 매장을 오픈한 셈이다. 선전의 플래그십 스토어의 오프닝 행사가 시작되기 전에 레이쥔은 창업자들을 한데 불러놓고 중요한 투표를 실시했다.

## 직거래 시스템을 통한 한계 극복

샤오미즈쟈의 꾸준한 확장은 샤오미의 자체 운영 모델이 성공했다는 것을 의미한다. 하지만 오프라인에서의 사업 확장은 자체 운영에만 의존할 수 없었다. 샤오미즈쟈는 시市나 현縣급 1급 도시까지 보급되긴 했지만 브랜드가 꾸준히 정착되려면 다양한 채널을 개발하고 경영해야 했기 때문이다.

위탁 판매하는 사업 모델이 전국적으로 감소하는 가운데, 샤오미는 자신만의 독특한 오프라인 발전 가능성을 모색해왔다. 이와 함께 오프라인 전략 추진에 맞춰 오프라인 시장을 겨냥한 모델 개발에도 나섰는데 그 Mi5X가 그 결과물 중 하나다.

오프라인에서 각종 실험이 순조롭게 진행되던 2017년, 린빈은 판매운영팀을 접수한 이래 최대 위기를 맞았다.

그동안 전자상거래 판매를 맡아온 주레이는 샤오미의 판매운영을 이끄는 '조타수'가 된 이래, 수많은 샤오미 사람이 직면했던 도전을 마주해야 했다. 자신이 한 번도 발 담가본 적 없는 오프라인 유통 분야에 진출해야 했기 때문이다. 샤오미의 오프라인 전략 노선이 점차 또렷해지면서 주레이는 온·오프라인의 판매 비율을 조정해 선순환을 유도해야 했다. 그 과정에서 주레이는 이따금 '내가 회사의 앞길을 막고 있는 게 아닐까?'라는 고민에 빠지기도 했다. 고민 끝에 주레이는 린빈에게 자신을 도와줄 오프라인 판매 인력을 구해달라고 부탁했다. 바로 그 무렵 위펑于澎이 샤오미에 입사했다.

위펑이 샤오미에 입사하게 된 경위는 무척 흥미롭다. 삼성 휴대폰 화난華南 지역의 운영을 담당하던 2014년에는 당시 온라인에서 공세를 펼치던 Mi와 접촉할 기회가 많지 않았다. 하지만 그해 연말 차이나텔레콤 광둥 지사에서 열린 예약 행사장에서 위펑은 상당한 충격을 받았다. 당시 위펑은 삼성의 주요 지역 책임자로서 매달 수백만 위안에서 1000만 위안에 달하는 다양한 마케팅 비용을 손에 쥐고 있었다. 연말연시 매출 실적을 올리기 위해 예약 행사장에서 다양한 자원을 '호방하게' 풀었다. 구체적인 액수를 밝혔지만 박수 소리가 이따금 드문드문 들릴 뿐이었다. 이어서 샤오미의 유일한 광둥 지역 담당자가 무대에 올랐다. 그의 한마디 말에 현장 분위기가 달아올랐다. 샤오미 직원의 밝고 유쾌한 목소리가 무대에 울려 퍼졌다.

"오늘 저희는 현장을 찾아주신 여러분을 위해 현장 판매 물량 3000대를 풀겠습니다."

그 말에 뜨거운 박수가 쏟아지기도 하고, 일부 중간업체는 자리에서 일어나 환호하기도 했다.

그 모습에 위펑은 깊은 인상을 받았다. 2016년 8월, 위펑은 동경하던 회사에 입사해 주레이와 함께 판매 운영 업무를 시작했다. 입사한 후에 위펑은 지난번 예약 판매회 당일 무대에 올랐던 동료를 찾아 이야기를 나눴다.

"그날 정말 큰 인상을 받았습니다!"

위펑이 샤오미에 합류했을 때는 샤오미가 바닥까지 추락한 시점이었다. 2016년 5월, 당시 레이쥔은 휴대폰 연구개발과 공급망 관리 작업을 막 접수한 터라 매일 새벽 2시에 귀가하곤 했다. 하지만 창업자로서 레이쥔은 여전히 샤오미의 오프라인 사업을 전략적으로 고민하고 있었다. 당시 레이쥔은 위펑에게 각지의 판매 매장을 찾아가 샤오미의 오프라인 판매 실태를 조사하라는 과제를 던졌다.

각지의 매장을 한 바퀴 돌아본 위펑은 실상이 녹록지 않겠다는 결론에 도달했다. 샤오미의 오프라인 매출은 시장에서 10위에 불과했다. 메이주, 진리에게 자리를 내어준 것은 물론 바이리펑百利豊이라는 잘 알려지지 않은 중소 브랜드마저 샤오미의 자리를 차지했다.

"오프라인에서 우린 약합니다. 창구와 진지가 없고, 팀원도 없으니까요."

이런 상황에서 샤오미가 진지를 구축하는 작업은 무척 중요했다. 2017년 레이쥔은 오프라인 판매팀을 설립한 뒤 위펑에게 지휘봉을 넘겼다. 위펑의 주요 임무는 샤오미즈쟈를 제외한 모든 오프라인 창구를 세우는 것이었다. 그중에서도 핵심은 샤오미의 주요한 고객 시스템, 즉 업계에서 흔히 주요 유통업체 Key Account(KA)라고 불리는 시스템을 구축하는 것이었다.

전통적인 전국 또는 성省 단위의 일괄 판매 방식 외에 업체는 자금 물류 플랫폼National Fulfillment Distribution(NFD)을 통해 KA와 제휴하는 방식이 당시의 업계 관행이었다. 제조업체와 유통업체를 이어주는 자금 물류 플랫폼은 업체의 제품을 넘겨받으면서, 유통업체에 회전 자금을 제공해 물류와 자금의 서비스 비용을 수익으로 벌어들인다. 위펑의 설명에 따르면 자금 물류 플랫폼은 업체가 지정한 요구 사항과 절차에 따라 물량을 나누는 일종의 짐꾼과 같은 역할을 한다. 물량을 나누는 작업 자체로 얻는 이익은 위탁 판매업체보다 적지만 판매 물량만 충분히 뒷받침된다면 사업 모델을 충분히 유지할 수 있다. 2017년 샤오미의 고객 관리 및 고객 서비스 능력이 부족한 상황에서 전국적으로 유명한 자금 물류 플랫폼을 찾아 샤오미와 판매 제휴를 맺는 것은 자연스러운 선택이었다.

2017년 Mi6는 뜨거운 인기 덕에 온라인과 오프라인 모두에서 공급 부족에 시달리고 있었다. 게다가 샤오미 역사상 처음으로 오프라인 수요를 고려한 모델 Mi5X도 뛰어난 사양과 눈길을 사로잡는 외관으로 상당한 잠재력을 보였다. 핵심 고객에 집중하기 위해 Mi5X를 판매 모델로 삼은 뒤, 린빈은 위펑을 데리고 광둥, 저장, 장쑤, 쓰촨 등 10개 성을 돌며 주요 거래처와 직접 상담에 나섰다. Mi5X를 현장에서 유통업체에게 보여주며 제품 사양을 비롯해 셀링 포인트Selling Point와 대략적인 예상 수익 등을 소개했다. 적극적인 홍보 과정에서 샤오미는 이번 Mi5X의 첫 판매를 위해 68개 유통업체에 '1개 성마다 최소 1곳, 최대 3~4곳의 유통업체를 선택해 15~30일 동안 판매하도록 한다'는 독점 라이선스 원칙과 기한을 확립했다. 한마디로 말해서 연이은 정책을 통해 유통업체의 경쟁심을 자극한 것이다.

2017년 7월 26일 Mi5X가 출시됐다. 듀얼 카메라를 탑재해 촬영 기능이 개선된 데다 퀄컴 스냅드래곤 625 프로세서, 4GB RAM, 64GB 내장메모리를 갖춘 Mi5X는 등장과 함께 시장에서 큰 주목을 받았다.

철저한 준비 덕에 Mi5X는 오프라인에서 대박을 터뜨렸다. 첫날에만 전국 오프라인 매장을 통해 2만 대가 출하됐다. 저장성에서 열린 제품 발표회에서 한 손에 술잔을 든 어떤 유통업자가 나머지 한 손으로 위펑의 어깨를 두드리며 호탕하게 웃음을 터뜨렸다.

"샤오미에 정말 감사합니다. 판매를 개시한 지 열흘밖에 안 됐는데 팔리는 속도가 로켓 저리 가라더군요!"

여러 유통업자에게 둘러싸인 위펑은 2014년 제품 판매예약 현장으로 돌아온 듯했다. 유통업체들을 열광시켰던 샤오미가 다시 돌아온 것이다! Mi5X가 유통업체를 통해 미친 듯이 팔리고 있다는 소식이 온라인에 퍼지면서 제휴를 문의하는 업체들이 점점 늘어나기 시작했다. 샤오미와 제휴한 유통업체가 68곳에서 120곳으로 늘었고, 협상 중인 유통업체 또한 여럿이었다.

'화려한 시간' 뒤에 끔찍한 재앙이 찾아올 줄은 그때만 해도 아무도 알지 못했다.

어느 날 저녁, 출장 갔다가 베이징으로 돌아온 위펑은 한 제휴업체 사장에게 저녁 식사 초대를 받았다. 성공을 축하하는 자리가 될 거라는 생각에 모두들 '코가 삐뚤어지게 마셔보자'는 농담까지 흘러나왔다. 그런데 뜻밖에도 상대는 식사 자리에서 샤오미와 더 이상 제휴할 수 없다는 이야기를 꺼냈다. 그 말에 위펑은 가슴이 '철렁' 내려앉았다. 자신이 가장 우려하던 일이 터지고 만 거다.

제휴 초기, 위펑은 자금 물류 플랫폼이 샤오미에만 서비스를 제공하는 게 아니라 모든 휴대폰 제조업체와 일한다는 사실이 내심 마음에 걸렸다. 그도 그럴 것이 개중에는 당연히 샤오미의 경쟁사도 들어있었다. 상대적으로 오프라인 시장 진출이 늦은 샤오미는 자금 물류 플랫폼과의 제휴 비중이 경쟁사보다 훨씬 적은 편이다. 다른 업체들도 샤오미와 제휴가 어렵다는 이야기를 꺼낸다면 자금 물류 플랫폼으로서는 부담감을 느낄 수밖에 없다. 소비용 전자제품이라는 경쟁 환경에서 흔히 볼 수 있는 잔혹한 현실이었다. 자금 물류 플랫폼의 협력 상대는 위펑의 친구였다. 샤오미를 도울 능력이 됐지만 부담을 떨치지 못하고 일방적으로 계약을 파기한 것이다.

며칠 동안 밤잠을 설쳤다는 것만 봐도 위펑이 얼마나 충격을 받았을지 짐작이 가고도 남았다. 하지만 넋 놓고 있을 때가 아니었다. 앞으로 이 문제를 어떻게 처리할 것인지가 급선무였기 때문이다. 린빈의 상태 역시 별반 다르지 않았다. 기쁨도 잠시, 위기를 마주한 가운데 자금 물류 플랫폼을 바꾸더라도 똑같은 상황이 반복되리라는 가능성을 배제할 수 없었다. 고민 끝에 샤오미는 궁지에서 탈출해 상대의 포위망을 뚫는 방법을 선택할 수밖에 없었다.

며칠 동안 고민한 끝에 린빈은 샤오미에 직거래라는 파격적인 해결책을 제시했다. 궁극적으로 중간업체를 배제하고 유통업체와 일대일로 제휴를 맺으면 경쟁을 피할 수 있을 뿐만 아니라 중간업체에 더는 별도의 비용을 지불하지 않아도 됐다.

유통업계에서 전례를 찾아볼 수 없는 발상에 팀원들은 난색을 표했다. 팀원 대부분이 통신업계에서 잔뼈가 굵은 베테랑으로, 삼성, 모토로라, 화웨이, OPPO, vivo 등과 일했지만 이들 중 어느 업체도 100% 직접 거래라는 사업 모델을 시도한 적은 없었기 때문이다. 그 때문에 팀원들은 한 번도 겪어본 적 없는 부담감에 사로잡혔다.

새로운 사업 모델에 대한 설명을 들은 위핑 팀원들의 첫 반응은 경악이었다. 그게 어떻게 가능하겠냐며 의견이 분분한 가운데 위핑은 이는 선택이 아니라 해야만 하는 일이라는 사실을 금세 깨달았다. 2010년 이후 샤오미의 직원들은 이런저런 '불가능'과 '경험해본 적 없는' 일에 익숙해졌을 뿐만 아니라, 업계의 여러 '관행'과 '상식'에 도전하는 데 익숙해져 있었다. 엄청난 부담감 속에 샤오미 특유의 승부 근성이 가치관의 한계에 도전하며, 업계에 전에 없던 새로운 길을 제시하곤 했다.

이른바 혁신이란 대부분 강요된 것이다.

직거래 시스템을 제시한 뒤 차세대 제품의 출시까지 남은 시간은 고작 한 달, 그 시간 동안 자금 물류 플랫폼에서 직거래 시스템으로의 전환을 끝마쳐야 했다. 이는 다시 말해서 샤오미가 자체 시스템을 구축해 모든 주요 유통업체와 직접 계약을 맺은 뒤 일대일로 소통해야 한다는 뜻이었다.

위핑은 관리자들을 대상으로 창구 교체의 중요성을 설명하는 동시에, 샤오미가 직면한 위기를 모든 사람에게 알렸다. 위기감은 모두의 전투력을 끌어올렸다. 모두가 필승의 각오로 직거래 시스템을 구축하기 위한 전투에 뛰어들었다. 위펑과 그의 팀원들은 휴대폰을 잠시도 손에서 놓지 않은 채 각지 지점으로 달려가 현지 고객과 직거래 계약서를 체결했다. 그런 뒤에 계약서를 샤오미 본사로 보내 날인을 받은 뒤 시스템 등록과 주문지 입력 등의 후속 작업을 추진했다. 위펑은 날마다 사무실을 지키며 계약 체결 상황을 초조하게 묻곤 했다. 결국 위펑과 그의 팀은 400여 개 유통업체와 협상하여 샤오미의 시스템에 등록하는 데 성공했다. 놀랍게도 7일 만에 거둔 성과였다.

2017년 9월 예정대로 미믹스2와 미노트3의 직거래 시스템은 판매 개시 일주일 전부터 7~8억 위안의 선수금을 확보하며, 유통업체에서 샤오미의 브랜드 파워를 비롯해 전략적 조정의 가능성을 입증했다. 밑바닥까지 추락했던 샤오미는 열반하며 새롭게 도약한 것이다.

선수금을 받은 뒤 출하, 물류 등의 업무는 샤오미가 직접 처리했다.

"직거래 시스템은 회사 관리에 엄청난 부담으로 작용합니다. 고객에게 좋은 서비스를 제공하기 위한 저희의 노력은 지금도 개선 중입니다. 지금 돌이켜보면 그 한 걸음을 내딛는 데 엄청난 용기가 필요했다고 생각합니다."

위펑이 밝힌 대로 직거래 시스템을 구축하는 일은 혁신적인 창구를 구축하려는 샤오미의 노력을 보여주는 일환으로써, 오프라인 유통 시스템의 '가장 대담한' 효율 혁명 효과를 가져왔다.

## 억대 매출 클럽부터 요우핀 전자상거래까지

2016년을 기점으로 샤오미의 생태계를 관리하는 류더는 6개월마다 한 번씩 생태계 업체들과 비공개회의를 열어 현안을 해결하고 향후 발전 방향을 논의했다. 2017년까지 생태계 업체 중에서 연간 매출액 1억 위안 이상인 업체가 여럿 등장하면서 샤오미 생태계 업체 중에서 이른바 '억대 매출 클럽'이 탄생했다.

하루는 류더가 '억대 매출 클럽'의 CEO들과 자신이 묵고 있는 호텔 룸에서 짧은 미팅을 열겠다고 하자, 누군가 자리가 남아돌 것 같다고 농담을 건넸다.

하지만 그날 류더의 호텔 룸은 여러 사람으로 붐볐다. 연간 억대 매출을 올리는 샤오미 생태계 업체가 7~8개에 불과할 거라는 예상과 달리 훨씬 많은 수의 업체가 방을 채우고 있었다. 그 모습에 류더는 제품에 대한 샤오미의 경영 이념과 유통 창구 개혁이 맞물리면서 억대 연매출이 생태계 업체들에는 더는 '높은 문턱'이 아니라 쉽게 달성할 수 있는 '목표'가 됐다는 사실을 깨달았다. 예를 들어 생태계 업체 중 한 곳인 스토우커지에서 2016년 8월에 공개한 미쟈 로봇청소기의 판매액은 해를 넘길 무렵 억대를 넘어서기도 했다. 이후 생태계 업계를 대상으로 하는 연례회의에서 샤오미는 '억대 매출 클럽'에 이어 '10억 위안 클럽'을 세우기도 했다.

2014년을 기점으로 생태계 업체들이 꾸준히 대박을 터뜨리는 사이, 모든 생태계 제품에 IoT 플랫폼용 와이파이 모듈이 탑재되기 시작했다. 지난 몇 년 동안 샤오미의 스마트 디바이스 품목이 점점 늘어나면서 IoT와 생태계 업체 사이에 기묘한 '케미스트리'가 일어나기 시작했다. 샤오미 스마트홈(훗날 미쟈 App으로 개명) 애플리케이션을 통해 휴대폰으로 제어할 수 있는 제품 역시 점점 늘어나기 시작했다. 이를 통해 샤오미는 스마트폰을 스마트 가전의 핵심 요소로 활용하며, 이를 IoT 플랫폼을 구성하는 열쇠로 활용하는 방안을 연구하기 시작했다.

기존의 플랫폼 전략이 별다른 효과를 내지 못하는 상황에서 서드파티 업체가 샤오미의 IoT 시스템에 관심을 보이기 시작했다. 예를 들어 오우푸조명歐普照明(OPPLE)은 자사 제품에 샤오미의 스마트 시스템을 탑재했고, 필립스Philips 역시 자사의 조명 제품에 샤오미의 와이파이 모듈을 탑재하기 시작했다. 레이쥔과 가오즈광이 당초에 구상했던 IoE 사업 모델이 샤오미의 자체 제품에서 서드파티 업체의 제품으로 천천히 확산되는 현상이 현실로 다가온 셈이었다.

샤오미 스마트홈을 사용하는 고객이 점차 증가하면서 스마트홈은 샤오미의 인기를 견인하는 동력원으로 자리 잡았다. 가오즈광은 샤오미 스마트홈에 메뉴를 개설해 샤오미샹청으로 트래픽을 유도하는 실험에 나섰다. 사실 이 방법은 사용자의 편의를 위해 처음 등장했다. 가령 공기청정기의 필터를 교체해야 할 때가 되면, 휴대폰 알림을 통해 사용자에게 샤오미샹청의 구매 페이지를 제공하는 식이다. 이렇게 하면 사용자는 손쉽게 필터를 구매할 수 있다.

샤오미의 스마트홈에 연동된 사용자들이 혁신적이면서 기발하고 쿨한 제품에 본능적으로 호기심을 가지고 이를 적극적으로 수용한다는 사실을 금세 확인할 수 있었다. 이러한 현상에 힘입어 샤오미 엔지니어들의 톡톡 튀는 아이디어를 수용하고 검증할 수 있는 다양한 시도가 이어졌는데, 샤오미 크라우드 펀딩 역시 그중 하나다.

샤오미 크라우드 펀딩은 2015년 7월 13일 샤오미 스마트홈에 처음으로 등장했다. 당시만 해도 여러 플랫폼이 크라우드 펀딩을 추진했던 터라 대중에게 익숙한 광경이었다. 크라우드 펀딩은 업체에서 특정 제품을 본격적으로 생산하기 전에 소비자에게 제품을 소개하고 구매 의향을 확인한 뒤 예약 판매하는 방식이다. 제품의 대박 여부는 크라우드 펀딩 플랫폼에서 쉽게 확인할 수 있다. 샤오미는 만능 리모콘을 시작으로 샤오미만의 참여감을 담은 다양한 제품을 크라우드 펀딩을 통해 소개했다.

뛰어난 성능을 자랑하는 스마트 하드웨어 제품을 크라우드 펀딩을 통해 성공적으로 소개하면서, 가오즈광은 대담한 아이디어를 떠올렸다. 인기 있는 플랫폼을 갖춘 이상 이를 스마트 하드웨어 제품에만 적용하는 건 낭비라고 판단한 가오즈광은 틈새시장을 노려야 한다고 주장했다. 스마트 하드웨어 제품은 구매 수요가 상대적으로 적은 편이지만 다른 비非스마트 하드웨어 상품, 특히 소비재도 샤오미의 플랫폼에서 크라우드 펀딩을 통해 판매할 수 있다는 것이다.

하지만 이런 제안은 샤오미 내부에서 반대에 부딪혔다. 내부 회의에서 가오즈광은 경영진에게 샤오미의 스마트홈 플랫폼에서 침대 매트리스를 크라우드 펀딩을 통해 제작하는 아이디어를 제시했다. 가오즈광이 발굴한 제품은 취수이커지趣睡科技라고 불리는 업체에서 출시한 것으로, 기존 매트리스와 달리 접착제와 포름알데히드가 전혀 들어가지 않은 제품이었다. 가장 흥미로운 점은 진공 장치를 통해 매트리스를 작은 상자 크기로 압축할 수 있기 때문에 200위안이나 되는 운송비를 40위안까지 낮출 수 있었다. 손에 들고 엘리베이터를 탈 수 있을 만큼 휴대하기도 편했다. 매트리스이긴 하지만 '혁신, 기발함, 쿨함'을 지향하는 샤오미의 특징과 잘 맞아떨어졌다. 하지만 경영진의 반응은 싸늘했다. 가오즈광에게 괜히 사고 치지 말고 하던 일이나 잘하라며 무시했다.

하지만 가오즈광은 단념하지 않고 두 달 동안 소비재에 대한 크라우드 펀딩을 추진할지 고민을 계속했다. 그로부터 두 달이 지난 뒤, 가오즈광은 몰래 '사고'를 치기로 결심했다. 취수이커지의 CEO 리융李勇에게 연락을 취한 가오즈광은 크라우드 펀딩 계획이 임원들의 반대에 부딪혔다는 이야기를 전했다.

"샤오미에서 크라우드 펀딩에 매트리스를 포함시키지 않을 수도 있지만 일단 매트리스 1000장을 준비해주십시오. 제가 어떻게 해서든 승낙을 받아내겠습니다."

가오즈광의 제의에 리융은 과감하게 대답했다.

"899위안이라는 말도 안 되는 가격인데 3000장은 거뜬히 팔 수 있을 겁니다. 일단 3000장을 준비하죠!"

2015년 12월 1일부터 12월 8일까지 매트리스 크라우드 펀딩이 샤오미 스마트홈 플랫폼에서는 조용히 진행됐다. 경영진의 동의를 받아내지 못했지만 가오즈광의 크라우드 펀딩 프로젝트는 예상치 못한 성공을 거두었다. 7일 만에 매트리스 1만 장이 동이 나면서 가구업계 최고의 크라우드 펀딩 기록을 세웠다. 주문서에 적힌 주소를 살펴본 리융은 100장 가까운 매트리스를 여러 매트리스 업체에서 연구용으로 구매했다는 것을 발견했다.

이번 시도로 자신감을 얻은 가오즈광은 샤오미 스마트홈이 전자 제품에서 소비재로 영역을 넓혀도 문제가 없다는 걸 확신할 수 있었다. 가장 혁신적이고 기발하며 쿨한 제품을 플랫폼에서 꾸준히 선보인다면 미펀의 인정을 받을 수 있을 게 분명했다. 이후 소비재에 대한 크라우드 펀딩이 샤오미의 플랫폼에 속속 등장하기 시작했다. 레이쥔도 이번 실험에 주목하며 각종 회의에서 매트리스 사례를 언급하며 가오즈광의 과감한 모험 정신을 칭찬했다.

2016년 3월 샤오미는 미쟈 압력 IH 밥솥을 출시하는 동시에 '미쟈'라는 브랜드를 공식적으로 소개하며, 샤오미 스마트홈을 미쟈 App으로 개명한다고 발표했다. 생태계에서 출시한 제품 브랜드가 많은 터라, 샤오미라는 브랜드 파워를 유지하기 위해 구분해야 한다고 판단했기 때문이다. 류더는 샤오미 생태계가 IoE는 물론 소비 업그레이드를 위한 태풍의 입구를 포착해야 한다는 경영 방침을 외부에 공식적으로 선포했다. 공교롭게도 한 달 뒤, 왕이에서 '왕이가 엄선한 정품 브랜드' 전용 전자상거래 플랫폼이 문을 열었다. '좋은 생활은 그렇게 비싸지 않습니다'라는 캐치프레이즈는 프리미엄 제품의 대중화를 부르짖는 샤오미와 비슷한 점이 많았다. 이러한 상황에 힘입어 소비 업그레이드가 그해의 화두로 떠올랐다.

소비 업그레이드는 더 나은 품질, 더 아름다운 디자인과 더 나은 경험, 그리고 더 개선된 기능을 선호하는 사람들의 소비 수요를 가리킨다. 샤오미는 소비 업그레이드를 물건이 잘 팔릴수록 비싸지는 것이 아니라, 같은 값을 지불하고도 소비자가 살 수 있는 물건의 품질이 나아지는 것으로 보았다.

왕이의 전자상거래 진출에 샤오미 경영진은 예민하게 반응했다. 당시 왕이의 전자상거래 서비스는 샤오미와 관련 없는 소비재를 취급했지만, 꾸준한 세력 확장을 통해 대량의 고객을 확보하면 샤오미와의 경쟁은 불가피할 것이었다. 샤오미는 이러한 상업적 판단에 따라 위험을 사전에 차단할 수 있는 보다 적극적인 조치를 취해야 했다.

이러한 상황에서 가오즈광이 시도한 소비재 크라우드 펀딩은 성공 가능성을 보여줬다. 레이쥔의 제의에 따라 샤오미의 전자상거래 서비스는 미쟈 App에서 정식으로 분리될 기회를 맞이했다. 매트리스 크라우드 펀딩이 시험대에 오른 지 1년이 지난 2016년 연말, 가오즈광은 IoT팀에서 개발팀 30명을 이끌고 독립적인 전자상거래 플랫폼 개발에 착수했다. 샤오미로선 일종의 전략적 방어이자, 전략적 공격이었다.

2017년 4월, 샤오미요우핀小米有品이 정식으로 등장했다. 가오즈광이 심혈을 기울인 이 신규 사업에서 샤오미의 초기 멤버인 판뎬이 IoT팀을 이끌었다. 가오즈광에게는 새로운 세상의 문이 열린 셈이었다. 가오즈광은 자신이 발을 들인 새로운 세상은 자신이 그동안 몸담고 있던 세상과 달리 복잡했노라 훗날 고백하기도 했다.

샤오미요우핀은 처음엔 '무식하면 용감하다'는 태도로 전자상거래에 뛰어들었다. 가오즈광은 너무 '무거운' 건 하고 싶지 않다고 생각했다. 그래서 요우핀을 처음 운영할 때는 상품 품질과 평판만 잘 관리하고, 물류와 A/S 같은 건 업체가 부담하도록 할 생각이었다. 하지만 이런 방식이 통하지 않을 거라는 걸 금세 깨달았다. 요우핀에서 판매하는 상품은 대부분 생태계 업체가 생산한 제품으로 샤오미와 어느 정도 관계가 있었다. 하지만 평소 아무리 친하게 지내던 업체라도 물류나 창고, 또는 A/S에서 문제가 생기면 갈등을 피할 수 없었다. 문제 제품을 반품해야 할까? 요우핀이라면 사용자의 경험을 위해 가급적 반품 조치를 취할 것이다. 하지만 업체들은 대체로 정반대의 입장을 취하곤 했다. 환불로 인한 이윤 손실에 더해 물류 비용까지 부가적으로 발생하니 억지를 부리는 경우가 적지 않았다. 가오즈광은 반품 시스템이 제대로 돌아가지 못하면 결과적으로 샤오미요우핀이라는 브랜드가 타격을 받을 거라는 점을 깨달았다. 요우핀에서 판매 테스트에 나섰던 초기, 레이쥔조차 가오즈광에게 게시판에 왜 이렇게 불만이 많으냐고 묻기도 했다. 답은 간단했다. A/S라는 게 전무했기 때문이었다.

　가오즈광은 두 번째 창업을 시작했을 때의 자세로 2017년부터 요우핀을 새롭게 단장해 구축하는 작업을 시작했다. 이 단계에서 샤오미요우핀은 외부 홍보를 거의 하지 않은 채, 조용히 운영에 나섰다. 가오즈광이 팀을 조직하고 상품을 구상하던 단계에 디자이너 출신인 PM 천보陳波가 합류하며 요우핀의 제품을 기획했다. 모든 제품의 품질이 상대적으로 높은 수준을 유지하도록 하는 데 특히 많은 공을 들였다. 가오즈광은 2017년 하반기부터 요우핀은 A/S 등을 담당하는 서비스팀과 물류팀을 조직하며 전천후 시스템을 구축하고자 했다. 제대로 된 제품만 취급하는 전자상거래라면 그 서비스 또한 최상이어야 한다는 걸 가오즈광은 잘 알고 있었다.

　이러한 노력은 내공을 쌓기 위한 요우핀의 시련이 '시작'된다는 뜻이기도 했다.

　레이쥔은 요우핀이라는 전혀 새로운 사업을 계획하며 샤오미를 위한 견고한 방어벽을 세웠다. 그동안 전자상거래는 샤오미에서 찬밥 취급당했지만 중요 전략으로 서서히 떠오르기 시작했다. 레이쥔에게 요우핀은 앞으로 나아갈 방향을 제시했다. 신경제의 물결 속에서 레이쥔은 2016년부터 소비 업그레이드의 개념이 꾸준히 발전하고 있으며, 중국의 경제 구조 역시 지속적으로 최적화되고 있다는 사실에 주목했다. 2016년 경제 성장에 대한 소비 지출의 공헌도가 64.6%에 이르고, 품질이 뛰어난 상품에 대한 수요 역시 증가했다. 전반적으로 한결 뛰어난 스타일과 브랜드 파워를 지닌 제품의 잠재력이 커졌을 뿐만 아니라, 공급 측면의 개혁 조치 역시 뒤따라 시행되면서 정부 관련 부문에서는 소비 부문의 효과적인 공급을 통해 한층 높아진 소비 수요를 충족시켜 소비를 촉진하고자 했다. 레이쥔은 새로운 추세에 주목하며 소비재가 미래의 새로운 성장 포인트가 될 거라 확신하고, 가오즈광이 향후 5년 안에 요우핀을 거래액 1000억 위안에 달하는 대형 전자상거래 사이트로 성장시켜 주기를 기대했다.

《비커밍 스티브 잡스》에는 이런 문구가 등장한다.

'회사의 구석구석마다 가능성으로 가득 차 있다. 스티브 잡스의 최우선 과제는 그 가능성을 가려내고, 어떻게 해야 그 가능성을 활용해 완전히 새로운 제품을 만들 수 있는지 분석하는 일이다.'

레이쥔을 비롯한 여타 업체의 창업자 역시 이러한 가능성을 가려내는 것은 무척 중요한 능력이라 하겠다. 샤오미에 있어 요우핀의 탄생은 사업이라는 거대한 나무에서 자라난 가능성이자 차별화를 위한 무기였고, 샤오미의 미래에 긍정적인 희망과 수많은 상상의 공간을 가져다줬다.


## AI와 샤오아이

2016년 3월 16일, 샤오미의 공동창업자 황장지가 왕강王剛이라는 컴퓨터 박사를 데리고 레이쥔의 사무실 문을 두드리고 들어와 이제 막 시작된 세기의 대결을 지켜보자는 이야기를 꺼냈다. 알파고AlphaGo가 한국의 전설적인 바둑기사 이세돌과 벌인 대결을 2억 8000만 명이나 되는 중국인이 지켜봤다. 알파고가 다섯 번의 대결에서 4승 1패를 거두자, 사람들은 모두 충격에 빠졌다.

전국인민대표대회 대표로 양회에 참석한 레이쥔은 행사 중에 틈틈이 세기의 대결을 지켜봤다. 알파고가 기껏해야 한 번 정도 이길 거라는 자신의 예상과 달리 알파고는 압도적인 실력으로 승리를 거뒀다.

커다란 충격에 휩싸인 레이쥔은 양회 휴식 시간에 '이번 대결에서 AI의 편에 서다', '이번 대결 후에 우리는 새로운 기원을 향하게 될 거다'라는 글을 쓰기도 했다.

과거 과학기술이 가져다준 인간 능력의 연장은 기본적으로는 물리적인 것에 그쳤다. 가내 수공업을 대체한 방직기, 마차를 대신한 자동차를 비롯해 전 세계를 대상으로 하는 위치기반 서비스를 제공하는 GPS, 통신과 스마트 단말기를 결합한 실시간 정보 전달 및 공유 등등. 하지만 이제는 전혀 다른 차원의 세상을 맞이하게 될 것이다. AI가 최초로 사고의 영역에서 인류를 위해 분석, 판단 그리고 의사결정을 지원하며 효율을 끌어올릴 것이다.

알파고와 인간의 대결은 전 세계 과학기술 발전에 중요한 의미를 지닌다. 알파고를 구현하는 핵심 기술인 딥러닝Deep

Learning을 통해 AI 부문은 획기적으로 성장하여 기기의 인지 능력을 크게 향상시켰다. 《AI · 미래》에서 설명된 것처럼 딥러닝을 사용하는 프로그램은 얼굴 인식, 음성 인식 등의 작업을 수행하는 데 인간보다 뛰어나다. 수십 년 동안 AI 혁명은 언제나 '5년 더 지나면' 일어날 것 같았다. 5년, 또다시 5년이 지나면서 딥러닝은 지난 몇 년 동안 장족의 발전을 거두고 나서야 본격적으로 혁명을 일으키기 시작했다.

전 세계를 뒤흔든 과학적 사건은 샤오미 엔지니어들의 열정에 불을 붙였다. 대국이 열리는 날, 샤오미 엔지니어들은 마치 축제라도 열린 듯 사무실에서 평소처럼 개발 작업에 몰두하는 틈틈이 라이브 대결을 몰래 지켜봤다. 중계를 지켜보며 실시간 채팅으로 의견을 주고받기도 했다.

알파고가 이세돌을 꺾은 날 밤, 황장지는 알파고의 작동 원리에 대한 설명을 듣기 위해 샤오미의 베테랑 머신러닝 전문가 왕강을 다짜고짜 찾아갔다. 그런데 왕강의 사무실에는 자신처럼 잔뜩 흥분한 기색으로 달려온 기술 책임자 추이바오추도 있었다. 세 사람은 AI라는 주제를 놓고 뜨거운 토론을 벌였다.

왕강은 홍콩과기대학교 컴퓨터과학과를 졸업하고 MS 아시아 아카데미와 텅쉰에서 일하며 오랫동안 머신러닝과 검색엔진을 연구했다. 그는 AI가 인류의 생산력에 어떤 폭발적 성장을 가져다줄 것인지, 또 노동력 시장에 어떤 변화를 가져다줄 것인지 잘 알고 있었다.

샤오미 입사 후 왕강은 샤오미의 클라우딩 플랫폼, 빅데이터, 머신러닝 등 3대 기술 부문에서 빅데이터와 머신러닝을 결합한 프로젝트를 담당했다. 왕강은 기술팀과 함께 샤오미의 사용자 페르소나를 구축하고 정교한 추천 정책을 마련했고, 샤오미의 빅데이터 능력을 빌려 보다 다양한 온라인 사업을 현실로 구체화시켰다. 1~2년 만에 왕강과 그의 팀이 구축한 정교한 정보 스트리밍 기술 덕분에 샤오미가 온라인에서 벌어들인 수익이 2배 가까이 늘었다.

이날 왕강은 사무실에서 황장지와 추이바오추에게 알파고가 이세돌을 이긴 사건에 대해 자세한 이야기를 들려줬다. 딥러닝은 사실 일찍이 널리 응용되었다는 이야기로 말문을 연 왕강은 알고리즘의 진화로 모델이 점점 복잡해진 데다 빅데이터가 힘을 보태면서 빠른 기술 혁신, 특히 음성과 그래픽 부문에서 딥러닝이 발전을 거듭했다고 지적했다. 그리고 딥러닝이 업계에서 보다 광범위하게 활용될 것이라고 예고했다.

왕강은 알파고 외에 AI의 발전에 중요한 이정표가 된 사건을 하나 더 소개했다. 이미 몇 년 전에 등장한 이미지넷ImageNet이라는 안면 인식 대회에서 딥러닝의 기술이 매년 전례 없는 발전을 거듭했다는 것이다. 게다가 기기 인식의 오류가 점차 감소하면서 인류의 시각적 식별 능력을 넘어섰다는 것이다. 당시 업계에서도 이러한 사건에 크게 주목했지만 대중화와는 거리가 먼 이야기라고 치부됐다.

세 사람 모두 알파고가 새로운 세상의 이정표라는 사실을 인식하고 있는 만큼 이러한 기술 발전이 샤오미에 얼마나 중요한지 잘 알고 있었다. 추이바오추는 샤오미가 AI 부문에 뛰어들다면 적어도 세 가지 분야에서 우위에 있다고 분석했다. 첫째, 하드웨어. 기술력을 보유하고 있지만 제품을 실제 생산하는 데 어려움을 겪는 다른 업체와 달리, 샤오미는 방대한 휴대폰 및 생태계 제품을 거느리고 있다. 둘째, 빅데이터. 그동안 빅데이터와 클라우드 기술을 중요하게 여긴 황장지와 추이바오추 덕분에 샤오미는 몇 년 전부터 클라우드에 데이터를 쌓고 있었다. 빅데이터는 AI의 주요 동력원이 된다. 셋째, IoT. 지난 3년 동안 묵묵히 개발에 나선 덕분에 샤오미 스마트홈이라는 밑그림이 그려진 상태였다.

황장지는 왕강에게 그날 밤 프레젠테이션 자료를 만들라고 한 뒤 이튿날 아침 일찍 레이쥔을 찾아가 회의를 열었다. 중요한 사건을 두고 벌어진 회의는 무려 3시간 동안 이어졌다.

레이쥔 역시 알파고의 등장에 크게 감격했다. 고등학교 때부터 아마추어 바둑 대회에서 여러 번 우승했을 정도로 바둑에 조예가 깊은 레이쥔은 기계로 바둑을 두는 게 얼마나 어려운지 잘 알고 있었다. 레이쥔은 대학교 재학 시절 AI와 관련된 강의를 듣기도 했는데 그때 친구들과 수십 년 뒤에 기계가 사람처럼 자연언어를 처리할 수 있을지를 두고 내기한 적도 있었다. 토론하는 내내 그때 나눴던 이야기가 귓가에 생생했다. 레이쥔은 알파고가 이세돌을 이긴 결과를 브랜드 차원에서 평가하며, 기술의 발전을 대중에게 널리 알린 구글의 기발한 방식을 높이 평가했다. 좋은 기술을 대중에게 알렸다는 점에서 구글이 전 세계 IT 업체에 좋은 귀감이 된다는 말도 덧붙였다.

커다란 변화의 물결이 찾아왔다는 판단에 따라 황장지와 추이바오추, 왕강의 팀은 다양한 분야에서 기술팀 간 토론에 나섰다. 토론의 주제는 샤오미의 AI 응용과 도입이었다. 여러 차례의 토론을 거쳐 스마트 스피커라는 하나의 방향이 제시됐다. 스피커를 통해 상당한 수준의 음성 교신을 구현한 아마존의 성공 사례는 팀원들에게 큰 영감으로 작용했다.

2014년 11월 아마존 최초의 스마트 스피커가 출시했다. 제프 베이조스는 직원들의 건의대로 이 제품을 에코Echo라고 명명했다. 에코는 음악 재생은 물론 평범한 질문에 답할 수도 있고 사용자가 호출어Wake Word를 사용해 음성으로 대화할 수도 있었다. 기술력이 꾸준히 발전하면서 사용자는 에코를 통해 방의 조명을 스위치로 제어하거나 피자를 주문할 수도 있게 됐다. 스마트 스피커 개발을 통해 아마존은 음성 인식 분야에서 가장 앞서나가기 시작했다. 2년 뒤인 2016년, 아마존에서 가장 많이 팔린 제품에 등극한 에코는 2016년 4월까지 총 300만 대 이상 팔렸다.

내부 회의 끝에 샤오미는 디스플레이를 터치하는 방식에서 음성 제어로 전환되는 기술 발전이 시대의 흐름을 주도할 것이라고 판단했다. 쉽게 말해서 IT 업계의 판도를 새로 짤 수 있는 절호의 기회였다. 대형 IT 업체들은 최신 인간-기계 인터페이스Human-Machine Interface(HMI)를 선점하기 위해 자체 스마트 음성 기술을 연구했다. 딥러닝이 발전하면서 당시 IT 업계에선 스마트 음성이 인터넷의 새로운 'OS'가 될 거라는 의견이 지배적이었다. 스마트 음성 설비의 사용량이 꾸준히 증가하면 대형 업체들이 애플과 안드로이드 생태계에 대한 의존에서 벗어날 수도 있을 터였다.

샤오미의 또 다른 공동 창업자인 왕촨도 당시 AI라는 시대의 흐름에 샤오미가 몸을 실을 방법을 고민하던 중에 스마트 스피커의 가능성에 주목했다. 사실 왕촨은 오래전 샤오미 TV 부문에서 일하던 당시 음성을 통한 제어 기능을 TV에 구현한 적 있었다. 아마존이 스마트 스피커를 출시한 해, 왕촨이 주도한 샤오미 TV도 음성 검색 기능을 선보였다. 사람들이 리모컨을 들고 보고 싶은 영화를 이야기하면 샤오미 TV가 영화를 검색한다. 한동안의 시행착오 끝에 샤오미 TV 부문에서 훈련용 어휘 자료를 대거 축적하면서 스마트 스피커 출시가 일정표에 오르게 됐다.

2016년 중국의 국경절*이 끝난 후, 레이쥔은 경영진 회의를 열었다. 이 자리에서 회의 참석자들은 샤오미가 AI에 총력을 기울여야 한다는 데 공감대를 이뤘다. 레이쥔은 기술팀을 향해 입을 열었다.

"공유기가 스마트홈의 주축이 될 거라는 샤오미의 판단은 AI 시대에 이르러 수정이 불가피합니다. 스마트 스피커를 출시하는 데 박차를 가해야 합니다."

2017년 구정 연휴가 막 끝났을 무렵, 레이쥔은 또다시 팀 구축에 착수하며 스마트 스피커가 샤오미의 전략 상품이 될 거라

●
중국의 건국기념일. 매년 10월 1일
~7일에 걸친 장기 연휴.

는 점을 분명히 밝혔다.

왕강의 팀을 비롯한 여러 팀이 AI 사업에 관한 큰 그림을 그리고 노력을 쏟아붓는 사이, 스마트 스피커는 샤오미 그룹을 통틀어 가장 핵심적인 전략무기로 도약했다.

이러한 결정에 따라 샤오미 TV와 샤오미 브레인팀, 샤오미 디스커버리 실험실은 샤오미의 스마트 스피커 개발 작업에 공동으로 뛰어들었다. 그 노력의 결실이 바로 샤오아이小愛同學(Xiao Ai)다. 왕촨이 이끄는 샤오미 TV 부문의 팀원 10명이 하드웨어를, 추이바오추와 왕강의 클라우드 플랫폼팀은 소프트웨어를 담당했다.

IT 업체들의 치열한 경쟁을 지켜보며 샤오미는 6개월마다 신제품을 선보이고자 했다. 또다시 시작된 업계의 경쟁으로 샤오미는 자신의 한계에 도전해야 했다.

스마트 스피커 제품을 개발하는 과정이 얼마나 고될지는 불보듯 뻔했다. 프로젝트 초기, 따로 준비된 스피커가 없어 왕강은 샤오미 TV를 사용해 소프트웨어를 테스트하곤 했다. 왕촨은 날마다 제품의 음성 소통 능력을 직접 확인하고, TV에 대고 계속해서 명령을 내리곤 했다. 테스트를 하면 할수록 온갖 기술적 문제가 끊임없이 발견됐다. 음성 인식률이 기대 이하일 때면 왕촨은 왕강에게 '해결할 수 있느냐?', '언제 해결할 것인가?', '어떻게 해결할 것인가?'라는 질문을 던지곤 했다. 그럴 때면 왕강은 음성 인식과 소통 기능을 구현하는 데는 시간이 걸린다면서, 기술만 놓고 보면 100% 자신 있다는 대답만 되풀이하곤 했다.

　사실 왕강은 당시 엄청난 스트레스에 시달리고 있었다. 스마트 스피커가 하나의 트렌드이자 흐름으로 자리 잡자, 치타모바일에서 리에후싱쿵獵戶星空(OrionStar)라는 AI 전문 업체를 세웠다. 수백 명의 직원은 자체 AI 제품 개발은 물론 샤오미 스마트 스피커의 심장이 되겠다는 열의를 불태우고 있었다. 당시 치타모바일 CEO 푸성傅盛이 걸핏하면 왕촨을 찾아와 샤오미와의 제휴 가능성을 타진한 일이 커다란 부담으로 작용했다. 샤오미의 스마트 스피커에 다른 업체의 제품이 들어가는 걸 왕강과 그의 팀원들은 절대 두고 볼 수 없었다.

　거센 압박 속에서도 왕강과 그의 팀원들은 꿋꿋이 버티며 '샤오아이'를 개발하는 데 마침내 성공했다. '샤오아이'는 호출률, 응답 속도, 아름다운 목소리에 이르기까지 시중에 출시된 제품 중 가장 뛰어난 성능을 자랑했다. 푸성 역시 이 과정에서 수확이 없었던 것은 아니다. 리에후싱쿵의 문자-음성 변환Text To Speech(TTS) 기술은 샤오미보다 뛰어나다는 점을 인정받아 샤오아이에 최종 채택됐다.

　2017년 7월 26일, 샤오미는 '샤오아이' 스마트 스피커를 공식 발표했다. 판매가 299위안에 불과한 이 제품은 360도 음성 제어 시스템을 통해 사용자가 어디서든 "샤오아이"라고만 부르면 즉시 응답할 수 있었다. '샤오아이'는 온라인 음악 감상은 물론 사용자의 명령에 따라 집 안의 샤오미 제품을 작동하는 '집사' 역할도 수행할 수 있었다. 이를테면 샤오미 TV를 켜거나, 로봇청소기나 공기청정기를 작동시킬 수 있었다. 그뿐만 아니라 샤오미 콘센트나 멀티탭을 통해 다른 업체의 제품을 제어할 수도 있었다.

'샤오아이'의 판매 결과가 모두의 예상을 뛰어넘은 가운데 왕촨이 시장의 수요를 따라잡지 못해 고군분투 중이었다는 것을 아는 사람은 많지 않다. 훗날 '샤오아이'는 샤오미 역사상 가장 오랫동안 공급 부족을 겪은 제품으로 기록됐다. 특히 재미있는 사실은, 다른 업체의 스마트 스피커가 대대적인 보조금 전쟁에 나서는 동안 '샤오아이'는 품귀 현상을 빚고 있었다는 점이다. 그럼에도 '샤오아이'는 그해 중국 내 스마트 스피커 시장에서 톱 3에 오르며 미래에 대한 샤오미의 상상력에 날개를 달아줬다.

개발팀은 그야말로 뛸 듯이 기뻐했다. 위대한 회사는 매출액과 판매량, 이윤에만 연연할 것이 아니라 제품에 초점을 맞춰 최고의 제품을 만들어야 사용자의 애정과 신뢰를 받을 수 있다는 것을 누구보다 잘 알고 있었기 때문이다.

샤오미의 스마트 스피커 개발 과정에서 레이쥔과 경영진은 AI라는 거대한 물결이 밀려오는 가운데 샤오미가 그 물결에 몸을 실어야 한다는 것을 똑똑히 깨달았다. 즉 샤오미의 전략적 틀에서 AI는 휴대폰과 나란히 나아가며 회사의 성장을 떠받칠 양대 산맥 중 하나라고 확신했다. 이러한 판단에 따라 샤오미는 AI에 100억 위안 상당의 자금을 투자할 계획을 세웠다.

## 인도 시장에서 1위에 오른 샤오미

2016년 연말, 외부에 비친 샤오미는 여전히 안갯속을 헤매고 있었다. 그해 휴고 바라의 이직 문제 역시 샤오미를 향한 외부의 불신을 증폭시키는 기폭제로 작용하기도 했다.

1년여에 걸쳐 뼈를 깎는 노력을 기울인 끝에 샤오미의 귀환이 조용히 시작됐지만 이러한 긍정적인 신호에 주목한 사람은 많지 않았다. 특히 샤오미가 중국 시장에서 숨죽인 채 내공을 쌓는 동안, 해외 시장에서는 부활의 불꽃이 조용히 타오르기 시작했다.

레이쥔은 2015년부터 인도 시장을 관리하면서 분기마다 임원들과 함께 벵갈루루로 날아가 최소 7일 동안 머물곤 했다. 벵갈루루와 베이징을 오가는 직항편이 없어 매번 홍콩에서 비행기를 갈아탄 후 밤새 날아가야 했다. 하지만 레이쥔은 보통 비행기에서 내리면 여독을 풀 새도 없이 인도 사무실로 곧장 달려가곤 했다.

레이쥔은 매일 아침 9시부터 새벽 2시까지 이어지는 마라톤 회의를 소화하며 틈틈이 중국-인도 연합팀과 함께 인도의 골목 곳곳을 누비며 인도 사용자의 수요를 파악했다.

해외 시장의 중요성을 잘 아는 레이쥔과 임원들은 많은 경쟁자가 특히 인도 시장에서 치열하게 경쟁하고 있다는 데 주목했다. 이에 샤오미는 '인도 우선주의India First'라는 전략을 세우고, 모든 해외 시장 중에서도 생산 라인과 공급 물량을 인도 시장에 전폭적으로 제공하는 지원에 나섰다.

이는 인도 시장에 대한 샤오미의 판단에 따라 전격적으로 이뤄진 조치였다. 2016년 인도의 인구는 중국의 13억 8000만 명에 가까운 13억 2000만 명에 달했다. 하지만 그해 중국의 GDP가 11조 2000억 달러를 기록한 데 반해, 인도의 GDP는 그 20%에 불과한 2조 3000억 달러에 그쳤다. 또 인도 시장에서 휴대폰 출하량이 3억 대 미만에 그친 데 반해, 중국에서의 출하량은 매년 5억 대 안팎을 안정적으로 유지하고 있었다. 하지만 2013년부터 2015년까지 스마트폰이 인도 시장에 빠르게 침투했고, 2014년에는 3G에서 4G로 갈아타는 세대교체 주기가 있었다. 공개 자료를 바탕으로 한 수치는 인도 시장의 향후 잠재력을 보여줬다.

2015년 이후, 샤오미는 인도 시장에서 다양한 제품을 출시하는 데 착수했다. 레이쥔이 칠판 앞에서 PM들을 일일이 가르친 끝에 내린 결단이었다. 또 현지 소비자의 입맛에 맞출 수 있도록 현지 조사를 통해 일부 제품들에 대한 현지화를 추진했다. 예를 들어 인도는 습도가 높고 먼지가 많은 편이라 충전 케이블의 플러그가 쉽게 망가지는 편이었다. 이 점을 눈여겨본 샤오미는 쉽게 손상되지 않는 소재로 충전 케이블의 플러그를 제작했다. 그 밖에도 인도의 전기 공급이 불안정한 편이라 충전기의 허용 전압을 220볼트에서 380볼트로 올렸다. 잦은 정전 때문에 배터리 용량에 민감한 인도 소비자를 위해 대용량 배터리도 선보였다. 제품의 차별화된 품질을 확보하기 위해 중국 개발팀이 개선안을 제시하면 인도 개발팀이 가능성을 실험해 보는 방식이 오랫동안 이어졌다.

시장에서 제품의 포지션을 정의하는 데 각별히 노력하는 것 외에도, 샤오미는 2015년부터 인도 현지 소비자를 위한 서비스를 제공하기 시작했다.

샤오미의 휴대폰 제품 개발팀에 소속된 팀원 중 상당수가 인도 폭스콘 공장과의 제휴를 담당하고 있었다. 인도 안드라 프라데시Andhra Pradesh에 세워진 샤오미 최초의 공장은 폭스콘의 위탁 생산업체로 원래는 노키아의 휴대폰 사업이 추진되던 곳이다. 공장 환경은 괜찮았지만 각종 조립 설비가 스마트폰에 필요한 장비와 거리가 멀어 샤오미의 엔지니어들은 이를 자사 휴대폰에 맞는 생산 기지로 탈바꿈시켜야 했다. 그 과정에서 해결해야 할 문제가 한두 가지가 아니었다.

예를 들어 엔지니어 궈진바오郭金保는 인도 작업자들이 개조된 설비의 작동 방법을 익힐 수 있게 영어 프로그램을 만들었다. 하지만 인도에는 공식적으로 사용하는 언어가 여러 개인데다, 대부분의 작업자가 영어를 할 줄 몰라 프로그램을 봐도 무슨 말인지 못 알아듣는다는 것을 이를 배포한 후에야 알게 됐다. 게다가 인도는 비가 많이 내리는 기후 탓에 우기가 되면 창고의 목재 선반 바로 아래까지 물이 차곤 했다. 그럴 때마다 샤오미 엔지니어들이 선반을 빠르게 플라스틱 선반으로 교체하고 높게 쌓아 제품이 비에 젖지 않도록 해야 했다. 그 밖에도 공업용 진열대를 빠르게 도입해 재고 관리에 적합하지 않은 선반 문제를 원천적으로 해결했다.

인도의 인프라 수준은 중국과 차이가 큰 편이라 일상 생활에서도 많은 불편을 겪어야 했다. 한번은 쉬더우가 동료와 함께 차를 타고 가다가 차가 고장 나는 일이 있었는데, 한참 동안 전화를 걸었지만 아무리 해도 도움을 받을 수 없었다. 두 사람은 결국 숨 막히는 더위 속에서 근처 수리 센터까지 차를 직접 밀고 가야 했다.

인도 현지의 음식과 위상 상태에 적응하지 못한 중국인 직원들은 병을 달고 살아야 했다. 한 젊은 작업자는 궈진바오의 손을 잡곤 울지도 웃지도 못하는 표정으로 말을 건넸다.

"설사 때문에 온종일 화장실을 들락거렸더니 몸에 기운이 하나도 없네요. 이러다가 유서라도 써야 할까 봐요."

다행히 그 직원은 특효약을 먹고 건강을 되찾았다.

온갖 어려움 속에서 2015년 8월 인도에서 조립된 최초의 Mi가 출시됐고, 2016년 한 해 동안 총 100만 대의 물량이 생산됐다. 샤오미는 그 후 타밀나두Tamil Nadu에 자체 공장 2곳을 추가로 설립했다. 인도 현지 공장은 관세를 절감할 수 있을뿐 아니라 물류 주기도 단축시켰다. 그 외에도 현지 시장에 빠르게 대처할 수 있는 능력을 갖춰 인도 시장에서 휴대폰을 출하하는 데 많은 편의를 제공했다.

2015년 아마존과 플립카트가 인도 시장의 점유율을 놓고 치열한 보조금 전쟁을 벌이는 사이 샤오미는 인도 온라인 시장에서 경쟁력을 확보하며 승승장구하기 시작했다. 인도 공장이 들어서면서 2016년 인도에서 엄청난 판매량을 기록한 홍미

노트3는 샤오미가 인도 시장을 공략할 수 있었던 '걸작'이라고 불린다. 2016년 인도 시장에서 휴대폰 출하량이 2015년보다 두 배 늘어난 650만 대를 기록하면서, 샤오미는 2014년 초 인도 시장에서 진출하며 겪었던 악몽에서 완전히 벗어났다.

2017년 1분기 샤오미는 인도 시장 점유율 1위인 삼성에 1% 차이로 바짝 따라붙었다. 머지않아 삼성을 제치고 인도에서 모두가 주목하는 브랜드로 자리매김할 거라는 전망이 우세했다.

샤오미는 인도 온라인 시장에서 승리를 거머쥔 가운데서도 오프라인 시장 공략이 상대적으로 뒤처졌다는 사실을 잊지 않았다. 2015년부터 레이쥔은 인도의 오프라인 시장 진출 전략을 고민하기 시작했다. 분기마다 7일간의 인도 출장길에 오를 때 레이쥔은 오프라인 시장을 파악하는 데 매번 사흘을 투자하곤 했다. 처음에는 막막한 기분이었다. 그도 그럴 것이 2015년 당시 OPPO와 vivo는 중국 시장에서 썼던 방식을 인도에 고스란히 도입했다. 그 결과 인도 골목 여기저기서 파란색과 초록색 점포를 찾아볼 수 있었다. 작은 마을에 등장한 200제곱미터가 넘는 대형 광고판만 봐도 인도의 오프라인 시장을 접수하겠다는 두 업체의 의지를 느낄 수 있었다.

이와 함께 인도의 오프라인 점주들은 샤오미 휴대폰에 기대 반 우려 반의 시선을 보내고 있었다. 한 번은 뉴델리의 소형 매장을 지나던 레이쥔에게 가게 주인이 Mi가 아닌 자신과 친분이 있는 업체의 휴대폰을 구입하라고 끈질기게 설득했다.

"휴대폰 뒷면 커버가 플라스틱이지만 발열 증상도 거의 없고 재수리율도 0%"라는 가게 주인의 이야기에 메탈 커버를 장착한 샤오미 휴대폰을 쥔 레이쥔은 황당하다는 반응을 보였다.

"재수리율이 0%인 건 불가능해요!"

레이쥔의 끈질긴 추궁 끝에 가게 주인은 샤오미 휴대폰은 팔아도 남는 게 없기 때문에 대개 구매를 권유하지 않는다고 인정했다. 상인들의 애로사항을 피부로 느낀 레이쥔은 저가 물량 공세로는 오프라인 시장에서 재미를 볼 수 없다고 확신했다. 이 일을 계기로 샤오미는 적합한 오프라인 성장 모델을 찾는 데 더더욱 주력하기 시작했다.

일단 관리하기 가장 용이한 모델로, 샤오미즈쟈의 자체 운영 모델이 인도 시장에 도입되기 시작했다. 브랜드 직영점에 대한 인도 소비자의 기대가 큰 가운데, 2017년 5월 인도 최초의 샤오미즈쟈가 벵갈루루에 있는 피닉스 스토어에서 첫선을 보였다. 개장 당일 매장 밖에 줄을 선 사람들 때문에 상가 옆 도로가 큰 혼잡을 이뤘다. 샤오미즈쟈는 개장 첫날 5000여 대의 휴대폰을 판매했다. 레이쥔은 성황리에 운영되는 현지 매장과 판매 데이터를 웨이보에 소개했다. 인도 10개 주州에서 온 1만여 명의 인도 미펀들이 매장에 몰려든 가운데 12시간 동안 매출액 5000만 루피(약 533만 위안)를 달성했다. 이는 규모 있는 인도의 전통 휴대폰 유통업체에서 운영하는 단일 매장의 한 해 수익에 맞먹는 수치다. 샤오미즈쟈를 발판 삼아 샤오미는 인도의 오프라인 시장 공략에 본격으로 뛰어들었다.

샤오미의 글로벌 사업부 부사장이자 인도 지역 책임자인 마누가 신규 매장 오픈 행사에 참석해 샤오미의 오프라인 확장 계획을 소개했다. 그의 설명에 따르면 샤오미는 향후 2년 동안 델리, 뭄바이, 하이데라바드, 첸나이 등 대도시에 매장 100곳을 세우고, 휴대폰 외에 이어폰, 공기청정기 등을 비롯한 다양한 스마트 디바이스, 헬스 제품, 보조배터리, 셀카봉 등의 제품을 판매할 계획이었다. 또한 각 체험 매장에 미펀의 체험을 위한 단독 부스를 마련하기도 했다. 쉽게 말해서 샤오미의 '메이드 인 차이나'가 해외 소비자의 가정에 점차 파고들기 시작했다.

직영점 외에도 인도 시장을 겨냥한 단독 채널 전략도 빠르게 설계되고 있었다. 본사와 인도 전담팀의 꾸준한 논의 끝에 2017년 6월 PPP(Prefer Partner Program)라는 우선 파트너십 프로그램이 탄생했다. 이 프로그램의 핵심은 상업 지구당 협력 파트너 1곳에만 경영권을 부여하는 데 있다. 효율을 통한 이윤 창출이 해당 프로그램의 궁극적인 목표였다. 당시 인도에서는 도로나 골목마다 수십, 수백 개에 달하는 소형 매장이 구매자를 나눠 갖는 분산 경영 방식이 통용됐다. 이윤을 창출하는 효과는 크지만 실제 수익으로 나누면 언제나 기대 이하의 수준에 그쳤다. 이와 달리 샤오미는 상권 한 곳에 점포 한 곳만 설치해 구매자를 유치했다. 판매량이 꾸준히 증가하면서 단일 제품의 이윤 누적 효과 역시 꾸준히 증가했다.

PPP 프로젝트가 시작되고 1분기가 지나면서 인도에서 통할 수 있다는 가능성이 입증됐다. 2017년 12월, 샤오미는 인도 내 11개 도시에서 37곳의 중소형 위탁판매업체와 제휴를 맺고 제품 판매에 나섰다. 이 매장들은 주로 휴대폰을 취급하는 판매업체로 여러 브랜드의 휴대폰을 동시에 판매하고 있었다. 하지만 매장 입구나 눈에 띄는 자리에는 MI라는 로고가 큼지막하게 걸려 있는 걸 볼 수 있었다. 그해 샤오미가 인도의 오프라인 시장에서 거둔 매출 비중은 7.7%에 달했다.

2017년 1월 19일, 샤오미는 큰 인기를 끌었던 홍미 노트 4를 인도 시장에 출시했다. 퀄컴 스냅드래곤 625 칩셋, 4GB RAM, 64GB 내장메모리, 메탈 케이스, 배터리 지속 시간 최대 2일에 달하는 사양을 가진 홍미 노트4의 판매가는 겨우 1만 3000루피(약 1270위안)였다. 플립카트에서 깜짝 판매 이벤트를 진행했는데, 휴대폰을 구입하려는 소비자가 한꺼번에 몰리면서 판매 사이트가 일시적으로 다운되기도 했다.

IDC의 스마트폰 시장 자료에 따르면 2017년 3분기에 샤오미는 총 820만 대에 달하는 휴대폰을 출하하며 인도 스마트폰 시장에서 23.5%의 비중을 차지했다. 샤오미는 이때 처음으로 삼성을 제치고 인도 1위 스마트폰 브랜드로 올라섰다.

성장세는 4분기에도 이어졌다. 4분기 샤오미가 인도 시장에서 920만 대의 휴대폰을 출하하며 25%의 시장 점유율을 확보한 것과 대조적으로, 같은 기간 삼성 휴대폰의 시장점유율은 23%로 감소했다.

이렇게 해서 샤오미의 Mi가 인도 시장에서 1위 자리에 등극했다.

꼬박 1년에 걸친 조정 끝에 글로벌 시장에서 샤오미의 성장

모멘텀이 회복됐다. 샤오미의 글로벌 마켓에서 인도 시장의 비중은 28%에 달한다. 인도 시장에서 승승장구하는 가운데, 중국 내수 시장에서의 출하량 역시 다시 오르는 것을 확인할 수 있었다. 2017년, 샤오미는 10월까지 7000만 대에 달하는 휴대폰을 판매했다.

2017년 말, 샤오미의 한 해 출고량은 9141만 대를 기록했고 총수입은 전년 동기 대비 67.5% 증가한 1146억 6500만 위안을 달성했다. 영업이익은 222.7% 증가한 122억 1500만 위안에 달했다. 이러한 성과에 힘입어 샤오미는 글로벌 스마트폰 출하량 빅 5에 이름을 다시 올릴 수 있었다.

그 해에는 막대한 수익 외에도 주목할 만한 굵직한 사건이 여럿 있었다. 샤오미가 자체 개발한 펑파이澎湃S1 프로세서가 대표적이다. 펑파이S1은 4개의 A53 빅 코어Big Core와 4개의 A53 리틀 코어Little Core로 이루어진 64비트 옥타코어 프로세서로, 최고 주파수 2.2GHz, 내장 GPU MaliT860 MP4를 탑재했다. 사양을 보면 펑파이S1은 스냅드래곤6 시리즈에 해당하는 중급 프로세서다. 그해에 펑파이S1을 처음 탑재한 Mi5C가 출시됐다. '메이드 인 차이나와 크리에이티드 인 차이나Created in China의 환상적인 콤비 플레이'라고 평가받은 펑파이S1 덕분에 샤오미를 향한 칭찬이 쏟아졌다. 샤오미의 미래에 관심이 많은 이들에게 펑파이S1은 불안을 가라앉히는 '진정제'와도 같았다. 펑파이S1을 통해 사람들은 핵심 기술에 대한 샤오미의 갈증이 여전하다는 것을 깨달았다.

2017년 8월, 미믹스가 미국 IDEA 디자인대회에서 금상을 수상하자, 마침 미국 애틀랜타에서 유학 중인 류신위가 샤오미를 대표해 수상했다. 1980년대 이후에 태어난 류신위는 수상식 무대에 오르자 자신이 어렸을 때 텔레비전에서 봤던 홍콩의 유명 음악 프로그램인 '진거진취勁歌金曲(Jade Solid Gold)'의 시상식을 자연스레 떠올렸다. MC가 최고 가수를 호명하는 순간, 수상자는 자리에서 일어나 주변 사람들과 포옹한 뒤에 무대에 올라 관객들에게 축하 인사를 전했다. 류신위는 어릴 때의 그 추억을 자신이 재연하게 될 줄은 꿈에도 몰랐다. 디자인 위원회가 미믹스의 금상 수상 소식을 발표하자 류신위는 자리에서 천천히 일어나, 옆에 있던 구글 팀과 악수를 나누며 구글도 훌륭했다며 장난스럽게 '위로'의 뜻을 건넸다. 그 순간, 샤오미의 디자이너가 다시 한번 세계무대의 가장 높은 곳에 올랐다.

현실은 이쪽, 이상은 저쪽, 가운데에는 거센 강물이 흐른다는 격언처럼 2016년부터 2017년에 걸쳐 샤오미는 거친 물살을 과감히 건넜다.

샤오미가 2016년에 슬럼프에 빠진 시점부터 2017년 다시 상승 궤도에 오르는 시기까지, 레이쥔은 자신의 구루Guru●인 인텔의 앤드류 그루브Andrew Grove처럼 경영 혁신을 나섰다. 앤드류 그루브는 대대적인 변혁을 통해 인텔을 메모리 반도체 생산업체에서 마이크로프로세서Microprocessor 생산 업체로 탈바꿈시켰다. 레이쥔은 내부 연설에서 앤드류 그루브는 인텔을 절벽 아래로 추락하기 전에 불사조처럼 소생시켰다고 강조했다.

● 산스크리트어로 '스승'을 뜻하는 단어로, 권위자, 전문가, 존경할 만한 인물을 가리키는 용어로 쓰인다.

레이쥔 역시 고질병에 신음하며 방황하던 샤오미를 소생시켜 영광의 길로 복귀하는 중요한 성과를 이뤄냈다.

## 상장을 위한 본격적인 시동

2017년 고속 성장의 궤도에 다시 오른 되찾은 샤오미는 언론에서 앞다투어 보도하는 핫이슈로 다시 떠올랐다. 한 매체는 '레이쥔의 전성기'라는 제목으로 샤오미의 역습 과정을 보도했다. 샤오미를 원래 자리로 돌려놓은 레이쥔을 향해 기사는 뜨거운 찬사를 보냈다.

'세상 그 어디에도 판매량이 감소하다가 다시 상승 궤도에 오른 휴대폰 제조업체는 없었다, 샤오미만 빼고….'

주변의 오래된 의심에도 불구하고 샤오미는 전 세계 휴대폰 시장을 선도하는 휴대폰 제조업체 중 하나로서 자신의 생명력을 사실로서 입증해 보였다.

2017년 1~3분기에 걸쳐 샤오미는 원래 실적을 회복하는 것을 넘어 그 이상의 성과를 냈다. 같은 해 하반기, 안도의 한숨을 쉬기 무섭게 샤오미의 창립팀은 중요한 문제를 검토하기 시작했다.

'자본시장에 진출해 주주들에는 배당금을, 직원들에게는 인센티브를 제공해야 할 단계에 도달하지 않았을까?'

레이쥔의 머릿속에서 상장을 위한 창문은 이미 활짝 열려 있었다. 자본시장 진출은 샤오미의 새로운 여정을 알리는 출발점이 될 것이다.

중국 모바일 인터넷의 전성기에서 5~6년이라는 시간이 지나는 동안 중국의 창업 생태계는 점점 성숙해졌고, 알리바바와 바이두, 텅쉰의 성장은 중국 인터넷의 높은 잠재력을 증명했다. 인터넷 업계를 향한 벤처투자와 크리에이터들의 발걸음이 끊이질 않았고, 스타트업이 기하급수적으로 성장하며 시장은 그야말로 활황을 보였다.

이 과정에서 자본의 시선이 시가 총액 10억 달러 이상의, 시장에서 유니콘으로 불리는 스타트업에 쏠리기 시작했다. 시가 총액 100억 달러가 넘는 것으로 추정되는 대표적인 슈퍼 유니콘인 마이진푸, 진르토우티야오, 메이퇀뎬핑美團點評● 등에도 뜨거운 관심이 쏟아졌다. 샤오미 역시 존재감을 드러내며 자본 시장으로부터 러브콜을 받기 시작했다.

● 중국의 온라인 음식 주문 업체.

2017년 말에 후룬 연구소Hoogewerf Research가 처음 발표한 '2017 후룬 중화권 유니콘 지수'에 따르면, 중화권의 유니콘 업체는 2017년 총 120개, 예상되는 시가 총액은 3조 위안을 넘는 것으로 나타났다. 이러한 데이터의 이면에는 꾸준히 발전해온 중국 IT 생태계 진화의 역사가 담겨 있다.

이 역사를 직접 만들어낸 주인공 중 하나인 샤오미도 자신을 향한 시장의 뜨거운 시선을 느꼈다. 2017년 10월 말, 샤오미의 선전 플래그십 스토어 오픈 행사가 열리기 전에 샤오미는 임원회의를 긴급 개최했다. 베이징 밖에서 열린 샤오미 최초의 임원회의였다. 회의의 핵심 의제는 바로 상장이었다. 하지만 예상과 달리 상장에 대한 창립자들의 생각은 제각각이었다.

샤오미의 창업자 중 한 명인 왕촨은 우려의 목소리를 냈다.

"자금이라는 점에서 보면 샤오미는 지금 당장 상장을 준비하지 않아도 될 것 같습니다. 자금 사정이 넉넉하니까요."

일단 상장사가 되면 주가 등의 영향을 받아 장기적인 전략을 우직하게 밀고 나가기 어려울 거라는 게 왕촨의 생각이었다. 그의 주장에도 일리가 있었다. 회사가 증시에 상장하면 분기마다 재무 보고서를 공개해야 할 테니 단기적인 안목에서 회사를 경영하다가 궁극적으로는 장기적인 전략에 부정적인 영향을 줄 수 있었다. 레이쥔 역시 자신의 생각을 밝혔다.

"상장에 따른 단점도 있지만 장기적인 전략과 명확한 의사결정 능력만 유지한다면 단점도 커버할 수 있지 않겠습니까? 단점보다는 장점이 더 많지 않을까요? 상장은 우리 회사의 건전한 발전을 위한 절호의 기회가 될 수 있습니다. 상장을 통해 조직 구조와 브랜드 전략 같은 문제를 한꺼번에 정리할 수 있죠."

다른 창업자들도 상장에 긍정적인 입장을 내놨다. 7년이라는 긴 시간 동안 샤오미에서 일해 온 직원들의 노고에 보답해야 한다는 것이 그들의 소박한 바람이었다. 이러한 가치관은 우수한 인재를 확보하고 회사의 핵심 경쟁력을 유지할 수 있는 중요한 비결 중 하나다.

회의가 끝난 후 임원들은 상장 여부를 놓고 최종 투표를 실시했다. 레이쥔과 왕촨은 기권표를 던졌고 저우쇼우즈는 상장 집행인으로서 불참했다. 2장의 기권표가 있었지만 다수결 원칙에 따라 샤오미의 상장이 최종적으로 가결됐다.

2018년 1월 13일 저우쇼우즈는 웨이보에 의미심장한 글을 올렸다.

"내부에서 준비 중인 멋진 작품, 정말 기대되는걸!"

그 글 아래로 '앞으로 1년 동안은 잠자는 것조차 시간 낭비!'라는 문구가 들어있는 이미지도 올라왔다. 이미지 속 문구처럼 저우쇼우즈는 앞으로 365일 동안 그런 시간을 보내야 했다. 이를 두고 일부 언론에서는 샤오미가 상장을 향한 레이스에 본격적으로 올랐다는 신호탄이라고 해석하기도 했다.

불과 한 달 전, 홍콩 상장 제도가 개편되면서 샤오미는 상장지점을 선택하는 데 보다 또렷한 발언권을 가질 수 있게 됐다. 2017년 12월 15일, 홍콩 증권거래소는 '차등 의결권'을 가진 업체의 홍콩 메인보드 상장을 허용할 것이라고 발표했다. 이러한 구조는 성장 중인 업체가 주식 지분을 직접 사용해 융자하는 데 유리할 뿐만 아니라 지분이 과도하게 '희석'되어 창립자가 회사에 대한 발언권을 잃는 일을 막는다. 이로써 업체는 지속적인 성장을 보장받을 수 있다. 바이두, 알리바바, 징둥 등은 차등의결권을 가진 'A/B주' 구조를 지녔다.

'A/B주' 중에서 B주는 경영진이 보유한다. 경영진은 일반적으로 창립자나 창립 멤버로 구성된다. A주는 기타 주주가 보유하는데, 회사의 미래를 긍정적으로 평가하는 이들은 지분 참여의 방법으로 표결권을 희생하는 방식을 활용하기도 한다. 인터넷을 기반으로 하는 IT 업체가 부상하는 가운데, 대다수의 업체가 차등의결권 구조를 채택하고 있다. 해당 제도는 경영진이 회사에 대한 의사결정권을 장악하는 데 유리하고, 단기적인 이익에 구애받지 않는다. 이 때문에 차등의결권 구조를 채택한 미국 나스닥이 신경제를 표방한 업체들의 상장을 위한 첫 무대로 떠오를 수 있었다. 이에 반해 홍콩 증권거래소는 그동안 중소 주주의 권익을 보호하기 위한 이른바 '1주=1표' 원칙을 고수하고 있다. 이 때문에 홍콩은 몇 년 전에 알리바바라는 대어를 놓친 적 있었다.

미국과 홍콩 중에서 어디를 골라야 할지 고민하던 샤오미 경영진은 홍콩 증권거래소의 새로운 정책 때문에 홍콩에 우호적인 눈길을 보냈다. 저우쇼우즈도 미국과 홍콩의 자본 유동성이 막상막하인 상황에서 홍콩 증시가 좀 더 중국 시장에 가까운 데다 베이징과도 시차가 없어 관리에 용이하다고 지적했다. 차등의결권의 수위를 놓고 창업자들 모두 한 목소리를 냈다.

"레이쥔이 55.7%의 투표권을 가지고 일반 사무를 결정하고, 레이쥔과 린빈이 85.7%의 투표권으로 중대 사항을 결정하도록 합시다!"

이러한 결정은 샤오미에는 남다른 의미를 지닌다. 대주주를 견제할 뿐 아니라 샤오미만의 독특한 사업 모델을 유지하는 데 필요한 개성과 가치관을 외부의 입김에 구애받지 않고 유지할 수 있게 됐기 때문이다.

저우쇼우즈가 웨이보에 글을 올린 날부터 자본시장에서 샤오미가 상장에 나설 거라는 이야기가 빠르게 퍼지기 시작했다. 증권업체를 비롯해 투자은행, 변호사들이 줄줄이 찾아오는 바람에 저우쇼우즈의 일정표가 빽빽이 채워지기 시작했다. 하루 15시간씩 일하는 것도 어느새 일상으로 자리 잡았다. 여기서 한 가지 재미있는 사실은, IT 회사에서 일하느라 평소 캐주얼 차림이 익숙했던 저우쇼우즈가 날마다 각종 투자은행, 법률 전문가를 접대하느라 눈물을 머금고 정장을 입게 됐다는 점이다. 저우쇼우즈는 날마다 업무에 쫓기는 바람에 내근직에서 외근직으로 바뀐 것 같다고 하소연하기도 했다.

2017년 12월 19일, 저우쇼우즈는 샤오미 IPO팀과 함께 조촐한 시무식을 열었다. 이날 재무, 법무, 홍보 부문 직원들이 한자리에 모여 이번 프로젝트의 코드를 '이정표Milestone'라는 소박한 암호로 부르자며 의견을 모았다.

2018년 1월, 샤오미는 투자은행을 상대로 '선발Beauty Parade' 대회를 치렀다. 즉, 투자은행별로 입찰을 받아 상장 주간사를 선정하는 이벤트를 진행했다. 입찰서를 정리해보니 100부 가까이 됐다. 스타트업을 연구했을 때처럼 저우쇼우즈는 협상에 나선 투자은행들을 일일이 만났다. 그들은 시장에서 가격을 경쟁하듯 샤오미에 높은 평가를 내렸다.

2014년에 전격적으로 진행됐던 450억 달러 규모의 융자 프로젝트가 샤오미가 상장 전에 마지막으로 확인했던 가치였다. 가장 먼저 찾아온 증권사는 만나자마자 그 자리에서 샤오미의 가치가 750억 달러라고 못 받더니, 이내 평가액을 1000억 달러로 올렸다. 저우쇼우즈가 마지막에 확인한 이 증권사의 평가액은 2000억 달러로 뛰어올라 있었다.

상장을 계획하는 회사는 자신의 가치를 최대한 높여 IPO에 진출하려 한다. 이는 투자업계에서 흔히 볼 수 있는 방식으로, 레이쥔과 저우쇼우즈에게는 익숙하지만 대중들은 이러한 관행을 전혀 알지 못했다. 그 때문에 샤오미가 몸값을 부풀려서 상장을 노린다는 소문이 언론에 퍼지기 시작했다.

지난 두 달 동안 투자은행들이 샤오미에 앞다투어 입찰서를 쏟아내던 사이, 새로운 정책이 샤오미를 '습격'했다. 2018년 3월 30일. 중국 국무원國務院이 '스타트업의 국내 주식 발행 또는 예탁증서 시범 전개에 관한 의견'을 발표한 것이다. 중국 예탁증서Chinese Depository Receipt(CDR)를 정식으로 취급하는 새로운 상장 방식을 제시한 것이다. 이 정책은 그동안 케이맨 제도Cayman Islands에 등록된 인터넷 기업들에 중국 A주의 투자자들을 만날 수 있는 기회를 제공해왔다. 일찍이 우수한 인터넷 기업들은 중국 시장에 뿌리를 내리고 중국 소비자에게 서비스를 제공하며 성장했지만, 중국에 등록된 회사만 A주에 상장하고 국내에서 주식을 발행하는 것을 금지한 중국의 증권법 때문에 어쩔 수 없이 케이맨 제도에 회사를 등록했어야 했다. 이러한 상황을 타개하기 위해 CDR 시범 사업을 추진해야 한다는 목소리가 점점 커진 것이다.

샤오미가 상장 의사를 밝힌 후, 중국 증권 감독위원회에서 증권사를 통해 샤오미를 찾아와 CDR 시범 프로젝트에 참여해 줄 것을 희망했다. 샤오미는 이러한 제의에 흔쾌히 응하며, CDR 프로젝트의 첫 시범사례가 됐다.

샤오미가 CDR를 통해 상장에 성공하면 홍콩 증권거래소 역사상 최초의 '차등의결권'을 가진 상장사이자, 중국 A주 시장에서 CDR 방식으로 상장한 첫 업체가 되는 셈이었다. CDR 시범 프로젝트는 샤오미의 상장 준비팀에게는 기회이자 엄청난 도전이었다. 중국 증권 감독위원회의 제의를 수락한 후 홍콩 증시에 상장하려던 계획은 어느새 홍콩을 넘어 중국 대륙을 겨냥한 것으로 커져 있었다. 증시하려는 시장이 하나에서 두 개로 늘었으니 그에 따른 준비도 두 배일 거라고 생각하면 크나큰 오산이다.

저우쇼우즈는 회사가 CDR 제의를 수락했다는 것을 알고는 세 작업에 동시에 착수했다. 첫째, 홍콩과 중국 대륙을 위한 주식 모집 설명서 준비에 많은 시간과 노력을 할애해야 했다. 둘째, 홍콩 증권 감독 당국과 꾸준히 소통하며 입법 논의에 가까운 작업에 참여해야 했다. 샤오미는 홍콩에 상장하는 최초의 차등의결권 업체이므로, 중소 주주에 대한 보호 조치, 차등의결권의 수위 설정 등과 같은 문제를 놓고 증권 감독 당국과 교감해야 했기 때문이다. 셋째, 혁신적인 시도의 '연착륙'을 위해 CDR의 규정과 홍콩 증시의 규정을 연구·대조함으로써 동시 상장에 따른 부담과 위험을 제거해야 했다.

늘 새로운 역사를 써 온 샤오미로서도 이렇게 많은 '첫 경험'

은, 그것도 동시에 치르는 경우는 흔치 않았다.

저우쇼우즈는 그 시절을 '암흑천지'라고 표현하며, 그때의 기억은 대부분 희미하지만 아직도 생생하게 기억하는 에피소드 몇 가지가 있다고 말했다. 주식 모집 설명서에 적힌 한 글자를 확인하기 위해 밤 12시 반에 경솨이에게 전화를 걸었던 적이 있다. 늦은 밤이었지만 경솨이는 불평 한마디 하지 않고 2시간 동안 컴퓨터를 두들긴 후에 정확한 답을 들려줬다. 또한 번은 증권 감독위원회 인근 호텔에 방을 얻었는데, 너무 바빠서 호텔 방에서 샤워만 하고 사무실로 돌아오기도 했다. 어디 그뿐이던가! 매주 토요일과 일요일마다 사무실에서 재무, 법무 관련 직원들, 그리고 투자은행, 법률소 등과 함께 주식 모집 설명서를 몇 번이고 수정하곤 했다. 중국어로 설명서를 작성한 뒤에 영어로 번역하면 홍보팀 팀장인 쉬지에윈徐潔雲이 중국어 버전을 확인하고 다른 사람이 영문 버전을 확인하며 서류를 교정했다.

"주식 모집 설명서의 글자 한 자, 한 자를 몇 번이나 읽고 고민했습니다."

저우쇼우즈는 담담하게 말했지만 홍콩 증권거래소의 H주를 위한 주식 모집 설명서는 장장 600페이지에 달한다.

이와 함께 샤오미의 지분 구조가 일시적으로 묶인 상태에서 샤오미는 내부 메일을 통해 중요한 소식을 발표했다. 공동창업자인 저우광핑과 황장지가 직무에서 물러난다는 것이었다. 메일에서 레이쥔은 이렇게 소감을 밝혔다.

'저우광핑과 황장지 모두 샤오미에 지대한 공헌을 한, 샤오미라는 기적을 일군 사람들입니다.'

이렇게 복잡하고 중요한 업무를 처리하는 건 저우쇼우즈에게 인생 최대의 도전이었다.

"전 소위 말하는 재벌 2세로 태어났습니다. 아버지가 1960년대 싱가포르에서 건설사를 세워 크게 성공하셨죠. 하지만 경영 부실로 회사는 큰 곤경에 처하고 말았습니다. 벼락부자가 빈털터리로 전락해버린 거죠. 그때의 기억은 어린 제게는 커다란 충격으로 다가왔습니다. 그래서 위대한 기업을 세우고, 성공으로 이끌겠다고 결심했습니다."

그 사실을 알고 있던 레이쥔은 어린 시절에 대한 복수라고 생각하고 열심히 하라며 농담 섞인 격려를 건넸다. 그 이야기에 저우쇼우즈는 울 수도, 웃을 수도 없었다.

'복수? 복수치곤 너무 심한 거 아닙니까?'

샤오미의 IPO를 준비하는 단계에서 저우쇼우즈는 스스로 위대하다고 생각하는 일을 해낼 수 있는 기회를 손에 넣었다. 고된 시간이었지만 어린 시절에 받았던 상처를 씻어낼 만큼 미련 없이 자신의 모든 것을 쏟아부었다.


## "순이익은 영원히 5% 미만"

저우쇼우즈가 상장을 준비하는 동안 레이쥔은 상장에 닥쳐올 위기에 대해 진지하게 고민 중이었다. 왕촨이 기권표를 던지며 밝힌 주장에 레이쥔 자신도 크게 공감했다. 자본이라는 게임의 규칙은 기업 이윤의 '최대'가 기존보다 '더 많이' 늘어나기를 기대한다는 걸 레이쥔도 잘 알고 있었다. 일단 상장하면 샤오미는 수많은 외부 주주를 상대해야 할 것이다. 그들이 샤오미의 가치관과 사업 모델을 제대로 알지 못한 채 경영진에게 더 많은 이윤을 내라고 압력을 행사한다면 샤오미는 과연 흔들리지 않을 것인가? 사실 당시에 레이쥔이 주목한 문제의 본질은, 자신이 언젠가 CEO를 그만두었을 때 후임자가 샤오미의 가치관을 고수할 수 있는가 하는 것이었다.

이는 샤오미가 회사 간판을 내걸 때의 초심과 직결된 문제였다. 샤오미는 40대의 레이쥔이 경제적 수익에 구속받지 않은 상태에서 자유롭게 세운 회사였다. 젊은 시절의 꿈을 담고 있는 것은 물론, 수십 년 동안 고민했던 문제, 즉 '100년 기업이 되기 위한 조건은 무엇인가?'라는 궁극적인 질문에 답해줄 수 건 샤오미가 유일했다. 샤오미를 창업할 당시 레이쥔은 이 질문을 스스로에게 던졌다. 답을 찾으려는 레이쥔의 머릿속에 가장 먼저 떠오른 것은 퉁런탕同仁堂 •이었다.

퉁런탕을 연구하면서 레이쥔은 그들의 가장 중요한 원칙이 다름 아닌 사훈에 담겨 있다는 사실을 발견했다.

'맛을 낼 때는 재료가 아무리 비싸도 절대 아껴선 안 된다. 약을 달일 때는 아무리 번거롭더라도 절대 품을 아껴선 안 된다.'

쉽게 말해서 제품을 만들 때는 재료가 아무리 비싸도 최고의 것만 써야 하고, 제작 과정이 아무리 복잡하더라도 요령을

●
청나라 때인 1669년 설립된 중국의 전통 제약회사. 우황청심환을 처음 만든 것으로 알려져 있다.

피워선 안 된다는 뜻이다. 퉁런탕은 이러한 사훈이 지켜지도록 가르침 또한 잊지 않았다.

'사람 눈에는 보이지 않아도 하늘만은 알아준다修合無人見, 存心有天知.'

퉁런탕의 가르침에 레이쥔은 큰 충격을 받았다. 한 기업을 오랫동안 경영할 수 있는 답을 찾았다고 확신했다. 제품을 만들 때 진심을 담아야 위대해질 수 있고, 그 위대함을 오랫동안 잃지 않으려면 진심이 신앙 그 자체가 되어야 한다!

레이쥔이 존경하는 업체로는 중국의 퉁런탕 말고도 미국의 코스트코와 월마트가 있다. 샤오미가 회사 간판을 단 지 5년째 되던 해인 2014년, 레이쥔은 쥔롄즈번君聯資本의 전 CEO 주리난朱立男의 요청으로 샤오미를 창업하게 된 계기를 소개했다.

"월마트나 코스트코 같은 유통업체가 제게 준 경험은, 낮은 마진이 왕도王道라는 겁니다. 마진이 낮으면 효율을 높이기 위해 머리를 굴리게 되죠. 샤오미는 원가에 가까운 수준에서 가격을 책정해 운영 효율을 높이는 방법을 추구합니다. 사용자에게 돈을 쓰라고 독촉하지 않으면서도 수익을 내려면, 효율을 높일 수 있는 지혜를 쥐어짜내야 합니다."

기업 경영에 관한 레이쥔만의 이론은 샤오미가 탄생하는 순간부터 실천되었다. '사용자 감동과 훌륭한 가격感動人心, 價格厚道'이라는 이념은 등장한 첫날부터 샤오미의 신조로 자리매김했다. 1세대 휴대폰을 시작으로 현재의 모든 휴대폰 라인업과 각종 생태계 제품에 이르기까지 가격을 책정하는 데 있어 샤오미가 고수하는 일관된 원칙이다. 다양한 내부 강연에서 레이쥔과 경영진은 샤오미의 가치관을 거듭 강조했다.

"고금을 막론하고 이런 업체들은 상품의 본질에 대한 고객의 기대를 만족시켰기 때문에 명성을 쌓을 수 있었습니다. 고객의 편에 서는 걸 선택한다면 샤오미는 무너지지 않을 겁니다."

샤오미의 성장 과정에서 레이쥔은 주변으로부터 가격을 대폭 인상하라는 권유를 여러 차례 받곤 했다. 미믹스 출시를 앞두고 애널리스트 쑨창쉬孫昌旭는 압도적인 기술력으로 휘감은 제품에 걸맞게 상대적으로 높은 가격을 책정해야 한다고 레이쥔을 설득했다. 몇 시간에 걸친 설득에도 레이쥔은 자신의 생각을 굽히지 않았다.

"한때 제가 증오하던 업체들처럼 샤오미가 변하게 하지 않을 겁니다."

절제는 사실 샤오미가 성장 과정에서 고수한 원칙이기도 했다. 2017년 8월, 샤오미의 재무 분석 회의에서 레이쥔은 파격적인 제안을 내놓았다. 추가로 벌어들인 이윤을 고객에게 돌려주자며 증정 쿠폰을 뿌리자는 것이었다. 이제 샤오미샹청 책임자가 '솽스이' 기간에 다른 전자상거래 업체들처럼 여러 종류의 증정 쿠폰을 뿌리자는 계획을 세웠다가 레이쥔으로부터 질책을 받았다.

"증정 쿠폰이 복잡하게 기획되어 있으면 사용자가 이해하지 못할 겁니다. 증정 쿠폰을 기획할 때는 절대 문턱을 높여선 안 됩니다!"

2017년 말, 샤오미는 문턱을 낮춘, 총 1억 5000만 위안에 달하는 현금 쿠폰을 뿌렸다. 대부분의 업체로서는 듣도 보도 못한 막대한 액수의 예산이 들어간 일대 사건이었다.

상장 절차를 밟기 시작하면서 순이익의 규모를 정하는 문제가 도마 위에 올랐다. 레이쥔은 샤오미의 미래를 법적 문서로 명문화하고자 했다. 그래서 순이익 비율을 회사 규정에 넣겠다는 목표를 세웠다. 자신이 존경하는 코스트코를 향한 경의의 표시이자, 대부분의 사람에게는 도저히 이해할 수 없는 해괴한 결정이었다. 코스트코는 모든 상품의 총이윤율이 14%를 초과해서는 안 된다고 규정하고 있다. 이를 초과할 경우 CEO와 이사회의 비준을 거쳐야 한다. 레이쥔은 심지어 코스트코보다 급진적이고 이상적인 방침을 세웠다. 샤오미에서 만든 하드웨어 제품의 세후 순이익률이 3%를 넘어서는 안 되며, 이를 넘는 경우 사용자에게 초과한 만큼 돌려준다는 내용을 규정에 담고자 했다.

그의 제안에 그동안 레이쥔에게 절대적 지지를 보내던 사외이사와 투자자들이 아연실색한 것도 모자라, 이의를 제기하거나 적극적으로 반대하기도 했다. 샤오미의 가치관을 잘 알고 있었지만 샤오미가 성장의 가능성을 포기한 채 돈을 벌 기회를 제 발로 차버리는 이유를 도저히 납득할 수 없었다.

다양한 의견을 하나로 통일할 시간은 많지 않았다. 때는 2018년 4월 초, 샤오미의 IPO 신청까지 보름밖에 남지 않은 시점이었다. IPO 신청서를 제출하기 전에 반드시 의견을 조율해 주식 모집 설명서에 넣어야 했다. 이러한 소식을 발표할 최고의 순간은, 이번 달 말에 있을 신제품 발표회였다.

발표까지 2주도 채 남지 않은 상황에서 재무 담당자는 의사 결정에 필요한 자료를 찾아 나섰고, 마케팅 담당자는 신제품 발표회 준비에 박차를 가하며 공개서한의 초안 작업에 착수했다. 또 다른 한쪽에서 샤오미의 몇몇 임원들은 촌각을 다투며 주주들을 설득하고 있었다.

2018년 4월 23일 늦은 밤에 열린 주주들과 마지막 컨퍼런스 콜, 여전히 의심을 버리지 못하는 주주들을 향해 리완창은 자리에서 벌떡 일어나 목소리를 높였다.

"수십 년이 흐른 뒤에 돌이켜보면 비즈니스 역사상 위대한 결정일 겁니다!"

4월 24일 0시 1분, 주주들은 숫자 하나를 바꾼 끝에 이사회 결의를 비준했다. 주주들은 글로벌 기업으로 성장한 샤오미가 여러 시장에서 환율 문제로 난처한 상황에 처할 수 있다고 주장했다. 이윤을 3%라는 수치로 묶어둔다면 환율이 조금만 변해도 손해를 볼 수 있었기에 주주들은 적은 이익이라도 확보할 수 있도록 수치를 3%에서 5%로 상향 조정하기를 원했다.

2018년 4월 25일, 우한대학교에서 Mi6X 발표회가 열렸다. 모교를 찾은 레이쥔은 뤄쟈산珞珈山●을 둘러보기도 했다. 이날 발표회에서 레이쥔은 이사회에서 새로 채택한 결의를 발표했다. 4월 23일부터 샤오미는 매년 휴대폰 및 IoT, 소비재를 포함한 전체 하드웨어 사업의 세후 순이익률이 5%를 넘지 않게

● 우한대학교는 뤄 쟈산 기슭에 있다.

할 것이며, 초과분은 합리적인 방법으로 사용자에게 돌려주겠다는 내용이었다.

이날 발표된 Mi6X가 레이쥔의 결심을 보여주는 집행자였다. 스냅드래곤 프리미엄 660 프로세서와 함께 최신 AI 기술을 탑재한 Mi6X는 성능, 공정 및 사양에서 경쟁사와의 비교 자체가 불가능한 제품이었다. 그럼에도 3000위안에 가까운 가격의 타사 제품에 비해 훨씬 저렴한, 원가에 가까운 1599위안이라는 가격을 고수했다.

또 레이쥔은 샤오미의 박리다매 전략은 하드웨어뿐만 아니라 콘텐츠와 인터넷 서비스에도 적용된다고 밝혔다. 이윤율 5%라는 수치는 샤오미의 성장을 제약하는 것이 아니라, 샤오미가 현실에 안주하지 않고 더 노력하기 위한 자구책이라고 설명했다.

레이쥔의 발표에 사람들은 큰 충격을 받았다. 일부 언론에서는 기업 중에서 제품의 순이익률을 공개적으로 제한한 건 샤오미가 처음일 것이라고 평가했다. 혹자는 세계적인 대기업 중에서도 무척 이례적인 사례라고 지적하기도 했다. 이익 최대화를 목표로 하는 전통적인 이념이 소비자를 통한 가치 최대화를 추구하는 것과는 정반대인 행보였기 때문이다.

이를 두고 눈 가리고 아웅 하는 것 아니냐는 추측도 쏟아졌다. 샤오미는 상장사가 아니니 구체적인 재무 자료를 발표하지 않아도 되고, 순이익이 얼마인지 확인할 수 없다는 것이었다. 하드웨어 사업 자체가 이윤이 적은 데다 5%대 이익을 낼 여력이 전혀 없다는 지적도 있었다.

이때까지만 해도 대중은 신제품 발표회가 열린 지 8일 뒤인 2018년 5월 3일에 샤오미가 정식으로 홍콩거래소에 상장 신청서를 제출할 거라는 사실을 알지 못했다. 몇 달 뒤 샤오미가 상장사가 되면 재무제표 공개는 당연한 수순이 된다. 그렇게 되면 샤오미는 이사회 결의문 형식으로 하드웨어 순이익률을 5% 미만으로 제한하겠다고 천명한 세계 최초의 회사가 될 것이었다. 샤오미는 이 순간, 하드웨어에서 5% 이상의 순이익을 얻을 수 있는 권리를 스스로 포기했다.

이러한 내용은 샤오미가 안심하고 상장할 수 있는 전제조건이 됐다.

2018년 5월 3일, 샤오미가 우여곡절 끝에 증시에 뛰어들었다. 이날을 위해 저우쇼우즈와 그의 팀원들은 지난 2~3일 밤 샘 작업 끝에 첫 번째 주식 모집 설명서를 완성했다. 일행은 다 같이 정장을 걸친 채 홍콩의 한 인쇄사에서 주식 모집 설명서를 인쇄한 뒤 홍콩 증권거래소를 찾아 정식으로 주식 모집 설명서를 제출했다. 홍콩 증권거래소 직원이 저우쇼우즈에게 쪽지를 하나 건넸다.

'귀사의 주식 모집 설명서가 홍콩 거래소에 제출된 것을 축하합니다.'

그날 샤오미의 주식 모집 설명서에 담긴 레이쥔의 공개서한이 인터넷에 퍼지면서 사람들에게 두 가지 질문을 던졌다.

'샤오미는 누구인가? 샤오미는 무엇을 위해 노력하는가?'

이 공개서한은 샤오미의 자기소개서 같기도 하고, 지난 창업 과정에 대한 소회로 보이기도 했다. 샤오미는 이 기회를 이용해 다시 한번 대중에게 자신의 가치관을 설명했다.

혁신적인 기술과 최고의 디자인은 샤오미가 뼛속에서부터 추구하는 목표입니다. 우리 엔지니어들은 그동안 누구도 시도해보지 않았던 기술과 제품을 연구하는 데 매진하며, 사소한 것도 놓치지 않는 불굴의 정신으로 사용자의 기대를 뛰어넘는 제품을 선보이겠다는 각오로 단단히 무장했습니다. 낡은 규칙을 무너뜨릴 수 있는 용기와 최고를 향한 신념이야말로 우리가 사용자로부터 꾸준한 사랑과 인정을 받을 수 있는 비결이라고 믿습니다.

지금 우리는 세계 4대 스마트폰 제조업체로, 다양한 스마트 하드웨어 제품을 만들어내는 것은 물론 세계 1위에 오른 여러 제품을 보유하고 있습니다. 세계 최대 소비재 IoT 플랫폼을 구축해 1억 대가 넘는 스마트 디바이스를 연동하고 있습니다. 이와 함께 1억 9000만 명에 달하는 MIUI 이용자를 확보하고 있으며, 이들을 위한 혁신적인 인터넷 서비스를 제공하고 있습니다.

하지만 우리가 진정 자랑스럽게 여기는 것은 이런 숫자가 아니라 중국 스마트폰과 스마트 디바이스를 비롯한 많은 것이 우리로 인해 완전히 달라졌다는 겁니다.

우수한 기업은 이윤을 좇고, 위대한 기업은 사람을 좇습니다. 우리가 더 자랑스럽게 생각하는 것은, 우리가 팬덤 문화를 가진 보기 드문 IT 회사라는 점입니다. '미펀'이라고 부르는 광팬들이 전 세계에 퍼져 있을 뿐 아니라 우리 브랜드에 충성하고 우리 제품의 개발과 개선에 적극 참여하고 있습니다.

공개서한을 둘러싸고 뜨거운 관심이 쏟아졌다.

'샤오미는 누구인가? 샤오미는 무엇을 위해 노력하는가?'라는 주제가 핫이슈로 떠오르면서 여러 중국 업체들이 'XX는 누구인가? XX는 무엇을 위해 노력하는가?'라는 질문을 던지며 뜨거운 반향을 일으켰다. 예를 들어 푸싱複星그룹의 CEO 궈광창郭廣昌은 '궈광창, 레이쥔의 질문에 답하다: 푸싱은 누구인가? 푸싱은 무엇을 위해 노력하는가?'라는 글을 올리기도 했고, 진거펀드眞格基金의 창업자 쉬샤오핑徐小平은 공개서한을 읽은 뒤 '쉬샤오핑, 레이쥔의 질문에 답하다: 진거는 누구인가? 진거는 무엇을 위해 노력하는가?'라며 자신의 생각을 밝혔다. 이를 두고 혹자는 '레이쥔 체體'라고 부르기도 했다. 쉬샤오핑은 공개서한에서 레이쥔이 중국 제조업의 흐름을 바꿨다고 평가했다.

이때를 시작으로 샤오미는 증시 상장을 위한 '투자 설명회'에 나섰다. 모두가 신발 끈을 단단히 묶으며 필승의 각오를 다졌다.


**발품으로 이룬 상장**

저우쇼우즈와 투자은행이 함께 주식 모집 설명서를 제출한

다음 날, 레이쥔은 선전에서 홍콩으로 달려갔다. 그날의 일정은 레이쥔에게도 유례없이 '고된 행군'이었다. 선전에서 이재용 삼성전자 부회장과 만난 레이쥔은 샤오미즈쟈를 방문해달라고 요청하기도 했다. 홍콩에서는 임원들과 함께 90세라는 나이가 무색하게 여전한 카리스마를 자랑하는 재계의 전설 리자청李嘉誠을 찾아가 점심 식사를 같이했다. 식사 도중에 리자청이 개인 펀드를 통해 샤오미 주식 3000만 달러치를 사들이기로 결정했다는 소식이 홍콩 경제계를 뒤흔들었다. 저녁에는 홍콩의 부동산 재벌 리자오지李兆基의 장남이자 헝지자오예恒基兆業 부동산 회장 겸 이사장인 리자제李家杰를 찾아갔다. 리자제는 한때 샤오미의 사외 이사로 활동하며, 샤오미의 상장에 적극적인 신호를 보내기도 했다.

레이쥔이 재계의 3대 미스터 '리李'를 만났다는 소식이 여러 매체를 통해 앞다투어 보도됐다. 줄곧 레이쥔 옆을 따라다니는 저우쇼우즈는 마치 꿈을 꾸는 것 같았다. 자고 일어났더니 전 세계가 샤오미를 주목하고 있다니! 그날 밤, 포시즌스 호텔 30층 연회실에서 레이쥔은 화려한 조명으로 빛나는 빅토리아 항만을 내려다보고 있었다. 창업 후 보냈던 시간이 주마등처럼 떠올랐다.

가장 아름다운 순간 뒤에는 마치 숙명처럼 위기가 도사리고 있었다. 많은 사람이 별일 없을 거라고 안도의 한숨을 내쉴 때도 마음의 경계를 끝끝내 내려놓을 수 없었던 가장 경건한 두려움이기도 했다. 바람 한 점 없이 잔잔한 바다, 하지만 어디선가 거친 물결이 샤오미를 향해 천천히 밀려들기 시작했다.

2018년 6월 11일, 샤오미가 홍콩 증권거래소의 심사를 통과했다는 소식이 전해진 날, 샤오미는 중국 증권 감독위원회에 CDR의 주식 모집 설명서를 제출했다. 샤오미는 퀄컴, 차이나모바일, 순펑順豊, 중투중차이中投中財 등 7개 주요 투자자를 선정했다. 거시 경제 환경도 그럭저럭 괜찮은 편이었다. 샤오미가 CDR 주식 모집 설명서를 제출하기 사흘 전, 폭스콘 산업 인터넷富士康工業互聯網이 상하이 증권거래소에 상장한 첫날 44% 급등해 A증시에서 시가 총액이 가장 높은 IT 업체로 등극했다. 세계 최대 휴대폰 위탁생산 업체이자 글로벌 무역에 큰 영향을 받는 폭스콘은 일종의 풍향계로서, 세계 경제 흐름에 대한 시장의 긍정적인 신호를 가리키고 있었다.

쉬지에윈은 담배 4갑을 산 뒤 재무팀, 법무팀 동료들과 같은 사무실 안에 '셀프 감금' 중이었다. 각자 흩어져서 증권 감독위원회의 12차례에 걸친 질문에 조목조목 답하는 사이, 자본시장에서 거대한 움직임이 일어났다. 도널드 트럼프가 미국 대통령에 취임한 후 미·중 무역 마찰이 끊이질 않았다. 2018년 1월부터 미국 정부는 중국산 파이프를 비롯해 알루미늄 포일, 강철 바퀴 휠 등에 대해 반덤핑 조사를 실시했으며, 약 500억 달러 규모의 중국산 수입 품목에 25%의 관세를 부과할 계획이라고 발표했다. 500억 달러 중 360억 달러에 대한 관세 조치는 7월 6일부터 시행한다는 내용도 있었다. 중국은 즉각 반격하며 반反 제재에 나섰다. 그동안 누적된 갈등이 드디어 폭발하고 말았다. 미·중 무역 갈등이 격화되면서 샤오미의 상장에도 먹구름을 드리우기 시작했다.

천싱즈번의 CEO 류친이 훗날 밝힌 것처럼, 샤오미의 상장에 미·중 무역 갈등이라는 '블랙스완'이 모습을 드러냈다. 이때만 해도 상장 준비에 여념이 없던 팀원들은 무역 갈등에 따른 파장이 얼마나 클지 별다른 관심이 없었다.

6월 16일부터 6월 18일에 이르는 단오절 연휴 기간, 레이쥔은 일부 임원들을 샤오미 우차이청 사무실로 불러들였다. 며칠 전부터 시장 분위기가 전체적으로 싸늘해진 것을 피부로 느낄 수 있었다. 무역 갈등이라는 먹구름 속에서 앞다투어 높은 시장 가치를 제시하며 지분을 조금이라도 받기 위해 혈안이었던 일부 기관의 표정이 바뀌기 시작했다. 이러한 상황에서 샤오미는 자신의 모델과 가치를 더 분명하게 이야기해야 했다.

이번에도 레이쥔의 완벽주의가 극도로 발휘됐다. 디테일에 대한 그의 집요한 요구에 '주화입마走火入魔'에 빠질 지경이었다. 집필 작업을 수행하는 팀으로서는 그야말로 사는 게 사는 게 아닌 뼈를 깎는 사흘이었다. 새벽에 귀가해 몇 시간 겨우 눈을 붙일 때를 빼곤 모두가 우차이청 15층에 있는 레이쥔의 사무실에서 지냈다. 외국인 투자자에게 샤오미의 사업 모델을 빨리 이해시키기 위해 모두 머리를 맞댔다. 천싱즈번의 류친은 샤오미의 가치관을 할리우드식 시나리오로 연출하자고 제안했다. 서양인이 알아들을 수 있는 방식으로 투자자와 대화하고, 소통하자는 뜻이었다.

"상장을 위한 샤오미의 투자 설명회는 마틴 루터 킹 목사의 연설처럼 감동적이어야 합니다. 샤오미는 만인 앞에서 과학 기술은 평등해야 한다고 말합니다. 피부색, 나이, 성별을 가리지 않고 누구나 과학 기술의 즐거움을 누릴 수 있는 권리가 있다는 겁니다."

샤오미 모델에 대한 이해를 돕기 위해 세밀한 계획과 투자 설명회의 분위기를 띄울 '소품'도 일부 준비했다.

상장 준비로 몇 달째 바빴던 레이쥔과 저우쇼오즈는 지칠 대로 지칠 대로 지쳐 있었다. 레이쥔은 그동안 여러 가지 사건을 해결해야 했고, 그중에는 외부로부터의 오해도 포함됐다. 프레젠테이션을 수정하는 3일 내내 언제나 활기차고 참을성 있기로 유명한 레이쥔조차 버티지 못하고 이따금 책상 뒤편 바닥에서 쪽잠을 자기도 했다.

CDR을 위해 만반의 준비를 마쳤을 때, 거시적 환경에서 생긴 변화에 맞추어 샤오미의 평가 가치를 낮춰야 한다는 여론이 인터넷을 달구면서 샤오미에 부담과 혼란을 심어주고 있었다. 그 무렵부터 시장의 흐름이 본격적으로 바뀌기 시작했는지, 여론에 밀려 샤오미를 평가절하하거나 의심하는 목소리가 들리기 시작했다. 그동안의 소문에 샤오미를 두고 롤러코스터를 탄 것 같다는 추측이 나오면서 의혹의 목소리는 점점 커져갔다.

한 치 앞도 보이지 않는 불투명한 자본시장을 지켜보던 샤오미는 여러 요소를 종합적으로 고려해 2018년 6월 18일 밤에 CDR 상장을 보류하겠다는 어려운 결정을 내렸다. 이튿날 아침, 중국 증권 감독위원회 홈페이지에는 샤오미의 선택을 존중한다는 답변이 올라왔다. 제17차 심의위원회의 2018년 제88차 심의회의에 검토 중인 샤오미의 발행 신고 서류 역시 취소됐다. 몇 줄에 불과한 내용이었지만 거기에는 수많은 샤오미 경영진의 진지한 고민과 말 못할 사연이 많이 담겨 있었다.

미·중 무역 갈등으로 인한 연쇄반응이 자본시장에 나타나기 시작했다. 이날 중국 증시는 폭락했다. 상하이 종합지수는 2년 만에 최저치인 2907포인트를 기록했다. 상하이와 선전 증시에서 하한가를 친 종목은 1000여 개에 달했고 1600개에 달하는 종목이 9% 넘게 떨어졌다. 빨간불이 켜진 종목은 단 하나도 없었다.

이 모든 상황은 시장의 신뢰와 샤오미의 가치에 큰 영향을 미쳤다.

2018년 6월 21일 아침, 샤오미 그룹은 홍콩 증권거래소 홈페이지에 주식 모집 설명서를 갱신했다. 700쪽 분량에 달하는 주식 모집 설명서는 샤오미가 본격적으로 글로벌 증시에 상장한다는 것을 의미한다는 신호탄으로, 홍콩 증시 상장까지 '한 걸음'만 남겨둔 상태였다. 이를 통해서 대중 역시 더 많은 공개 정보를 볼 수 있었다. 주식 모집 설명서에 따르면 샤오미의 수권자본● 총 가치는 67억 5000만 달러로 A주 700억주(17억 5000만 달러 상당)와 B주 2000억주(50억 달러 상당)으로 구성되어 있다. 상장하면 샤오미는 홍콩 증시 최초의 '차등의결권'을 가진 업체가 된다. 그동안 샤오미의 가치에 대한 외부의 의혹이

● 주식회사가 정관에 기록된 데에 따라 최대한으로 발행할 수 있는 주식의 수.

마침내 해소됐다. 이번에 샤오미가 홍콩 IPO에서 61억 달러를 융자할 경우, 샤오미의 주가를 주당 17~22홍콩달러로 계산했을 때 샤오미의 가치가 550~700억 달러에 달할 것이라는 추측이 등장한 것이다.

홍콩 IPO에서 샤오미에 대한 평가는 기존의 골드만삭스, 모건스탠리, JP 모건, CLSA 아시아 퍼시픽 마켓CLSA Asia-Pacific Markets 등 여러 기관이 제시했던 800억~940억 달러보다 낮을 게 분명했다. 일각에서는 레이쥔이 자발적으로 가격을 낮춘 게 샤오미의 증시 성공 후 상승 여지를 남겨두기 위한 포석이라는 분석도 있었다. 하지만 객관적으로 보면 이는 사실상 거시적 환경의 변화, 경제 침체, CDR 과정에서의 잦은 실패 및 자본에 대한 시장의 신뢰 부족에 따른 결과에 가깝다고 하겠다. 샤오미 상장 준비팀은 현실을 직시하고 예상 기한을 다시 수정했다. 이런 상황에서 샤오미가 무사히 상장만 해도 아름다운 결말이 될 거라는 데 모두 의견을 모았다.

2018년 6월 21일, 샤오미는 홍콩에서 투자자와의 간담회를 개최했다. 이번 회의를 지켜보며 저우쇼우즈는 샤오미에 대한 인기가 여전히 뜨겁다는 걸 느낄 수 있었다. 투자은행들의 청약 과정에서 순식간에 모집 초과 현상이 나타나고, 한 주간사의 지분은 이날 오후 청약을 모두 마무리하기도 했다. 전 세계를 상대로 주식을 발행한다는 브리핑이 개최될 때까지 저우쇼우즈는 날마다 콧노래를 흥얼거렸다.

홍콩의 포시즌스 호텔에서 열린 중요한 브리핑에 참석하기 위해 샤오미 임원들은 보안상의 이유로 호텔 주방을 통해 회의장으로 입장했다. 정장 차림으로 요리사, 조리대, 그릴 사이를 우르르 지나가면서 옛 홍콩 영화의 한 장면이 떠올랐다. 조직원들이 주방에서 한바탕 붙다가 거리로 뛰쳐나가 추격전을 벌이는…. 몇 시간 뒤에는 저우쇼우즈의 싸움도 시작되었다. 저우쇼우즈는 뉴욕행 비행기에 몸을 싣고 글로벌 투자 설명회를 위한 여정을 시작했다. 샤오미 임원들은 세 노선으로 나눠 세계 각지로 이동했다. 글로벌 투자 설명회에서 가장 중요한 임무를 맡은 레이쥔과 저우쇼우즈는 뉴욕, 보스턴, 샌프란시스코, 시카고 등지를 누볐고, 나머지 두 노선은 린빈, 홍펑과 류더가 담당했다.

정성을 기울인 디테일과 소품들은 뉴욕에서 유용하게 쓰였다. 미국 투자 설명회 1차 장소에는 Mi 외에도 레이쥔과 저우쇼우즈가 챙겨온 소형 드론과 무지개 건전지, 드라이버까지 샤오미 생태계에서 생산한 3개 제품이 진열됐다. '사용자 감동과 훌륭한 가격'이라는 주제를 살리기 위해 저우쇼우즈는 뉴욕의 길거리 편의점에서 일반 건전지를 구입했다. 투자자들에게 일반 건전지를 보여준 뒤 알록달록한 샤오미의 무지개 건전지를 꺼냈다. 샤오미의 무지개 건전지는 품질이 더 좋을 뿐 아니라 가격도 9.9위안에 불과하다고 알려주자, 모두가 깜짝 놀랐다. 이어서 회의실에 소형 드론이 날아올랐다. 때론 일부러 드론을 벽에 충돌시켜 바닥으로 떨어뜨리기도 했다. 사고인 줄 알았는데 멀쩡히 날아오르는 드론을 보며 투자자들은 샤오미의 품질을 두 눈으로 직접 확인할 수 있었다.

뉴욕에서 투자 설명회를 마친 일요일, 두 사람은 오랜만에 휴일을 즐겼다. 뉴욕의 센트럴파크에서 지칠 대로 달린 뒤에 챙겨온 드론을 날렸다. 그 때문에 뉴욕 경찰이 출동하기도 했다. 유쾌한 것도 잠시, 이번 휴일은 전체 투자 설명회 일정에서 여유와 행복을 느낄 수 있는 마지막 시간이 되고 말았다.

이튿날 아침, 나쁜 소식이 전해지자 투자은행에서 저우쇼우즈에게 연락을 취했다. 미·중 무역 갈등이 다시 점화되면서 주문 취소 사태가 벌어지고 시장 분위기도 싸늘하게 식었다는 것이 아닌가! 급기야 나쁜 소식이 눈사태처럼 불어나더니 각종 악재가 잇따랐다. 위기가 찾아오자, 모두 걸음을 멈추고 관망세로 돌아섰다. 이러한 변화에 저우쇼우즈는 초조함을 감추지 못했다.

역사란 원래 온갖 엉뚱함과 우연의 일치로 가득 찬 법이다. 샤오미가 최저가로 상장을 결정하게 된 가장 중요한 이유도 바로 이 역사에서 비롯된다. 미국 서해안에서 열린 회의를 마치고 최종 결정을 내린 레이쥔은 자신의 방으로 돌아와 옷을 입은 채 그대로 곯아떨어졌다. 레이쥔과 오랫동안 함께 일한 사람들에게 그는 '에너자이저'와 같은 존재였다. 지칠 줄 모르는 활력과 오래 가는 힘을 가진 레이쥔이었지만 일 때문에 침대에 머리를 대고 눕자마자 잠드는 모습은 처음이었다. '배터리'가 떨어졌다는 걸 모두 깨달았다. 아마도 좀 더 심층적인 원인은, 창업 과정에서 품었던 뜨거운 열정이 식었기 때문일 것이다.

'충전'의 시간이 레이쥔에게는 절실했다.

할리우드 블록버스터를 방불케 하는 엄청난 서사를 거친 끝에, 저우쇼우즈의 IPO 프로젝트는 2018년 6월 29일 로스앤젤레스에서 한 투자은행으로부터 마지막 주문을 받으며 종지부를 찍었다. 옆에 있던 사람이 그의 어깨를 토닥이며 나지막이 입을 열었다.

"축하해, 드디어 끝났군!"

저우쇼우즈는 몇 분 동안 혼자 멍하니 의자에 앉아 있었다. 그야말로 격세지감이 느껴졌다. 이 모든 게 도저히 믿을 수 없는 꿈 같았다.

7월 6일, 샤오미 그룹은 홍콩 증권거래소에 발행가를 비롯한 6월 24~28일 동안 개인투자자 매수 현황, 주요 투자자 매수 현황 등을 공시했다. 샤오미는 홍콩 IPO 가격을 주당 17홍콩달러로 책정해 239억 7500만 홍콩달러를 조달했다. 청약 신청 기준보다 9.5배 높은 10억 3500만 주에 달하는 청약 신청도 받았다. 이 가격으로 계산했을 때 샤오미의 상장 가치는 539억 달러로 추산됐다.

모두의 기대 속에 2018년 7월 9일, Mi8의 대형 옥외 광고가 동양의 진주라고 불리는 홍콩 한가운데 등장했다. 이날의 홍콩은 샤오미에는 각별한 의미로 다가왔다. 이날을 위해 샤오미는 너무 오랜 시간을 기다렸다.

오전 10시, 평소 수십 명만 들어갈 수 있는 홍콩 증권거래소 홀에 약 600명이 몰려들었다. 활기 넘치는 분위기 속에서 샤오미의 상장식이 열렸다. VIP를 타종 행사에 참석시키고 싶다는 샤오미의 요구에 홍콩 증권거래소는 4개 전시장을 터서 넓은 구역을 확보했다. 그럼에도 이날 상장식에 참석한 사람들 때문에 홀은 만석이다 못해 미어터질 지경이었다. 전시장 곳곳이 축하의 의미를 담은 붉은색 장식으로 채워졌다. 참석한 사람들은 환한 웃음을 지으며 이런 순간에 자신이 있는 게 믿기지 않는다고 말하기도 했다. 홍콩 증권거래소는 샤오미의 상장을 축하하는 뜻에서 200kg에 달하는 거대한 징을 주문했다. 레이쥔이 있는 힘껏 징을 두드리자 사방에서 환호성이 터져 나왔다.

저마다 오렌지색 넥타이를 매고 현장을 찾은 샤오미 임원들은 현장 스태프, 언론인들과 함께 영원히 기억할 만한 순간을 지켜봤다. 그리고 샤오미의 〈100명의 드림서포터〉에 등장하는 미펀 대표 홍쥔洪駿 역시 현장을 찾았다. 레이쥔이 징을 치는 순간, 점잖은 성격의 중년 사내도 격앙된 감정을 억누르지 못하곤 주먹을 쥔 두 손을 힘껏 흔들었다. 중국 시장에서 샤오미가 수년 동안 고군분투한 끝에 거둔 성공을 모두들 제 일처럼 기뻐했다.

화려한 조명으로 물든 현장은 레이쥔이 내부 직원들에게 보낸 공개서한에 적힌 내용과 똑같았다.

"혼란한 시장에서 샤오미의 상장은 엄청난 성공을 일궈냈습니다. 샤오미는 전 세계 IT업체 중 3대 IPO에 올랐으며, 홍콩 자본시장 최초의 차등의결권을 가진 회사가 됐습니다. 샤오미는 이미 역사를 만들었습니다!"

출시 직후 주가가 소폭 하락하면서 레이쥔은 불편한 기색을 보이기도 했지만, 이튿날 처음으로 찢어진 청바지를 사 입은 이색적인 경험을 기념하기 위해 웨이보에 글과 사진을 올렸다.

"어제의 IPO를 기념하는 뜻에서 오늘 찢어진 청바지를 입었습니다. 이걸 걸치니 혁명은 아직 끝나지 않은 것 같네요. 모두들 계속 노력하세요!"

유쾌한 모습 뒤에 숨겨진 레이쥔과 샤오미의 상처를 눈치챈 사람은 많지 않았다. 샤오미나 레이쥔에게 상처와 폭풍우는 반드시 겪어야 하는 현실이었다. 현실을 마주해야 개인과 조직 모두 더 강해질 수 있고, 미래를 향한 더 성숙한 지혜를 얻을 수 있기 때문이다. 이러한 시련은 개인과 조직이 활기를 잃지 않을 수 있는 필수 조건이라 하겠다. 슈테판 츠바이크Stefan Zweig는《어제의 세계Die Welt von Gestern》에서 이렇게 말했다.

'뭐라고 해도 모든 그림자는 빛의 자식이다. 빛과 어둠, 평화와 전쟁, 번영과 쇠망을 겪은 자만이 진정한 인생을 살았다고 할 수 있다.'

## 분열식 성장과 조직의 구조조정

상장은 샤오미의 중요한 이정표였다. 8년 만에 시가 총액 539억 달러, 연간 수익 1000억 위안 이상을 달성한 업체는 세계 경제계 역사상 전무후무한 전설이 되어 초기 투자자에게 답례했다. 천싱즈번, 치밍창투, 순웨이즈번 같은 벤처 캐피탈 업체는 샤오미의 상장에 힘입어 벤처투자계의 최대 승자가 됐다.

천싱즈번의 경우, 초기 샤오미에 투자했던 500만 달러가 8년 후에 866배 늘어난 수익으로 돌아왔다. 매년 2.3배의 증가세를 거듭한 끝에 총 290억 달러의 수익을 거둔 천싱즈번은 중국 벤처투자 시대의 위대한 전설로 기록됐다. 이런 이야기는 실리콘밸리 같은 벤처 기업의 성지에서도 단연코 눈에 띈다. 《실리콘 밸리의 역사A History of Silicon Valley》에 따르면 2012년 초까지 벤처투자 업계에서 수익이 수입보다 많은 경우는 14년 만에 처음이었다. 페이스북이 상장하기 전까지 구글은 투자자들이 가장 큰 수익을 거둔 사례로 평가됐다.

천싱즈번의 창립 파트너인 류친도 샤오미 상장 후 '믿음이라는 힘을 믿어라'라는 글을 발표했다. 글에서 류친은 벤처투자자들이 기업인과 함께 믿음을 지키고 그 발전을 함께 일구는 방법을 소개했다. 특히 회사가 어려움과 좌절에 직면했을 때 그 믿음은 더욱 단단해야 한다고 주장했다.

'기업가 정신을 가진 투자자는 회사의 장기적 가치를 믿어야 한다. 회사의 단기적 파동은 엄청난 소음을 일으키지만 장기적인 가치 창출에는 지장이 없기 때문이다. 투자자는 창업자와 높은 신뢰의 파트너십을 맺어야 하며, 성숙한 마음으로 회사의 잇따른 악재를 마주해야 한다. 회사가 악순환에 빠져도 단기적인 소음과 부담으로 인해 창업자에게 압박을 가해선 안 된다.'

이 글에서 류친은 벤처투자자에게 필요한 소양에 대해서도 설명했다.

'진정한 기업가 정신을 가진 창업자에게 투자한다면 우리 역시 기업가 정신을 가진 투자자가 돼야 한다!'

벤처투자 기관이 막대한 수익을 올리는 것 외에도 샤오미의 IPO는 많은 개인에게 커다란 영향을 미쳤다. IPO를 마무리하는 순간, 샤오미를 위해 노력한 젊은이들도 저마다 개인의 부를 실천하며 이 시대의 역동적인 스토리를 만들어냈다. 샤오미의 지분을 보유한 7000명 가운데 억만장자가 수십 명 탄생할 것이라고 추산되었고, 샤오미의 상장은 창업자 레이쥔의 몸값 폭등으로 이어졌다. 이는 바이두와 알리바바 상장에 이은 인터넷 부자 되기 운동의 일환이기도 했다. 류친은 상장 축하 파티장에서 기념사진을 찍고 있는 관잉즈를 찾아 나섰다.

2010년 당시, 딱 한 번 초기 멤버를 대상으로 주식 판매에 나섰을 때 관잉즈는 결혼 자금을 모두 쏟아부었다. 그때는 Mi1도 출시하기 전이었다. 26살의 관잉즈는 샤오미와 결혼하겠다며 환한 웃음을 지었었다. 류친은 그런 그녀를 진정한 믿음을 가진 투자자라고 불렀다.

돈이나 부 말고도 그동안 있었던 많은 개인적인 경험이야말로 이 시대가 가장 또렷이 기억해야 할 이야기라 하겠다. 샤오미 사람들이 창업 후 지금까지 얻은 가르침을 두고 리완창은 '분열식 성장'이라고 표현했다. 샤오미라는 그림에 속한 거의 모든 사람들은 창업이라는 장거리 경주에서 등 떠밀리는 듯한 급격한 성장을 느낄 수 있었다. 아무것도 없는 허허벌판에서 샤오미는 자신만의 세계를 건설했고, 그 초기 개척자들은 전혀 낯선 분야에서 '멀티 플레이어'가 되어야 했다. 그 결과, 그들은 이제 해당 분야의 전문가로 자리 잡았다. 예를 들어 레이쥔은 수만 명이 근무하는 회사를 관리하는 법을 배웠고, 린빈은 판매 운영부터 휴대폰 부문을 관리하는 법을 배웠다. 디자이너였던 리완창은 무에서 유를 창조할 수 있는 전자상거래 사이트를 구축했고, 류더는 대학교 주임 교수에서 생태계 업체를 다루는 전문가가 됐다. 홍펑은 MIUI 액티브 유저 수를 1억 9000만 명으로 늘렸고, 왕촨은 중국 스마트TV 시대의 새 장을 열었다. 모두가 지닌 이야기를 곱씹다보면 그들이 흘린 피, 땀, 눈물이 저절로 느껴진다. 그들은 마치 동화 속 마술피리를 부는 사람처럼 사람들에게 황홀한 연주를 들려준다.

다른 관리자들에게도 엄청난 인생의 변화가 찾아왔다. 왕샹, 장펑, 추이바오추, 저우쇼우즈, 주인, 가오즈광, 왕하이저우, 주레이, 그리고 장젠후이 등은 극한의 업무 강도 속에서 인생의 지혜를 얻었다. 창업에 따른 대가는 불 보듯 뻔하다. 장젠후이는 겸연쩍은 표정으로 일주일에 한 번만이라도 엄마를 보는 게 아들의 가장 큰 소원이라고 말하기도 했다. 휴대폰 부문의 직원 궈펑郭峰은 5살짜리 아들과 함께 할 수 있는 시간이 거의 없다며 뜨거운 눈물을 흘리기도 했다. 샤오미 직원들 사이에서 '마스터'라는 별명으로 불리는 주인은 휴대폰의 산업디자인을 맡은 2년 동안 꼭 20년이 지난 것처럼 길었다고 고백하기도 했다.

"하드웨어 디자인을 하다 보면 자신이 점점 작아지는 것을 느낄 수 있고, 이 일을 하는 데 걸리는 시간이 길어질수록 당신이 모르는 것이 많다는 것을 깨달을 수 있습니다. 하지만 그럴수록 당신은 경외심을 갖게 될 겁니다."

휴대폰 부문을 막 접수했을 당시, 예술적 감각을 남기고 싶어서 길렀던 수염은 그래도 거뭇거뭇했는데, 이제 겨우 마흔을 넘긴 그의 수염은 어느새 하얗게 세버렸다. 미국 아마추어 라틴댄스 대회에서 우승했던 쑹자닝은 샤오미에 들어온 뒤 라틴댄스를 그만뒀고 몸무게도 10kg 가까이 늘었다.

오늘 그들은 자신의 삶을 돌아보며 감회에 젖었다. 단편적으로 갈라졌던 삶을 퍼즐 맞추듯 하나하나 맞춰가면서 많은 것을 얻고, 또 많은 것을 잃으며 새로운 자신을 만날 수 있었다.

빅터 황Victor W. Hwang과 그렉 호로비츠Greg Horowitt는《열대우림The Rainforest: The Secret to Building the Next Silicon Valley》에서 다음과 같이 주장했다.

기업가가 사람들을 데리고 하려는 일은 돈으로만 계산할 수 있는 게 아니다. 스탠포드대학교 교수 아데 마보군제Ade Mabogunje의 주장을 잠시 소개해보겠다. '당신이 그들을 감동시켜야 그들을 이끌 수 있다. 기업가는 스토리텔러로서, 사람들이 신념을 위해 모험에 나서도록 돕는다.' '실리콘밸리나 비슷한 다른 곳에 있는 스타트업 팀원들에게 물어보고 지금의 일을 왜 선택했는지 물어보라. 그러면 그들을 지금 이 자리로 이끈 것이 이성을 뛰어넘는 동기라는 것을 발견할 것이다.'

샤오미 사람들이 거둔 지금의 수확은 한 가지 중요한 사실을 입증한다. 레이쥔이 사람들을 이끌고 하려는 일이 항상 돈으로만 가늠할 수 있는 것이 아니라는 것이다. 그는 끊임없이 비전을 제시하며 사람들을 위대한 사업에 동참시켜 성공의 기쁨과 실패의 괴로움, 그리고 많은 경제적 보상을 얻을 수 있게 도왔다. 성공한 기업은 사람 간의 교감을 통해서 탄생할 수 있다는 것을 레이쥔은 알고 있었다. 사람들이 삶의 롤러코스터를 기꺼이 경험하고 싶어 할 때 비로소 혁신은 크게 일어날 수 있다. 이런 이유로 《열대우림》에서는 창업을 위한 열대우림 같은 분위기가 필요하다고 주장했다.

상장이라는 목표를 달성한 샤오미에 더 크고 까다로운 임무가 주어졌다. 레이쥔은 샤오미에 더 큰 사명과 비전이 있다고 생각했다. 샤오미의 10년 뒤 목표가 영업이익 1조 위안, 직원 수 10만 명 이상인 글로벌 회사라면 조직의 구조조정은 현 단계에서 가장 중요한 목표가 될 것이 분명했다. 지난 임원회의에서 상장에 따른 기업의 장점을 분석한 것처럼 상장은 샤오미가 보다 성숙하고 규범화될 수 있는 계기일 뿐만 아니라, 일련의 제도와 규범을 세우도록 기업을 압박하는 수단도 될 수 있다.

상장하기 전 8년 동안 샤오미는 인터넷 사고를 지닌 모범생으로서 수평화 관리가 고도성장을 위한 중요한 경험이라고 여겼다. 샤오미는 오랫동안 파트너-감독-엔지니어로 이어지는 3단계 관리법을 채택했다. 초기 고속 성장기에도 제품을 통해 회사를 경영할 만큼, 회사 전체에 걸쳐 품질 좋은 제품을 만들자는 목소리가 저절로 흘러나오기도 했다. 이렇듯 샤오미는 그동안 남다른 속도, 효과적인 수평화, KPI 없이도 성장을 구가한 업체로 유명했다. 그뿐만 아니라 '대박 전략', '태풍의 입구에 선 돼지', '기선제압'과 같은 업계를 선도하는 개념을 만들어내기도 했다. 하지만 시가 총액 3000억 홍콩달러, 직원 수 2만 명, 영업수익 2000억 위안이라는 성적표를 받으면서 단일 제품으로는 회사의 시스템 자원을 뒷받침하기 어렵게 됐다. 그로 인해 업무의 성장도 결국 조직의 한계에 부딪히고 말았다.

샤오미가 발표한 2018년 2분기 실적에 따르면 전년 동기 대비 43.9% 늘어난 3200만 대에 달하는 휴대폰을 판매했고, Mi8 시리즈를 출시한 달에만 110만 대를 팔아치웠다. 시장조사기관 캐널리스Canalys에 따르면 2018년 2분기 인도 시장은 샤오미 휴대폰의 판매율은 전년 동기 대비 106% 성장했으며, 4분기 연속 시장 점유율 1위를 차지했다. 또한 2018년 2분기까지 서유럽 시장에서의 출하량은 전년 동기 대비 2700% 증가했다.

휴대폰 사업이 흥행에 성공하면서 샤오미 IoT와 인터넷 서비스도 승승장구했다. 2018년 2분기, 샤오미는 세계 최대 IoT 소비재 플랫폼을 구축했다. 연동 가능한 IoT 스마트 디바이스(휴대폰, 태블릿, 노트북 제외) 1억 1500만 대, 같은 기간 MIUI의 월간 액티브 유저 수 2억 700만 명을 보유한 플랫폼을 통해 전년 동기 대비 63.6%가 증가한 약 39억 5800만 위안을 수익으로 올렸다.

이러한 사업 발전 현황 속에서 우리는 갈수록 강해지는 샤오미의 인터넷 속성을 확인할 수 있다. 경영진은 IoT와 인터넷이라는 양대 전략 분야를 하나로 묶는 전략을 다음 목표로 제시했다.

하지만 생태계 부문의 샤오미요우핀이 연매출 수십억 위안의 온라인 플랫폼으로 변하고, 샤오미의 IoT 사업이 전 세계 최대 소비재 IoT 플랫폼으로 변했을 때 양쪽 모두 2급 단계에 머물러 있다면 회사에 대한 체계적인 지원이 불가능해 성장에 한계가 있을 수밖에 없다. 이러한 상황을 고려했을 때, 샤오미는 조직 구조를 재정비할 수 있는 시간을 가져야 했다.

샤오미 경영진은 홍콩 상장이 확정된 지 몇 달이 지난 후, 2018년 5월에 열린 밤샘 회의를 통해 본격적인 조직 구조조정에 나섰다.

레이쥔은 이 임무를 류더에게 맡겼다. 이 중대한 의사 결정을 뒷받침하는 핵심 사상은, 창업자가 각자 회사를 관리하던 기존의 방식을 버리고 파트너 직급의 경영진을 본사에 집중시켜 본사의 의사 결정 능력을 강화하는 데 있었다. 여기에는 새로 조직된, 1980년대 이후에 태어난 세대를 CEO 급으로 육성해 업무를 재편하는 한편, 내부의 경영목표 관리와 그룹 경영의 규범화를 추진한다는 내용도 포함됐다.

외부에서 샤오미의 변화를 깨닫고 감탄하는 동안, 류더는 '단계적 정확성'이라는 말로 변화를 설명했다.

"모든 사물과 사건은 단계적으로 보면 정확합니다. 하지만 경제학자 케인스의 말처럼 사실이 바뀌면 생각도 자연스레 바뀌는 법이죠."

2018년 9월 13일, 샤오미는 창사 이래 가장 변화가 큰 구조조정을 단행하고 그룹 차원에서 조직부과 참모부를 구축했다. 앞서 생태계 부문을 담당했던 류더가 조직부장을, TV 부문을 책임졌던 왕촨이 그룹의 참모부장 자리에 올랐다. 그동안 MIUI 부문을 담당하던 홍펑은 샤오미 금융으로 자리를 옮겼다. 샤오미는 외부에서 시장 개척에 앞장섰던 동업자들을 그룹 내부로 소환함으로써 크게 두 가지 문제를 해결했다. 첫째, 핵심 브레인의 부담을 줄이고 풍부한 경험을 가진 주요 임원들이 전략 및 관리 측면에서 젊은 임원들을 이끌 수 있었다. 둘째, 조직부와 중견 관리자만 집중적으로 관리하는 인사관리 제도를 구축해 임원과 관련된 문제, 즉 관리 직위 및 진급 통로 창출, 조직 의식의 형성이라는 문제를 해결할 수 있었다.

결론적으로 말해서 조직 개편의 궁극적인 목표는 과거 각 부분에서 미친 듯이 달리던 상태를, 그룹 시스템이라는 강점을 가진 회사로 탈바꿈시켜 '전투기기'로 만드는 데 있다.

그러려면 창업자가 자신이 힘들게 만든 세상을 자신의 손에서 떠나보내야 했다. 아쉬운 마음이 들지 않을까 하는 문제를 두고 류더는 조직부장을 맡은 뒤 가장 진실하지만 가장 힘든 작업, 즉 설득에 나서야 했다.

"창업자라면 단계별로 회사에 어떤 관리자가 필요한지 알아야 합니다. 단계마다 자신의 역할을 바꿔야 하죠. 그 변화 중에는 자신에게 익숙하지 않은 것도, 마음에 안 드는 것도 이을 수 있겠지만 창업자라면 회사의 성장 단계에 맞춰 자신을 변화시킬 책임이 있습니다."

이때부터 거대한 핵분열이 샤오미 내부에서 일어났다. TV, 생태계, MIUI, 양방향 엔터테인먼트 부문은 10개의 신규 사업 부문으로 재편되었다. 3040 세대들이 대거 업무 일선에 나서면서 샤오미의 '전선前線'을 형성했다. 취헝, 판녠, 진판, 리웨이싱, 류신위 등 그해 샤오미에 합류한 청년들은 각 사업 부문의 CEO 자리에 오르며 실질적인 결정권을 손에 넣었다. 평균 연령 38.5세, 샤오미에 대한 보기 드문 충성도를 지닌 이들은 8년의 역사를 가진 샤오미에서 평균 5.9년 동안 근무했다.

회사 간판을 내건 후부터 지금까지 약 8년이라는 시간 동안 분열된 성장을 추구해야 했다면, 이제는 100억에 달하는 거대한 사업을 감당해야 했다. 다시 한번 진지하게 배울 수 있는 기회이자, 그들의 인생에서 다시 한번 도약할 수 있는 기회였다.

조직 경영진이 젊은 피로 수혈된 현상에 대해 조직부 부팀장인 진링金玲은 자신의 생각을 솔직히 밝혔다.

"조직의 사기는 기업에 있어 실제 전투력이라고 생각합니다. 인터넷 업체는 생명력을 가진 조직이에요. 이러한 생명력은 청년들의 사기와 혈기로 뒷받침되죠. 나이가 들면 좀처럼 모험에 나서지 않으려 하게 되니까요."

TV 부문을 맡은 3040 세대 출신의 리샤오솽李肖爽은 왕촨에게서 TV 부문을 넘겨받던 날의 마음가짐을 여전히 생생히 기억하고 있다. 사실 2017년 4월부터 리샤오솽은 샤오미 TV의 하드웨어 개발에 참여하며 마치 조수처럼 왕촨을 보필했다. 그래서 류더가 TV부문을 이끌 CEO에 오를 준비를 하라고 했을 때, 이름만 CEO지 업무는 그대로라고 생각했다. 하지만 막상 사업을 넘겨받는 순간부터 모든 정보가 자신에게 쏟아지기 시작했고, 그의 결정을 요하는 수많은 서류가 책상 위에 쌓이기 시작했다. 리샤오솽은 그제야 상황이 예전과 전혀 달라졌다는 것을 깨달았다.

"예전에는 하늘이 무너져도 왕촨을 믿고 의지했지만, 이제는 혼자 힘으로 막아내야 한다는 걸 비로소 깨달았습니다."

이들은 경영 일선에 나선 뒤로 지극히 전형적인 심리적 변화를 거쳤다.

이때부터 조직의 구조조정과 신규 인사 조치는 샤오미의 장기 프로젝트로 자리 잡았다. 류더의 말을 빌자면 이러한 상황은 앞으로 새롭지만 일상적인 상태가 될 것이다. 모든 조정과 임명 결정은 샤오미의 사업 모델 발전을 위한 주춧돌이 됐다. 예를 들어 AIoT 전략이 점점 존재감을 드러내자 빅데이터, 클라우드 컴퓨팅, AI 기술이 모두 '독립'하면서 지쉬季旭, 펑훙화馮宏華, 예항쥔葉航軍 세 젊은 리더가 각 부문 CEO로 발탁됐다.

여기서 한 가지 흥미로운 현상은, 샤오미 창업자는 트랙을 전환한 후에도 유례를 찾아볼 수 없는 왕성한 잠재력을 여전히 발휘하며 새로운 분야에서 창의적인 혁신을 실천했다는 점이다. 예컨대 훙펑은 샤오미 금융을 관리하면서 자사의 엔지니어가 새로운 사물을 분해하고 재조립할 수 있다는 자신감을 다시 한번 확인했다. 2018년 샤오미 금융은 스마트 제조업체의 공급망인 금융 빅데이터 시스템 구축을 시작하기 시작했다. 이를 통해 샤오미의 공급망 업체는 필요에 따라 경영에 필요한 자금과 공급망을 직접 지원받을 수 있게 됐다. 금융기관으로부터 융자를 받기 어려울 때는 샤오미의 공급망 금융이 파트너와의 데이터를 상호 연동해 온라인에서 실시간으로 해당 업체의 최근 거래를 추적·검증할 수 있어 거래 데이터를 통해 공급망의 금융 솔루션을 제공해 발등에 떨어진 불을 끄는 문제를 해결할 수 있다. 2020년까지 샤오미 금융이라는 신규 사업은 기업에 453억 2800만 위안에 달하는 융자 서비스를 제공했다. 이를 지켜본 훙펑은 할 수 있는 게 무궁무진하다는 감상을 내놓기도 했다.

회사가 어떻게 발전할지는 조직 구조에 달렸다고 해도 과언이 아닐 것이다. 오히려 조직 구조에서 미래에 대한 계획적인 전략을 발견하는 것은 어렵지 않다. 샤오미는 화웨이와 알리바바에 이어 세 번째로 조직부를 전문으로 설립한 대기업이 됐다. 앞으로 몇 년 동안 조직의 구조조정은 한층 빈번히 진행될 것이다.


### 유럽 시장 개척

2016년 6월 폴란드의 수도 바르샤바 거리, 안경을 쓴 어수

룩해 보이는 청년이 캐리어를 끌고 호텔을 찾고 있었다. 이 청년의 이름은 우송吳松, 일주일 전부터 샤오미 국제부에서 일하기 시작한 그는 팀원들과 친해지기도 전에 상자 하나를 들고 바르샤바로 날아가 동유럽 시장 개척에 나섰다.

레이쥔이 개척을 이끈 인도 시장이 2015년부터 샤오미에 걸맞은 성장의 길과 해법을 모색해왔다면, 이 장면은 샤오미의 세계 시장 진출을 위한 대장정의 시작을 알리는 서막이라 하겠다. 2015년 말 왕샹은 국제부를 정식으로 인수하고 진출할 시장을 결정했다. 목표는 동유럽이었다.

샤오미가 인도에서 거둔 성공은 중국 시장에서 샤오미가 모색했던 경영 이념인 '온라인을 통해 제품의 효율을 끌어올리고, 입소문을 통해 소비자에게 제품을 전한다'는 주장을 상당 부분 입증했다. 제품이 온라인을 통해 인기를 끌면 판매 범위를 오프라인으로 확대한다. 인도 전자상거래의 발전과 안정화 덕분에 샤오미는 전자상거래 사업의 급부상에 따른 결실을 맛볼 수 있었다. 하지만 왕샹은 오랜 비즈니스 경험을 통해 세계 시장에서의 영향력을 키우려면 현지의 특징을 반드시 존중해야 한다는 것을 잘 알고 있었다. 전 세계에서 전자상거래가 가장 발전한 국가는 중국과 인도다. 다른 국가의 경우 전체 유통 시장에서 전자상거래의 점유율은 2~10%에 그친다. 그나마 비중이 가장 높은 곳도 20%를 채 넘지 못한다. 이 때문에 대다수의 국가에서는 여전히 오프라인 시장이 큰 비중을 차지하고 있다. 샤오미는 세계 시장 개척을 위해 남과는 다른 길을 선택했다. 특히 유럽 시장에서는 개방 시장開放市場과 사업자 시장運營商市場이 가장 큰 비중을 차지하는 만큼 유통 진영을 튼튼히 구축하고 통신사運營商와의 협력을 강화한다면 샤오미로서는 해외 진출을 위한 절호의 기회가 될 수도 있었다.

해외 시장 전략을 구상하던 왕샹은 '가까운 지역에서 먼 지역으로, 문턱이 낮은 시장에서 높은 시장으로' 접근하자는 해답을 제시했다. 한 시장에서 성공한 뒤 다른 시장에 들어가려면 여러 지역을 동시에 공략하던 샤오미의 기존 전략을 완전히 수정해야 했다. 그래서 팀을 구축할 때도 왕샹은 샤오미의 경영 이념과 글로벌화에 대해 잘 아는 중국인 직원을 우선 선발했다. 그런 뒤에 규모를 늘리는 동시에 현지 직원을 차츰 투입하며 현지팀을 확충했다. 이를 위해 왕샹은 먼저 본사의 핵심 인력을 모집하기 시작했다. 그중에는 Mi4의 해외 판매용 재고를 빠르게 정리해준 류이도 있었다. 류이는 젊은 팀원들과 함께 해외 시장 개척에 나섰다.

롄샹의 인수합병식 해외 확장과 달리 샤오미는 기존 현지 시스템에 자신의 문화를 도입해 현지 문화와의 조화를 시도했다. 샤오미의 해외 시장 개척은 새로운 문화를 현지 시장에 직접 도입한다는 것을 의미한다. 그러기 위해선 선발대가 된 청년들이 앞장서야 했는데, 우송은 그 중에서도 해외 시장 개척을 자원한 경우에 속했다.

2016년, 폴란드에 도착한 우송의 눈에 애플, 삼성, 화웨이, LG 등 다양한 브랜드가 포착됐다. 이곳에서 오랫동안 사업을 벌인 이들 업체는 막대한 마케팅 비용을 쏟아부으며 브랜드 파워를 빠르게 쌓아올린 터였다. 이에 반해 샤오미는 적은 비용으로 시장의 귀퉁이를 차지해 점차 영향력을 키운다는 효율 우선주의를 고수했다. 설상가상 샤오미는 판매업자에게 100% 선불 요금이라는 조건을 제시했던 터라 해외 시장 확장에 어려움을 겪고 있었다. 하지만 폴란드의 여러 유통업체를 돌아다닌 끝에, 우송은 폴란드 소비자들이 공개시장에서 가격을 직접 비교하는 걸 선호한다는 특징을 발견했다. 시장에 대한 제조업체의 영향에 좌우되기보다는 소비자 스스로 여러 번 가격을 비교한 후에 자신의 판단에 따라 구입 여부를 결정했던 것이다. 이러한 특징은 현지 시장 개척을 위한 중요한 돌파구임에 틀림없었다.

현지 소비자의 소비 습관을 확인한 샤오미는 폴란드 현지 파트너로 ABCD Data와 Ingram Micro를 선택한 후, 이들과 신뢰를 강화하는 데 심혈을 기울였다. 왕샹이 구상한 전략 역시 효과를 발휘하기 시작했다. 샤오미는 이들 업체에 직접 이윤을 내주고 그 비용으로 시장 진출을 유도했다. 계약을 체결한 후, 샤오미는 두 업체를 통해 '참여감'을 유통업체에 전파하며 매장 판촉행사를 기획하기도 했다. 해외 시장팀 역시 이들과 함께 현지 홍보 전략을 기획하거나 더 많은 소비자를 만날 수 있는 방법에 대해 머리를 맞대고 분석하기도 했다. '개척자'는 샤오미의 경험과 과거 사례를 유통업체에 직접 소개하는 등, 이들 업체를 더는 '꿔다 놓은 보릿자루' 취급하지 않으려 각별히 주의했다. 샤오미의 전향적인 태도 변화에 폴란드 유통업체들도 적극 호응하기 시작했다. 이 과정에서 우송은 유통업체들이 샤오미의 브랜드 이미지를 구축하는 데 점차 참여하고 있다는 사실을 깨달았다. 현지 소비자들은 일단 샤오미 제품을 발견하면 특유의 쿨함, 신선함과 뛰어난 성능에 반하곤 했다. 특히 동급의 사양을 가진 경쟁사 제품에 비해 훨씬 저렴한 편이었다.

이런 식으로 폴란드 현지 시장에 뛰어든 샤오미는 젊음, 쿨함, 패션이라는 브랜드 이미지를 굳히는 데 성공했다. 그 덕분에 시장 점유율도 조금씩 증가하기 시작했다. 폴란드 모델의 성공이 입증되면서 샤오미는 동유럽 시장 개척을 추진할 자신감과 동력을 얻게 됐다. 샤오미는 폴란드에 이어 2016년 크리스마스 시즌에 우크라이나 시장에 진출해 3개월 만에 현지 시장 톱 3에 올랐다.

동유럽 시장의 문을 연 왕샹은 2017년 11월 서유럽 시장 진출을 결정했다. 이번에 그가 선택한 나라는 대중적 기반이 탄탄한 스페인이었다. 서구 시장의 개척자 중 한 명인 오원歐文이라는 이름의 청년은 그 시절을 이렇게 기억했다.

스페인에 도착한 첫날, 회사 기숙사에서 지냈다. 빈민가에 자리 잡은 기숙사의 방문을 열고 들어가면 넓지 않은 침대가 하나 보였다. 벽과 천장은 언제나 흔들거리곤 했다.

그의 감상은 특정 국가의 시장에 이제 막 발을 디딘 샤오미의 현실을 고스란히 담아내고 있다. 창업 초기, 비용에 민감할 수밖에 없는 탓에 모두들 사무실도 없이 카페에서 업무를 보는 일도 많았다. 여러 명이선 커피 한 잔 시켜놓고 온종일 앉아서 회의하는 일도 있었다. 현지 사무실을 선택할 때면 혼잡한 시내보다는 교통이 편리한 곳을 선호했다. 그렇게 해서 추려진 장소는 대부분 오래된 주택가였다. 현지에 도착한 직원들은 영어만 할 줄 알지, 스페인어는 한 마디도 할 줄 몰랐다. 그래서 소매치기에게 물건을 뺏기거나 도둑을 맞아도 경찰에 신고할 줄 몰랐다.

오원은 업무를 처리하는 틈틈이 사무실의 인테리어 상황을 체크하곤 했다. 본격적인 업무에 착수한 오원은 황당한 현상을 발견했다. 샤오미가 스페인에 들어오기 전부터 샤오미의 여러 제품이 비공식적인 경로를 통해 스페인에 흘러 들어오고 있었던 것이다. 이런 상황에서 샤오미는 2017년 스페인 시장에서 점유율 8%를 달성했다. 샤오미에 대한 스페인 소비자의 호감이 드러나는 대목이라 하겠다.

하지만 비공식적인 경로를 통한 판매 때문에 샤오미는 피해를 입기도 했다. 일부 업체에선 샤오미가 스페인 시장에 들어오기 전에 샤오미라는 간판을 내걸기도 하고 심지어 비슷한 명함을 제작해 시장에 뿌리기도 했다. 이런 상황에서 등장한 오원을 유통업체들이 오해하는 웃지 못하는 해프닝도 있었다.

"처음엔 사기꾼 취급당했죠. '내가 진짜 샤오미 직원이다, 내

메일 주소 도메인이 xiaomi지 않느냐!' 억울해도 당시 상황에
선 그 말만 되풀이하는 게 최선이었죠."

스페인에서 샤오미가 어느 정도 인지도가 있는 만큼 왕샹
은 동유럽 시장 개척 때와는 다른 방법을 써보기로 했다. 온·
오프라인에서 동시에 착수해 가장 빠른 시간 안에 브랜드 파워
를 쌓기로 한 것이다. 그래서 왕샹은 마드리드에서 열린 발표
회 현장에서 샤오미가 서유럽 시장 개척에 나서겠다고 공식적
으로 선언했다. 샤오미의 사업 모델인 '하드웨어+신유통+온라
인'이라는 세 가지 콘텐츠가 동시 공략에 나섰다.

샤오미가 자체 운영하는 샤오미왕 외에도, 해외에 진출한
또 다른 중국 업체 알리바바의 알리익스프레스AliExpress도 샤
오미의 해외 시장 확장에 중요한 도움을 제공했다. 알리익스프
레스는 알리바바 산하의 온라인 거래 플랫폼으로, '해외판 타
오바오'라고 불리기도 한다. 해외 바이어는 알리페이의 글로벌
계정을 통해 담보 거래한 뒤, 국제택배를 통해 상품을 수령할
수 있다. 2010년에 탄생한 알리익스프레스는 전 세계 3대 영문
온라인 쇼핑몰로 떠오르며, 전 세계 220개국 바이어에게 메이
드 인 차이나를 공급하고 있다. 매일 2000만 명이 방문객이 이
용하는 알리익스프레스와의 제휴를 통해 샤오미는 스페인 온
라인 시장에 처음 발을 딛게 됐다. 아무런 견제 없이 샤오미는
온라인 시장에서 금세 두각을 드러내기 시작했다.

중국의 두 업체가 제휴를 통해 해외 시장을 개척한 것은 중
국 기업의 해외 시장 개척 과정에서 무척 의미 있는 장면으로

평가된다. 알리익스프레스는 샤오미의 해외 시장 개척을 위한 중요한 진영으로 자리 잡기 시작했다. 국경을 뛰어넘는 전자상거래 플랫폼을 통해 샤오미는 훗날 80여 개 국가에 진출하며 알리익스프레스의 최대 브랜드 중 하나로 떠올랐다.

알리익스프레스를 통한 성공을 거둔 샤오미를 또 다른 전자상거래 업체인 아마존이 눈여겨보기 시작했다. 샤오미는 아마존과 제휴를 체결한 뒤 온라인 운영이라는 저만의 특기를 최대한 발휘했다. 직원들은 온라인 커뮤니티 운영, SNS 구축, 온라인 유통 등 다양한 방식을 통해 아마존에서 판매 중인 샤오미의 일부 휴대폰 모델을 매출 1위로 만들었다. 이러한 경험을 바탕으로 아마존은 샤오미에 신뢰를 가질 수 있었다. 지금도 샤오미는 신제품을 출시할 때마다 알리익스프레스와 아마존으로부터 납품해달라는 '러브콜'을 받곤 한다. 이렇게 해서 스페인 전자상거래 시장에서 샤오미의 점유율이 수직상승했다. 그 후 1년 만에 스페인에서 전자상거래 1위 업체라는 왕좌를 차지할 수 있었다.

시장 점유율이 좀 더 높은 오프라인 시장에서 샤오미는 공식 대리점 방식으로 브랜드에 대한 소비자의 인지도를 높일 수 있었다. 2017년 11월, 샤오미가 마드리드에 오픈한 공식 대리점 두 곳은 샤오미의 스페인 오프라인 시장 진출을 알리는 서곡으로 평가된다. 오윈은 동유럽 시장 진출 때와 똑같은 고민에 빠졌다. 현지 유통업체들이 샤오미의 낮은 마진 전략을 납득할 수 없다며 수금 기한을 최대한 늘려달라고 요구했다. 고민 끝에 샤오미는 동유럽 시장에서 취했던 것과 비슷한 '출혈' 전략을 동원해 현지 판매업체와의 첫 거래를 시도했다. 오원은 상대 업체에게 첫 거래 시 좀 더 많은 이윤을 내어주겠다고 한 뒤, 휴대폰이 팔리지 않으면 샤오미가 재고를 몽땅 책임지겠다고 약속했다.

우여곡절 끝에 이뤄진 첫 거래 후, 현재 판매업체들은 샤오미라는 브랜드의 위력을 확인할 수 있었다. 첫 거래 물량이 매진되자, 이들은 샤오미라는 브랜드를 신뢰할 수 있게 됐다. 이 일을 계기로 공개시장에서 더 많은 형태의 협력이 하나둘씩 추진되기 시작했다. 이 과정에서 왕샹도 직접 여러 유통업체를 돌아다니며 발품을 판 끝에 유럽 최대 3C 유통업체인 미디어 마켓Media Market과의 제휴를 맺는 데 성공했다. 한 가지 재미있는 사실은, 미디어 마켓에서 자사 매장에 샤오미 전용존을 설치하는 걸 탐탁지 않게 여겼다는 것이다. 샤오미에 쓰라고 공간을 내주기에는 지나치게 비싼 자원이라는 게 그들의 이유였다. 그래서 왕샹은 미디어 마켓에서 관심을 보이는 세그웨이를 시작으로 제휴 가능성을 타진해보자고 제의했다. 이렇게 해서 샤오미는 미디어 마켓 매장 한쪽 구석을 시작으로 전 유럽 지역 매장으로 영역을 넓혀가기 시작했다. 미디어 마켓과 같은 대형 프랜차이즈와 제휴하면 주변국에서 금세 관심을 보인다는 장점이 있다. 한 국가에서 좋은 제품을 선보이면 주변국에서 양국 간 소통 채널을 통해 정보를 쉽게 확보할 수 있기 때문이었다.

맨주먹 하나만 믿고 해외 시장에 뛰어들었으니 그 어려움이 오죽하랴! 시장개척팀은 판매업체들에게 보여줄 샘플도 부족해 중국 동료들에게 샘플을 보내달라고 종종 부탁하기도 했다. 중국에서 출장길에 오른 한 직원이 캐리어의 절반을 샘플로 채워오기도 했다. 본사와 긴밀해야 소통해야 하는 오원의 팀원들은 시차를 따져가며 본사와 회의를 열어야 했다. 그 때문에 오원은 물론 팀원 대부분이 밤 12시 전에는 잠드는 법이 없었다.

"샤오미에 입사해서 4시간만 자는 버릇이 생겼어요."

우송은 바쁜 업무 때문에 주말에 서둘러 결혼식을 올린 뒤 유럽으로 돌아가 협상을 벌였다. 허니문을 업체 사람과 보내게 됐다며 쓴웃음을 짓는 우송의 모습에서 해외 시장을 개척하는 일이 얼마나 어려운지 짐작할 수 있었다.

거시적 관리라는 측면에서 왕샹은 해외팀의 관리 방법을 순차적으로 제시했다. 이를테면 직원을 모집할 때는 개척자가 먼저 시장에 들어간 뒤 현지인 직원을 모집해야 한다. 현재 샤오미의 외국인 직원 비율은 점점 증가하는 추세다. 현지 문화에 대해 잘 아는 사람만이 현지 시장에 좀 더 다가갈 수 있는 방안을 추진할 수 있다. 또 현지 직원이 판매업체와 협상을 벌일 때도 상대의 이해를 구할 수 있도록 노력해야 한다. 새로운 시장을 개척하려면 샤오미의 문화와 현지의 문화 간의 조화를 이끌어낸 뒤 현지의 실제 상황을 감안한 탄력적인 대응이 필요하다고 왕샹은 지적했다.

그 밖에도 해외팀과 중국 본사 간의 긴밀한 소통을 유지하는 것도 중요하다. 외부에서 충분한 소통을 거친 후에 내부 소통을 최우선 순위로 여겨야 한다. 왕샹은 매주 열리는 정례회의 외에, 해외 시장 책임자에게 6개월마다 본사를 방문해 업무를 직접 보고하라고 지시했다. 보고가 끝나면 각 부문별 책임자와 일대일 회의를 가져야 했다. 많은 시간과 노력을 요하는 일이지만 이렇게 해야만 본사와 강한 유대감을 유지할 수 있고, 문제의 신속한 해결에 도움이 된다는 것이 왕샹의 생각이었다.

서유럽 시장 개척은 큰 성공을 거뒀다. 스페인에서의 성공 경험은 훗날 프랑스, 이탈리아 등에 고스란히 전파됐다. 2018년 5월, 파리 최초의 샤오미즈쟈가 문을 열던 날 우박이 섞인 비가 부슬부슬 내렸지만 매장 입구는 개장 전부터 문전성시를 이루고 있었다. 프랑스에서 두 번째 샤오미즈쟈가 문을 열던 날에는 '쟁탈전'을 방불케 하는 열기가 느껴지기도 했다.

차라리 구체적인 숫자가 상황을 더 잘 설명할 수 있을 것 같다. 2018년 유럽 휴대폰 시장에서 출하된 제품의 3분의 1은 메이드 인 차이나였다. 플래그십 모델의 가격도 크게 인하됐다. 유럽에서 가장 많은 제품을 출하하는 중국 휴대폰 제조업체는 화웨이와 샤오미로, 각각 시장 점유율 23.6%, 6%로 3위와 4위를 나란히 차지했다. 샤오미는 유럽 시장에서도 가성비 모델을 고수하며 일관된 가치관을 보여주었다. 유럽 시장 진출 역시 샤오미의 글로벌화에 힘을 보탰다. 2018년 재무제표에 따르면, 해외 시장에서 샤오미의 연간 매출액은 700억 위안으로 전체 매출액의 40%를 차지했다. 분기 기준 최대 43.9%에 달했지만 2017년 당시의 비중은 28%에 불과했다.

샤오미의 공략 대상이 유럽 시장의 50%를 점유하고 있는 운영업체라는 점에서 한층 파란만장한 시간이 예고됐다. 여기에 포함된 새로운 흐름은 특히 시사하는 바가 컸다. 유럽의 운영업체와 협력하려면 그들의 테스트 기준을 반드시 달성해야 했다. 당초 300여 개 항목의 기준을 제시하는 바람에 샤오미는 답변에 진땀을 빼야 했다. 하지만 이제는 그들의 기준에 대해 논의하며 수정하는 상황으로 전세가 역전됐다. 샤오미라는 브랜드가 위력을 발휘하면서 수년간 고수하던 테스트 기준을 조정한 것은, 브랜드 나아가 중국이라는 국가 역량의 부상 덕분이었다.

"샤오미라는 브랜드가 있어서 협상할 자원도 생기게 됐답니다!"

오웬은 감회 어린 지적처럼 몇 년 전만 해도 상상도 할 수 없는 광경이었다.

샤오미가 세계 시장에 진출할 때 메이드 인 차이나의 브랜드는 완전히 새로운 이미지로 등장했다. 현지 언론은 그 점을 정확하게 짚어냈다.

'스페인 소비자들은 혁신과 품질, 디자인으로 유명한 샤오미 같은 중국의 IT 업체가 가져다주는 거대한 결실을 즐기기 시작했다.'[10]

'스마트폰과 IT 업체인 샤오미는 신제품에 대한 혁신을 꾸준히 시도한다. 시장에 진출한 이래 샤오미는 혁신적인 기술, 뛰어난 디자인, 사용자를 고려한 편의성으로 성장을 거듭하고 있다.'11

샤오미 제품이 세계 시장에서 보여준 활약상은, 창업자 레이쥔이 수년 전 샤오미라는 업체를 구상할 때 꿈꿨던 이상과 일치한다. 세계 소비자에게 중국 브랜드의 잠재력을 각인시키고, 중국의 디자인과 제품도 세계 시장을 정복할 수 있다는 것을 행동으로 입증했다.


## AIoT 시장 공략

알파고의 등장은 AI의 물결을 상징적으로 보여주는 일대 사건으로서, 그 후 AI에 대한 정부 지원과 벤처투자가 꾸준히 이어지고 있다. 대기업들이 AI를 새로운 산업 수명주기의 도래를 상징하는 징표로 삼으면서 새로운 경쟁이 시작됐다.

딥러닝으로 AI가 활기를 되찾자 AI 연구자를 비롯한 미래학자와 IT 업체 CEO도 AI의 커다란 잠재력과 응용, 이를테면 인간 언어 식별, 문서 번역, 이미지 식별, 소비자 행동 예측, 부정 행위 감별, 대출 승인, 자율주행 등에 대한 논의를 시작했다.

리카이푸는 자신의 책《AI·미래》에서 이렇게 말했다.


중국의 프로 바둑기사 커제柯潔가 알파고를 상대로 패배를 인정한 지 두 달도 되지 않아 국무원이 발표한 '차세대 AI 발전계획'은 AI

발전을 위한 중국의 비전으로서, AI 발전에 더 많은 자금과 정책 지원, 국가 차원의 종합적인 계획을 제공할 것이라는 의지를 명확하게 표명하고 있다. 해당 계획에서는 2020년, 2025년 발전 목표를 명시하며 2030년에는 중국이 AI 분야에서 전 세계 혁신의 중심이 되어 이론과 기술, 응용 등에서 전 세계를 선도할 수 있는 위치에 오르기를 바란다는 내용을 담고 있다. 남다른 후각을 자랑하는 중국의 벤처 투자자가 2017년에 AI와 관련된 신규 업체에 쏟아부은 투자액은 전 세계 AI 투자의 48%에 달한다. 해당 분야에서 중국이 처음으로 미국을 따돌렸다.

AI의 물결이 밀려들자 업계 거물들이 눈치 싸움을 벌이기 시작했다. 초기에 구상한 클라우드 스토리지 기술과 빅데이터 축적으로 샤오미는 AI 시대로 '연착륙'할 수 있는 가능성을 확보했다. 이에 대해 추이바오추 샤오미 기술 임원은 자신 있게 입을 열었다.

"샤오미는 자사의 AI가 걸어나올 수 있도록 CBA 코스를 밟아야 했죠. ABC 코스를 밟는 회사에 비하면 상상할 수도 없는 장점을 갖고 있다고 생각합니다."[12]

창업 초기에 구상한 클라우드 스토리지와 휴대폰, 생태계 제품과 관련해 축적한 빅데이터를 확보한 덕분에 샤오미는 AI 분야에 여유롭게 진입할 수 있었다. 특히 빅데이터가 중요한 역할을 담당했다.

"빅데이터와 AI가 융합해야 커다란 가치를 창출할 수 있습니다. 빅데이터를 녹여 데이터 '외딴 섬'들을 연결하면 핵융합 같은 효과가 생겨날 겁니다. 샤오미가 IoT 시대에 축적한 빅데이터 자원은 샤오미의 AI 진출에 날개를 달아줄 겁니다. 예를 들어 생태계에 대한 샤오미의 구상, 하드웨어에 대한 샤오미의 노하우가 축적되면서 다른 업체보다 더 많은 혁신의 기회를 잡을 수 있을 겁니다."

추이바오추의 지적처럼 샤오미는 IoT 부문에 진출한 이후 빅데이터 축적에 심혈을 기울여왔다. 2018년에 IoT 기반 제품 2개가 IoE 부문에서 샤오미의 무서운 저력을 다시 한번 보여 줬다. 그중 하나가 2017년부터 존재감을 드러내기 시작한 샤오미 TV다.

샤오미 TV는 등장하자마자, 시장을 장악한 거친 경쟁자 러스 TV와 치열한 경쟁을 벌였다. 하지만 2013년부터 2017년에 걸친 4년 동안 샤오미는 이윤은 적은 데다 보조금을 지급하지 않는 전략을 고수했다. 레이쥔의 눈에 비친 하드웨어 제품은 순수한 온라인 서비스와는 결이 달랐다. 온라인 서비스는 적정 보조금을 정확하게 산출해 조정할 수 있을 뿐 아니라 언제든지 손실을 막을 수 있었다. 이에 반해 하드웨어 제품은 사용자에게 인도되지 않는 한 시간이 지날수록 적자가 커질 수 있다. 러스의 결말이 이러한 예측이 사실이라는 것을 정확하게 입증했다.

2017년, 러스의 자금줄이 갑자기 끊기자 창업자인 자위에 팅賈躍亭은 미국으로 도망쳤다. 경쟁자가 실패한 덕분에 샤오미 TV는 시장에 손쉽게 안착해 목소리를 낼 수 있었다.

2018년 샤오미 TV의 전 세계 출하량은 840만 대로, 전년 대비 225% 늘어난 수치를 보여줬다. 이때 투자 형태로 한데 모인 인터넷TV 콘텐츠 업체(샤오미는 한때 동영상 공유사이트인 유쿠優酷, 아이치이愛奇藝에 투자한 적 있었다)가 가입자를 더 많이 유치하면서 샤오미 TV의 인터넷 수익도 점점 늘어나기 시작했다. 2018년 4분기, TV를 통한 샤오미의 인터넷 수익이 전체 인터넷 수익에서 차지하는 비중이 동기 대비 119% 증가한 8%에 달했다. 2017~2018년 중국에서 인터넷 TV는 큰 인기를 구가했다. 샤오미 TV와 AI의 결합 가능성을 모색하는 작업이 이미 진행 중이었다. 샤오미의 AI인 '샤오아이'는 이러한 과정에서 등장했다.

알려진 대로 샤오미의 AI는 업그레이드를 거쳐 스마트 스피커, 휴대폰 등에 탑재된, 다양한 플랫폼을 오가는 AI 시스템이다. 샤오아이 스마트 스피커를 출시한 후, 샤오미는 2018년에 샤오아이 미니, 샤오아이 블루투스 스피커 등 다양한 신제품을 출시했다. 여기에 가격이 인하되면서 샤오아이의 수요가 꾸준히, 그리고 빠르게 증가했다.

'샤오아이'가 지속적으로 '성숙'해지면서 샤오미의 다양한 생태계 제품에 대한 수요가 증가한 것 역시 샤오미 AI 프로젝트에서 지극히 자연스러운 장면이었다. 미지아 앱에 '샤오아이'가 탑재되자 사용자는 샤오미의 공급업체에서 생산한 제품을 음성으로 손쉽게 제어할 수 있게 됐다. 서로 다른 디바이스를 손쉽게 연동하는 광경을 지켜보던 추이바오추가 샤오아이는 금

수저를 물고 태어난 게 분명하다며 감탄을 터뜨리기도 했다.

2018년 상반기에 미믹스2S가 출시되면서 샤오아이는 휴대폰에 본격적으로 적용되기 시작했다. 2018년 하반기에 발표된 미믹스3에서 샤오아이는 독립된 AI 버튼을 갖게 되면서 샤오미 제품에 활기를 불어넣어줬다.

2018년 하반기, 샤오미 경영진은 AI 전략을 다시 논의하며 AI를 통해 만물을 연동하는 광경이 샤오미에 의해 구현됐다고 판단했다. 이러한 상황에서 새로운 공식이 레이쥔의 머릿속에 떠올랐다. 이는 샤오미의 새로운 전략을 위한 밑그림이 됐다. 2018년 11월, 우전烏鎮에서 열린 세계인터넷대회에서 레이쥔은 대중 앞에서 공식적으로 자신의 구상을 소개했다.

"지난 10년이 모바일 인터넷의 시대였다면 앞으로는 만물이 지혜롭게 하나로 이어지는 시대가 될 겁니다. AI+IoT=AIoT에서 기회를 찾을 수 있을 겁니다."

그해 샤오미의 개발자대회MIDC도 샤오미 AIoT 개발자대회로 명명됐다. 회의를 준비한 추이바오추가 레이쥔에게 회의에 참석해달라며 찾아갔을 때, 레이쥔의 비서가 레이쥔이 인도 출장을 갈 예정이라서 참석하기 어려울 것 같다는 소식을 전해주었다. 추이바오추를 비롯한 대회 관계자들은 김이 새고 말았다. 이번 회의에 대한 다른 부문의 지원 역시 신통치 않았다. 이런 분위기 속에서 회의를 준비하던 중, 개회 전날 밤에 레이쥔의 인도 출장 일정이 취소되고 말았다. 레이쥔은 모처럼 시간이 났다며 샤오미가 오랫동안 준비한 개발자대회에 참석해 힘을 실어주고 싶다는 의지를 전달했다. 이 소식이 전해지자 회의 주최자와 참석자들은 흥분을 감추지 못했다.

이날 레이쥔의 연설은 자연스러우면서도 흥미진진했다.

먼저 레이쥔은 샤오미가 역사의 흐름과 모바일 인터넷 시대에 감사해야 한다고 소감을 밝혔다. 그 덕분에 샤오미는 처음부터 AIoT 산업의 최고봉에 오를 수 있었다고 소개했다. 2014년, IoT 연동 모듈을 전문 취급하는 부서를 설립한 후 샤오미는 샤오미의 생태계 부문을 재차 설립했고, 이를 통해 IoT 부문의 스타트업을 육성하고 투자했다. 그로부터 5년도 채 지나지 않아 220개의 생태계 업체를 육성했는데 그중 100여 개 업체가 스마트 하드웨어와 소비재에 집중했다. 화미華米, 윈미雲米 등의 브랜드가 독립한 후 상장에 성공했다. 스포츠 밴드, 공기청정기, 세그웨이 등 소비재 분야에서 샤오미의 생태계는 여러 부문에서 세계 1위를 차지했다.

이어서 레이쥔은 숫자를 연달아 발표했다. 샤오미 IoT 플랫폼에서 현재 지원 중인 설비 2000여 개, 스마트 디바이스 연동 횟수 1억 3200만 대, AI 비서 샤오아이가 탑재된 설비 약 1억 대, 누적 호출 횟수 80억 회, 월간 액티브 사용자 수 3400만 명….

한 가지 재미있는 사실은 레이쥔이 대회에서 49위안짜리 블루투스 스피커를 가지고 시범에 나섰는데, 샤오아이가 그의 목소리를 제대로 인식하지 못했다.

"샤오아이, 넌 뭘 할 수 있니?"

레이쥔의 질문에 샤오아이는 포복절도할 만한 대답을 내놨다.

"저 아직 어려서 그런 건 너무 어려워요."

IT 업체 특유의 편안하면서도 자유로운 분위기를 자연스레 느낄 수 있는 광경이었다. 샤오아이의 음성 식별 정확도가 90% 이상인 터라, 오늘의 무대를 위해 사전에 예행연습을 해 볼 생각도 없었다. 그 덕분에 현장 참석자들에게 있는 그대로의 모습을 유쾌하게 보여줄 수 있었다.

나중에 엔지니어들은 문제의 원인을 찾아냈다. 당시 대회 현장에 수천 명의 사람이 참가했는데 무대 음향 상태가 좋지 않아 일어난 에피소드라는 게 확인됐다.

이번 개발자대회의 키워드는 '개방'이었다. IoT 부문의 CEO 판롄은 지난 1년 동안 샤오미의 IoT 플랫폼에 1000여 개에 달하는 서드파티 업체의 제품이 올라왔으며, 2018년에도 계속 개방적인 자세를 유지할 것이라고 설명했다. 이와 함께 서드파티 업체에게 연동 서비스, 해외 서비스 및 업계 솔루션 서비스를 제공할 계획이라고 밝혔다.

그 밖에 샤오미 AI 플랫폼도 함께 소개됐다. 추이바오추는 미래 AI 경쟁이 결국 개방 생태계에서 비롯될 것이라고 주장했다. 또한 현재 1000여 개 업체에 속한 개발자와 7000여 명의 개인 개발자가 샤오아이의 개방 플랫폼에 합류하면서 샤오아이는 1300여 개의 기술을 보유하고 있다고 설명했다. 2018년 6월 28일, 샤오미는 모바일 플랫폼을 통한 딥러닝 서비스인

MACE의 소스를 오픈했다. 현재 샤오미 AI는 촬영, 장면 인식, 번역, 음성 등 다양한 영역에서 활용되고 있다.

주목할 점은 1년 전에 열린 샤오미 개발자대회에서 레이쥔은 고품질의 와이파이 모듈의 판매가를 10위안 이내로 떨어뜨리기 위해 노력하겠다고 발표한 적 있었다. 그리고 이번 개발자대회에서 샤오미는 선보인 최신 와이파이 모듈의 판매가는 최종적으로 9.9위안으로 책정됐다. 이를 계기로 하드웨어 설비의 스마트화 비용이 급격히 낮아졌다.

자신의 전략적인 큰 그림을 망설임 없이 소개한 레이쥔은 향후 10년 동안 AIoT가 샤오미의 핵심 전략이 될 것이라고 선언했다.

이번 대회를 둘러싸고 언론의 관심이 뜨겁게 달아올랐다. 샤오미가 지구를 몇 바퀴나 돌 수 있는 IoT 플랫폼을 소개했다는 이야기부터 레이쥔이 한 번의 강연으로 100억 위안 상당의 기업 가치를 올렸다는 이야기도 들려왔다. 실제로 이번 회의에서 레이쥔은 샤오미 AIoT의 핵심 멤버인 추이바오추, 판뎬을 데리고 무대에 올라 75분 동안 연설에 나섰다. 샤오미의 시가 총액이 약 108억 위안 올랐다는 것은, 강연을 1분 할 때마다 시가 총액이 1억 위안씩 늘어난 셈이었다. 샤오미 IoT와 이케아의 글로벌 제휴가 발표되자 샤오미 주가는 다시 오르기 시작했다.

대회 당일 밤, 추이바오추는 잔뜩 흥분한 모습으로 레이쥔에게 메시지를 보냈다.

'2010년에 모바일 인터넷이라는 기회를 잡으면 돼지도 날아오를 수 있다고 했지? 오늘은 돼지가 아니라 코끼리도 날려버릴 것 같아!'

여기에 레이쥔은 앞으로 이런 회의를 많이 열어야겠다는 메시지로 화답했다.

이번 개발자대회는 샤오미의 AIoT에 있어 '신대륙 발견'과 같은 의미를 지닌다. 그 후 1년 뒤에 레이쥔은 향후 5년 동안 100억 위안 규모의 자금을 투자해 AIoT에 진출하겠다는 결정을 내렸다. 이에 맞춰 샤오미의 핵심 전략이 변할 것이라는 움직임이 예상됐다.

개발자대회가 일궈낸 열기가 채 가시기도 전에 사람들은 샤오미의 재무제표 발표 일정에 은근슬쩍 관심을 보이기 시작했다. 5년을 기다려온 '판돈 10억 위안' 상당의 내기 결과를 곧 확인할 수 있을 터였다. 샤오미와 거리 중 누가 이겼을까? 그 답을 놓고 사람들은 모바일 인터넷과 제조업이 지난 5년 동안 보여준 급성장을 다시 한번 되짚기 시작했다.

# 11장 새로운 시장, 새로운 여정

## 루웨이빙의 합류

스타트업의 가장 큰 장점이 무엇인지 아는가?

무엇인가?

즐거움과 두려움이라는 두 가지 감정이다. 잠이 부족하면 그 감정
들을 더욱 절절히 느낄 수 있다는 걸 발견했다.

《하드씽》에 등장하는 이 문구는 창업자가 느끼는 정서를 정
확하게 묘사하고 있다

강렬한 혼란 속에서 상장을 끝낸 샤오미는 공개 회사로 이
미 탈바꿈했다. 모바일 시대에 100여 개 가까운 전통 직종에
난데없이 뛰어든 샤오미는 때마침 부상 중인 SNS와 나란히 성
장을 구가했다. 이 때문에 샤오미가 앞세운 엉뚱한 전략, 이를
테면 하드웨어를 통한 인터넷 모델 및 이와 관련된 모든 약속
이 대중의 시선 속에 고스란히 드러났다. 상장 후의 샤오미는
한층 투명하고, 한층 화제성을 가진 업체로 거듭났다.

전반적으로 순탄했던 2017년을 보내자마자, 샤오미는

2018년 4분기에 또다시 시장의 압력을 직면해야 했다.

'10분기 만에 중국 1위 탈환'을 기대하던 샤오미는 또다시 걱정 어린 시선을 받아야 했다. 모바일 인터넷 시대에 남다른 영향력을 가진 창업자로서 레이쥔 역시 시장의 집요한 추궁에 시달려야 했다. 특히 상장 이후 샤오미의 주가는 반짝 상승세를 탄 후 내리막길을 걷기 시작했다. 설상가상 레이쥔이 상장을 축하하는 자리에서 '샤오미에 투자한 모든 투자자에게 최소 2배의 수익을 안겨주겠다'고 호언장담했던 것이 논란거리로 떠올랐다.

2018년 12월, 화웨이의 최고재무책임자이자 화웨이 창업자 런정페이의 딸인 멍완저우孟晩舟가 캐나다 밴쿠버에서 전격 체포되면서 미·중 무역 갈등의 골이 점점 깊어지기 시작했다. 미·중 관계에 근본적으로 변화가 있을 것이라고 거의 모든 사람이 확신했다. 메이퇀 CEO 왕싱은 2019년은 지난 10년 중에서 최악의 해가 될 수 있지만 향후 10년 중에서는 가장 좋은 해가 될 것이라고 예언하기도 했다.

거의 모든 창업자가 기나긴 경제 한파가 찾아올 것이라고 확신했다.

대대적인 전환기를 보내고 있던 샤오미는 경쟁이 가장 치열한 업종의 한가운데에 서 있었다.

2019년 1월 2일, 레이쥔이 웨이보에 올린 글이 인터넷에서 큰 화제로 떠올랐다. 보름 동안 요란하게 퍼지던 소문이 결국 사실로 확인됐기 때문이었다. 그 소문인 즉, 다름 아닌 진리그룹의 루웨이빙 전 CEO가 샤오미에 둥지를 틀 것이라는 것이었다. 이를 두고 대중은 흔히 볼 수 있는 낙하산 인사로 해석했지만, 휴대폰 업계에서 오랜 경험을 자랑하는 인사들은 '격세지감'이라는 말을 떠올렸다. 7년 전, 두 사람은 선전 환러 해안의 '휴대폰 임시 매장'에서 처음 알게 됐다. 당시 레이쥔의 샤오미는 휴대폰 업계에선 '루키'로 취급됐지만 Mi1과 Mi2의 연이은 성공으로 전통적인 휴대폰 업체들에 놀라움과 신선함을 선사했다. 하지만 이제는, 그날 그곳에 모였던 업체와 사업가들의 운명은 전혀 다르게 쓰여 있었다. 당시 선전 환러 해안에 모였던 업체 중에서 샤오미와 OPPO, 촨인 3사만 생존했을 뿐 나머지 업체들은 이미 업계에서 '퇴출'된 상태였다. 무엇보다도 가장 충격적인 사건은, 2018년 말 진리가 '불가사의한 죽음'을 맞이한 일이었다.

시장 경쟁이 가장 치열한 전자제품 분야에 몸담아온 진리는 2017년 이후 출하량이 뚝뚝 떨어지더니, 급기야 업계에서 '기타'로 분류되고 말았다. 설상가상 그동안 인터넷에 떠돌던, 이사장 류리룽劉立榮의 도박 빚 때문에 진리의 자금줄이 끊겼다는 소문이 사실인 것으로 최종 확인됐다. 이후 류리룽은 사이판에서 도박을 하다가 회사 돈을 '빌려 썼다'며 언론에 공개적으로 자신의 잘못을 시인했다.

진리의 쇠락은 폭뢰爆雷처럼 산업계 전반에 커다란 파장을 일으켰다.

그 무렵, 진리의 전 CEO 루웨이빙이 세운 청이誠壹 테크놀로지는 설립 1주년을 맞이했다. 청이 테크놀로지는 해외 시장에 주력하는 하드웨어 업체다. 루웨이빙은 지난 1년의 시간을 돌이켜보며 창업자로서의 가장 깊은 고통에 시달리고 있었다.

"가장 힘들 때는 새벽 3, 4시에 놀라서 자다 깨곤 했습니다."

레이쥔은 샤오미에 루웨이빙을 초대하고 싶다는 생각을 갖게 된 건 2014년의 일이었다. 하지만 루웨이빙을 감동시킨 것은 2018년 8월 31일 밤늦도록 나눈 레이쥔과의 대화였다. 당시 창저우常州로 출장을 떠난 레이쥔은 자신이 묵고 있던 숙소의 로비에서 루웨이빙과 새벽 3시까지 이야기를 나누었다. 청이 테크놀로지가 직면한 어려움에 대한 이야기를 듣던 레이쥔이 친구로서 루웨이빙에게 직설적으로 말했다.

"방향을 잘못 잡아서 시간을 낭비할 때가 아냐. 샤오미로 들어와, 청이는 내가 인수할 테니."

샤오미 역사상 개인 때문에 회사를 통째로 인수하는 일은 총 세 번 있었다. 첫 번째가 왕촨의 뒤칸위에두 인수였다. 인수 후 왕촨은 샤오미의 공동창업자가 됐다. 두 번째 인수 사례는 와리瓦力 테크놀로지였다. 상진尙進은 샤오미 엔터테인먼트의 CEO 자리에 올랐다. 세 번째 사례는 RIGO Design 스튜디오를 인수한 일이었다. 이 일을 계기로 주인은 MIUI와 휴대폰 산업디자인을 담당하게 됐다. 상술한 세 번의 인수 사례는 마음에 들면 어떤 대가도 불사한다는 레이쥔의 인재관을 보여준다. 그날 밤 이후, 샤오미가 청이 테크놀로지의 해체 업무를 처리하기로 하면서 루웨이빙은 정식으로 샤오미에 합류했다.

루웨이빙은 2019년 1월 2일 샤오미를 찾아가 정식으로 보고하기 전까지도 자신이 무슨 일을 하게 될지 알지 못했다. 사실 루웨이빙은 기술과 연구개발 부문으로 복귀하기를 희망했었다. 2019년 1월 2일 밤이 되어서야 레이쥔은 샤오미에서 맡게 될 직책과 정체성을 알려줬다. 자신의 예상과 달리 루웨이빙은 전혀 새로운 브랜드를 구축·경영하는 일을 맡게 됐다. 그건 바로 샤오미에서 독립한 홍미Redmi였다.

샤오미에 있어 이러한 전략은 회사의 미래와 직결된 중요한 결정이었다. 2018년은 전 세계 휴대폰 출하량이 4.4% 떨어질 만큼 휴대폰 시장이 전체적으로 침체된 상태였다. 머지않아 5G 시대가 다가올 것이라는 판단에 따라 휴대폰 시장에 대해 소비자가 관망세로 돌아서면서 휴대폰 교체 주기가 길어졌다. 또 한편으로 휴대폰 업계의 경쟁은 날로 치열해져 삼성은 중국 시장에서 거의 퇴출되다시피 했다. A급 브랜드 중에서 글로벌 브랜드는 애플 한 곳뿐이고 중국산 휴대폰 브랜드는 화웨이, 샤오미, OPPO, vivo 네 곳뿐이었다. 이들은 중국 시장에서 90% 이상의 점유율을 보이고 있었다. 최종 본선에 진출한 4대 업체가 피 튀기는 경쟁을 벌이는 상황에서 샤오미의 사정은 녹록하지 않았다.

2018년 4분기, 샤오미는 시장 점유율 10%로 중국 5대 스마트폰 브랜드에 간신히 턱걸이했다. 2017년 4분기 당시 4위를 차지했지만 1년 새 점유율이 3.49%나 떨어졌다. 샤오미의 시장 점유율 하락 소식에 경영진은 다시 한번 깊은 반성에 나섰다.

2018년에 OPPO와 vivo가 전면 카메라 팝업식 풀 디스플레이와 지문 인식 솔루션을 최초로 선보이는 바람에, 그해 10월 16일 샤오미가 발표한 미믹스 플래그십폰은 선점 효과를 잃고 말았다. 게다가 미믹스3의 슬라이드 전면 디스플레이 솔루션에 대한 시장의 반응은 뜨뜻미지근했다. 당시 샤오미의 혁신은 여전히 불확실성을 갖고 있다는 뜻으로 해석될 수 있었다.

시련은 거기서 끝나지 않았다. 그해 유통 창구 전략에서 샤오미는 커다란 실수를 저지르고 말았다. 2018년 취임한 판매 운영팀 총괄 담당자는 온라인에서 급진적인 공세를 취하는 동시에, 오프라인 시장에서 세력 확장에 열을 올리기 시작했다. 대리점을 상대로 재고 물량에 대한 부담을 강요하며, 이전 3분기 동안 발생한 재고 물량을 팔아치우라고 요구했다. 그 결과, 유통이 원활하게 이뤄지지 않으면서 생긴 악재가 4분기에 한꺼번에 터져 나오고 말았다. 또 한편으로 샤오미즈쟈 확장 속도가 눈에 띄게 빨라지는 과정에서 상권, 인구 유동량 등에 대한 기준이 낮아지면서 효율성을 추구하는 샤오미즈쟈 운영이 제대로 이뤄지지 않았다. 시장 판매자가 샤오미에서 물건을 직접 들여오는 이른바 '샤오미 구멍가게' 모델은 관리와 운영 능력이 떨어지는 현 상황에서 이상적인 효과를 거둘 수 없다는 게 입증됐다.

전략적인 고민 끝에 샤오미의 창업자들은 홍미를 샤오미에서 독립시킬 때가 됐다는데 의견을 모았다. 가격 대비 극도로 뛰어난 성능을 고수한다는 사명을 홍미가 계승하면서 샤오미처럼 높은 가성비를 목표로 하는 브랜드로 키우겠다는 큰 그림이 제시됐다. 이렇게 해서 샤오미는 다시 한번 창업에 나섰다. 즉 가격이라는 구속에서 벗어나 최고의 경험과 신기술 탐색이라는 길을 걷기로 한 것이다. 표면적으로는 홍미가 새로 태어난 브랜드인 듯했지만 그 안에 담긴 가치관을 놓고 본다면 새로운 생명을 얻은 건 다름 아닌 샤오미였다.

사실 이러한 결정은 일반 대중이 이해하기 어려운 비즈니스 전쟁의 논리에 따른 것이다. 샤오미라는 브랜드 파워의 상승세가 가장 컸던 2011년부터 2014년까지 샤오미 브랜드를 겨냥한 경쟁사들의 노골적인 공세가 오히려 샤오미가 시장에서 자리를 잡는 데 도움을 줬다. 이제 홍미를 통해 경쟁사와 대등한 자리에 오르게 된다면 샤오미라는 브랜드는 견제에서 벗어나 자신만의 길을 갈 수 있을 것이었다.

2019년, 중국을 포함한 전 세계 통신업계에서 5G 시대를 알리는 서막이 천천히 오르기 시작했다. 기술력 향상에 따른 시장의 몸집이 커지는 현상을 두고 일부 언론에서는 홍미의 '독립 전쟁'이라고 평가했다.

루웨이빙은 자신이 맡게 될 임무의 난이도를 미리 각오하긴 했지만 막상 이야기를 듣고 나니 가슴 한 쪽이 묵직해지는 기분이었다. 하지만 그는 주저하지 않았다.

"막상 창업해 보니 알겠더라고. 직원들이 아무 말 없이 지시에 따라줬으면 하는 게 모든 경영주의 속마음이라는 걸 말이야."

그는 샤오미에서 가장 중요한 역할 중 하나를 맡았다.

이날 '루웨이빙'이라는 이름이 바이두 인덱스百度指數에 처음으로 등재됐다.

그 후 1년 동안 그의 이름은 휴대폰 부문에서 유난히 맹활약했다는 것이 사실로 확인됐다. 루웨이빙의 말을 빌리자면 기술, 제품, 공급망, 판매, 마케팅 부문에 팔을 걷어붙이고 덤벼들었다. 그리고 넘어지고 구르기를 수차례…. 하나의 브랜드를 경영하기 전 이리저리 구르고 10억 위안 이상의 수업료를 내지 않았다면 휴대폰 시장의 복잡한 생리를 제대로 파악하지 못했을 것이다.

"경험과 교훈이 지금의 자신을 키웠다"고 말한 루웨이빙은 훙미의 깃발을 한 손에 쥔 채 프로다운 면모를 금세 되찾았다. 샤오미 역사상 처음으로 브랜드 결정권이 레이쥔 외의 인물에게로 넘어갔다. 루웨이빙은 훙미 노트8을 기점으로 훙미의 향후 제품 라인을 체계적으로 기획하며 미래 제품을 위한 발판을 마련했다.

업무를 처리할 때면 루웨이빙은 다년간에 걸친 시장 경험과 판단에 의존하는 경우가 많았다. 이를테면 상위 공급업체의 사소한 변화나 반응을 통해 시장의 변화를 미리 파악할 수 있었다. 이런 경험에 힘입어 신기술에 관한 기업의 판단도 한층 정확해질 수 있었다. 이를 통해 그동안 훙미 시리즈의 연속성과 확실성 부족과 같은 문제를 바로 잡았다. 루웨이빙의 노련미는 회사 내부의 커다란 자신감으로 이어졌다. 업계에서 존재감이 상대적으로 약했던 루웨이빙은 샤오미에 와서 전혀 달라진 이미지를 갖게 됐다. 언론들은 그런 그를 두고 소셜네트워크의 달인이 되었다고 소개하며 '샤오미'다워 졌다는 평가를 내놓기도 했다. 루웨이빙은 현장에 뛰어들어 각종 논란에 마주하고, 다양한 인터넷 요소를 적극 활용했다. 그런 그를 두고 사람들은 '싸움꾼'이라며, 힘들수록 '전투력'을 불태우는 캐릭터라고 표현하기도 했다.

그의 성향을 가장 잘 보여주는 에피소드로 충전 효율을 놓고 네티즌과 '싸움'을 벌인 사건이 있다. 루웨이빙은 네티즌에게 충전 효율을 설명하며 경쟁사의 충전 출력은 겨우 10와트에 불과하다고 연달아 지적했다. 그런 그에게 네티즌은 '루10와트(루웨이빙+10와트)'라는 별명을 지어줬다. 자신을 10와트라며 비꼬는 네티즌의 반응에도 루웨이빙은 쿨하게 인정하면서 오히려 자신이 먼저 말장난을 치는 경우도 있었다. 화끈하면서도 유쾌한 그의 모습에 많은 사람이 비호감에서 호감으로 돌아서기도 했다.

이번 9월에 홍미K20 Pro의 전면에 광각 카메라를 넣을 것인지 묻는 현장 관중의 질문에 루웨이빙은 그건 레이쥔에게 물어보라고 받아쳤다.

"그 문제라면 레이쥔에게 물어보십시오. 샤오미는 홍미의 '굿파트너'죠. 굿파트너께서 얼른 해주셨으면 좋겠네요."

그 후 레이쥔은 자신의 SNS에 대해 홍미K20 Pro는 파노라마 셀카 기능을 지원하며, 셀카 각도를 2배로 늘려 단체 사진을 쉽게 찍을 수 있다고 설명했다. 그러자 루웨이빙은 이 내용을 리트윗하며 '굿파트너, 파이팅!'이라는 글을 남기기도 했다.

이처럼 일문일답하는 과정에서 독립된 두 브랜드에 대한 대중의 호기심이 점점 뜨거워지기 시작했다. 이러한 대화를 통해 대중은 '샤오미'와 '홍미'를 완전히 다른 브랜드로 인식하게 됐다.

1년 내내 홍미의 신제품 발표가 이어지면서 홍미의 브랜드 타깃은 더욱 또렷해졌다. 최고의 가성비와 최고의 품질 중 무엇 하나 놓칠 수 없다는 홍미는 저가폰 외에도 프리미엄 플래그십은 물론, 고품질과 높은 가성비의 제품을 선보이고자 했다. 홍미 시리즈의 제품 라인도 프리미엄급의 K시리즈, 중간 수준의 노트 시리즈, 입문용인 숫자 시리즈로 한결 깔끔하게 정리됐다. K시리즈의 가격대는 2000~3000위안, 홍미 노트는 1000~2000위안에서 가격이 책정됐다. 숫자 시리즈는 대개 1000위안 이하의 가격대를 유지했다.

독립한 지 1년도 안 돼 홍미는 모두의 기대에 부응했다. 홍미 노트7은 출시 11개월 만에 전 세계적으로 총 2600만 대가 팔렸다. 후속 제품인 홍미 노트7 Pro는 3개월 만에 전 세계 팔내량 1000만 대를 기록했다. 홍미 K20시리즈는 입문용부터 고급용에 이르는 라인을 모두 갖출 수 있었다. 그 후 홍미 TV와 샤오아이 스피커 Play, AC2100 인터넷공유기 같은 홍미 생태계 제품도 속속 등장했다.

유쾌한 이야기 뒤에는 사실 중요한 전략적 사고가 담겨 있었다. 루웨이빙의 경영 전략에서 가장 중요한 원칙 중 하나는 다운스트림에서의 경쟁은 반드시 업스트림 단계에서 해결해야 한다는 것이다. 휴대폰 제조와 관련해 업스트림 부문이야말로 '보이지 않는 전쟁터'라고 판단한 루웨이빙은 휴대폰을 만들기도 전에 전쟁에서 승리해야 한다고 강조했다. 루웨이빙은 자신의 생각을 구체적인 전략에 적극 접목시켰다.

루웨이빙은 홍미 노트8 Pro를 기획하면서 퀄컴 프로세서를 채택하던 기존 관행을 바꿔, 미디어텍에서 개발한 MTK의 G90T 프로세서를 홍미에 최초 사용할 것을 제안했다. 그의 이러한 결정은 당초 샤오미 해외판매팀의 반대에 부딪혔다. 판매 실적이 좋지 않은 MTK의 프로세서를 사용하면 홍미 판매에 차질이 생길 거라는 의견이 대부분이었다. 하지만 루웨이빙은 G90T를 샤오미 제품에 탑재하는 건 필수불가결한 일이라고 주장했다.

"여기에는 세 가지 이유가 존대합니다. 첫째, 몇몇 공급업체가 상호 견제한다는 점에서 볼 때, 두 개 이상의 공급업체와 동시에 협력하면 원가 절감의 효과를 기대할 수 있습니다. 둘째, 미·중 무역 갈등에 따른 잠재적 리스크가 존재하는 거시적 환경에서는 서로 다른 지역의 프로세서를 사용하는 편이 보다 합리적인 전략이 됩니다. 마지막으로 MTK의 프로세서는 성능은 괜찮지만 마케팅 능력이 상대적으로 부족합니다. 마케팅만 잘하면 소비자들이 제품의 품질을 인정해줄 겁니다."

루웨이빙은 레이쥔과의 꾸준한 소통을 통해 서로 같은 생각을 하고 있다고 확신했다. 이에 주변의 압력을 무릅쓰고 사내에 홍미 노트8 Pro에 미디어텍의 MTK G90T 칩셋이 탑재될 거라고 선언했다. 그 후 홍미를 홍보하는 과정에서 루웨이빙은 차세대 IT 인플루언서로 변신해 홍미의 새로운 칩셋을 소개하는 데 매달렸다. 그는 홍미에 미디어텍 칩셋을 탑재한 이유를 웨이보를 통해 연달아 설명하기도 했다.

요즘 휴대폰 이용자 대다수가 젊은 데다 공통된 취미로 게임을 즐긴다고 한다. 시중에 게임 전용 휴대폰이 존재하기도 하지만 3000위안이나 되는 비싼 가격 때문에 부담스러운 게 사실이다. 이 점을 감안해 홍미는 1000위안대 게임 전용 폰을 만들려고 한다.

많은 사용자들이 내 웨이보에 12nm 공정을 우려하며 G90T 칩셋의 전력소비와 발열 문제에 대한 걱정의 글을 올리고 있다. 자체 테스트를 통해 12nm 프로세서는 전력소비 면에서 10% 정도의 차이가 있다는 것을 발견했다. 이 문제를 해결하기 위해 홍미 노트8 Pro는 4500mAh 용량의 대형 배터리와 수냉 장치를 동시에 사용했다.

홍미 노트8 Pro에 대한 안투투安兔兔의 종합 점수는 28만 3333점으로, 현재 3000위안짜리 휴대폰에 사용 중인 스냅드래곤710 칩셋을 크게 능가하는 것으로 나타났다.

루웨이빙이 꺼내든 문제는, IT 제품이 탄생하기 전에 인터넷에서 뜨거운 이슈몰이를 해야 하는 필요성을 설명하는 성과를 거뒀다. 인터넷의 민주성은 제품의 성능을 투명하게 대중에게 공개함으로써 그들 스스로 선택할 기회를 제공한다.

이 같은 인터넷 정신이 최대한 발휘되면서 사람들은 칩셋의 실제 기능과 시장에서의 위치를 조금씩 깨달을 수 있다. 내부적으로도 큰 논란이 있었던 미디어텍의 칩셋은 결국 모두의 동의를 얻는 데 성공했다. 2019년 8월 2일부터 홍미 노트8 시리즈가 출시된 이후 전 세계에서 총 1400만 대에 달하는 판매량을 올렸다. 이를 두고 루웨이빙은 전 세계적인 성공이라고 자평하기도 했다.

경쟁이 더욱 치열해지는 5G 시대를 맞아 루웨이빙은 홍미 K30 같은 제품을 기획하며 거센 도전에 나섰다. 1999위안에 불과한 가격에 대중들은 열광했다. 그도 그럴 것이 대다수의 5G 단말기가 3000위안의 가격대를 유지하고 있었기 때문이다. 여기에 레이쥔의 앞선 사업 모델 역시 시장에 커다란 충격을 가져다줬다. 홍미 K30 발표회에서 홍보모델인 왕이보王一博가 '유속流速 춤'을 선보이자 객석에서 뜨거운 환호성이 터져 나왔다. 2011년 8월 16일 Mi1이 탄생한 그날로 되돌아가는 듯했다.

이 장면 역시 5G 시대의 본격적인 경쟁을 예고하는 서막이 올랐다는 것을 상징하는 듯했다. 2020년은 모든 휴대폰 제조업체의 운명이 걸린 해가 될 것이었다.

루웨이빙은 샤오미에 합류하면서 남들보다 한 발 앞설 수 있는 힘과 자신의 진영을 지키기 위해 싸우는 짜릿한 자극감을 느낄 수 있었다. 루웨이빙을 기존의 알려진 모습에서 전혀 낯선 모습으로 변신시킨 마법의 정체를 모두들 궁금하게 여겼다.

샤오미에서의 시간을 정리하며 루웨이빙은 그 물음에 대한
대답을 들려줬다.

샤오미는 단순한 회사다. 그런 단순함을 나는 좋아한다. 이전의 회
사는 너무 복잡했기 때문에 해결하지 못한 일이 늘 산더미처럼 쌓
여 있었다. 또 샤오미의 사업 모델은 상당히 앞서 있다. 지난 몇 년
동안의 투쟁에서 샤오미는 강한 면모를 보여줬다. 물론 취약한 부
분도 있다. 하지만 취약했던 부분을 모두 보완했고, 다양한 가치
가 이제 곧 빠르게 확대될 것이다. 나는 지금 그 일을 무척 즐기고
있다.

## 거리와의 내기

승승장구하는 훙미에 비해 샤오미가 그해 발표한 제품이 많
지 않다는 사실에 사람들이 주목하기 시작했다. 4G 시대에서
5G 시대로 전환되는 문턱에서 샤오미가 철저한 준비를 위해
플래그십 제품들을 과감하게 정리했다는 걸 아는 사람은 많지
않았다. 몇 차례의 산업 생명주기 전환과 두 번에 걸친 휴대폰
시스템의 전환이라는 굵직한 사건을 모두 겪은 창업계의 백전
노장답게 레이쥔은 4G에서 5G로 넘어가는 과도기가 샤오미
에 커다란 기회가 될 것임을 알고 있었다. 업계의 전망에 따르
면 2020년 전 세계 5G 스마트폰 시장 규모가 전년 대비 20배
증가한 2억 대를 넘어설 것이라고 했다. 이러한 과도기 속에서

제품 전략은 새로운 시장에서의 점유율을 놓고 싸우는 데 영향을 주고, 대형 제조업체의 실력을 시험하는 자리였다.

2019년 샤오미는 중국 시장에선 두 종류의 5G 스마트폰 Mi9 Pro 5G와 홍미 K30 5G를 선보이고, 서유럽에선 미믹스 3의 5G 버전을 발매했다. 펀치홀 방식의 노치 디자인을 채택한 Mi9 Pro 5G는 퀄컴 스냅드래곤 855 plus 프로세서를 탑재하고 외장 스냅드래곤 X50 모뎀을 통해 5G 네트워크를 지원했다. 40W 초고속 충전 기능 외에도 10W 역방향 무선 충전 기능도 지원하는 Mi9 Pro 5G의 가격은 3799위안으로, 같은 기간에 출시된 다른 5G 휴대폰에 비해 가격 경쟁력이 있었다.

내부적으로 정책을 결정할 때마다 레이쥔과 린빈, 루웨이빙은 5G 시대를 앞두고 전략적 후퇴의 필요성을 점차 깨닫기 시작했다. 정책과 통신 사업자의 5G 네트워크 구축 속도를 검토한 결과, 샤오미 내부적으로 5G 성능을 최대한 구현한 휴대폰을 제작하려면 4G 핵심 네트워크에 기반을 둔 비독립 실행 제품Non Stand Alone(NSA)이 아닌 독립적으로 실행하는 5G 네트워크Stand Alone(SA)에 의존해야 한다는 의견이 우세했다. 통신 사업자가 SA 5G 네트워크를 구축하는 작업에 본격적으로 뛰어드는 시점이 2020년이 될 것이라는 전망 속에서 숨 고르기에 나서야 한다는 주장이 제시됐다. 즉 2020년이 되기 전에 샤오미의 제품 출시 주기를 조절해야 하는데, 이를 위해 과도기에 속하는 제품 라인을 정리하고 SA/NSA 제품에 대한 지원책을 꾸려야 한다는 것이었다.

이런 가운데 많은 사람의 기대를 모았던 프리미엄급 플래그십 제품 발표도 의도적으로 지연되고 있었다.

"과도기에 속하는 기술력으로 플래그십 제품을 뒷받침하는 건 위험하다고 생각합니다. 제품의 수명주기라는 차원에서 봤을 때, 싱글모드 5G를 건너뛰고 듀얼모드 5G를 직접 개발하는 편이 샤오미의 제품 전략에 더 적합하다고 생각합니다."

훗날의 사실이 증명하듯 루웨이빙의 예측은 정확했다. 2019년 9월 20일, 공신부 부장 미야오위苗玗는 국무원 신문판공실 뉴스 브리핑國新辦發布會에서 2020년 1월 1일부터 네트워크 진입을 신청한 5G 단말기는 원칙적으로 SA/NSA, 이른바 '듀얼모드 5G'를 지원해야 한다고 발표했다. 샤오미가 미믹스4를 정리하기로 결정하면서, 미믹스4는 세상에 빛도 보지 못한 채 '단명'할 뻔한 운명을 피할 수 있게 됐다.

당시 샤오미 내부에서 코드명 J1이라는 대형 프로젝트가 2019년 2월부터 정식으로 착수 중이라는 사실은 외부에 비밀에 부쳐진 상태였다. 이 프로젝트는 이전과 달리 듀얼모드 5G 기술과 퀄컴의 최신 스냅드래곤 865 칩셋 외에도 카메라 모듈, 메모리, Wi-Fi, 디스플레이, 대칭형 입체 스테레오 등 각 부문에서 가장 앞선 기술만을 골라 샤오미의 10년 연구개발 노하우를 고스란히 담은 '역작'이었다. 해당 제품의 가격도 기존의 틀에서 벗어나 4000~6000위안대에서 결정됐다. 창립 10주년을 맞은 샤오미의 자기 돌파 정신을 담은 이 제품은, 프리미엄 시장에 우뚝 서겠다는 샤오미의 야심을 가감 없이 보여줬다.

5G 원년을 맞이해 중국 오프라인 유통 채널의 변화가 점차 가시화되기 시작했다. 전국적으로 휴대폰 거리, 휴대폰 할인매장 같은 업계 형태가 점차 모습을 감췄다. 중국의 도시화가 빠르게 확산되면서 소비 장소 역시 대형 쇼핑센터와 같은 곳으로 이전되는 가운데, 샤오미는 경쟁사들보다 한발 먼저 기회를 잡았다. 사실 샤오미는 4년 전부터 유통 채널 관리에 심혈을 기울여왔다. 쇼핑몰에 브랜드숍을 세우려면 휴대폰이라는 단일 품목으로는 입점이 불가능했지만, 샤오미는 다양한 생태계 제품 라인을 거느리고 있었다. 그 밖에도 5G 시대가 도래하면서 통신사의 보조금 정책이 AIoT 제품으로 확대됐다. AIoT가 샤오미의 특기 중 하나라는 점에서 샤오미의 전략적인 전망이 보답을 받은 셈이다.

샤오미가 2019년부터 취한 또 다른 전략적 후퇴 결정은 프리미엄 제품의 출시 주기를 의도적으로 지연했던 전략과 맞물려 진행됐다. 그것은 다름 아닌 4G 제품의 출하 속도를 가속화하는 작업이었다. 2019년 '솽스이' 기간에는 예전처럼 맹공을 퍼붓는 샤오미의 모습이 좀처럼 보이지 않았다. 레이쥔은 2019년 11월 난닝南寧에서 열린 핵심 공급업체 총회에서 이러한 궁금증을 해소해줬다.

"올해 솽스이 때 왜 그렇게 잠잠했느냐고 묻는 사람이 많습니다. 재고가 없는데 나설 일이 있어야죠."

그 모습을 담은 영상이 훗날 인터넷을 통해 널리 퍼지기도 했다. 2019년 11월, 4G 모델의 재고가 점차 줄어들자 샤오미는 현금 회수에 본격적으로 나서기 시작했다.

2019년 1월부터 11월까지, 거의 1년에 달하는 시간 동안 샤오미의 재고 전략은 5G 시대의 도래와 함께 크게 변하기 시작했다. 과도한 재고나 생산을 피하되, 정상적인 출하 속도를 유지하자는 결정은 2020년을 위한 '신의 한 수'가 됐다.

이미 다양한 생태계 제품을 확보한 샤오미에 있어 5G 시대의 등장은 샤오미의 휴대폰, IoT 소비재 및 인터넷 서비스라는 3대 사업 부문에 중요한 영향을 미칠 것으로 전망됐다. 데이터 전송 속도가 빨라지면서 각종 디바이스가 네트워크 속도에 구애받지 않고 자유롭게 연동됐다. IoE 역시 추상적인 개념이 아니라 무한한 가능성을 품고 있는 현실로 다가왔다. 2019년 초, 레이쥔은 휴대폰+AIoT라는 쌍두마차 전략을 이미 세워둔 상태였다. 5G 서비스가 샤오미의 AIoT에 날개를 달아줄 것이라고 판단했기 때문이다.

일부 전략을 수정하기 위해 샤오미의 사내 조직 역시 한 해 동안 변화의 시간을 가졌다. 상장 후 TV 부문, 생태계 부문, MIUI 부문과 엔터테인먼트 부문을 십여 개의 1급 부서로 개편하면서 업무 부서가 갑자기 늘어났다. 기존 조직의 구조조정도 뚜렷한 성과를 거뒀다. 이를테면 진판이 인터넷1팀을 이끌면서 MIUI 상업화 관련 부서와 완전히 분리됐다. MIUI의 체험을 담당하는 부문으로서 진판은 광고 전문 관리팀을 조직해 저속한 광고를 없애는 데 주력했다. MIUI에서 손쉽게 광고를 달 수 있는 시스템 기능을 설계·개발한 뒤 사용자에게 선택권을 제공한 결정은 그의 용기를 보여주는 대목이라고 평가된다. 레이쥔은 진판의 과감한 용기를 높이 평가했다.

"위대한 쾌거라고 생각합니다. 실적에 대한 부담이 유난히 컸던 2019년에 이런 결정을 내릴 수 있었던 용기에 박수를 보냅니다."

진리는 팀원들과 함께 '대수술'에 나선 끝에 MIUI의 또 다른 별명이었던 'ADUI'●를 떼어낼 수 있었다. 이 같은 구조조정을 통해 진판을 비롯한 청년들은 자신의 열정과 투지를 불태울 기회를 얻을 수 있었다. 구글에서 수년간 일했던 진판은 수익을 올릴 수 있는 인터넷 회사야말로 성숙한 의미의 인터넷 회사라는 가치관을 지니고 있었다. 구글은 수익을 올리는 동시에 인격적 독립성과 가치관의 고수라는 환경을 보장해 주는 대표적인 사례에 속한다.

●
광고(AD)가 많은
UI라는 뜻.

2019년, 자체적으로 확립한 전략에 따라 더 큰 규모의 구조조정이 꾸준히 추진됐다. 그룹 차원에서 품질위원회, 기술위원회, 구매위원회의 3대 위원회를 구성해 '3부部-3위委'라는 조직 구조를 완성했다. 그룹의 조직부, 참모부, 재무부가 CEO 단위의 임원을 직접 관리한다면 3대 위원회는 샤오미의 핵심인 품질, 기술, 구매 3개 부문에서 품질 유지, 업계 핵심기술 발굴, 구매 경쟁력을 강화했다.

2019년에 단행된 샤오미의 조직 개편 프로그램에서 또 다른 핵심은 중화권에서의 역량 강화였다. 2019년 5월, 휴대폰 시장이 크게 휘청이자 레이쥔은 직접 중화권 CEO 자리에 올라 전략 조정에 나섰다. 그 밖에도 오프라인이 앞으로 몇 년 동안 샤오미를 뒷받침할 주요 창구로 떠오르자, 샤오미는 채널 추가 건설 작업에 50억 위안을 투자했다.

지루한 데다 삭막해 보이기까지 하는 2019년, 많은 사람이 샤오미의 전략적 후퇴 작전과 잦은 구조조정에 담긴 의도를 파악하지 못했다. 설상가상 미·중 무역 갈등이라는 먹구름이 짙어지자, 저우쇼우즈는 절대 마주하고 싶지 않은 현실에 마주하게 됐다. 그것은 샤오미의 주가에 대한 사람들의 의심 어린 눈초리였다.

샤오미가 상장하기 전, 저우쇼우즈는 알리바바의 공동 창업자인 차이충신蔡崇信과 한 차례 만난 적 있었다. 그 자리에서 차이충신은 발행가보다 주가가 낮아져도 단기간 견딜 능력을 갖춰야 한다는 조언을 건넸다. 실제로 알리바바는 미국 나스닥에 상장한 후 주가가 바닥으로 추락한 적 있었다. 주가가 흔들린 시점에 알리바바에서 별다른 문제가 목격되지 않았는데 대체 무슨 문제가 있었던 것일까? 결론적으로 말하면 증시의 변화는 모두 시장의 불안에서 비롯된다. 몇 년 뒤 알리바바의 가치는 꾸준히 상승해 4000억 달러 고지에 오르기도 했다.

'선배'의 조언에도 샤오미의 주가는 저우쇼우즈의 예상을 빗나갔다. 샤오미의 실적이 꾸준히 성장하고 있지만 샤오미를 겨냥한 공매도 세력의 공세는 여전했다. 샤오미의 시가 총액이 저평가됐는지를 놓고 시장의 평가가 크게 엇갈렸다. 물론 샤오미 내부에서는 샤오미가 심각하게 저평가됐다는 평가가 지배적이었다.

그동안 샤오미 이사회는 주식을 회수하겠다는 결의를 몇 차례나 제출했다. 사기 진작과 신뢰 회복이라는 가장 중요한 작업은 창업자인 레이쥔이 맡았다. 전체 간부회의에서 레이쥔은 모두에게 분명한 메시지를 전했다.

"회사의 가치가 심각하게 저평가된 상황에서 샤오미의 미래에 지름길은 없습니다. 묵묵히 기술력이라는 내공을 닦는 것만이 샤오미의 유일한 길입니다."

자신의 오랜 창업 경험에 기대 주가에 대한 자신의 견해도 솔직히 밝혔다.

"진산을 접수했을 때, 진산의 주가는 주당 2.7홍콩달러에 불과했었습니다. 진산에는 가장 힘든 시절이었죠. 하지만 꾸준한 개혁을 통해 진산은 모바일 인터넷으로 가는 티켓을 손에 넣어 역전에 성공했습니다."

레이쥔은 자신이 실제 경험한 사실을 인용해 주가 변동은 단기적인 현상이라고 설명하며, 샤오미가 어떤 길을 가게 될지는 더 많은 시간을 들여 꼼꼼히 살펴봐야 한다는 말을 덧붙였다.

일부 언론에서 레이쥔이 거의 휴일도 없이 일 년 내내 '휴대폰+AIoT' 전략을 펼치고 있다는 사실을 발견했다. 레이쥔은 휴대폰, IoT, 인터넷 등 3대 핵심사업 사이에서 균형을 유지하면서도, 샤오미와 홍미를 독자적으로 운영하고, 구조조정의 수위를 탄력적으로 조절했다. 멈출 줄 모르는 그의 행보에 사람들은 그를 또다시 'IT 업계의 모범생'이라고 부르기 시작했다.

하지만 이 모든 조정이 거대한 공정의 하나일 뿐이며, 레이쥔의 대장정은 여전히 진행 중이라는 걸 그의 지인들은 잘 알고 있었다.

2013년 연말에 열린 CCTV 수상식에서 레이쥔과 둥밍주가 시장의 흐름을 놓고 했던 내기의 결과가 곧 발표된다는 소식에 왠지 모를 열기가 인터넷을 뒤덮고 있었다. 전통 제조업과 온라인 업계 간의 대결이 '미래'와 '흐름'의 방향을 알려줄 것이라는 소식에 모두가 잔뜩 흥분한 눈치였다.

2013년 당시 두 회사의 매출액은 출발점부터 큰 차이를 보였다. 거리의 매출액이 1200억 위안인 데 반해 샤오미는 265억 8000만 위안에 그쳤다. 하지만 2018년 말에 발표된 데이터에 따르면 두 업체의 실적이 거의 비슷해 두 업체가 발표한 재무제표를 가지고 결과를 비교해야 했다. 두 업체 간 결과가 '간발의 차'일 것으로 예상되는 가운데, 사람들의 호기심은 점점 늘어만 갔다.

매년 일부 '호사가들'이 데이터를 근거로 양측의 승률을 예측하기 시작했다. 예를 들어 2015년과 2016년 샤오미의 영업 수익은 거리의 68%, 63%에 불과해, 추격 가능성은 까마득해 보였다.

그런데 2017년이 되자, 샤오미가 갑자기 분발하더니 영업 수익 1146억 2000만 위안을 달성하며 거리의 77%까지 따라붙었다. 2018년 상반기, 샤오미와 거리의 영업 수익은 각각 796억 5000만 위안과 909억 8000만 위안으로, 샤오미가 거리의 88%까지 따라붙었다. 하지만 2018년 상반기 두 업체의 매출 신장률이 각각 75.4%, 31.5%를 기록하더니, 최종 결과를 쉽게 짐작할 수 없게 됐다.

샤오미의 폭발적인 성장 속도에 사람들은 누가 최종 승자가 될 것인지 흥미롭게 지켜보기 시작했다.

모두의 궁금증 속에 2019년 3월 19일, 샤오미 그룹은 2018년 재무제표를 발표했다. 2018년 한해 샤오미의 연간 매출은 1749억 위안으로 동기 대비 52.6% 증가했다. 수정 후 순이익 86억 위안으로, 동기 대비 59.5% 증가했다. 총수익에서 스마트폰이 차지하는 비중은 65%인 1138억 위안에 달했다. 3월 20일 샤오미의 실적 발표회에서 '내기'에 관한 질문을 또다시 받게 된 레이쥔은 웃으며 대답했다.

"거리가 공식 재무제표를 발표할 때까지 기다리는 중입니다."

앞서 거리덴치의 2018년도 실적 예고에 따르면, 보고 기간 중 거리덴치의 영업수익은 2000억~2010억 위안을 달성한 것으로 예상됐다.

거리덴치가 2019년 4월 28일에 재무제표를 발표했다. 영업수익은 당초 예상됐던 2000억 위안과 비슷한 규모로, 동기 대비 33.61% 증가한 1981억 2300만 위안을 달성했다. 순이익은 동기 대비 16.9% 증가한 262억 위안이었다. 거리가 샤오미보다 232억 위안을 더 벌어들이면서 레이쥔과 동밍주의 '10억 내기'에서 동밍주가 최종승자가 됐다.

누가 봐도 결과는 분명했지만 경제계에 남다른 안목을 가진 '관찰자들'은 두 업체의 사업 모델을 전면 분석했다. 그 결과, 샤오미는 매출액에서 거리와 여전히 상당한 격차를 보였지만 거리의 최근 5년간 전기제품 판매 수익 중 상당 부분은 에어컨이라는 단일 상품에 의존해 있었다. 2018년, 거리덴치의 에어컨 매출 규모는 1556억 8200만 위안으로 총매출액의 78.58%를 차지한다. 이에 반해 소형가전 등 생활가전의 비중은 1.91%, 스마트 디바이스의 매출 비중 역시 1.51%에 그쳤다.

이와 대조적으로 전에 없는 새로운 존재인 샤오미의 생태계는 천천히 안정 궤도에 오르는 중이었다. 2015~2018년에 걸친 4년 동안 IoT와 생활 소비재가 샤오미의 총수익에서 차지하는 비중은 13.0%, 18.1%, 20.5%, 25.1%를 기록하며 또렷한 증가세를 보였다. 이러한 현상은 샤오미가 이미 자체적인 생태계 시스템을 구축했다는 것을 의미했다. 샤오미는 세계 최대 소비재 IoT 플랫폼을 거느리고 있어 향후 거리에 밀릴 가능성은 없었다. 그 밖에도 2018년 당시 샤오미의 온라인 수익은 동기 대비 61.2% 증가한 160억 위안으로 가파른 성장세를 구가하고 있었다. 게다가 샤오미 역시 거리의 '영역'인 백색가전 부문에 진출해 에어컨과 냉장고 등의 제품을 하나둘씩 선보이기 시작했다. 사람들은 객관적 분석을 거듭한 끝에 샤오미라는 새로운 존재의 특징과 장점을 파악했다. 보다 다양하고 뛰어난 전략을 통해 샤오미가 앞으로 두각을 드러낼 가능성이 컸다. 따라서 매출 증가율과 순이익 증가율만 보고 샤오미가 뒤처졌다고 단정할 수 없었다.

다양한 자료에 대한 분석을 거쳐 샤오미 모델의 우수성이 사람들로부터 인정을 받았다.

5년에 걸친 대결에서 거리와 샤오미 모두 끊임없이 화제를 만들며 많은 주목을 받았다는 점에서 패자가 없는 셈이다. 하지만 이번 '내기'의 승자는 의심할 여지도 없이 중국의 소비자였다. 샤오미가 창업한 후 프리미엄폰은 콧대와 함께 가격도 낮췄다. 짝퉁폰도 점점 자취를 감추고 있다. 거리 역시 에어컨 핵심 기술을 꾸준히 업데이트하고 있다. '10억 내기'는 단순한 해프닝이라기보다는 더 나은 기술로 삶의 질을 높이려는 샤오미와 거리의 진심이라 하겠다. 이 과정에서 중국 제조업과 국력의 부상을 보다 또렷하게 목격할 수 있었다.

2019년에 열린 한 회의에서 레이쥔에게 누군가 둥밍주와 5년 더 내기를 해 볼 생각이 없느냐고 물었다.

"5년 뒤면 승산이 있을 것 같습니까? 승산은 어느 정도일까요?"

그 말에 레이쥔은 말을 아낀 채 조용히 웃어 보였다. 하지만 비공식적인 자리에서 누군가 똑같은 질문을 던지자, 레이쥔은 확신에 찬 목소리로 대답했다.

"앞으로 5년이라면 질까 봐 걱정하는 일은 절대 없을 겁니다!"[13]

## 중국 제조업 개조

2017년 말, 왕샤오보王曉波라는 중년 사내가 샤오미 우차이청의 한 사무실에 찾아와 샤오미 창업자 레이쥔을 기다리고 있었다. 당시 이좡亦莊국가투자사라는 공기업의 사장이었던 그는 인생 최초의 면접을 앞두고 있었다. 공기업에서 오랫동안 근무하던 탓에 IT 회사의 복장 규정을 알지 못했던 왕샤오보는 나름 파격적으로 짙은 남색 정장을 걸치고 있었다. 커다란 덩치의 왕샤오보는 엔지니어들 옆을 지나면서 자신의 옷차림이 영 어색하다는 걸 눈치챘다.

사무실에 들어온 레이쥔은 30분이나 늦게 와서 미안하다며 상대에게 사과했다. 그리곤 자신이 참가했던 모임을 자세히 설명하더니 자신이 늦게 온 이유도 들려줬다. 그 모습에 딱딱하게 굳어있던 왕샤오보의 어깨에서 조금은 힘이 빠진 것 같았다. 면접이라기보다는 편안한 분위기에서 이야기를 나누는 것 같았다. 레이쥔은 왕샤오보에게 샤오미의 '트라이애슬론' 모델과 지난 7년 동안 있었던 굵직한 사건들을 자세히 소개했다. 그중에서도 왕샤오보가 가장 인상 깊게 들었던 건, 중국 제조업의 10년 황금기였다.

창업 초기부터 레이쥔이 꿨던 제조업을 바꾸겠다는 꿈은 샤오미를 창업한 후 몇 년 동안 일부 목표를 달성하며 조금씩 성과를 거두고 있었다. 중국의 제조업을 샤오미가 개조하겠다는 자신의 꿈은 이 순간에도 1.0 버전에서 2.0 버전으로 업그레이드하고 있다고 레이쥔은 확신했다. 2.0 버전이란 중국 상위 제조업으로의 진출을 의미한다. 샤오미가 1조 위안 규모의 매출을 달성하기 위한 디딤돌로서, 중국 제조업에 깊숙이 참여하는 작업과 노력이 반드시 수반되어야 했다.

내부 토론에서 레이쥔은 자신의 생각을 분명히 밝혔다.

"산업 투자를 통해 제조업의 원천 개발에 참여할 수 있습니까? 할 수만 있다면 원천 제조기술 발전에 제대로 기여할 수 있을 뿐만 아니라 샤오미의 여러 생태계 업체와의 시너지도 기대할 수 있을 겁니다."

2010년 모바일 인터넷의 기회를 예리하게 포착했던 것처럼 레이쥔은 2017년부터 중국 제조업 발전의 미래에 초점을 맞추기 시작했다. 레이쥔의 전략적 시점은 거시적 환경과 밀접한 관련을 맺고 있다. 최근 몇 년 동안 미국은 '리쇼어링Reshoring'●을 외치며, 전 세계 제조업의 판을 바꾸려 한다. 전통적인 공업 대국인 독일 역시 인터넷과 빅데이터를 수단으로, 지식을 핵심으로 삼은 스마트 제조업을 강조하는 '인더스트리4.0' 전략을 적극 제시하고 있다. 오늘날 제조업은 두말할 나위 없이 한 국가의 국력을 보여주는 잣대이자, 삶의 질을 결정짓는 중요한 조건으로 평가받고 있다.

많은 사람이 샤오미의 트라이애슬론 모델에 관심을 보이고 수많은 샤오미 생태계 업체의 부상을 지켜보는 사이, 레이쥔의 시선은 더 먼 미래를 향하고 있었다. 중국 제조업에 깊이 참여하고 싶다는 전략이 뚜렷하게 레이쥔의 머릿속에 떠올랐다. 모바일 인터넷 사업에 진출하겠다고 마음먹었을 때처럼 가능성

● 해외에 진출한 국내 제조 기업을 국내로 돌아오도록 하는 정책.

을 확인한 레이쥔은 즉시 행동에 나섰다. 왕샤오보와 이야기를 나누며 자신의 야심과 꿈을 이루기 위해선 자신을 위해 제조업의 현황을 파악하고 정책을 집행할, 투자에 대해 잘 아는 관리 파트너가 필요하다는 사실을 깨달았다. 왕샤오보를 만나기 전 레이쥔은 인기 애널리스트인 쑨창쉬와 판지우탕潘九堂을 샤오미 함대에 합류시키고, 제조업에 대한 관찰 및 연구에 착수했다. 산업 기금을 구축하겠다는 아이디어가 후베이湖北성 정부의 허가를 받으면서, 후베이성 정부는 공기업 신분으로 펀드에 일부 투자하겠다고 약속했다. 왕샤오보가 도전한 직함은 새로운 산업기금 관리 파트너로, 샤오미의 차기 자금을 모집하고 기금 운용을 관리하는 일을 담당한다.

그날 두 시간 동안의 만남에서 왕샤오보는 레이쥔의 자신 넘치는 말에서 샤오미가 메이드 인 차이나 1.0 버전에 어떻게 참여했는지, 제조업을 바꾸려는 레이쥔의 남다른 심정이 어떤 것인지 충분히 파악했다. 열여덟 살의 레이쥔이 《실리콘밸리의 불》을 읽는 순간부터 지금까지 해온 일은 기본적으로 하나의 궤를 같이한다.

중국 제조업의 변혁이라는 임무에 참여하기 위한 샤오미의 행보는 항상 흔들림 없이 명확했다. 1단계에서 샤오미와 경쟁사들은 휴대폰 제조를 통해 업계 내 여러 제조업체와 긴밀히 소통하고 교류했다. 공급업체와 7년에 걸쳐 손발을 맞춘 끝에야 업계의 공정 수준과 업체의 제조 능력이 전반적으로 향상됐다. 2013년에 샤오미가 출시한 홍미폰을 예로 들어 살펴보자.

홍미폰은 당시 중국 시장에서 넘쳐나던 짝퉁폰에 치명적 일격을 가하면서 여러 짝퉁폰 제조업체가 눈물을 머금고 업종을 변경해야 했다. 그 기회를 틈타 제대로 된 휴대폰 공급업체들이 여럿 성장하기 시작했다. 갈수록 치열해지는 경쟁 속에서 중국의 휴대폰 공급업체들도 자체 제조 능력을 최적화하면서 한국과 일본 업체에 대항할 수 있는 반전을 꾀하고 있다.

2011년 샤오미 휴대폰 부문에 합류한 엔지니어 궈펑郭峰은 업무 초반, 거의 매달 일본행 비행기에 몸을 실어야 했다. 당시 중국에서 만드는 휴대폰에 들어가는 디스플레이와 카메라 모듈 모두 일본 업체에 의존하고 있었기 때문이다. 하지만 2019년에 샤오미가 난닝南寧에서 공급업체 대회를 열었을 때, 궈펑은 회의장을 가득 채운 중국의 공급업체를 보며 한동안 일본에 가지 않았다는 사실을 문득 깨달았다. 디스플레이의 경우 중국에는 징동팡京東方, 웨이신눠維信諾, 선전톈마深圳天馬, 화싱광뎬華星光電으로 대표되는 4대 천왕이 존재감을 드러내고 있었다. 카메라 모듈에서도 중국 본토의 오우페이광歐菲光, 순위舜宇 들도 본격적인 성장을 꾀하고 있었다.

Mi는 끊임없는 혁신을 추구하면서도 공급업체에 많은 물량을 주문하고 혁신으로 공급업체의 기술 발전을 유도했다. 예를 들어 2016년 출시된 미믹스는 풀스크린 디스플레이 시대를 열었을 뿐 아니라 기술 혁신을 업계 트렌드로 변화시켰다. 샤오미의 입맛을 맞추기 위해 샤오미의 공급업체들은 자체 제조 능력을 강화해야 했다. 예를 들어 미믹스의 경우 SBR을 극대화하기 위해 카메라 모듈을 소형화해야 했다. 샤오미 엔지니어가 최초로 4.5×5.5mm 면적 기준으로 500만 화소라는 기술을 구현해냈다. 오늘날 카메라 모듈의 소형화는 업계 전체의 관례로 자리 잡았다. 미믹스에 들어간 세라믹 재료의 학명은 지르코늄 세라믹으로, 그동안 치과 치료에 쓰이던 의료용 소재가 샤오미와 제조업체인 차오저우싼환潮州三環과의 협업을 통해 공업용으로 적극 활용되기 시작한 사례다.

휴대폰을 통해 제조업을 이끄는 것이 샤오미가 참여한 메이드 인 차이나의 첫 단계라면 샤오미+순웨이의 투자 계획과 이를 통해 탄생한 여러 생태계 업체는 현실에 안주한 채 썩어가던 수조에 활력을 불어넣었다. 샤오미는 제품의 정의를 다시 설계해 중국산 제품의 품질을 높여 제조업체의 생산 공정을 지속적으로 향상시켰다.

휴대용 배터리, 공기청정기, 멀티탭이 탄생했을 때처럼, 샤오미는 업계에 뛰어들 때마다 최고의 품질과 매력적인 가격 조합으로 해당 시장에 충격을 주려 했다. 이는 생태계 업체들 사이에서 일종의 '샤오미풍MI-Look'이라는 트렌드를 만들어내기도 했다. 2016년에 또 다른 스테디셀러 제품인 미지아 IH 압력밥솥이 탄생했다. 해당 제품을 생산하는 생태계 업체 춘미純米는 중국 최고의 전기밥솥을 만들어 내기 위해 IH 압력밥솥의 발명가인 나이토 다케시內藤毅를 고문으로 초빙했다. 씹는 맛이 좋은 쌀밥을 짓기 위해 춘미는 연구 과정에서 몇 톤이나 되는 쌀을 쓰기도 했다.

선봉에 선 샤오미를 따라 중국산 소형 가전제품이 지난 몇 년 사이 장족의 발전을 이뤘다. 중국 소비자들이 전기밥솥이나 변기 뚜껑을 사러 일본행 비행기에 몸을 싣는 상황이 바뀌고 있는 것이다. 2020년 초에는 미지아의 전기밥솥이 일본 시장에 수출되면서 나이토 다케시의 4년 전 바람을 실현해냈다. 레이쥔은 5년간 생태계 업체 1000곳에 투자해 100개 전통 업종에 영향을 주겠다고 한 자신의 목표가 앞당겨졌다며 기분 좋게 이야기하기도 했다.

스마트 디바이스를 연동하는 과정에 발맞춰 샤오미는 국산 제조업체, 예를 들어 신위안웨이뎬즈芯原微電子와 러신커지樂鑫科技를 적극 육성하기도 했다. IoT 모듈의 가격을 10위안 이하로 내리라는 레이쥔의 요구에 가오즈광은 팀원들과 함께 국내 여러 도시에서 돌아다니다가 두 업체를 '발굴'해냈다.

신위안웨이뎬즈와 러신커지는 뛰어난 기술력을 가진 업체였지만 메이드 인 차이나의 물결에 합류하지 못했었다. 전통적인 가전업체들은 반도체 업계의 현황도 알지 못한 채 브랜드의 인지도만 보고 제품을 선택하는 경우가 대부분이었기 때문이다. 혹시나 모를 사태에 대비해 가전업체들은 중국 중소업체의 제품보다는 비싸더라도 상대적으로 안전한 해외 반도체 제품을 사용하려 했다.

러신커지를 방문한 가오즈광은 러신의 기술력이라면 연간 1000만 개의 제품을 생산하는 수 있는 능력과 기술력을 가졌다는 것을 깨달았다. 하지만 국내에서 시장을 차지 못하고 제품을 전량 공장에 공급하거나 일본에 수출하고 있었다.

가오즈광은 러신커지가 샤오미에 엄청난 잠재적 가치를 가지고 있다는 것을 곧바로 깨달았다. 기술적인 판단력과 가격에 민감한 샤오미의 엔지니어는 러신의 칩셋이 샤오미의 IoT 모듈에 쓰인다면 모듈 원가를 대폭 낮춰 샤오미의 IoT 전략에도 유용할 거라고 판단했다. 첫 협상에서 양측은 손발을 맞추며 환상의 호흡을 보여줬다. 러신커지가 샤오미의 IoT 칩셋 공급업체가 되면서 샤오미 IoT 모듈의 원가는 매년 인하하고 있다. 러신커지 같은 중소업체에게 샤오미라는 브랜드는 일종의 품질 인증서로, 러신의 제품이 샤오미에서 대규모 검증과 적용, 응용 단계를 거친 뒤로 러신커지를 찾는 발길이 이어졌다. 고객사들이 러신이라는 제품의 안정성과 신뢰도를 확신하면서 러신커지는 고속 성장의 길로 접어들었다.

러신과의 협력을 통해 샤오미는 IoT 칩셋의 가능성을 확인하며 러신커지를 상대로 즉각 전략적 투자에 나섰다.

해당 사례는 샤오미가 상위 제조업계에 진출하는 데 무한한 영감을 줬다고 할 수 있겠다.

레이쥔의 생각을 확인한 왕샤오보는 30년 동안 몸담았던 공기업을 망설임 없이 그만둔 뒤 후베이 창장長江 산업기금의 관리 파트너가 됐다. 레이쥔과 나눴던 이야기를 순식간에 '소화'한 왕샤오보는 샤오미가 보다 장기적인 안목으로 다음 투자, 즉 중국의 상위 제조업 부문에 대한 투자에 착수할 것이라는 것을 깨달았다. 이는 단기적인 수익을 기대할 수 없는, 최소

10년 이상 걸릴 장기 프로젝트다. 인내심을 가지고 제조업체를 육성하겠다는 샤오미의 생각은 '2.0' 계획의 본질로서, 상당한 상상력을 요하는 작업이 될 것이다.

2018년 9월, 후베이 샤오미 창장 산업기금이 설립됐다. 모금된 자금 규모는 총 120억 위안으로, 당시 중국 민간기업 계열의 산업기금 중 최대 규모였다. 돈줄이 얼어붙은 상황에서 샤오미는 왕샤오보의 활약에 힘입어 숨통을 틀 수 있었다. 창장 산업기금 설립 후 레이쥔은 첨단 제조, 스마트 제조, 공업용 로봇, 무인 공장 이른바 4대 핵심 분야를 선정해 적극적인 투자에 나섰다. 그리고 이를 디스플레이, 터치, 카메라, 소재, 통신망, 전원 관리, MCU, 집적회로 등 부문으로 세분화했다. 2019년을 기점으로 샤오미는 매달 평균 1건의 투자 프로젝트를 공개했는데, 2020년 1~2월에만 무려 10개의 투자 프로젝트를 추진했다.

현재 창장 산업기금은 집적회로인 반도체 칩셋에 집중으로 투자하고 있다. 펀드 투자자인 쑨창쉬에 따르면 현재 샤오미가 투자한 10여 개 반도체 업체는 대부분 설계만 하는 팹리스 Fabless 업체에 해당한다. 샤오미가 해당 업체에 투자한 이유는, 샤오미와 생태계 업체를 위한 전용 반도체 칩셋을 확보하기 위해서였다. 업계 최고의 실력자를 공급업체와 생태계 업체 진영에 최대한 많이 투입한 뒤 핵심 기능을 비롯한 구체적인 사항을 요구하면 해당 업체가 이를 구현하는 것이다. 이렇게 하면 원천 기술력이나 원가 문제에서 샤오미는 커다란 경쟁력을 확보할 수 있을 것이다. 샤오미의 투자를 받은 업체들에게 신위 안웨이뎬즈는 최고의 성공 사례로 통한다.

"지금 당장 대체할 수 있는 국산 반도체 업체만 1000여 개에 달하지만, 뛰어난 품질에 대한 꼼꼼한 검토가 필요합니다."

쑨창쉬의 지적처럼, 샤오미는 10년 동안 버틴다는 심정으로 상위 제조업 투자에 과감히 뛰어들었다. 레이쥔의 말처럼 이들 업종은 수익 회수 기간이 단기적 수익을 기대하는 사업 모델과는 맞지 않는다. 이러한 점을 감안해 산업기금에서는 단기적인 수익을 요구하는 대신, 단말기나 향후 산업 동향 등의 관점에서 조언을 들려주고 길을 안내해주고 있다.

해당 업체들에 투자할 때 샤오미는 항상 두 가지 질문을 던진다.

첫째, 5년 이후에 어떻게 될 수 있을 것 같습니까?

둘째, 샤오미가 어떻게 도와주면 될까요?

실제로 샤오미는 투자한 업체와의 동반 성장을 꿈꾸며, 이들이 미래 기술 발전의 길을 갈 수 있도록 돕고자 했다.

커촹반科創板*의 등장으로 샤오미는 예상보다 빨리 투자 수익을 회수하기 시작했다.

2019년 7월 22일, 커촹반이 정식으로 개장하면서 상장한 최초의 25개 업체의 주식이 일제히 올랐다. 커촹반의 등장은 벤처업체에 커다란 호재로 작용하면서 첨단기술과 혁신이 적극 노출될 기회는 물론, 신속한 자금 모금과 기술력의 빠른 자본화의 기회를 제공할 것이다.

•
중국판 나스닥 (NASDAQ)으로, IT 관련 기업의 장외거래 주식시장을 가리킨다.

2019년 12월 당시, 상장 또는 상장을 신청 중인 커촹반 업체는 총 180곳으로 이 가운데서 샤오미가 지분에 참여한 업체만 9곳이나 된다. 이 때문에 샤오미 역시 커촹반의 최대 수혜자로 손꼽힌다. 9개 기업 중에는 저우하오즈능九號智能, 스커커지石頭科技 외에도 레이쥔이 30년 전 일했던 진산반공金山辦公도 포함되어 있었다. 그래도 가장 큰 비중을 차지하는 건 샤오미의 상위 공급업체였다. 예를 들면 러신커지, 진천구편晶晨股份, 취천구편聚辰股份, 창신지광創鑫激光, 싱위안웨이덴즈, 팡방덴즈方邦電子 등이 있다. 이 가운데 마지막 세 업체는 샤오미가 2019년 상반기에 투자한 곳이었다.

샤오미가 제조업 혁명을 위한 구상을 기획할 당시 해당 업체는 상장할 계획조차 없었다. 게다가 커촹반도 없었다. 혹자는 이걸 두고 샤오미가 '운이 좋다'라고 평가했지만 레이쥔은 아니라고 단호하게 말한다.

"우리는 투기꾼이 아니라, 좀 더 또렷한 운명을 준비하는 사람일 뿐 그 이상도, 그 이하도 아닙니다. 때로는 빠른 게 느릴 수도, 느린 게 또 빠를 때도 있습니다. 언제나 예상하지 못한 결과를 마주해야 하죠."

지난 10년간 샤오미가 달려온 길은 샤오미가 처음 회사 간판을 달 때의 초심, 즉 모든 기회는 언제나 준비된 사람에게만 온다는 이야기와 일맥상통한다.

## 가장 젊은 글로벌 500대 기업

2019년 12월 16일은 레이쥔의 50번째 생일이다. 그날 그는 비서에게 일정표에서 2시간만 빼달라고 했다. 특별한 날, 레이쥔은 조용히 지난 1년, 나아가 지난 10년에 대한 소회를 글로 남기고 싶었다. 10년 전, 스마트폰을 쓰기 시작하면서부터 레이쥔은 컴퓨터보다 더 빠르게 타이핑을 할 수 있는 기술을 익혔다. 그런데 오늘은 스마트폰이나 키보드가 아닌 종이와 펜을 선택했다. 특별한 의식이 담긴 듯한 지금의 행동은 머리를 비우고 미래를 내다보게 그만의 방식이었다.

샤오미를 창업한 최초의 생각은 사실 레이쥔의 마흔 살 생일날부터 싹트기 시작했다. 2009년 12월 16일, 경제적 수익이라는 족쇄에서 해방된 엔젤 투자자 레이쥔은 불혹不惑의 나이가 되자, '그저 그렇게' 남은 삶을 보내고 싶지 않았다. 나중에 돌이켜봤을 때 항상 자랑스럽고 감격스러운, 그리고 위대한 일을 하고 싶다는 생각이 들었다. 그리고 그 일은, 시간의 바다를 뛰어넘어 지금의 샤오미가 됐다.

이제 샤오미는 모바일 인터넷 시대에 남다른 스토리텔링을 가진 회사로 거듭나면서 수많은 뉴스와 소식, '야사野史'를 통해 사람들에게 놀라운 성장 스토리를 들려주고 있다. 모바일 인터넷이 대세로 떠오르면서 하드웨어와 소프트웨어가 결합된 역발상으로 창업을 시도할 담력이 있는 사람은 극히 드물었다. 크리스 앤더슨의 프리코노미스 이론이 인터넷 세계에서 성경으로 불리며 모두의 추앙을 받을 때, 소프트웨어로 사용자를 무료로 얻는 것을 사람들은 지극히 당연하다고 여겼다. 10년에 걸친 전성기를 통해 급부상한 중국의 수많은 인터넷 유니콘 회사, 디디, 메이퇀, 진리토우티야오 모두 이런 아이디어를 가지고 탄생했다. 그런 점에서 2010년 하드웨어와 소프트웨어가 결합된 방식으로 부가가치를 창출하는 인터넷 서비스를 제공하고자 했던 샤오미의 발상은 위험천만한 '쾌거'였다. 하드웨어에서 우선 먼저 반드시 기선을 잡아야 한다는 전제조건을 만족해야 했기 때문이다. 10년 전만 해도 레이쥔은 하드웨어 제조에 전혀 관여하지 않은 창업자였다.

레이쥔조차 그때의 시도를 떠올릴 때면 자신의 용기에 탄복하곤 했다. 강력한 자금 조달 능력, 다재다능한 조직 구성원을 반드시 갖춰야 하는, 난도 높은 까다로운 전략이었기 때문이다. 사실 이러한 사고방식의 내결함성Fault Tolerance[*]은 무척 낮은 편이라 하겠다. 지금의 샤오미가 글로벌 기업으로 성장해 매년 2000억 위안의 영업이익을 올리고 있다고 해도, 레이쥔은 그때의 일을 떠올릴 때마다 아쉬움을 토로했다.

"2011년 말까지 샤오미에 투자한 주주들은 사실 미쳤다고 생각합니다. 하드웨어에 대해 지금과 같은 수준의 지식이 있었다면 아무리 저라도 시작할 용기가 없었을 테니까요. 샤오미를 만든 건, 순전히 혁명적 낭만주의와 무식하면 용감하다는 무대포 정신 덕분이었죠. 그때의 제겐 량징루梁靜茹[**]가 노래한 '용기'가 있던 게 분명합니다."

10년 동안 샤오미는 사람들의 상상을 뛰어넘은 성장을 거듭

[*] 시스템의 일부 구성 요소가 제대로 기능하지 않아도 전체 시스템이 계속 작동할 수 있는 능력.

[**] 말레이시아에서 태어난 광둥성 여가수. 대표곡으로 〈용기〉가 있다.

했다.

2019년 9월 24일에 개최된 신제품 발표회에서 샤오미의 지난 9년 역사를 압축한 장면이 연출됐다. 가장 먼저 눈에 띄는 건, 신제품 발표회가 열린 장소가 베이징 하이뎬 구 안닝좡에 있는 샤오미 캠퍼스라는 점이었다. 샤오미가 베이징을 9년 동안 떠돌다가 장만한 새집이었다. 2019년 9월부터 1만 명의 샤오미 직원들이 은회색 유리창으로 뒤덮인 8층 높이의 여러 건물로 차근차근 입주를 시작했다. 건물 전체가 높다란 유리창으로 덮여 있어 멀리서 보면 속이 훤히 들여다보이는 건물 위엔 오렌지색 바탕에 MI라는 로고가 적힌 대형 패널이 은회색 건물과 선명한 대조를 이루고 있다. 52억 위안을 들여 1만 6000개의 작업 공간을 수용할 수 있는 캠퍼스는 세계적으로 유명한 디자이너의 작품으로 포스트모던 분위기를 풍겼다.

그 시각, 혁신적인 하이테크 기술을 발표하는 행사가 지하 1층에 있는 농구장에서 한창 진행 중이었다. 전 세계에서 나온 직원들도 각자의 자리에서 분주히 움직였다. 활기 가득한 광경은 오늘날 샤오미의 실력을 직관적으로 보여주는 사례이자, 샤오미가 지난 10년 동안 성장해왔음을 보여주는 하나의 증거라고 하겠다. 캠퍼스 덕분에 샤오미 사람들은 8개 단지를 돌아다녀야 했던 시절을 끝내고, 전 세계와 실시간으로 연락하는 회사로 자리 잡게 됐다.

딱 두 달 전인 2019년 7월 23일, 잡지 〈포춘〉에서 2019년 글로벌 500대 기업 순위를 발표했는데, 처음으로 자신의 이름을 올린 샤오미는 창업 9년 만에 사상 최연소 글로벌 500대 기업 대열에 합류했다.

〈포춘〉이 발표한 글로벌 500대 기업의 매출 기준은 1500억 위안이었다. 2017년에 이미 1146억 원의 매출을 올린 샤오미가 성장 속도만 유지한다면 글로벌 500대 기업 진입은 무난할 것으로 예상됐다. 2018년 영업이익 1749억 위안, 순이익 86억 위안을 기록한 샤오미는 2019년 〈포춘〉이 선정한 글로벌 500대 기업에서 468위에 올랐다. 1500억 위안이라는 문턱에 올라서기까지 화웨이가 23년, 텅쉰은 19년, 알리바바가 18년, 그리고 징둥은 18년이 걸렸다. 샤오미의 미래 성장에 대한 외부의 의심은 계속됐지만 이 정도의 성적을 거둔 것은 글로벌 비즈니스 역사상 하나의 기적이 아닐 수 없었다. 샤오미를 둘러싸고 의혹의 목소리가 끊이질 않았지만 그 상업적 가치와 중국 인터넷 발전을 위한 지대한 공헌은 그 누구도 부정할 수 없다.

또 한 가지 중요한 점은, 〈포춘〉에서 샤오미를 인터넷 업체+유통업체 카테고리로 분류했다는 점이다. 그동안 샤오미가 하드웨어 업체인지, 아니면 인터넷 업체인지를 두고 논쟁이 벌어졌었지만 〈포춘〉은 깔끔한 대답을 내놨다. 특히 샤오미의 사업 전략이 실천되면서 샤오미의 재무 데이터 역시 인터넷 DNA라는 점을 더욱 또렷하게 증명하고 있었다. 최근 10년간 샤오미는 MIUI에 집결한 수억 명의 액티브 사용자와 스마트 가전 기기 사용자는 미래의 AI 시대와 떼려야 뗄 수 없는 관계를 이룬다.

2014년부터 샤오미가 그린 AIoT이라는 청사진에는 '1+4+X'라는 전략이 포함되어 있었다. '전통적인 관제센터'에 해당하는 스마트폰이 1, TV, 스마트 스피커, 노트북, 공유기가 4에 해당하고, 마지막 X는 샤오미의 방대한 IoT 제품을 가리킨다. 모든 디바이스가 연동될 때 빅데이터와 알고리즘의 힘은 결국 현존하는 IT 세계를 뒤집고 재구성할 것이다. 그리고 샤오미는 좀 더 다양한 스마트한 장면을 모색할 수 있는 길을 걷고 있다. 2020년 1분기까지 샤오미의 IoT 플랫폼에 접속한 기기 수는 2억 5200만 대(휴대폰, 노트북 제외)를 넘었고, 5개 이상 스마트 디바이스를 보유한 가입자 수가 샤오미의 IoT 플랫폼에서 460만 명에 달했다. 2019년에 열린 MIDC 샤오미 개발자대회에서 판뎬 IoT 플랫폼 부문 CEO는 샤오미의 스마트 가전기기가 서비스를 제공하는 가구의 수가 5599만 가구라고 발표했다.

2019년 12월 31일 기준, 샤오미는 세계적으로 1만 4000여 건의 특허를 보유하고 있으며, 누적 특허 출원 건수는 3만 3000건을 넘어섰다. 이 중에서 AI 관련 특허 출원 건수는 전 세계 인터넷 기업 중에서 단연코 1위에 해당한다.

샤오미의 청사진에서 5G 시대를 대비하는 건 휴대폰만이 아니었다. 샤오미 중화권 판매운영 2팀(TV 및 대형 가전 부문)의 CEO 장충蔣聰 역시 2019년 12월 30일 웨이보에 샤오미 TV가 2019년 중국 시장에서 1000만 대 판매 목표를 조기 달성하면서 중국 시장 출하량 1위를 자랑하는 TV 브랜드로 우뚝 섰다고 밝혔다. 40여 년에 달하는 텔레비전 역사에서 세워진 지 겨우 6년에 불과한 샤오미가 연간 출하량 1000만 대를 돌파한 최초의 업체로 평가됐다. 이러한 성과는 샤오미의 하드웨어, 즉 샤오미에 대한 사람들의 관심을 끄는 데 큰 도움이 됐다.

2019년, 샤오미가 인터넷 회사로 글로벌 500대 업체에 오르면서 미·중 인터넷 업체 간 힘의 균형이 4:3으로 바뀌었다. 사람들은 이러한 결과를 놓고 중국의 인터넷 산업과 경제의 역동성, 나아가 실력을 반영한 것이라고 평가했다. 레이쥔은 이 사건을 계기로 샤오미가 성공한 기업에서 위대한 기업으로 나아가기를 기대했다.

"샤오미를 커다란 나무로 성장시킨 것은 세월이지만, 젊음이야말로 샤오미의 가장 특별한 점이자 큰 장점입니다."

젊음은 무한하다는 말처럼, 레이쥔은 아홉 살 샤오미가 '과거의 성공에서 진정한 위대함'으로 나아가기를 바랐다.

9월 24일 신제품 발표회가 남다른 의미를 가질 수 있었던 또 다른 원인은, 샤오미가 보여준 기술력 때문이었다. 이날, 샤오미는 자사의 미래 제품인 미믹스 알파를 소개했다. 2016년 샤오미가 전 세계적으로 풀스크린 디스플레이 혁명을 이끈 이래, 미믹스 알파는 다시 한번 샤오미가 글로벌 트렌드를 이끄는 돌파구라고 평가됐다. 미믹스 알파는 전면, 측면, 후면 모두 하나의 서라운드 스크린으로 감싼, SBR이 무려 180.6%에 달하는 획기적인 제품이었다. 화면이 커지는 순간, 끝도, 경계도 없는 광활한 우주를 연상시켰다.

제품 개발 과정은 말 그대로 잔혹한 시간의 연속이었지만, 샤오미의 엔지니어들은 묵묵히 실력을 발휘했다. MIUI와 어떻게 상호작용할 것인가? 플렉시블 스크린의 응력Stress을 어떻게 제거할 것인가? 5G와 대형 디스플레이의 전력 소비에 필요한 대형 배터리를 어떻게 처리할 것인가? 하나같이 샤오미가 접해본 적 없는 난제들이었다. 가뜩이나 개발에 애를 먹고 있는데 레이쥔은 1억 화소 카메라 모듈을 추가하라고 주문하기도 했다. 그 때문에 엔지니어팀과 산업디자인팀은 불면증에 시달리기도 했지만 산적한 문제를 하나씩 해결해냈다. 샤오미는 미믹스 알파 개발을 위해 1000명이나 되는 프로젝트팀을 꾸리고, 5억 위안 규모의 개발비를 투입했다. 미믹스 알파 개발 사례는 중국 엔지니어의 개발 능력을 세계적으로 알릴 수 있는 절호의 기회가 됐다. 10년 전만 해도 중국 엔지니어들이 휴대폰의 미래 형태를 선도할 것이라는 이야기는 헛소리로 취급됐지만 창업과 혁신의 세월을 보내며 어느새 눈앞의 현실로 다가왔다.

샤오미가 전 세계인의 시야에 포착되는 사례가 점점 늘어나고 있다. 샤오미 제품이 전 세계 소비자의 안방에 들어가는 것 외에도 샤오미의 경영 철학 역시 전 세계 IT 산업계로부터 주목받고 있다. 샤오미는 전 세계 90여 개 시장에 진출해 일자리 창출과 현지 시장 활성화, 혁신 선도 외에도 '만인 앞에서 기술은 공평하다'는 개념을 현지 소비자에게 심어줬다. 2018년에 레이쥔은 샤오미의 하드웨어 총이익률이 5%를 넘지 않도록 할 것이라고 선언했다. 이를 중국 시장뿐 아니라 해외 시장에서도 동일하게 적용하겠다는 계획도 소개했다. 이를 두고 레이쥔이 새로운 상업 문명과 혁신적인 사업 철학을 기업가의 세계관에 주입했다는 평가가 쏟아져 나왔다. 우마이르 하크는《새로운 자본주의 선언》에서 다음과 같이 말했다.

미래의 경쟁 우위는 불공정성이 아니라 공정성에 달려있다. 탄력적인 업체는 불공정한 수단과 전략으로 기존의 사업 모델과 제품, 서비스를 지키는 것이 아니라, 최대한 자유롭고 공정한 거래 환경에 자신을 드러내며 큰 가치를 창출한다. 이들 업체는 경쟁에 역행하는 불공정한 수단의 대가가 비약적인 발전을 낳을 수 없다는 것을 잘 알고 있다. 그래서 업체들은 공정함과 비폭력 수단을 꾸준히 고수하며 철학적이면서도 경쟁하지 않는 전략을 선택한다.

그것이 바로 10년 동안, 샤오미가 시간에 남긴 가장 소중한 교훈이다.

그 교훈대로 샤오미는 언론으로부터 '숭배'할 만한 위대한 기업, 연구할 만한 시대의 모범으로 성장했다. 샤오미가 '위대한 전략'을 어떻게 완수했는지 진지하게 살펴본다면 그 이면에 얽힌 여러 요소를 목격하게 될 것이다. 하지만 결국 이 시대에 성장한 여러 업체와 마찬가지로, 그 또한 인간의 운명과 시대의 운명, 그리고 국가의 운명이 교차하며 만들어낸 산물이다.

인간의 운명이라는 점에서 볼 때 샤오미의 탄생은 레이쥔의 개인적 경력과 직결된다. 1969년생인 레이쥔은 1987년 우한대학교에 입학해 중국 최고의 컴퓨터 교육을 받았다. 《실리콘밸리의 불》이 그에게 위대함을 추구하고 세상을 바꾸려는 원초적 충동을 깨닫게 했다면, 족쇄에서 벗어나 승리를 즐기는 것은 그의 핏속에 흐르고 있는 본능이었다.

레이쥔은 어린 시절의 일을 이렇게 표현하곤 했다.

"우리가 어릴 때부터 받은 건 집단주의 교육이었다. 하지만 고개를 돌리면 눈에 보이는 건 온통 자기 자신뿐이다."

성장 과정에서 내부 세계와 외부 세계의 갈등과 충돌은 지극히 당연한 현상이었다. 질서와 복종을 요구하는 외부 세계의 압박에 레이쥔은 자신을 안전한 곳에 놓을 수 있는 방식을 줄곧 찾아 헤맸다. 우한대학교 소프트웨어 2반에서 레이쥔은 '모범생'이라고 불렸지만 반에서 가장 먼저 사교댄스 동아리에 가입 신청했다는 것을 아는 사람은 그리 많지 않다. 본인은 물론 친구들을 데리고 사교댄스를 배우기도 했다. 졸업 후 반에서 처음으로 '체제'에서 벗어나 1990년대 초에 창업을 시도했다. 중국의 시장경제가 본격화되고, 시장이 외부에 문을 열기 시작하면서 컴퓨터 산업이 각광받았다. 이러한 상황에서 레이쥔은 자신의 삶에서 가장 분명한, 그대로의 자신을 드러냈다. 뚜렷한 개성과 잠재력을 가진 청년을 위한 환경이 생겨나면 해소되지 못한 의욕과 혈기가 타오를 가능성이 생겨난다. 그리고 이는 훗날 기업가 정신을 이루는 근간이 된다.

이런 사례는 사실 한 세대의 기업가에게서 찾아볼 수 있는 시대의 축소판이다. 이들은 격변하는 사회 발전과 거친 시대의 물결 속에서 이상과 자신의 개성을 뒷받침할 공간을 찾았다. 그리고 '체제'에서 벗어나는 사건이 그들에게서 종종 일어났다. 닝보寧波 전신국을 떠난 딩레이, 1995년 항저우전자공업학교를 그만두고 어렵사리 마련한 2만 위안으로 창업에 나선 마윈이 대표적인 경우에 속한다. 여건이 무르익는 상황에서 이들 '슈퍼 모험가'가 모습을 드러내기 시작했다. 1955년생인 빌 게이츠와 스티브 잡스처럼 이들 역시 자신의 타고난 재능과 시대가 충돌하면서 만들어진 산물이다.

샤오미를 세웠을 때의 각오는 절대로 지지 않겠다던 어린 시절의 마음가짐과도 관련 있는 게 분명했다. 레이쥔이 진산에서 전문경영인으로 일한 지 10여 년 만에 인터넷 세계가 PC산업에 첫 충격을 입히면서 레이쥔은 자신과 같은 또래의 몇몇 창업자들에게 추격을 허용하기도 했다. 이 일로 남보다 일찍 '데뷔'하며 동료들에게 다양한 자원과 도움을 제공해온 레이쥔은 한동안 괴로운 시간을 보내야 했다. 이들이 성공한 이유에 대한 고민도 깊어졌다. 같은 또래의 창업자들이 성공할 수 있었던 비결에 대해 레이쥔은 트렌드에 대한 정확한 인식과 그 흐름에 맞는 탄력적 대응이라는 결론에 도달했다. 이렇게 해서 레이쥔은 트렌드에 영합하는 게 창업에도 무척 중요하게 작용한다는 것을 깨달았다. 지금도 레이쥔은 그때의 '좌절감'을 생생히 기억하고 있다. 인터넷이라는 기회를 잡지 못한 좌절감은 훗날 의지를 불태울 동력으로 작용했다.

2010년, 레이쥔은 창업의 길에 다시 뛰어들면서 트렌드에 맞는, '트라이애슬론'이라는 거창한 전략을 다룰 수 있는 능력을 갖게 됐다. 진산에서 16년 동안 쌓은 경력은, 그에게 상업적 판단력과 충분한 관리 경험, 뛰어난 인터넷 사업 운영 능력을 부여했다. 엔젤 투자자로서의 성공적 경험 역시 산업에 대한 정확한 관찰력과 벤처투자계의 인맥이라는 결실을 안겨주며 샤오미의 꾸준한 자금조달 능력을 확보할 수 있었다. 창업자와 엔젤 투자자라는 이중적 신분으로, 레이쥔은 다른 창업자가 갖지 못한 특별한 매력과 장점을 갖게 됐다. 이 때문에 레이쥔이라는 이름은 샤오미를 상징하는 브랜드 그 자체로 자리 잡았다.

이는 샤오미가 우수한 구성원을 확보하고 함께 달릴 수 있는 중요한 밑거름이 됐다.

가장 중요한 점은, 경제적으로 자유로운 상태에서 창업을 시작했을 때 돈과 이윤에 대한 집념에서 확실히 벗어날 수 있다는 점이다. 욕망을 자제하는 이념을 자신의 창업 과정에 녹여내야 사업가는 상업의 본질을 과감하게 연구할 수 있다. 이는 샤오미가 성공할 수 있었던 가장 중요한 비결이자, 레이쥔이 구상한 '트라이애슬론 모델' 이론이 구현될 수 있었던 궁극적인 원인이기도 하다. 샤오미의 이야기를 다시 되짚었을 때 레이쥔이 아닌 다른 누군가가 당시의 사업 모델을 선택했다면 구현 과정에서 변질되지 않았을 거라고 장담하기 어렵다. 그래서 샤오미라는 이야기의 특별함은 대부분 레이쥔 개인에게서

11장 새로운 시장, 새로운 여정

비롯된다.

이런 점에서 볼 때, 진산 시절에 맛본 고통, 진산을 떠나 불사조처럼 부활했을 때의 성취감, 엔젤 투자자로의 변신과 기다림, 심지어 그를 외롭게 만든 이야기들까지도 샤오미라는 새로운 존재가 탄생하기 위한 시련과도 같았다. 마치 숙명과도 같은….

기업의 성공과 시대의 물결은 실과 바늘처럼 떼려야 뗄 수 없는 관계를 유지한다. 2010년 중국의 인터넷 사용자 수는 4억 5700만 명이었지만 스마트폰 판매량은 2700만 대에 그쳤다. 하지만 2019년에 이르러 중국의 인터넷 사용자 수는 8억 5400만 명에 이르고 스마트폰 판매량은 3억 6900만 대를 기록했다. 중국이 세계 최대의 인터넷 시장일 뿐 아니라 세계 최대 스마트폰 대국이라는 사실은 무한한 기회를 의미한다. 여러 유니콘 업체와 마찬가지로 샤오미가 성장한 10년 동안의 전성기는 중국 모바일 인터넷이 고속 성장을 기록한 10년이기도 했다. 인구 보너스Demographic Bonus● 가 스마트폰 성장에 중요하게 작용했다. 2010년 중국에서 모바일 인터넷이 폭발하기 직전에 스마트폰의 업그레이드 및 세대교체로 전례 없는 커다란 기회가 생겨났다. 전통 업계에 몸담고 있는 많은 전문가가 샤오미를 그 기회를 잡은 최대의 수혜자 중 하나라고 평가한다. 2011년 등장한 이래, 샤오미는 순식간에 도약하며 중국 제조업에서 가장 빛나는 샛별로 떠올랐다. 2G에서 3G, 다시 4G로 이어지는 두 차례의 업그레이드로 스마트폰은 하드웨어와

● 전체 인구 중에서 생산 연령층이 많고, 아동과 고령자는 적어 고도의 경제성장이 가능한 상태.

소프트웨어 기술이 융합하면서 만들어낸 기술력의 산물이 됐다. 그리고 모바일 인터넷부터 '5G+AIoT'에 이르는 변화는 거대한 기회를 품고 있다. 샤오미는 그 태풍의 입구에서 바람을 타고 전형적인 대기업으로 성장했다.

바로 그 순간, 혁신적인 사업 모델과 벤처투자가 융합되면서 과학 기술과 자본은 쌍두마차처럼 실력을 발휘하여, 모바일 인터넷에서 10년에 걸친 창업 투자 열풍을 이끌어냈다. 그렇게 해서 중국은 세계에서 가장 많은 벤처투자 자본(펀드)을 거느린 국가가 됐고, 중국의 창업자 역시 눈에 띄게 활약하며 사회에 불가사의한 변화를 가져다줬다.

지난 10년을 돌아보면 수많은 대기업과 새로운 업계 형태가 이 단계에서 탄생했다. 예를 들어 2009년 탄생한 웨이보는 사람들에게 정보를 얻는 새로운 방식을 제공했고, 2011년 탄생한 위챗은 인맥, 친분과 같은 사교 방식을 철저히 바꿔놓았다. 특히 위챗 5.1버전 이후 위챗의 'QR코드'는 온·오프라인, 사람-기계, 사물-네트워크를 완벽하게 결합시켰다. 사람들은 영화표, 비행기표를 사는 등 일상생활 곳곳에서 휴대폰을 사용했다. 이는 O2O 붐을 일으켰을 뿐만 아니라 중국 모바일 결제 시장의 발전을 유도했다. 2016년 통계에 따르면 중국의 모바일 결제 시장의 규모는 790억 달러에 달했다. 미국은 중국의 10%에도 미치지 못하는 수준이었다. 건당 발행된 영수증을 기준으로 했을 때, 위챗페이와 알리페이의 사용량은 VISA의 연간 사용량을 넘어섰다. 디디, 메이퇀, 진르토우티야오가 급부상하면서 사람들의 일상이 180도 달라지기 시작했다. 경쟁이 치열한 창업계에서 10년이라는 세월은 전혀 달라진 세상을 가져다줬다. 10년이라는 세월이 탄생시킨 유니콘 업체들은 거대한 소비시장에서 비바람을 맞으며 자신이 얻은 경험을 다른 시장에 제공했다. 'Copy to China(중국이 벤치마킹하다)'가 점점 줄어들고, 'To Copy China(중국을 벤치마킹하다)'는 사례가 점점 늘어나는 것으로 나타났다. 실리콘밸리 창업 투자계 대부인 피터 틸Peter Thiel은 2015년 중국을 방문했을 때 언론과의 인터뷰에서 '중국이 벤치마킹하는 모델'이 한계에 도달했다고 주장했다. 샤오미의 인도 시장 성공은 샤오미의 사업 모델을 해외에 벤치마킹한 사례로, 샤오미는 진출한 해외 시장 90곳 중 30곳에서 톱 5의 자리에 올랐다.

샤오미가 글로벌 브랜드로서 입지를 굳히자 린빈, 류더, 홍펑, 추이바오추, 왕샹 등은 오랫동안 몸담았던 해외 시장에서 복귀했다. 해외 인수합병을 추진하던 일부 업체의 고위직 임원, 예를 들어 롄샹의 창청常程도 샤오미로 이직했다. 경쟁사의 고위 임원이 샤오미에 합류하는 일도 어느새 흔한 풍경이 됐다. 예를 들어 2017년 중싱에서 퇴사한 후 샤오미에서 Mi 공급망 부문에 합류한 리쥔李駿은 훗날 휴대폰 부문에서 공급망을 총괄하는 부사장 자리에 올랐다. 삼성, 화웨이, TCL, 메이주를 거친 양저楊柘도 2020년 6월 샤오미에 합류하며 중화권 최고마케팅책임자를 맡았다. 이들은 약속이나 한 듯 샤오미와의 인연을 '의기투합'이라는 말로 표현하기 시작했다.

가장 흥미로운 현상은 정상급 글로벌 기술인력도 중국으로 유입되기 시작했다는 점이다. 2019년 10월 19일 샤오미 기술위원회 의장인 추이바오추는 웨이보에 AI 음성 분야에서 '천재학자'로 불리는 대니얼 포비Daniel Povey 교수가 샤오미에 합류했다는 내용을 발표했다. 포비 교수는 음성 인식 오픈툴인 칼디Kaldi의 주요 개발자이자 관리자로, '칼디의 아버지'라고 불리는 인물이다. 앞서 그는 미국 존스홉킨스대학교를 퇴직한 뒤 페이스북의 제의를 거절하고 중국에서 일자리를 찾기 시작했다. 오픈소스 소프트웨어에 대한 샤오미의 남다른 애정과 AI 분야에서의 우위를 확인한 그는 몇 달 동안 고민한 끝에 샤오미를 선택했다. 추위가 한창이던 10월 중순, 슬리퍼를 신고 샤오미 캠퍼스에 들어서는 그의 모습이 순식간에 인터넷에 퍼지기도 했다. 대니얼 포비 교수의 합류는 수많은 글로벌 인재들이 중국 최고의 인터넷 회사에 합류한 사례 중 하나일 뿐이다.

이는 지난 10년간 중국의 국력이 신장했음을 보여주는 대목이다. AI나 IoT 혁명 모두 기술력의 빠른 진보가 진행되고 있음을 보여주고 있다. 글로벌 경제라는 지형에서 중국의 부상은 이미 최대 변수로 떠올랐다. 1978년부터 2018년까지 중국의 GDP는 3679억 위안에서 90조 위안으로 243배 증가했고 평균 GDP 증가율은 9.8%에 달했다. 2020년에 일본을 뛰어넘은 이래, 중국 경제의 규모는 전 세계 2위에 올라섰다. 2018년, 전 세계 GDP에서 중국이 차지하는 비중은 16.1%에 달한다. 여기에 방대한 규모의 인터넷 사용자가 '인터넷+'라는 흐름을 떠받치고 있다. 전 세계에서 가장 큰 전자상거래 시장인 중국은 전 세계 전자상거래 총액의 40% 이상을 차지하고 있다. 10년 전만 해도 그 비중은 1%도 안 됐다. 그뿐만 아니라 전 세계 유니콘 기업의 1/3이 중국에서 태어났다. 이들은 지난 10년 동안 중국의 글로벌화를 위해 중요한 역할을 발휘했다.[14]

이러한 거시적 환경은 샤오미와 같은 중국 기업이 부상할 수 있는 시대적 배경이라고 할 수 있다. 이 책의 서문에서 말한 것처럼 이는 한 개인과 한 업체의 이야기일 뿐만 아니라, 중국의 굴기에 관한 이야기다. 또한 벤처투자 시스템이 점차 안정되고 모바일 인터넷이 크게 발전하는, 화소와 소비가 업그레이드되는 시대에 국가와 시대가 혁신가를 어떻게 만들어 가는가에 관한 이야기이기도 하다.

2019년 12월 16일, 레이쥔은 여러 친구로부터 '반평생을 살면서도 여전히 소년 같다'는 내용의 생일 축하 메시지를 받았다. 하지만 레이쥔은 자신이 종이에 쓴 내용이 구체적으로 무엇인지를 알려주지 않았다. 그때의 생각은 수수께끼가 되었다. 하지만 50년이라는 세월을 살아오면서 레이쥔은 일찌감치 '승리'의 의미를 다시 썼다. 비즈니스 경쟁에서도 마찬가지였다.

나이키 창업자 필 나이트는 이렇게 말했다.

"뭔가를 창조하고, 뭔가를 개선할 때, 그리고 어떤 생각을 전하고, 낯선 사람의 삶에 새로운 사물 또는 서비스를 가져다줄 때, 그들을 기쁘고 건강하게, 또 안전하고 만족하게 만들 때, 또 지극히 당연한 방식으로 문제를 깔끔하게 해결할 때, 사람이라는 커다란 무대에 더 많이 오를 수 있을 것이다."

화려했던 지난 10년간의 전성기는 끝났다.

그리고 새로운 10년이 시작되고 있다.

IT 기술자들에게 5G+AIoT라는 신기술의 시대가 도래했고, 과학 기술의 가치도 구체적으로 나타나고 있다. 중국은 복잡한 제품을 대규모로 개발하고 제조할 수 있는 강점을 지녔다. 샤오미 같은 중국 업체는 과학 기술과 제조 능력을 두루 갖춘 위치에 있다. 2019년의 마지막 날, 샤오미의 첫 스마트 공장이 베이징 이좡에서 첫 생산을 시작한 것이 샤오미의 스마트 제조업 진출을 알리는 첫 신호탄이었다.

레이쥔은 PC 인터넷 시대에는 10억 대의 기기가 서로 연결되고 모바일 인터넷 시대에는 50억 대가 연결되며, IoT 시대에는 500억 대가 연결될 것이라 예상했다. 미래의 샤오미에는 무한한 가능성과 기회, 도전이 공존한다.

무릇 지나는 것은 모두 시작이다. 지금 이 순간, 젊은 엔지니어들은 샤오미 캠퍼스에서 열띤 토론을 벌이고 있다. 이게 열 살이 된 샤오미 앞에는 더 나은 여정이 펼쳐져 있다. 그 여정은 이제 막 시작되었을 뿐이다.

# 다음 10년을 향해

2020년 4월 6일은 샤오미가 태어난 지 10년이 되는 날이다. 이 책은 샤오미의 탄생 10주년을 축하하는 일종의 선물로 지난 10년에 대한 기록, 정리이자 회고, 그리고 성찰이 담겨 있다. 샤오미는 지난 10년간의 경험과 사업 전략의 변화, 자기반성을 기록해 다음 10년을 향해 힘차게 나아가고자 한다.

책을 쓰기 시작한 지 1년이 넘는 시간 동안 100여 명의 샤오미의 임원들, 직원들과 200시간에 걸쳐 구술한 역사와 인터뷰를 기록하는 내내 다양한 감정과 이야기가 오갔다. 인터뷰가 끝날 때마다 뒤엉킨 인물의 운명과 시대의 운명에 나도, 취재 대상도 시간과 삶의 위대함에 감탄을 금치 못했다. 많은 사람이 창업한 지 10년이라는 시간 동안 너무 많은 일이, 너무 빨리 일어났다고 회고했다. 전쟁과도 같은 하루하루가 쌓여 어느새 1년, 그런 1년이 또다시 쌓이고 쌓여 이렇게 오랜 시간이 지났다.

인터뷰 내내 샤오미 사람들은 마음의 문을 열고 지난 10년 세월 속에서 가장 행복했던 시절, 가장 힘들고 괴로웠던 이야기를 솔직히 털어놨다. 그것은 커다란 용기가 필요한 일이었다. 그리고 그 이야기는 내가 그동안 직접 느꼈던 샤오미 문화와도 일치했다. 10살짜리 모바일 인터넷 회사인 이곳의 창업자들은 대체로 젊은 편이다. 10년이라는 시간 동안 자신들의 진심을 담은 제품을 이 시대, 그리고 세계 여러 시장에 가져다주며 샤오미만의 문화를 만들어냈다. 젊은 엔지니어들이 주축이 돼, 제품을 위해서라면 자지도 쉬지도 않겠다는 투지를 불태우며 모바일 인터넷 시대에 민주적이면서도 자유롭고 개방적인 분위기를 담아내고 새로움과 성실함을 추구했다. 있는 그대로의 솔직함, 꾸미지 않는 진심을 그들과의 대화에서 느낄 수 있었다.

구술 녹음을 하나씩 듣는 내내 벅차오르는 기분이었다. 자신의 열정과 아픔, 성장과 고통, 그리고 한 치 앞도 내다볼 수 없는 치열한 경쟁을 헤쳐나가기 위한 고민 모두 솔직히 드러낼 수 있는 기업은 극히 드물기 때문이다. 이 책을 읽으면 한 기업이 태어나자마자 거침없이 내달린 성장의 역사, 전략을 전환하는 과정에서의 신중함과 대담함, 그리고 하염없는 세월 속에서도 멈출 줄 몰랐던 고민과 어려움을 이겨냈을 때의 성취감을 느낄 수 있을 것이다. 무엇보다 두드러지는 건 샤오미 창업자로서 레이쥔이 겪은 파란만장한 삶의 곡절이다. 2016년, 샤오미가 창사 이래 가장 암울하고 긴 슬럼프에서 허덕이는 시기에 레이쥔은 공급망 위기를 해소하고 핵심 부문을 전면 개혁해 전반적인 기술력을 끌어올리며 샤오미를 위기에서 탈출시켰다. 2016년은 샤오미의 10년 역사의 전환점이자 스타트업에서 대

기업으로 도약하는 전환점이 되는 해였다.

그때의 일을 자세히 다시 꺼내는 게 자신에게는 무척 힘든 일이라고 레이쿤은 솔직히 말했다. 미처 아물지도 못한 상처를 다시 헤집는 것 같은 아픔이었으리라. 하지만 창업에는 항상 꽃길만 있는 게 아니라 험한 가시밭길도 있다. 그런 상황에서 버틸 수 있었던 건 성실함을 잃지 않기 위해 노력하는 것뿐이었다.

다양한 스토리텔링이 담긴 이 책에는 여러 사람의 솔직한 생각과 역사를 만든 주인공들이 존중받고 상처를 치유하는 과정이 담겨 있다. 단순한 기사나 결론만을 중요하게 여기는 여타의 매체와는 궤를 달리한다. 결과도 결과지만 성과를 얻기까지 어려운 길을 걸어야 했던 과정과 역사를 만들면서 얻은 삶의 희로애락에 더 주목하려 노력했다. 이러한 감정이 터져 나올 때, 삶의 주체로서의 중요성이 한결 부각된다고 생각한다. 이따금 역사의 구술과 진실한 글쓰기Nonfiction의 의미를 떠올리곤 한다. 벨라루스의 작가 스베틀라나 알렉산드로브나 알렉시예비치Svetlana Alexandrovna Alexievich는《세컨드핸드 타임 Secondhand Time》에서 이렇게 말했다.

"역사가 시사에만 관심을 갖고 감정을 배제한다면 역사는 사람의 감정을 수용할 수 없다."

진실한 글쓰기의 중대한 의의 중 하나는 "끝없는, 수많은 삶의 진실을 지치지 않고, 기꺼이 즐겁게 탐구"함으로써, 역사가 인간의 감정을 수용하도록 하는 데 있다.

가장 진실한 감정과 풍부한 이야기가 있기 때문에 이 책은 비단 샤오미 사람들을 위한 것만이 아니라, 동시대의 기업인과 창업가에게 주는 선물이기도 하다. 상업 문명의 발전 과정에서 샤오미는 독특하면서도 빠른 성장을 구가한 회사로, 이곳에서 날마다 그리고 매년 일어났던 이야기는 경영대학원 교재에서 쉽게 볼 수 없는 실화다. 샤오미 직원들은 샤오미가 실제 전쟁터에 뛰어든 경영대학원이라고 말한다. 샤오미의 상업 활동과 거기 담긴 상도덕에 대한 생각과 고민은 이 시대에 새겨듣고, 꼼꼼하게 연구할 만한 모델이라 하겠다.

2020년 1월 말, 집필을 마쳤을 무렵 내 마음속의 샤오미는 점점 여러 감정을 들게 하는 생명체처럼 느껴졌다. 샤오미라는 생명체를 한 단어로 묘사하고 싶을 때면 나심 니콜라스 탈레브 Nassim Nicholas Taleb의 '안티프래질Antifragile'●이라는 단어가 머릿속에 떠오른다. 맞다, 샤오미의 10년 이야기는 자신을 가둔 '고치'를 찢고 나와 지독한 경쟁 속에서 자신의 약점을 이겨내는 '과정'이자, 여러 불확실한 요소 속에서 급성장을 이루어낸 '표본'이다. 한마디로 말해서 샤오미는 그 자체로 '안티프래질'의 상징이다.

탈레브의 표현대로라면 불확실함에도 유익한 점이 있고, 심지어 존재의 필요성도 있다. 안티프래질은 복원력과 강인함을 뛰어넘는 개념이다. 복원력은 사물이 충격을 견디고 충격을 받은 후에 원래 상태로 돌아가는 능력을 가리킨다. 이에 반해 안티프래질은 충격이나 압박 속에도 사물이 역성장하는, 복원력

● 충격을 받으면 오히려 더 강해진다는 뜻으로, 무질서와 불확실성으로부터 이익을 얻을 뿐만 아니라 살아남고 번영하기 위해서 무질서를 원하는 특성을 가리킨다.

을 뛰어넘는 능력을 가리킨다.

2016년 샤오미는 공급망 위기와 창업자 교체 후 앞이 보이지 않는 깊은 골짜기 속에서 안티프래질의 과정을 겪었다. 그중 가장 두드러진 변화는 샤오미의 꾸준한 조직 복원 능력과 신기술에 대한 끊임없는 도전과 관심이었다. 이를 통해 샤오미는 원래의 모습을 되찾았을 뿐만 아니라, 장기적인 능력을 강화할 수 있는 자신감을 얻었다.

연구개발팀을 예로 들어 설명해보겠다. 2016년 연말, 샤오미 휴대폰 부문의 하드웨어 개발팀 수는 595명이었으나 2019년 말에는 3218명으로 증가했다. 그 밖에 소프트웨어, 인터넷, AI 등 연구개발 부문에서 7000여 명의 직원을 거느리면서, 샤오미 전체 연구개발 인력은 1만 명을 넘어섰다.

2016년 당시 샤오미에서 카메라 모듈을 연구하는 작업자는 26명이었으나, 2019년에는 624명까지 증가했다. 2018년, 카메라 부문은 독립 부서로 분리된 뒤 영상 분야 전문가를 대거 영입했다. 그 후 연구 영역을 세분화해 국내외에 관련 개발팀을 여럿 꾸렸다.

2016년의 위기가 샤오미가 전례 없이 기술을 강조하게 만든 계기가 된 셈이다. 2019년 당시 70억 위안이었던 기술 연구에 대한 투자 규모는 2020년에는 100억 위안으로 증가했다. 게다가 연구개발 효율을 유독 강조하는 샤오미로서는 빠른 기술 생산 속도에 힘입어 시장을 선도하는 영역에서 경쟁자에게 맞설 수 있는 능력을 얻게 됐다.

2019년 초, 홍미 브랜드와 샤오미 브랜드가 분리된 이후 샤오미의 브랜드 업그레이드 작업 역시 속도를 내기 시작했다. 그중 수많은 미펀의 기대 속에서 등장한 Mi10은 샤오미가 2020년에 처음으로 선보인 제품으로, 중국 내륙에서는 J1이라는 이름으로 출시되어 구정 설날 전부터 양산화에 박차를 가하고 있었다. 해당 제품의 연구개발 비용은 10억 위안으로, 경쟁사를 뛰어넘는 기술력에 4000~6000위안 상당의 가격으로 2020년 2월 11일 정식으로 출시됐다.

관례에 따라 샤오미는 2000명을 수용할 수 있는 컨벤션센터 회의장을 예약했다. 샤오미의 엔지니어들은 Mi10과 프리미엄형 Mi10 Pro를 획기적인 제품이라고 정의했다. 5G 원년에 자체 기술력으로 생산된 획기적인 제품인 것은 물론, 샤오미 자신의 시대를 구분 짓는 상징이기도 했다. 또한 몇 년 전 프리미엄 시장에서 미노트가 남긴 상처를 치유하기 위한 일종의 사명에 관한 것이기도 했다. 일 년에 걸친 대대적인 연구개발 과정에서 샤오미 사람들은 Mi10을 10년 동안 열심히 달려온 자신들을 위한 선물, 모든 것을 '집대성'한 '걸작'이라고 불렀다.

샤오미 내부에서는 Mi10의 성패를 놓고 자신과 의심의 목소리가 오갔다. 4000~6000위안 가격대 제품을 처음으로 출시한 것이라, 마케팅팀에서는 미펀들의 가격 저항을 우려했다. 그런 점에서 Mi10은 샤오미의 브랜드가 변화하는 기점이자, 스스로의 한계에서 벗어날 수 있는 계기로 평가됐다.

그 결과에 대해선 이쯤에서 마무리하고 그 후의 이야기는 시간에게 맡길 생각이었지만, 우연한 기회에 샤오미의 '안티프 래질'을 또다시 목격하게 됐다. 2020년 1월 21일 오후 3시, 레이쥔은 사무실에서 3시간 반 동안 회의를 열었다. 회의 도중 동료에게 불려 나갔다가, 자리를 지키고 있던 샤오미 엔지니어 와 기념사진을 찍기도 했다. 이날 레이쥔은 업무를 마치고 이 튿날 베이징을 떠나 구정 연휴를 보낼 계획이었다. 구정 연휴 가 끝나면 Mi10 출시 준비에 정식으로 착수할 예정이었다.

하지만 2020년 1월 23일, '블랙 스완Black Swan'*이 느닷없이 날아왔다. 우한에서 도시 폐쇄 조치를 발표하면서 신종 코로나 바이러스 감염증(코로나19)이 결국 중국 전체의 위기로 떠오르 면서 전 국민을 충격에 빠뜨렸다. 이때 멀리 떨어진 지역에 있 던 레이쥔은 곧바로 샤오미요우핀을 통해 우한에 구호물자를 기부했다. 구호물자에는 N95 마스크, 방호복, 체온계 등이 포 함됐다. 이후 레이쥔은 생태계 업체들과 함께 우한에 지속적으 로 기부금을 제공했다. 또한 레이쥔은 개인 명의로 2000만 위 안을 기부하기도 했다. 샤오미, 샤오미 재단과 개인 기부금을 합쳐 총 5000만 위안을 구호 활동에 제공했다.

전염병은 일상의 중단은 물론 경제 활동의 중단을 의미하기 도 한다. 샤오미로서는 이제 막 출시를 앞둔 Mi10 발표회의 불 확실성이 더해진 셈이었다. 이러한 상황에서 어떤 전략을 취해 야 할 것인가? 시급한 답변이 필요한 문제였다. 샤오미에서 행 정 및 대정부 업무를 담당하는 허융何勇은 대규모 오프라인 행

●
극단적으로 예외 적이어서 발생 가 능성이 없어 보이 지만 일단 발생하 면 엄청난 충격과 파급효과를 가져 오는 사건을 가리 키는 용어.

사를 개최하는 일에 우려를 표했다. 레이쥔을 비롯한 샤오미 경영진의 고민이 깊어지던 순간이었다.

구정 연휴 내내 샤오미의 여러 부문에서 다양한 시나리오를 제출하고 토론도 계속 이어졌다. 시간이 흐를수록 코로나19가 경제 활동에 미칠 영향은 불 보듯 뻔했다. 뒤이어 조업 재개 일정이 지연될 거라는 소식이 잇따라 전해지면서 중국 경제는 전례 없이 큰 충격을 받았다. 재계의 불안 심리는 또한 갈수록 높아지고 있었다.

Mi10의 공개 여부가 샤오미에서 큰 화제로 떠올랐다. 기존과 차별화된 제품인 만큼 이번 기회를 통해 한계에서 벗어나겠다는 샤오미의 열망이 워낙 강한 탓에, 발표 시기를 선택하는 건 결코 쉽지 않았다. 코로나 사태 속에서 신제품 발표회를 개최하는 행동에 대중은 어떤 반응을 보일 것인가? 정답을 알 수 없는 혼란과 무질서 속에서 샤오미는 위험천만한 결정을 내려야 했다. 샤오미 휴대폰의 10년 운명은 물론, 의사 결정자의 담대함과 식견을 시험하는 중대한 결정이 될 터였다.

결국 업계 전체가 침체된 가운데 상·하위 공급체를 중심으로 '플래그십 발표회'가 필요하다는 목소리에 터져 나오자, 많은 전자상거래 플랫폼의 기대 속에서 샤오미 경영진은 샤오미의 역사에 길이 남을 결정을 내렸다. 역사상 처음으로 100% 라이브 방송으로 발표회를 개최하기로 한 것이다. 이에 맞춰 시간도 2월 11일에서 2월 13일로 조정됐다. 현장 관객이 거의 없는 상태에서 레이쥔 혼자 무대에 올라 모든 신제품에 대한

'온라인 발표회'를 진행하기로 한 것이다. 이는 레이쥔의 초심 初心에 따라 전격 결정된 결과였다. 전 국민이 공포에 빠지고 격리되는 상황에서 샤오미는 사람들에게 자신감과 일상생활을 되찾아주고 싶었다. 코로나로 인해 우리의 삶은 영향을 받을 순 있지만 코로나에 결코 패하지 않겠다는 중요한 신호를 특별한 시기에 전하고자 했던 것이다.

전례 없는 방식으로 샤오미에 중요한 의미를 가진 제품을 발표하는 작업은, 대대적인 변화를 뜻한다는 점에서 불확실성이 커질 수밖에 없었다. 하지만 긴 세월 동안 최초라는 타이틀은 언제나 샤오미라는 젊은 업체에 부담을 가져다줬다. 지금 이 순간, 샤오미는 또다시 위기와 기회의 갈림길에 섰다.

100% 온라인 발표회를 준비하는 과정은 고난의 연속이었다. 샤오미의 마케팅팀이 한 달에 걸쳐 세운 모든 오프라인 계획을 취소하고 다시 계획을 세우는 일은 업무 강도는 물론 물리적인 작업량 또한 상상을 초월했다. 새로운 계획안의 핵심을 발표 상황을 고려해 기술 위주에서 체험 위주로 발표 내용 역시 변경해야 했다. 레이쥔은 일주일 내내 낮에는 마스크를 긴 채 사무실에서 회의를 열거나 자료를 살핀 뒤, 새벽 2시에 퇴근하곤 했다. 코로나19 유행 기간, 전 제품의 발표 작전을 지휘하는 틈틈이 발표회에서 소개될 기술 사항도 챙겨야 했다. 그중에서도 퀄컴의 스냅드래곤 865 칩셋의 자료만 해도 수백 장은 족히 됐다. 발표회를 준비하는 시간 동안, 기술 자료를 보다 정확하게 설명하기 위해 레이쥔은 퀄컴과 경쟁사의 자료를 몇

차례 반복해서 살폈다. 그리고 그 내용은 그가 발표회에서 소개할 프레젠테이션 4장에 고스란히 담겼다.

2020년 2월 13일 오후 2시, 코로나 사태 이후 중국 대륙에서 열린 최초의 대규모 발표회가 '클라우드'라는 형식을 통해 개최됐다. 클라우드 분야의 여러 라이브 플랫폼이 총출동했고, 선전 위스深圳衛視의 슈퍼 발표회 프로그램도 현장을 생중계했다. 무대 아래에서는 샤오미의 일부 임원들이 간격을 두고 앉은 채 진행 상황을 면밀히 모니터링하고 있었다. 무대에서는 Mi10과 Mi10 Pro의 기술 자료를 레이쥔이 소개했다. 그때마다 미펀들은 숨을 죽인 채 화면을 뚫어지게 지켜봤다. 퀄컴 스냅드래곤 865 칩셋, 1억 화소 카메라, DXOMARK● 총점 1위, 와이파이6, 듀얼 1216 울트라 리니어 스피커와 대칭형 스테레오, 50W 유선 초고속 충전 기술 모두 프리미엄 시장을 노린 비장의 무기였다. 일부 사이트에선 발표회를 지켜본 네티즌의 실시간 채팅이 이어졌다. '소개된 사양이라면 샤오미의 제품은 이미 경쟁사를 뛰어넘었다', '새로운 시대를 알리는 작품이다'라는 반응이 쏟아져 나왔다.

● 카메라 및 이미지 센서 벤치마킹 사이트.

코로나 사태로 인해 전국적인 관심을 끌게 된 이번 발표회는 특수한 시기에도 경제 활동을 정상적으로 진행할 수 있다는 것을 보여준 사건으로, 사람들에게 위로와 함께 일상의 소중함을 다시 한번 일깨워주는 계기가 됐다. 라이브에서 다양한 종류의 토론이 이어진 가운데, 발표회가 진행된 지 1시간 반이 지났을 무렵 웨이보 인덱스에 샤오미가 등장했다. 미펀들도 가족들과 같이 TV나 휴대폰 앞에 모여 샤오미의 발표회를 지켜보았다. 이번 행사를 통해 처음으로 샤오미라는 브랜드를 접한 사람도 있었다. 지금 이 순간 온 세상이 같은 시간을 공유하고 있는 것 같다는 반응이 줄을 이었다.

우여곡절 끝에 열린 발표회에는 수많은 용기와 기대, 모험과 기업가 정신이 담겨 있었다. 무질서한 상황이 기업에는 궁극적인 시험이 될 수 있었지만 샤오미는 그 시험을 무사히 통과했다. 레이쥔이 무대에서 내려오자, 동료들은 반응이 괜찮은 것 같다고 알려줬다. 사실 그때만 해도 특별한 상황에서 열린 발표회를 여러 플랫폼을 통해 무려 3억 명이나 되는 사람들이 지켜봤다는 것을 결코 알지 못했다. 역사상 전례가 없는 수치는 신제품에 대한 사람들의 갈망이 예전보다 한층 높다는 것을 보여줬다.

신제품 발표 직후 급등한 샤오미의 주가는 발표 직전 주당 12.86홍콩달러에서 13.58홍콩달러까지 치솟았다. 증가율은 5.6%에 도달한 뒤 13.38홍콩달러로 마감되었다. 이날 샤오미의 시가 총액은 110억 4600만 홍콩달러 증가했다. 같은 날, 샤오미의 위챗 인덱스는 전주보다 4500만 건 증가했다. 샤오미는 순식간에 온 국민이 뜨거운 관심을 갖는 브랜드가 됐다.

판매 결과는 특별한 시기에 과감한 행보에 나선 샤오미의 용기를 입증했다. 코로나 대유행이라는 시기에도 기업은 정상적인 경제 활동을 해야 한다는 걸 사람들은 마침내 깨달았다. 그리고 코로나의 음울한 그림자에서 벗어나 본래의 일상으로 돌아가고자 하는 업체 또한 여럿이라는 것을 이해하게 됐다.

2월 14일 Mi10이 모든 유통 창구에서 판매를 시작한 지 1분 만에 2억 위안의 매출액을 올렸다. 2월 18일 Mi10 Pro의 판매 첫날, 4999위안의 프리미엄폰은 55초 만에 2억 위안의 매출 기록을 돌파했다.

새로운 10년을 상징하는 이정표인 Mi10의 출시를 계기로 샤오미라는 브랜드는 마침내 고치를 찢고 나와 이전과는 다른 새로운 브랜드로 날아올랐다. 지난 10년 동안의 성장사에서 샤오미가 만들어 낸 또 하나의 전형적인 '안티프래질'이었다. 《안티프래질》에서 탈레브는 이렇게 말했다.

"바람은 촛불을 끄지만 불길은 더욱 세차게 만든다. 무작위성과 불확실성, 혼돈도 마찬가지다. 피하는 대신 이용하라. 불이 되고 싶으면 기꺼이 바람을 맞아야 한다. … 어떤 일은 충격 속에서 더욱 힘을 발휘한다. 수동성, 예측 불가, 스트레스, 위험, 불확실성 속에 오히려 강하게 성장할 수 있다. … 불확실성 속에서만 살아남거나 불확실성을 이겨내기만을 바라지 마라. 불확실성에서 살아남는 것 말고도 로마 스토아학파의 한 지파처럼 최후의 결정권을 손에 넣기를 원해라. 눈에 보이지 않고, 불투명하고 심지어 설명하기 어려운 뭔가를 길들이고 지배하는 것이 우리의 사명이다."

코로나 사태로 출간이 늦어지면서 책 속에 담을 수 없었던 Mi10의 이야기가 나올 수도 있겠다. 새로운 10년을 시작하는 샤오미의 안티프래질을 지켜보고 그 기록을 남긴다는 것만으로도 남다른 의미를 지닌다고 생각한다. 어찌 보면 고치를 찢고 나온 건 샤오미라는 브랜드만이 아닐지도 모르겠다. 거기에는 사업 전략이나 경쟁력, 매출, 심지어 단기적인 시장 변화와 지루한 숫자 이상의 의미를 갖는 일이 적지 않다. 이보다 더 중요한 것은, 이 중대한 사건에서 샤오미 사람들 스스로 정신적으로 한계를 극복했다는 점이다. 위기와 기회가 닥쳤을 때 그들은 과감히 맞서며 전에 없는 강한 자신감을 얻었다. 무질서하고 불확실한 상태에서도 자신을 극복할 수 있는 능력을 얻었다. 그런 의미의 정신적 성장이야말로 샤오미 사람들이 자신에게 바치는, 자신의 한계를 뛰어넘은 진정한 10주년 선물이라 하겠다. 그런 점에서 볼 때 이는 중국 기업이 이 시대를 위해 물려준 평범하지 않은 기념 선물은 아닐까?

불확실한 일상 속에서, 샤오미는 나심 니콜라스 탈레브의 말처럼 성장 중이다.

'만약 뜻밖의 일이 일어난다면 우리가 유일하게 이루고 싶은 궁극적인 이상 중 하나는, 즉 어떻게 사랑에 빠지는가를 배우는 것이다.'

# 감사의 말

이 책은 나의 네 번째 작품이자 가장 힘들었던 작품이다. 인터뷰나 글쓰기 때문이 아니라, 글을 쓰고 있을 당시 꽤 어려운 시간을 보냈기 때문이었다. 집필을 시작한 건 2019년 2월이었는데 두 살배기 딸을 돌보느라 2년 동안 잠 한 번 푹 자지 못했다. 이런 상황에서 어려운 도전이 찾아왔다. 모바일 인터넷 시대에 샤오미의 성장과 샤오미가 거둔 성과를 어떻게 성실히 기록하고 묘사할 것인가? 방대한 서사와 이야기 속의 자세한 일화를 어떻게 효과적으로 조합할 것인가? 정보 시대와 인공지능 시대를 배경으로 한 기업의 가치관과 발전을 또 어떻게 재현할 것인가? 육아와 집필이라는 문제를 동시에 해결하기가 결코 쉽지 않았다.

하지만 1년 동안 고된 작업 끝에 이번 작품을 완성할 수 있었던 건 주변 친구들의 도움 덕분이었다. 그런 의미에서 이 기회를 빌려 고마운 마음을 전하고 싶다.

레이쥔 선생님을 비롯해 샤오미 창업자 여러분 모두의 솔직한 이야기와 아낌없는 나눔, 그리고 깊이 있는 대화 덕분에 샤오미의 지난 10년간의 이야기를 생생하게 풀어낼 수 있었다.

인터뷰에 응해준 모든 투자자와 샤오미 관계자 여러분께도 감사드린다. 샤오미의 탄생과 발전 과정을 짚어주신 덕분에 시대의 물결을 따라가려던 샤오미의 역동성과 내면의 힘을 느낄 수 있었다.

친구 차이옌蔡羌에게도 감사의 뜻을 전한다. 넌 언제나 내 책의 첫 번째 독자야. 책을 집필하면서 내가 방향을 잃고 불안해할 때마다 읽은 소감을 들려주고, 자신감이 부족할 때 나를 부축해줘서 목표 지점에 도착할 수 있었어. 이렇게 내 곁을 지켜주기를 어언 10년, 넌 내 삶에서 언제나 기댈 수 있는 든든한 존재가 됐어.

내 딸을 돌봐준 펑리馮麗에게도 감사의 뜻을 전한다. 제가 만난 사람 중에서 가장 다정하고, 책임감과 학습능력을 갖춘 사람이에요. 솔직히 말해서 당신 덕분에 이 책을 마칠 수 있었어요. 사랑으로 아이를 돌봐주고 작은 것 하나에도 관심을 기울여 준 덕분에 안심하고 집필에 몰두할 수 있었답니다. 이런 당신을 주신 하느님께 감사드립니다.

마지막으로 나는 나 자신에게 감사한다. 지난 10년 동안 꾸준히 글을 써 온 내게 감사한다. 중국 최고의 경영 전기를 쓰는 과정은 강물을 거꾸로 오르는 것처럼 힘들고 고된 일이다. 쇼트 클립이나 라이브 방송이 인기를 끄는 시대에 '무거운' 일을 한다는 것 자체가 쉽지 않지만 이런 시대에 느린 일을 한다는 것 자체만으로도 충분히 가치 있다고 생각한다. 문자로 인류 상업 문명의 발전을 기록하며, 사고를 이해하고 인물과 역사를 남기는 과정은 무척 매력적인 작업이다. 역사를 다루는 작업을 통해 깨지기 쉬운 모든 시간을 막아낼 수 있다고 생각한다.

샤오미는 세상에 대한 순수한 애정을 가진 업체다. 많은 우여곡절을 헤치고 혼자만의 노력으로 우뚝 섰다. 획기적이고 두려움이 없는 사람들과 잠시나마 같은 시간을 보내게 돼서 운이 좋았다고 생각한다.

2020년 6월 15일, 판하이타오.

# 주

1　王德培. 中国经济2020[M]. 北京 : 中国友谊出版公司, 2020 : 17.

2　王彦恩. 智能手机新 "引擎" 解读 Android 发展之路. 中关村在线, 2011.9.28.
　　详见 http://zdc.zol.com.cn/251/2511825.html?_t=t
　　摘自 http://zdc.zol.com.cn/251/2511825.html?_t=t

3　荆文静. 山寨手机之衰落. AI财经社. 2018.10.05.
　　详见 https://baijiahao.baidu.com/s?id=1613442653685182047&wfr=
　　spider&for=pc

4　ODM(Original Development Manufacturing). 제조업자 개발생산 또는
　　제조업자 설계생산이라고 한다. 수탁을 받은 업체가 위탁 업체의 요구에 따
　　라 제품을 설계·생산하는 것을 가리킨다. 수탁 업체는 설계 능력과 기술력
　　을 갖춰야 하며, 수탁 계약에 따라 제품을 생산한다.

5　DOA(Dead on Arrival). 상품이 도착한 순간부터 파손됐거나 상자를 개봉
　　하는 순간에 파손된 경우.

6　DAP(Dead after Purchase). 최종 사용자가 구매한 날로부터 15일 내에 '제
　　품 수리, 교체, 환불에 관한 책임 규정'과 관련된 성능 고장에 해당하는 기
　　기.

7　王德培. 中国经济2020 : 百年一遇之大变局[M]. 北京: 中国友谊出版公司,
　　2020.

8　陈春花, 廖建文. 数字化时代企业生存之道[J]. 哈佛商业评论. 2017(10).

9　忆 "小米" 如何4年估值450亿美金的秘诀. 热舞传播. 2018.09.11.
　　详见 https://baijiahao.baidu.com/s?id=1611302713405490335&wfr=
　　spider&for=pc

10　EUROPA PRESS 2020.01.02 Ou Wen(Xiaomi) : Spanish consumers
　　have appreciated Xiaomi's R&D efforts.
　　https://www.europapress.es/portaltic/empresas/noticia-ou-
　　wen-xiaomi-consumidor-espanol-sabido-apreciar-esfuerzo-id-
　　xiaomi-20200102134056.html.

11　Xiaomi advances positions thanks to its development in technological innovation, EL MUNDO.

https://www.elmundo.es/promociones/native/2019/12/17/.

12 A는 AI, B는 빅데이터(Big Data), C는 클라우드(Cloud)를 뜻한다.

13 2020년 4월 15일, 거리뎬치가 발표한 2019년 재무제표에 따르면 연간 총매출은 동기 대비 0.24% 증가한 2005억 800만 위안에 달했다. 4월 초에 공개된 샤오미의 2019년 연간 총매출은 2058억 위안이었다. '10억 내기'가 끝난 후 샤오미는 1년 만에 거리를 뛰어넘었다.

14 王德培. 中国经济2020[M]. 北京: 中国友谊出版公司, 2020.

# 10에서 무한으로

초판 1쇄 발행 2022년 11월 15일

**지은이** 판하이타오
**옮긴이** 이지은

**펴낸이** 김현태
**펴낸곳** 해의시간
**등록** 2018년 10월 12일 제2018-000282호
**주소** 서울시 마포구 잔다리로 62-1, 3층(04031)
**전화** 02-704-1251
**팩스** 02-719-1258
**이메일** editor@chaeksesang.com
**광고·제휴 문의** creator@chaeksesang.com
**홈페이지** chaeksesang.com
**페이스북** /chaeksesang  **트위터** @chaeksesang
**인스타그램** @chaeksesang  **네이버포스트** bkworldpub

**ISBN** 979-11-5931-867-2  03320